中国非物质文化遗产保护发展报告(2015)

ANNUAL DEVELOPMENT REPORT ON
CHINESE INTANGIBLE CULTURAL HERITAGE SAFEGUARDING 2015

宋俊华／主编

本书为教育部人文社会科学重点研究基地
中山大学中国非物质文化遗产研究中心研究成果
教育部哲学社会科学发展报告建设（培育）项目成果
文化遗产传承与数字化保护协同创新中心研究成果

顾　　　问	冯骥才　乌丙安　刘魁立　黄天骥
编委会主任	朝戈金　康保成
委　　　员	（以姓氏笔画为序）
	吕品田　刘晓春　刘文峰　乔晓光　孙若凤
	李　炜　宋俊华　高丙中　高小康　徐艺乙
	朝戈金　黄仕忠　黄永林　康保成　麻国庆
	彭兆荣　董晓萍
主　　　编	宋俊华
副 主 编	刘晓春　陈志勇　李　惠（执行）

撰稿人名单
（按文章序列排）

宋俊华	倪彩霞	王明月	高　菲	王霄冰	王　琨
周楷模	董　帅	康玉岩	罗婉红	王庆庆	康保成
李　惠	常祥霖	秦　彧	傅起凤	康戈武	康　涛
武梦云	罗子明	王青竹	乔晓光	张　蕾	徐艺乙
陆晓佳	柳长华	廖晓键	张益嘉	刘晓春	姚丽梅
高小康	潘博成	邓正恒	蔡启光	刘鹏昱	王　娜
张文露					

目 录

总报告

2014年度我国非物质文化遗产保护发展报告
………………………… 宋俊华　倪彩霞　王明月　高　菲 / 003

分题报告

民间文学类非物质文化遗产保护发展报告
………………………………… 撰稿：王　琨　审稿：王霄冰 / 055
传统音乐类非物质文化遗产保护发展报告
………………………………… 撰稿：董　帅　审稿：周凯模 / 083
传统舞蹈类非遗保护发展报告
………………………………… 撰稿：罗婉红　审稿：康玉岩 / 107
传统戏剧类非遗保护发展报告 …… 撰稿：李　惠　审稿：康保成 / 131
曲艺类非物质文化遗产保护发展报告
………………………………… 撰稿：秦　彧　审稿：常祥霖 / 154
传统体育、游艺与杂技类非遗保护发展报告
………………………… 撰稿：康　涛　审稿：傅起凤　康戈武 / 173
传统美术类非物质文化遗产保护发展报告
………………………………… 撰稿：张　蕾　审稿：乔晓光 / 197
传统技艺类非物质文化遗产保护发展报告
………………………………… 撰稿：陆晓佳　审稿：徐艺乙 / 220
传统医药类非物质文化遗产保护发展报告
………………………… 撰稿：廖晓键　张益嘉　审稿：柳长华 / 241
民俗类非物质文化遗产保护发展报告
………………………………… 撰稿：姚丽梅　审稿：刘晓春 / 264

2014年度热点

非物质文化遗产数字化保护的现状、问题与趋势
.... 撰稿：王明月　宋俊华 / 295
"创意导向生活"
——非物质文化遗产保护的台湾经验
.... 撰稿：潘博成　审稿：高小康 / 317
粤港民间组织保育非物质文化遗产的实践
——以江门开平市"仓东计划"及香港长春社文化古迹资源中心为例
.... 撰稿：邓正恒　审稿：蔡启光 / 343
国家级文化生态保护区建设中的问题分析
——以客家（梅州）文化生态保护区中的松口镇文化生态保护为例
.... 撰稿：刘鹏昱　审稿：宋俊华 / 365

大事记

（整理：宋俊华　王　娜　张文露）

文化部及其相关部门	389
全国各省、自治区、直辖市（按音序排列）	393
安　徽	393
澳　门	396
北　京	396
重　庆	398
福　建	399
甘　肃	401
广　东	402
广　西	405
贵　州	406
海　南	409
河　北	410
河　南	413
黑龙江	416
湖　北	417

湖　南	419
吉　林	421
江　苏	422
江　西	425
辽　宁	425
内蒙古	427
宁　夏	428
青　海	429
山　东	430
山　西	432
陕　西	433
上　海	435
四　川	436
台　湾	437
天　津	439
西　藏	440
香　港	441
新　疆	442
云　南	444
浙　江	445

附录一　非遗代表性项目名录与项目代表性传承人名录 ………… 449

附录二　非遗研究项目立项统计表 ………… 564

附录三　其他 ………… 584

后　记 ………… 598

总 报 告

2014年度我国非物质文化遗产保护发展报告

宋俊华　倪彩霞　王明月　高　菲*

2014年,是我国正式批准加入联合国教科文组织《保护非物质文化遗产公约》(以下简称《公约》)的第十年。十年来,我国认真履行《公约》,在非物质文化遗产(以下简称"非遗")保护工作中取得了举世瞩目的成就,不仅是入选人类非遗代表作名录数量最多的国家,而且建立了有中国特色的非遗保护工作体系,形成了"中国经验"。2014年,我国非遗保护工作有序推进,在非遗保护发展上不断创新,形成了新的格局。

一　法律法规建设与实施

(一)颁布多项与《中华人民共和国非物质文化遗产法》相关或配套的法规和政策

2011年《中华人民共和国非物质文化遗产法》(以下简称《非遗法》)颁布实施以来,我国非遗保护法律建设稳步推进。与非遗密切相关、备受

---

* 作者简介:宋俊华,文学博士,中山大学中国非物质文化遗产研究中心主任,教授,主要研究方向为中国非物质文化遗产学、中国传统戏剧史;倪彩霞,文学博士,中山大学中国非物质文化遗产研究中心副教授,主要研究方向为中国传统戏剧史、中国非物质文化遗产学;王明月,中山大学中国非物质文化遗产研究中心博士研究生,主要研究方向为中国非物质文化遗产学;高菲,中山大学中国非物质文化遗产研究中心硕士研究生,主要研究方向为中国非物质文化遗产学。

关注的知识产权法有了新进展。2014年8月31日，第十二届全国人民代表大会常务委员会第十次会议通过了全国人大常委会关于在北京、上海、广州设立知识产权法院的决定。[①]

为加强非遗保护工作，根据《国家"十二五"文化和自然遗产保护设施建设规划》，2014年8月5日国家发展改革委、文化部联合编制了《国家非物质文化遗产保护利用设施建设实施方案》（以下简称《方案》）。[②]《方案》对非遗保护利用设施的建设内容、建设规模、投资安排和资金来源、项目储备库建设、管理方式等作了明确的法律规定。

在非遗传承与发展方面，2014年3月14日国务院印发的《关于推进文化创意和设计服务与相关产业融合发展的若干意见》指出："拓展物质和非物质文化遗产传承利用途径，促进文化遗产资源在与产业和市场的结合中实现传承和可持续发展"，同时"鼓励将非物质文化遗产传承人才培养纳入职业教育体系，发挥职业教育在文化传承创新中的重要作用，重点建设一批民族文化传承创新专业点"。[③] 各部委出台的其他规章和政策还有教育部印发的《完善中华优秀传统文化教育指导纲要》、文化部与财政部联合印发的《关于推动特色文化产业发展的指导意见》等，对非遗传承人才的培养工作作出了新的规定。

另外，2014年8月20日在文化部例行新闻发布会上，文化部非遗司马盛德副司长介绍了下一步加强非遗保护的措施，具体包括开展贯彻《非遗法》的执法检查；建立国家级非遗代表性项目的评估制度和监测体系；加强非遗保护与生产技术的研发与改进；鼓励非遗衍生品的开发，拓展与丰富非遗的主题及表现形式；支持举办多种形式的展示活动；开展大规模的非遗代表性传承人和保护工作人员的培训；开展非遗抢救性保护成果的利用和传播；强调非遗环境和生态的整体保护；让非遗在当地得到公共传

[①] 《全国人大常委会关于在北京、上海、广州设立知识产权法院的决定》，《人民日报》，http://paper.people.com.cn/rmrb/html/2014-09/01/nw.D110000renmrb_20140901_4-04.htm，2014年9月1日。

[②] 《国家发展改革委办公厅 文化部办公厅关于印发国家非物质文化遗产保护利用设施建设实施方案的通知》，中华人民共和国国家发展和改革委员会网站，http://www.sdpc.gov.cn/zcfb/zcfbtz/201408/t20140805_621301.html，2014年5月4日。

[③] 《国务院关于推进文化创新和设计服务与相关产业融合发展的若干意见》，中华人民共和国中央人民政府网站，http://www.gov.cn/zhengce/content/2014-03/14/content_8713.htm，2014年3月14日。

承和生存空间;进一步加强非遗保护生产的国际合作;开展非遗资源的重点补充调查等十一项。①"十一项措施"进一步明确了我国非遗保护工作的重点方向。

(二) 地方性非遗法规和条例的颁布与修订

首先,部分省市出台地方性非遗法规、条例。2014年,安徽省、辽宁省、陕西省和西藏自治区先后出台地方性的"非物质文化遗产保护条例"。河南省2013年颁布的《河南省非物质文化遗产保护条例》从2014年1月1日开始实施。② 河北省在2014年底公布的条例草案也在修订后于2015年6月1日正式施行。③ 截至2014年底,我国已有18个省(自治区、直辖市)出台、修订了本地区的非遗保护条例。同时,甘肃省、山东省和四川省公布了"非物质文化遗产保护条例"草案。

其次,针对《非遗法》各地出台相应的配套实施办法。2014年,安徽省、广东省、湖北省和上海市均出台了地方性的"非物质文化遗产保护专项资金管理办法",以加强和规范非遗保护专项资金的分配和管理,提高资金使用收益。湖北省、福建省和广东省还出台地方性传承人和传承基地的认定和管理暂行办法,加强非遗传承人和传承基地的管理与保护工作。此外,湖南省还公布了《关于进一步加强知识产权保护工作的通知》。④

最后,有些地方出台了地方非遗保护发展规划。2014年6月13日,贵州省出台了《贵州省非物质文化遗产保护发展规划(2014—2020年)》,是我国第一部省级规划,标志着地方非遗保护进入规划发展阶段。⑤

总体而言,各级非遗法规和政策有一定共性,具体表现为:

---

① 《文化部加强非物质文化遗产保护的十一项措施》,中国经济网,http://www.ce.cn/culture/gd/201408/20/t20140820_3390730.shtml,2014年8月20日。
② 《河南省非物质文化遗产保护条例》,《河南日报》,http://newpaper.dahe.cn/hnrb/html/2014-01/22/content_1021208.htm?div=-1,2014年1月22日。
③ 《河北出台非遗条例 明确政府非遗保护责任》,《法制日报》,http://www.legaldaily.com.cn/bm/content/2014-06/05/content_5571776.htm?node=20731,2014年6月5日。
④ 《湖南省人民政府办公厅文件湘政办发〔2014〕59号湖南省人民政府办公厅关于进一步加强知识产权保护工作的通知》,湖南省知识产权局网站,http://www.hnipo.gov.cn/hnzscqj/zwgk/tz/content_28257.html,2014年8月26日。
⑤ 《贵州出台全国首部省级非遗保护发展规划》,中国新闻网,http://www.chinanews.com/cul/2014/06-13/6279655.shtml,2014年6月13日。

1. 强化非遗保护的管理工作

其一,注重非遗设施的管理。如《国家非物质文化遗产保护利用设施建设实施方案》指出:"由中央资金补助、单位或企业配套的建设项目,所在地县级以上文化行政主管部门(文化资产管理部门)应与使用者签订协议,确定设施的主要用途、提供公益性服务的内容和数量、监督检查、违约责任以及使用者履行相关义务的承诺等,制定使用效益指标,引导使用单位或企业合理使用非物质文化遗产保护利用设施。"① 其二,强调主管部门的职责,在法规、条例中均对主管部门的工作职责进行了细化,如《安徽省非物质文化遗产条例》。其三,突出对非遗专项资金的管理。各地的非遗专项资金管理文件,对专项资金的分类与范围、申报、审批和拨付、管理、使用和监督等均作了明确而详细的规定。

2. 突出传承人在非遗保护中的作用

2014年,国家和地方法规条例进一步明确了传承人在非遗保护中的地位,引导传承人与学校教育进行对接,以促进人才的培养和文化的传承。如《完善中华优秀传统文化教育指导纲要》就指出:"鼓励民间艺人、技艺大师、非物质文化遗产传承人参与职业教育教学。建立非物质文化遗产传承人双向进入机制,设立技艺指导大师特设岗位,鼓励有条件的职业院校成立大师工作室。"②

3. 注重非遗文化产业的发展

在国家层面,国务院办公厅发布的《关于印发文化体制改革中经营性文化事业单位转制为企业和进一步支持文化企业发展两个规定的通知》指出:"落实和完善有利于文化内容创意生产、非物质文化遗产项目经营的税收优惠政策。"③ 在地方层面,各地鼓励支持非遗文化产业的发展。如

---

① 《国家发展改革委办公厅 文化部办公厅关于印发国家非物质文化遗产保护利用设施建设实施方案的通知》,中华人民共和国国家发展和改革委员会网站,http://www.sdpc.gov.cn/zcfb/zcfbtz/201408/t20140805_621301.html,2014年5月4日。
② 《教育部关于印发〈完善中华优秀传统文化教育指导纲要〉的通知》,中华人民共和国教育部网站,http://www.moe.edu.cn/publicfiles/business/htmlfiles/moe/s7061/201404/166543.html,2014年3月26日。
③ 《关于印发文化体制改革中经营性文化事业单位转制为企业和进一步支持文化企业发展两个规定的通知》,中华人民共和国中央人民政府网站,http://www.gov.cn/zhengce/content/2014-04/16/content_8764.htm,2014年4月16日。

《陕西省非物质文化遗产条例》指出:"非物质文化遗产代表性项目在有效保护的基础上,鼓励和支持通过融资、合作、入股等市场机制,合理利用开发具有地方、民族特色和市场潜力的文化产品和文化服务。"①

二 各级各类非遗名录的公布或调整

2014年,我国进一步加强对各级各类非遗代表作和项目代表性传承人名录的动态管理。

(一)国家级和省级非遗代表性项目名录公布与非遗保护单位调整

2014年3月19日,为进一步加强国家级非遗代表性项目的保护工作,明确和落实保护责任,在各地申报基础上,文化部对鼓舞(花钹大鼓)等121个国家级非遗代表性项目的保护单位进行了调整和重新认定。② 加上2013年调整和重新认定的433家保护单位,目前文化部已经调整和重新认定了554家项目保护单位,这表明我国对国家级代表性项目保护单位的动态管理进入了常态化阶段。

2014年12月3日,国务院发布了《关于公布第四批国家级非物质文化遗产代表性项目名录的通知》③,批准文化部确定的第四批国家级非遗代表性项目名录(共计153项)和扩展项目名录(共计153项)。同时,按照《非遗法》的表述,将"国家级非物质文化遗产名录"名称正式调整为"国家级非物质文化遗产代表性项目名录"。2014年国家级非遗代表性项目名录评审工作首次采取了网上申报的方式。至此,我国国家级非遗代表性项目名录总共达到了1372项,各类别项目分布情况如表1所示。

---

① 《陕西省非物质文化遗产条例》,陕西省人民政府网,http://www.shaanxi.gov.cn/0/sxzb/8273.htm,2014年1月10日。
② 《文化部办公厅关于调整和重新认定部分国家级非物质文化遗产代表性项目保护单位的通知》,中华人民共和国文化部网站,http://www.mcprc.gov.cn/sjzz/fwzwhycs_sjzz/fwzwhycs_gzdt/201403/t20140319_431206.htm,2014年3月19日。
③ 《国务院关于公布第四批国家级非物质文化遗产代表性项目名录的通知》,中华人民共和国文化部网站,http://zwgk.mcprc.gov.cn/auto255/201412/t20141204_30316.html,2014年12月3日。

中国非物质文化遗产保护发展报告（2015）

表1 国家级非遗代表性项目分类

类别	第一批	第二批	第三批	第四批	合计
民间文学	31	53	41	30	155
传统音乐	72	67	16	15	170
传统舞蹈	41	55	15	20	131
传统戏剧	92	46	20	4	162
曲艺	46	50	18	13	127
传统体育、游艺与杂技	17	38	15	12	82
传统美术	51	45	13	13	122
传统技艺	89	97	26	29	241
传统医药	9	8	4	2	23
民俗	70	51	23	15	159
合计	518	510	191	153	1372

第四批国家级非遗代表性项目名录中，各类非遗项目所占比例详见图1。

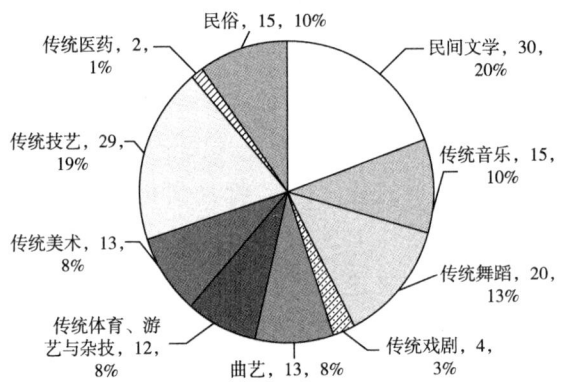

图1 各类非遗项目所占比例统计

此外，安徽、广西、贵州、四川等省（自治区、直辖市）公布了新一批的省级非遗代表作名录（包括扩展名录），具体情况如表2所示。

表2 2014年省级非遗代表作名录情况

地区	批次	项目数量
安徽①	第四批	65 +（5项扩展）

---

① 《安徽省人民政府关于公布第四批省级非物质文化遗产名录的通知》，安徽省文化厅网站，http://www.ahwh.gov.cn/whfw/xxzy/fyml1/28363.shtml，2014年6月10日。

续表

地区	批次	项目数量
广西①	第五批	133
四川②	第四批	36 +（26 项扩展）
重庆③	第四批	110
北京	第四批	28 +（6 项扩展）

值得注意的是，香港特区政府康乐及文化事务署 2014 年 6 月公布香港首份非物质文化遗产清单，涵盖 480 个项目。项目包括宗族口述传说、粤剧、太平清醮、端午节、盂兰胜会、舞火龙、传统中医药文化和古琴制作技艺等。④ 香港的非遗清单直接对应 UNESCO《保护非物质文化遗产公约》的分类：①口头传统和表现形式，包括作为非物质文化遗产媒介的语言；②表演艺术；③社会实践、仪式、节庆活动；④有关自然界和宇宙的知识和实践；⑤传统手工艺。其不是遵循中国非遗的分类，显示了香港地区的国际意识。

（二）国家级、省级非遗项目代表性传承人的认定、奖励

2014 年 6 月 6 日，由中国艺术研究院、中国非遗保护中心主办的第三届"中华非物质文化遗产传承人薪传奖"颁奖仪式在北京举行，汪世瑜等 60 位杰出的传承人获奖。⑤ 此外，部分地方公布了新的省级非遗项目代表性传承人名单，见表 3。

---

① 《广西壮族自治区人民政府关于公布第五批自治区级非物质文化遗产代表性项目名录的通知》，广西壮族自治区人民政府网站，http：//www.gxzf.gov.cn/zwgk/zfwj/zzqrmzfwj/201412/t20141222_436388.htm，2014 年 11 月 25 日。
② 《四川省人民政府关于公布第四批四川省非物质文化遗产代表性项目和第一、二、三批四川省非物质文化遗产扩展项目的通知》，四川省人民政府网站，http：//www.sc.gov.cn/10462/10883/11066/2014/6/25/10305712.shtml，2014 年 6 月 23 日。
③ 《重庆市人民政府关于公布重庆市第四批非物质文化遗产代表性项目名录的通知》，重庆市人民政府网站，http：//www.cq.gov.cn/publicinfo/web/views/Show！detail.action？sid = 3780453，2014 年 1 月 27 日。
④ 《非物质文化遗产清单》，香港文化博物馆，http：//www.heritagemuseum.gov.hk/zh_CN/web/hm/cultural/inventory.html，2014 年 10 月 9 日。
⑤ 《第三届非遗"薪传奖"颁奖》，《中国文化报》，http：//epaper.ccdy.cn/html/2014 - 06/09/content_127638.htm，2014 年 6 月 9 日。

表3 2014年省级非遗项目代表性传承人认定情况

地区	批次	人数
福建①	第三批	141
海南②	第三批	26
湖北③	第四批	119
湖南④	第三批	95
江苏⑤	第四批	169
青海⑥	第三批	98
山东⑦	第三批	63
上海⑧	第四批	85
西藏⑨	第三批（公示）	123
新疆⑩	第四批	85
云南⑪	第五批	250
内蒙古	第四批	166
广东	第四批	122
陕西	第四批	67

① 《福建省人民政府关于公布福建省第三批非物质文化遗产项目代表性传承人的通知》，福建省人民政府网站，http://www.fujian.gov.cn/zwgk/zxwj/szfwj/201406/t20140605_744093.htm，2014年6月4日。

② 《我省公布第三批省级非遗传承人名单》，《海南日报》，http://hnrb.hinews.cn/html/2014-11/13/content_2_6.htm，2014年11月13日。

③ 《省文化厅关于公布第四批省级非物质文化遗产项目代表性传承人的通知》，湖北省文化厅网站，http://www.hbwh.gov.cn/sjb/xwdt/tzgg/7584.htm，2014年9月28日。

④ 《湖南省文化厅关于公布第三批省级非物质文化遗产项目代表性传承人的通知》，湖南省人民政府网站，http://www.hnswht.gov.cn/new/xxgk/gggs/content_66232.html，2014年5月20日。

⑤ 《省文化厅认定第四批省级非物质文化遗产代表性传承人》，江苏省文化厅网站，http://www.jscnt.gov.cn/whzx/tt/201402/t20140228_21803.html，2014年2月28日。

⑥ 《青海省文化和新闻出版厅关于公布第三批省级非物质文化遗产项目代表性传承人的通知》，青海省文化和新闻出版厅，http://www.qhwh.gov.cn/system/2014/12/29/010146184.shtml，2014年12月29日。

⑦ 《第三批省级非物质文化遗产项目代表性传承人名单》，山东省文化厅网站，http://www.sdwht.gov.cn/html/2014/ccr_0530/15058.html，2014年5月30日。

⑧ 《关于公布第四批上海市非物质文化遗产代表性项目代表性传承人的通知》，上海市文广局网站，http://wgj.sh.gov.cn/node2/n1716/n1718/n1750/u1ai87937.html，2014年6月16日。

⑨ 《西藏自治区第三批自治区级非物质文化遗产代表性项目传承人公示名单》，《西藏日报》，http://epaper.chinatibetnews.com/xzrb/html/2014-04/30/content_533428.htm，2014年4月30日。

⑩ 《新疆公布第四批非遗名录项目传承人》，央广网，http://news.cnr.cn/native/city/201410/t20141024_516657378.shtml，2014年10月24日。

⑪ 《云南省文化厅关于公布第五批省级非物质文化遗产项目代表性传承人的通知》，云南省文化厅网站，http://www.whyn.gov.cn/public/view/pubdoc-153.html，2014年9月3日。

（三）国家级、省级非遗生产性保护示范基地建设

2014年5月16日，文化部公布了第二批国家级非遗生产性保护示范基地公示名单，共有59家单位或企业入选，至此文化部已命名了两批共100个国家级非遗生产性示范基地。此外，贵州、河南、四川、西藏相继建立了52个省级非遗生产性示范基地。

为进一步推动非遗生产性保护工作，2014年1月，中宣部、国家文化部、国家税务总局相关部门到贵州调研，参观了苗族银饰和苗族刺绣制作技艺，与企业和传承人进行座谈，了解非遗生产性保护过程中经营企业税收政策执行情况。[①]

（四）国家级、省级文化生态保护实验区设立情况

2014年，文化部相继批复了武陵山区（鄂西南）土家族苗族文化生态保护实验区[②]、武陵山区（渝东南）土家族苗族文化生态保护实验区[③]和格萨尔文化（果洛）生态保护实验区[④]，至此全国共设立了18个国家级文化生态保护试验区。

此外，江苏省新设立第三批3个省级文化生态保护实验区，即江苏省宜兴陶瓷文化生态保护实验区、江苏省同里水乡民俗文化生态保护实验区和江苏省张家港沙上文化生态保护实验区。[⑤] 内蒙古自治区于2014年1月18日审批通过将呼伦贝尔市鄂伦春自治旗鄂伦春族文化生态保护区、鄂温克族自治旗民族文化生态保护区列为第三批自治区级文化生态保护区。[⑥] 广东省也启动了第二批省级文化生态保护区的申报和评审工作。

[①]《非遗生产性保护税收有望优惠》，贵州非物质文化遗产网，http://www.gzfwz.com/WebArticle/ShowContent？ID=1273，2014年1月29日。

[②]《武陵山区（鄂西南）土家族苗族文化生态保护实验区获文化部批准》，湖北省文化厅网站，http://www.hbwh.gov.cn/sjb/xwdt/zgyw/7326.htm，2014年8月29日。

[③]《重庆酉阳获批国家级文化生态保护区 全国仅12个》，中国网，http://www.china.com.cn/travel/txt/2014-09/18/content_33545337.htm，2014年9月18日。

[④]《格萨尔文化（果洛）生态保护实验区成立》，《青海日报》，http://epaper.tibet3.com/qhrb/html/2014-09/19/content_172667.htm，2014年9月19日。

[⑤]《我省新增3个省级文化生态保护实验区》，江苏省文化厅网站，http://www.jscnt.gov.cn/whzx/tt/201412/t20141223_26313.html，2014年12月23日。

[⑥]《内蒙古自治区人民政府办公厅关于公布第三批自治区级文化生态保护区名单的通知》，锡林信息港，http://www.xlxxg.cn/news/bencandy.php？fid=51&id=4062，2014年12月25日。

三 非物质文化遗产的数字化保护

2014年,非遗数字化保护工作稳步推进。中国非遗数字化保护中心完成了《非物质文化遗产数字化保护专业标准》的制定工作,为全面推进非遗数字化保护提供了理论依据和操作指南。目前数字化的培训和采集工作进入了实质操作阶段。

首先,数字化培训工作在全国范围内开展。2014年5月27日~6月2日,由中国艺术研究院中国非遗数字化保护中心主办,湖北省文化厅、湖北省非遗保护中心承办的"全国非物质文化遗产数字化保护摄影摄像专题培训班"在湖北宜昌举办,来自全国31个省区市的180余位从事非遗数字化保护的一线工作者参加了培训,与会专家细致梳理了非遗保护工作中存在的主要问题,强调了遗产"持有者"和自身"情感认同"在遗产保护、传承和数字化采集工作中的重要性。① 9月10~11日,江苏省举办了全省非遗"记忆工程"及数字化保护试点工作培训班。② 9月20日,贵州省黔东南州举办了非遗档案管理专题培训。③ 9月23日,贵州省又举办了省级的非遗数字化保护专题培训班。④

其次,数字化采集与保存工作有序推进。2014年7月1日,四川省艺术研究院启动了川剧"国家级非遗项目代表性传承人抢救性记录工程",为传承人录制代表剧目、口述艺术史、宣传片等资料。⑤ 11月2日,贵州省道真县文化馆按照《非物质文化遗产数字化管理专业采集规范》的要求,对仡佬族傩戏表演进行了数字化采集。⑥

---

① 《全国非遗数字化保护摄影摄像专题培训班宜昌开班》,中国文化传媒网,http://www.ccdy.cn/xinwen/gongong/xinwen/201406/t20140606_939559.htm,2014年6月6日。
② 《全省非遗"记忆工程"及数字化保护试点工作培训班在镇江市举办》,江苏省文化厅网站,http://www.jscnt.gov.cn/whzx/tt/201409/t20140916_24842.html,2014年9月16日。
③ 《黔东南州举办非物质文化遗产档案管理专题培训》,贵州非物质文化遗产保护网,http://www.gzfwz.com/WebArticle/ShowContent?ID=1583,2014年9月22日。
④ 《全省非物质文化遗产数字化建设培训会在三都县举办》,贵州非物质文化遗产网,http://www.gzfwz.com/WebArticle/ShowContent?ID=1585,2014年9月23日。
⑤ 《川剧传承人 抢救性记录工程启动》,《四川日报》,http://sichuandaily.scol.com.cn/2014/07/02/20140702723153992234.htm,2014年7月2日。
⑥ 《道真自治县深入开展仡佬族傩戏数字化保护采集工作》,贵州非物质文化遗产网,http://www.gzfwz.com/WebArticle/ShowContent?ID=1632,2014年11月5日。

再次，尝试制作非遗专题的影视作品。2014年2月4~9日，全国文化信息资源共享工程贵州省中心摄制组一行深入到册亨县板坝、板万、乃言、弼佑等村寨拍摄国家级非物质文化遗产《布依戏》专题片，记录布依戏演出盛况。① 5月9日，陕西省渭南百集非遗文化精品电视系列片开拍仪式在富平县宫里镇北陵村举行。②

最后，重视数字化保护的经验总结。2014年11月26~28日，中国艺术研究院中国非物质文化遗产数字化保护中心在北京召开"首批非物质文化遗产数字化保护试点工作总结会"，总结了首批试点的保护经验，并就第二批试点的工作展开了探讨。③

中山大学中国非物质文化遗产研究中心启动了教育部人文社会科学重点研究基地重大项目"粤剧数字化研究"，标志着岭南民间艺术文献数字化工程，取得新的进展。国家社科基金重大招标项目"民间宗教遗产数字化保护"进展顺利。

四 非遗的传承与传播

2014年，我国在非遗传承与教育、宣传和传播方面也做了大量工作，取得了许多新的进展。

（一）非遗的传承教育

1. 传承基地建设

2014年，各地继续开展传承基地建设。3月，广西成立"江南水街传承展示中心"。④ 8月，广西成立"壮族高腔山歌传承基地"。⑤ 9月，青海

---

① 《黔西南州倾力打造国家级非物质文化遗产〈布依戏〉专题片》，贵州省文化厅网站，http://www.gzwht.gov.cn/show.asp?id=2108，2014年7月17日。
② 《渭南市百集非遗文化精品电视系列片开拍》，陕西省人民政府网站，http://www.shaanxi.gov.cn/0/1/9/42/173139.htm，2014年5月11日。
③ 《昌都参加首批非遗数字化保护试点工作总结会》，《西藏日报》，http://epaper.chinatibetnews.com/xzrb/html/2014-12/04/content_585635.htm，2014年12月4日。
④ 《广西首个非物质文化遗产传承展示中心揭牌成立》，人民网，http://gx.people.com.cn/n/2014/0328/c179430-20883876.html，2014年3月28日。
⑤ 《南宁为马山县宁寿村正式授牌壮族高腔山歌传承基地》，人民网，http://gx.people.com.cn/finance/n/2014/0818/c352207-22025168.html，2014年8月18日。

在大通回族土族自治县园林小学建立了西宁贤孝传承基地。[①] 10月，湖南省平江县时丰中学被授牌为国家级非遗"九龙舞"培训基地[②]，新疆维吾尔自治区文化厅公示了91个传承基地。[③] 11月，巢湖市司集民歌协会被批准为"合肥市首批非物质文化遗产传习基地"[④]，首批10所"成都市非遗传承基地学校"授牌仪式在成都市锦官驿小学举行。[⑤] 12月，黑龙江省非遗（快板）传承基地在桦川县实验小学揭牌。[⑥]

2. 举办非遗培训活动

2014年，各地开展了形式多样的非遗培训活动，取得了很好的效果。

首先，各地对非遗保护一线工作人员进行了专项培训。培训班以拓宽非遗一线工作人员的视野、提升能力水平为目的，对项目申报、保护方法和工作责任等进行了重点培训。4月，新疆在博乐市、阿克苏市，[⑦]广东在清远市，[⑧]西藏于9月[⑨]和江苏于11月分别举办了非遗保护工作培训班。[⑩]

其次，各地对非遗传承人进行了专项培训。该类培训班重点培养传承人的责任感，明确自己的工作任务和传承工作中的注意事项。9月，海南

---

① 《西宁贤孝传承基地落户大通》，《西海都市报》，http://epaper.tibet3.com/xhdsb/html/2014-10/09/content_177559.htm，2014年10月9日。
② 《国家级非遗"九龙舞"传承培训基地落户平江》，岳阳在线，http://www.yueyang.ccoo.cn/news/local/3197654.html，2014年9月27日。
③ 《新疆首次认定91个非遗保护传承基地》，天山网，http://news.ts.cn/content/2014-10/27/content_10647982.htm，2014年10月27日。
④ 《全国文化乡司集成为合肥市首批非遗传习基地》，巢湖宣传网，http://www.chxcw.gov.cn/html/zxyw/2854.html，2014年12月2日。
⑤ 《成都10所学校获颁"非遗传承基地学校"》，《四川日报》，http://epaper.scdaily.cn/shtml/scrb/20141125/84968.shtml，2014年11月25日。
⑥ 《桦川实验小学被授予省非物质文化遗产（快板）传承基地》，《佳木斯日报》新闻网，http://jiamusi.dbw.cn/system/2014/12/29/056229921.shtml，2014年12月29日。
⑦ 《2014年新疆非物质文化遗产保护培训班圆满结束》，新疆维吾尔自治区政府门户网站，http://www.xinjiang.cn/xxgk/zwdt/bmdt/2014/236109.htm，2014年4月25日。
⑧ 《2014年广东省非物质文化遗产保护培训成效显著》，广东省文化厅网站，http://www.gdwht.gov.cn/plus/view.php?aid=1355，2014年5月8日。
⑨ 《非物质文化遗产专题培训班开班》，《西藏日报》，http://epaper.chinatibetnews.com/xzrb/html/2014-09/08/content_567174.htm，2014年9月8日。
⑩ 《全省非遗保护工作培训班在宿迁举办》，宿迁文化网，http://www.sqwgx.gov.cn/swhgd/zxdt/201411/ae12b6cde6f54e1e870dad085ef86539.shtml，2014年11月14日。

举办了省级传承人培训班,① 广西举办了柳州市传承人培训班。② 11 月,贵州举办了首期"侗族大歌传承保护发展骨干人才培训班"。③ 12 月,河南举办了第三批省级传承人培训班。④

最后,各地还对非遗传承开展了专项培训。该类培训班多以非遗传承人为授课教师对儿童、村民、专业人员和老人等开展实际的传承工作,直接促进了非遗的传播和传承。2014 年 5 月 19 日,湖北省恩施土家族苗族自治州启动国家级非遗代表性项目"恩施灯戏"和"恩施扬琴"的传承培训活动。⑤ 7 月 18~20 日福建刻字艺术委员会举办了"2014 非遗公益微培训第三期——书法与刻字艺术"活动。⑥ 8 月,广西戏剧院开办暑期少儿艺术培训班。⑦ 12 月,贵州举办了苗族民歌培训班。⑧

3. 学历教育

2014 年,高校和研究机构的非遗学历教育得到新的发展。4 月 11 日,中国戏曲学院公布 2014 年度招生专业考试成绩单,在多剧种专业中,17 名扬州扬剧研究所的年轻演员被录取。⑨ 7 月,四川文化产业职业学院正式成立了非物质文化遗产学院,致力于培养非遗保护与研发、

---

① 《非遗传承人接受培训》,《南国都市报》, http://ngdsb.hinews.cn/html/2014-09/16/content_12_3.htm, 2014 年 9 月 15 日。
② 《广西柳州非遗传承人培训班在广西科技大学举行》,全国知识产权局系统政府门户网站, http://www.sipo.gov.cn/dfzz/guangxi/xwdt/hybd/201409/t20140925_1014516.htm, 2014 年 9 月 25 日。
③ 《首期"侗族大歌传承保护发展骨干人才培训班"汇报会在黎平举行》,《贵州日报》, http://gzrb.gog.com.cn/system/2014/11/16/013914836.shtml, 2014 年 11 月 16 日。
④ 《第三批省级非遗代表性传承人培训班在郑举办》,《郑州日报》, http://zzrb.zynews.com/html/2014-12/11/content_621281.htm, 2014 年 12 月 11 日。
⑤ 《恩施市启动国家级非遗名录传承培训活动》,中国硒都网, http://www.hbenshi.gov.cn/xwzx_97/szxw/201405/t20140520_112893.html, 2014 年 5 月 20 日。
⑥ 《福建非遗公益培训新课"书法与刻字艺术"开班》,腾讯大闽网, http://fj.qq.com/a/20140719/027838.htm, 2014 年 7 月 19 日。
⑦ 《广西戏剧院暑期培训班让孩子传承文化遗产》,《广西日报》, http://www.gxrb.com.cn/html/2014-08/10/content_1009742.htm, 2014 年 8 月 10 日。
⑧ 《国家级非遗名录〈苗族民歌多声部民歌〉培训班在发源地开班传承》,贵州非物质文化遗产网, http://www.gzfwz.com/WebArticle/ShowContent?ID=1840, 2014 年 12 月 9 日。
⑨ 《"国戏"新招首批扬剧本科生 考的是唱念做打、折子戏》,《扬州日报》, http://www.yznews.com.cn/yzwb/html/2014-04/11/content_568380.htm, 2014 年 4 月 11 日。

项目传承专门人才。① 7月,四川省首批"竹编工艺"专业学生毕业,这也是国家级非遗"青神竹编"培养的第一批有中专学历的传承群体。② 8月23日,上海市文广局与上海大学签订了"非物质文化遗产进MBA课程"合作协议,上海市非遗保护专家和传承人将定期为上海大学MBA学生授课。③ 12月,贵州省民宗委、贵州省教育厅、贵州省文化厅联合下发《贵州省推进职业院校民族民间文化传承创新工作实施办法》,全力助推全省职业院校的民族民间文化传承创新工作。④

此外,非物质文化遗产教材建设也有新进展。2月底,由中国剪纸博物馆、杨庙中心小学等单位编著,广陵书社出版的《爱上剪纸》正式首发。该书系国内首本公开发行的剪纸文化教材,将逐步推广到扬州其他开设剪纸课程的学校。⑤ 上海市政协委员也建议上海在非遗文化的传承方面应发扬第一个"吃螃蟹"的精神,把海派非遗文化纳入中小学教材中。⑥

4. 普及教育

2014年全国各地开展多项非遗走进校园、进社区活动。6月13日,陕西省神木县剪纸传承人在神木六小现场献艺。⑦ 11月17日,辽宁省6个非遗项目走进东北育才学校,相关人员与学生互动交流。⑧ 12月17日,第四届安徽省非遗展演活动在滁州市职业技术学院隆重开幕。来自民间的50多

---

① 《国内首家非物质文化遗产学院落户四川》,中国新闻网,http://www.chinanews.com/tp/2014/07 - 07/6358030. shtml,2014年7月7日。
② 《国家级非物质文化遗产"青神竹编"首批专业学生毕业》,中国新闻网,http://www.chinanews.com/edu/2014/07 - 03/6347214. shtml,2014年7月3日。
③ 《上海:7项非遗项目进MBA课堂》,东北网,http://edu.dbw.cn/system/2014/08/27/055944379.shtml,2014年8月27日。
④ 《我省出台政策推进职业院校民族民间文化传承创新工作》,贵州省政府门户网站,http://www.gzgov.gov.cn/bmdt/723831.shtml,2014年12月16日。
⑤ 《全国首本剪纸教材扬州首发》,《扬州晚报》,http://www.yznews.com.cn/yzwb/html/2014 - 03/01/content_ 553600. htm,2014年3月1日。
⑥ 《海派非遗文化将纳入中小学教材》,《新闻晨报》,http://newspaper.jfdaily.com/xwcb/html/2014 - 08/06/content_ 994. htm,2014年8月6日。
⑦ 《神木民间艺人进校园 传承保护非物质文化遗产》,西部网,http://news.cnwest.com/content/2014 - 06/18/content_ 11271504. htm,2014年6月18日。
⑧ 《盖州皮影、抚顺面塑等非遗项目17日进校园展演》,《辽沈晚报》,http://liaoning.lnd.com.cn/htm/2014 - 07/04/content_ 4058177. htm,2014年7月7日。

位传承人让青年学生们感受到了非遗的独特魅力。① 12月24、25日,金华市非遗中心举办了"婺风遗韵"教学传承基地·金华艺校专场演出,《僧尼会》《牡丹对课》《辕门斩子》《巡营》《提牢拷打》等传统经典剧目再现舞台。② 12月31日,福建省举办"非遗进校园"系列活动,柘荣剪纸,厦门漆线雕,漳州布袋木偶戏,福建传统咏春拳、泥塑、软木画、肉燕,厦门拍胸舞等传承人现场展演。③

此外,非遗在高校也受到欢迎。2014年3月31日,由四川省曲艺研究院举办的"第二届非遗传习展演"走进四川师范大学影视学院,牡丹奖得主吴瑕、曾洁和胡俐珈等中青年演员走进学校,向师生们展演了四川清音的经典曲目《踏伞》《断桥》,以及《秋江》《船会》《凤求凰》等四川扬琴代表曲目。④ 11月15日,30名非遗传承人在安阳师范学院历史学院现场展示精湛技艺,拉开了第三届中国传统文化节之"民间艺术进校园活动"的序幕。⑤

(二) 非遗的社会传播

1. "文化遗产日"及专题展演

2014年6月14日是我国第九个文化遗产日,主题为"非遗保护与城镇化同行",口号是"非遗保护,人人参与"。各地举办了丰富多彩的遗产日活动。

6月18日,"非遗保护与城镇化同行——2014年文化遗产日活动"在北京市西单文化广场拉开帷幕。活动由文化部、中央文明办、民政部主办,活动分为视频展示、互动展示、图片展览三部分。其中"根与魂"及"薪传奖"专题图片展览集中展示了近年来非遗保护成果,以及120名代

---

① 《安徽省非物质文化遗产展演走进滁州职业技术学院》,安徽省文化厅网站,http://www.ahwh.gov.cn/zwgk/bmdt/stgz/32276.shtml,2014年12月23日。
② 《非遗传承教学基地金华艺校专场展演受欢迎》,浙江非物质文化遗产网,http://www.zjfeiyi.cn/news/detail/31-7082.html,2014年12月25日。
③ 《2014福建省艺术馆"非遗进校园之走进鼓一小系列活动"成功举办》,福建非物质文化遗产网,http://mp.weixin.qq.com/s?_biz=MjM5MjY0MTg2NA==&mid=201916631&idx=1&sn=487bfe94aca867d7f57b52ce4cfea10e#rd,2014年12月31日。
④ 《春天里校园响起"哈哈腔"》,《四川日报》,http://epaper.scdaily.cn/shtml/scrb/20140411/60437.shtml,2014年4月11日。
⑤ 《30位非遗项目传承人走进安阳师范学院展示技艺》,河南文化网,http://www.hawh.cn/fybh/2014-11/21/content_207298.htm,2014年11月21日。

表性传承人的杰出事迹。①

其他各省均举办文化遗产日主题活动。福建省举办"闽台非遗习俗"展演,"非遗走进三坊七巷·龙岩非遗展览周","敦宗睦族、蔚然深秀"闽台宗祠楹联书法展,福建省非遗保护出版成果展,"纸上、网上、空中博物馆"经验交流,"丝路帆远——海上丝绸之路文物精粹"图片展,文物鉴赏等活动,并与福州市共同组织 2014 年文化遗产日庙会活动。② 甘肃省在遗产日遴选了全省传统技艺类、传统音乐、曲艺类保护项目和平凉市国家级、省级保护项目参加表演活动。③ 广东省文化遗产日系列活动在广东粤剧院拉开帷幕,其间上演了"地道中华"广东省非遗图文展和非遗传承人手工技艺展。④ 贵州开展传统音乐、舞蹈、戏剧展演,传统村落和非遗图片展,"非物质文化遗产与城镇化同行"社区展览宣传等活动。⑤ 江苏省精心组织"江苏非物质文化遗产·传统戏剧展演""中国古琴艺术江苏四大流派名家音乐会""京杭大运河非物质文化遗产摄影展""中国剪纸艺术精品江苏邀请展"等四大省级系列非遗展示展演活动。⑥ 山西省举办"2014 年文化遗产日暨晋中文化生态保护区传统剧目展演周"活动。⑦ 陕西省围绕文化遗产日主题,开展包括秦腔、西安古乐、陕北民歌、韩城行鼓、华阴老腔、陕西剪纸、刺绣、皮影、泥塑等在内近百种国家级、省级非遗项目的展演展示。⑧ 2014 年 6 月 14~16 日,青海省"河湟皮影戏"展

---

① 《2014 年文化遗产日活动在北京启动》,新华网,http://news.xinhuanet.com/local/2014-06/14/c_1111144913.htm, 2014 年 6 月 14 日。
② 《福建省第九个文化遗产日系列活动启动仪式在福州举行》,东南网,http://usa.fjsen.com/2014-06/14/content_14285112_all.htm, 2014 年 6 月 14 日。
③ 《甘肃省非物质文化遗产展演活动 14 日启动》,《西部商报》,http://www.xbsb.com.cn/site1/XBSB/html/2014-06/10/content_101879.htm, 2014 年 6 月 10 日。
④ 《2014 年"中国文化遗产日"广东省分会场系列活动进行》,广东省文化厅网站,http://www.gdwht.gov.cn/plus/view.php?aid=1642, 2014 年 6 月 16 日。
⑤ 《"文化遗产日"贵州系列活动启动》,中国新闻网,http://www.chinanews.com/cul/2014/06-14/6280807.shtml, 2014 年 6 月 14 日。
⑥ 《2014 年"文化遗产日"江苏省非物质文化遗产活动一览表》,江苏省文化厅网站,http://www.jscnt.gov.cn/whzx/tzgg/201406/t20140613_23370.html, 2014 年 6 月 13 日。
⑦ 《山西省 2014 年文化"遗产日"活动 11 日启动》,人民网,http://sx.people.com.cn/n/2014/0610/c189132-21391372.html, 2014 年 6 月 10 日。
⑧ 《我省今日举行庆祝文化遗产日主会场活动》,《陕西日报》,http://esb.sxdaily.com.cn/shtml/sxrb/20140614/235840.shtml, 2014 年 6 月 14 日。

演活动在大通县举行。① 遗产日期间，西藏自治区在拉萨市举办图片展、西藏非遗服饰展、非遗歌舞演出、非遗进校园等系列活动。② 6月14日，西藏七地市特色民族服饰首次在拉萨集中公展，展示了100余件（套）藏族、珞巴族、门巴族服饰以及歌舞戏曲服饰。③ 遗产日当天，新疆第二届非遗展示周在塔城文化广场开幕。④ 云南省在遗产日期间举办了民族民间歌舞乐和传统地方戏曲展演、传统技艺展、非遗美术作品展、昆明市非遗保护成果展、昆明滇剧艺术周、文物评估鉴定咨询、法律咨询宣传服务等七大活动，让市民、游客更好地体验民族传统文化的独特魅力，感受非遗的深邃内涵。⑤

此外，各地还开展了非遗专题展演活动。2014年3月2日，由中国非遗保护中心、河南省文化厅、周口市人民政府共同主办的中国（淮阳）非物质文化遗产展演活动开幕，在为期一个月的传统庙会期间，举行豫剧专场，曲剧专场，河南省以及周口市、淮阳县当地的非遗展演。⑥ 6月17～22日，"湖湘家传"2014沪洽周湖南非物质文化遗产精品展示展销在上海环球港4楼演艺空间举行。⑦ 11月14～17日，全国民间工艺美术作品精品展览在湖南工艺美术职业学院举行，121位民间艺术家创作的310余件作品参展。⑧ 12月14日，首届河南省古琴古曲展演活动举行颁奖仪式，全国知名古琴演奏家张子盛、"古琴新派天后"赵晓霞携手获奖选手为河南古

---

① 《我省文化遗产日活动 河湟皮影"唱大戏"》，《青海日报》，http：//epaper.tibet3.com/qhrb/html/2014-06/16/content_143957.htm，2014年6月16日。
② 《"文化遗产日"西藏将集中展现非遗保护成果》，《西藏日报》，http：//www.tibet.cn/news/index/xzyw/201406/t20140613_2001468.htm，2014年6月13日。
③ 《身上的"非遗"：西藏各地民族服饰首次集中公展》，新华社，http：//tibet.news.cn/gdbb/2014-06/15/c_133409102.htm，2014年6月15日。
④ 《全国第九个文化遗产日暨第二届新疆非物质文化遗产展示周在塔城市文化广场开幕》，新疆维吾尔自治区人民政府门户网站，http：//www.xinjiang.cn/xxgk/zwdt/dzdt/2014/238169.htm，2014年6月16日。
⑤ 《云南多项精彩活动迎接"文化遗产日"》，云南省文化厅网站，http：//www.whyn.gov.cn/doc/public/view.php?cata=art&id=583，2014年6月20日。
⑥ 《第五届中国非物质文化遗产展演在淮阳启幕》，河南省人民政府门户网站，http：//www.henan.gov.cn/jrhn/system/2014/03/07/010456685.shtml，2014年3月7日。
⑦ 《2014沪洽周湖南非物质文化遗产精品展示展销正式开幕》，东方网，http：//news.eastday.com/c/20140618/u1a8158159.html，2014年6月18日。
⑧ 《全国民间工艺美术作品精品展在湘举行》，湖南省人民政府门户网站，http：//www.hunan.gov.cn/zwgk/hnyw/tjdt/201411/t20141119_1176262.html，2014年11月19日。

琴爱好者奉献了一场精彩的古曲演奏会。①

2. 传统节日与民族节庆的庆祝活动

春节期间各地举办了一系列庆祝活动。2014年1月19日，中国非遗年俗文化展示周在北京石景山体育馆举行。该展由文化部主办，中国非物质文化遗产保护中心、中共北京市石景山区委、北京市石景山区人民政府承办，展览从1月19日持续到1月26日。②1月23日农历小年首届"天山南北贺新春"新疆非物质文化遗产春节习俗展开展。③ 2月1日即正月初二，包头市首届民俗文化节在包头乐园开幕。丰富多彩的活动吸引了众多市民早早来到现场观看表演，感受传统春节浓浓的年味。④ 2月12日即农历正月十二，河南宝丰县马街书会恢复了中断30多年的、以观众多少作为输赢标准的"对戏"民俗活动。⑤

元宵节期间，各地举办了非遗相关节俗活动。辽宁省举办了2014年元宵节首届全省非遗保护项目展销活动。⑥ 2月15日，新宾满族自治县展演了"元宵节放路灯"习俗，展现了独具特色的民风民俗。⑦

4月3日，"弘扬国学·传诵经典"贵州省高校中华优秀传统经典朗诵会暨"明礼知耻·崇德向善在校园"主题实践活动在贵阳孔学堂举行，就此拉开"我们的节日·清明节"贵阳孔学堂"清明文化周"活动的序幕。⑧

5月29日，2014中国（开封）宋韵端午诗会暨端午文化周活动在河

---

① 《河南首届古琴古曲展演昨日颁奖 古琴名家献艺郑州》，大河网，http://newpaper.dahe.cn/dhb/html/2014-12/15/content_1195113.htm? div=-1, 2014年12月15日。
② 《中国非物质文化遗产年俗文化展示周在北京举行》，中国新闻网，http://www.chinanews.com/tp/2014/01-19/5753125.shtml, 2014年1月19日。
③ 《新疆非物质文化遗产春节习俗展 1月23日起开展》，新疆维吾尔自治区人民政府门户网站，http://www.xinjiang.cn/xxgk/zwdt/dzdt/2014/232289.htm, 2014年1月22日。
④ 《数十非遗项目亮相首届民俗文化节》，《包头晚报》，http://www.baotounews.com.cn/epaper/btwb/html/2014-02/07/content_281176.htm, 2014年2月7日。
⑤ 《艺人比戏麦田中 观众当评委过足戏瘾——河南马街书会"对戏"民俗重启》，新华网，http://news.xinhuanet.com/2014-02/11/c_119288634.htm, 2014年2月11日。
⑥ 《"非物质文化遗产"点亮元宵节》，新华网盘锦频道，http://news.xinhuanet.com/panjin/2014-02/12/c_126121823.htm, 2014年2月12日。
⑦ 《新宾"元宵节放路灯"展现特色民俗》，辽宁省文化厅网站，http://www.lnwh.gov.cn/print/31269.html, 2014年2月19日。
⑧ 《贵阳孔学堂"清明文化周"活动举行》，《贵州日报》，http://gzrb.gog.com.cn/system/2014/04/04/013351895.shtml, 2014年4月4日。

南开封清明上河园开幕。此次活动以"宋韵端午，美丽开封"为主题，以诗、画、歌、舞等表现形式，弘扬诗歌文化，迎接端午佳节。①

农历七月初七，第六届"中国（陇南）乞巧女儿节"在甘肃举行。节会期间，在西和、礼县西汉水上游开展民间乞巧活动。② 与此同时，"2014乞巧文化惠民演出暨第十届广州乞巧文化节"在广东省广州市天河区珠村举办。开幕式上，大型音诗画《乞巧·梦之韵》的唯美演出拉开了乞巧文化的画卷，演员们身着古装重现了拜七娘和女子成人礼等古典仪制。③

此外，各少数民族也举办了民族节庆活动。2014年4月2日，广西柳州首届"三月三"民俗文化博览会拉开帷幕，民族风情表演、非遗博览、民间创意手工艺品展销、旅游工艺品展、东南亚美食文化街、名优土特产等悉数登场，给市民带来了一场视觉与味觉上的饕餮盛宴。④ 5月6~7日，湖南凤凰苗族"四月八"跳花节在凤凰古城区上演。在为期两天的活动中，湖南凤凰县苗族与来自宝岛台湾的少数民族艺术团队在沱江河水上舞台共同演绎民族风情。⑤ 7月12日，"2014年横县壮族三相圩逢暨关公文化旅游节"开幕。在横县石塘镇沙江三相庙，横县各乡镇推选来的40多个民俗表演队各显其能，表演了金鸡舞、龙狮舞、红桥祈福等。⑥ 11月20日，从江县贯洞镇贯洞村、腊阳村等侗寨的侗族同胞身着盛装，齐聚一堂欢庆五年一度的牯藏，节日当天举行盛大的芦笙比赛、广场舞比赛等。⑦

3. 各类非物质文化遗产文化节、旅游节和艺术节

2014年，各地举办了丰富多样的非遗文化节和旅游节，促进了非

---

① 《2014中国（开封）宋韵端午诗会暨端午文化周开幕》，新华网，http://news.xinhuanet.com/shuhua/2014-05/30/c_126566133.htm，2014年5月30日。
② 《"中国（陇南）乞巧女儿节"拉开帷幕》，《甘肃日报》，http://gsrb.gansudaily.com.cn/system/2014/07/29/015114015.shtml，2014年7月29日。
③ 《广州举办2014乞巧文化节》，《中国文化报》，http://epaper.ccdy.cn/html/2014-08/04/content_132962.htm，2014年8月4日。
④ 《广西柳州"三月三"民俗博览会 展民间文化习俗》，中国新闻网，http://www.chinanews.com/df/2014/04-02/6023499.shtml，2014年4月2日。
⑤ 《两岸民族艺术团队聚首湖南凤凰苗族跳花节》，新华网，http://news.xinhuanet.com/2014-05/07/c_1110579771.htm，2014年5月7日。
⑥ 《广西横县举办壮族三相圩逢暨关公文化旅游节》，新华网，http://www.gx.xinhuanet.com/2014-07/14/c_1111593746.htm，2014年7月14日。
⑦ 《从江侗族同胞欢度牯藏节》，贵州非物质文化遗产网，http://www.gzfwz.com/WebArticle/ShowContent?ID=1664，2014年11月21日。

遗的广泛传播。2月24日,以"弘扬临水文化 两岸共享平安"为主题的第七届(闽台)陈靖姑民俗文化旅游节在福州举行,共有70多个(其中台湾21个)来自海峡两岸的顺天圣母宫庙及民间演艺团体约2000人参加活动。① 5月28日"唱响美丽浙江 共享美好生活"第九届浙江省非遗节暨2014"浙江好腔调"传统戏剧系列展演首场演出,在海宁市上演。② 7月21日,第七届中国·原生态民族文化旅游节在贵州凯里正式开幕。本届旅游节以原生态民族文化为载体,以"体验游"为核心设计理念,让游客领略原生态黔东南的文化魅力,感受苗乡侗寨独特的民族风情。③ 2014年羌塘恰青格萨尔赛马文化商贸旅游节于2014年8月10~14日在西藏那曲地区举办,这届旅游节以"新发展、新变化、新成就、新生活"为主题,全方位展现藏北独特的人文风情、自然景观和发展环境。④ 11月1日,第十六届中国·湄洲妈祖文化旅游节暨秋祭妈祖典礼在湄洲岛开幕。旅游节开展了甲午年秋祭妈祖典礼、首届中国(莆田)妈祖文化用品博览会、"最湄洲·最妈祖"文化旅游伴手礼展示、两岸妈祖文化大型创作绘画、全国百名摄影家走进湄洲岛、妈祖文化旅游品牌推介大会、两岸百团万人游湄洲等活动。⑤ 11月10日,第二届浙台(苍南)陈靖姑信俗文化节在苍南灵溪镇开幕,海峡两岸千余名信众参加开幕大典,进一步传承和弘扬民间文化,促进海峡两岸交流。⑥

与此同时,各类非遗艺术节相继举办,取得了良好的社会反响。5月3日,第二届"萨吾尔登"故乡文化艺术节开幕,活动包括百名民间艺人、百名学生弹奏托布秀尔乐器,百名民间艺人演唱长调,百名学生画萨吾尔

---

① 《第七届陈靖姑民俗文化节举行》,《福建日报》,http://fjrb.fjsen.com/fjrb/html/2014-02/25/content_714466.htm?div=-1,2014年2月25日。
② 《第九届浙江省非物质文化遗产节 浙江好腔调从皮影木偶开始》,浙江在线新闻网站,http://ent.zjol.com.cn/system/2014/05/28/020049665.shtml,2014年5月28日。
③ 《第七届中国·凯里原生态民族文化旅游节开幕》,新华网,http://www.gz.xinhuanet.com/2014-07/22/c_1111740682.htm,2014年7月22日。
④ 《2014羌塘恰青格萨尔赛马文化商贸旅游节开幕》,中国西藏网,http://www.tibet.cn/news/index/xzyw/201408/t20140812_2012668.htm,2014年8月12日。
⑤ 《第16届湄洲妈祖文化旅游节暨秋祭妈祖典礼开幕》,东南网,http://pt.fjsen.com/xw/2014-10/27/content_15111422.htm,2014年10月27日。
⑥ 《第二届浙台(苍南)陈靖姑信俗文化节开幕》,浙江非物质文化遗产网,http://www.zjfeiyi.cn/news/detail/31-6830.html,2014年11月11日。

登长卷,还有各种非遗实物、艺术纪念品的展览。① 8月25日,第七届西北五省区秦腔艺术节在宁夏银川举办。② 11月10~22日,第七届中国京剧艺术节在天津举办。③

4. 以非遗为主题的博览会与比赛

2014年,以非遗为主题的各类博览会也举办多项。这些博览会以非遗保护与传承为宗旨,以扩展非遗市场为目的,取得了非常好的社会文化效益。

首先,一批大规模的综合性博览会举办。10月10日,第三届中国非遗博览会在济南开幕。本届博览会突出非遗项目本体,突出传承人的地位和作用。非遗的地域文化特色浓厚,衍生产品丰富多样,企业参与领域广泛,既促进了理论研究,也营造了产品交易良好氛围。④

其次,各地举办了一些专题性非遗博览会。9月26日,首届中国西藏旅游文化国际博览会在西藏博物馆正式开幕。博览会分文化板块和旅游板块:文化板块由非物质文化遗产精品展、特色文化产业暨重点项目推介、文物精品展和藏戏展演组成;旅游板块有旅游富民主题区、民族歌舞展示区、精品旅游景观大道、民俗风情体验区、旅游纪念品展示区、特色餐饮体验区、旅游商品展销区、签名留言区等八个部分。⑤ 9月30日,2014年中国海峡两岸(闽侯)第一届根艺美术博览会在闽侯根雕产业创意园开幕。⑥ 12月5~8日,第二届新疆丝绸之路文化创意产业博览会在新疆国际会展中心举办。200余家参展商通过572个展位为市民带来了一场文化创意盛宴。⑦

---

① 《新疆"萨吾尔登"故乡文化艺术节展示蒙古族风情》,央广网,http://xj.cnr.cn/2014xjfw/2014xjfwtpx/201405/t20140504_515423289.shtml,2014年5月4日。
② 《第七届西北五省区秦腔艺术节8月在银川开幕》,央广网,http://nx.cnr.cn/xwzx/tpxw/201408/t20140806_516149315.shtml,2014年8月6日。
③ 《第七届中国京剧艺术节在天津开幕》,新华网,http://news.xinhuanet.com/newmedia/2014-11/10/c_1113190316.htm,2014年11月10日。
④ 《第三届中国非物质文化遗产博览会凸显六大亮点》,中国经济网,http://www.ce.cn/culture/gd/201410/10/t20141010_3671107.shtml,2014年10月10日。
⑤ 《首届藏博会展览展示集中展现西藏旅游文化发展成果》,人民网,http://xz.people.com.cn/n/2014/0926/c138901-22450298.html,2014年9月26日。
⑥ 《首届闽侯根艺美术博览会开幕》,《福建日报》,http://fjrb.fjsen.com/fjrb/html/2014-10/01/content_773079.htm?div=-1,2014年10月1日。
⑦ 《第二届新疆文博今日开幕》,《新疆都市报》,http://epaper.ts.cn/ftp/site1/xjdsb/html/2014-12/05/content_9806.htm,2014年12月5日。

2014年各地还举办了一批非遗比赛活动,促进了传承人的交流和技能提升。1月7日,"品味广西:美丽家园·2013广西非物质文化遗产摄影大赛"评审活动在广西博物馆举行。① 2月13~14日,2014首届"湖北大鼓"和"湖北评书"大赛评奖活动在武汉说唱团曲艺小剧场举办。② 10月,第十六届中国上海国际艺术节"艺聚徐家汇,雅集江南风——苏浙沪说唱艺术邀请赛"在上海星舞台进行决赛。③ 10月18日,"铜仁市非物质文化遗产创意设计大赛"正式启动,比赛用现代设计手段把古老的非遗元素融入旅游商品包装设计之中,提升商品的文化内涵,推动非遗保护发展与旅游相融合。④ 11月,中国武陵山区首届三棒鼓擂台赛暨龙山县非遗保护节在龙山隆重举行。⑤

五 国际合作与交流

2014年,我国非遗保护工作在国际合作方面有突出表现。11月28日,在法国巴黎举办的联合国教科文组织保护非遗政府间委员会第九届常会上,中国民俗学会竞选成功,进入保护非遗政府间委员会新成立的"审查机构",将在2015~2017年间全面参与人类非遗代表作名录、急需保护的非遗名录、优秀实践名册及国际援助四类申报项目的评审工作。⑥ 这是我国非遗国际合作的一大成果,中国民俗学会作为我国重要的研究团队将在国际层面的非遗保护工作中发挥更加重要的作用。

另外,联合国教科文组织亚太地区非遗国际培训中心(以下简称中国

---

① 《"美丽家园·2013广西非物质文化遗产摄影大赛"评审活动在我馆举行》,广西壮族自治区博物馆网站,http://www.gxmuseum.com/a/news/7/2014/01/4080.html,2014年1月7日。
② 《弘扬民族传统文化,推进湖北地方曲艺艺术传承发展——2014首届湖北大鼓和湖北评书大赛评奖活动成功举办》,湖北省文化厅网站,http://www.hbwh.gov.cn/xwdt/whdt/8644.htm,2014年12月18日。
③ 《苏浙沪说唱艺术邀请赛举行》,《新民晚报》,http://xmwb.news365.com.cn/wy/201410/t20141030_1394838.html,2014年10月30日。
④ 《铜仁市举办非物质文化遗产创意设计大赛》,贵州非物质文化遗产网,http://www.gzfwz.com/WebArticle/ShowContent?ID=1616,2014年10月20日。
⑤ 《武陵山区首届三棒鼓擂台赛暨非遗保护节在龙山举行》,红网,http://hn.rednet.cn/c/2014/11/27/3534120.htm,2014年11月27日。
⑥ 《中国民俗学会进入联合国教科文组织非遗申报"审查机构"》,中国社会科学网,http://www.cssn.cn/wx/wx_xszx/201412/t20141208_1434013.shtml,2014年12月8日。

亚太中心）也积极开展国际合作与交流。5月28日，中国亚太中心在北京召开管理委员会第三次会议。中国亚太中心、文化部、中国联合国教科文组织全国委员会、联合国教科文组织北京办事处、联合国教科文组织保护非物质文化遗产国际研究中心（日本亚太中心）和国际信息和网络中心（韩国亚太中心）等机构的代表和专家学者参加会议。会议提出，中国亚太中心今后应更加深入地开展国际培训工作和更多形式的国际交流与合作。一方面，在联合国教科文组织能力建设战略框架下，围绕批约、履约、清单制定和申报4个主题举办国际培训活动；另一方面，为推动培训工作深入开展，针对非遗具体门类的保护经验和举措举办培训活动。①

11月7日，中国亚太中心再一次在北京召开"非物质文化遗产保护经验交流会"。文化部副部长丁伟，中国艺术研究院院长、中国非遗保护中心主任王文章，联合国教科文组织副总干事格塔丘·恩吉达、文化助理总干事阿弗雷多·阿米南，与阿塞拜疆、贝宁、匈牙利、伊朗、以色列、卡塔尔、巴勒斯坦、菲律宾等八国常驻联合国教科文组织代表出席会议。会上，国内外专家围绕非遗保护实践与经验进行了富有成果的交流研讨。其中，中方代表分别从国家层面、地方政府层面，分享了中国近年来在非遗保护方面取得的成果和经验，从国际层面介绍了"保护非物质文化遗产能力建设战略"在亚太地区的实施情况，并听取了联合国教科文组织的意见和建议。②

2014年，我国积极举办丰富多彩的非遗国际交流活动。8月22日，作为纪念中蒙建交65周年和中蒙友好交流年的重要文化活动，"中国文化周"暨"中国敦煌文化艺术展"开幕活动在蒙古国家艺术画廊隆重举办。习近平主席夫人彭丽媛与额勒贝格道尔吉总统夫人包勒尔玛共同出席"中国文化周"开幕活动并剪彩。③

4月28日，中国文化日活动在塞内加尔首都达喀尔的波尔多管理学院举行，丰富多彩的时装表演、太极茶道展示以及用筷子大赛吸引了众多

---

① 《亚太非遗中心将加强国际交流合作》，《中国文化报》，http：//epaper.ccdy.cn/html/2014-05/30/content_127025.htm，2014年5月30日。
② 《国内外专家在京交流非遗保护经验》，《中国文化报》，http：//epaper.ccdy.cn/html/2014-11/10/content_140108.htm，2014年11月10日。
③ 《蔡武部长率中国政府文化代表团访问蒙古国》，中华人民共和国文化部网站，http：//www.mcprc.gov.cn/whzx/whyw/201408/t20140828_435728.html，2014年8月28日。

当地市民与学生踊跃参与。① 为庆祝中突建交 50 周年，当地时间 8 月 8～14 日，由中国文化部主办的中阿丝绸之路文化之旅——"中国文化周"在突尼斯举办，新疆木卡姆艺术团、中央歌剧院交响乐团的演出和中突建交 50 周年图片展让突尼斯人民近距离领略了中国文化的魅力。② 9 月 12 日，"中国——阿拉伯非物质文化遗产精品展"在陕西省美术博物馆开幕，拉开了首届丝绸之路国际艺术节的序幕，这是阿拉伯国家的非遗精品第一次在陕展出，有黎巴嫩的手工织品、阿曼的饰品、摩洛哥的乐器、埃及的雕塑和服饰，还有从中亚国家"陕西村"收集回来的非遗精品。③

10 月 25 日，作为"新疆文化海外文化中心展示季"活动的重要组成部分，2014 年"中国新疆文化周"于当地时间 25 日在中国驻俄罗斯联邦大使馆开幕。歌曲《你在哪里》《一杯美酒》，舞蹈《顶碗舞》，手鼓独奏《丰收》，以及《找情郎》《离太阳最近的人》《刀郎麦西热甫》等节目都让来宾们深深感受到了新疆歌舞的魅力。④

此外，各地也开展了多样的国际文化交流活动。受新加坡人民协会邀请，福建省在 2 月 5～11 日组织"霍童线狮"赴新加坡参加"布海同心"妆艺大游行。⑤ 2 月 15 日，在不丹首都廷布，广西的杂技演员为王室成员及国家政要献上了精彩的杂技演出，《转毯》《晃圈》《钻地圈》等多个节目依次亮相。⑥

2014 年是"荆楚风·中俄情——湖北文化走进俄罗斯"系列活动年。2 月 25 日晚，"荆楚风·中俄情——湖北文化走进俄罗斯"京剧专场演出在俄罗斯格林卡音乐文化博物馆开演。湖北省京剧院精彩的

---

① 《塞内加尔达喀尔举办中国文化日》，新华网，http://news.xinhuanet.com/culture/2014-04/30/c_126449196.htm，2014 年 4 月 30 日。
② 《中国文化周闪耀突尼斯》，中华人民共和国文化部网站，http://www.mcprc.gov.cn/whzx/whyw/201408/t20140811_435208.html，2014 年 8 月 11 日。
③ 《"中国——阿拉伯国家非物质文化遗产精品展"开幕》，《西安晚报》，http://epaper.xiancn.com/xawb/html/2014-09/21/content_324227.htm，2014 年 9 月 21 日。
④ 《"中国新疆文化周"在莫斯科启幕》，《新疆日报》，http://epaper.xjdaily.com/detail.aspx?id=8158202，2014 年 10 月 27 日。
⑤ 《我省非遗项目"霍童线狮"赴新加坡参加妆艺大游行》，福建非遗网，http://www.fjfyw.net/news/xinwenxinxi/2014-02-17/1017.html，2014 年 2 月 17 日。
⑥ 《广西杂技之花绽放海外》，《中国文化报》，http://epaper.ccdy.cn/html/2014-04/15/content_122500.htm，2014 年 4 月 15 日。

演出向俄罗斯观众展示了中国国粹艺术的风采,赢得俄罗斯友人的赞叹。① 8月30日晚,湖北武当武术表演团以一段6分钟的《太极》再度惊艳莫斯科。②

3月27日,2014西班牙马德里·多彩贵州文化节系列活动在马德里中国文化中心拉开序幕。"炫彩贵州——贵州少数民族服饰展""音韵贵州——贵州非物质文化遗产展演""秘境贵州——贵州旅游推介活动"以及非遗技艺展示和专题讲座等,向西班牙市民和海外华人华侨介绍了贵州多彩厚重的民族民俗文化,促进了中国与西班牙在文化领域的交流。③

4月2日起,内蒙古与澳大利亚进行贯穿全年的"民族文化"交流活动,在悉尼进行了富有内蒙古民族特色的风情展、摄影展,充分展现了茫茫草原的优美景致。除此以外,呼麦、马头琴、杂技、歌舞等表演充分展现了内蒙古地区的民族文化。④

4月25~27日,辽宁省海城高跷秧歌队参加塞舌尔维多利亚国际嘉年华活动。来自26个国家的展演团同台竞技,最后中国辽宁非遗展演团获得嘉年华冠军。⑤

6月13~25日,"欧洲摄影家看非遗——山东省非物质文化遗产巡礼"摄影采风活动在山东举行。来自德国、西班牙、爱尔兰等国家的摄影家聚首齐鲁大地,以他们特有的视角和精湛的摄影技术,对山东省的非遗项目和传承人进行采风。⑥

9月1日,2014萨尔茨堡州海南文化日活动在奥地利萨尔茨堡州首府拉开帷幕,魅力海南文化与发展图片展、海南非物质文化遗产展和海上丝绸之路音乐会在莫扎特音乐学院举行。萨尔茨堡州与海南省自2000年结成

---

① 《湖北京剧院"荆楚风·中俄情"专场演出在俄举行》,人民网,http://world.people.com.cn/n/2014/0226/c1002-24474072.html,2014年2月26日。
② 《武当太极惊艳红场》,《湖北日报》,http://hbrb.cnhubei.com/html/hbrb/20140901/hbrb2427181.html,2014年9月1日。
③ 《传播贵州民族文化 2014西班牙·多彩贵州文化节登陆马德里》,金黔在线,http://www.gog.com.cn/zonghe/system/2014/04/08/013372655.shtml,2014年4月9日。
④ 《内蒙古确定与澳大利亚进行"民族文化"交流》,中国新闻网,http://www.chinanews.com/cul/2014/04-02/6023575.shtml,2014年4月2日。
⑤ 《海城高跷"惊艳"非洲》,人民网,http://ln.people.com.cn/n/2014/0504/c340418-21124114.html,2014年5月4日。
⑥ 《山东省非物质文化遗产巡礼摄影采风活动举行》,中国山东网,http://news.sdchina.com/show/3002070.html,2014年6月13日。

友好省州，双方交流活动频繁。这次海南文化日活动全面展示了海南自然资源、人文景观、民俗节庆等文化内容，增进了奥地利民众对中国海南的了解和向往。①

9月7日，由吉林省人民政府、美国洛杉矶郡共同主办的"跨越太平洋·2014中国吉林文化周"在美国洛杉矶开幕。② 9月26日，湖南省花鼓戏保护传承中心的"绚丽花鼓"专场文艺演出在新西兰上演。③

11月12日，由上海宝山国际民间艺术博览馆和罗马圣安东尼葡萄牙文化学院共同主办的"中欧之间：艺术在生活中"展览在意大利正式亮相，宝山国际民间艺术博览馆馆藏20幅杨行吹塑版画及28件当代艺术作品参展。④

11月21日，"天工遗风——浙江非物质文化遗产展"在印度美术手工协会展厅开幕。该展选取浙江最具代表性的龙泉青瓷、活字印刷、细纹刻纸等30多个非遗项目，以活态演示和静态展陈方式展示了富有中国特色的民间工艺绝技，让印度市民了解和领略了中国非遗的丰富内涵和独特魅力。⑤

12月8日，首届"中国彩灯节"在巴塞罗那开幕。彩灯节分为七个主题区，分别是中国农村、茶文化、长城、中国水乡、四季、熊猫公园和十二生肖。为了拉近与当地民众的距离，中国艺术家还特别制作了30多个体现西班牙加泰罗尼亚地区特色的彩灯。⑥

---

① 《我省赴奥举办2014萨尔茨堡州海南文化日》，《海南日报》，http：//hnrb. hinews. cn/html/2014 - 09/01/content_ 1_ 10. htm，2014年9月1日。
② 《2014中国吉林文化周在洛杉矶开幕》，新华网，http：//news. xinhuanet. com/culture/2014 - 09/09/c_ 126964915_ 3. htm，2014年9月9日。
③ 《王鲁彤大使出席"绚丽花鼓"专场文艺演出》，中华人民共和国驻新西兰（库克群岛、纽埃）大使馆官网，http：//www. chinaembassy. org. nz/chn/zxgx/t1196738. htm，2014年10月8日。
④ 《"中欧之间：艺术在生活中"展览亮相意大利》，上海市宝山区人民政府门户网站，http：//bsq. sh. gov. cn/zwxx/zxbd/201411/t20141120_ 171887. html，2014年11月20日。
⑤ 《"天工遗风——浙江非物质文化遗产展"在印度开幕》，中华人民共和国外交部网站，http：//www. fmprc. gov. cn/mfa_ chn/wjdt_ 611265/zwbd_ 611281/t1213948. shtml，2014年11月24日。
⑥ 《巴塞罗那举办"中国彩灯节"》，新华网，http：//www. cq. xinhuanet. com/2014 - 12/19/c_ 1113703160. htm，2014年12月19日。

六 非遗的学术研究

2014年我国高校、科研机构、非遗保护单位、社会民间团体对非遗保护展开不同学科、不同层面、不同专题的深入研讨，推动了非遗保护理论的进一步发展，为非遗有序传承和科学发展提供了严谨的学术思考和科学的理论指导。

（一）研讨会

2014年的学术研讨会议题丰富，就非遗保护、传承与发展的方方面面展开了富有成效的研讨，除了非遗各个类别的专题讨论，还对非遗传承与城镇化发展的关系，非遗文化生态保护，非遗数字化保护，非遗衍生产品与文化创意产业发展及非遗保护的地区间、国际交流合作等论题进行了深入探讨。下面介绍一些主要研讨会的情况。

1月12日，"第四届海峡两岸民间文化论坛暨中国地域民俗文化研究中心成立大会"在黑龙江省牡丹江市举行。国家非遗保护工作专家委员会副主任刘魁立、中国民俗学会会长朝戈金、国家非遗保护工作专家委员会副主任周小璞、"台湾大学"台湾文化研究所所长洪淑苓、清华大学荣誉教授王秋桂、台湾中国民俗学会秘书长陈益源等众多学者专家就海峡两岸民俗事象的比较、地域民俗的调研与民俗学科建设、非遗保护的理论与实践等多个议题进行了深入研讨。[①]

3月22日，"第四届海峡两岸清明文化论坛"在浙江奉化举行。中国国民党副主席蒋孝严出席论坛并致辞。100余位来自两岸的专家学者、嘉宾，围绕"中华文化的礼俗传承"这一主题展开研讨。[②]

6月21～22日，"民间文学与非物质文化遗产学术研讨会"在华中师范大学国家文化产业中心召开。专家学者们围绕非遗保护与文化传承的主题，对非遗保护与城镇化的关系、非遗教育与人才培养等问题进行了深入

[①] 《第四届海峡两岸民间文化论坛暨中国地域民俗文化研究中心成立大会在牡丹江召开》，中国民俗学网，http://www.chinesefolklore.org.cn/web/index.php?NewsID=12224，2014年1月17日。

[②] 《第四届海峡两岸清明文化论坛在浙江奉化举行》，新华网，http://news.xinhuanet.com/tw/2014-03/22/c_119896039.htm，2014年3月22日。

探讨。①

8月23日，适逢广东省民俗文化发展研讨会成立暨《神州民俗》杂志创刊25周年，由广东省非遗保护中心、省民俗文化研究会等单位共同主办的"民俗文化研讨会"在中山市举行。来自北京大学、南京大学、香港城市大学、中山大学等高校的百余位民俗研究专家学者，就民俗文化的变迁与现状、非遗的保护与发展等方面进行了广泛而深刻的研讨。②

9月17日，"第三届中国非物质文化遗产保护（舟山）论坛"在浙江省舟山市岱山县举行。文化部非遗司、浙江省海洋渔业局、浙江省旅游局有关负责人和来自全国18个省（区、市）的非遗工作者、非遗传承人以及专家学者等百余人齐聚一堂，共同研讨海洋文化建设和非遗保护的有效途径。刘魁立、吴文科、高丙中、陈勤建、陈华文等学者分别阐述了保护和利用海洋文化的重要意义和作用，对推进海洋文化保护与建设提出了建议。③

9月20日，"重阳与亚洲孝道文化国际论坛暨国际亚细亚民俗学会第十五次学术大会"在湖北工程学院开幕。国际亚细亚民俗学会会长陶立璠、日本民俗学家樱井龙彦等在开幕式上致辞。韩中大学名誉教授金善丰、中国社会科学院荣誉学部委员刘魁立、神奈川大学教授佐野贤治分别作主旨演讲和学术报告。来自日本、韩国、蒙古、老挝、越南、马来西亚、新加坡等15个国家和中国的专家学者围绕"重阳节日文化与孝道文化"展开研讨。④

9月29日，由全国台联、闽南师范大学主办的"闽台非物质文化遗产保护学术座谈会"在北京台湾会馆召开，全国台湾研究会严峻主任、台湾成功大学陈益源教授、台湾戏曲学院副校长蔡欣欣教授等两岸专家学者围绕闽台非遗保护，就民间信仰、戏曲、方言等议题进行了讨论，并提出两

---

① 《专家学者研讨非遗保护与文化传承》，光明网，http://difang.gmw.cn/hb/2014-06/21/content_11680055.htm，2014年6月22日。
② 《广东省民俗文化发展研讨会在中山举办》，中国社会科学网，http://www.cssn.cn/gd/gd_rwhn/gd_zxjl/201408/t20140826_1304788.shtml，2014年8月26日。
③ 《第三届中国非遗保护（舟山）论坛》，中国非物质文化遗产保护与研究网，http://cich.sysu.edu.cn/bhdt/bhzh/20141225/n195217004.html，2014年11月9日。
④ 《重阳与亚洲孝道文化国际论坛在孝感开幕》，荆楚网，http://news.cnhubei.com/xw/hb/xg/201409/t3049256.shtml，2014年9月20日。

岸在非遗保护领域加强合作的愿景。①

10月10日,第三届"中国非遗博览会·文化生态保护区建设"论坛在山东济南举办,来自文化部、中国艺术研究院、山东省及济南市地方政府的相关负责人以及国内非遗保护专家和国家级文化生态保护实验区代表齐聚一堂,就"加强文化生态的整体性保护,促进区域文化的可持续发展"这一主题展开深入讨论,具体论题涉及文化生态保护区的建设、经验推广、监管体制建立、评估标准制定等,探寻推进非遗整体性保护和文化生态保护区建设的有效途径。②

10月18~19日,"第十届海峡两岸文化创意产业高校研究联盟论坛"在杭州白马湖举行。来自海峡两岸的近150所高校、科研机构、行业协会及文化创意企业的250余位代表参加了此次论坛。本届论坛以"中华文化的创意实践"为主题,设立了"中华文化资源涵育和文化传承""区域转型与特色文化产业发展""城镇发展与文化空间营造""国际文化市场与文化贸易"和"中华文化创意与文化企业"等五个分论坛,对中华文化的传承、文化创意产业开发和城镇文化发展等问题进行了研讨。③

10月31日~11月2日,"中国非物质文化遗产保护论坛"在北京举办。中国外交部、对外文化交流协会、文化部非遗司等单位的有关领导,以及中国社会科学院、华中师范大学等科研机构、高校的学者们参加了讨论。此次论坛以"促进中国非物质文化遗产的可持续保护与开发"为主题,具体议题有"纳西东巴文化""中国少数民族神话中的婚姻故事""阿昌族创世史诗《遮帕麻与遮米麻》的保护与可持续发展"等。④

11月1~2日,"中国艺术人类学国际学术研讨会"在北京舞蹈学院拉开帷幕,艺术人类学领域近三百名中外专家出席该会。会议以"文化自觉与艺术人类学研究"为主题,围绕"艺术人类学与非物质文化遗产研究""艺术人类学理论""非遗理论与个案""舞蹈美学与舞蹈人类学""造型

---

① 《闽台非物质文化遗产保护学术座谈会在北京台湾会馆召开》,闽南网,http://www.mnw.cn/news/th/804336.html,2014年9月30日。
② 《第三届中国非遗博览会文化生态保护区建设论坛举办》,中国山东网,http://news.sdchina.com/show/3103270.html,2014年10月11日。
③ 《第十届海峡两岸文化创意产业高校研究联盟论坛顺利开幕》,中国非物质文化遗产网,http://www.zgfy.org/contentRead.asp?classid=16&cmsid=18781,2014年10月23日。
④ 《中国非物质文化遗产保护论坛在京举办》,人民网,http://expo.people.com.cn/n/2014/1103/c57922-25965812.html,2014年11月3日。

艺术""民俗与表演艺术"等议题展开研讨。①

11月2日,中国刺绣文化保护研讨会在长沙市举行。全国28大绣种的80余名代表性传承人与会。湘绣学者李湘树、中国青年刺绣艺术家毛珊、发绣艺术家孟永国、织绣专家殷安妮、苏绣大师姚建萍、中国艺术研究院研究生院哈斯其木格等刺绣专家学者先后发表主旨演讲。会上,中国非遗保护协会刺绣专业委员会正式揭牌,并选举产生了第一届主任委员、副主任委员和秘书长等协会负责人,成为目前中国最大最全的刺绣行业组织。②

11月16~17日,"世界中联中医药传统知识保护研究专业委员会第二届学术年会暨中医药传统知识保护国际学术大会"在洛阳召开。来自中国大陆、台湾地区,美国、芬兰等130余名中医传统知识保护领域的专家和学者就中医药传统知识与非遗保护相关方面的研究工作经验和心得进行了热烈而深刻的讨论。③

11月30日~12月2日,由中山大学中国非遗研究中心主办的"文化遗产传承与数字化保护暨第二届文化遗产传承与数字化保护协同创新中心工作会议、第一届中山大学中国非物质文化遗产研究中心工作站会议"在广州召开。来自全国各地的专家学者围绕我国文化遗产传承与数字化保护,就数字化技术背景下非遗的保护传承与开发利用、非遗的可视化与传承、中国非遗数字化标准制定等问题进行了交流与讨论。④

12月5~7日,"中华传统文化传承与民俗生活实践"学术研讨会在山东济南召开。来自山东省17地市的130余名代表和多名特邀专家出席了大会。本届年会的学术研讨主题为"中华传统文化传承与民俗生活实践",

---

① 《中国艺术人类学国际学术研讨会在京召开》,中国非物质文化遗产保护与研究网,http://cich.sysu.edu.cn/bhdt/bhzh/20141121/n911416973.html,2014年11月2日。
② 《中国刺绣文化保护研讨会举行》,光明网,http://difang.gmw.cn/hn/2014-11/03/content_13734017.htm,2014年11月3日。
③ 《世界中医药学会联合会中医药传统知识保护研究专业委员会第二届学术年会暨中医药传统知识保护国际学术大会》,世界中医药学会联合会网站,http://www.wfcms.org/wfcms/menuCon/contdetail.jsp?id=6062,2014年11月21日。
④ 《我中心成功主办"文化遗产传承与数字化保护"论坛》,中国非物质文化遗产保护与研究网,http://cich.sysu.edu.cn/yjzx/zxxw/2014124/n186616986.html,2014年12月4日。

议题旨在挖掘和勾勒更多齐鲁民俗文化资源的现实图景，关注当下城镇化进程中出现的种种问题，反思民俗文化在生活实践中的重要性及现实问题。①

12月6日，由文化部非遗司主办，中国戏曲学院、中国戏曲表演学会承办的"全国非物质文化遗产戏曲剧种研讨会"在北京举行。该研讨会旨在进一步研讨非遗戏曲剧种的历史沿革、名家名剧、行当流派等，推动非遗剧种及濒危剧种的挖掘、整理和抢救工作。会上，专家学者分别就"非遗剧种表导演及剧目创作研究""入选非遗对于戏曲剧种发展的意义""非遗剧种与地域文化关系研究"等议题进行了讨论和交流。②

12月10~11日，由云南大学西南边疆少数民族研究中心、美国杜兰大学及红河学院联合举办的"从东亚与美国的视角看传统艺术作为非物质文化遗产的传承与保护"国际学术研讨会在云南省红河州召开。来自北京大学、北京师范大学、云南大学以及美国、日本、韩国、越南、菲律宾、新西兰等国的40余名专家学者，围绕传统艺术的传承与保护、非遗传承与保护、文化多样性等问题，结合本国、本地区非遗保护现状进行深度剖析，为非遗保护献计献策。③

12月11~14日，联合国教科文组织亚太地区世界遗产培训与研究中心、国家政府历史文化遗产保护相关部门、国际及中国非盈利民间历史文化遗产保护组织相关专家学者共聚"2014华南（广州）历史文化遗产保护论坛"，向社会公众展示了当下历史文化遗产保护领域的经验和成果，并就"城市遗产管理""历史遗产民间保护工作""历史遗产保护工程计划和管理""历史遗产应用""历史记忆与影响记录"等尚存的问题与挑战进行了研讨。④

---

① 《"中华传统文化传承与民俗生活实践"学术研讨会召开》，大众新闻网，http：//sd. dzwww. com/sdnews/201412/t20141209_ 11525387. htm，2014年12月9日。
② 《非遗戏曲剧种研讨会在京举行》，中国非物质文化遗产网，http：//www. ihchina. cn/show/feiyiweb/html/com. tjopen. define. pojo. feiyiwangzhan. XinWenDongTai. detail. html? id = 3d5fa93a - 9445 - 4218 - 8548 - c5b96057071c&classPath = com. tjopen. define. pojo. feiyiweb. xinwendongtai. XinWenDongTai，2014年12月6日。
③ 《国内外专家汇聚红河研讨非物质文化遗产传承与保护》，新华网，http：//www. yn. xinhuanet. com/newscenter/2014 - 12/11/c_ 133848293. htm，2014年12月11日。
④ 《2014华南（广州）历史文化遗产保护论坛》，人民网，http：//house. people. com. cn/n/2015/0104/c164220 - 26321738. html，2015年1月4日。

（二）学术著作

2014年非遗保护的研究在已有基础上继续深入，对之前以及现阶段我国非遗保护和传承中的不足进行了学术上的反思，对未来的非遗传承与发展提出了专业的建议和构想。

经过十多年的摸索和积累，我国非遗保护工作搜集整理了大量具有历史、文化和科学价值的珍贵实物和文字、音像资料，数字化保护工作越来越迫切。杨红的《非物质文化遗产数字化研究》正是这方面的一部力作。结合国内外的研究、实践成果，该书提出了非遗数字资源的核心元数据元素集方案和非遗项目分类编码体系。作者对非遗数字化保护、数据库建设的标准体系进行理论梳理，确定了非遗数据库标准化工作的具体内容，并通过引入美国等国家数字化保存标准研究中资源格式、技术规范等方面的阶段性成果，为国内非遗数字资源标准化具体文本的研究提供务实的启发。在具体非遗类别的数字化保护方面，有彭冬梅的《非物质文化遗产数字化保护与传播研究——以剪纸艺术为例》。该书对剪纸艺术的可持续发展、剪纸艺术数字化符号库的创建、计算机辅助剪纸设计系统、计算机剪纸展示系统、剪纸数字化保护的其他方法手段等进行了理论与实践的探索，对其他非遗项目的数字化研究也有一定的借鉴意义。

2011年我国颁布《非遗法》，中国进入了依法保护非遗的新阶段。非遗法律体系的建构和完善一直是社会各界关注的热点。2014年，刘红婴的《非物质文化遗产的法律保护体系》是一本全面研究非遗法律体系的专著。该书以物质遗产为参照审视非物质文化遗产，创建性地提出了作为公法遗产的非遗法律体系的理论、区域间协作的思路和建立国家遗产制度的构想。具体内容包括非遗的国际法框架，非遗的法定标准，非遗的范畴、组织机构与法定程序，非遗法的关联因素，非遗的国内法，中国非遗的法律路径等，具有较高启示性。

此外，杨明的《非物质文化遗产的法律保护》以"法律结构"为逻辑线索展开体系化的研究，试图勾勒出"涉及的利益主体—利益主体享有的权利之定性—利益主体之间的具体法律关系"这样的架构，对"物质文化遗产保护的法律结构"进行解析，是将"维护文化多样性之价值取向"落实到制度层面的重要理论工作，也是制度构建的基础性研究。书中对私法保护与行政保护的关系、交易成本与保护模式的关系、如何避免利用者的不正当占有及政府的寻租行为等问题的研究，对当下非遗的法律保护工作有一定借鉴意义。另外，赵虎敬的《新疆非物质文化遗产的法律保护》从实际操作的角度对新疆非遗法律保护的体系构建和优化展开研究，对非遗法律体系的建设也有重要实践意义。

2014年10月，《中国非物质文化遗产保护发展报告（2014）》（以下简称《报告》）由社会科学文献出版社出版，是中山大学中国非遗研究中心宋俊华主持编撰的第四部中国非遗保护发展报告。《报告》对2013年非遗保护各项工作进行了归纳和总结，指出我国非遗保护进入了依法保护、科学保护、全民保护、积极开展国际交流合作的稳健发展阶段。《报告》还对我国非遗保护中存在的问题与面临的挑战提出了积极的意见和建议。

2014年底，吕品田主编的《中国非物质文化遗产年鉴（2010年）》由文化艺术出版社出版，载录了反映2010年度非遗保护领域新变化、新成就、新事件和新成果的信息资料，是了解该年度我国非遗保护工作发展进程的重要参考。

在非遗具体类别的研究方面，代表性成果有山东大学文化遗产研究院主持编撰的《中国民俗文化发展报告：2013》。该书以年度报告的形式，从民俗文化的视角观察我国重要社会问题，以富于前瞻性的思考，为国家的社会与文化建设积极建言献策。另外，《非物质文化遗产保护与民间文学》一书，选辑了刘守华教授近年来关于非遗保护与民间口头文学等方面的40篇论文，内容包括民间文学类非遗保护的综合评论、策略和构想，对民间文学类非遗的保护具有重要参考价值。

在非遗区域研究与个案研究方面，有施强、谭振华主编的《中国彝族非物质文化遗产概论》、徐凤著的《甘肃非物质文化遗产概论》、朱祥贵等著的《以非物质文化遗产保护模式创新实证研究：以宜昌长阳土家族自治县为例》、汪振军著的《河南非物质文化遗产传承与产业化研究：以河南10个重点地区为对象》和汪欣著的《传统村落与非物质文化遗产保护研究：以徽州传统村落为个案》。这些论著或者对某一民族、某一区域非遗保护的现状和问题进行系统整理和研究，或者从某一区域具体案例出发，对村落文化变迁、文化产业发展等进行深入细致的探索和研究。

此外，2014年，非遗相关项目的丛书、专辑、图录也大量出版。其中，北京美术摄影出版社的"非物质文化遗产丛书"、浙江摄影出版社的"浙江省非物质文化遗产代表作丛书·第二批"、吉林出版集团有限责任公司的"争奇斗艳的世界非物质文化遗产(彩图版)"等系列丛书,通过图文并茂的形式,将不同非遗项目全面、有趣地展示出来,对于传播、普及非遗知识具有积极意义。除了丛书,诸如《木兰传说》《观音传说》《国家非物质文化遗产:薅草锣鼓》等在调查和资料整理分析基础上形成的专著,具有科普和学术双重功能。而类似国家图书馆中国记忆项目中心编著的《大漆髹饰传承人口述史》和王颖、杨光熙主编的《海岛"非遗"的文化记忆:舟山非物质文化遗产传承人小传》,以非遗传承人为主体,通过其口述将文化记忆保存出版,具有重要的科普和文献档案价值。

就2014年的情况来看,非遗理论研究著作数量不多,个案研究和普及性图书数量较大,表现出"重器轻道"现象。中国的非遗保护虽历经十余年,但从学科建设的历程而言还很年轻,基础性理论和方法论的建构仍需努力。

(三)研究论文

1. 基础理论研究

从学术研究角度来说,基础理论对于一个学科建设的重要性毋庸置疑。非物质文化遗产学作为一个年轻且旁涉广泛的学科,基础理论的成熟度将直接影响其学科的地位和立足点。因此,加强理论研究在今天显得尤为重要。2014年,国内关于非物质文化遗产理论建设的思考更加成熟和理性。

非遗的理论思考一个重要体现点是对 UNESCO《保护非物质文化遗产公约》(以下简称《公约》)的理解。户晓辉的《〈保护非物质文化遗产公约〉能给中国带来什么新东西——兼谈非物质文化遗产区域性整体保护的理念》[①]在中国历年非遗保护工作实践的基础上,深入剖析了《公约》的精神实质和思想内涵,反思我们是否真正理解和践行了《公约》的要求。作者在重新界定"非遗"与"民俗"的差异、英文"保护"一词的不同含义和要求之后,提出中国非遗保护工作应对的新框架、新伦理、新思维和新举措。这里面既包括国际性的眼光和理念,还涉及保护过程中权力让渡、权利尊重以及

---

① 户晓辉:《〈保护非物质文化遗产公约〉能给中国带来什么新东西——兼谈非物质文化遗产区域性整体保护的理念》,《文化遗产》2014年第1期。

相关人员的意识提升、能力建设等内容。该论文为我国非遗工作的未来方向提供了一种思路。

此外，学者们将注意力进一步转向了非遗保护工作框架和理论的"中国化"，梳理非遗话语形成和发展的国际环境，反思中国实践中因文化差异所造成的割裂和疏离，力图建立一个适合中国社会环境和文化氛围的观念体系和理论架构。如彭兆荣的《文本、语义与语境——非物质文化遗产名实考述》①试图反思我国"遗产运动"在"非物质文化遗产"历史语境中的西方中心化和近代"物质主义"特质，从而带有明显的"遗产政治学"意味；并指出要以"词与物"的方式剖析其知识生产逻辑，自觉、自主地到中华文化传统中寻找、选择符合自身特色和结构的非遗"名与实"，从而建构非物质文化遗产的"中国范式"。林敏霞的《道—学—技—承：中国非物质文化遗产理论图式建构的"中医"启示》②则从中医的申遗来思考非遗的"中国范式"。作者提出了"医道——遗存之道""医学——遗存之相""医技——遗存之技""医承——遗存之法"四个层面的中医理论体系，体现了建构"中国非物质文化遗产理论体系和图式"的努力。从这两篇文章可以看出，中国学者已经从"非遗运动"的白热化状态中冷却下来，开始理性思考中国非遗在国际语境中的地位、价值和方向，希望在与 UNESCO 及《公约》的思想对接中，结合中国非遗保护实践，建构具有"中国特色"的非遗话语体系，并积极参与和影响国际非遗体系的进一步完善和发展。现在，这方面的努力仅仅是开端。

2014 年，学者们继续在非遗的"本真性"问题上有所探讨。与以往相比，这种探讨越来越趋于理性、开放和实际。虽然仍有小部分声音囿于"原生态"理想，但更多的学者则对"本真性"抱以理解、开放和实事求是的态度。代表性讨论有王霄冰的《从〈祭孔乐舞〉看"非遗"的舞台表演及其本真性》③及蔡磊的《非物质文化遗产价值特征与保护原则》④。

---

① 彭兆荣：《文本、语义与语境——非物质文化遗产名实考述》，《东南文化》2014 年第 1 期。
② 林敏霞：《道—学—技—承：中国非物质文化遗产理论图式建构的"中医"启示》，《文化遗产》2014 年第 6 期。
③ 王霄冰：《从〈祭孔乐舞〉看"非遗"的舞台表演及其本真性》，《民族艺术》2014 年第 4 期。
④ 蔡磊：《非物质文化遗产价值特征与保护原则》，《理论与改革》2014 年第 5 期。

前者在田野调查的基础上提出了"表演的本真性",非遗的文化展演在审美意义上是一种本真性呈现。作者指出,"表演并不意味'伪'和'假',在建构'表演的本真性'的过程中,关键并不在于复制一种古老的形式,而在于领会、体验、传达非物质文化遗产的精髓和灵韵"。在当代社会,文化展演也是非遗传承的一种有效方式。蔡磊则从理论分析的角度说明非遗"变异"的常态性,提出在多元、异质和流动的文化遗产现实图景下,超越"探求本真性"的学术范式,转向探讨其缘起和功用似乎更有价值。

非物质文化遗产是一个多学科交叉的研究领域,非遗研究不仅从多个学科吸取合适的研究方法和理论,也反过来影响相关学科的研究。2014年,不少学者都从交叉学科的角度,对非遗作进一步的研究。董晓萍的《数字民俗搜集理论》[①] 以民俗学与数字信息学为视角,分析数字民俗搜集理论的基础作用,并提出了时间信息、空间信息和专题信息三个基本信息类型。田兆元的《经济民俗学:探索认同性经济的轨迹——兼论非遗生产性保护的本质属性》[②] 则从经济学与民俗学视角出发,从概念、现状、价值和面对问题及解决策略等方面梳理民俗经济的理论问题,并试图寻找与非遗的契合点,解决生产性保护的理论问题。

非物质文化遗产分类问题仍是学者们的重要研究角度之一。其中以宋丽华、董涛、李万社的《非物质文化遗产分类的问题解析与体系重构》[③] 为代表,面对目前分类体系偏重申报等问题,建议从艺术学、社会学、人类学、法律保护的角度出发,结合中国传统文献分类思想,编写非遗专属叙词表,增强非遗概念的表达功能,进一步重新厘定分类标准。詹一虹、周雨城则从民间音乐入手,针对目前非遗分类层次模糊、归属不明等问题,试图构建民间音乐类非遗多线性多层次的分类体系。[④]

2. 保护策略与实践的探讨

2014年,学者们对具体的非遗保护策略和保护实践有更为及时、敏锐

---

① 董晓萍:《数字民俗搜集理论》,《民间文化论坛》2014年第5期。
② 田兆元:《经济民俗学:探索认同性经济的轨迹——兼论非遗生产性保护的本质属性》,《华东师范大学学报》(哲学社会科学版)2014年第2期。
③ 宋丽华、董涛、李万社:《非物质文化遗产分类的问题解析与体系重构》,《国家图书馆学刊》2014年第3期。
④ 詹一虹、周雨城:《中国民间音乐类非物质文化遗产分类研究》,《湖北民族学院学报》(哲学社会科学版)2014年第3期。

的探讨，越来越多的学者从中国社会现实与发展图景中提炼、总结、发现非遗保护的规律和方法。

生产性保护是非遗保护"中国经验"的重要内容。徐赣丽以广西壮锦生产性保护实践为个案，发现传统技艺在现代化转型中往往丢失了核心内容和文化蕴涵，强调在生产性保护中应着重保护核心工艺，最大限度保持产品的文化特性和附属意涵。① 高艳芳、孙正国的《日常需求与文化创意："生产性保护"的观念与路径》② 则提出生产性保护应将非遗还原至日常生活，使其仍具有日常需求的功能，并注意到文化创意的重要性。"生产性保护"原来的意义指向，是传统技艺、传统美术和传统医药药物炮制类领域。在此基础上，有学者将视野放大，扩展至其他门类，潘文焰、仲富兰的《我国传统节日文化的生产性保护路径研究》③ 即是一例。文章分别从传统节日的识别系统与实体系统出发，提出了传统节日文化的保护路径和策略，认为要进行动态的"生产式保护"而非静态的馆藏式保护。张礼敏则以传统手工艺为例，提出非遗的"理性商业化"，认为应当重视部分非遗天然具有的商品属性，并推动其适应现代审美需求和生活需要的自洽性转变。④ 这与高艳芳、孙正国文章中的观点具有一致性。

以秉承传统为本，在此基础上吸收传统因素，转化成丰富多彩的现代品牌，开发非遗衍生品，让更多的非遗元素进入当代人的日常生活，成为生产性保护的新路径。潘鲁生的《非物质文化遗产资源转化的亚洲经验与范式建构》⑤ 考察了日本等亚洲国家的非遗保护实践，发现亚洲国家的生产性活态传承形成了两种范式：原生态、聚落化传承发展的"手艺农村"范式，以及凝练传统文化元素和精神的"设计产业"范式。作者认为以当代设计观念转化非遗资源的传统文化样式、以当代设计语言转化传统文化元素、以当代设计创意产业转化传统文化产业、以当代品牌设计转化传统代工生产是实现非

---

① 徐赣丽：《非遗生产性保护的短板和解决的可能——以壮锦的实践为例》，《西南民族大学学报》（人文社会科学版）2014年第9期。
② 高艳芳、孙正国：《日常需求与文化创意："生产性保护"的观念与路径》，《民俗研究》2014年第3期。
③ 潘文焰、仲富兰：《我国传统节日文化的生产性保护路径研究》，《文化遗产》2014年第1期。
④ 张礼敏：《自洽衍变："非遗"理性商业化的必然性分析——以传统手工艺为例》，《民俗研究》2014年第2期。
⑤ 潘鲁生：《非物质文化遗产资源转化的亚洲经验与范式建构》，《民俗研究》2014年第2期。

遗活态传承、促进非遗保护和发展的重要途径。

整体性保护也是我国非遗保护的一大举措,涉及非遗文化空间的传承、保护乃至重构。随着文化生态保护实验区的建立,学者们在这方面的研究具有现实指导意义。周建明、所萌、岳凤珍的《文化生态保护区的理论基础与规划特征》① 从城市规划角度,对文化生态保护理念的形成与发展进行了系统梳理,在剖析与总结文化生态保护区规划特征的基础上,提出将空间规划与文化生态保护规划有机结合的文化生态保护区规划模式。王德刚的《空间再造与文化传承——栖霞古镇都村"非遗"保护工程实验研究》② 则从具体个案的调查研究出发,分析社区的整体改造过程和存在问题,利用空间生产理论,提出生态营造原则、文化与经济的双重属性原则、社区利益原则和整体性原则等空间再造的基本原则。

我国非遗保护在政府主导下有序推进,民间参与度日益提高,文化持有者的主体位置受到关注,学者对文化主体的研究也逐步深入。董晓萍的《政府非遗与民间非遗——从两种知识的角度切入》③ 认为,非遗保护涉及现代学校教育与未进入现代学校教育系统的两种知识,过去政府与学者作为知识阶层的代表大多从第一种知识体系展开研究和制定保护策略,而作为文化主体的"民间非遗"应充分认识和吸收第二种知识,在研究和保护策略方面与"政府非遗"汇合。杨征的《论非物质文化遗产"代表性传承人"保护政策中"群体性"的缺失》④ 提出,非遗传承人大多具有群体性特征,应从观念认识和政策表达上提高对"一般性传承人"的认同和重视,打破"政策垄断",营造"群体传承"氛围。在《民间传承中"传承人"的传承生境与保护对策研究——以海南黎族传统工艺"传承人"为例》⑤ 中,段超和林毅红则从传承人传承困境、认定机制缺陷和传承人发

---

① 周建明、所萌、岳凤珍:《文化生态保护区的理论基础与规划特征》,《城市规划》2014年第S2期。
② 王德刚:《空间再造与文化传承——栖霞古镇都村"非遗"保护工程实验研究》,《民俗研究》2014年第5期。
③ 董晓萍:《政府非遗与民间非遗——从两种知识的角度切入》,《西北民族研究》2014年第2期。
④ 杨征:《论非物质文化遗产"代表性传承人"保护政策中"群体性"的缺失》,《云南社会科学》2014年第6期。
⑤ 段超、林毅红:《民间传承中"传承人"的传承生境与保护对策研究——以海南黎族传统工艺"传承人"为例》,《民族艺术研究》2014年第2期。

展瓶颈等角度出发，提出代表性传承人和非代表性传承人的推选认定、责任和退出机制、监督机制等传承策略。

在非遗传承研究中，传承人口述史研究受到学界关注。与传统史学相比，"口述史学更加侧重对'人'本位的研究，是以笔录或影音等方式来搜集、整理特定个人、群体或组织的口头回忆或重大历史事件的个人评论"[1]。目前，口述史学方法较广泛地应用于人类学、社会学和民俗学中。在非遗领域的口述史更加侧重文化主体的话语权和表达文化诉求的权利。此方面的文章有王拓的《口述史："非遗"传承人获得话语权的媒介与途径》[2]和李海云的《当代非物质文化遗产保护中口述史研究的适用与拓展》[3]。前者强调口述史研究可以唤醒传承人的文化自觉与文化自信，是传承人获得话语权的媒介和途径；后者从具体的研究方法上，对非遗口述史的内在特性、学术适用与社会应用等方面加以阐释。此外，还有学者关注传承人的生活史，如王建民的《非物质文化遗产传承人的生活史研究》[4]，梳理了以文化传承人为中心的民族志方法论。而陈静梅从制度运作的种种弊端中反思传承人研究问题，提出要从传承人与调查者的互动关系、传承人群体的差异比较、引入性别视野等方面研究传承人的理论构建[5]。

此外，还有学者从具体的非遗门类出发，进行单项非遗的保护与实践对策研究。如杨利慧的《遗产旅游与民间文学类非物质文化遗产保护的"一二三模式"——从中德美三国的个案谈起》[6]、金辉的《论音乐类非物质文化遗产的物质性保护》[7]以及耿涵、马知遥的《"非遗"语境中民间美术与艺术设计的共向发展刍议》[8]等分别从具体非遗门类的具体问题出

---

[1] 王拓：《口述史："非遗"传承人获得话语权的媒介与途径》，《天津大学学报》（社会科学版）2014年第2期。
[2] 王拓：《口述史："非遗"传承人获得话语权的媒介与途径》，《天津大学学报》（社会科学版）2014年第2期。
[3] 李海云：《当代非物质文化遗产保护中口述史研究的适用与拓展》，《民俗研究》2014年第4期。
[4] 王建民：《非物质文化遗产传承人的生活史研究》，《民俗研究》2014年第4期。
[5] 陈静梅：《非物质文化遗产传承人制度反思与理论构建》，《广西社会科学》2014年第5期。
[6] 杨利慧：《遗产旅游与民间文学类非物质文化遗产保护的"一二三模式"——从中德美三国的个案谈起》，《民间文化论坛》2014年第1期。
[7] 金辉：《论音乐类非物质文化遗产的物质性保护》，《中国音乐》2014年第2期。
[8] 耿涵、马知遥：《"非遗"语境中民间美术与艺术设计的共向发展刍议》，《民俗研究》2014年第2期。

发，为其传承保护贡献对策。

3. 非遗法律建设的探讨

2014年学界继续关注非遗法律体系的建构与完善。这方面讨论得很多，以辛纪元、吴大华、吴纪树的《我国非物质文化遗产法律保护的不足及完善》① 为代表。该文从国家立法和地方立法两个层面分析发现，我国非遗存在立法规范不足、商业开发过度、传承人制度不完善等问题，提出应当首先明确基本原则，完善非遗法律体系，才能构建相应辅助机制。

非遗知识产权立法问题一直是学界关注的热点。陈杰的《论文化遗产法律制度中的隐喻——以非物质文化遗产的私权保护为例》② 阐述了我国非遗私权保护的合理性，又指出现在学界对于非遗的私权保护模式是知识产权还是特别权利的讨论，根源在于特别权利论者用著作权和专利权来隐喻知识产权。非遗法律建设当务之急应该是如何构建具体权利，而不是纠缠于是否应该将私权纳入知识产权法律制度之中。与此同时，严永和的《非物质文化遗产知识产权保护个案研究——以安顺地戏为例》③ 从社会热点"非遗第一案"出发，提出在现行法适用方面，非遗法和著作权法可以为安顺地戏知识产权保护提供一定的空间，但存在诸多困难，只有通过制度创新，制定"民族民间文艺特别著作权保护条例"，才是解决民族民间文艺知识产权保护问题的根本出路。

与国家层面立法相对应，民族和地方相关法律法规的建立、完善和落实也有重要意义。何秋的《民族自治地方少数民族非物质文化遗产的法律保护——以广西壮族自治区非遗保护为例》④ 从广西少数民族非遗的法律保护现状入手，分析其存在的不足和缺陷，从而明晰民族自治地方的少数民族非遗法律保护中亟须重点解决的问题。在此基础上，作者提出确立少数民族非遗权利主体、进行特殊保护、建立知识产权保护框架、确定危害行为法律责任追究机制等观点。而刘贞磊的《人口较少民族非物质文化遗

---

① 辛纪元、吴大华、吴纪树：《我国非物质文化遗产法律保护的不足及完善》，《贵州社会科学》2014年第9期。
② 陈杰：《论文化遗产法律制度中的隐喻——以非物质文化遗产的私权保护为例》，《沈阳工业大学学报》（社会科学版）2014年第1期。
③ 严永和：《非物质文化遗产知识产权保护个案研究——以安顺地戏为例》，《文化遗产》2014年第2期。
④ 何秋：《民族自治地方少数民族非物质文化遗产的法律保护——以广西壮族自治区非遗保护为例》，《文化遗产》2014年第1期。

产法律保护之理论证成与可行性考察》①认为，现行非遗法律建设有必要从民族平等理论、保障人口较少民族文化权利以及国家知识产权战略需要入手，加快人口较少民族的非遗法律建设，并从国内法和国际法两个层面考察了人口较少民族非遗知识产权保护的可行性。

4. 非遗信息化的研究

2014年非遗的数字化与数据库建设研究继续深入。如何建立准确的、规范的和可操作的元数据标准是非遗数字资源建设的核心难题。许鑫、张悦悦的《非遗数字资源的元数据规范与应用研究》②由此出发，结合我国《国家级非物质文化遗产代表作申报书》和政府非遗数据库的实际情况，从资源内容、属性及管理规范两个角度，提炼出非遗资源的核心元数据集，再根据非遗特点进行元素扩展，试图构建一套更具兼容性、互操作性和非遗特色的元数据规范体系。此外，叶鹏、周耀林的《论我国非物质文化遗产档案元数据的创立思路与语意标准》③也试图通过各国相关领域代表性元数据标准的比较研究和语义分析，提出非遗档案元数据的设计思想、创立思路和基本内容。

王伟、许鑫、周凯琪的《非遗数字资源中基于时空维度的传承可视化研究——以湖口青阳腔为例》④关注非遗数字资源中的可视化研究，试图通过社会网络分析、地理信息可视化展示、形式时间与空间相耦合的传承关系，综合展现非遗数字资源中的时空可视化效果。漆亚莉、申启明的《民族服饰资源数字化保护与开发探索——以构建"壮族服饰文化数据库"为例》⑤着眼于民族服饰文化资源的数字化保护、管理、研究与利用，认为在数据库系统建设时，要明确项目的目标、原则，划分主要的层次结构以及发布的综合平台设计等内容。

---

① 刘贞磊：《人口较少民族非物质文化遗产法律保护之理论证成与可行性考察》，《青藏高原论坛》2014年第1期。
② 许鑫、张悦悦：《非遗数字资源的元数据规范与应用研究》，《图书情报工作》2014年第21期。
③ 叶鹏、周耀林：《论我国非物质文化遗产档案元数据的创立思路与语意标准》，《忻州师范学院学报》2014年第2期。
④ 王伟、许鑫、周凯琪：《非遗数字资源中基于时空维度的传承可视化研究——以湖口青阳腔为例》，《图书情报工作》2014年第21期。
⑤ 漆亚莉、申启明：《民族服饰资源数字化保护与开发探索——以构建"壮族服饰文化数据库"为例》，《学术论坛》2014年第10期。

在非遗档案的研究和保护方面,杨杰宏的《"非遗"语境下口头传统文献整理的问题检析》[1]反思目前民族口头传统文献整理工作中的诸多问题,如全集不全、音系失真,以及忽略传承人贡献、脱离民族传统文化语境等,从方法论、操作方式上对口头传统文献的搜集、整理提出了有益的思考及方法。此外,许鑫和赵嘉伦的《图书馆参与非物质文化遗产保护的现状与建议》[2]聚焦图书馆参与非遗保护的研究与实践,探讨了公共图书馆在非遗数字资源建设中的作用、形式和功能。戴旸和李财富的《我国非物质文化遗产建档标准体系的若干思考》[3]和戴旸《应然与实然:对我国非物质文化遗产建档主体的思考》[4]积极讨论了我国非遗建档的标准和主体问题,并认为非遗项目和传承人的建档标准应该同时进行,且非遗建档工作应从政府一力主导,过渡到激发群体智慧,多元主体共同参与。

在现代互联网及媒体技术高速发展的形势下,有学者注意到非遗与媒体信息传播的互动关系。王隽的《非物质文化遗产与媒体传播:二维耦合和发展路径》[5]试图在传媒产业经济学、新制度经济学以及系统科学等理论框架下,就平面、广播电视、网络等媒体与非遗的保护和传承关系进行讨论,试图提出非遗保护与传承的新路径。王巨山的《影像记忆与文化表达:传播学视角下的非遗题材电影解读》[6]则从电影行业的运作规律与创作机制对非遗传播可能形成一定负面影响方面,提出电影创作者先要树立正确的文化意识,然后再加大非遗题材电影的创作力度。钱晓虎、曾立新的《数字影像在非物质文化遗产保护中的影像思维研究》[7]认为,数字影像在非遗保护中要以充分凸显非遗项目的内在

---

[1] 杨杰宏:《"非遗"语境下口头传统文献整理的问题检析》,《民族文学研究》2014年第3期。
[2] 许鑫、赵嘉伦:《图书馆参与非物质文化遗产保护的现状与建议》,《图书情报工作》2014年第21期。
[3] 戴旸、李财富:《我国非物质文化遗产建档标准体系的若干思考》,《档案学研究》2014年第5期。
[4] 戴旸:《应然与实然:对我国非物质文化遗产建档主体的思考》,《档案学通讯》2014年第4期。
[5] 王隽:《非物质文化遗产与媒体传播:二维耦合和发展路径》,《现代传播》2014年第6期。
[6] 王巨山:《影像记忆与文化表达:传播学视角下的非遗题材电影解读》,《现代传播》2014年第6期。
[7] 钱晓虎、曾立新:《数字影像在非物质文化遗产保护中的影像思维研究》,《电影评介》2014年第20期。

特质为目标,在拍摄和制作时遵循完整性、真实性和客观性等原则,注重真实与再现的影像思维、旨在表情达意的影像思维、在现有表现形式上开拓性的影像思维等。

5. 城镇化建设与非遗保护关系的探讨

首先是城镇化与非遗保护的关系。传统中国是一个农业社会,非遗一直在传统文化环境中形成与发展。现在,随着国家高速发展,社会环境与村落结构发生了巨大变化,非遗所依存的环境遭到破坏。2014年,城镇化建设与非遗保护的关系受到了政府、学界乃至传承人的极大关注。这方面以徐艺乙的《问题与对策:城镇化进程中的非物质文化遗产保护》[1]和彭兆荣的《我国城镇化建设与文化遗产保护的关系》[2]为代表。前者从非遗面对城镇化产生的问题切入,从基础理论研究、工作体系建立、风险管理预测评估等角度试图找到解决途径和方法,特别是提出了建立专门的风险管理机制,对文化遗产风险管理进行预测和评估,作出预案进行规避,最大限度地使非遗在城镇化进程中得到妥善保护;后者则立足于我国传统和现代化发展的实际情况,从文化遗产的本质和发展历程出发,对我国传统城市发展与文化遗产的关系进行梳理,分析了城镇化进程中可能出现的问题和弊端,提出继承"城郭—城邑—家国"一体,融合"天人合一"传统和"城—郊—野"城建形制的观点,对于当前城镇化发展中非遗的保存和保护具有重要启发意义。

其次是城镇化背景下非遗保护的个案研究。如孙荣艾的《城镇化与传统体育非物质文化遗产保护研究——以建瓯挑幡为例》[3]就以建瓯挑幡为调查个案,考察城镇化进程中传统体育的文化空间、传统功能和传承方式的变迁,提出了回归原真、实施整体性保护、嵌入民间信仰仪式等保护路径。董记、李倩、朱友光等的《新型城镇化背景下淮安的文化遗产保护研究》[4]从淮安城乡一体化进程中文化遗产的保护现状和存在问题出发,探

---

[1] 徐艺乙:《问题与对策:城镇化进程中的非物质文化遗产保护》,《徐州工程学院学报》(社会科学版)2014年第5期。
[2] 彭兆荣:《我国的城镇化建设与文化遗产保护的关系》,《西北民族研究》2014年第4期。
[3] 孙荣艾:《城镇化与传统体育非物质文化遗产保护研究——以建瓯挑幡为例》,《体育科学研究》2014年第2期。
[4] 董记、李倩、朱友光等:《新型城镇化背景下淮安的文化遗产保护研究》,《连云港职业技术学院学报》2014年第4期。

讨了对文化遗产集中实施整体保护以及通过合理开发利用反哺城镇化建设的可能性。张力的《论人龙舞民俗与城镇化发展相适应的对策》① 从地方城镇化建设与人龙舞民俗的矛盾冲突入手，探索传统民俗与城镇化发展相适应的对策，提出强化当地居民参与意识、文化创新意识、文化主体意识等建议。

最后是传统村落的保护。在这方面，既有综合性、概览性的研究如周乾松的《城镇化过程中加强传统村落保护的对策》②，也有基于具体村落的个案研究如《新城镇化背景下羌族原生态村镇可持续发展研究》③ 和《新型城镇化背景下传统村落特色文化的保护与传承——基于缸瓦窑村的考察》④。前者提出传统村落的保护，当务之急是非遗资源的认定标准和保护政策的完善；后二者则呼吁加强传统村落的文化空间和文化生态保护。

6. 非遗校园传承的研究

2014 年的非遗传承研究中，校园教育受到关注。在现代教育体制下，绝大多数人都是在校园教育中形成个人的知识体系以及世界观、人生观和价值观的。因此，对于非遗的传承和发展，学校教育是一个很重要的环节。综观 2014 年的相关研究，学者们大多从高校对非遗保护工作的影响、高校非遗专业建构、艺术类非遗教育以及非遗知识的普及教育等方面切入。如刘宁的《地方高校对本土非物质文化遗产保护的措施研究》⑤ 注意到了非遗保护对高等教育学科建设及素质教育的影响，从高校非物质文化遗产学科化建设、高校文化资源库和产学研合作实践平台三方面提出相应建议。

此外，更多学者从非遗具体门类特别是艺术类非遗出发，探讨高校教育对非遗的传承。如《高校音乐教育中对音乐类非物质文化遗产的传承研究》⑥ 和《湖北省非物质文化遗产与高校艺术教育的融合》⑦ 两篇文章，

---

① 张力：《论人龙舞民俗与城镇化发展相适应的对策》，《美与时代》2014 年第 8 期。
② 周乾松：《城镇化过程中加强传统村落保护的对策》，《城乡建设》2014 年第 8 期。
③ 范雨涛、吴永强：《新城镇化背景下羌族原生态村镇可持续发展研究》，《生态经济》2014 年第 3 期。
④ 丁智才：《新型城镇化背景下传统村落特色文化的保护与传承——基于缸瓦窑村的考察》，《中国海洋大学学报》（社会科学版）2014 年第 6 期。
⑤ 刘宁：《地方高校对本土非物质文化遗产保护的措施研究》，《大众文艺》2014 年第 5 期。
⑥ 于玲：《高校音乐教育中对音乐类非物质文化遗产的传承研究》，《内蒙古艺术》2014 年第 1 期。
⑦ 郑翠仙、周峰：《湖北省非物质文化遗产与高校艺术教育的融合》，《湖北社会科学》2014 年第 11 期。

前者具体从音乐类的特点出发，将高校原有的音乐教育与音乐类非遗的保护传承结合起来，探讨高校音乐教育中实现非遗传承的现实路径；后者则从具体地区出发，尝试将非遗传承融入高校艺术教育当中。也有学者探讨非遗专业研究生培养的具体模式，如《"非物质文化遗产"领域艺术硕士的培养模式研究——以泉州师范学院南音专业艺术硕士培养为例》。[①]

除了学历教育，学者们也积极探讨非遗在学校的普及教育问题。谢中元的《非物质文化遗产在高校美育中的价值参与》[②]针对目前高校美育教育边缘化的现状，提出非遗教育应与"学生入田野"结合起来，从多方面促进大学生审美知识和能力的提升。刘倩的《非物质文化遗产与高校德育教育——以广东地区音乐类文化艺术为例》[③]则联系高校德育教育，提出把非遗引入高校的德育教育。此外，《高校推广非物质文化遗产保护教育的路径研究》[④]从教学实践的调研出发，对高校大学生非遗认知情况和问题进行分析，提出高校非遗教育的具体建议。

七　问题与展望

2014年是我国非遗保护承上启下的一年。在这一年里抢救性保护、生产性保护、整体性保护以及数字化保护、依法保护等各项工作在稳步推进，逐渐深化。在此过程中，随着我国社会经济发展，非遗大环境出现了一些新的变化，非遗保护工作也面临着新的挑战。

首先，努力探索非遗保护与城镇化协同发展的路径。

根据《国家新型城镇化规划（2014—2020年）》[⑤]（以下简称《规划》），城镇化是实现我国社会全面协调可持续发展的重要战略，是中央制

---

① 吴楠楠：《"非物质文化遗产"领域艺术硕士的培养模式研究——以泉州师范学院南音专业艺术硕士培养为例》，《教育评论》2014年第2期。
② 谢中元：《非物质文化遗产在高校美育中的价值参与》，《河南教育学院学报》（哲学社会科学版）2014年第3期。
③ 刘倩：《非物质文化遗产与高校德育教育——以广东地区音乐类文化艺术为例》，《传承》2014年第11期。
④ 龚春英、叶勇明：《高校推广非物质文化遗产保护教育的路径研究》，《泉州师范学院学报》2014年第1期。
⑤ 《国家新型城镇化规划（2014—2020年）》，新华网，http：//news.xinhuanet.com/house/wuxi/2014-03-17/c_119795674.htm，2014年3月17日。

定的经济工作重点之一,也是中国未来几十年的社会发展目标。城镇化的快速发展,意味着传统村落锐减,农村居民流失,传统习俗逐渐消亡,乡土文化传承发生断裂,非遗赖以生存的社会环境遭到破坏。在这样的形势下,我国非遗面临着新的挑战。《规划》明确提出我们要"走以人为本、四化同步、优化布局、生态文明、文化传承的中国特色新型城镇化道路",将"文化传承、彰显特色"作为新型城镇化建设的基本原则之一,进而提出根据不同地区的自然历史文化禀赋,体现区域差异性,提倡形态多样性,防止千城一面,发展有历史记忆、文化脉络、地域风貌、民族特点的美丽城镇,建设历史文化底蕴厚重、时代特色鲜明的人文城市。这就在国家政策和法律层面给非遗的保护与传承提供了机遇。由此可见,非遗保护与城镇化建设并不是不可协调的,有挑战,也有机遇,必须努力探索非遗保护与城镇化协同发展的道路。

  2014年6月17~18日,由文化部主办,文化部非遗司和中国非遗保护中心承办的"城镇化进程中的非物质文化遗产保护论坛"在北京举行。非遗领域的知名专家、国家级传承人以及保护单位代表、新农村建设社区代表参加了论坛。大家围绕"城镇化进程中的非物质文化遗产保护"这一主题进行了深入、广泛的讨论。国家非遗保护工作专家委员会副主任委员周小璞提出,城镇化进程中的非遗保护工作应遵循几条原则:"一是要摸清非物质文化遗产的家底,制定相应的保护计划和措施;二要运用文字、图片、录音录像、数字多媒体技术等多种形式进行抢救性记录;三是要关注非物质文化遗产相关群体、社区、社会组织的迁移变化,尽量不予拆散,保留原有人际关系;四是要特别重视非遗项目较集中的古村落的整体性保护,加强历史文化名城名镇、历史文化街区、民族风情小镇文化资源挖掘和文化生态的整体保护;五是要充分发掘非物质文化遗产的文化底蕴和人文价值,将其转化为可供物质消费或精神消费的文化产品、文化服务,从而获得更大的生存和发展空间。"① 在城镇化建设中,非遗的保护是首要的,特别是历史文化名城名镇、历史文化街区、民族风情小镇的建设,其实就是非遗的整体性保护在城镇化建设中的具体运用。非遗的保护是面向未来、面向民众的,因此在城镇化建设中,由非遗转化的文化产品、文化

---

① 刘阳、郑海鸥:《非遗保护从城市"再出发"与城镇化并非"鱼与熊掌"》,《人民日报》,http://culture.people.com.cn/n/2014/0814/c87423-25461951.html,2014年8月14日。

服务其实就是非遗传承与发展的一个现实维度。实现城镇化建设与非遗保护的协同发展，关键在于政策上明确两者的关系，对策上经过专业的论证，然后谨慎对待发展。

实现城镇化建设与非遗保护的协同发展，人也是很关键的一个因素。中山大学中国非遗研究中心副主任刘晓春教授提出："保护、活化传统村落、市镇，以维护、保育非遗传承的传统文化空间，激发传统中国村落、市镇的内在生命力，是一个值得探讨的思路。"[①] 借鉴日本与中国台湾地区的社区营造经验，他认为中国大陆新型城镇化过程中非遗保护应该关注新型社区的建设。首先，充分了解社区居民的需求，尊重他们的意愿，充分调动大家的积极参与热情，激发大家的创造性；其次，充分发掘社区的历史文化资源，建设能够维系居民认同、具有历史感的社区；最后，充分尊重社区现有的自然环境，在尊重自然肌理与历史文脉的基础上，建设保有历史文化记忆的社区。

其次，进一步完善和推进我国非遗保护法律体系的建设。

2011年我国颁布实施了《非遗法》，标志着我国非遗进入了依法保护的新阶段。到2014年底，国家以及地方层面陆续制定了相关的实施条例。现行的法律制度在一定程度上给我国非遗保护提供了法律保障和支持，但仍存在很多不足。正如我们在《中国非物质文化遗产保护发展报告（2014）》中所说的："《非遗法》是一部行政法，主要规范政府和行政部门的行为，对非遗涉及的权利主体、权利客体以及民事权利的很多内容无所涵盖和体现，导致了非遗在保护和利用过程中不容易维权。"[②]

对于非遗民事法的立法问题，社会各界一直关注的非遗知识产权法依然没有太大进展。现阶段，法学界对非遗的民事权利适用知识产权法还是特别权利法依然有不同意见。在立法实践中，著作权法、专利法、商标法和文物保护法等并没有体现出与非遗积极衔接的修订内容，倒是这两年陕西、宁夏、湖南等地方在非遗知识产权法立法方面做了一些积极尝试，但总的来说进展比较缓慢。对于非遗知识产权立法的现实困境，新疆社会科

---

① 刘晓春：《日本、台湾的"社区营造"对新型城镇化建设过程中非遗保护的启示》，《民俗研究》2014年第5期。
② 宋俊华主编《中国非物质文化遗产保护发展报告（2014）》，社会科学文献出版社，2014，第52页。

学院法学研究所郭蓓副研究员剖析道:"目前,非物质文化遗产国际知识产权保护的问题一直陷于僵局之中。大多数国家,尤其是绝大多数发达国家尚未立法对非物质文化遗产予以知识产权保护。如果我国在将来的保护非物质文化遗产知识产权的国内立法中采用传统知识产权保护模式,在国民待遇原则下,意味着必须同时给予共同缔结或加入国际条约的缔约方国民所有的外国非物质文化遗产以同等知识产权的保护,而该国却很有可能没有在相关知识产权法中保护非物质文化遗产的权利,由此形成我国保护外国人在我国享有的非物质文化遗产权利,而外国不保护我国国民享有的非物质文化遗产权利的局面。……因此,传统知识产权模式对于发展中国家的非物质遗产保护模式需要重新构建。"[1] 在全球化的背景下,非遗的知识产权保护必须具有国际视角。传统知识权利与现代知识产权之间确实存在着立法背景、法律主客体以及权利义务关系的不同,但是面对全球的文化多样性保护、非物质文化遗产保护的现实和需要,人类社会有责任在知识产权的框架下,从现代知识产权扩展出一个兼容传统知识产权的知识产权法体系。作为一个有担当、有责任感的大国,中国应该积极推动国际社会在传统知识议题上的深层对话,寻求传统知识产权制度在法理上取得突破。与此同时,在国内立法方面,应该加快相关法律的修订工作,补充可以与《非遗法》相支撑和衔接的内容;考虑制定《民族民间文艺特别著作权保护条例》[2] 和《非物质文化遗产保护法》《民间艺术保护法》《传统知识保护法》[3] 等法律法规,为非遗的保护传承提供完备的法律支撑。

再次,推动数字化保护的全面和深入发展。

经历过农耕文明和工业文明,中国正在进入后工业社会,互联网与全球化的世界背景下,数字化代表着人类社会未来资源利用发展的一个重要走向。因此,数字化保护不仅关系到非遗的立档保存,对于非遗的宣传弘扬、传承振兴也有着至关重要的作用。

---

[1] 郭蓓:《国际非物质文化遗产法律保护概况及启示》,中国非物质文化遗产网,http://www.ihchina.cn/show/feiyiweb/html/com.tjopen.define.pojo.feiyiwangzhan.BaoHuLunTan.detail.html?id=1184d61a-55d4-40ee-b905-2e383b6a0fe5&classPath=com.tjopen.define.pojo.feiyiweb.baohuluntan.BaoHuLunTan,2014年4月14日。

[2] 严永和:《非物质文化遗产知识产权保护个案研究——以安顺地戏为例》,《文化遗产》2014年第2期。

[3] 王小平:《非物质文化遗产传承的法律保护》,《光明日报》,http://news.gmw.cn/2014-02/26/content_10509938.htm,2014年2月26日。

目前我国已经完成了《非物质文化遗产数字化保护专业标准》的制定工作，数字化的培训和采集工作也进入了实质操作阶段。接下来应该进一步完善非遗数字化采集、资源数据库建设和数字化标准规范等一整套详细的、可操作的标准，指导全国非遗数字化建设的具体实践。因此，必须加强非遗数字化保护的经济支持，建立非遗数字化保护专项支持资金，吸引社会资金参与非遗数字化保护。鼓励和支持企事业单位、社会团体和个人等通过捐赠、设立专项资金或者保护基金等方式参与非遗数字化建设。同时，加快构建国家级非遗数字资源库体系和特色非遗数字资源库体系，并在此基础上建立非遗基因信息库。①

数字化不仅改变了非遗资源的传统保存方式，也是非遗资源利用发展的一个重要方向。近期，网络、电视、电影等数字传媒逐渐介入非遗的保护与传承，不仅专业力量参与了非遗纪录片、非遗题材影视片制作的探索，民众也在这个自媒体时代开始乐在其中。数字传媒对扩大非遗公众影响力，带动外围产业参与非遗的传承发展，最终实现非遗的生活文化存在无疑都有积极的作用。因此，加强这方面的研究和引导不仅有价值也是必要的。

最后，积极推动非遗全民保护模式的形成。

非物质文化遗产是个人和群体、族群和社区、民族和国家的财富，也是整个人类的财富，因此任何人都有权利和义务参与非遗的保护和传承。文化遗产保护不仅政府责无旁贷，同时也是全体公民应尽的义务。在中国，社会力量逐渐参与非遗的保护与传承，开始形成"全民保护"的保护模式。

事实上，我国政府一直鼓励和支持社会力量参与非遗的保护工作。2014年6月6日，第三届"中华非物质文化遗产传承人薪传奖"在北京颁出，这届薪传奖还首次设立了"中华非物质文化遗产保护贡献奖"，以表彰为非遗保护做出突出贡献的个人和机构。中国艺术研究院院长、中国非遗保护中心主任王文章强调："不断提高社会公众的参与意识，是持久做

---

① 参考王晓芬《文化遗产数字化保护的优势与路径》，中国非物质文化遗产网，http://www.ihchina.cn/show/feiyiweb/html/com.tjopen.define.pojo.feiyiwangzhan.BaoHuLunTan.detail.html?id=212c1065-2b7f-47b3-93ea-0eee6a4a76d1&classPath=com.tjopen.define.pojo.feiyiweb.baohuluntan.BaoHuLunTan，2014年2月27日。

好非物质文化遗产保护工作的根本。多年来,中国艺术研究院·中国非物质文化遗产保护中心不断引导、鼓励社会力量投入到保护工作中来。"① 今后,国家应该采取更多积极有效的措施,鼓励和支持个人、企业以及非政府组织等社会力量参与非遗保护工作,推动非遗全民保护模式的最终形成。

在基层调研中,我们发现民间传承人的热情已经被调动起来,他们往往比保护体制内的代表性传承人更加具有顽强的生命力。有的一般传承人甚至在某些方面比代表性传承人具有更高超的技艺和才华,有的一般传承人因为各种原因依然自动隐藏和被动隐藏在民间。而非遗的传承与发展,实际上是所有的传承人,包括社会民众、政府、专家学者合力而成的。因此,非遗的保护应该注意非代表性传承人这个群体,鼓励其成立民间传承基地和协会,在政策和保护措施上给予更多的认可和支持。

---

① 《第三届"中华非物质文化遗产传承人薪传奖"颁出》,中新网,http://www.chinanews.com/cul/2014/06 - 06/6254319.shtml,2014 年 6 月 6 日。

分 题 报 告

民间文学类非物质文化遗产保护发展报告

撰稿：王　琨　审稿：王霄冰[*]

2014年，我国民间文学类非物质文化遗产保护工作稳健推行，并逐步迈入了法制化、规范化、数字化的保护时代，在政策性的基础设施建设、实践性的具体保护工作以及理论性的学术研究方面都取得了一定的突破。随着非遗保护越来越深入人心，民间文学类非物质文化遗产在保护与传承中获得了更多良性发展空间。民间文学自身的集体性、口传性、变异性等特点，又使其在当今现代化、城镇化的大环境中面临着传承方面的诸多问题。同时在某种程度上，当下非遗保护发展的过程中存在着对民间文学类非物质文化遗产的疏漏与误读。所以，综观2014年度民间文学类非物质文化遗产的保护与发展状况，其在学术研究方面的成绩是显著的，在保护工作的开展方面则显现出较多的问题。

本报告将从保护情况、研究情况、特点与趋势、问题与对策等四个部分，对2014年度民间文学类非物质文化遗产各方面的实践作出较为全面的分析，并通过历时性与共时性的比较研究，分析2014年民间文学类非物质文化遗产的特点与趋势，总结本年度民间文学类非遗保护工作的成绩与问题，并提出合理化的意见与建议。

一　保护情况

随着非遗保护的稳步推进，2014年国家"加强了非物质文化遗产分类

---

[*] 王琨，女，1988年生，中山大学中文系民俗学专业博士生；王霄冰，女，1967年生，中山大学中国非物质文化遗产研究中心、文化遗产传承与数字化保护协同创新中心教授，博士生导师（民俗学）。

保护，公布了第四批国家级非遗代表性项目名录，命名了第二批国家级非遗生产性保护示范基地，批复了3个国家级文化生态保护实验区，制定了非遗抢救性记录业务标准。非遗保护利用设施建设正式启动，文化遗产日、国际博物馆日及传统节日期间宣传展示活动丰富多彩"。① 部分省、自治区和直辖市相继公布了省（自治区、直辖市）级非物质文化遗产代表性项目名录与非物质文化遗产项目代表性传承人名单。

（一）非物质文化遗产代表作与项目代表性传承人名录入选情况

1. 国家级非物质文化遗产代表作名录入选情况

2014年11月11日，国务院发布了《国务院关于公布第四批国家级非物质文化遗产代表性项目名录的通知》②，此批公布的名录项目总计153项，其中民间文学类有30项，约占项目总数的20%；同期公布的扩展项目名录项目总计153项，其中民间文学类有7项，约占总数的5%（见图1）。

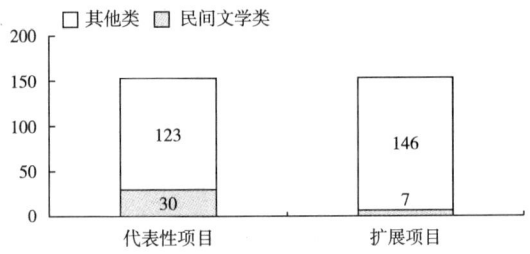

图1　第四批国家级非遗项目民间文学类所占比例对比图

将2014年的代表性项目名录与扩展项目名录统一来看，民间文学类项目共有37项。各个亚类的项目分布与数量与2011年公布的第三批国家级非物质文化遗产名录及扩展名录相比可以看出，2014年公布的国家级名录中传

---

① 李雪：《2014年文化工作成果展示》，中华人民共和国文化部网，http://www.mcprc.gov.cn/whzx/whyw/201501/t20150107_438328.html，2015年1月7日。
② 《国务院关于公布第四批国家级非物质文化遗产代表性项目名录的通知》，中华人民共和国人民政府网，http://www.gov.cn/zhengce/content/2014 - 12/03/content_9286.htm，2014年11月11日。

说类项目依然数量最多,故事类项目数量有所增加,歌谣类、说唱类等项目数量依然偏少(见图2)。

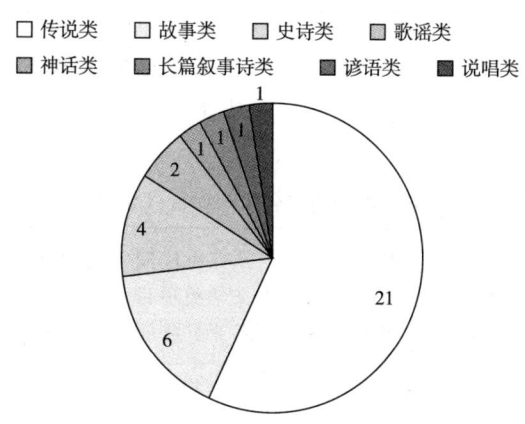

图2 第四批国家级非遗项目民间文学类各亚类数量图

通过对民间文学类项目的各个亚类比例值进行比较可以看出,传说类项目占据绝对优势,占各亚类总数的57%;故事类位居其次,占各亚类总数的16%;史诗类位居第三,占各亚类总数的11%;然后是歌谣类,其数值比史诗类减少了一半以上;而后是神话类、长篇叙事诗类、谚语类和说唱类,它们的数值比较平均,均占总数的3%,其总和不过只占总数的12%,基本与史诗类持平,可见这几亚类的非遗项目数量较少(详参见图3)。

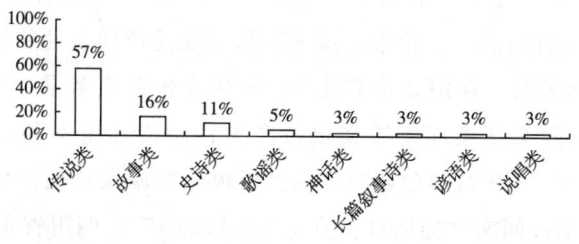

图3 第四批国家级非遗项目民间文学类各亚类比例值对比图

从第一、二、三、四批国家级非物质文化遗产中民间文学类的各亚类对比情况来看,传说类项目数量在第二批时迅速增长并稳步保持;故事类项目增幅较小,数量在10个以内;史诗类项目数量稳定;歌谣类项目数量逐渐减少;谚语、谜语、说唱等项目则始终在名录中数量极少。因为说唱类的项目形式体裁变化丰富,韵文类项目数量远低于散文类项目,所以有时在类别划分上也存在一定的差异(见表1)。

表1　四批国家民间文学类非物质文化遗产项目(含扩展项目)各亚类数量

批数 亚类	第一批民间文学类项目各亚类数量	第二批民间文学类项目各亚类数量	第三批民间文学类项目各亚类数量	第四批民间文学类项目各亚类数量	各亚类项目数量统计
传说	8	22	30	21	77
故事	9	7	4	6	26
史诗	4	4	6	4	16
歌谣	7	12	4	2	25
神话	2	3	1	1	7
长诗	0	5	1	1	7
谚语	0	0	1	1	2
谜语	1	1	0	0	2
其他	0	2	1	1	4
总计	31	55	40	37	175

2. 省(自治区、直辖市)级非物质文化遗产代表性项目名录入选情况

安徽、广西、重庆、北京、四川等省(自治区、直辖市)陆续公布了2014年度省(自治区、直辖市)级非物质文化遗产代表性项目名录及扩展名录(具体的名录会在附录中列出)。纵览这些省级名录(含扩展名录)可以发现,民间文学类非物质文化遗产项目所占比重不高。以北京市为例,2014年12月19日其公布的第四批市级非物质文化遗产代表性项目共计34项,其中民间文学类项目2项,占总数的5%;四川省6月23日公布的62项第四批省级非物质文化遗产代表性项目名录(含第一、二、三批省级非物质文化遗产代表性项目扩展项目)中,民间文学类项目2项,占总数的3%(见图4)。

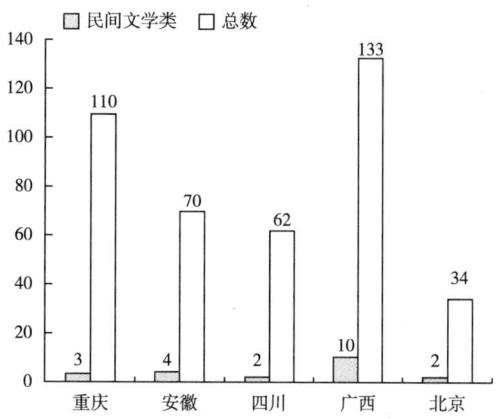

图4 民间文学类非遗项目（含扩展项目）数占总项目数对比图

另外，2014年度香港地区也公布了首份非物质文化遗产清单，其中"口头传统和表现形式"类的主次项目共有21项，以潮州话、闽南话等方言与宗族口述传说为主。因为这份清单在非物质文化遗产项目的划分标准上与大陆地区存在较大差异，所以将其单独列出（见图5）。

虽然2014年公布省级非物质文化遗产代表性名录的省份（直辖市、自治区）不多，但是也可以看出民间文学类非物质文化遗产项目在申报与保护层面需要进一步加强。以四川省为例，对2009~2014年间四批省级非物质文化遗产代表性项目中民间文学类项目所占数目进行逐批梳理，如表2所示。

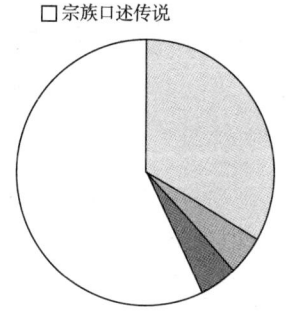

图5 香港地区"口头传统和表现形式"类非遗项目中各亚类比例图

表2 四川省第一到四批民间文学类非遗项目（含扩展项目）

第一批项目总数189	第二批项目总数144	第三批项目总数127	第四批项目总数62
民间文学类：12	民间文学类：9	民间文学类：9	民间文学类：2
格萨尔	望娘滩传说	诺苏佐木莫	博葩
苗族古歌	卓文君与司马相如的故事	释比古唱经	木姐珠和斗安珠（扩展项目）

续表

第一批项目总数189	第二批项目总数144	第三批项目总数127	第四批项目总数62
阿嫫妮惹	甘嫫阿丑的传说	木姐珠和斗安珠	
支格阿龙	王幺贡爷系列故事	毕阿史拉则传说	
月儿落西下	羌戈大战	傈僳族民间传说	
十里坪	大禹的传说	东乡白莲教传说	
毕摩经诵	阿古登巴的故事	阿都歌谣	
彝族克智	勒俄特依	什喜尼支嘿	
蚕丝祖神传说	玛牧特依	羌戈大战（扩展项目）	
安安送米传说			
巴渠童谣			
"苏济川"虫虫歌			

从图6可以看出，四川省第一批到第四批的非物质文化遗产项目总数呈递减趋势，相应的民间文学类项目也在逐批减少。

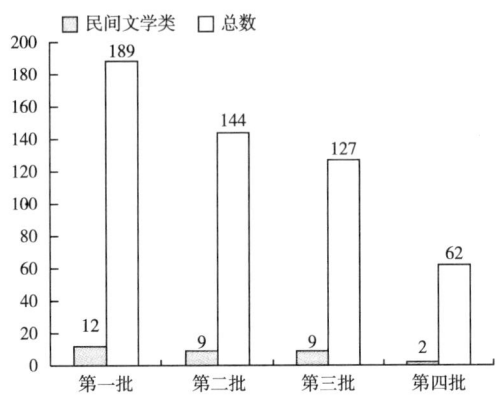

图6 四川省第一到四批民间文学类非遗项目（含扩展项目）对比图

在公布的2014年度省（自治区、直辖市）级非物质文化遗产代表作项目名录的省份中，可以发现民间文学类的各亚类项目在每个省（自治区、直辖市）分布不均并且各亚类所占比重存在一定差异性，这很大程度上取决于不同地区的文化土壤与文化积淀。从安徽省（参见表3）2006年第一批省级非物质文化遗产代表性项目（含扩展项目）到2014年第四批省级非物质文化遗产代表性项目（含扩展项目）中民间文学类项目的各个亚类可以看出，传说类占有最高比重，故事与歌谣次之，神话、长诗、谚语等缺席。徽州楹联匾额则是徽州地区的汉族传统文化的代表，极具地方文化特色与历史风貌。安徽民间文学依托于淮河文化与徽州文化，具有典型的地域性儒家文化的特色。从其民间文学类项目中可以看出，与历史人物、历史事件以及相关的地方风物相连的民间传说占了较大比重，这些传说大都体现了传统的儒家价值观念。同时，安徽地区因为民间戏曲盛行，所以出现了很多兼具教育性与娱乐性的民谣与歌谣。

表3　安徽第一到第四批民间文学类非遗项目（含扩展项目）分类表

传说（13个）	鞭打芦花　孔雀东南飞传说　六尺巷传说　涂山大禹传说　小孤山传说　管仲传说　伍子胥过昭关传说　梁山伯与祝英台传说　皇藏峪传说　垓下民间传说　安丰塘传说　庄子传说　九井沟传说
故事（4个）	包公故事　刘铭传故事　老子传说故事　张孝祥与镜湖的故事
史诗	
歌谣（5个）	徽州民谣（绩溪民歌民谣）徽州民谣　捻军歌谣　蒙城歌谣　桐城歌
神话	
长诗	
谚语	
谜语	
其他（1个）	徽州楹联匾额

3. 省（自治区、直辖市）级非物质文化遗产项目代表性传承人入选情况

2014年，江苏、黑龙江、湖南、福建、上海、山东、陕西、云南、湖北、广东、内蒙古、新疆、海南、青海等14个省（自治区、直辖市）公布了非物质文化遗产项目代表性传承人的名单（详细名单请参见附录）。

2014年各省（自治区、直辖市）公布的非物质文化遗产项目代表性传承人名单中，各类传承人总数为1492人，其中民间文学类传承人数量为80人。民间文学类的传承人所占比重普遍较低，其中云南的比例值最高，达到了10%，福建的比例值最低，民间文学类传承人只占省级传承人总数的1%（见图7）。

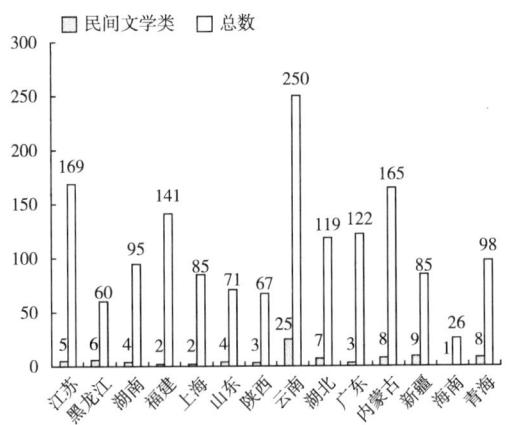

图7 各省（自治区、直辖市）级非物质文化遗产项目代表性传承人对比图

从2014年各省（自治区、直辖市）级传承人中民间文学类各亚类的传承人分布来看，史诗类的传承人数量最多，占民间文学类总数的30%；传说次之，占民间文学类总数的19%；神话类的传承人数量最少，只占民间文学类总数的不到1%（见图8）。

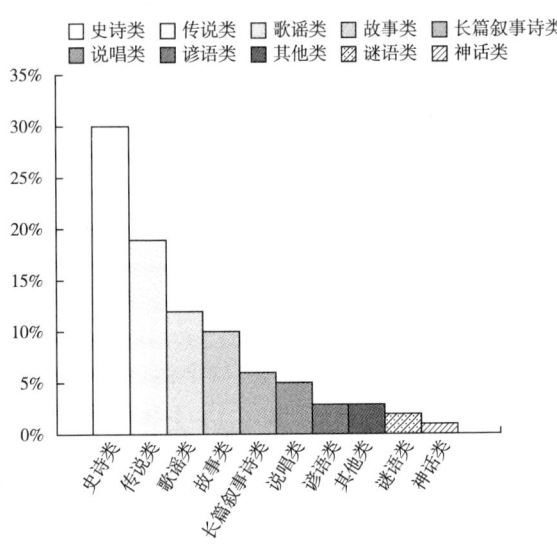

图8 2014年省（自治区、直辖市）级民间文学类各亚类传承人比例值对比图

从2014年各个省（自治区、直辖市）级民间文学类各亚类的传承人的构成来看，云南省的省级民间文学类传承人有25人，其中史诗类传承人就有17人，使得2014年史诗类传承人数量得以超过传说类而登上榜首。综观2014年云南省第五批省级非物质文化遗产项目代表性传承人名单，可分为史诗类、长篇叙事诗类、歌谣类以及传统文字类。云南省一直是出产史诗类项目的大省，凭借多民族大杂居小聚居的人文地理优势以及国家政府优越的民族政策，云南省的非物质文化遗产工作，特别是对少数民族的非物质文化遗产及其传承人的保护工作得到了有力推进。如在2014年省级非物质文化遗产项目代表性传承人名单中，民间文学类25名传承人全部来自少数民族，年龄最长的为88岁阿细先基的传承人寇兰英，年龄最小的为39岁的傣绷文传承人尚兰果。与第四批省级民间文学类传承人相比，第五批省级民间文学类非遗传承人明显增加，但各亚类的类别并没有明显变动，还主要集中在史诗类方面（见图9）。

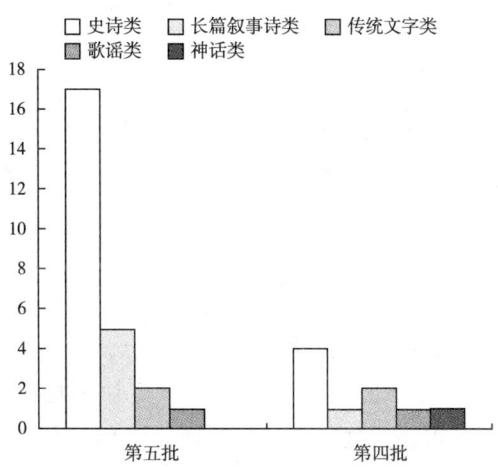

图9　云南省第五批与第四批省级民间文学类各亚类非遗传承人比例值对比图

（二）各方面传承与保护情况

1. 推进数字化保护

非物质文化遗产的数字化保护是文化部的一项非物质文化遗产与信息技术相结合的文化信息化创新工程，2011年由中国艺术研究院中国非遗数字化保护中心启动实施，2012年文化部将"非物质文化遗产数字化保护工程"正式纳入规划，截至2013年10月，共建成非遗普查资源数据库、非遗项目资源数据库、非遗专题资源数据库和非遗数字化保护管理系统。随着非物质文化遗产保护的数字化进程不断推进，这一重大举措对于民间文学类非物质文化遗产的保护与发展具有重要意义。

2014年2月28日，由中国民间文艺家协会主办的"中国口头文学遗产数字化工程（一期）成果演示会"在北京举行，现已完成录入中国口头文学遗产资料4905本，达8.878亿字，是迄今为止人类最大的口头文学遗产数据库，被誉为"民间文学四库全书"。其对神话、传说、民间故事、民间歌谣、史诗、民间长诗、谚语、谜语、歇后语、民间说唱、民间小戏等11类口头文学作品进行了一级分类，制作了检索，发布了系统软件，对数字化工程一期建设过程的资料进行了整理归档。①

2014年3月，由冯骥才担任主编的《中国口头文学遗产数字化工程全记录》一书在中国文史出版社正式出版。本书共分为五编，记录了我国口头文学遗产数字化工程的历史与现状，多处引用了万建中、安德明、杨利慧等民间文学方面的学术专家的研究成果，并附有工程大事记。② 在此基础上学者们也对口头文学遗产数字化保护的未来提出了学理上的思考与建议。刘锡诚认为口头文学遗产数字化有力地推动了民间文学的资源共享，"无论对于从事民间文学的工作者和专家来说，还是对于民间文学的持有者、传播者的广大民众来说，都是一个喜讯，一个福音"。③

2. 完善法律性、政策性保护

近些年，我国的非物质文化遗产保护工作已逐步进入依法保护、有法可依的阶段，对非物质文化遗产事项的保护更加正规完善。2014年，北京、辽宁、河北、山东、西藏等省、自治区、直辖市相继推出了地方性的"非物质文化遗产保护条例"，全国各地的文化部门也针对具体的传承问题开办了各类培训班、学习班。

以山东省为例，2014年6月，山东省文化厅非遗处、科教法规处，山东省非物质文化遗产保护中心会同省政府法制办共同调研《山东省非物质

---

① 《中国口头文学遗产数字化工程被誉为民间文学四库全书》，中新网，http://www.chinanews.com/cul/2014/03-01/5898163.shtml，2014年3月1日。
② 冯骥才主编《中国口头文学遗产数字化工程全记录》，中国文艺网，http://www.cflac.org.cn/ys/mjqy/mjqyzx/201403/t20140319_248700.html，2014年3月19日。
③ 刘锡诚：《用数字化的手段实现资源共享》，载《中国口头文学遗产数字化工程全记录》，中国文史出版社，2014。

文化遗产保护条例》立法工作。① 12月，山东省文化厅非物质文化遗产处发文表示，要针对不同类别的非物质文化遗产的特点，开展非物质文化遗产保护工作，因类制宜，采取有针对性的措施，对民间文学类非物质文化遗产的分类保护和科学管理工作也在持续推进中。②

"全国民间文学、民间音乐、民间舞蹈类与传统戏剧曲艺类非物质文化遗产灾害（难）预防与风险管理培训班"2014年9月22～28日在绵阳举行。此次培训对象主要为民间文学、民间音乐、民间舞蹈、传统戏剧类与曲艺类非物质文化遗产传承人代表和各省非物质文化遗产保护工作者，学员共计70余人。此次培训班在坚持培训活动公益性、广泛性以及科学性的指导思想下，理清我国民间文学、民间音乐、民间舞蹈类、传统戏剧类与曲艺类非物质文化遗产面临的主要灾害（难）形式，使前来学习培训的非遗工作者能够认识、领会、理解、掌握非物质文化遗产在灾害（难）预防与管理方面的专业知识和基本技能，提高非遗保护本领。③

3. 推进少数民族特色保护

2014年，各民族地区根据现有的优势及在国家大力扶持下，开展对民间文学类非物质文化遗产资源的有效保护与传承。在政府的大力倡导下，少数民族地区的史诗、叙事诗及民歌等非遗项目及其传承人的保护得到了重点推进。

4月23日，西藏首个格萨尔王多媒体资源库建成并投入使用，目前有来自西藏北部地区的5名说唱艺人的作品、唱腔等资料完成了入库工作。今后还将陆续录入那曲地区80余名传唱人及西藏其他地区传唱人的说唱资料。④

8月25日，宁夏回族自治区文化馆、非遗中心举办第十二届民歌花儿

---

① 《省文化厅、省政府法制办调研〈山东省非物质文化遗产保护条例〉立法推进情况》，山东省文化厅网，http://www.sdwht.gov.cn/html/2014/gzdt_0630/15476.html，2014年6月30日。
② 《非物质文化遗产十大类别分类保护标准基础性研究工作持续推进》，山东省文化厅网，http://www.sdwht.gov.cn/html/2014/fyky_1215/17524.html，2014年12月15日。
③ 《全国民间文学、民间音乐、民间舞蹈类与传统戏剧曲艺类非物质文化遗产灾害（难）预防与风险管理培训班在绵阳举行》，吉林省非物质文化遗产网，http://www.jlsfwzwhycbhzx.com/web_show.asp?id=306&type2_id=2，2014年10月20日。
④ 《西藏建成首个格萨尔王资料库》，新华网，http://news.xinhuanet.com/culture/2014-04/24/c_126427251.htm，2014年4月24日。

歌会全区民间歌手选拔各地初赛及全区总决选;9月12日,第十二届中国西部民歌(花儿)歌会在宁夏永宁中华回乡文化园举办;11月,宁夏回族自治区非遗中心考核23个回族山花儿、回族器乐传承基地(点),发放2013~2014年度回族山花儿、回族器乐项目传承基地工作经费补助。①

4. 加强综合性传承保护

随着现代化、全球化、城镇化进程的加快,民间文学类非物质文化遗产的传承也应该适应时代环境的需求,充分利用现代媒体与媒介开拓市场以吸引青少年群体,通过现代文艺形式、创意型文化产业的参与真正做到全民参与、全民共享。

广西首部壮族魔幻杂技剧《百鸟衣》2014年12月27日晚在南宁剧场首演。魔幻杂技剧《百鸟衣》以壮族经典民间传说为创作素材,融入花山壁画、铜鼓、壮族山歌等诸多文化元素,将杂技与多样化舞台艺术相结合,带给观众一次耳目一新的视听体验。②

2014年7月16日,"鬼谷子传说"入选第四批国家级非物质文化遗产代表性名录公示名单,河北省临漳县启动鬼谷子文化园区建设,将建设祠堂、战国军校馆、鬼谷子文化展馆、先秦文化展馆等项目。③

2014年浙江省非遗入选项目数量依旧保持全国第一,实现四连冠。也正是因为这份荣誉与责任,促使浙江省注重将非物质文化遗产保护融入民众的日常生活中,并在实践中独创了"法治非遗、活力非遗、美丽非遗、智慧非遗、设施非遗、生态非遗、银幕非遗、印象非遗、志愿非遗、共享非遗"等举措。④ 这些举措不仅体现在日常的民俗展演中,也深刻地融入对民间文学类非遗项目的多元保护与开发中。具体而言,2014年3月,《观音传说》由浙江摄影出版社正式出版发行;⑤ 8月,由

---

① 《宁夏2014非遗工作大事记》,宁夏非物质文化遗产保护网,http://www.nxfwz.cn/shownews.asp?id=437&sort=0,2014年10月15日。
② 《广西首部壮族魔幻杂技剧〈百鸟衣〉首演》,新华网,http://news.xinhuanet.com/culture/2014-12/29/c_127342028.htm,2014年12月29日。
③ 《"鬼谷子传说"刚进入国家级"非遗"公示名单 "诞生地"政府即开建文化园区》,新华网,http://news.xinhuanei.com/culture/2014-08/21/c1126897888.htm,2014年8月6日。
④ 《浙江国家级非物质文化遗产代表性项目名录四连冠》,中央人民政府门户网,http://www.gov.cn/xinwen/2014-12/05/content_2787351.htm,2014年12月5日。
⑤ 《舟山国遗项目〈观音传说〉出版发行》,浙江非物质文化遗产网,http://www.zjfeiyi.cn/news/detail/31-5259.html,2014年3月5日。

"刘伯温传说"加工创作而成的传奇古装喜剧《神机妙算刘伯温》杀青,讲述了明朝开国元勋刘伯温反贪反腐的故事①;9月,由中国文化报社、浙江省文化厅和浙江省舟山市委、市政府主办的第三届中国非物质文化遗产保护(舟山)论坛在浙江省舟山市岱山县举行,来自全国各地的专家学者围绕非物质文化遗产项目申报的契约精神、公产意识、活态传承等方面进行了有益的探讨,来自全国18个省(直辖市、自治区)的文化学者、专家、志愿者等参加了会议。与会的非物质文化遗产专家、代表围绕项目申报精神、公产意识、活态传承等方面,从多个角度对非物质文化遗产的传承发展加以劝导和建言。②

二 研究情况

(一)学术会议

2014年,涉及民间文学类非物质文化遗产的学术会议中,以少数民族民间文学为主体的学术研讨会居多,学界对于"格萨尔""江格尔"及"玛纳斯"等史诗类研究的关注热度依旧稳步攀升。同时,随着国内外学界间交流合作不断发展,2014年召开的相关会议呈现出多学科互动合作、国内外交流增强的趋势(见图10)。

"中国少数民族文学学会2014年年会"于2014年10月17~19日在中南大学召开。与会论文的主题不仅集中在民族文学理论、少数民族民间文学、少数民族神话等方面,更有民族文学与非物质文化遗产,中国多民族文学的跨民族、跨地域、跨文化研究等颇具时代性的重要议题。③ 11月27日,由新疆维吾尔自治区文联主办、新疆民间文艺家协会承办的首届《玛纳斯》国际演唱会暨保护论坛吸引了中国和吉尔吉斯斯坦的近百位《玛纳

---

① 《国遗题材剧〈神机妙算刘伯温〉在青田县杀青》,浙江非物质文化遗产网,http://www.zjfeiyi.cn/news/detail/31-6366.html,2014年8月13日。
② 《第三届中国非遗保护(舟山)论坛——聚焦"文化强国与海洋文化"》,浙江非物质文化遗产网,http://www.zjfeiyi.cn/news/detail/31-6556.html,2014年9月18日。
③ 段凌宇、杨彬:《中国少数民族文学学会2014年年会综述》,中国民族文学网,http://iel.cass.cn/news_show.asp?newsid=11621,2014年11月19日。

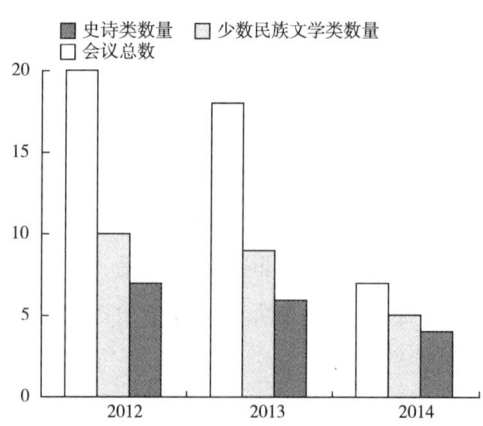

图 10　2012～2014 涉及民间文学类非遗学术会议对比图

斯》传唱者，将非物质文化遗产保护的眼光投放于"活态"表演的传承主体，对于进一步交流和分享各国保护《玛纳斯》的信息和成果，凝聚当代保护《玛纳斯》的共识具有重要意义。①

值得注意的是，2014 年度涉及民间文学类非物质文化遗产相关学术会议的主题与内容都更加丰富全面，涉及史诗、民间传说、民间说唱等领域，并且都注重对口头文学遗产的有效利用与深度反思。学者们普遍关注将民间文学本体的研究放置在城镇化、非遗保护日渐深入等语境中进行探讨，从学术理论与实践的角度探求非遗保护的伦理问题以及对于作为传承主体的民众的生活意义。

2014 年 6 月 21 日在华东师范大学召开的"民间文学与非物质文化遗产学术研讨会"中，来自全国的民俗文化研究专家围绕非遗的保护与文化传承这一主题，共同总结人类非物质文化遗产保护和开发的经验，讨论我国"非遗保护与城镇化同行"问题，探索非遗教育与人才培养方式。② 在此次会议上，专家学者们针对民间文学类非物质文化遗产的保护与传承问

---

① 阿地里·居玛吐尔地：《国家社科基金重大招标项目："柯尔克孜族百科全书〈玛纳斯〉综合研究史诗歌手研讨会"综述》，中国社会科学网，http://lit.cssn.cn/wx/wx_yczs/201411/t20141128_1421199.shtml，2014 年 11 月 28 日。
② 张晶、夏静：《专家学者研讨非遗保护与文化传承》，光明网，http://difang.gmw.cn/hb/2014-06/21/content_11680055.htm，2014 年 6 月 25 日。

题进行了广泛而深入的讨论。9月5日在山东省沂源县召开的"非遗背景下民间传说的保护与传承座谈会",注重在保护和传承我国非物质文化遗产、宣传地方文化的同时,有效开发利用民俗文化资源,服务地方社会。①10月18日召开的"中国宝卷国际研讨会暨中国俗文学学会2014年会"②和11月19~21日召开的"中国宝卷生态化保护与传承交流研讨会"③,都将研究的目光对准了宝卷这一传统的民间文学形式。前者从俗文学的角度拓展了宝卷文本研究的领域,而后者则侧重于讨论修复宝卷存续的生态环境、培养传承队伍和受众群体、更好地发挥其社会教化作用,并对近年来中国宝卷的抢救、挖掘、保护、传承、传播的实践进行了回顾。

从与国际学术界的交流与合作方面来看,以史诗类为研讨中心议题的会议占总数的一半以上。这不仅与史诗本身的流传机制和传承脉络有关,更重要的是国内外史诗研究的良性互动与非遗语境下史诗研究发展的新趋势等都为我国学者参与国际化高水准的学术活动提供了良好的机遇与平台。2014年7月16~17日,中国社会科学院民族文学研究所和新疆和布克赛尔蒙古自治县人民政府联合主办"《江格尔》与世界史诗"国际研讨会,有来自中国、蒙古国、俄罗斯、美国以及韩国等国家的30多位学者出席了本次会议,有效地推动了《江格尔》国际研究深入发展,促进了我国少数民族地区非物质文化遗产的保护工作。④ 同样,2014年10月27~28日在法国巴黎召开的以"岭格萨尔的多种面孔——纪念石泰安"为主题的国际会议中,我国有4位史诗学者与会并发表学术论文。主办方对中国学者的研究非常重视,他们认为,4位中国学者给会议研讨带来了鲜活的研究案例,为国际学术对话增添了来自史诗本土文化语境中的声音。⑤

---

① 郭俊红:《中国牛郎织女传说研究中心换届会议在山东省沂源县召开》,中国民俗学网,http://www.chinesefolklore.org.cn/web/index.php?NewsID=12857,2014年9月11日。
② 王定勇:《中国宝卷国际研讨会暨中国俗文学学会2014年会召开》,中国民俗学网,http://www.chinesefolklore.org.cn/web/index.php?NewsID=13294,2014年12月2日。
③ 《中国宝卷生态化保护与传承交流研讨会在靖江举行》,江苏省文化厅,http://www.jscnt.gov.cn/whzx/tt/201411/t20141124_25936.html,2014年11月24日。
④ 斯钦巴图:《"〈江格尔〉与世界史诗"国际研讨会在新疆和布克赛尔召开》,中国民族文学网,http://iel.cass.cn/news_show.asp?newsid=11203,2014年7月25日。
⑤ 杨恩洪:《"岭格萨尔的多种面孔——纪念石泰安"学术研讨会侧记》,中国社会科学网,http://iel.cass.cn/news_show.asp?newsid=11661,2014年12月9日。

通过2014年的相关会议可以看出,我国学术界特别是民俗学界专家学者们对当今的民间文学类非物质文化遗产的现状与前景都进行了深入的探讨,并对今后民间文学类非遗的保护措施与发展方向做出了有益的探索与尝试。回首这一年中重要的会议不难发现,有关"非遗"的话题与议题已经成为一种"常态"。同时,在梳理学术史与展望学术未来时,"非遗"也都将成为重要的学术关键词。

(二)学术著作

2014年,民间文学类学术著作在散文叙事和韵文叙事上均有涉及。无论是民间资料的搜集整理还是理论探索,研究者们都较为注重将传统的文本阐释与当下非遗语境的理论实践相结合。少数民族文学相关著作依然占据很大比例;而从民间文学具体分类的角度看,神话类与史诗类的著作成果最为丰富;诸如宝卷、达斯坦等民间韵文叙事相关研究著作也取得了一定的成绩。

神话类著作基本集中于对神话本体的研究。其中最值得注意的是王宪昭著述的《中国神话母题W编目》。作为国内第一部全面提取和梳理中国各民族神话母题的大型神话学工具书,该书对中国神话母题进行了新的逻辑分类和编目,并通过对神话类型的界定、细分以期能够较为准确地反映出一个民族的集体意识,带有某些文化标识的性质,是我国目前神话综合研究的实用性工具书和基础性理论成果。[①] 另外王琼的《中国古代神话发展研究》[②]、康琼的《中国神话的生态伦理审视》[③]、龙红的《古老心灵的发掘:中国古代造物设计与神话传说研究》[④]、董志文的《话说中国海洋神话与传说》[⑤] 等,分别从发展历程、文化史梳理等方面对神话进行阐发。

史诗类学术著作涉及对史诗理论的研究、对史诗演述活动及传承人的研究以及对民间流传的史诗的收集与整理等多个领域。其中由诺布旺丹著述的《艺人、文本和语境:文化批评视野下的格萨尔史诗传统》将史诗理

---

① 王宪昭:《中国神话母题W编目》,中国社会科学出版社,2014。
② 王琼:《中国古代神话发展研究》,中国书籍出版社,2014。
③ 康琼:《中国神话的生态伦理审视》,北京师范大学出版社,2014。
④ 龙红:《古老心灵的发掘:中国古代造物设计与神话传说研究》,重庆大学出版社,2014。
⑤ 董志文:《话说中国海洋神话与传说》,广东经济出版社,2014。

论研究与对传承人的研究结合起来进行综合探讨,借鉴和应用口头诗学、宗教学、符号学、象征学和文学的理论和方法,不仅从宏观上把握格萨尔史诗的发展脉络,而且对格萨尔艺人的称谓、类型与源流批评,格萨尔文本化的发展历程,格萨尔的当代语境及其影响等问题进行了全新的阐释。通过对格萨尔文本、艺人和语境三者结构性关联和互动的阐释,诺布旺丹揭示了活态史诗格萨尔的演进历程。① 而由阿地力·居玛吐尔地、托汗·依萨克著述的《〈玛纳斯〉演唱大师——居素普·玛玛依》则对史诗传承人的全方位研究更关注。作者通过分析居素普·玛玛依这位目前唯一的一位健在的能够演唱八部完整《玛纳斯》史诗的歌手的成长环境、自身才能及主观努力等因素,对他在继承、发展、传播《玛纳斯》史诗方面的作用,他与不同地区、不同时代的玛纳斯奇的师承关系,以及其唱本的形成和完善过程、特点等进行了广泛的评述。作为第一部系统介绍和研究《玛纳斯》演唱大师居素普·玛玛依的专著,《〈玛纳斯〉演唱大师——居素普·玛玛依》对完善我国"玛纳斯学"具有重要的资料价值和学术价值。② 另外,在对地方流布的史诗的搜集与整理方面,有《玛纳斯:艾什玛特·曼别特居素甫演唱本》③ 和《〈亚鲁王〉文论集Ⅱ》④ 等著作。

民间故事类著作也主要集中在民间故事的类型研究、比较研究及相关文化史的研究等方面。由顾希佳著述的《中国古代民间故事类型》,通过对诸如梦传说故事的结构分析、龙蚕故事的比较研究、"渔夫水鬼型"故事的类型解析等,对在中国古代流传较为广泛的民间故事类型进行了学术梳理与解读,并通过对不同地区、不同族群中流传的同类型故事异文的比较分析来探寻这些古代民间故事类型中所蕴藏的历史文化价值。⑤ 路晓农著述的《"梁祝"的起源与流变》将研究的目光对准了家喻户晓的"梁祝"传说,对这一传说的流变发展与文化特质进行了深入的分析。他一方面对遗存宜兴的南齐《善卷寺记》、碧鲜庵碑等历史文献进行了认真的解

---

① 诺布旺丹:《艺人、文本和语境:文化批评视野下的格萨尔史诗传统》,青海人民出版社,2014。
② 阿地力·居玛吐尔地、托汗·依萨克:《〈玛纳斯〉演唱大师——居素普·玛玛依》,吉尔吉斯斯坦比什凯克出版社,2014。
③ 《玛纳斯:艾什玛特·曼别特居素甫演唱本》,依斯哈别克·别先别克整理,郎樱、玉素音阿吉·阿散阿勒翻译,新疆人民出版总社、新疆人民出版社,2014。
④ 余未人:《〈亚鲁王〉文论集Ⅱ》,中国文史出版社,2014。
⑤ 顾希佳:《中国古代民间故事类型》,浙江大学出版社,2014。

读,另一方面还在宜兴梁祝遗址祝陵、梁祝读书处进行细致的田野考察,并得出了"宜兴是梁祝传说的本源发生地"的观点。①

民间文学理论研究方面,研究者们都较为注重将具体的理论研究与前沿性话题相结合,由此探讨一种跨学科、跨民族的学术范式的可能。代表作品有吴刚的《汉族题材少数民族叙事诗译注·达斡尔族、锡伯族、满族卷》②,刘大先的《文学的共和》③,以及由汤晓青编著的《全球语境与本土话语:中国多民族文学论坛十年精选集》④。由户晓辉著述的《民间文学的自由叙事》则从实践民俗学的理论立场来考察民间文学的历史发展和现实运动,描述了民间文学从潜在的实践主体变成现实的实践主体、从自在的民间文学现象发展成自在自为的民间文学概念的逻辑进程,进而揭示出民间文学达成自由叙事的伦理条件,提供了全新的实践民俗学方法论,体现出 21 世纪民间文学研究的崭新风貌以及应有的深度和气度,不仅有助于促进学科实践参与当代中国为民主、争自由的社会进程,而且具有开启未来学术的价值和意义。⑤

(三)学术论文

2014 年民间文学类非物质文化遗产相关的学术论文更加关注非物质文化遗产保护与民间文学本体间的关系。特别是在"非遗"已然成为一个热点词语后,研究者们的目光则更多地集中于对非物质文化遗产保护的学术反思。所以 2014 年的学术论文虽然在数量上没有明显增加,但是学理性相对增强,对民间文学类非物质文化遗产的现状与未来提出了更加明晰的问题意识与合理建议。在针对具体文类的研究上,研究者们更注重将文本分析与表演语境相结合,将文化阐释与时代背景相统一,并试图通过与"当下"的衔接与互动来审视非物质文化遗产保护进程中的成就与问题。由于期刊论文数量较多,以下将分不同的主题进行介绍。

---

① 路晓农:《"梁祝"的起源与流变》,东南大学出版社,2014。
② 吴刚:《汉族题材少数民族叙事诗译注·达斡尔族、锡伯族、满族卷》,民族出版社,2014。
③ 刘大先:《文学的共和》,中国民族文学网,http://iel.cass.cn/news_show.asp?newsid=11271,2014 年 8 月 7 日。
④ 汤晓青:《全球语境与本土话语:中国多民族文学论坛十年精选集》,社会科学文献出版社,2014。
⑤ 户晓辉:《民间文学的自由叙事》,社会科学文献出版社,2014。

1. 对民间文学本体的研究

2014 年度民间文学类非物质文化遗产相关的学术论文中有很大一部分是对民间文学本体的研究，其中包含对神话、史诗、传说故事等各亚类的研究。这些论文分别从文献回顾、理论阐析以及多维度的叙事文本解读等角度对民间文学的本体进行深入探索。

杨利慧的《21 世纪以来代表性神话学家研究评述》将当下有代表性的欧美和东亚神话学家的研究成果进行了学术梳理，提出神话研究应当眼光向前，并与当下现实生活相关联的观点。① 高有鹏的《关于中国神话的炎帝神农时代问题》则通过对文献的研究指出炎帝神话与神农传说在农耕文明时代不断融合并最后成为中华民族的重要信仰。②

朝戈金的《"回到声音"的口头诗学：以口传史诗的文本研究为起点》通过对"口头程式理论"与"口头诗学"等史诗研究理论的回顾，从口头诗学与书面诗学的文本维度、口头文本与口头诗学的理论模型、大脑文本与口头诗学的实证方法等三个方面探讨一般诗学与口头诗学在理解和解析具体文本方面的差异，对口头诗学作出学理性总结和界定。③ 阿地里·居玛吐尔地的《突厥语民族英雄史诗结构模式分析》通过对突厥语民族史诗的典型情节母题的分析，揭示了突厥语民族英雄史诗的结构模式与母题特征。④

在经典传说研究方面，漆凌云的《性别冲突与话语权力——论建国前后牛郎织女传说的嬗变》一文对新中国成立前后牛郎织女传说的多种异文进行比较后发现，随着意识形态的改变及其宣传工具对传说文本的改造与改编，牛郎织女传说中原有的男性与女性矛盾被消弭了，成为一个反封建礼教的文本。随着民间流传的口头文本的影响力逐渐减弱，当代民众普遍接受了经过改编的牛郎织女传说。作者通过对这一现象的分析展示了话语权力与文本改编之间的动态关系。⑤ 2014 年度故事类的研究大多集中在对

---

① 杨利慧：《21 世纪以来代表性神话学家研究评述》，《长江大学学报》（社科版）2014 年第 6 期。
② 高有鹏：《关于中国神话的炎帝神农时代问题》，《西北民族研究》2014 年第 4 期。
③ 朝戈金：《"回到声音"的口头诗学：以口传史诗的文本研究为起点》，《西北民族研究》2014 年第 2 期。
④ 阿地里·居玛吐尔地：《突厥语民族英雄史诗结构模式分析》，《民族文学研究》2014 年第 4 期。
⑤ 漆凌云：《性别冲突与话语权力——论建国前后牛郎织女传说的嬗变》，《民俗研究》2014 年第 5 期。

已出版的故事学著作的评述及对资深研究者的学术脉络梳理方面。周超的《刘守华民间故事研究评述》以一篇硕士论文的体量对我国民间故事学的带头人刘守华先生的学术体系与学术成果进行了梳理,肯定其在我国民间故事学发展上的重大贡献。[1]

2. 对民间文学类非遗传承人的研究

近年来,随着非物质文化遗产保护工作的不断开展与深入,学者们也越来越关注非物质文化遗产语境中的传承人,注重从保护现状、传承人的主体性及话语权等多方面进行探讨。但是,这类学术论文的数量偏少,虽然在论及民间文学类非物质文化遗产保护与传承问题的论文中也有涉及,但是具有针对性或集中研究传承人的文章则十分缺少。

江帆在《谁在叙事 为何叙事 如何叙事:"非遗"保护的田野立论与概念拓展》一文中以辽宁省6位国家级与省级民间文学类非物质文化遗产项目传承人为分析对象,指出民间文学类非物质文化遗产包含复杂的演述形态与文本类型,而这类遗产的传承人也是一个充满多元化、非中心化、差异性及不确定性的群体。她发现,当下关于"传承人"的概念已无法完全阐释现代化语境中不断变迁的研究对象与传承主体,从而提出了"只要'承'的属性未变,应该允许'传'的形态有别"的观点。[2]

闫玮的《河南非遗传承人保护现状分析》反映了河南省非物质文化遗产传承人"后继无人"的问题,并从财政、宣传和展示活动及行政服务三个角度提出了解决办法。[3] 王拓的《口述史:非遗传承人获得话语权的媒介与途径》认为开展"非遗"口述史研究可以为处于社会弱势阶层的"非遗"传承人提供表达生存和文化权益诉求的途径,从而起到唤醒传承人对自身创造民间文化遗产的文化自觉与文化自信的作用。[4]

3. 对民间文学类非遗保护的问题与对策研究

民间文学类非物质文化遗产不仅仅是"民间文学"与"非物质文化遗产保护"的简单叠加,而是在政府、学者与地方精英及传承人和广大民众的合

---

[1] 周超:《刘守华民间故事研究述评》,湘潭大学硕士毕业论文,2014。
[2] 江帆:《谁在叙事 为何叙事 如何叙事:"非遗"保护的田野立论与概念扩展》,《文化遗产》2014年第3期。
[3] 闫玮:《河南非遗传承人保护现状分析》,《山西档案》2014年第4期。
[4] 王拓:《口述史:非遗传承人获得话语权的媒介与途径》,《天津大学学报》(社会科学版)2014年第2期。

力下不断碰撞与交融的产物。特别是在当今全球化、现代化的语境中,应该对民间文学类非物质文化遗产的保护理念与传承机制进行更深一步的探究,实现对其保护的合理性与有效性和对其传承问题的人本主义认知。

高丙中的《民间文学的当代传承与非物质文化遗产保护》一文阐释了民间文学的当代传承并关联性地论及非物质文化遗产保护对于民间文学作为总体的作用。他认为虽然民间文学类非物质文化遗产保护问题的提出能够更好地服务于国家非物质文化遗产的保护实践,但是民间文学本身的传承在当代也具有自己的生活路径。所以无论是政府还是专家学者,在倡导与开展非物质文化遗产保护工作的同时,对民间文学保护、传承的思考要重视民间立场。①

户晓辉的《民间文学:最值得保护的是权力还是权利?》一文从民间文学的发生形式与存在条件出发,提出民间文学的表演要求的是由伦理的信仰关系决定的人与人之间的人格关系。保护作为非物质文化遗产的民间文学,就是要保护每一个人表演民间文学的平等权利,所以民间文学保护的要旨是保护它所蕴含的本源的伦理关系和为民主、争自由的潜在渴望。②

林继富在《现代媒介记忆语境下的民间文学保护》一文中提出在现代媒介语境记忆下,民间文学传承、传播遭遇前所未有的生存困境,同时也面临着新的发展机遇。在当代民间文学类非物质文化遗产保护中,要坚守民间文学作为传统的特性,也要注意民间文学的生活化与时代性。所以在当代保护民间文学类非物质文化遗产要适应媒介记忆的多样性、多元性,充分尊重民间文学类非物质文化遗产的现代表述行为。③

(四) 科研立项

2014年,民间文学类的科研立项项目涉及中国文学、宗教学、民族问题研究等方向,项目数量总额较2013年有所减少。其中国家社科基金年度项目立项名单中的民间文学类项目有9项;国家社科基金青年项目立项名单中的民间文学类项目有4项;教育部人文社会科学研究规划基金、青年基金、自筹经费项目评审的民间文学类项目有5项;国家社科基金西部项

---

① 高丙中:《民间文学的当代传承与非物质文化遗产保护》,《民间文化论坛》2014年第1期。
② 户晓辉:《民间文学:最值得保护的是权力还是权利?》,《民间文化论坛》2014年第1期。
③ 林继富:《现代媒介记忆语境下的民间文学保护》,《民间文学论坛》2014年第1期。

目立项名单中的民间文学类项目有4项；而教育部人文社会科学研究西部和边疆地区项目中则没有民间文学类相关项目。

这些项目涉及史诗、故事等体裁研究，相关民间叙事的综合研究，民间文艺家学术思想研究以及具体领域的学术史研究等。如果以民间文学类各亚类的区分来看，史诗类与说唱类项目数量最多，故事类次之，而像谚语、谜语等则基本没有立项。包含民间叙事、传承人及民间文学学者学术思想研究的各类综合研究的项目数则多于各亚类数目。

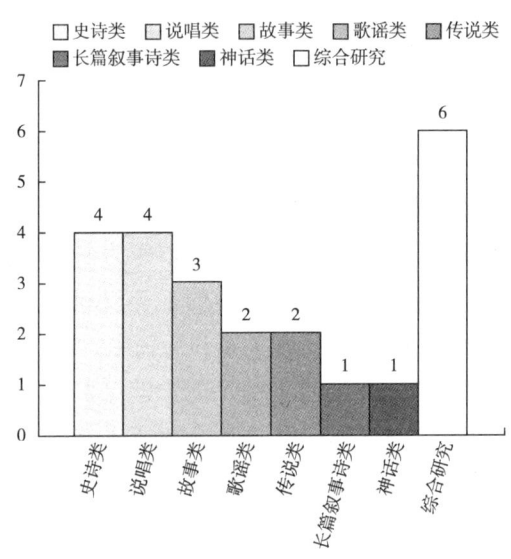

图11 民间文学类各亚类科研立项数量对比图

以国家社科基金年度项目为例，在2012～2014年度的民间文学类项目中，史诗类始终占据领先地位。2012年民间文学类项目有17项，史诗类有7项，占总数的41%；2013年民间文学类项目有15项，占总数的20%；而2014年度民间文学类项目有9项，占总数的44%。由此也可以看出当下史诗类项目研究在国家层面与学术界的热度与关注度。

三 特点与趋势：对传承人保护的学术探析

2014年，对民间文学类非物质文化遗产的保护集中在传承人方面，全国共有11个省（自治区、直辖市）公布了传承人名录。但是通过不同批次间的纵向比较与不同亚类间的横向比较可以发现,民间文学类非物质文化遗产传承人的数量不容乐观,其基本集中于传说、史诗这两个亚类。2013年举办的第四届中国成都国际非物质文化遗产节提出了"人人都是文化传承人"的口号,可以说这有效地激发了民众的责任感和自豪感,使得"传承人"从一个政策性的专有名词转变成一个可以被文化共享的温暖语词。2014年在山东举办的第三届中国非物质文化遗产博览会的主题则是"非遗,我们的生活方式",可以说进一步推进了"人人都是文化传承人"的理念,使得非物质文化遗产保护与传承深入到社区中的每一位成员,使群众可以以自己的方式参与非物质文化遗产的保护。可以说,这既是朴实的工作实践,同时也是高度的理论升华。将非遗作为一种生活方式去理解,也是对传承人文化本体的理解与尊重,是将非遗保护生活化、丰富化与生态化。所有这些对于民间文学类非物质文化遗产传承人保护的发展都有着重要的意义与价值。

在2014年召开的有关民间文学类非物质文化遗产的学术会议中,专家学者们也将更多的精力投放于对传承人的研究,更多地注重从学术伦理、学科精神以及理论研究层面来实现研究对象与文化主体的和谐统一。其中,史诗类的相关研究走在其他各个亚类的前面。这既是因为史诗研究自身的表演性,也在一定程度上说明我国史诗研究在学理精神上的人本化转变。2014年10月26~27日,在北京召开的国家社科基金重大招标项目"柯尔克孜族百科全书《玛纳斯》综合研究(13&ZD144)史诗歌手研讨会"上,学者们在玛纳斯奇的史诗演唱技艺、玛纳斯奇的身份认同、玛纳斯奇的史诗梦授说、玛纳斯奇的史诗学习经历、重要玛纳斯奇的身份资料新发现等方面都有很多具有突破性的研究成果,大大推进了我国《玛纳斯》史诗歌手研究。[①] 但是,这次会议的主题"关注《玛纳斯》史诗歌手研究——莫让口传史诗'人忘歌息'"却使学者们忧心忡忡。像居素普·玛玛依这样"国宝级"史诗歌手的离世,触及了传承人保护层面的一个重大问题,即如何面对民间文学类非物质文化遗产传承人年龄较高、传承质量不断下降的现实。这也使学者们迫切地意识到应该重新界定传承人

[①] 阿地里·居玛吐尔地:《国家社科基金重大招标项目:"柯尔克孜族百科全书〈玛纳斯〉综合研究史诗歌手研讨会"综述》,中国社会科学网,http://lit.cssn.cn/wx/wx_yczs/201411/t20141128_1421199.shtml,2014年11月28日。

的概念,应当在学理与实践层面展开具有时代性与语境化的思考。

乌丙安先生曾总结出民间文学类非物质文化遗产保护的五个难题,其中第一点就是"民间故事传承人的口头传承活动悄然消失"①。面对这样的情况,刘锡诚、高丙中、江帆、林继富、户晓辉等专家学者们一方面致力于对现有传承人的挖掘与保护,另一方面则从学理方面思考民间文学与非物质文化遗产保护的辩证关系,分析现有的民间文学类非物质文化遗产在保护与传承上的问题与困境。这其中便包含对传承人的主体性认知、保护现状及传承模式的探索。可见,学界越来越关注传承人保护的相关问题。

通过对传承人保护工作的梳理与总结可以看出2014年度民间文学类非物质文化遗产保护的发展特点与趋势,那就是加强传承人的主体地位,彰显非物质文化遗产保护的人文关怀,注重民众的创造力,在时代精神中把握非物质文化遗产的精神内涵。无论怎样,我们都应该明确民间文学类非物质文化遗产保护的目的和手段,承认民众作为传承主体与实践主体的地位,尊重与肯定他们的生活方式与生命意义,倡导社会的和谐性与文化的多元性。

四 问题与对策

梳理2014年民间文学类非物质文化遗产保护工作可以发现,在当下全球化、城镇化、市场化的时代环境中,非物质文化遗产保护工作迎来了机遇,同时也面临着挑战。民间文学类非物质文化遗产在申报保护、学术研究等方面既取得了优异的成绩,也存在着一些不容忽视的问题。最为核心的问题即如何拓展民间文学类非遗的生存空间,真正做到对民间文学类非遗的"活态"传承与保护。笔者将从三个方面展开问题探讨,并提出相关意见与对策。

(一)丰富展演形式,拓宽传播渠道

客观来讲,民间文学类非物质文化遗产有着自身的传承特点,它与传统技艺、传统音乐等类别存在一定的差异。民间文学类非物质文化遗产项

---

① 黄雯:《民间文学类非物质文化遗产保护学术研讨会会议综述》,《民间文化论坛》2013年第3期。

目在一些博览会、展示会及进校园等活动中经常缺席。2014年6月14日是我国第九个"文化遗产日",各省(自治区、直辖市)等相关部门不同程度地围绕着"非遗保护与城镇化同行"的主题开展了丰富多彩的展示与演出活动。在活动中我们很难看到民间文学类项目的参与。以湖南省为例,在为期3天的非物质文化遗产展演活动中,仅在舞台演出环节有三项民歌的歌唱表演,而在广场表演、优秀非物质文化遗产项目展览以及展示活动进校园等环节再难看到民间文学类项目的身影。① 同样,在现代传媒的传播渠道中也缺乏对民间文学类非物质文化遗产项目的相关报道与宣传。例如,在新华网文化专栏的"非遗传承"板块中,2014年度的新闻消息中共有185条与非物质文化遗产项目及传承人有关,其中以民间文学类非遗为主体的新闻仅有4条。②

面对这样的情况,我们应当把握民间文学的传承特质与传播机制,从本质上加强民间文学类非物质文化遗产的可持续性保护与开发。事实上,一直以来在我国的电影与电视剧等文化作品中都有大量的对传统民间文学的展现与改编,这也使许多经典的民间传说故事能够在代际与多族群中传播推广。例如,由中华文化促进会主办的"中国非物质文化遗产电影推广项目",其宗旨即为"把中国的故事讲给世界听"。③ 同样,在2014年开展的"中国电影中的非物质文化遗产"主题论坛,也致力于将我国的非遗项目推广到国际市场,利用现代化国际化的传播模式来唤起人们对非物质文化遗产保护的关注与参与。④ 所以对民间文学类非物质文化遗产的保护应当充分利用自身的叙事优势与传统影响力,充分利用现代化媒介进行推广,并使其参与到自媒体传播与创意产业链条中,借此来丰富与拓展自身的展演形式与传播渠道。

(二) 实现对传承人的可持续性保护

民间文学是广大民众口耳相传的艺术财富,是民众共同享有的文化资

---

① 《湖湘记忆——2014"文化遗产日"湖南非物质文化遗产展演安排》,湖南省文化厅,http://www.hnswht.gov.cn/new/xxgk/gggs/content_66750.html,2014年6月10日。
② 根据新华网http://www.xinhuanet/com/culture/fycc_02.htm 逐条搜索统计而来。
③ 《"中国非物质文化遗产电影推广项目"暨〈百鸟衣〉电影正式启动》,人民网,http://gx.people.com.cn/n/2014/0728/c179462-21798539.html,2014年7月28日。
④ 《国际影坛大腕探讨"中国电影中的非物质文化遗产"》,千龙网,http://beijingww.qianlong.com/1470/2014/04/19/290@223546.htm,2014年4月19日。

源与生活方式。在对民间文学进行非物质文化遗产保护之时,我们最不能丢弃的就是对传承人的关注与保护。当下的民间文学类非遗保护工作正面临着传承人及其传承方式日渐流逝的困境。2014年5月23日,时年95岁的"辽宁省优秀民间故事家"杨久清老人病逝。作为一名民间文化的积极传播者,他讲述的回族民间故事在2007年被列为辽宁省非物质文化遗产名录,并曾在自己庭院里修建了一座公益性的"民间故事传习所"用于传播自己讲述的民间故事。但是随着老人的离世,这样的传播热忱与传承精神变得难以找寻了。① 虽然这样的情况不可避免也无法逆转,但是因为民间文学的口传心授的特质,传承人的口头传承活动成为其最为活态也是最为宝贵的质素。即使民间文学类非物质文化遗产可以借助现代化的多媒体设施与数字化记录手段得到有效保存与记录,但如果不能激活传承人的主体意识、发挥多样化的传承方式,那么我们就无法真正做到对民间文学的"活态"保护与积极传承。

所以,在非物质文化遗产保护工作实践中,我们需要把握传承人自身的传承特点,牢记非物质文化遗产保护的核心是"人",尊重传承人的主体意识,在权力话语与学术建构等多层力量的交织中寻求文化本体的自在与本真。特别是在当今现代化与城镇化的快速进程中,想要实现民间文学类非物质文化遗产的"活态"传承与保护就要充分发挥各方面保护力量的主观能动性,争取做到协调一致、互利共赢。同时,我们也要注重在日常的保护中加强对传承人的有益培训,引导传承人提高自身的传承水平与主体性意识以及对灾害(难)的预防机制与风险意识,培养他们的应对能力与恢复能力。同时,我们也要鼓励其他民众能够参与到保护民间文学类非遗的活动实践中来,使这类优秀的精神财富得到可持续性的保护与发展。

(三)加强对民间文学类非遗的学术实践与反思

我国的非物质文化遗产保护工作已走过了十余个年头,相关的学术研究与学术讨论也从未停歇。但是,民间文学类非遗的研究依旧存在着分类、意义与相关学术观照的模糊性。一方面,从名录的划分而言,民间文学类项目并不能完全涵盖民众在生活中享有与传承的民间文学本身;另一

---

① 江帆:《谁在叙事 为何叙事 如何叙事:"非遗"保护的田野立论与概念扩展》,《文化遗产》2014年第3期。

方面，从学术研究的角度来看，学者们所研究的民间文学类非物质文化遗产也存在着与现实社会中"非遗项目"脱节的现象。即使丰富的田野实践在不断激发着研究者们对于民间文学类非物质文化遗产的热情，但是在具体的学术成果中还是不可避免地存在着多种力量博弈后的选择性偏差。

刘锡诚先生在《反思与进言：聚焦非遗名录之民间文学》的文章中回顾了近十年的非物质文化遗产保护工作，认为目前名录中"民间文学"类出现不合理或失衡状况，未能全面反映出中国民间文学生态丰富性和多样性的实际情况。所以，他认为对民间文学的非物质文化遗产保护应该在传统性与当代性的平衡互补中进行，在具体的工作中则应在"分类管理"的原则下实行记录保存和保护的模式。① 非物质文化遗产保护活动进行过程中，面对已经取得的成就与存在的问题，专家学者与非物质文化遗产工作者应该慎重对待，严谨思考，精于实践，善于反思。例如 2014 年学界针对"中国民间文学三套集成"这一学术实践的回顾与反思，就取得了丰厚的成果。②

2014 年，我国非物质文化遗产保护工作稳步发展。仅就民间文学类非物质文化遗产而言，2014 年度国家与文化部门继续推动非遗的数字化保护，"中国口头文学遗产数字化工程"取得了阶段性的重要成果，逐步完善了利用现代化多媒体技术对民间文学类非物质文化遗产的影音存档与保护。国家对少数民族地区及少数民族民间文学的保护力度也不断加强，相关的学术会议与学术著作较之往年也明显增多。与此同时，各地政府也大力采取地方性的综合保护措施，如山东、浙江等省份总结自身多年的非物质文化遗产工作经验，探索发展具有地方特色的保护方式与发展路径。学术界对民间文学类非物质文化遗产的保护也在进行积极的探讨与反思，试图从理论层面与实践语境助力于民间文学的良性传承与保护。

2014 年度民间文学类非物质文化遗产的保护与传承在各种实践主体的良性互动中取得了可喜的成绩，但依旧面临着一些问题与挑战。对民间文学在非遗保护时代的处境与现状，刘锡诚先生指出民间文学在非物质文化遗产保护中所处的"弱势"地位。乌丙安先生总结出民间文学类非物质文

---

① 刘锡诚：《反思与进言：聚焦非遗名录之民间文学》，《西北民族研究》2014 年第 1 期。
② 参见项江涛《加强中国民间文学三套集成的学术研究》，中国民俗学网，http://www.chinesefolklore.org.cn/web/index.php? NewsID = 12563，2014 年 6 月 10 日。《纪念"中国民间文学三套集成"启动 30 周年座谈会在京召开》，《民间文化论坛》2014 年第 3 期。

化遗产保护的五个难题，提出民间文学类非物质文化遗产依法保护和科学保护的两大原则，认为只有在有效保护的基础上，合理利用非物质文化遗产代表性项目，才能开发出具有地方特色、民族特色和有市场潜力的文化产品和文化服务。① 此外，众多致力于民间文学类非遗保护的专家学者与非物质文化遗产工作者也都为它的良性保护与可持续传承进行了学理上的思考与实践上的探索。

经过多年的保护实践证明，非物质文化遗产保护不能"只见项目不见人"，应该突出作为文化承载与传承主体的民众的主体性地位。在政府层面上，要加大宣传与资金投入，重新审视民间文学类非遗的重要意义，推动其真正参与到民众的生活实践当中，重视对传承人的有效保护，完善相关政策机制，使民间文学类非遗传承人能够得到良好的传承空间，把握非遗的时代性与实践性。在学术领域，研究者们则应加强对民间文学类非遗的学理探讨与学术反思，在理论高度给出合理化的对策与建议。在做好基础性普查与申报工作的同时，我们要将更多的注意力投放在对传承人的保护层面上，实现非物质文化遗产保护的良性发展与活态传承。同样，我们每个人都应当参与到具体的实践当中。相信2015年民间文学类的非物质文化遗产保护工作会借鉴2014年的有益经验，在国家、政府与各界力量的共同支持下更加顺利地进行，得到更大的收获。

---

① 参见黄雯《民间文学类非物质文化遗产保护学术研讨会会议综述》，《民间文化论坛》2013年第3期。

传统音乐类非物质文化遗产保护发展报告

撰稿：董 帅 审稿：周凯模[*]

2014年，弘扬优秀传统文化、保护非物质文化遗产（以下简称"非遗"）的良好气氛仍在延续。传统音乐在发展过程中，也产生新的动向。尤其是随着数字化技术的崛起、文化创意产业的升温、礼乐文化的重建、文艺座谈会的召开，文化建设打开新局面，传统音乐亦以其充满生命力的姿态呈现在世人面前。

一 保护情况

（一）名录建设

2014年11月11日，国务院公布了第四批国家级非遗代表性项目名录。其中，新增传统音乐类项目共15项，约占新增项目总数（共153项）的十分之一；扩展名录中传统音乐类项目共19项，约占扩展项目总数（共153项）的八分之一。

截至2014年，国家级代表性项目名录已有四批，各批次传统音乐类项目数量变化如图1所示。

由图1可知，传统音乐类项目呈减少趋势。一方面，经过多年的名录建设工作，具有重大历史、文学、艺术、科学价值的传统音乐乐种，大都

---

[*] 董帅，男，1989年生，广州市非物质文化遗产保护中心职员，中山大学中文系非物质文化遗产学专业2012级硕士研究生；周凯模，女，1955年生，星海音乐学院音乐人类学（民族音乐学）教授，香港中文大学哲学博士。

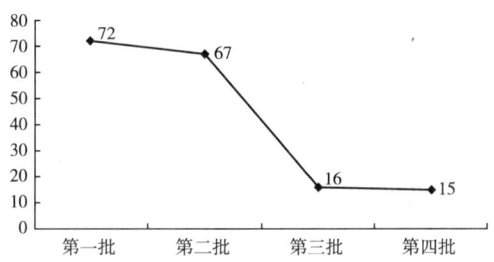

图 1　四批国家级项目中新增传统音乐类数量变化

被列入名录,沧海遗珠已然越来越少;另一方面,国家层面在给"重申报,轻保护"的"申遗热"降温,将重心转移到已有项目的保护实践中来,这也是重要原因。

值得注意的是,本次蒙古族汗廷音乐和浏阳文庙祭孔音乐的入选,弥补了前三批国家级非遗名录中"重民间音乐,轻宫廷礼乐"的不足:蒙古族汗廷音乐是蒙元时期在蒙古汗帐或宫殿中表演的专为可汗、尊臣等敬献的音乐;浏阳文庙祭孔音乐是我国祭孔礼仪中较为完整的古乐。2014 年,礼乐重建呼声甚高,从名录建设中可见一斑。

2014 年,安徽、北京、重庆、广西、四川等 5 个省(自治区、直辖市)公布了省级代表性项目,均有传统音乐类项目入选。此外,香港公布了首份非遗清单,包含八音器乐、科仪音乐、道家音乐、释家音乐、仪仗音乐、广东音乐、潮州音乐、福建南音、客家山客、哭丧歌、哭嫁歌、叹歌、咸水歌等传统音乐项目。

2014 年,海南、湖北、黑龙江、湖南、江苏、内蒙古、青海、陕西、上海、新疆、云南、山东、广东等 13 个省(自治区、直辖市)公布了省级代表性传承人,均有传统音乐类项目传承人列入。在新疆、青海、内蒙古、黑龙江等传承人名单中,均出现了"80 后"的身影,其中黑龙江的武家鼓吹乐棚省级代表性传承人武迪仅 27 岁,这说明年轻一代正在接班,传统音乐的传承呈现新气象。

(二)政府政策

非遗保护以政府为主导,各级政府充分发挥行政职能,制定政策、规划,引导保护事业的走势。

"三月三"是苗、瑶、壮等少数民族赶歌圩、搭歌棚、办歌会的"歌节"。2014年起,广西壮族自治区政府首次将农历三月初三至初四,定为全区的法定节假日。这一举措,给群众提供了一个与当地传统音乐近距离接触的契机,将对壮、苗、瑶等民族音乐文化的推广、弘扬起到深远的促进作用。①

2014年2月,贵州通过《多彩贵州·侗族大歌振兴计划》,将在2014~2018年间,贵州省财政每年投入约1000万元专项资金,开展侗族大歌保护、传承工作;到2018年,力争侗族聚居村寨基本实现村村有歌队,85%以上村民能唱10首以上传统民歌和新编民歌。这一强有力的振兴计划,有望从根本上改变侗族大歌的传承困境。计划注重行政资源的整合,贵州省文化厅、省民宗委、省住建厅、省扶贫办等多个单位参与。②

除了扶持传统音乐的专项政策之外,对国家文化卓有影响的重大规划,也对传统音乐保护起到积极效果。如2013年发布的《边远贫困地区、边疆民族地区和革命老区人才支持计划文化工作者专项实施方案》,就在2014年得到深入贯彻执行。陕西省在实施"三区"人才支持计划文化工作者专项培养计划中,镇巴县文工团得到了西安音乐学院的系统培训指导,从而更好地保护了镇巴民歌。③

(三)抢救保存

濒危传统音乐项目采取抢救性保护措施。运用录音、录像及文字记录等方式,将表演过程记录下来,建立翔实的数据库,在此基础上做好资料的编辑和出版工作;同时,抢救性征集珍贵实物和资料。此类举措,对濒危传统音乐的保存至关重要。2014年,传统音乐的抢救保存,更注重国际交流,更为专业和体系化。

5月,太原锣鼓抢救性影视资料录制。太原市500余名新老锣鼓人参与,3架摄像机,15名摄影人员,详尽拍摄记录了从古代社家鼓到传承创

---

① 《广西"三月三":两天假期享民俗》,《中国文化报》2014年4月3日,第1版。
② 《侗族大歌保护的贵州行动》,《贵州民族报》2014年4月17日,第B1版。
③ 《西安音乐学院为基层培养人才 镇巴民歌得专业指导》,华商网,http://hanzhong.hsw.cn/system/2014/07/02/051962956.01.shtml,2014年7月2日。

新的《龙城鼓韵》等7套代表性曲牌。① 抢救性拍摄,是生动的活态记录,成为抢救性保护的重要组成部分。其中应有专业、严谨的摄制,原生态的展示,以及对不同流派、曲目的统筹兼顾,在这方面太原锣鼓做出了良好的示范。

7月,一批在70年前从内蒙古地区流散到瑞典和丹麦的蒙古古乐,包括《成吉思汗颂》等48首乐曲,被内蒙古艾博云集博物馆收集录音复制回国。② 当前,传统音乐珍贵的实物、资料流失海外的现状仍不容乐观,要通过加强国际交流来实现非遗资源的回归。

12月,由广州市委宣传部和市文广新局主导、历时3年整理而成的广东音乐发展史上第一部较为完整的《广东音乐大全》首发。与早年出版的相关集子相比,该书容量大、纯曲谱、讲排序、重装帧。③ 这说明,在传统音乐的抢救性保护中,加强领导、汇集专家、科学筛定、有序进行,方可形成传世的精品成果,而非简单的资料汇编。

高尔基曾指出:"一个民间艺人的逝世,相当于一座小型博物馆的毁灭。"当前面临着传承人老龄化的现实,抢救性保护刻不容缓,但如何使抢救性保护兼重速度与效率,仍需在非遗保护的实践中探索。

(四) 数字化保护

数字化保护,即用数字技术对非遗项目的核心与代表性内容进行文字、照片、录音、录像、数字化多媒体等各类载体的记录,并将数据资源进行标准化输入和转化,实现系统化整合、专业化分类和信息化存储,最终通过数据库等形式,达到非遗资源的数字化保存、管理、交换和利用。目前,数字化保护正成为非遗保护事业的最前沿领域,其在传统音乐保护中的意义深远。

2014年7月,海州五大宫调数据库通过中国非遗数字化保护工程江苏省国家级非遗数字化试点项目中期评审。数据库用音频、视频、照片等手段,保留了大量海州五大宫调"基因式"的信息。市民只要上网轻点鼠

---

① 《记者直击太原锣鼓抢救性拍摄》,世界晋商网,http://www.wsxm.net/article-18493-1.html,2014年5月29日。
② 《〈成吉思汗颂〉等48首"蒙古古乐"回归内蒙古》,中国新闻网,http://www.chinanews.com/cul/2014/07-29/6438033.shtml,2014年7月29日。
③ 《首部广东音乐大全出版》,《信息时报》2014年12月20日,第A05版。

标，就能轻松听见、看见、感受到"拉魂腔"的魅力。①

2014年9月，福建泉州首次发布"南音记录工程"工作成果。工程成功研发出"南音数字化智能曲谱"系统，能将曲目古谱进行数字化、智能化处理，能在多种终端上进行多媒体展示，并可进行互动教学。② 可见，数字化已使传统传承方式的某些环节具备可替代性。

智能机器人的应用，也使传统音乐活态呈现有了新载体。2014年11月举办的"东亚文化之都·泉州"学生文化创意作品展，展示了泉州七中物理老师与学生们一起制作的可编程人机互动木偶。机器造型是在一个南音表演舞台上，身着戏服的木偶正在随着袅袅南音翩翩起舞。通过输入程序，可让木偶演唱南音，舞蹈动作可随着曲目变化重新编排。③

诚然，数据库范本式的收录难以体现传统音乐的即兴性，数字模拟的智能系统也不能代替"口传心授"的师徒传承，但数字化保护的开展，给予了更多民众了解、体验进而热爱传统音乐的机会，是传统音乐应时代变化而作出的必然选择。

（五）演出比赛

活态流变性是非遗最重要的特性。各具魅力的演出和赛事，使传统音乐得以鲜活呈现。2014年，各式传统音乐比赛层出不穷，已被重点打造的传统音乐文化品牌仍然延续着强劲势头，新兴的歌会、比赛展示出新面貌，结合时代元素的创新型演出亮点频现。

现代科技融入传统音乐演出。1月7~9日，"祈福中国梦·吉祥中国音乐会"在北京上演，演奏梵呗乐曲时，使用16声道环绕立体声，并运用了建筑光影3D技术、全息光影技术、环幕投影技术、裸眼3D投影等最新的光影视觉技术。④

传统音乐依托"国学热"找到发力点。5月24日，承德举行第二届"感悟经典传承国学"专场演出，展现了清音会最具特色的民间十番乐等，

---

① 《海州五大宫调数据库通过中期评审》，《苍梧晚报》2014年7月24日，第A03版。
② 《福建泉州"南音记录工程"成果首次发布》，新华网，http://news.xinhuanet.com/local/2014-09/30/c_1112697461.htm，2014年9月30日。
③ 《中学物理老师 研发可编程南音木偶》，光明网，http://edu.gmw.cn/newspaper/2014-11/26/content_102276291.htm，2014年11月26日。
④ 《〈吉祥中国音乐会〉贺新年》，《中国文化报》2014年1月9日，第5版。

以古典音乐配诗朗诵和舞蹈的表演形式,摆脱了以文字学习诗歌的模式,生动地体现了国学魅力。①

"原生态"走向国际化。7~8月,"爽爽的贵阳——原生态音乐之夏"启动,活动以国际视野重新观照贵州原生态音乐舞蹈,并与国内外的原生态音乐舞蹈同台竞演展示,力图营建原生态歌舞交流、展示的"国际平台"。②

2014年,传统音乐类品牌赛事相较往届出现新的变化,详见表1。

表1 2014年品牌赛事较之上届变化

赛事名	2014年概况	上届概况	主要变化及点评
阜宁国际牛歌文化艺术周	吸引了国外8支民间文艺团体。举办踩街巡演、"咏牛"书画展、牛歌文化陈列展等活动	2013年举办,名为"德惠杯"中国·阜宁第四届牛歌展演	1. 由国内赛事拓展至国际赛事。 2. 由纯粹的牛歌比赛变为兼具多个艺术门类的综合展演,实现了在衍生形态方面的多元化
第16届南宁国际民歌艺术节	首次举办民歌"演唱会",营造全民High歌气氛。尝试市场化运营,进行文化产业的探索	2013年举办,名为第15届南宁国际民歌艺术节	1. "全民High歌"体现"非遗保护,人人参与"的目标。 2. 文化产业值得探索。2014年,《国务院关于推进文化创意和设计服务与相关产业融合发展的若干意见》等文件发布,力促文化产业发展

---

① 《承德第二届"感悟经典 传承国学"专场演出在文庙举行》,河北新闻网,http://cd.hebnews.cn/2014-05/26/content_3956899.htm,2014年5月26日。
② 《贵州:"爽爽的贵阳——原生态音乐之夏"七月唱响》,文化部网站,http://www.mcprc.gov.cn/whzx/qgwhxxlb/guizhou/201406/t20140604_433553.html,2014年6月4日。

续表

赛事名	2014年概况	上届概况	主要变化及点评
贵州首届侗族大歌传承保护发展百村歌唱大赛决赛暨从江第十一届原生态侗族大歌节	是目前为止规模最大的侗歌比赛,还有芭沙枪手部落体验游、芦笙赛、民间对歌等活动。与侗族大歌骨干人才培训及传承辅导有机结合	2013年举办,名为中国·从江第十届原生态侗族大歌节	1. 更具综合性。2. 赛事由"快餐式"的展演转变为持续性的传承活动
第十二届中国西部民歌（花儿）歌会	融入了丝绸之路的内容,邀请4个丝绸之路沿线国家的艺术家助演,推动了歌会向丝绸之路国际民歌歌会暨中国西部民歌（花儿）歌会的转变,同时与第三届阿拉伯艺术节形成了互动	2013年举办,名为第十一届中国西部民歌（花儿）歌会	1. 由国内赛事拓展至国际赛事。2. 赛事主题与国家政策紧密联系,是国家"一带一路"战略构想的一次具体实践
第七届中国原生民歌大赛	增设了民歌改编组。曲目用本民族语言演唱,用民间固有的伴奏形式现场伴奏,不用伴奏带	2012年举办,名为第六届中国原生民歌大赛。参赛选手不借助话筒、乐队等任何电声伴奏形式进行表演	原生态民歌的合乎时代的改编,有利于发挥其自身造血机制
辽宁省第三届东北民歌展演	首度被列为辽宁省第九届艺术节的一项重要内容。特别设立创作奖	2011年举办,名为辽宁省第二届东北民歌展演	设创作奖鼓励创新,有利于东北民歌发挥其自身造血机制
第八届西安鼓乐艺术节	主办方特意邀请到了福建南音前来演出。南音北乐,鼓瑟齐鸣	2012年举办,名为第七届西安鼓乐艺术节	1. 南音与鼓乐同台竞技,颇具创新意识。2. 来自陆上丝路起点和源于海上丝路起点的乐种相得益彰,紧贴国家"一带一路"战略构想

2014年，传统音乐赛事的新变化层出不穷，如国际视野、创新意识、持续传承的计划性、全民参与性等加强，呈现出积极态势。此外，另一项重要变化，即在政府打造文化品牌的过程中，传统音乐演出、赛事更具综合性。其衍变如下：民间歌会—（结合商贸、旅游开发或政治等契机）—政府主办的歌节—（统筹各方力量）—综合性的文化节。

2014年，传统音乐新赛事也相继涌现，呈现出新的生机活力，详见表2。

表2　2014年新增重要赛事

赛事名	时间	地点	主办单位	比赛概况
首届陕南民歌大赛	2月28日~9月15日	陕西省西安市	陕西省文化厅，汉中市、安康市、商洛市人民政府	致力于"推新人，创新作"，努力打造陕南民歌文化品牌
河南省首届古琴古曲展演	10月11日~12月14日	河南省	河南省文化厅等	是河南省有史以来规模最大、最具影响力的一次古琴展演活动
首届中国呼麦大赛暨首届中国·国际呼麦大赛	7月3~9日	内蒙古满洲里市	内蒙古自治区文化厅、俄罗斯图瓦共和国文化部、满洲里市政府、内蒙古民族艺术剧院	大赛分为国内赛事和国际赛事。吸引了9个国家的150多名选手
首届西南民歌邀请赛	8月25~28日	四川省宜宾市兴文县	文化部全国公共文化发展中心、四川省文化厅指导，四川、重庆、云南、贵州、西藏、广西、陕西七省区市文化馆联合主办	以"坚持公益性，突出文化惠民"为原则，零门槛进入
首届"中国鼓王评选赛"	9月28日	湖南吉首市	中国民族打击乐学会	共邀请了18支国内有代表性的鼓队

（六）传承

2014年，传统音乐的传承工作，扎实推进，更为系统、规范和专业。

传承培训工作更为扎实有效。6月，2014年黎族民歌（琼中）基地培训班举办，来自海南各地的62名黎族民歌手利用四天时间，在黎族民歌的采风、整理、创作、现场演唱黎族民歌等方面进行学习。省群众艺术馆、县文化馆全程录音，并对录音进行采集、建档，建立民歌手资源数据库。[①]

远程教学成为传承、传播传统音乐的新方式。5月，"中央音乐学院华大远程教育中心古琴、古筝专业教学推广展示会"在北京举行，标志着中国首个由高等艺术院校主办的古琴远程学历教育项目正式启动。这意味着古琴艺术学习者可以直接师从中国一流的古琴演奏名家。[②]

传统音乐教育种类更加齐全，全国首所佛教音乐学院成立。5月6日，红安天台寺佛教音乐学院在湖北省黄冈市红安县天台寺挂牌成立。该学院以天台寺广玄艺术团的禅乐为实践载体，旨在为佛教培养僧伽音乐专业人才，首批40多名学员均为该寺年轻僧尼。[③]

集体传承有了新突破，出现了以传统音乐为主的专门文化生态保护区。2014年初，淮安市文广新局启动市级白马湖民间歌舞文化生态保护实验区筹建工作，以南闸民歌核心流布区域的淮安区南闸镇等地为具体建设点，探索实施传统音乐的区域化整体性保护。[④]

（七）传播

2014年，传统音乐依托进社区、伴奏广场舞、融入综艺节目等多种形式，传播路径渐趋多样，从而广泛深入群众生活中。

传统音乐进社区逐渐常态化、持续化。6月9日，"把遗产交给未来——2014'非遗活动'古琴进社区"启动，20场古琴展演持续走进社

[①] 《全省黎族民歌培训班在琼中开班》，海南人民政府，http：//www.hainan.gov.cn/hn/yw/zwdt/tj/201407/t20140717_1325266.html，2014年7月17日。
[②] 《首个由高校主办的古琴远程学历教育项目启动》，《光明日报》2014年5月22日，第6版。
[③] 《中国首所佛教音乐学院落户湖北红安天台寺》，佛教导航，http：//www.fjdh.cn/bnznews/2014/05/093319328996.html，2014年5月17日。
[④] 《江苏淮安筹建白马湖民间歌舞文化生态保护实验区》，文化部网站，http：//www.mcprc.gov.cn/whzx/qgwhxxlb/jiangsu/201402/t20140220_426139.html，2014年2月20日。

区、高校,一直至 10 月底结束。① 当前,传统音乐各种形式的进社区、进校园活动如火如荼,但如何持续有效推进而非形式主义,仍值得探索。

传统音乐借助电视媒体尤其是综艺节目,广泛传播。《爸爸去哪儿 2》中,大家赴呼伦贝尔草原时,曹格挑战蒙古族呼麦,让观众领略了这一民族艺术的魅力。② 土家族打溜子首次搬上《天天向上》荧屏,两位国家级传承人的精彩表演,给观众留下深刻印象。③

近年来,广场舞流行于我国各地的大城小村,民歌借此广泛的群文活动走进民众生活。巢湖市就将《一支秧歌一趟秧》等一批巢湖民歌制成广场舞 CD 光盘,供广大群众开展健身娱乐活动,让巢湖民歌"民气"大涨。④

(八) 社会功用

"移风易俗,莫善于乐。"我国礼乐教化传统深远,传统音乐在当代社会依然保持其鲜明的教化作用。

传统音乐因其接地气、易改编,成为重要的大众宣讲工具。重庆市石柱县利用乡村乐队组建了 54 支"红喇叭"宣传队,他们常年活跃在乡村、社区,把理论宣传、党的惠民政策、社会主义核心价值体系和文明礼仪等内容统一编排成啰儿调等文艺节目,每年演出 1 万余场次,受众超过 100 万人次。⑤

用高雅的文化艺术助力服刑人员重塑新生,早已成为现代化文明监狱教育改造的重要手段,而传统音乐则以其"礼乐教化"功能发挥着关键作用。2014 年 9 月 19 日,福建省未成年犯管教所邀请福州茶亭十番音乐的民间老艺人进监,为孩子们传道授业,让未成年服刑人员在优秀传统文化的熏陶中,净化心灵,不断提升艺术矫治水平。所内成立了茶亭十番音乐

---

① 《非遗项目古琴进社区在工商大学启动》,南岸网,http://www.cqna.com.cn/na_content/2014-06/18/content_3376591.htm,2014 年 6 月 18 日。
② 《〈爸爸 2〉赴草原办篝火晚会 曹格挑战"呼麦"》,中国新闻网,http://ent.xinmin.cn/2014/08/15/25114991.html,2014 年 8 月 15 日。
③ 《张家界土家族打溜子"打进"〈天天向上〉》,红网,http://hn.rednet.cn/c/2014/06/07/3370009.htm,2014 年 6 月 7 日。
④ 《巢湖市创新发展巢湖民歌 民歌版广场舞配曲"风靡"》,合肥热线,http://news.hefei.cc/2014/0704/024298570.shtml,2014 年 7 月 4 日。
⑤ 《重庆石柱:啰儿调让宣教不再"板着脸"》,《光明日报》2014 年 10 月 18 日,第 5 版。

传承培训基地，帮助未成年服刑人员增添一技之长，为他们回归社会、立足社会创造条件。①

少数民族音乐的演出、传播，对抵制宗教极端主义起到积极作用。新疆木卡姆艺术团派出演出小分队，从10月底开始，近半个月的时间里，在民丰县、于田县、策勒县演出30余场，观众达5万余人次。艺术团用木卡姆中颂扬的真、善、美，去引导群众，共同抵制宗教极端思想。②

习近平主席在文艺工作座谈会上指出，一部好的作品，应该是把社会效益放在首位，同时也应该是社会效益和经济效益相统一的作品。优秀的文艺作品，最好是既能在思想上、艺术上取得成功，又能在市场上受到欢迎。传统音乐在近年来，打着非遗旗号而大肆进行商业化改造者有之，固守传统不善求变而脱离时代者有之。而最佳路径，则是坚持社会效益与经济效益的统一，既要合理应对当代市场的变化，更要担当起礼乐教化的社会价值。

二 研究情况

（一）研究机构

2014年新成立的研究机构中，以各单位自发成立的联盟式机构、生态博物馆研究中心、基于2011协同创新中心的研究机构等，较有特色。

11月，浙江省江南丝竹乐队（乐社）联盟成立。该联盟是省内从事江南丝竹研究、演奏的乐队（乐社）自愿加盟的组织机构，致力于普及与提高浙江省"江南丝竹"研究、演奏、创作水平，推动本土化音乐的发展，加强对"江南丝竹"项目的抢救式保护，加强文献、资料、乐谱等的收集、整理，并通过全省各地"江南丝竹"之间的交流、学习和观摩，共同推动浙江省"江南丝竹"的传承保护和创新发展。③ 12月，位于贵州省黎

---

① 《福建省未管所引入十番音乐拓宽监狱艺术矫正途径》，海峡法制在线，http://news.hxfzxx.com/view/2014-09-28/show56942.html，2014年9月28日。
② 《让木卡姆艺术成为去宗教极端化利器》，网易新闻，http://news.163.com/14/1201/10/ACCF7J5500014AED.html，2014年12月1日。
③ 《浙江省江南丝竹乐队联盟在杭州艺术学校成立》，杭州网，http://edu.hangzhou.com.cn/rdyw/content/2014-11/24/content_5538975.htm，2014年11月24日。

平县岩洞镇铜关村的侗族大歌生态博物馆研究中心正式开馆,项目以"移动互联网+乡村"为理念,致力于借助移动互联网的媒体与渠道力量,保护和传承侗族大歌。① 12月23日,泉州师范学院南音研究中心在泉州师院揭牌。该中心以省级2011协同创新中心"南音文化传承与发展协同创新中心"和泉州南音学院为依托,以创建国际一流的南音研究学术创新体、构建区域文化传承和发展战略决策的高端智库、搭建南音国际交流对话平台、建设南音高端人才培养基地、创建南音学科为建设目标。②

(二)研讨会

2014年,传统音乐界的研讨会主题多样,内容广度和深度都有一定拓展。尤其是国际交流研讨,使传统音乐类非遗的研究更具国际视野。此外,音乐口述史、音乐文化生态等议题也更受重视,呈现新气象。

4月3日,由文化部艺术司和宁夏文化厅联合主办的"回族音乐汇宁夏"研讨会在北京举行。与会的20多位音乐研究者、创作者,就回族民歌特色音调、回族音乐历史发展、回族新音乐等议题进行了深入研讨。与会者表示,"回族音乐汇宁夏"项目取得了众多理论研究成果,但与其他一些少数民族地区相比还有一定差距,存在辨识度不强、知名度不高、影响力不大等问题。③

8月16~17日,由福建文化经济交流中心、福建师范大学等联合主办的第二届海峡传统文化·北管学术研讨会在泉州市举行。22名台湾学者专家与会,同来自大陆各地学者热议北管发展。两岸学者分别从北管的源流、艺术形式、生态保护和音乐结构等方面进行了深度探讨。台湾学者指出"在台湾,北管的发展趋向于学术研究和生态保护"等论点,对于增强学术互补具有积极意义。④

9月23~25日,由中国音乐学院和国家社科基金教育学"十二五"重

---

① 《贵州黎平侗族大歌生态博物馆研究中心正式开馆》,网易新闻,http://news.163.com/14/1212/15/AD9AS99Q00014AEE.html,2014年12月12日。
② 《泉州师院南音研究中心揭牌》,光明网,http://edu.gmw.cn/newspaper/2014-12/24/content_103157919.htm,2014年12月24日。
③ 《"回族音乐汇宁夏"项目受关注》,《中国文化报》2014年4月4日,第1版。
④ 《两岸学者共议北管音乐 传统文化再结海峡情》,中国新闻网,http://www.chinanews.com/tw/2014/09-16/6499898.shtml,2014年8月16日。

点课题"中华优秀传统文化教育研究"工作委员会共同主办的中华优秀传统音乐文化教育论坛暨骨干教师高级研修班在北京举行,吸引了全国200余位大中小学负责传统文化教育和音乐教育的校长及专业教师。会议就国家传承、经典吟诵、乐教创新等议题举办了多场专业讲座。①

9月24~25日,由中国音乐学院主办的全国首届音乐口述史研讨会在北京召开。研讨会共分为五个单元,包括跨学科口述历史理论与经验交流、音乐口述历史理论研讨、音乐口述史历史学的理论研究与学科体系建构、音乐口述历史成果发布与实践经验交流以及总结部分。本届会议是以"音乐口述历史"为主题的首届会议,是音乐口述历史学科体系构建进程中重要的一步。②

10月10~12日,由联合国世界马头琴协会、内蒙古民族事务委员会等联合主办的首届中国·国际马头琴学术研讨会在内蒙古锡林浩特召开,从马头琴的起源与发展、马头琴传承现状及今后保护工作、马头琴专业教育的形成与发展等方面进行了广泛而深入的探讨交流。研讨会系统梳理了蒙古族马头琴艺术历史文化研究的现状,总结了历年来马头琴历史文化的研究工作,为进一步推进研究工作的创新奠定了基础。③

12月27~28日,由中国音乐学院主办的第四届全国乐器学研讨会在北京举行。此次会议就"民族低音拉弦乐器""乐器文化与生态""中国传统器乐的乐队思维"和"中国乐律"等问题进行了专题讨论。其中,中央音乐学院张伯瑜教授在《论中国传统器乐乐种的乐队思维》中指出:"大乐队的思维已经成为民间乐队的主流和审美追求,如果大提琴和倍大提琴能支撑小提琴的话,什么乐器能够支撑二胡?"其指出了传统乐器在大乐队思维下的困境所在。④

(三)科研立项

2014年度立项的159个国家社科基金艺术类项目中,与传统音乐类非

---

① 《中华优秀传统音乐文化教育论坛举行》,中国社会科学网,http://www.cssn.cn/hy/hy_zyhy/201409/t20140929_1348370.shtml,2014年9月29日。
② 《"全国首届音乐口述史学术研讨会"在京举行》,中国音乐学网,http://musicology.cn/news/news_8878.html,2014年9月26日。
③ 《首届中国·国际马头琴学术研讨会在我盟召开》,新华网,http://www.nmg.xinhuanet.com/nmgwq/xlgl/2014-10/14/c_1112820080.htm,2014年10月14日。
④ 《2014年全国乐器学研讨会在北京举行》,中国音乐学院音乐科技系,http://www.ccmusic.edu.cn/ccmusic/yykjx/xndt/n8579559361.html,2014年12月28日。

遗研究相关的项目共 14 项[①]，略多于 2013 年的 10 项。2014 年度立项的 2000 余项教育部人文社会科学研究一般项目中，与传统音乐类非遗研究相关的项目共 15 项[②]，略多于 2013 年的 14 项。

从内容看，相比 2012、2013 年的传统音乐立项，2014 年出现新的变化。第一，研究对象更为微观，某一流派甚至个人都成为研究对象，如国家社科基金一般项目"闵惠芬二胡艺术润腔研究"、教育部人文社科规划基金项目"我国当代古琴流派的生成与构建——新浙派古琴个案研究"，都将视野锁定在个体研究上，与多数立项中针对某一地域甚至跨地域的宏观研究互为补充、相得益彰，成为学术研究的新动向。第二，在国家大力振兴文化产业的进程中，把传统音乐开发为旅游资源的立项也应运而生，如国家社科基金青年项目"海南黎族旅游音乐资源开发研究"。第三，社会转型进程中，传统音乐如何变迁和保护，成为备受关注的研究方向，如教育部人文社科青年基金项目"社会转型期客家礼俗音乐文化的考察与研究""西部民族地区村落变迁中的音乐文化保护与传承研究"，这类研究将为今后传统音乐的可持续保护奠定学术基础。

（四）学术论文

2014 年度传统音乐研究成果颇丰。其中，对于音乐本体的关注，尤其是基于活态遗存进行乐种间、曲牌间的比较分析、源流考证等研究明显增多；音乐文化方面，口述史、音乐文化生态、礼乐文明等论题较为集中；传统音乐的保护策略，亦有所更新，抢救性保护、数字化保护、产业化保护理论的进展尤为明显；论及当代传统音乐传承流变的，则有传统音乐本体变迁、传承者和传承方式的变迁等诸多方面的考察。

学者们对重要的传统音乐理论及现象作出解读，发人深思。杨民康《音乐形态学分析、音乐学分析与民族音乐学分析——传统音乐研究的不同方法论视角及其文化语境的比较》[③] 指出："中国传统音乐是一个重要的

[①] 《2014 年度国家社科基金艺术学项目立项结果公布》，全国哲学社会科学规划办公室，http://www.npopss-cn.gov.cn/n/2014/0904/c221260-25603134.html，2014 年 9 月 4 日。

[②] 《教育部社科司关于 2014 年度教育部人文社会科学研究一般项目立项通知》，教育部社会科学司，http://www.sinoss.net/2014/0704/50699.html，2014 年 7 月 3 日。

[③] 杨民康：《音乐形态学分析、音乐学分析与民族音乐学分析——传统音乐研究的不同方法论视角及其文化语境的比较》，《音乐艺术》2014 年第 1 期。

学科门类，也是一种特定的研究对象范畴。……民族音乐学分析是我们从事该类课题研究的过程中应该首先予以考虑的一种分析思维和方法。"并指出："直至今天，许多人面对本民族的异文化阶层及其他少数民族的传统（音乐）文化，仍然习惯于以有话语权的局内人自居，自以为有资格、有权力对后者的保护和发展指手画脚，习惯于'越俎代庖'，包办代替，缺少应有的敬畏和尊重。……在某种带有一元文化审美观和'X族文化中心主义'色彩的思维方式及行为规范的指导下，他们要么躲在学院派的象牙塔中，将其重新实施于自己所从事的教育、推广工作过程中；要么便在其他基层工作岗位上（例如音乐'非遗'的保护和发展政策的制定和实施环节），将这种抱残守缺的思维方式及行为规范付诸种种社会实践。"因而，面对中国传统音乐，应采取"跨（异）族群—阶层文化"的视角，将民族音乐学的思维和方法融入传统音乐研究者和保护者的视野。

声音生态系统和地方乐感系统，都是音乐文化生态的重要组成部分，对于探究传统音乐的整体性保护必不可少。徐欣《声音生态观念下的蒙古族双声合唱"潮林道"》[1]以"潮林道"为例探究了声音生态，指出"'以声拟声'的认知形成了蒙古人对于潮林道的声音地方感。……音乐与自然声音生态的和谐统一在中亚多个少数民族的音乐文化当中均有体现，构成一个浑然自足的声音生态系统，也成为一个超越族缘与地缘的深远论题"。以往研究传统音乐的文化生态，多从历史、民俗、审美心理等人文角度分析，本文对于自然声音生态的解读是为有益补充。陈燕婷《泉州地区地方乐感初探》[2]则将关注点指向地方乐感，指出"长时间生活于某地之人，对当地音乐的熟悉、亲近之感，笔者称之为'地方乐感'"。文章认为，地方音乐要想获得广泛深刻的社会影响，没有"地方乐感"的帮助无法真正实现，并就此分析了地方性"闹热"对"地方乐感"养成的关键性作用。同时，文章阐述了"地方乐感"的唤醒方式，包括个人兴趣、在学习地方音乐的过程中唤醒、由于某一机缘唤醒、年龄大了寻找精神寄托而唤醒，等等。传统音乐的传承主体如何迈向"人人"，从该文可得启示。

---

[1] 徐欣：《声音生态观念下的蒙古族双声合唱"潮林道"》，《武汉音乐学院学报》2014年第4期。
[2] 陈燕婷：《泉州地区地方乐感初探》，《中国音乐》2014年第3期。

礼乐重建是近年来颇受关注的议题,礼乐教化之传统,与当前的非遗保护运动关系密切。项阳《对中国礼乐认知的几个误区》[①] 指出:"中国之所以称之为礼乐文明,就在于从宫廷到各级地方官府乃至民间都有礼乐之类型性存在,如此形成礼乐之体系化、等级化、丰富多样性的意义。"通过分析礼乐认知的误区,阐明了当下民间社会的礼乐活态存在。田耀农《区域音乐文化视野下的雅乐与雅乐的传承》[②] 指出:"区域音乐研究的核心目标之一是实现在区域范围内保护与传承本区域传统音乐。……复建雅乐就保护与传承具有区域音乐代表性和体现区域音乐共性的音乐传统。"以往研究传统音乐类非遗,往往侧重其独特性的一面,而该文通过对雅乐的剖析,指出各地域的传统音乐有其共性和代表性,而这是今后应予以重视的。

传统音乐的抢救性保护和保存,有赖于记谱、录音、录像等采录工作。崔华《音腔记谱法——中国传统音乐记谱理论新探》[③] 针对我国传统音乐保护中面临的巨大危机,即民间艺术家的即兴创造能力濒临消失的现状,提出了具有个性的、适合中国音乐"音腔"特点的记谱方式——纵横轴"音腔记谱法",有助于解决我国传统音乐文本化过程中的记录难题。华伟、陆彬《对于田野考察中音乐音响采录工作的思考》[④] 结合作者的田野考察,在音乐形态和音响形态视角下,解读并思考采录工作和音乐人类学之间的内在关系,并展望田野考察工作尤其是采录工作的发展趋势,如基于环绕声录音的采录工作、基于全息录音的采录工作,有一定启发价值。

数字化保护的探索方面,学者们为我们呈现了一个前景广阔的保护模式。景月亲《西安鼓乐数字化保护的实践与思考——兼及台湾黄均人教授"音乐数位典藏计划"的启示》[⑤] 便指出:"在当今信息技术迅速发展的大环境下,数字技术为文化遗产保护事业开辟了新的途径,也为非物质文化遗产的采集、保存、传播、传承提供了广阔的空间。……基于数据库平

---

① 项阳:《对中国礼乐认知的几个误区》,《中国音乐学》2014年第1期。
② 田耀农:《区域音乐文化视野下的雅乐与雅乐的传承》,《中国音乐》2014年第4期。
③ 崔华:《音腔记谱法——中国传统音乐记谱理论新探》,《武汉音乐学院学报》2014年第4期。
④ 华伟、陆彬:《对于田野考察中音乐音响采录工作的思考》,《音乐艺术》2014年第2期。
⑤ 景月亲:《西安鼓乐数字化保护的实践与思考——兼及台湾黄均人教授"音乐数位典藏计划"的启示》,《民族音乐》2014年第11期。

台,对上述西安鼓乐资源的数字化采集与存储、复原与再现、展示与传播以及虚拟现实技术等等,为作为非物质文化遗产的西安鼓乐资源的完整保护、有效传承、广泛共享和开发利用提供了无限广阔的发展空间。"宋春婷、赵戈《体感交互技术在音乐类非遗数字化保护方面的开发应用》[1] 以锡新区二胡文化创意产业园中"跟大师学制作、演奏二胡"项目为个案,展现了体感交互技术在传统音乐保护中的良好前景:运用Flash3D、NUI(自然用户界面)、AR(增强现实)等前沿的数字化技术,体验者能通过身体的动作、手势,直接操作计算机中预先建好的虚拟二胡部件三维模型。

2014年度,不少学者对于传统音乐的产业化,提出了具有建设性的意见。胡军《"经忏丛林"的道乐文化资源开发与利用——关于武汉长春观道教音乐文化产业发展的当下思考》[2] 指出道教音乐文化产业作为产业经济的一种特殊形式,越来越成为我国文化产业与和谐社会建设不可或缺的有益资源。文中所提建设道乐养生馆、围绕"水"文化打造道教音乐剧、创办道乐期刊、建设中国道教音乐数字化信息资源网站等建议,均具有先导性和创设性价值。李城《音乐类非物质文化遗产保护新思路——从生产性保护和文化产业发展谈起》[3] 分析音乐类非遗逐渐引入商业思路,出现了生产性保护的官方声音和文化产业为代表的开发利用,两者都从商业发展的思路入手,进行宣扬、推广、传播,但二者常难以分清界限,由此作者作出界定:生产性保护重在人文,保护本真;产业发展重在发展产业,追求商业利润,并指出"生产性保护与发展文化产业要两条线运作,不能混淆"。产业化对于传统音乐,是恢复造血机制的保护还是对本真性造成的潜在危害,学界历来有争议,今后相关研究仍有待加强。

历时性地探究传统音乐的传承,厘清其传承脉络和机制,方可科学指导传统音乐的保护工作。叶惠薇《客家山歌的当代传承方式——以梅州市

---

[1] 宋春婷、赵戈:《体感交互技术在音乐类非遗数字化保护方面的开发应用》,《湖北函授大学学报》2014年第19期。
[2] 胡军:《"经忏丛林"的道乐文化资源开发与利用——关于武汉长春观道教音乐文化产业发展的当下思考》,《武汉音乐学院学报》2014年第2期。
[3] 李城:《音乐类非物质文化遗产保护新思路——从生产性保护和文化产业发展谈起》,《中国音乐》2014年第4期。

为对象》①指出，客家山歌传统上以口传心授进行传承，而在当代，传承方式与传播途径趋向多样化，这些变化包括"从山间田野的即兴唱和到城市乡镇的休闲娱乐""从民间艺人的山歌传承到教育工作者的山歌传承""从民间宗教人士的山歌传承到舞台艺术人才的山歌传承"等，其中，梅州山歌剧团的"接力式"的团体传承模式，已成为当代持续发展客家山歌的最重要的传承方式。刘跃华《环太湖地区的山歌及其传承发展形态》②将目光投向"山歌馆"这一在苏南地区涌现的传承场所，描绘了"凡是到苏南旅游的客人，都要来山歌馆参观、游览并聆听歌手演唱，世界各地的专家学者也络绎不绝地到此调查、研究"的良好状貌，山歌馆通过图片、现代多媒体手段，特别是"住馆民间艺人"的现场展演，不仅有效地保存了山歌，也极大地鼓舞了传承山歌的民间艺人，这一模式为我国传统音乐的保护探索出了一条新的道路。一些学者也致力于考察传统音乐本体的演变。王沥沥《传统之魂现代之型——我国传统音乐在当代社会发展的新形态及其思考》③指出："传统音乐像是一个活态的生命体，它有着自然的新陈代谢，随着时间的推移，必然要发生艺术形态的衍生、变化、调整、消逝。然而现代的外形之下隐藏着的是传统的魂灵。"文章分析和探讨了舞台化、风格诠释的多元化、元素化，新民歌、新说唱、新宗教音乐、新雅乐等传统音乐新形式，并认为"传统音乐外在形态的改变或新样式的产生并不意味着其音乐灵魂的丧失，我们也应该看到传统音乐自身所具备的自然调节能力，并尊重艺术发展的规律，以更加科学、客观和宽容的态度来对待我国传统音乐在未来的传承和演变"。

三 成绩、问题与建议

（一）成绩

2014年，传统音乐较之以往，出现了许多可喜的变化。传统音乐结缘

---

① 叶惠薇：《客家山歌的当代传承方式——以梅州市为对象》，《音乐创作》2014年第8期。
② 刘跃华：《环太湖地区的山歌及其传承发展形态》，《音乐研究》2014年第6期。
③ 王沥沥：《传统之魂现代之型——我国传统音乐在当代社会发展的新形态及其思考》，《音乐创作》2014年第1期。

数字化并取得良效；中央各项文件的出台给予了传统音乐强有力的政策支持；"礼乐重建"口号更为响亮并更多付诸实践；传统音乐被越来越多地打造为文化节，亦成为整体性保护的良方。

（二）问题

1. 有"高原"缺"高峰"的现象凸显

2014年的文艺工作座谈会上强调，在文艺创作方面，存在着有数量缺质量、有"高原"缺"高峰"的现象，存在着抄袭模仿、千篇一律的问题，存在着机械化生产、快餐式消费的问题。传统音乐在非遗保护的大环境下，百花齐放，但也凸显了类似问题，具体表现在歌者、乐曲和衍生文化等诸多方面。

近年，民歌竞演赛事不断，而让观众印象深刻的歌者却屈指可数。数年前，音乐专家田青曾用"罐头歌手"一说形容学院派民族唱法歌手"千人一面"的状况。他认为，当代音乐教育的科学化、规范化使我们具备了批量生产歌手的能力，却抹杀了个性。而近年来央视青年歌手大奖赛的遇冷，也与之不无关系。观众强烈反映"千人一嗓"，歌手声线没有特色，难留深刻印象。近两届青歌赛，并没有出现让人眼前一亮而一炮走红的歌手，民族唱法的歌手尤其乏人问津。

与歌者的"千人一面"相应的，是传统音乐精品鲜有现世。青歌赛民族唱法比赛中，民歌曲目单一化的状况就令人担忧，甚至出现十几人唱同一首歌的现象。关于民歌"高峰"缺乏的困境，有学者指出，20世纪80年代以来的现代化潮流造成了无法遏制的"文化生态污染"。大量借鉴欧美音乐特点流水线式地生产出的部分所谓"新民歌"弱化了传统民歌的地域色彩，使作品失去了以往民间文艺所具有的朴素、刚健、清新的特点，言不由衷，内容空洞，流于形式，滥竽充数。① 无独有偶，在民族器乐新作不断的当下，演奏时依然是以"老三篇"（一般指《春江花月夜》《渔舟唱晚》《二泉映月》）等经典曲目为主，如何破解这一困境，仍是民乐界的老大难问题。

传统音乐的相关衍生文化，包括音乐题材电影、动漫、综艺节目、文创产品等，屡有新意，但仍乏有"高峰"。如近年来，兴起了以传统

---

① 黄晓涛：《论"精英意识"在当代民歌传承中的现实意义》，《音乐创作》2014年第7期。

音乐类非遗为题材的电影热,包括反映黎族民歌的《黎歌》,反映侗族大歌的《侗族大歌》,反映陕北民歌的《一对对鸳鸯水上漂》以及反映蒙古族漫瀚调的《漫瀚调》等。其中,前三部电影都是以民歌手(歌师)为主角,在追逐爱情与理想的道路上产生困扰,故事情节较为单一。此类影片有导演担忧:"在故事的呈现上缺乏噱头和戏剧性,将会影响部分观众的观演效果。"与之对比,当年上演票房奇迹的《刘三姐》,以音乐风光故事片的形式,把音乐置于反抗强权、呼唤正义的崇高地位,阐释了流传在广西的古老而优美的民间传说,具有深刻的文化背景和独特的艺术魅力。以传统音乐为题材的电影,固然大有可为,但如何产出《刘三姐》一样的"高峰",发掘出在爱情和个人理想之外的激荡人心的历史文化力量,值得深思。

2. 传统音乐在音乐发展体系中边缘化趋势仍明显

《中国非物质文化遗产保护发展报告(2014)》曾指出:"传统音乐的话语权有待增强……传统音乐由过去的'大传统'变为当今的'小传统',流行音乐、西方音乐则成为'大传统'。"这一趋势,在2014年仍较为明显。

1月7日,由北京国家大剧院和北京市地铁运营有限公司联合主办的"乐行北京"项目启动,北京10条地铁线路的160个车站每天有5个时段、8个半小时播放由国家大剧院古典音乐频道提供的音乐作品,而曲目则主要集中在西方古典音乐上。虽然在国外很多地方,在公共场合西方古典音乐已成为城市文化的一部分,但在我国,传统音乐的宝库博大精深尚待发掘,且更为符合中国人的传统审美方式,又何乐而不为?在对"乐行北京"的反馈中,有乘客即表示,希望能够有选择性地播放一些中国传统的民族音乐,因为"听西方音乐总觉得还是有些隔阂"。①

综观整个音乐体系,由于商业运作的趋利性和传媒的片面诱导,流行音乐近乎全方位覆盖,而传统音乐则在某种程度上"失语"。评估2014音乐发展的各项报告,包括腾讯研究院的《2015年音乐产业发展报告》、速途研究院的《2015年移动音乐市场分析报告》等影响广泛的大数据分析报告,都未有传统音乐的一席之地。传统音乐在整个音乐发展体系中的式微,可见一斑。

---

① 《古典音乐进地铁:"拿来"还需接地气》,《中国文化报》2014年1月20日,第2版。

3. 传统音乐打造电视节目是把"双刃剑"

电视媒体对于传统音乐在更广范围内的传播功不可没。近年来雨后春笋般涌现的传统音乐比赛节目，更为民众所竞相关注和热议——传统音乐已成为各大电视台争夺收视率和经济效益的砝码，2014年即有河北卫视《中华好民歌》和贵州卫视《让世界听见》等民歌类节目问世。在这一貌似喜人的热潮背后，潜藏着某些功利化、业余化、过度娱乐化、乐曲碎片化和拼盘化等因素，极易对民众造成错误认知和导向。

2014年10月11日播出的《歌从黄河来》"致敬经典南北争霸"第一场，陕北民歌歌手贺国丰演唱的"陕北民歌"《谈不成恋爱交朋友》的旋律，实际是改编自经典的内蒙古民歌《送亲歌》，而评委都对这首"陕北民歌"给予了高度评价。节目播出后，引起轩然大波，引发蒙古族人民的强烈不满。山西卫视作为播出平台，对于歌曲出处未予考察，凸显了节目组的业余，乃至损害民族感情及歌曲出处地人民的感情，是值得警醒的。①

在音乐类电视节目中，更为普遍的是对民歌的过度改编，伤害民歌的真实性。如在2013年的《全能星战》民歌专场，众明星大肆改编，便被质疑用力过猛，比如陶喆以R&B曲风演唱《在那遥远的地方》和《橄榄树》，已明显失去了民歌的韵味，在网络上引来大量批评。

传统音乐在保护和弘扬过程中，如何避免相关节目的种种乱象，使这把"双刃剑"趋利避害，在快餐式、娱乐化消费的时代，已成为摆在我们面前的一道难题。

（三）建议

1. 协同创新，形成传统音乐保护新合力

"协同创新"成为近年来的热词。目前，教育部正培育由高校牵头，联合科研院所、行业企业、地方政府等优势资源的"2011协同创新中心"，一些省区市也建立了省级协同创新中心。在社会发展日新月异的今天，传统音乐的各研究、保护主体间通过协同创新机制，实现多样化协作保护，尤其是数字化保护和文创产业弘扬，将克服传统音乐势单力薄、故步自封的危机。同时，协同合作的精品打造，将有利于克服有"高原"缺"高

---

① 《内蒙古民歌〈送亲歌〉咋就成了陕北民歌？》，内蒙古晨网，http://www.nmgcb.com.cn/yule/2015/0112/81214.html，2015年1月12日。

峰"的现象。

近年,借助协同创新机制,泉州南音开拓出充满实效的保护路径。"南音文化传承与发展协同创新中心"和"海峡两岸文化发展协同创新中心"创立后,在南音文化的国际推广、传承研究,南音合理利用与创新发展研究,创新南音表演形式探索等方面,做出了积极努力,而南音记录工程和数据库的建设,也有效抢救与保护了濒危的南音曲目和资料。此外,还编印了《泉州南音工×谱与视唱》,填补了泉州南音工×谱视读教学无教材的空白,成果之丰硕,引人注目。而中国音乐学院、北京舞蹈学院、中国戏曲学院、北京服装学院组建的"中国民族艺术传承与传播协同创新中心",培育了"民族艺术教育联盟""民族艺术经典创造性呈现""民族艺术数字化传播"等平台,在诸多方面已有所突破。中山大学、华中师范大学、厦门大学和哈尔滨工业大学组建的"文化遗产传承与数字化保护协同创新中心",更是致力于为我国文化遗产的传承创新与保护开辟新道路。可见,协同创新,已成为传统音乐乃至非遗事业整体前进的重要保障。

每一项传统音乐的研究和保护,都涉及多学科、多单位,各自为战的研究已不适应传统音乐传承与发展的当代需求,构建协同创新中心,为传统音乐注入多元力量,是一项具有前瞻性和全局性的发展策略。

2. 将礼乐文化更好地纳入非遗语境,深化传统音乐类非遗的概念

礼乐文明,自周公制礼作乐并以国家制度存世,三千年间不断调整,延及当下,影响深远。

2014年8月8日,清华大学中国礼学研究中心第三届礼乐文化研习班开班;8月15日,中共陕西省委宣传部发起的大型电视纪录片《礼乐中国》举办创作研讨会;8月28日,中国艺术研究院音乐研究所主办"探索中华礼乐文明新体系"学术研讨会;9月的第六届北京传统音乐节上,"中华优秀传统音乐文化教育"学术研讨会举办;等等。

作为中华传统文化的代表,礼乐文明历来是备受关注之议题,但在非遗语境下仍甚少提及。原因不外如下:中国传统音乐由礼乐(仪式为用)和俗乐(日常为用)两条主导脉络构成,而非遗保护工作在开展之初,就侧重于民间音乐的抢救和保护(如第一批国家级非遗名录中传统音乐即为"民间音乐"),其中多为俗乐;一些学者持所谓"礼乐断层论",认为东周已"礼崩乐坏",而漠视其在民间的活态存在;许多人谈礼乐制度多侧重宫廷,把礼乐看作维护封建等级秩序的工具,视之如洪水猛兽。

在非遗保护工作如火如荼的今天，我们更应清醒地认识到：宫廷礼乐流传于各地形成了西安鼓乐、智化寺京音乐等优秀乐种；传统意义上的礼乐曲目在全国各地仍广为演奏；礼乐观念渗透至民间多种礼俗仪式，民众对礼乐文化认同感强烈。因而，在非遗语境中，礼乐文化的保护和传承应更受重视。

我们期待更多"礼乐馆""礼乐传习所""民间礼俗用乐传承基地"等建立起来；期待"礼乐进校园"活动得以开展，运用地方音乐中的礼乐传统，培养学生以真诚、仁爱的宽厚心态，构建礼仪之邦；期待能发掘整理源自古代宫廷、官府的雅乐，复原雅乐乐器，使失传多年的雅乐得以重现，并依据其价值和真实性而纳入非遗名录体系，慎防"伪雅乐"；期待整合并利用好当前非遗资源，包括舞、乐、说唱、诗词、祭祀仪式等，重塑礼乐的文化生态。凡此种种举措，切实希望在非遗保护的语境下传承、发扬中华礼乐文明。

3. 传统音乐应更多转化为数字音乐和流媒体音乐

传统音乐载体多样，活态展演、磁带、CD 等都是传统音乐的主要传播形式。自 20 世纪 90 年代中期开始，基于数字技术和流媒体技术，互联网的在线音乐、移动端的无线音乐等相继涌起，前景乐观，也为传统音乐的传播提供了机遇。

在普华永道发布的 2014~2018 年媒体和娱乐业走势预测中，有几点值得关注：数字录音制品收入超过实体录音制品，数字音乐的成长为消费者提供了更多不同选择；虽然大型音乐零售连锁企业错过了数字音乐增长的红利，但他们中的一部分正在向云音乐转型；移动端的音乐市场潜力巨大。① 可见，在未来数年，数字音乐和流媒体音乐将更具分量，传统音乐的保护成果，若一味重视 CD 发行、书籍出版，而忽略新音乐技术的应用，将越发远离当代听众的欣赏习惯和音乐界的主流运营模式，愈加边缘化，从而错失普及良机。《2014 中国人移动音乐用户行为报告》也指出传统音乐应在数字音乐中占有一席之地，"尤其是宗教类音乐禅语、梵音在网易云音乐有诸多推荐"。②

---

① 《2014 中国音乐版图风起云涌》，《中国艺术报》2014 年 12 月 31 日，第 5 版。
② 《网易云音乐发布 14 年中国移动音乐用户行为报告》，网易娱乐，http://ent.163.com/14/1218/17/ADOVEQ5100031H0O.html，2014 年 12 月 18 日。

如何使更多听众更加方便地领略传统音乐的艺术魅力？在互联网和移动时代的今天，多转化为数字音乐和流媒体音乐，通过在线试听、在线下载、手机铃声、语音点歌、网络视频教学、网络电台等形式，让其得以更好传播，实为良策。当前，以中国古曲网为代表的传统音乐网站已成规模，试听、下载、视频教程等应用也日趋完善，无疑是令人欣喜的。我们也希望，随着非遗保护运动的推进，主流音乐平台能够更多推介传统音乐，为传统音乐量身定制数字音乐业务和流媒体音乐服务。

传统舞蹈类非遗保护发展报告

撰稿：罗婉红　　审稿：康玉岩[*]

2014年，传统舞蹈的保护呈现出新的格局和重点。文化部再次调整和重新认定部分国家级传统舞蹈保护单位，动态管理成为"新常态"；城镇化进程中的传统舞蹈保护问题备受关注，引发各方积极探讨；名录评审更加严格规范，保护策略更具针对性；教育与传承力度加大，部分项目在经过了长时间的持续努力后，保护成效逐渐显现。与此同时，保护工作也涌现出了新的问题，需要我们保持清醒的认识，加强理论与实践探索，不断总结与反思，切实推进传统舞蹈发展。

保护情况

（一）各级各类非遗名录公布情况

2014年末，第四批国家级非遗代表性项目名录经过申报、评选、公示等程序后公布，上榜的传统舞蹈有20项，扩展名录中传统舞蹈有16项。此次新入选的项目全部来自于以往的省级名录，遍及15个省、自治区、直辖市；扩展名录的评选则显现出对于非遗"独特性"和"地方性"的珍视。至此，国家级非遗代表性项目名录中的传统舞蹈已有147项，其中朝

---

[*] 罗婉红，女，1978年生，中山大学中文系非物质文化遗产专业2012级博士研究生，吉首大学讲师；康玉岩，男，1939年生，中国艺术研究院副研究员、国家非物质文化遗产保护工作专家委员会委员。

鲜族的农乐舞于2009年入选为联合国教科文组织公布的人类非遗代表作名录，是迄今为止我国唯一一项入选人类非遗代表作名录的传统舞蹈项目。

2014年我国五个省（自治区、直辖市）公布了新批次的省级名录，重庆市14项，广西11项，北京市2项，安徽和四川各1项传统舞蹈入选新省级名录。此外，香港特别行政区首次公布了行政区级的非遗清单，与内地有所不同的是，香港的非遗清单只设5大类，传统舞蹈隶属于表演艺术，入选的项目包括龙舞、狮舞、貔貅舞、麒麟舞、英歌5项，麒麟舞又细分为本地、客家、海陆丰3种。

传承人名录方面，新的国家级代表性传承人增补与评选工作有条不紊地开展，由于时间跨度的问题未能在年内公布。青海、陕西、上海、河南、江苏、湖北、湖南、云南、海南、福建、内蒙古、新疆、山东等13个省（自治区、直辖市）公布了新批次的省级传承人名录，共计1671人，其中传统舞蹈传承人147人，占总人数的8.8%。

代表性传承人的认定，实际上是一种权利与责任、荣誉与义务落到实处的具体行动。各地传统舞蹈在数量上的差异直接导致传承人队伍的多寡。上海市、福建省、新疆维吾尔自治区新一批代表性传承人中传统舞蹈类人数偏少，比例小；青海、陕西、河南、江苏、湖北、湖南各省新入选的传承人数量基本保持在十分之一的正常比率；云南省独占鳌头，传统舞蹈传承人多达45人，在250人新入选传承人名单中，传统舞蹈人数占近五分之一。毫无疑问，这与云南海量的传统舞蹈资源直接相关；此外，云南歌舞文化产业的兴起、对于传承人培养的重视也是重要的因素。虽然歌舞产业对于非遗"本真性""整体性"的负面影响不容忽视，但从此次传承人的名单来看，"云南模式"对于"人"的保护值得肯定。

此次新入选的传承人老龄化问题较以往有所改善。虽然仍有古稀老人（湖南洞口"棕包脑"传承人丰保连1921出生），60~80岁老年者依然是主要的年龄群体，但40~60岁年龄阶段者已有了较大幅度上升，传承人队伍的年龄结构正逐渐趋向合理化。由于传统舞蹈的承载空间大多为男性主导的祭祀、民俗等文化，代表性传承人的男女比例差异比较大，147位传统舞蹈的代表性传承人中女性不足30人。

（二）保护工作

现阶段传统舞蹈的保护离不开政府的主导。2014年，政府通过财政支持与制定新政策为传统舞蹈保驾护航，具体工作重点有调整保护单位、建设文化生态、保护代表性传承人等。

1. 财政支持与政策保障

2014年伊始，文化部就率先启动了2014年国家非遗保护专项资金的申报工作，① 传统舞蹈代表性项目和传承人成了直接受益的对象。此后，各省相继对非遗保护资金作出了规划，部分省还对传统舞蹈设立了专项资金支持。如河南省文化厅2014年度非遗保护资金中对莲花灯舞、弓子锣舞进行单独立项，② 使传承活动得到了必要的资金保障。

在政策方面，《安徽省非遗条例》获得了通过，结合此前蚌埠、淮南等地颁布的《花鼓灯保护与发展条例》《花鼓灯原生态保护村管理办法》《花鼓灯传承人认定办法》《花鼓灯专项资金管理办法》，花鼓灯传承与保护形成了强实制度体系。③

2. 保护单位的调整与重新认定

2014年3月文化部下发了《文化部办公厅关于调整和重新认定部分国家级非遗代表性项目保护单位的通知》，④ 对花钹大鼓、小红门地秧歌、高山族拉手舞、苏家作龙凤灯舞、兰考麒麟舞、土家族摆手舞、湘西苗族鼓舞、荷塘纱龙、醉龙、广东醒狮、席狮舞、湛江人龙舞、反排苗族木鼓舞、拉萨囊玛、苏家作龙凤灯舞一共15项传统舞蹈项目保护单位进行了调整和重新认定。

自2011年文化部建立国家级项目定期自查、报告机制、督促检查和社会监督机制结合以来，⑤ 多次调整与重新确认保护单位，传统舞蹈国

---

① 《文化部关于开展2014年度国家非遗保护专项资金申报工作的通知》，中华人民共和国文化部网站，http://www.mcprc.gov.cn/sjzz/fwzwhycs_sjzz/fwzwhycs_gzdt/201401/t20140102_425316.htm，2014年1月3日。

② 《许昌市6个非遗项目和24位非遗传承人获2014年国家级省级非遗保护专项资金》，河南文化网，http://www.hawh.cn/fybh/2014-12/02/content_208047.htm，2014年12月2日。

③ 《黄梅戏花鼓灯走进中小学课本》，中安在线-新安晚报，http://ah.anhuinews.com/system/2014/08/22/006522027.shtml，2014年8月22日。

④ 《文化部办公厅关于调整和重新认定部分国家级非遗代表性项目保护单位的通知》，中华人民共和国文化部网站，http://www.mcprc.gov.cn/sjzz/fwzwhycs_sjzz/fwzwhycs_gzdt/201403/t20140319_431206.htm，2014年3月16日。

⑤ 《300多家中国国家级非遗保护单位因履责不力等原因被撤换调整》，新华网，http://news.xinmin.cn/domestic/2015/01/23/26598879.html，2015年1月23日。

家级项目动态管理机制逐渐形成。此次调整,对履责不力、不具备独立法人资格、不具备履责能力和条件的保护单位进行了变更,变更后的保护单位大多为体制内机构,这样的调整既有利于保护责任的落实到位,也有利于上一级单位管理与监督。但从非遗可持续发展的视角来看,传统舞蹈的保护无疑需要更多的社会力量参与,NGO组织如何参与传统舞蹈的保护仍然值得深思。

3. 保护代表性传承人

代表性传承人掌握着非凡技艺,对某类舞蹈的传承起着至关重要的作用,关心他们的身体与生活,对做出突出贡献传承人进行物质与精神上的奖励已经成为非遗保护的常规工作了。

文化部设立的"非遗薪传奖"是表彰代表性传承人的最高荣誉,2014年,有六位传统舞蹈传承人获此殊荣。① 在以往看重传承人的技艺水准和传艺情况基础上有所拓展,2014年的评选,把舞蹈市场开拓能力和熟谙舞蹈文化作为评奖的重要依据。广东醒狮传承人李荣仔获奖是缘于他对醒狮文化市场开拓做出的贡献;多地舞的传承人李扎西不仅对多地舞素有研究,还长期学习藏传佛教文化,熟识宗教礼仪。

西藏自治区首次表彰的非遗"年度十佳传承人"中,② 拉孜堆谐传承人拉巴、工布江达错高梗舞传承人巴珠、班戈尼玛乡谐钦传承人斯秋巴桑其、札达古格宣舞传承人卓嘎中四位优秀传承人获奖。

4. 文化生态建设

2014年,除了有新的文化生态保护试验区获批外,传统舞蹈的文化生态保护主要体现在"中国民间文化之乡"认定上。文化部公布的2014~2016年度"中国民间文化艺术之乡"中有71个以传统舞蹈为特色。③ 其中值得特别提及的是武汉汉阳区这类在城市化进程中传统舞蹈保护与社区建设取得共赢的案例。

---

① 《第三届"中华非遗传承人薪传奖"暨"中华非遗保护贡献奖"颁奖仪式举行》,文化部网站,http://www.mcprc.gov.cn/whzx/zsdwdt/zgysyjy_zsdw/201406/t20140609_433629.html,2014年6月9日。
② 《西藏自治区首次表彰非遗"年度十佳传承人"》,人民网,http://xz.people.com.cn/n/2014/0402/c138901-20915992.html,2014年4月2日。
③ 《文化部办公厅关于2014~2016年度"中国民间文化艺术之乡"名单的公告》,文化部网站,http://www.orgcc.com/news/2014/,2014年12月8日。

武汉市汉阳区江欣苑社区是一个新兴社区。在武汉市新规划建设中，沿江聚居的渔民不再捕鱼了，在实现产业转型的同时，几个渔村合并成立新社区。这个社区拥国家级非遗代表性项目——高龙。经过多方努力，社区利用原本用于商业服务的1万多平方米空间，组建"武汉高龙博物馆""武汉高龙制作传承培训部""武汉高龙生产制作部""武汉高龙表演培训部"等，还组建了10多支高龙舞龙队，老中青传承人多达300余人，常年开展活动。2012年后，社区又引入武汉及周边地区的几十个非遗项目，为传承人提供优惠条件，建设"非遗项目传承园"，吸引众多社区居民前来拜师学艺，为社区民众的文化生活带来了勃勃生机。①

将非遗保护纳入城镇化的进程中，通过文化生态建设与补偿机制，使舞蹈非遗在新环境中获得新发展，也使城市社区获得与众不同的魅力，汉阳高龙的保护具有范式意义。

5. 风险防范

非遗工作者除了应该具备业务知识和工作的热情，还应该有风险意识。2014年9月22~28日，全国各地的70余名非遗工作者、传承人代表云集四川文化艺术学院，参加为期一周的"全国民间文学、民间音乐、民间舞蹈类与传统戏剧曲艺类非遗灾害（难）预防与风险管理培训班"，舞蹈理论家冯双白等专家授课，② 目的是提升非遗工作者处理和应对灾害的能力。

（三）演出、竞赛与交流情况

当前，农村城镇化加速，原本以农村民俗生活为依托的非遗如何适应环境的改变是亟待解决的难题。就传统舞蹈来看，利用各种节庆活动组织演出，通过竞赛营造氛围，带动日常传习是较普遍的做法。2014年传统舞蹈演出活动大多是面向城市社群举行的公益展演，数量繁多的各类演出与竞赛使传统舞蹈呈现出一派生机勃勃的景象。

1. 非遗展演中传统舞蹈演出

6月9日是我国的第九个文化遗产日，围绕"文化遗产日"的展演活

---

① 徐艺乙：《非遗保护：民众参与至关重要》，《中国文化报》2014年8月2日。
② 《全国民间文学、民间音乐、民间舞蹈类与传统戏剧曲艺类非遗灾害（难）预防与风险管理培训班在我校开班》，四川省文化艺术学校网站，http://www.cymy.edu.cn/content/?2054.html，2014年9月22日。

动,各类传统舞蹈纷纷上演。吉林市"文化遗产日·非遗活态传承"展演中演出了朝鲜族长鼓舞、象帽舞、乌拉陈汉军旗单鼓舞、满族秧歌等传统舞蹈;① 贵州黔西南州第九个文化遗产日活动期间布依族进行了精彩的板凳龙舞表演;② 巴南举行的"文化遗产日"暨重庆市第五届文化遗产宣传月展演活动中铜梁龙舞精彩上演;③ 西安非遗展演中演出了"卡拉角勒哈";④ 新疆巴州举办"巴州非遗歌舞展演",200 余位民间艺人向观众们展示了巴州的传统舞蹈;⑤ 海南三亚举办专场演出,演绎特色非遗歌舞项目。⑥

2. 下基层演出

专业团体借助"非遗热"的东风将传统舞蹈反哺民间。4 月,新疆艺术剧院民族艺术团组成文化惠民演出队赴基层演出,演出队深入乡村、社区演出近 50 场传统歌舞。⑦ 新疆木卡姆演出团走入伊吾县,共演出 15 场次,观看群众有万余人。⑧ 10 月 28 日,蚌埠举行了 2014 中国·蚌埠花鼓灯艺术交流展演周暨文艺志愿者走基层活动。⑨

3. 节日舞蹈与舞蹈节日

传统舞蹈是民俗节日里的重要内容,载歌载舞的表演使节日成为欢乐的时空。2 月 15 日,新疆塔城地区举办达斡尔族传统节日"霍乌都如",

---

① 《2014 年全国第九个文化遗产日·吉林市非遗展示展演活动》,吉林非遗网,http://www.jlsfwzwhycbhzx.com/web_ show.asp? id = 298&type2_ id = 2,2014 年 6 月 18 日。
② 《让文化遗产活起来》,贵州非遗网,http://www. gzfwz. com/WebArticle/ShowContent? ID = 1352,2014 年 6 月 16 日。
③ 《非遗保护与城镇化同行——我市隆重举行中国第九个文化遗产日暨重庆市第五届文化遗产宣传月活动》,重庆非遗网,http://www. cqsfyw. cn/portal/fdetailNews. shtml? news4Search. newsId = 101,2014 年 6 月 14 日。
④ 《青河:"卡拉角勒哈"将赴西安参加非遗展演》,华夏经纬,http://www. huaxia. com/xj-tw/dzqk/2014/05/3899468. html,2014 年 5 月 23 日。
⑤ 《新疆巴州:200 余位民间艺人歌舞展演非遗项目》,新疆天山网,http://news. ts. cn/content/2014 -06/16/content_ 9823975. htm,2014 年 6 月 16 日。
⑥ 《三亚举办"非遗"专场演出 歌舞演绎特色非遗项目》,《三亚日报》2014 年 6 月 16 日。
⑦ 《"文化送基层,欢乐进万家"新疆艺术剧院民族乐团文化惠民演出队赴基层一线演出》,新疆文化网,http://www. xjwh. gov. cn/18a84fd6 - 35ff - 4101 - b7a0 - bae61cb18334_ 1. html,2014 年 4 月 8 日。
⑧ 《木卡姆演出队走入伊吾县》,新疆文化网,http://www. xjwh. gov. cn/e395a9d7 - 8dfc - 4e42 - 8e2e - 7086c313cceb_ 1. html,2014 年 4 月 21 日。
⑨ 《2014 中国·蚌埠花鼓灯艺术交流展演周暨文艺志愿者走基层活动启动》,安徽省文化厅,http://www. ahwh. gov. cn/xwzx/gzdt/31545. shtml,2014 年 11 月 5 日。

社会各界与斡尔族人齐跳"鲁日格勒"。[①] 3月14~29日,贵州龙塘苗寨"招龙节"上演了招龙舞。[②] 4月,云南西双版纳泼水节15080人同跳傣族纸伞舞,创下吉尼斯世界纪录。[③] 11月,贵州雷山苗年节,雷山传统舞蹈非遗传承人集中展示了苗族芦笙舞、铜鼓舞等传统舞蹈。[④] 连南瑶族在盘王节千人共跳瑶族长鼓舞,并申报了吉尼斯世界纪录。[⑤]

无论是出于非遗保护的刚性要求,还是基于经济发展的战略目标,各地政府都积极打造本土特色的传统舞蹈节庆活动,有些已连续举办多年,逐渐规模化、品牌化,如连续举办7届的水城苗族"芦笙艺术节",[⑥] 连续举办5届的"吉首国际鼓文化节",[⑦] 连续举办四届的"沙头角鱼灯舞文化节",[⑧] 已经举办了三届的碌曲"香浪节锅庄舞大赛"。[⑨]

4. 传统舞蹈赛事

2月,"2014崂山非遗节"中举行民间舞蹈大赛。[⑩] 6月,浙江奉化举行2014年浙江省舞龙锦标赛。[⑪] 江苏吴中举行全国连厢舞邀请大赛。[⑫] 苏

[①] 《达斡尔族群众欢度"霍乌都如"节》,新疆文化网,http://www.xjwh.gov.cn/5c414ebe-e545-4c61-a539-35c335db7b89_1.html,2014年2月20日。

[②] 《贵州龙塘苗寨迎13年一次招龙节》,中新网,http://www.chinanews.com/tp/hd2011/2014/03-19/322772.shtml,2014年3月19日。

[③] 《西双版纳万人齐跳纸伞舞创吉尼斯世界纪录》,中国网,http://news.china.com.cn/2014-04/15/content_32094121.htm,2014年4月15日。

[④] 《贵州雷山苗年节集中展示13项国家非遗项目》,中国新闻网,http://www.chinanews.com/cul/2014/11-03/6747522.shtml,2014年11月3日。

[⑤] 《千年瑶寨"欢乐长鼓舞"挑战吉尼斯世界纪录》,《新快报》,https://www.duba.com/?f=liebaont,2014年10月15日。

[⑥] 《水城县第七届"芦笙艺术节"隆重举行》,贵州非遗网,http://www.gzfwz.com/WebArticle/ShowContent?ID=1319,2014年4月19日。

[⑦] 《湘西吉首成功举办2014国际鼓文化节》,湖南省文化厅,http://www.hnswht.gov.cn/new/whgj/whyw/content_69600.html,2014年10月9日。

[⑧] 《鱼灯舞传人:从未想过放弃》,网易新闻网,http://news.163.com/14/0924/06/A6STL6NL00014AED.html,2014年9月23日。

[⑨] 《甘南碌曲传统盛会锅庄舞大赛暨香浪节活动固定化》,甘肃新闻网,http://j.news.163.com/docs/10/2014072215/A20ITO1I9001TO1J.html,2014年7月22日。

[⑩] 《2014崂山非遗节暨民间舞蹈大赛纪实》,齐鲁网,http://bbs.iqilu.com/thread-13185917-1-1.html,2014年2月10日。

[⑪] 《浙江省舞龙锦标赛在奉化举行》,浙江非遗网,http://www.zjfeiyi.cn/news/detail/31-5972.html,2014年6月16日。

[⑫] 《兖州区荣获全国连厢舞大赛银奖》,山东省文化厅,http://www.sdwht.gov.cn/html/2014/gdxw_0619/15344.html,2014年6月19日。

州举行全国舞龙展演暨第十届中国民间文艺山花奖舞龙评奖。[①] 10月，贵州举行"多彩贵州·激情广场"群众舞蹈大赛。[②] 10月，吉林延吉举行了中国朝鲜族农乐舞大赛。[③] 11月，上海浦东举办中国上海国际艺术节"浦东惠南杯"长三角地区莲湘邀请赛[④]。贵州方祥苗族举办高排芦笙大赛。[⑤]

5. 出访海外与文化交流

农历新年前后是海外华人举办活动的高峰期，受邀出演的传统舞蹈在异国他乡舞出了桑梓之情，温暖着一个个漂泊的灵魂。如在斯里兰卡举办的"欢乐春节—中斯大联欢"活动中，山西省歌舞剧院表演了颇具山西风格的传统舞蹈。[⑥] 青海藏族歌舞团赴美国加利福尼亚州旧金山市举行"欢乐春节"系列活动，卓舞等多项传统舞蹈受邀表演。[⑦]

近年来中外文化交流愈发频繁，非遗保护的跨国合作日益紧密，[⑧] 传统舞蹈作为中国文化的代表和非遗保护成果屡屡登上海外的舞台。新疆木卡姆艺术团参加中突建交50周年"迦太基"艺术节文化交流活动，其间表演了《顶碗舞》《朱拉》《刀郎麦西来甫》《纳孜库姆》等传统舞蹈，[⑨] 还参加了突尼斯举办的丝绸之路文化之旅——"中国文化周"，重点将木卡姆艺术介绍给突尼斯。[⑩] 黔东南州民族歌舞团、黎平县艺术团参加了阿

---

① 《龙湾区拼字龙灯获全国舞龙展演金奖》，浙江非遗网，http：//www. zjfeiyi. cn/news/detail/31 - 6132. html，2014年7月1日。
② 《精品荟萃 美舞醉人》，贵州非遗网，http：//www. gzfwz. com/WebArticle/ShowContent? ID = 1621，2014年10月22日。
③ 《安图县荣获2014第二届中国朝鲜族农乐舞大赛金奖》，吉林非遗网，http：//www. jlsfwzwhycbhzx. com/web_ show. asp? id = 311&type2_ id = 2，2014年11月3日。
④ 《"缤纷长三角浦东惠南杯"莲湘邀请赛日前举行》，上海文联协会网，http：//www. shwenyi. com. cn/renda/2012shwl/introduction/node16103/work/case/u1ai6043795. html，2014年11月24日。
⑤ 《方祥苗族同胞苗年举办"非遗"暨高排芦笙大赛展演圆满落幕》，贵州非遗网，http：//www. gzfwz. com/WebArticle/ShowContent? ID = 1834，2014年12月5日。
⑥ 《三晋歌舞访演斯里兰卡"欢乐春节"走进人心》，山西省文化厅，http：//www. sxwh. gov. cn/bencandy. php? fid - 46 - id - 2305 - page - 1. htm，2014年1月26日。
⑦ 《青海藏族歌舞艺术在旧金山大受欢迎》，青海省文化厅，http：//www. qhwh. gov. cn/system/2014/03/11/001328723. shtml，2014年3月11日。
⑧ 《2013年非遗保护步伐更加稳健》，《中国文化报》2014年1月17日。
⑨ 《新疆木卡姆艺术团将组团参加中突建交50周年"迦太基"艺术节文化交流活动》，新疆文化网，http：//www. xjwh. gov. cn/2d7b5d85 - 103d - 48d8 - 8d32 - 564f7710060b_ 1. html，2014年7月28日。
⑩ 《新疆木卡姆艺术助力中突建交50周年》，新疆文化网，http：//www. xjwh. gov. cn/5a162de4 - 475c - 41d5 - a78d - 0cd5e41f0861_ 1. html，2014年8月18日。

曼佐法尔省举办的"萨拉莱文化节",表演了《苗族锦鸡舞》《侗族劳动歌》《反排木鼓舞》《摔》等苗、侗族传统舞蹈。① 山西艺术职业学院华晋舞剧团的传统舞蹈参加了 2014 哈萨克斯坦"中国文化日"展演。② 贵州在马德里举办了两场传统歌舞展演。③ 维吾尔族舞蹈、传统舞蹈"拉花"和"太平鼓""囊玛""锅庄""二贵摔跤"等亮相韩国仁川的中韩文化贸易交流博览会。④ 青海民族歌舞团携藏族、撒拉族、土族传统舞蹈出访阿尔及尔。⑤

(四) 创新发展

传承是基础,创新是生命。在非遗的视角下,传统舞蹈既需要"原汁原味"的传承,也需要适度的创新,2014 年一些创新值得被书写,虽然成与败需要用更长的时间去检验,但以保护非遗为前提审慎创新值得被点赞。

有一种创新是与传统戏剧相结合。澳门女作家穆欣欣和江苏省京剧院联手创作的历史剧《镜海魂》就是沿用这样的思路,京剧与传统舞蹈结合成为这部剧的一大亮点。全剧以澳门传统舞蹈"醉龙舞"贯穿全程,开场时的"喜舞醉龙",中场的"醉龙刀阵舞",最后的"悲舞醉龙",不仅丰富了醉龙舞的舞蹈语汇,借醉龙舞的武舞特征也夯实了京剧武生行当戏。⑥ 浙江京剧团的《滚灯王》也就传统舞蹈与戏剧相结合进行了大胆的探索,余杭滚灯与京剧联手表现滚灯题材。⑦

京昆的许多大戏中原本也包含着众多传统舞蹈的元素,各类地方小戏

---

① 《贵州苗侗风情走进阿曼苏丹国》,贵州省文化厅,http://www.gzwht.gov.cn/show.asp?id=2184,2014 年 8 月 25 日。
② 《山西文化绽放哈萨克斯坦"中国文化日"》,山西省文化厅,http://www.sxwh.gov.cn/bencandy.php?fid-46-id-2547page-1.htm,2014 年 10 月 16 日。
③ 《马德里中国文化中心举办贵阳民族歌舞展演活动》,贵州省文化厅,http://www.gzwht.gov.cn/show.asp?id=2278,2014 年 11 月 1 日。
④ 《国家级非物质文化遗产"二贵摔跤"闪耀仁川》,河北新闻网,http://www.heb.chinanews.com/kjww/20141024282001.shtml,2014 年 10 月 24 日。
⑤ 《青海民族歌舞在阿尔及利亚引起观众强烈共鸣》,青海民族文化网,http://www.qhwh.gov.cn/system/2014/12/16/010144656.shtml,2014 年 12 月 16 日。
⑥ 《澳门百年传奇将上演非遗民俗醉龙舞"混搭"京剧》,中国新闻网,http://www.chinanews.com/cul/2014/07-10/6373751.shtml,2014 年 7 月 10 日。
⑦ 《余杭滚灯与国粹京剧首度联姻——余杭与浙江京剧团合作打造大型非遗京剧〈滚灯〉》,浙江非遗网,http://www.zjfeiyi.cn/news/detail/31-5357.html,2014 年 3 月 26 日。

更是亦舞亦戏,舞蹈是戏剧不可或缺的组成部分,戏剧中的五功四法同样适用于传统舞蹈的表演,传统舞蹈与戏剧结合不失为一种有益的创新尝试。

(五) 传承与教育

1. 学校教育进一步深化

2014年,传统舞蹈的传承教育继续推进。培养传统舞蹈专业人才的学历教育与大、中、小学生的非遗教育同步进行,成果显著。

传统舞蹈的职业教育进一步深化。继教育部、文化部、国家民委联合公布首批全国职业院校民族文化传承与创新示范专业点之后,福建民间舞、云南少数民族民间歌舞、青海藏族舞蹈、东北秧歌、花棍舞、朝鲜族歌舞、广西民族舞蹈专业方向招生规模持续扩大。

重视职业规划同时开展科研协作,地方政府与职业院校携手,探索传统舞蹈传承与发展的新路径。四川艺术职业学院与成都市温江区政府签订《艺术教育互动发展合作协议》。根据协议,四川艺术职业学院与温江区将通过建立运行合作机制,在人才共育、品牌共建、科研共创、服务共享等方面开展深度合作。温江区将依托四川艺术职业学院的音乐、舞蹈等优势专业,培养区域基层文化骨干。双方还将以课题研究为载体,强化科研项目合作。[①]

普及非遗知识,体验传统舞蹈的魅力。2014年,传统舞蹈进校园活动,传承人更积极地参与。1月,贵州锦屏县花脸龙传承人王振伟受邀为小学生传授舞龙技艺。[②] 拍胸舞传承人在泉州鼓楼区的"非遗进校园"活动中为小学生传授不同风格的拍胸舞。[③] 5月22日,云南省石林县圭山镇野核桃树村的撒尼民间艺术团走进云南民族大学艺术学院,为师生表演了大三弦等撒尼人特色歌舞。[④] 10月28日~11月1日,辽宁省非遗保护中

---

① 《汪四川:校地共谋艺术教育发展》,《中国文化报》2014年7月2日,第4版。
② 《锦屏舞龙文化进校园》,贵州非遗网,http://www.gzfwz.com/WebArticle/ShowContent?ID=1264,2014年1月13日。
③ 《2014福建省艺术馆"非遗进校园之走进鼓一小系列活动"成功举办》,福建省非遗博览苑,http://mp.weixin.qq.com/s?__biz=MjM5MjY0MTg2NA==&mid=201916631&idx=1&sn=487bfe94aca867df757b52ce4cfea10e#rd,2014年12月31日。
④ 《石林县圭山镇民间歌舞走进大学校园》,云南非遗网,http://www.ynich.cn/view.php?id=1614&cat_id=11411,2014年5月26日。

心在全省范围内开展"非遗进校园"系列活动,活动以幼儿园为起点,推进朝鲜族农乐舞走进沈阳市的多所学校。①

地方政府统一规划,与学校联动,通过师资培训、校本课程开发,将传统舞蹈纳入常规教学体系中,凸显地方特色。吉林省汪清县文广新局主办的"象帽舞进校园"活动,通过对全县各中小学校音乐教师培训、第二课堂培训的方法,在全县中小学普及推广象帽舞。②贵州省威宁自治县小学,将当地彝族铃铛舞列入学生"大课间操"中。③云南澜沧县将传统舞蹈非遗纳入教学体系,木戛乡中心完小组织学生每天课间操跳芦笙舞和摆舞。④

2. 社会培训积极开展

通过组织培训班,培养传统舞蹈的后备人才。2014年,以文化馆、非遗中心牵头的各类传统舞蹈培训纷纷开展。特别是在云南省,培训班密集开办,培训点落实到了乡与村。3月,双柏县在法脿镇李方村举办彝族老虎笙培训班。⑤元谋县举办花灯表演辅导员培训班。⑥耿马县聘请傣族马鹿舞省级传承人赛丙、白象舞省级传承人杨永富为来自孟定镇芒肯村、勐永镇城子村、耿马镇芒布村、县歌舞团、职业学校文艺班的34名骨干培训白象舞、马鹿舞。⑦澜沧县举办牡帕密帕、芦笙舞培训班。⑧4月21~22日,新平县扬武镇举办了"彝族民间烟盒舞文化传承人培训班"。⑨12月8~12日,云南芒市举办首届"傣族象

---

① 《辽宁非遗进校园播种传统文化的希望》,辽宁文化信息网,http://www.lnwh.gov.cn/detailff1/33009.html,2014年11月3日。
② 《汪清县开展"象帽舞进校园"活动》,吉林省文化厅,http://wht.jl.gov.cn/gzkx/201405/t20140522_1667522.html,2014年4月21日。
③ 《贵州威宁:彝族铃铛舞列入课间操"非遗文化"校园得传承》,光明网,http://pic.gmw.cn/channelplay/6104/2461171/0/1.html,2014年11月6日。
④ 《澜沧县组织非遗进校园活动》,云南非遗网,http://www.ynich.cn/view.php?id=266&cat_id=12311,2014年3月3日。
⑤ 《双柏县举办彝族老虎笙培训班》,云南非遗网,http://www.ynich.cn/view.php?id=261&cat_id=11411,2014年3月31日。
⑥ 《元谋县举办花灯表演辅导员培训班》,云南非遗网,http://www.ynich.cn/view.php?id=260&cat_id=11411,2014年3月31日。
⑦ 《耿马县组织傣族白象舞、马鹿舞传承培训》,云南非遗网,http://www.ynich.cn/view.php?id=262&cat_id=11411,2014年3月7日。
⑧ 《澜沧县举办牡帕密帕、芦笙舞培训班》,云南非遗网,http://www.ynich.cn/view.php?id=265&cat_id=11411,2014年3月3日。
⑨ 《新平县扬武镇举办传承人培训班》,云南非遗网,http://www.ynich.cn/view.php?id=252&cat_id=11411,2014年4月30日。

脚鼓舞"传承培训班。①

龙狮舞蹈培训也是本年度工作的重点。4月,浙江宁海县非遗中心举办2014年度"百龙百狮"下乡培训。11月10~15日,贵州兴义市在下五屯举办50人的布依族高台狮灯舞传承培训班。② 传承人朱顗则把龙狮舞蹈的星火播撒到了海外,在贝宁举办了为期一周的培训。③

3. 名师收徒

拜师学艺是传统舞蹈常见传承方式。通过仪式确认师徒关系,保证技艺的代际传承,师傅的倾囊相授建立在徒弟的尊师重道之上。2014年6月11日,武汉高龙、花灯舞蹈等9个国家级、省级非遗代表性传承人在武汉高龙非遗传承园举行收徒仪式。学徒依照古礼宣读拜师帖:愿执弟子之礼,谨遵师训,团结同道,刻苦钻研,传承非遗技艺,弘扬民族文化。一齐向师傅叩拜、敬拜师茶。11月30日,四川师范大学影视学院的藏族姑娘达娃央宗向四川车灯传人夏曼云敬茶,行拜师礼,成为夏曼云的门下。④ 举办此类仪式,除了保证技艺传承,通过媒体宣传也成了弘扬非遗的手段。

4. 传承基地与单位认定

2014年传统舞蹈的省级项目基地建设加快了步伐,保护单位做了进一步调整与明确。2月,云南广南县者兔乡被授予"壮族彝族铜鼓舞"传承活动示范点。⑤ 6月,贵州安顺关岭中学成立苗族芦笙舞传承基地。⑥ "九龙舞"传承培训基地落户湖南平江时丰中学。⑦ 7月,陕西省文化厅公布

---

① 《"傣族象脚鼓舞"传承培训班成功举办》,中国民族宗教网,http://www.mzb.com.cn/html/report/141231153-1.htm,2014年12月17日。
② 《兴义市举办布依族高台狮灯舞传承培训班》,贵州非遗网,http://www.gzfwz.com/WebArticle/ShowContent?ID=1655,2014年11月17日。
③ 《中国书画、舞龙舞狮培训班在贝宁举行》,新华网,http://news.xinhuanet.com/world/2014-11/25/c_127248828.htm,2014年11月25日。
④ 《四川车灯传承人喜收女弟子》,《四川日报》,http://www.sccnt.gov.cn/snwhxw/201412/t20141202_16542.html,2014年12月2日。
⑤ 《广南县者兔乡〈壮族彝族铜鼓舞〉传承活动示范点揭牌》,云南非遗网,http://www.ynich.cn/view.php?id=268&cat_id=11411,2014年2月12日。
⑥ 《关岭苗族芦笙舞传承基地揭牌》,新华网,http://www.gz.xinhuanet.com/2014-06/18/c_1111199919.htm,2014年6月18日。
⑦ 《国家级非遗"九龙舞"传承培训基地落户平江》,《岳阳日报》,http://www.yueyang.gov.cn/tpxw/content_399718.html,2014年9月27日。

陕西省第二批省级非遗代表性项目传承单位，周至县渭旗村锣鼓社、潼关县民间艺术协会、潼关民间艺术团、绥德黄土地艺术团获批成为传统舞蹈的传承单位。①

（六）保存、展示与传播

1. 数字化保存

"中国非遗数字化工程"继上一年度在西藏、湖南等地率先试点后，于2014年全面铺开，覆盖所有的国家级传统舞蹈项目。目前，西藏地区传统舞蹈非遗项目的全媒体资料已统一录入数据库。② 湘西苗族鼓舞、彝族烟盒舞也已经完成了项目采集与入库工作。③

濒危项目抢救刻不容缓，"抢救第一"就是与时间赛跑。4月6～19日，"非遗项目及代表性传承人抢救性记录工程项目组"按照《云南省非遗数字化采集技术规范（讨论稿）》的要求，到德宏州芒市、瑞丽、梁河等地，对国家级、省级"傣族孔雀舞"进行了实地录音、录像、图片摄影及文本书写等数字化采集。④ 四川康定县制定了《康定县非物质文化民间歌舞数据库建设的实施方案》，将于2015年启动康定县歌舞数据库建库工作。⑤

部分地区的数字化工作取得了阶段性成果。四川甘孜州从2011年4月开始启动的非遗歌舞数据库建库工作，从歌词、曲谱、音频、视频和图片五个方面活态记录康巴地区的非遗歌舞。录制组已记录下藏族舞蹈600多种。预计到2017年，数据库将全面建成。⑥

---

① 《陕西省非遗项目代表性传承单位和第三批省级非遗项目代表性传承人推荐名单公示》，陕西文化厅，http://www.sxwht.gov.cn/20140612/100010853.html，2014年6月12日。
② 《西藏格萨尔等非遗项目完成数字化建设工作》，浙江非遗网，http://www.zjfeiyi.cn/tashan/detail/2-1609.html，2014年7月30日。
③ 《我省顺利完成全国首批非遗数字化保护试点工作》，云南非遗网，http://www.ynich.cn/view.php?id=1805&cat_id=11411，2014年12月9日。
④ 《我省开展项目和传承人抢救性记录工作》，云南非遗网，http://www.ynich.cn/view.php?id=255&cat_id=11411，2014年4月25日。
⑤ 《康定县完成木雅片区外景非遗歌舞数据库采集》，四川新闻网，http://www.newssc.org，2014年9月28日。
⑥ 《非遗入库为康巴歌舞建个记忆档案》，《四川日报》，http://www.sccnt.gov.cn/snwhxw/201407/t20140704_14817.html，2014年7月3日。

2. 图片展示与影视传播

中国艺术研究院主办的"非遗——人类精神活化石——第三届中国国际摄影双年展"展出了以跑驴、民间社火、安塞腰鼓、灯舞、新疆维吾尔木卡姆艺术、山南昌果卓舞等传统舞蹈为内容的多幅作品。① 由云南省文化厅主办,云南美术馆、云南画院承办的第四届"非遗画忆——非遗艺术作品展"中,以云南传统舞蹈非遗为主题的美术佳作向公众进行了展示。②

电视媒体作为文化传播的主要方式,为大众了解传统舞蹈提供了便捷有效的途径。中央电视台第三套的《舞蹈世界》栏目近年来一直致力于对传统舞蹈非遗的传播,继2013年举办传统舞蹈非遗大汇展后,2014年以"舞蹈全民星·我们都是大明星"为主题将"赵州扇鼓"③、丹寨"苗族锦鸡舞""海城高跷"等多项非遗传统舞蹈通过银屏分享给了千家万户。④ 中央电视台第七套为制作专题片《奉化布龙》,摄制组下村进校,到尚田、滕头、溪口等地拍摄记录奉化布龙的制作、传承及舞龙表演。⑤

研究情况

(一) 立项情况

2014年度传统舞蹈科研立项较往年有所回落,国家社科基金项目中仅有4项涉及传统舞蹈。跨区域的传统舞蹈现象成为研究的热点,黄明珠的"闽台民间舞蹈传统文化的传承与变迁研究"和岳春"湄公河次区域跨境山地民族宗教舞蹈形态研究"皆属于此类。还有一项关于小族群舞蹈研究,即王阳文的"交融与协变——白马人面具舞蹈研究";一项花鼓灯人

---

① 《"包商银行杯"中国国际摄影双年展在京开幕》,新华网,http://news.xinhuanet.com/foto/2014 - 05/19/c_ 126517327. htm,2014年5月19日。
② 《"非遗画忆——非遗艺术作品展"在云南美术馆开幕》,云南非物质文化遗产保护网,http://www.ynwy.org/Upfiles/ZhuanT/201407/1407/0703. htm,2014年7月14日。
③ 《"赵州扇鼓"走进央视〈舞蹈世界〉》,中国经济网,http://he.ce.cn/yzwh/whcy/fycc/gz/201403/07/t20140307_ 1388688. shtml,2014年3月7日。
④ 《"苗族锦鸡舞"再次入选央视〈舞蹈世界〉》,贵州非遗网,http://www.gzfwz.com/WebArticle/ShowContent? ID = 1640,2014年11月7日。
⑤ 《央视到奉化拍摄〈奉化布龙〉专题片》,浙江非遗网,http://www.zjfeiyi.cn/news/detail/31 - 5368. html2014/3/27,2014年3月27日。

才现状的研究，即张蓉蓉的"中国汉族代表性民间歌舞——安徽花鼓灯人才现状与对策研究"。

在教育部人文社科基金项目中学者们主要关注了传统舞蹈表演和数字化相关问题，有陈德琥的"花鼓灯艺术表演场域研究"、赵艳的"广东省舞蹈非遗资源整合与数据库建设"，共计2项。

另外2014年国家文化科技提升计划项目名单中有1项直接涉及传统舞蹈保护，即"新疆民间音乐与民间舞蹈非遗多媒体数字资源保护和应用示范研究"。该项目由乌鲁木齐职业大学与新疆德威龙文化传播有限公司合作承担，以获取第一手的新疆民间音乐与民间舞蹈的音频、视频和传承人信息等资料为目的，对收集的声音、视频、图片、文字等资料进行加工处理、分类、整理，通过数字化资源库建设、web应用系统开发和建设，以及维、汉两种语言的检索系统，搭建具有发布、交互功能的文化传播商业信息平台。①

（二）书籍出版

2014年出版发行了多本传统舞蹈类书籍，大致可以分为四大类：第一类为传统舞蹈非遗个案研究，如农学坚的《田林瑶族铜鼓舞》（北京科学技术出版社，2014年3月）；第二类为田野调查实录，如邓佑玲的《边寻边访：中国民间舞蹈田野考察实录（2006—2013）》（中央民族大学出版社，2014年10月）；第三类为传统舞蹈文化研究，如巫允明的《中国原生态舞蹈文化教程》（上海音乐出版社，2014年11月）；第四类是适用于不同层次的传统舞蹈课程教材，主要有张种丽、曹亮红的《中国民族民间舞（男班）》（武汉大学出版社，2014年8月），周黎的《中国民族民间舞基础教程》（华中科技大学出版社，2014年11月），钟宁的《中国民族民间舞中级教程》（上海音乐出版社，2014年11月），高度、黄奕华的《中国民族民间舞教学术语词典》（上海音乐出版社，2014年11月）、《中国民族民间舞动作分析与创编法》（上海音乐出版社，2014年11月）。

（三）研讨会举办情况

2014年围绕某类或某个民族的传统舞蹈研讨会举行了多场，这些研讨

---

① 《2014年国家文化科技提升计划项目一览》，《中国文化报》，http://www.ce.cn/culture/gd/201406/12/t20140612_2961779.shtml，2014年6月12日。

会已经不再局限于专家学者学术探讨，传承人、教育工作者和非遗工作者也积极参与，共话传统舞蹈的未来。

对于少数民族舞蹈的探讨主要集中在畲族、藏族和蒙古族。4月，浙江艺术职业学院举办2014畲族民歌民舞研讨会。来自全国各地近60位畲族民歌民舞研究专家、畲族民歌民舞教学工作者、非遗基层工作者和畲族民间歌舞艺人，齐聚杭州，共同为畲族民歌民舞的传承与发展建言献策。[1] 7月，内蒙古呼和浩特举行"舞悦内蒙古"舞蹈展演学术研讨会。来自全国各地的艺术家围绕第十一届内蒙古草原文化节《舞悦内蒙古》展演展开了对内蒙古舞蹈的深入探讨。[2] 西藏舞蹈家协会的专业舞蹈工作者就藏族舞蹈的现实状况召开研讨会，重点讨论继承、抢救、发展及如何把原生态舞蹈搬上舞台、如何运用传统舞蹈元素表达现代人的情感。[3]

关于城镇化进程中传统舞蹈保护与发展的问题，山东省非遗中心在《山东传统舞蹈志》出版座谈会上进行了专题探讨。中国艺术研究院舞蹈研究所欧建平所长分别从舞蹈的原生态、艺术化和商业化进行了分析，为传统舞蹈的保护提供了有益的指导。江东全面解读了《保护非遗公约》，重点分析了城镇化进程中非遗传承人保护的问题。[4]

也有的研讨会围绕具体的传统舞蹈项目传承与发展展开。9月，新疆伊犁州特克斯县召开"卡拉角勒哈"舞蹈研讨会。各地的"卡拉角勒哈"研究专家学者和专业舞蹈演员及民间艺人等100多人参加了会议。大会宣读了舞蹈创作、表演和理论研究方面论文，对哈萨克族"卡拉角勒哈"舞蹈的发展趋势、美学与文化价值等进行了学术交流。[5]

非遗进校园活动开展以来龙舞狮舞一直是各级各类学校最为推崇的项目，做好教育传承实践工作也需要集思广益，认真探讨。2014年4月，由

---

[1]《深入实际触摸畲族歌舞文化的体温》，浙江非遗网，http://www.zjfeiyi.cn/news/detail/31-5640.html，2014年5月6日。

[2]《话传承发展"舞悦内蒙古"舞蹈精品展演学术研讨会举行》，内蒙古新闻网，http://ent.xinmin.cn/2014/07/03/24697385.html，2014年7月3日。

[3]《将大力探索多种创新方式》，《西藏日报》，http://epaper.chinatibetnews.com/xzrb/html/2014-02/12/content_513383.htm，2014年2月12日。

[4]《〈山东传统舞蹈志〉出版座谈会暨城镇化进程中传统舞蹈保护研讨会召开》，豆瓣网，http://www.douban.com/note/393151385/，2014年8月13日。

[5]《伊犁州非遗"卡拉角勒哈"舞蹈研讨会在特克斯县召开》，民族宗教网，http://www.mzb.com.cn/html/report/141030006-1.htm，2014年10月1日。

中国大学生体育协会舞龙舞狮分会主办的"2014年全国舞龙舞狮进中小学工作研讨会"在北京市怀柔区北房中学召开;① 6月,教育部在深圳市平冈中学召开首届全国舞龙舞狮进中小学工作研讨会。②

(四)个案调研

2014年4月,云南牟定组织有关专业技术人员对新近发现的彝族舞蹈"乌卡"进行调查和鉴定。调研人员在安乐乡力石村对老艺人访谈、观看表演、走访群众,掌握了一手资料后形成了调查结论。

现存于安乐乡大力石村的"乌卡"打跳舞,起源于民国年间,具有六代传承谱系,与当地彝族生产生活息息相关,深受当地群众喜爱。"乌卡"打跳舞音乐短小精悍、朴实无华、风格独特,伴奏乐器"木箫"与"木叶"明亮纯净,舞蹈动作注重脚部与手部的相互协调,脚步动作进退有序,主要动作踏步、跐步、勾脚、翻身,手部动作前举、后仰,与牟定境内其他舞种如"玛咕"舞、左脚舞有着本质区别,是长期以来独立存在于牟定的舞种。③

(五)论文发表

在中国知网学术文献库中,以"传统舞蹈"为主题词,以2014年为时限,一共检索到相关论文100篇;以"民间舞蹈"为主题词,2014年共有318篇论文,除去无效与重复的收录部分,2014年舞蹈非遗在公开的学术期刊发表的论文超过200篇。从论文的内容来看,对传统舞蹈形态、功能、源流、意义的研究仍是主流;在研究方法上,田野实证的风气尤甚,在此基础上撰写的现状调查与分析的论文较往年明显增多。特别值得一提的是,2014年舞蹈艺术以及相关专业学位论文对于传统舞蹈的研究,多以个案调查形式出现,主要有《汾西地秧歌调查与研究》《榆林保宁堡老秧歌调查报告》《河北沧州民间舞"落子"的田野考察与

---

① 《全国舞龙舞狮进中小学工作研讨会在京召开》,《中国体育报》,http://www.xxtyzb.com/news.php? menu=content&newsid=10384,2014年4月11日。
② 《平冈中学承办舞龙舞狮进中小学研讨会》,《深圳商报》,http://szsb.sznews.com/html/2013-06/06/content_2507309.htm,2014年6月6日。
③ 《牟定县调查整理新挖掘的彝族民间舞蹈"乌卡"》,云南非遗网,http://www.ynich.cn/view.php? id=250&cat_id=11411,2014年5月6日。

研究》《广东"潮阳英歌"的田野调查与研究》《冀南扇鼓舞研究》《河南新乡"中州大鼓"的调查与研究》《贵州苗族芦笙舞调查与研究》《陕北霸王鞭舞研究——以靖边、定边两地为例》《云南文山壮族铜鼓舞现状的调查研究——以广南县那洒镇贵马村为例》《河北抚宁太平鼓舞蹈研究》等。

数字技术的运用使传统舞蹈的保存工作有了新的飞跃，与其相关的研究在2014年明显增长。《新媒体技术与传统舞蹈结合的研究初探》《基于动作捕捉技术的畲族舞蹈动态造型的信息化分析》《民族舞蹈运动数据的实例检索方法》等文皆属此类。

少数民族传统舞蹈研究方面，对藏族、蒙古族、维吾尔族的关注比较多。格桑吾珠、多吉卓嘎的《创建藏族舞蹈教学体系之我见》、罗旦的《堆谐及其在藏族舞蹈教学中的应用研究》、梁岳鹏的《"民族性"在维吾尔族舞蹈课堂教学中的作用》、白彦伟的《蒙古族传统舞蹈筷子舞的教学研究与实践》等文探讨了非遗传统舞蹈应如何进入职业教育体系的问题。格桑吾珠、多吉卓嘎提出，在西藏大学建立藏族舞蹈体系，必须囊括8个方面的教学内容：藏族舞蹈史、藏族传统舞蹈理论、藏族艺术与美学、藏族舞蹈概论、藏族舞蹈基本功训练、藏族舞蹈、藏族舞蹈技巧、藏族舞蹈作品分析与创作。在基本功训练中应以《中国古典舞蹈》教材为主，辅以藏族舞蹈基本功训练，同时强调在课堂外的民间民俗舞蹈体验应该同步进行。[①] 也有学者以非遗整体性保护作为理论观照，对专业学院的传统舞蹈教学提出了质疑和反思。刘建《对藏族民间舞"元素化"剥离的价值判断》一文以藏族舞蹈为例，分析了20世纪50年代以来，以"提高""升华"为目标，职业舞者通过"元素教学"对传统舞蹈进行重构的问题。"元素化"使藏族舞蹈从整体的藏族民间文化中剥离出来，这样的剥离有利于国家核心价值观的植入，当整体文化被打散成为一个个孤立的元素后，社会主义意识形态将孤立的元素重新构造起来，完成"来自民间，高于民间"的使命。"元素教学"形成了一个悖律，使职业民间舞者既要保持传统又要远离乡土，一旦超越和创作开始，民间传统文化就同时被肢解。[②] 无独有偶，江东、付磊的《试论"学院

[①] 格桑吾珠、多吉卓嘎：《创建藏族舞蹈教学体系之我见》，《北京舞蹈学院学报》2014年第2期。
[②] 刘建：《对藏族民间舞"元素化"剥离的价值判断》，《西藏艺术研究》2014年第3期。

派"民间舞缺失的"生态"背景——以藏族民间舞蹈教学为例》一文同样指出,承载着当代民间舞蹈的审美理想的"学院派"民间舞长期以来脱离了民间舞蹈文化生态,造成了传统舞蹈文化的"偏离"与"异化"。①

在当今传统舞蹈的保护过程中,只取舞蹈的动律体系传承而忽略对其文化空间的修复与营造,其结果是使许多传统舞蹈走向了"碎片化"的困境。从这一问题出发,赵李娜以上海松江草龙舞为个案,引入历史地理学中"人地关系"的概念,通过分析草龙舞的结构环境、信仰、文艺三大要素,阐释要素之间存在着根源(生发环境)、内涵(民间信仰)和表征(仪式及文艺展演)互动关系,进而提出,应该从保护机制入手,通过动静结合对草龙舞实行整体性保护,通过恢复舞草龙求雨仪式存在的文化生态场,以求从文化记忆方面获得地方民众的认同;对草龙制作、祭祀仪式、草龙舞蹈等实行生产性的活态保护;通过草龙舞进高校等途径进一步完善草龙舞的传承。②

陈华提出传统舞蹈非遗不仅需要"再现",也同样需要"创造",针对目前传统舞蹈作为非遗资源和舞台艺术材料进入群文创作中存在的问题,指出"再现型"的传统舞蹈应该不加任何新的元素及手段,尽量做到原汁原味;创作类的舞蹈非遗则不同,应该在源于生活的基础上找到其想表达的视角进行放大,把原来的元素加以改变融入整个创作的语言中去。③

有学者以"人"作为切入点,探讨传统舞蹈的现代危机。吴翔的《当代民间舞者的群体分层与话语表达的叠合》一文认为,在中国民间舞蹈话语体系中存在着自上而下的三类人群的分层,即职业舞者、二老艺人、民间艺人。民间艺人虽然是民间舞蹈身体记忆与技艺的输出者,但却处在"失语"的被支配地位,时常要接受来自结构顶层的职业民间舞者的"改造"和"提高",而中层的二老艺人则是上下两类的信息交换层,这样的分层隐含了意识形态领域文化权利的分配与实施。随着当代非遗运动的开展,民间艺人不再仅仅被动地接受"上层的指令",也积极地参与由职业民间舞者主导的主流审美意识建构,希望获得更广泛的认同。但从目前实

---

① 江东、付磊:《试论"学院派"民间舞缺失的"生态"背景——以藏族民间舞蹈教学为例》,《西藏艺术研究》2014年第4期。
② 赵李娜:《人地关系视野下非物质文化遗产保护——以上海松江舞草龙为个案》,《云南民族大学学报》2014年第5期。
③ 陈华:《"非遗"舞蹈元素对群文舞蹈创作的体现》,《神州民俗》2014年第15期。

践层面来看，民间舞现存的身体语言的危机不仅是传承人"人亡艺绝"，更有可能造成乡土社会观众的消失。①

传统舞蹈的活化甚至生活化是保护工作追求的目标，有学者就如何实现这一目标进行了研究。《谈非遗保护中民间体育的生存与活化——以上海浦东花篮灯舞为例》一文，通过对浦东花篮灯舞的现状的调研，认为必须强化传统舞蹈的体育功能。就花篮灯舞来说，舞蹈中的"转、绕、奔、跑、跳"等一系列动作，能够活动全身的肌肉、关节。花篮灯舞的动作以"穿"为主。"穿"过程中的弯腰动作活动了腰部的肌肉，促进了肠胃蠕动；举篮的动作有利于增加上肢肌肉的力量；跑跳的动作有助于增强下肢肌肉的力量，同时还有助于全身血液的循环；另外，在花篮灯舞中还有向后走的动作，有利于克服人体行走的习惯弱点。② 强调传统舞蹈的健身价值，使其成为一种运动方式走入生活固然有一定的可取性，但如果忽略传统舞蹈作为非遗所承载的精神内涵和文化价值，本末倒置，把工具当成目的，那将是另一个错误的开始。

问题与建议

2014 年在各方的共同努力下，传统舞蹈的保护工作取得了喜人的成绩。但是，现实的情况依然严峻，一些传统舞蹈仍然无法摆脱濒危处境。在南京，跳五猖、方山大鼓、栖霞龙舞等传统舞蹈濒临消失。还有很多地方的一些项目只有名称，而无传承之实。比如，上蔡杠天神、柘城大仵舞、睢县麒麟舞等，虽有传人，却很难再组织具体的表演了。③ 传承过程中同质化、碎片化问题依然存在，需要我们在热闹的保护运动之外冷静地思考，在实践中逐步调整与改善。

（一）传统舞蹈民众参与度有待提高

传统舞蹈面临的首要问题仍然是民众的参与度不高。民众是传统舞蹈

---

① 吴翔：《当代民间舞者的群体分层与话语表达的叠合》，《北京舞蹈学院学报》2014 年第 6 期。
② 魏媛媛、黄聚云：《谈非物质文化遗产保护中民间体育的生存与活化——以上海浦东花篮灯舞为例》，《体育研究与教育》2014 年第 6 期。
③ 李长需：《"非遗"的现代化生存困境》，《东方今报》，http：//www.ynich.cn/news.php?cat_id=11411&page=5，2014 年 10 月 29 日。

的主体,民众的参与程度直接决定着传统舞蹈的兴衰。现代生活的快节奏、娱乐方式的多元化、农村空心化直接导致了传统舞蹈与民众生活的断裂。近几年非遗工作的持续开展使一些舞蹈重现舞台,但大多都是昙花一现的展演,民众参与情况仍然无法得到较好的改善。究其原因,主要与以下几方面相关。

第一,政府在非遗保护中的角色定位不准确。虽然我国非遗保护的工作原则是"政府主导,社会参与,明确职责,形成合力",但实际操作中,大都成为政府行为,社会参与程度并不高。前文梳理的2014年传统舞蹈各项展演与活动,民众自发性的屈指可数,也直接反映了这一问题严峻性。

第二,代表性传承人制度缺少对群体性传承人的关照。目前,四级名录传承人的选拔均倾向于"传承人个体"。[①] 不能否认杰出的个人对于某类传统舞蹈单项所起的作用,但传统舞蹈大多为群体性项目,并非个体能独立完成。从现行政策的执行及其产生的影响来看,被政府认定的传承人受重视度高,不仅获得各种资助和补贴,而且还能获得各种荣誉及相应的社会地位。与此同时,同样也实现了舞蹈非遗传承的大量的"非代表性"传承人,因为没有政府赋予的身份,两者的境遇相差甚远。这种强弱悬殊的格局直接导致部分传承人放弃对传统舞蹈传承,因此许多活动中仅仅能见到以代表性传承人为中心的少量参与者。

第三,部分传统舞蹈过度"技术化""艺术化"。在传统的乡土社会,许多传统舞蹈都是草根群体的自娱自乐,舞蹈风格特征与审美范式的习得往往来自于文化群体内部的潜移默化,简单的动作、丰富的情感是许多传统舞蹈共同的特征,如藏族的锅庄、土家族的摆手、彝族的跳月等,都是围圈而舞的"人人跳"。非遗保护的开展使传统舞蹈获得了更多的表演机会,但为了迎合现代观众的审美需求和舞台表演效果,大量职业舞者和编导参与到传统舞蹈的表演、编排和再创造中,使传统舞蹈的艺术表演性和技术难度都有了较大的提高,但同时,也使传统舞蹈的参与越发小众化。

"孤举者难起,众行者易趋。"保护传统舞蹈首要工作是民众的参与,提高参与量与质。因此,政府需要做好角色定位,适度参与,有

[①] 杨征:《论非物质文化遗产"代表性传承人"保护政策中"群体性"的缺失》,《云南社会科学》2014年第6期。

限主导,保持与传承群体之间的沟通渠道的畅通,保证文化主体参与传统舞蹈的权利。然后在现有政策制度的框架内,协调"代表性传承人"与"一般性传承人"地位,从观念认识和政策表达上提高对"一般性传承人"的认同和重视程度。同时需要引导传统舞蹈回归草根与生活,传统舞蹈精品化可以是专业舞者的创作思路,但不应该是舞蹈非遗发展的主流方向。

(二) 人口较少民族传统舞蹈保护与扶持力度需要加大

在我国55个少数民族中,有22个民族人口在10万以下,统称为人口较少民族,它们分别是毛南族、撒拉族、布朗族、塔吉克族、阿昌族、普米族、鄂温克族、怒族、京族、基诺族、德昂族、保安族、俄罗斯族、裕固族、乌孜别克族、门巴族、鄂伦春族、独龙族、塔塔尔族、赫哲族、高山族、珞巴族。这些民族大多居住在边疆或者交通闭塞的区域,有一部分为跨境民族,无论地域、人口还是经济文化都处于边缘地位。这些民族的传统舞蹈非常丰富,具有极高的艺术价值与科研价值,却未得到与其价值对等的珍视。由于长期以来我国民族舞蹈以人口较多的藏族、蒙古族、维吾尔族、朝鲜族、傣族为审美典范,从舞台演出到教材建构都以这五大民族舞蹈为主要内容,甚至连专业舞者对人口较少民族舞蹈的认知都非常有限,更遑论普通大众。

北京舞蹈学院邓佑玲从2011年开始围绕"中国人口较少民族舞蹈文化的传承发展与审美研究"课题做了大量深入的调查研究工作,2014年课题结项。从她的调研情况来看,人口较少民族舞蹈文化的传承发展情况形势严峻,总体呈现为濒危状态。其主要体现在八个方面:(1)舞蹈种类数量趋少化;(2)舞蹈传承人断代化;(3)舞蹈内容单一化;(4)舞蹈情感空心化;(5)舞蹈仪式简单化;(6)舞蹈语境随意化;(7)舞蹈风格特色类型化;(8)舞蹈音乐伴奏电子化。

邓佑玲认为,一方面应该帮助人口较少民族自身传承自己的舞蹈文化,需要采取综合措施,制定特殊政策,如在一些移民搬迁工作中尽可能整体搬迁,维护人口较少民族生存环境的整体性,为舞蹈文化依存的仪式、节日文化的延续提供基础。鼓励人口较少民族提高生育率,出台专项扶持政策,培育新的传习人。国家或企业设立专项保护基金,资助扶持相关保护和传承项目。另一方面可以利用现代舞蹈教育体系培养人口较少民族传统舞蹈的族外传承者。①

传统舞蹈的保护应该对这些民族投注更多的目光,加大经济与政策的倾斜,培养本民族传承人,增强民众的文化自觉与自信,而不能简单地交给市场或者随意地举办活动。人口较少民族的传统舞蹈是中华文化多样性的生动体现,"小"和"少"使这些文化与众不同,但同时也更加脆弱,跨国跨境民族文化安全还关乎国家的安全,因此,对这些民族的传统舞蹈保护需要将工作做得更细致,在彰显人文关怀中保存更多的文化基因。

(三)传统舞蹈知识产权保护亟待加强

非遗名录的建立,保护工作的持续开展,令一些传统舞蹈的品牌度大幅提升,经济价值逐渐凸显,承担传统舞蹈传承责任和义务的民众却很难分享到文化开发与发展所带来的利益。一方面这与民众在政府、开发者、学者等利益相关群体中的弱势地位有关,另一方面则体现了传统舞蹈知识产权保护意识的薄弱。有学者在对剑河水鼓舞进行跟踪调查时,认为由于传统舞蹈保护缺乏对传统文化知识产权的重视,产权主体的利益得不到相应的保障,如果不及时调整,不仅伤害文化主体的情感,还会影响非遗舞蹈传承与发展。②

事实上,早在2008年,赵晓澜就指出:"云南省旅游业的蓬勃发展,已经有意或无意地借助了非遗资源的经济价值。但在旅游经济发展中,作为非遗权利主体的民族、群体或个人,除了少部分直接交易的能得到经济回报外,其他大部分的经济价值并未反馈到权利主体本身。"③ 这样的问题存在普遍性。"在贵州,民族民间文化传统知识被盗用的现象屡屡发生,如以苗族服饰、反排木鼓舞、侗族大歌为代表的传统民间艺术,这些传统知识都遭到了国外的占有和盗用。""如今,传统艺术形式不断受到威胁,

---

① 《"会说话就会唱歌会走路就会跳舞"——访北京舞蹈学院副院长、建始籍美学家邓佑玲》,中国民族宗教网,http: //www. mzb. com. cn/html/Home/report/13122072 - 1. htm,2014年12月5日。
② 吴一文:《民俗文化创意产业中的传统知识产权保护问题——以剑河县大稿午苗族水鼓舞为例》,《黔南民族师范学院学报》2012年第5期。
③ 李立:《非遗应披知产保护铠甲》,《法制日报》2008年11月26日。

被盗用、滥用的情况时有发生。"①

我国的非遗法属于公权法,由于执法等问题目前陷入了"有法无力"的尴尬局面。② 冯骥才在 2014 年的两会上吐槽:"《中华人民共和国非遗法》公布起码 3 年了,谁见过媒体公布一例执行的案例?没有,没有人执行。这么多文化处于濒危状态,却没有执行的案例。坦率说,就是一纸空文。"③ 因此,传统舞蹈的私权保护不仅必要而且急迫,有学者提出传统舞蹈非遗的知识产权保护应该有四个方面的考虑:第一,地理标识保护;第二,商标权保护;第三,信仰权保护;第四,结合地方性传统知识产权保护法规。④

当下,可以说我国已经进入了一个舞蹈热的时代。《中国好舞蹈》《舞林争霸》《舞林大会》等电视台制作播出的舞蹈节目拥有极高的收视率;广场舞规模持续增长。但细细思量,留给传统舞蹈的空间又有多少呢?套用狄更斯名言,"这是一个最好的时代,也是一个最坏的时代",对于传统舞蹈的保护仍然任重而道远。(资料员:王庆庆)

---

① 张景梅:《保护和发展我省少数民族优秀文化资源》,《贵州政协报》2006 年 4 月 21 日。
② 徐娟:《非物质文化遗产保护不妨多一些私法关怀》,中国警察网,http://opinion.cpd.com.cn/n10258251/c21995780/content.html,2014 年 3 月 13 日。
③ 冯骥才:《〈非遗法〉公布 3 年就是一纸空文》,《新京报》2014 年 3 月 10 日。
④ 吴一文:《民俗文化创意产业中的传统知识产权保护问题——以剑河县大稿午苗族水鼓舞为例》,《黔南民族师范学院学报》2012 年第 5 期。

传统戏剧类非遗保护发展报告

撰稿：李　惠　审稿：康保成[*]

2014年，传统戏剧类非遗保护进入新的十年，保护工作多措并举，不断深化。随着保护工作持续深入，我们对传统戏剧类非遗的认识和理解不断更新，促使我们调整政策、完善措施，进一步保护和发展传统戏剧。

一　保护情况

2014年，传统戏剧类非遗保护工作重心不断内化。各级名录建设的重心从项目申报转移到传承人认定上，转移到传统戏剧内涵的再认识上。随着文化体制改革深入和公共文化服务体系建设，传统戏剧类非遗越来越多地被搬演到舞台上，为更多观众所喜爱，传统戏剧的审美特质被再度接受和传扬。

（一）各级非遗名录体系建设情况

"查遗补缺"是2014年非遗代表性项目名录建设传统戏剧类的特点。

第四批国家级非遗代表性项目名录，传统戏剧类新增4项，分别是山西线腔、福建平讲戏、江西永修丫丫戏和东河戏。至此有162个剧种进入

---

[*] 李惠，女，1981年生，中山大学中文系2010级博士研究生，中山大学中国非物质文化遗产研究中心、文化遗产传承与数字化保护协同创新中心助理；康保成，1952年生，中山大学中国非物质文化遗产研究中心、文化遗产传承与数字化保护协同创新中心教授、博士生导师（中国戏剧史）。

国家级名录。扩展名录部分有 15 个剧种增补了保护单位或地区①。

"查遗补缺"的同时，保护工作重心转移到建立国家级非遗代表性项目的评估制度和监测体系。对于国家级非遗代表性项目申报时所制定的保护规划、《中华人民共和国非遗法》和其他法律法规所规定的保护措施的执行情况，文化部将建立评估制度，以自我评估为主，发布评估报告，接受社会监督。项目评定后，保护传承，建立动态监测，将进一步完善国家级非遗代表作名录"有进有出"的动态管理机制。②

省级非遗代表性项目名录建设中，传统戏剧类新增剧种寥寥无几，工作也集中在原有项目的扩展上。

重庆第四批名录新增了酉阳花灯，增补了川剧的两个保护地区。安徽省第四批名录增补了亳州市谯城区的淮北梆子戏。四川省第四批名录新增曲剧（岳池曲剧、安岳曲剧）、洪雅师道戏、羌族释比戏三种，扩展项目增补了木雅藏戏和理塘藏戏。广西壮族自治区公布第五批自治区级名录，认定了 12 项代表作，仅有粤剧、哐戏是新增项目，其他 9 项均为扩展项目。北京第四批名录无传统戏剧类项目。

"主体地位"是非遗代表性项目传承人在非遗保护传承中的定位问题，业已成为各方共识。2014 年，共有 13 个省市自治区开展了本级非遗项目代表性传承人认定工作，共认定传统戏剧类传承人 170 位。传统戏剧类非遗传承人的认定工作，不仅考虑到了生旦之外的各行当，也考虑到了文武场乐师、编剧、作曲；不仅考虑到了京昆等各大剧种，也考虑到了皮影戏、木偶戏等小戏。

由于各剧种自身发展的不平衡和保护工作开展的不平衡，各剧种传承人认定、传承存在较大差异。

以京昆为代表的大剧种通过各级各批次传承人认定工作，基本形成了包含各行当各流派、文武场乐师、编剧作曲的传承人队伍，传承人跨剧种跨流派收徒传艺、联合教学、传播展示，已经形成了一整套行之有效的工作机制。特别是在近年传统戏剧演出市场逐渐活跃之后，各大剧种优秀青年演员不断涌现，传承危机有所缓解。

---

① 第四批国家级非遗代表性项目名录详见本书附录部分。
② 《文化部例行新闻发布会文字实录》，中央文化管理干部学院网站，http://www.cacanet.cn/detail_politrid.aspx?wcid=226995，2014 年 8 月 20 日。

以地方小戏、皮影木偶为代表的小剧种，在这十年来的非遗保护工作中，虽取得了"福建木偶戏传承人培养计划"入选"非遗优秀实践名册"的成绩，形成了具有世界性推广意义的成功经验，但多数小剧种由于其自身特点，传承人多是孤军奋战，集演出、传承、展示重任于一身，"人亡艺息"的状况没有太大改观。小剧种演出市场逐渐缩小，直接影响其传承发展。由于小剧种流传范围小，与民俗、祭祀结合在一起，随着风俗变迁，演出市场在逐步缩小。老一辈艺人能在困境中坚持已是凤毛麟角，多数已转行从事其他行业。非遗保护工作展开后，各艺术院校、职业院校虽加大了小剧种招生力度，但无市场需求，学员就业前景堪忧。①

因此，代表性传承人认定工作应在总结和巩固各大剧种成功经验的基础上，将重心转移到如何创造条件让小剧种传承人收徒传艺，如何保障小剧种新生代艺人学艺有成，让有条件存活下来的剧种在演出市场中占一席之地。

（二）香港非遗清单：族群语言与戏剧的关系

2014年，香港康乐及文化事务署公布了香港地区首份非遗清单。清单参照联合国教科文组织《保护非遗公约》五个类别，确立了480个项目。表演艺术类确立的传统戏剧类非遗代表作有粤剧、闽剧两剧种和木偶戏五种。

粤剧2009年经粤港澳三地联合申报，列入人类口头和非遗优秀代表作名录。非遗清单将粤剧分解成五个重要元素，分列成独立项目（见图1）。木偶戏下也分列五种不同技艺流派的木偶皮影戏（见图2）。

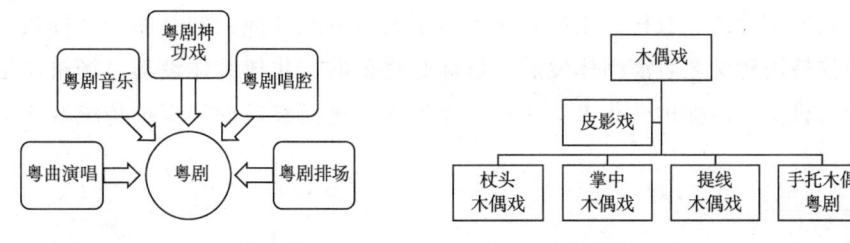

图1　非遗清单2.6粤剧及其子项目　　图2　非遗清单2.8木偶戏及其子项目

---

① 陈胜容：《基于非物质文化遗产再生视角的唐山皮影戏传承与创新》，《产业与科技论坛》2014年第19期。

香港传统戏剧现状直接反映了香港华人族群和方言的构成。早期香港华人有四大族群：广府人、客家人、福佬人、疍家人；有三大方言：粤语、客家话、福建话。最终由族群语言活力决定了广府人和疍家人的粤语成为香港主流方言，成为香港政府工作语言之一。① 族群语言显示了族群的文化源流及其地域特色，传统戏剧又彰显了族群语言所代表的地域文化及其特色。由此，粤剧在香港大行其道，闽剧成为福佬人内部流行的剧种。各宗族祭祀时虽采用杖头木偶、掌中木偶、提线木偶、手托木偶粤剧，但重大祭祀时广泛采用的还是粤剧神功戏。皮影戏则是近年随着新移民才登陆香江的新戏剧样式，却能融会贯通创作出跨界综合木偶与皮影艺术的新剧目。②

香港地区首份非遗清单，直接反映了香港华人族群与内地的文化渊源关系，有助于香港社会各族群各阶层建构更稳定合理的文化认同和身份认同。

（三）公益性演出成为重要保护手段

传统戏剧类非遗活在舞台搬演中，保护的最佳路径是提供尽可能多的作场机会。在进一步深化文化体制改革，推动公共文化体系建设的大背景下，传统戏剧类非遗的保护，政府购买公益性演出成了重要手段。

2008年，九部委联合制定《关于构建合理演出市场供应体系促进市场繁荣发展的若干意见》，提出加大政府投入，建立公益性演出机制。③《意见》要求国有演出单位要切实担负起公共文化服务的责任，逐步建立以国有文艺表演团体为主体、以国有演出场地为中心的公益性演出长效机制，达到"月月有公益场，场场有低价票"。《意见》规定各级财政要适当增加对到城市社区、农村、工矿企业等基层进行公益性演出的补贴，并提出大力扶持民营文艺表演团体发展。目标是将公共文化体系建设与市场机制运用有机统一，促进文化事业文化产业发展，进而在发展中保护传统戏剧类非遗。

---

① 张振江：《试论早期香港华人族群语言的竞争与选择》，《中山大学学报》（社会科学版）2008年第2期。
② 《黄晖木偶皮影》，香港偶影艺术中心网站，http://www.hkpsac.org/brief/brief.htm。
③ 《关于构建合理演出市场供应体系促进市场繁荣发展的若干意见的通知》，中国政府网，http://www.gov.cn/zwgk/2008-01/28/content_871738.htm，2008年1月28日。

2013年，国务院办公厅出台《关于政府向社会力量购买服务的指导意见》。2014年8月，文化部初步起草完成《文化部向社会力量购买服务管理方法》和相应的指导性目录，公益性演出将纳入政府采购范围。转制国有院团和民营院团均可参与采购招标，通过提供演出服务的方式获得财政支持。①

各地根据实际情况，出台了各具特色的实施方案。

2013年底，新版《北京市基层公益性演出活动专项资金管理办法》公布。其创新点有：第一，提出演出团体和剧目准入标准，针对"百姓周末大舞台"和"周末场演出计划"两大品牌，提出了演出团体和剧目准入标准，并根据演出院团和剧目的实际情况给予不同等级补助；第二，尊重公民对演出剧目的选择，将通过问卷调查等方式征求本区县群众对演出内容的喜好，筛选参演剧目，制定具体演出安排（时间、地点、剧目、票价等），报市文化局备案并向社会进行公示。②

《上海公益性演出专项补贴办法（2014版）》继续推进公益性演出改革试点。第一，增加了公益性演出定点剧院数量。由2011年的11家公益性专场演出定点剧院，增到2014年的21家。第二，继续推动营业性演出低价票试点。在上海大剧院、东方艺术中心、上海文化广场、逸夫舞台4家继续试点营业性演出5%低价票（低于80元/张）。第三，鼓励多种形式创新。鼓励剧团与剧场、剧目与项目、明星与青年演员相结合，合作举办公益性演出，打造公益性演出定点剧场，开展营业性演出低价票试点。③

河南决定提高"舞台艺术送农民"活动补贴标准。省市县级文艺团体参与活动补贴标准，均增长一倍，分别提高为每场2万元、1万元和0.6万元。资金由省市县财政，按照4:4:2分担。④

安徽"送戏进万村"活动新增3100万元送戏进村专项补助资金。以

---

① 《改革发展动态第292期》，文化部网站，http://www.mcprc.gov.cn/sjzz/sjzz_zcfgs/whtzgg/201408/t20140822_435534.htm，2014年8月22日。
② 《北京市财政局北京市文化局关于印发〈北京市基层公益性演出活动专项资金管理办法〉的通知》，北京文化热线，http://www.bjwh.gov.cn/28/2014_1_6/3_28_87441_0_0_1388970399953.html，2013年11月14日。
③ 《上海市公益性演出专项资金补贴办法（2014版）》，上海市文化广播影视管理局网站，http://wgj.sh.gov.cn/node2/n1716/n1718/n1750/u1ai87458.html，2014年4月22日。
④ 《河南提高"舞台艺术送农民"活动补贴标准》，《中国文化报》2014年1月13日，第1版。

省财政划拨为主、市县配套完成,并列入财政采购预算,每村4400元专项补助资金,每村每年至少看一场高质量专业演出。①

山东优化财政资金补助公益性演出方式,从项目资助优化成场次补助。省财政厅将先期支付80%演出补贴,其他资金待验收合格后拨付。并对演出进行督查,不合格院团将在下一年度取消承接资格。②江西、山西等地也试点公益性演出由院团补助变成场次补助。

公益性演出并非单一的传统戏剧演出,但其越来越频繁地出现在民众的生活中,还是强有力地推动了传统戏剧类非遗保护工作。

首先,稳定并拓展了传统戏剧的观众群体。传统戏剧公益演出进社区、进基层低票价甚至免费演出大大满足了传统戏迷特别是农村戏迷的观剧需求。公益演出进校园,特别是教育部实施"高雅艺术进校园"项目,众多名家名团携经典剧目、戏曲讲座开启了大学生传统戏剧审美之途。多地因势利导开展"大学生观剧公益票项目",推动了传统戏剧在青少年中的传播,培养了一批青年观众。

据中国演出行业协会发布的《2013年中国演出市场年度报告》,城市戏曲市场,观众构成有年轻化趋势。在政府、院团和演员的努力下,戏曲的普及推广工作取得了成效,越来越多的年轻人开始关注戏曲,多样化的营销手段也吸引了更多年轻的观众进入剧场看戏。③另据北京市演出行业协会调研,对票房贡献最大的是年轻观众。高收入、高学历、年轻化成为演出消费的主体。年轻观众月收入8000元以上的人员成为观看演出的主力,同时月收入3000~8000元之间的观众也不能小觑,他们的数量也在不断攀升,大部分观众为"85后""90后"。④传统戏剧的观众群体的扩大,是近年传统戏剧类非遗保护工作的重要成果,是传统戏剧保护至关重要的一环。

其次,增加了演出机会,提升了演员技艺。公益性演出,各级财政投入增加,传统戏剧类非遗演出场次显著增长。以上海天蟾逸夫舞台为例,

---

① 《安徽:加大"送戏进万村"投入》,《中国文化报》2014年3月14日,第1版。
② 《山东优化财政资金补助公益演出方式》,《中国文化报》2014年12月1日,第1版。
③ 《2013年度中国演出市场年度报告》,中国演出行业协会网站,http://www.capa.com.cn/news/showDetail?id=65993,2014年4月4日。
④ 《2014年北京市演出市场统计与分析报告》,搜狐网,http://yule.sohu.com/20150119/n407896473.shtml,2015年1月19日。

其95%以上为传统戏剧演出，每年演出场次高达320~330场。①

逐渐增加的演出机会给各剧团培养传承人，发展传统戏剧带来新的契机。中国评剧院多年来致力于惠民演出，不仅拥有了固定演出场地，增加了演出场次，还留住了人才。②苏州滑稽剧团在公益演出活动中，恢复整理改编传统滑稽戏剧目。通过新老演员同台合作、新老剧目共同演艺，几年间将《钱笃笤求雨》《太太作主》《小山东到上海》《金铃塔》《黄鱼调带鱼》《戏迷唱戏》等经典剧目重现红毡。频繁的演出、繁重的排练，极速地提高了青年演员"说""学""逗""唱"的专业技能、艺术修为，也提升了青年演员作为传承主体的文化自觉。③青岛市京剧院在惠民公益演出中，推出20台大戏，打破传统由青年演员挑大梁，优先为青年演员提供登台机会，培养出一支出色的青年演出团队。④公益性演出使得传统戏剧演出机会大增，为各级代表性传承人传道授业提供了路径，为青年演员传承学习传统戏剧、展示学习成果提供了绝佳平台。

再次，满足了公众文化需求，培育了文化消费。公益性演出是建设公共文化服务体系的重要一步，在满足公众文化需求的同时，培育了公众文化消费。公益性演出也让传统戏剧院团逐渐适应了演出市场，促进了传统戏剧演出市场的逐步恢复，带动了文化产业发展。

中国曲剧团2013年参加公益性演出220场，占全年演出场次的64%，演出收入313.45万元。与2012年同期相比，公益性演出收入减少了10.45万元，但总收入却增长了71.1%。曲剧团认为，公益性演出不仅有助于扩大民族戏曲在群众间的影响力，还能锻炼演出队伍，让演员深入到百姓当中，对艺术实践和创作有很大帮助。同时借助政府搭建的公益性平台，构建了剧种发展的业务网络，找准了市场定位。⑤

北京在2014年8~10月间已举办两届惠民文化消费季，依托北京文惠卡加盟商户资源，通过市场手段，在其演出季提供500场以上的文艺演出。这其中200场左右提供5~6折的低票价优惠，其余场次则通过其他方式和

---

① 《2013年度中国演出市场年度报告》，中国演出行业协会网站，http://www.capa.com.cn/news/showDetail?id=65993，2014年4月4日。
② 《今年政府采购公益性演出将超亿元》，《北京商报》2014年1月24日，第B2版。
③ 《苏州市滑稽剧团：不让传统滑稽戏失色》，《中国文化报》2011年3月19日，第2版。
④ 《"青岛京剧人才"现象引关注》，《青岛财经日报》2014年12月11日，第A8版。
⑤ 《今年政府采购公益性演出将超亿元》，《北京商报》2014年1月24日，第B2版。

折扣为广大观众提供实惠。仅中国木偶剧团截至12月初的数据显示,木偶剧院文惠卡办理点2014年已为市民办理了1.17万张文惠卡,协助市文资办发放了5000套惠民文化大礼包,业绩收入提升20%,达到3700万元。在此过程中,积累了大量消费者数据,中国木偶剧团将进行大数据分析和点对点推广。① 惠民文化消费季,也让郊区县市(顺义区、大兴区、昌平区、怀柔区、密云县)突破了单纯办会无消费模式,注重培育文化消费习惯,刺激文化消费行为,消费人次和金额都实现零突破。②

虽然文化惠民公益性演出活动取得了很大成绩,也出现了一些颇有争议的事件。

山东莱芜推出了全年100元的莱芜梆子演艺卡,金卡周五观看、银卡周六观看,两元钱看一场戏。近一年半的时间,每周两场,演出了莱芜梆子经典剧目近150场。剧目不重复,促进了传统剧目的恢复和整理,为中青年演员提供了登场机会。培养了传统戏剧观众,观众人数猛增,且越来越爱看戏,越懂看戏。但盛况背后,隐藏了巨大危机。莱芜梆子戏演艺卡2013年收入20万元,随着莱芜梆子演艺剧场的"敞门进入",2014年骤降为1万元。考虑到演出成本、演员津贴,莱芜梆子戏剧团存在巨大资金缺口,绝非公益性演出财政补贴能够填补。如何实现文化惠民,又能培育文化市场,激发大众文化消费?剧团在没有找到更好途径之前,还能坚持到何时呢?③

公益性演出确实在撬动文化消费、培育文化市场。就2014年情况而言,北上广深等一线城市,文化需求文化消费有了长足发展。传统戏剧演出,公益性或商业性演出,观众购票观剧渐趋普遍。中小城市,传统戏剧演出,公益性演出观众持续增长,但购票观剧的文化消费培养任重而道远。广大农村地区,传统戏剧演出,公益性演出与商业性演出并行不悖,而购票观剧与传统捐款请戏的差距是文化深层次原因造成的。农村演出市场传统戏剧仍是主要戏剧品种,对传统戏剧的文化需求文化消费一直没有削弱过,活跃着众多民营剧团。公益性演出使得各大剧团经典剧目更多地

---

① 《惠民文化消费季掀起文化消费浪潮》,《北京日报》2014年12月4日,第8版。
② 《第二届北京惠民消费季:培育文化消费新生态》,《京华时报》2014年10月9日,第31版。
③ 《莱芜梆子剧团叫好又叫座 "两元钱大戏"还能唱多久》,《大众日报》大众网,http://sd.dzwww.com/sdnews/201406/t20140603_10377360.htm,2014年6月3日。

出现在农村舞台,提高了农村舞台演艺水平,促使农村观众的审美要求越来越高。

演出市场、舞台始终都是传统戏剧的归宿。在推进公益性演出,建立公共文化服务体系的当下,我们需要根据传统戏剧的演出市场,细化政策,使其长效推进,不仅能促进传统戏剧非遗保护工作的开展,还能培育出蓬勃发展的文化产业。

(四) 传统戏剧传承、教育的推进

传统里总是有自由因素,有历史本身的因素。甚至最纯粹稳固的传统,也不是靠曾经有过的东西的惯性力量便能自动延续下去,而是需要不断被确认、把握和培养。[①] 传统戏剧非遗保护十年以来,传统戏剧传承教育在文化部门、院团、院校、票友等各方努力下,虽未能有效解决濒危剧种的传承断代危机,但其他剧种奄奄一息一脉残存的状况已经大大改观,传承教育工作已取得了一定成效。2014年,传统戏剧人才的学校教育、职业教育有序展开,新人辈出;传统戏剧观众观赏各类公益性演出、商业演出,参与各类戏迷票友活动,如火如荼,好不热闹。

2014年,山东大弦子戏"依团代传",成功复排、搬演《两架山》。濒危剧种保护实践,从此又多一成功案例。

2008年,大弦子戏被列入第二批国家级非遗扩展名录,抢救性保护工作提上日程。由于没有专业剧团和演员,挖掘整理的音乐唱腔以及传承人(老艺人)身上的技艺找不到合适的人员学习继承,面临"有剧种无剧团,有技艺无人传"的困境。传承人老龄化,抢救性保护工作迫在眉睫。菏泽市地方戏曲传承研究院以现有的山东梆子和枣梆两个专业剧团为依托,尝试跨剧种"依团代传"。一方面,挖掘整理了大弦子戏的部分曲牌、唱段和折子戏;另一方面,培养了一批跨剧种学习大弦子戏的优秀青年演员。为大弦子戏剧种复排经典剧目打下了基础,也为濒危剧种保护开辟了一条新的途径。

2014年,山东省艺术研究院启动"菏泽大弦子戏剧种的抢救性恢复"工作。项目一分为三:一是考察还原菏泽市大弦子戏"依团代传"运作模式,开展"地方戏曲濒危剧种的保护与传承模式研究——大弦子戏在山东的

---

① 转引自张隆溪《阐释学与跨文化研究》,生活·读书·新知三联书店,2014,第55页。

重生之路"课题研究，总结经验，形成了一套行之有效的地方戏曲剧种重生模式并加以推广；二是整理、复排大弦子戏传统剧目《两架山》，恢复演出，锻炼演员，培养观众；三是联合山东卫视，制作纪录片，全程记录《两架山》的复排、复演，全面记录大弦子戏的历史源流、现状，保存数字化资料，扩大剧种影响力，引导民众关注地方戏剧剧种及其地域文化。

课题组展开了深度调研，进行了严谨考证，提供了明晰思路，为剧目复排和纪录片制作提供了坚实基础。剧目复排是项目难点。山东省艺术研究院集合省内优势资源，全力支持。如何让复排后的剧目保持剧种特色不走样呢？剧目组在音乐和唱腔上下足了功夫。一方面，要不失其特色，另一方面，又要让观众接受。剧目组在秉承大弦子戏剧种基因不变的原则下，对曲牌进行合理化调整；在保持锡笛、三弦、笙和特色乐器尖子号在乐队中的地位不变的情况下，加入了低音部乐器，满足剧情需要和观众听觉享受。纪录片的摄制使整个项目具有了非遗数字化保护时代的特征，其经验成果可以更快捷便利地传播和推广。①

《两架山》复排搬演，只是保护工作取得的阶段性成果。山东大弦子戏能否脱离"濒危"二字，道路既阻且长，但"依团代传"跨剧种传承还是值得推广的。

传统戏剧演出"两下锅"的方式，与"依团代传"有几分神似。在昆曲衰微的年代，演出中其与京剧、与高腔"两下锅"比比皆是。因此，保留了无数的昆曲唱段、剧目，养活了几代艺人，也留住了一批昆曲戏迷。近年，山西临县道情剧团，也是道情、晋剧，甚至民间舞蹈、小品"两下锅"，迎合了市场，增加了濒危剧种道情的演出机会，赢得了生存空间，拥有了编排新戏的能力。②

濒危剧种传承教育的终极目的就是让剧种活在舞台上，剧目复排是不二法宝。我们应该创新传承模式，发动各界力量，特别是剧团的力量，推动濒危剧种的传承与保护。

传统戏剧类非遗保护是一个逐步改变的过程，此过程不可避免地要从已

---

① 李磊、张艳：《抢救濒危剧种传承齐鲁文化——山东省艺术研究院"齐鲁文化传承传播工程"之菏泽大弦子戏项目工作综述》，《戏剧丛刊》2014年第3期。
② 黄竹三：《特色濒危剧种生存对策之我见——以山西地方小戏为案例探讨》，《文化遗产》2011年第2期。

有的看法开始，在工作中修正已有看法，进而形成新的看法和做法，在看法、做法逐步修正中接近或达到正确的认知，从而达到保护传承的目的。

二 研究情况

传统戏剧类非遗研究工作的深入，不断丰富充实着我们对传统戏剧的认识，也为非遗保护政策的制定实施提供了理论支持。2014年传统戏剧基础研究和应用研究并重。

（一）资料整理情况

2014年，各级传统戏剧类非遗代表性项目普及性读物仍是层出不穷；传统戏剧研究成果丰硕，付梓出版丰富。

浙江省省级传统戏剧类非遗代表性项目众多，2014年编辑出版了《平阳木偶戏》《瓯剧》《绍兴水乡社戏》《绍兴摊簧》《绍剧》《遂昌昆曲十番》《金华道情》等多种普及性读物。上海国家级非遗代表作系列丛书，推出了《滑稽戏》专集。

随着全社会非遗保护意识的增强，出版社、社会组织组织编撰的非遗系列丛书日增。苏州大学出版社组织编撰"非遗文化与保护丛书"，推出了《非遗保护视域中的台州乱弹研究》《非遗保护与湖南花鼓戏研究》《非遗保护与松阳高腔》三种。天津教育出版社出版李孟明撰写的"京剧之美"系列《脸谱流派》《脸谱审美》《脸谱演变》三种。黄山书社"中国红文化遗产系列"收录《中国木偶艺术》《民间戏曲》两种。太极传统音乐奖获奖文库收录傅谨主编的《白先勇与青春版〈牡丹亭〉》一种。当代北京编辑部出版发行了《当代北京评剧史话》。

基础性研究，有助于非遗保护工作者对传统戏剧的深层次理解，推动保护传承工作更切合剧种现状。剧种研究成果有《20世纪秦腔史》《秦腔大辞典》《秦腔散论》《昆剧表演艺术论》《清代戏曲与昆剧》《中国采茶音乐文化研究》等。北京大学图书馆藏程砚秋玉霜簃戏曲珍本丛刊、中山大学黄仕忠编校《明清孤本稀见戏曲丛刊》等文献的整理出版将泽被后学。

戏剧评论集涌现，弥补了戏曲批评失语与缺位的现象。刘祯主编的《昆剧全本〈长生殿〉创作评论集：钗盒情缘与历史兴亡的深度呈现》收入了主创手记、专家论评、媒体报道。《新编京剧角儿演出本及戏剧杂说》收录了赵遂平、赵挹云多篇剧评。《新时期优秀戏曲剧目研究》对18台剧目展开了戏曲批评。梁晓萍的《中国古典戏曲品评观念研究》、白宁的《燕南芝庵〈唱论〉研究》《元明唱论研究》精进了古代戏曲批评研究,有助于理解传统戏剧的审美意韵。

唱腔曲谱的整理出版有《中国十大戏曲剧种唱腔精粹》《豫剧祥符调流派唱腔、板式暨器乐曲牌集萃》《章德瑜创编锡剧唱腔选》《尹桂芳越剧唱腔精选》《吉林二人转集成音乐卷》《粤剧板腔》等。罗怀臻、崔伟主编的《曲学讲堂:中国剧协全国青年戏曲音乐家研修班文存》讲座卷、讲评卷部分,集中戏曲音乐创作大家之说,评点青年作曲家的作品,堪称教科书。

会议论文集的出版有《戏曲在海外的最新进展:2013年狮城国际戏曲研讨会论文集》,分外海戏曲研究、戏曲振兴之路、戏曲教育探索、经典戏曲今解四部分。

(二) 研讨会情况

2014年,传统戏剧非遗保护与传承工作内化,戏剧界学术界对传统戏剧发展形态进行了更加深入的研究,对传统戏剧保护发展现状进行了更有针对性的研讨。

中国戏剧史国际学术研讨会暨中国古代戏曲学会2014年年会,由中山大学、江苏师范大学、黑龙江大学和中国古代戏曲协会四家共同举办,海内外学者180多位参会讨论,提交138篇论文。大会分4组16场,分别针对"中国戏剧起源的多元与一元问题""祭祀戏剧与娱乐戏剧的关系问题""大戏与小戏的关系问题""文本与演出的关系问题""戏剧文本及其与其他文体的关系研究"以及"明代戏曲文献与明代戏剧演出"等议题进行了分组研讨。大会讨论环节,学者们就中国戏剧、戏曲的起源、成熟,中国戏剧通史等长期有争议的问题进行了激烈辩论。[1]

全国非遗戏曲剧种传承与保护学术研讨会,由文化部非遗司主办,中国戏曲学院、中国戏曲表演学会承办,与会者有来自文化主管部门管理

---

[1] 《中国戏剧史国际学术研讨会暨中国戏曲学会2014年年会成功举行》,中大非遗网,http://cich.sysu.edu.cn/yjzx/zxxw/201448/n673016386.html,2014年4月8日。

者、各院校专家学者、各院团非遗传承人,征集论文80余篇。大会设六个分会场,针对"非遗剧种表导演及剧目创作研究""非遗剧种生存现状研究""入选'非遗'对于戏曲剧种发展的意义""非遗剧种与地域文化关系研究""非遗剧种演出市场人才培养的关系""非遗(剧种)院团转企运营模式""地方戏曲学院与地方戏曲院校(团)合作办学模式探索"等主题进行研讨,回应了传统戏剧在非遗视野下的现代转换问题。与会期间,还上演了八个剧种的折子戏专场。①

少数民族戏剧在2013年末成为保护工作新热点。国家民委文化宣传司组织力量编撰《国家级少数民族非遗集解》,于2014年9月出版发行。11月,中国少数民族戏剧研讨会在北京召开,与会专家充分肯定了少数民族戏剧创作取得的巨大的成绩,就"少数民族戏剧发展面临多重困境""少数民族戏剧发展新路"等话题建言献策。②

2014中国戏曲音乐学术研讨会在山东临沂召开。与会专家围绕21世纪戏曲音乐创作与发展、戏曲音乐理论与教学、地方戏曲音乐以及柳琴戏的保护传承等问题进行了交流与探讨。③

各地文化部门与院校积极开展合作,举办学术研讨会,推动地方戏剧发展。2014年此类会议有:6月,"浙江好腔调"传统戏剧系列研讨之永嘉乱弹现象研讨会和"天下第一团"保护传承研讨会;12月,中国-东盟(南宁)戏剧周学术研讨会,山西戏曲发展研讨会,第二届琼、闽、粤、台及东南亚地区闽南语戏剧交流研讨会,扬州首届国际木偶艺术研讨会。

(三)论文情况

2014年,传统戏剧类非遗学术论文围绕非遗保护工作实践展开。

论文以小见大,通过对具体剧目、剧种保护传承实践分析,就传统戏剧类非遗保护过程中所存在的普遍性问题进行探讨,提出建设性

---

① 《全国非物质文化遗产戏曲剧种传承与保护学术研讨会在京召开》,《中国演员》2014年第6期。
② 《中国少数民族戏剧研讨会在京召开》,《民族文学》2014年第12期。
③ 《2014年中国戏曲音乐学术研讨会在我院召开》,临沂大学音乐学院网站,http://music.lyu.edu.cn/s/29/t/1251/d3/1b/info54043.htm,2014年10月29日。

建议，促进传统戏剧的传承与发展。此类论文仍旧是主要范式，所涉及的剧种剧目越发广泛，但意见建议未见深入。一方面是非遗保护深入，许多地方小戏纳入学者研究视野；另一方面，地方小戏、濒危剧种的现行保护途径大同小异，有所创新和突破的方法终究不是纸上谈兵或书中得来，皆是保护主体根据剧种和剧团实际，摸索多年方有一二成功案例。所以，学界在扩大研究领域的同时，仍需积极参与研究对象的保护实践，真正起到智库作用。

浙江小百花新《梁祝》《二泉映月》的搬演，一石激起千层浪，引起关于传统戏剧守正与创新关系的热烈讨论。2014年7月4日，《北京青年报》刊登了张敞的批评文章《新版〈梁祝〉误入唯美歧途》，认为其误入了"一种想要唯美的歧途，一种认为诗化就是漂亮的和形式主义的歧途"，忘却了越剧的"朴素世俗、简单隽永"。"片面地追求唯美而丧失美，刻意地追求诗意而堕入笨重，嫁接一般地追求'后戏剧剧场'那种文本靠边，舞美、化妆、导演的价值过度体现的方法，而最终令人出戏"，得出"所有的艺术必须从'艺'的角度出发，再考虑'术'。而每一门艺术，如戏曲，是有它的基因的，要尊重它的基因，再去创造符合这个基因的东西，可能才是正确之道"。一篇《"茅主席"：那些所谓专家根本不懂我们》为题的访谈，表明创作者的立场。① 接着，周黎明赞赏其"时尚化"，"茅威涛和她的团队大大拓宽了越剧的外延，丰富了越剧的音乐语汇和舞台呈现"。② 15日，张敞回应道："反对的并非茅威涛的创新，而是创新的质量。我反对的也不是唯美，而是美的质量"，需要"从深谙戏曲美学的角度出发，再来谈创新"。傅谨也就此谈道："评价一部戏曲作品可以有两个维度，其一是把作品看成一个独立的文本，孤立地从它舞台呈现给予评价，其二是把作品放到剧种的框架中加以评价"，"期待越剧，尤其是越剧中最具魅力的尹派表演艺术，其中又主要是唱腔，能有好的当代传承"。解三醒则从越剧发展史的角度评论道，2006年新《梁祝》"成为了茅威涛主导下，浙江小百花新编戏从文人越剧到都市越剧嬗变的一道分水岭"，指出"这里有一个化与不化的问题。台词多的新编戏尚被视为话剧，那些尚未和主体水乳交融的新形式大

---

① 张敞：《新版〈梁祝〉误入唯美歧途》《"茅主席"：那些所谓专家根本不懂我们》，《北京青年报》2014年7月4日，第B09、B10版。
② 周黎明：《批评者要跟上茅威涛的步伐》，《北京青年报》2014年7月8日，第B11版。

概也会降低剧目的戏味儿，使之显得像越剧味的舞台剧而非舞台上的越剧"。① 传统戏剧的守正与创新，传承的是什么，坚守的是什么，可创新的又是什么，还需要在历史与实践中不断探索总结。

2014年京剧、昆曲、粤剧、苏剧、采茶戏、提线木偶、掌中木偶、梨园戏等剧种传统剧目和新编剧目的排演，也引起了学界讨论。戏剧剧种同质化，艺术手法雷同，成为当下剧目创作中最需警惕的问题。如何重拾传统戏剧的文化价值、审美意韵、表达手法，成为剧目创作中亟待解决的问题。传统戏剧非遗保护新十年，传统戏剧面临现代转换，不能局限于搬演传统剧目，需开拓运用传统戏剧的表达方式，表现当下的生活和生活在这里的人们。

随着文化体制改革和非遗保护工作的深入，民营剧团在剧种保护传承、戏剧演出市场中的作用日益凸显。随着数字化保护工程的开展，新媒介在保护传承传统戏剧中的运用日益频繁，效用彰显。民营剧团运营和新媒介在非遗保护中的运用，逐渐成为新的研究热点。

2014年，学术论文主题与非遗保护实践紧密结合，为非遗保护建言献策，促进了传统戏剧的发展。

（四）项目情况

2013年底，筹备了三年的国家艺术基金正式成立。国家艺术基金是文化体制创新的又一举措，将充分发挥引领和示范作用，推出更多优秀作品和人才；发挥孵化助推作用，让一切艺术创造的活力源泉充分涌流。②

2014年11月，拟资助名单394项被公示。③ 舞台艺术创作资助项目中，大型舞台剧和作品共81项，其中有京剧《钦差林则徐》等传统戏剧类非遗剧目26项；舞台艺术创作资助项目中，小型舞台剧（节）目和作品共100

---

① 张敞《隔靴搔痒的批评时代应该尽快过去——再谈越剧新〈梁祝〉兼回复周黎明先生》，傅谨《看茅威涛还是看越剧》，解三酲《从文人越剧到都市越剧的嬗变》，《北京青年报》2014年7月15日，第B11、B12版。其间，北青艺评还请四位文艺评论人对谈，见《北京青年报》2014年7月11日，第B09、B10版。
② 蔡武：《在国家艺术基金成立座谈会上的讲话》，《中国文化报》2014年1月1日，第2版。
③ 2014年国家艺术基金资助项目数为393项，见《国家艺术基金2014年度资助项目公告》，国家艺术基金网站，http：//www. cnaf. cn/gjysjjw/tztg/201502/94cb38681a2341cf92e5bf6c 27cd1317.shtml，2015年2月2日。

项，其中有黄梅戏小戏《红娘》等传统戏剧类非遗剧目24项；传播交流推广资助项目共79项，其中包括"中国福建木偶戏在亚太地区的传播交流推广"等传统戏剧类非遗传播交流推广项目20项；人才培养资助项目共41项，有国家京剧院京剧《杨门女将》青年表演人才培养计划在内的传统戏剧类非遗人才培养项目12项。[①]

2014年国家社科基金项目与传统戏剧类非遗相关的立项项目有21项，较2013年的31项，虽少了10项之多，但研究领域却拓展了。草原上的"乌兰牧骑"、西南边陲的"壮族濒危曲种"、新加坡藏的"外江戏"剧本、中国戏曲的数字化生存与传播、中国戏剧走出去的翻译改写都被列入学术界的研究领域。

2014年教育部人文社会科学青年基金、规划基金立项项目中，与传统戏剧类非遗相关项目小计14项，较2013年的22项，少了8项。选题多是个案研究，研究领域广泛，包含多个未涉及的领域，如国有艺术院团体制改革、香港邵氏"黄梅调"电影流行文化现象等。

2014年传统戏剧类非遗科研立项情况显示：第一，学术界重心依然在传统戏剧史的研究与文献整理上。两个社科基金重大项目为"中国傩戏剧本整理与研究""近代戏曲文献考索类编"，全面认识传统戏剧的形态、发展史仍有待学术界进一步研究。第二，新的研究领域正在形成。传统戏剧中少数民族戏剧、各剧种海外传播、新媒介与传统戏剧正成为热点，吸引学者进行拓荒之旅。

三 趋势与对策

传统戏剧类非遗保护进入新的十年，保护传承工作成绩斐然。当前，传统戏剧生存空间、文化生态较之十年前，已是大为改观，传统戏剧类非遗保护亟待解决的问题已全然不同。

（一）剧种认定标准与保护策略调整

剧种，是中国戏曲在艺术创造和历史传承进程中，逐渐形成的相对稳

[①]《关于国家艺术基金2014年度资助项目名单的公示》，国家艺术基金网站，http://www.cnaf.cn/gjysjjw/tztg/201411/937f8c00c76f48e9acc9354602ccd171.shtml，2014年11月6日。

定的艺术品种。2014年6月,"当代戏曲艺术理论研讨会"在北京举行,中心议题为"戏曲剧种的标准认定"。经各方多次深入研讨后,中国艺术研究院戏曲所于12月2日在《中国文化报》公布了"当代剧种认定标准指导原则"。如下:

(1) 具有"以歌舞演故事"这一中国戏曲的主要特征;

(2) 舞台语言采用本民族和本地方言或本地官话;

(3) 在声腔音乐和伴奏形式上具有个性鲜明的民族或地域特色;

(4) 在表演上分行当或形成角色类型,具有相对成熟的表演形态和技术规范;

(5) 服装、扮相、道具具有历史形成的规制;

(6) 创作和演出了一定数量的保留剧目;

(7) 有本地专业或业余演出团体和演职人员,具有相对稳定的传承机制,在本地区具有较为广泛的影响力;

(8) 剧种名称具有某一地区的广泛群众基础,在社会中具有特定的文化认同。①

中国戏曲剧种是一个多层次复杂群落。随着传统戏剧类非遗保护工作的深入展开,剧种没有一个明确且相对科学的认定标准,给当前传统戏剧非遗保护带来了很多的困惑。专家建议在文化部的统筹下,可以有计划地分期分批实施某一系统戏剧剧种的分类鉴别、认定、研讨工作,让各级文化部门领导、戏曲剧种从业人员、有关专家合力进行。当前急需进行的有几项:申报中已被认为高度衰落或消亡的戏曲剧种是否起死回生、涅槃的问题;多声腔剧种中某些声腔是否有单独分家另成为新剧种的问题;某一声腔系统中以地域划分剧种,分与和的问题;采茶戏系列剧种、花鼓戏系列剧种、秧歌戏系列剧种、花灯戏系列剧种的专题研讨;来源于说唱艺术的"民间小戏"的专题研讨;少数民族戏曲的专题研讨。②

传统戏剧类非遗需要重新开展剧种普查,打破行政规划和地域局限,进行清源溯流的系统调查研究。例如,梆子系统中进入国家级非遗代表性项目名录的就有蒲州梆子、北路梆子、上党梆子、河北梆子、豫剧、宛梆、淮梆、山东梆子、莱芜梆子、枣梆、徐州梆子、同州梆

---

① 《中国戏曲剧种认定标准的指导原则》,《中国文化报》2014年12月2日,第3版。
② 吴乾浩:《关于戏曲剧种认定标准的浅见》,《戏曲研究》2014年第3期。

子、西路梆子、淮北梆子戏,达十四项之多,涉及京津冀及其周边的山东、山西、河南、江苏,在实际的保护过程中分属不同的省份、不同的保护传承单位。重新进行剧种普查,就是要打破这种限制,将梆子作为一个整体系统来进行调查研究,思考梆子系统的剧种特色、剧目传承、人才培养。同时,又要观照不同地域文化在梆子系统中的反映,不同项目文化生态的异与同,进而反思非遗保护政策在不同项目上的得与失,制定出差异化的切合实际的保护措施和办法,以便解决非遗保护工作中的难点问题:如何保护保存濒危剧种的问题;如何保持剧种特色剧种生态,解决剧种传承和剧目创作的问题;如何保护少数民族戏剧的问题。

(二) 传统戏剧编剧人才培养问题

2014年9月,《中国艺术报》一则题为《戏剧编剧告急——中国剧本创作与剧作家现状扫描》[①]的报道引起了各界对戏剧特别是传统戏剧编剧人才匮乏现状的关注。其实,2014年初中国剧协就发布了《中国戏剧创作白皮书》,并在《剧本》刊发了青海、新疆、黑龙江、深圳特区、国家京剧院、国家歌舞剧院的调研报告。[②] 调研报告显示:传统戏剧编剧人才匮乏,将成为制约当前戏剧发展的关键所在。

剧院编剧人才严重不足。国家京剧院作为文化部直属的唯一国家级戏曲院团,有其传统优势,但现状也堪忧。创作研究部专职编剧仅三名:吴江、吕慧军、高明。随着剧目角逐奖项压力的与日俱增,剧院剧本创作长期处于"特邀"状态,何冀平、盛和煜、张永和、李莉、徐瑛、吕育忠等外编剧均为京剧院创作或改编剧本。其他各省市调研情况显示多数省级地方戏剧团没有专职编剧。体制内的传统戏剧编剧人数非常有限,编制外的

---

① 王新荣:《戏剧编剧告急——中国剧本创作与剧作家现状扫描》,《中国艺术报》2014年9月26日,大视野1版。
② 林琳《中国剧协赴深圳特区考察戏剧并调研体制外戏剧工作者现状》,付晋青《青海省剧本创作与剧作家现状调研报告》,彭维《国家京剧院编剧人才与剧目创作调研报告》,徐玉梅、刘秀娥《新疆自治区剧本创作与剧作家现状》,常晓华《黑龙江省剧本创作和剧作家现状调研报告》,以上均见《剧本》2014年第1期。

传统戏剧编剧人数却不少。① 传统戏剧编剧社会地位、名誉收入、前景空间都不能与影视编剧相比,如何调动体制内外传统戏剧编剧的积极性,创作出既具有个性色彩,又符合剧种特色,切合时代审美的剧目仍是难题。

高校戏剧编剧毕业生至专职戏剧编剧,转化率几乎为零。国家京剧院曾接纳过 11 位中国戏曲学院戏文系毕业生,但由于种种原因,大多数或离开剧院,或转行从事其他工作。他们不同于早期戏剧编剧皆在戏剧戏曲熏陶下成长起来的,有的甚至为知名票友或演员;现在的编剧在进入剧院时,戏剧戏曲修养尚不足以成为一名戏剧编剧,应该仿效临时辅导班制度进行入职后的深度培训。当年,国家京剧院由王颉竹、范钧宏牵头,吕瑞明任辅导员,组织翁偶虹讲曲调、曲牌、板式,范钧宏讲剧本结构,阿甲讲导表演知识,何异旭讲锣鼓经,景孤血讲戏曲语言。剧院与所属的人民剧场约定,特许年轻编剧们随时到剧场观摩演出,尽量给好的座位,帮助青年编剧加深对京剧艺术的理解,积累感性知识,逐步掌握京剧艺术表现形式。高校科班毕业的编剧文学功底深厚,但戏剧戏曲特别是剧种与地域文化特色理解不够,如何通过传、帮、带培养一支合格戏剧编剧任重而道远。

现行工作机制下,传统戏剧创作难创经典。传统戏剧传承是依靠剧目创作、排练、搬演来完成的,剧种传承则依靠经典剧目流传。传统戏剧剧本虽是"一剧之本",但"曲无定本"更是其重要特点。2014 年岁末七个剧团八台《牡丹亭》汇演,将这一特点发挥得淋漓尽致。特别是大师版《牡丹亭》有七位杜丽娘、四位柳梦梅、四位笛师、四位鼓师,春香都有两位,好个熠熠生辉。剧目都脱胎于汤显祖《牡丹亭》,但又不拘泥于剧本众口一词、众角一面,而是各有取舍、各有特色,异彩纷呈,师承、流派立现。这足以说明经典剧目,在文本完成之后,编剧、各行当角色、文武场二度创作空间巨大。编剧可根据剧团角色行当配置,根据演员唱腔身段特点进行关目、曲词修改,使剧目由"案头之曲"成为"场上之剧"。现行工作机制下,编剧多是特邀写作,剧目完成后交由剧团排演;多数编剧会亲临现场指导一两次,少有进场同排,边排边改、边演边改更是难能一见。要恢复传统戏剧的生命力,就必须创作出属于这个时代、这个剧种的经典剧目,我们不仅需要"汤

---

① 2014 年体制外优秀青年戏剧推荐展演中小剧场戏曲有 13 部剧目,见《2014 年体制外优秀青年戏剧推荐展演传承传统文化》,新华网,http://ent.news.cn/2014 - 10/15/c_127101095.htm,2014 年 10 月 15 日。

显祖"创作出旷世佳作,还需要诸多"沈璟"不断进行二度创作,修改出依韵和腔传唱千年的场上之曲。

重视传统戏剧编剧人才的培养教育,推动剧本创作,将成为传统戏剧非遗保护工作的下一重点。剧协在发布《中国戏剧创作白皮书》,呼吁各方正视问题的同时,也在积极寻求解决方法。2014年,中国剧协组织了"中青年戏剧人才研修班"。① 稍后,上海剧协承办了上海文化发展基金会2013年度青年编剧扶持项目"新剧本朗读会戏曲专场"。② 10月,中国剧协又联合多家单位举办了"全国青年戏剧评论家研修班",冀望于活跃戏剧批评,促进剧目创作。③

(三)传统戏剧与新技术新媒介的结合

中央电视台戏曲频道,于2014年5月,推出了"央视戏曲-CCTV戏曲频道"的APP应用程序;于2014年6月,推出了"唱戏吧"的APP应用程序,深受好评。

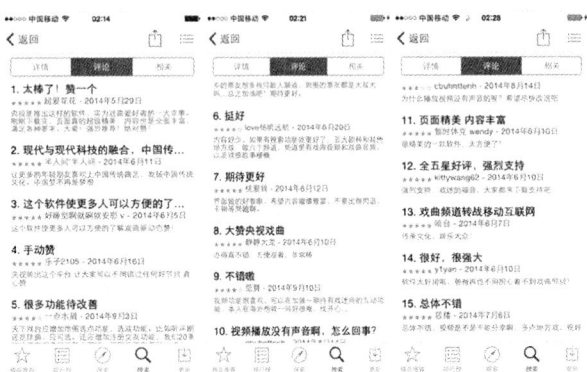

**图3 传统戏剧类APP手机应用程序
"央视戏曲-CCTV戏曲频道"的评论截图**

随着移动互联网技术的发展,从2012年起,国内已有多款传统戏剧APP应用程序推出(见表1)。

---

① 李小青:《点点新绿滴翠井冈——中国剧协中青年戏剧人才研修班编剧班侧记》,《剧本》2014年5月刊。
② 尚剧:《上海举办青年编剧新剧本朗读会》,《剧本》2014年7月刊。
③ 莫惊涛:《中国剧协全国青年戏剧评论家研修班在沪举办》,《剧本》2014年12月刊。

表1 戏曲类APP手机免费应用程序统计①

程序名	开发商	框架	视听体验	版本/日期	评价
四大戏曲	rice mi	西厢牡丹桃花长生电子书	无	1.0/2010.12.3 2.0.1/2012.3.27 4.0/2013.3.10	无②
京剧大师余叔岩Lite	北京嘉和博望科技有限公司	选段+剧目	有	1.0/2012.4.17	无
京剧大师马连良Lite	北京嘉和博望科技有限公司	选段+剧目	有	1.0/2012.4.27 1.1/2012.6.6	★★★★★
戏曲故事连环画35部-儿童教育-豆豆游	WANG YIN XIONG	戏曲故事电子书	无	1.9/2012.5.16 2.0/2012.6.19 2.1/2012.7.24	★★★★☆
秦腔达人	西安曲江文化产业发展中心	秦腔动漫听唱学	有	1.0/2012.9.18 1.1/2012.9.25 1.1.1/2012.10.11 1.1.2/2013.2.7	★★☆☆☆
京剧大师梅兰芳Lite	北京嘉和博望科技有限公司	选段+剧目	有	1.0/2012.9.21	无
京剧大师程砚秋Lite	北京嘉和博望科技有限公司	选段+剧目	有	1.0/2012.9.25	无
京剧大师李少春Lite	北京嘉和博望科技有限公司	选段+剧目	有	1.1/2012.9.28	无
京剧大师谭富英Lite	北京嘉和博望科技有限公司	选段+剧目	有	1.0/2012.12.11	无
脸谱	天擎团队	京剧脸谱电子书	有（脸谱图）	1.0/2012.12.10 2.0/2014.8.3	★★★☆☆

① 根据iPhone App Store，搜索词为"戏曲"，截止时间为2014年12月31日，进行统计。
② App Store显示："我们收到的评分数量不够，无法显示此app最新版本的平均评分"，说明此程序用户数量非常少。

续表

程序名	开发商	框架	视听体验	版本/日期	评价
戏曲听唱-10个剧种名家名段	上海华烽电子商务有限公司	多剧种试听+购买下载	有（每剧种前5首免费）	1.0/2013.1.5 1.1/2013.4.12 1.2/2013.8.20 1.4/2013.11.1 1.5/2014.6.24	★★★★☆
京剧荟萃-名家名段-听过瘾	T. MKs Studio	剧目+选段	有（无曲词）	2.0.0/2013.10.21 2.1.0/2013.11.12 2.2.0/2013.12.2 2.3.0/2014.10.6	★★★★★
戏曲魔拍	Toccata Technologies Inc	拍照变名角	无	1.0/2014.2.22	★★★☆☆
黄梅戏桥段有声精选离线免费版HD	Hengcai Li	名段选+珍韵集	有（无曲词）	1.0/2014.4.16 1.1/2014.4.25	★★★★☆
京剧曲段名家名段大合集离线免费版HD	Hengcai Li	选段+梅兰芳选段	有（无曲词）	1.0/2014.4.16 1.1/2014.4.26	★★★☆☆
央视戏曲-CCTV戏曲频道	中央电视台戏曲频道	新闻+视听+社交	有（具有直播功能）	1.0/2014.5.28 1.01/2014.6.19 1.02/2014.6.30	★★★★☆
唱戏吧	中央电视台戏曲频道	排行榜+我来唱	有（戏曲卡拉OK）	1.0/2014.6.21 1.1/2014.7.7	★★★★☆
河南戏	河南手机台	多剧种剧目选段+新闻	有	1.0/2014.7.17 1.1/2014.10.8	无
黄梅戏经典唱段珍藏版	Tanghua Zhang	名段选+珍韵集	有（无曲词）	1.0/2014.10.15	★★★★☆
戏曲名家欣赏-京剧越剧黄梅昆曲唱不停	宁波甬讯通信科技有限公司	新闻+戏曲知识+赏析	无（有目录无内容）	1.2/2014.11.5 1.3/2014.11.24	★☆☆☆☆

目前，尚未出现拥有大量活跃用户的应用程序。"央视戏曲"借助戏曲频道广而告之，用户评论数也不到百条。从现有的评论数据分析，主要存在的问题是：第一，功能较为单一，集中在剧目和选段的视听体验上，但其剧目曲库体量有限，音质画质不佳，后台维护乏力，用户体验差，难以满足票友戏迷的需求。[①] 第二，综合性的 APP 应用程序只有"央视戏曲"一家。央视戏曲频道有着得天独厚的优势，这是其他开发商与其不可同日而语的，但移动互联网终端并非电视终端的缩小版，如何利用其特性，进行形式创新，仍是一大难题。第三，戏曲周边资源开发不够。电子书、拍照变装软件虽有开发商涉及，但都是浅尝辄止，没有深度挖掘，也没有广泛搜罗。第四，目标群体模糊。传统戏剧软件还未被充分开发，应用不足。

新技术与新媒介在传统戏剧保护方面的应用，由来已久。历时 21 年的京剧音配像工程就是利用留存的戏曲名家录音，辅以摄像技术保存经典剧目的创举。

今天，传统戏剧非遗保护，需要运用新技术新媒介弥补传统保护手段的不足，创新保护方式，全方位立体建设保护系统，促进传统戏剧的发展。新技术新媒介在非遗中的应用应该包含以下几点：（1）资料的保存和再现。传统戏剧的资料不仅是剧本、是衣箱、是唱片、是录像带，而且还应该是这些的总和，应该是完整鲜活的戏剧生态。新技术和新媒介的应用，将突破单一技术手段的缺陷，多视角、全方位、全画幅记录和再现戏剧生产、戏剧传播、戏剧习俗复合而成的戏剧生态。（2）传承作用。通过技术手段研究和探索传统戏剧传承教育中最核心的问题，例如传统戏剧的四功五法、口传心授的虚拟化尝试。（3）传播问题。传统戏剧资源丰富，与新技术新媒介结合，创造出新的流行文化或是新的文艺样式。

传统戏剧的非遗保护进入新的十年，需要我们重新认识其所蕴含的传统文化资源、民族审美意韵，运用和创新传统戏剧的表达方式，表现当下的生活和生活在这里的人们。

---

① 作者多次登录表中的 APP 应用程序，多数应用程序存在缺陷，有些程序甚至多次出现网络连接不上无法登录的问题。

曲艺类非物质文化遗产保护发展报告

撰稿：秦 彧　审稿：常祥霖*

2014年，随着全球化进程和现代化步履的日益加快，包括曲艺在内的非物质文化遗产及其传承保护，成为国内各界及国际社会关注的热点。随着第四批国家级非物质文化遗产代表性项目名录的公布，保护工作的重心开始转向深化对项目规律性的探讨和实践上。在城镇化进程中，如何做好文化空间的整体性传承保护，逐渐纳入相关部门的视野。这一年中，新人新作不断涌现，曲艺的"轻骑兵"作用得到凸显，曲艺的传承教育稳步发展，传播发扬开始走向新媒体平台，专业团体与民间团体各自起到重要的保护传承作用。本报告拟从保护情况、研究情况、问题与思考几方面进行总结和梳理。

一　保护情况

（一）各级各类非物质文化遗产名录公布情况

2014年11月11日，国务院批准了文化部确定的第四批国家级非物质文化遗产代表性项目与扩展项目（各计153项）并予以公布。其中，曲艺类的保护项目新增了数来宝、梅花大鼓、弹唱、浦东宣卷、丽水鼓词、客

---

* 秦彧，女，1975年生，中山大学中国非物质文化遗产研究中心研究助理；常祥霖，男，1946年生，中华曲学会名誉会长，国家非物质文化遗产专家委员会委员，中国曲艺家协会理事。

家古文、永新小鼓、山东花鼓、跳三鼓、湖南渔鼓、桂林渔鼓、宁夏小曲、托勒敖等13个曲种，涉及13个申报地区（单位）；扩展项目中，曲艺类涉及5个申报地区（单位）共计4项非遗项目，扩展保护单位4家（详见附后总表）。加上此前分三批公布的114个不同曲种，曲艺类国家级非物质文化遗产项目总数达到了127项。但其中的相当一部分曲种，由于没有相应专业的曲艺院团作为传承保护的核心阵地，缺乏相对完整的工作支撑，传承保护的任务仍相当艰巨。

在已公布的四批国家级非物质文化遗产代表性项目名录中，曲艺类所占的比例变化不大。但名录数量近两批明显下降，显示出申报工作放缓、保护力度加大的趋势。

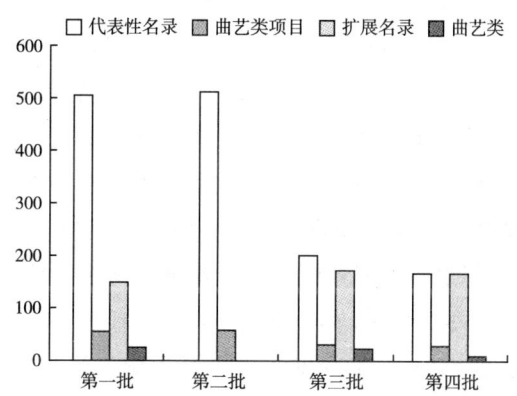

图1 第一至四批国家级非物质文化遗产代表性项目、扩展项目与曲艺类项目对比图

省级名录中，共有5个省、市、自治区公布了省级非物质文化遗产代表性项目名录及扩展项目名录，共11项。分别为：重庆市1项、北京市1项、安徽省2项、广西壮族自治区3项、四川省1项、扩展名录3项。共有12个省、市、自治区公布了非物质文化遗产项目代表性传承人名单，共计67人。其中，江苏省最多，有13人。其余依次为：山东省8人、福建省6人、湖南省6人、青海省6人、新疆维吾尔自治区5人、湖北省5人、上海市5人、云南省4人、陕西省4人、内蒙古自治区3人、广东省2人（详见附后总表）。

从年龄分布情况来看，以2014年的省级传承人年龄分布与前两批国家级传承人年龄分布进行对比，可以看出传承人的年龄变化趋势。

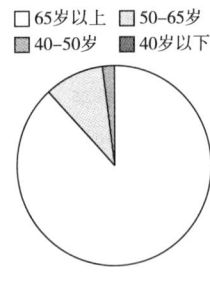 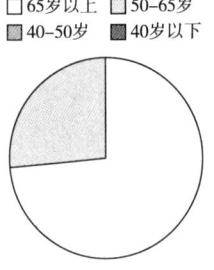 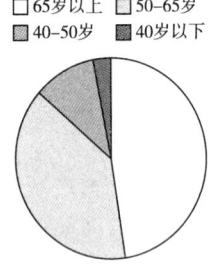

图 2　第三批曲艺类国家级传承人年龄分布图（共 51 人）　　图 3　第四批曲艺类国家级传承人年龄分布图（共 34 人）　　图 4　2014 年公布的曲艺类省级传承人年龄分布图（共 67 人）

从对比中可看出，近年来，确定的曲艺类传承人逐渐"年轻化"。在省级传承人中，出现了"70 后"甚至"80 后"。例如内蒙古自治区确定的 3 位传承人分别为 46 岁、43 岁、34 岁。而一些项目，在确定年纪较大的传承人外，还确定了较为年轻的传承人，体现出在传承人认定时注重结构的合理性，保障了项目的传承性。例如上海市公布的评弹项目传承人，分别是 84 岁的王溪良和 54 岁的沈仁华；江苏省公布的扬州弹词项目传承人，分别是 65 岁的徐桂清和 45 岁的包伟；新疆维吾尔自治区公布的维吾尔族莱帕尔项目传承人，分别是 75 岁的苏拉衣曼·肉孜、63 岁的苏迪也汗·玛合木提和 41 岁的艾尔肯·约力达西、37 岁的阿依木姑丽·司马义。

6 月 18 日，香港特别行政区政府康乐及文化事务署公布了香港首份非物质文化遗产清单，涵盖 480 个项目，其中在表演艺术类别中，收录了粤曲演唱、南音、福建南音、竹枝词 4 项曲艺项目。

（二）演出与赛事

2014 年，常规演出、赛事及出访交流依然是曲艺类非物质文化遗产保护与传承成果的集中展示方式。其中，较大型的活动有：2014 年 10 月举行的第八届中国曲艺节，共 10 场演出；2014 年 9 月举办的"向人民报告——庆祝新中国成立 65 周年暨说唱中国梦优秀曲艺节目展演"，共 10 个专场。此次展演活动创造了中国曲协近年来组织的主题性活动中参演院团最多、参演人数最多、参演场次最多的纪录。此外，还有历时半年之久的"我们的价值观——曲艺走基层全国百场巡演"、巴黎中国曲艺节、德国中国曲艺展演周等。与往年相比，值得关注的变化或现象有以下几个方面。

1. 牡丹奖的几个改进

2014年举办的第八届中国曲艺牡丹奖,将原来的"文学奖"变更为"创作奖"(涵盖文本创作和音乐创作)。在最终评出的7个创作奖中,涉及音乐创作方面的作品有两部。这一改进,使得牡丹奖相关奖项的内涵更为丰富、外延更加清晰,不但打破了以往只注重文本创作,忽视音乐唱腔设计的单一评奖机制,而且对缓解曲艺音乐人才相对缺乏的状况,激励更多的曲艺音乐创作者具有重要意义,从而使牡丹奖的评选更具科学性。①

2. "起死回生"的曲种

在第八届中国曲艺牡丹奖全国曲艺大赛余杭赛区比赛中,余姚恰咚咚、福州伬艺、湖州三跳等几近消失的地方小曲种,在非物质文化遗产保护工作的推进下,又"起死回生",重现风采。"不过各个曲种或失而复得或'起死回生'的途径,基本上都是以排演节目作为切入点。短期来看,此种途径确实具有一定效应,但从长远发展来说,对于一个具有数百年乃至上千年历史的曲种来说,在上无传人、下无人传的情况下,仅仅靠着恢复演出几个节目或借用来的少数人才,很难实现全面的传承和有效的保护。"②

浙江省曲协主席翁仁康表示,"从'无'到'有'固然是一个令人欣喜的突破,但如何实现从'有'到'兴',则是另一个任重道远的重要课题。随着我国非物质文化遗产保护工作的不断推进,当我们在把这些失而复得的曲种纷纷纳入各级非遗项目加以保护的同时,还需制定科学的发展规划,尤其是在维系曲种固有特色和专业人才方面,未来需要做的工作还有很多。"③

3. 特色专场及展演

2014年是骆玉笙、马三立、韩起祥三位曲艺界大师级人物的百年诞辰,曲艺界分别举办了专场纪念演出活动。

"海曲乡音·长三角地区锣鼓书会书"于1月举行。活动汇集了长三

---

① 董大汗:《新人新作纷呈曲艺优势彰显——2014年中国曲艺盘点》,《中国艺术报》2014年12月31日,第8版。
② 董大汗:《曲种"起死回生"引发非遗保护新思考》,《中国艺术报》2014年6月13日,第1版。
③ 董大汗:《曲种"起死回生"引发非遗保护新思考》,《中国艺术报》2014年6月13日,第1版。

角地区专业团体锣鼓书的优秀作品,共有12支团队的13个节目参加了会书,既是江浙沪锣鼓书艺术的互相交流,又是国家非物质文化遗产锣鼓书保护传承的成果展示。①

此外,首届"高元钧杯"全国山东快书大赛于8月举行。这是65年来首次举办的全国性高规格山东快书赛事,大赛既是对全国山东快书艺术工作者以及爱好者的一次大检阅,也是一次为其他曲种带来重要启示的活动。首届西部曲艺展演于11月举行,入选国家级非物质文化遗产项目的陕西曲种陕北说书、洛南静板书、府谷二人台等都进行了展示。这既是一次展现西部偏远地区曲艺发展现状的活动,更是推动全国曲艺平衡发展的具体体现。②

4. 少儿曲艺——非遗传承不能走味儿

2014年8月,第六届全国少儿曲艺大赛在四川彭州举行。大赛评委、著名曲艺理论家常祥霖认为,此次大赛涌现出不少少儿曲艺精品,整体水平高出以往。在大赛期间的研讨会上,常祥霖以《童子制乐,必先雅制》为题进行了发言,提出,曲艺学习,雅制是基础。少儿曲艺定位要准,这既是丰富少儿文化娱乐生活,也是培养人才,更是理解学习优秀传统文化的过程。因此,曲艺的教育传承,要求老师的思想水平和业务知识都要过硬,应当有准入门槛。当前的曲艺教育鱼龙混杂,"现在不缺各种各样的'办班',但缺乏对学校办学资格、教师教学资格的认证及考核标准。我呼吁曲艺教育,应当有准入门槛,中国曲协、省级曲艺家协会要会同教育部门制定准入门槛、原则、条例,应该对培训的学校、师资老师资质纳入审核,也经常督查,这样做为社会管理、行业管理承担起更多的责任。"③

5. 以苗阜、王声为代表的"陕西相声"崛起

在2014年北京卫视春节联欢晚会上,苗阜、王声以一段《满腹经纶》迅速在网络上走红。随后,二人登上了2014年央视元宵晚会舞台,苗阜获得第八届中国曲艺牡丹奖新人奖,二人获得第七届央视相声电视大赛金奖等重

---

① 《长三角锣鼓书会书浦东新场》,上海市政府网,http://live.pudong.gov.cn/pudongnews_bmtx/Info/detail_ 523345.htm,2014年1月20日。
② 董大汗:《新人新作纷呈曲艺优势彰显——2014年中国曲艺盘点》,《中国艺术报》2014年12月31日,第8版。
③ 周春锋:《常祥霖:少儿曲艺应当心存敬畏》,四川文艺网微信公众平台,scwyw2014,2014年9月22日。

要奖项,开始被各电视台邀请,参加各种晚会或展演,成为2014年相声界最忙碌的人。西安青曲社、王木犊剧场、笑友堂、天禧苑、珍友社等活跃在陕西的民营相声团体和陕西籍相声演员,开始进入全国观众的视野,"陕西相声现象"也由此应运而生。①

节奏快、包袱密、形式新、特色浓,是苗阜、王声的相声特色。多年的坚持、传统的守护、新颖的结合、浓郁的地方历史文化特色、代表人物与大批传承者的团结,是陕派相声异军突起的"底气"。姜昆、冯巩、师胜杰等相声名家纷纷称:"相声发声在京津,相声发展在西北!"②陕西省委宣传部决定,从2015年起设立陕西曲艺创作专项资金,资金数额从200万元起步,助推陕西相声的发展。③

(三) 传承与教育

2014年,国家级非物质文化遗产"太原莲花落"的唯一指定传承人曹强病逝,享年78岁。浙江省非物质文化遗产传承人杭州评话艺术家陈有宝(陈鹤鸣)病逝。浙江省非物质文化遗产"唱新闻"的代表性传承人朱秀定去世。著名单弦演员包会申、相声名家杜国芝等相继去世。老一辈艺术家的离世,既是曲艺界的重大损失,也凸显了曲艺类非物质文化遗产保护传承的紧迫性。

1. 拜师收徒与学校教育

2014年,河南坠子国家级代表性传承人宋爱华,喜收洋弟子李霁霞④;杭州滑稽艺术剧院6个国家级非物质文化遗产项目(杭州小热昏、杭州评话、独脚戏、杭州摊簧、杭州评词、武林调)代表性传承人收徒⑤;宁波评话省级代表性传承人张少策先生收徒;山东快书省级代表性传承人高洪胜收徒;"数来宝"北京市级代表性传承人李世儒收徒;山西曲艺表演艺术家李晋平收徒;南京白话代表性传承人丁少华收徒;四川曲艺家李伯清

---

① 董大汗:《新人新作纷呈曲艺优势彰显——2014年中国曲艺盘点》,《中国艺术报》2014年12月31日,第8版。
② 孙欢:《说相声到底哪家强?陕西军团》,《西安晚报》2014年10月14日,第14版。
③ 《陕西省委宣传部将设立陕西曲艺创作专项资金,陕西相声该怎么走?》,中国曲艺网,http://www.cnquyi.com/news.php?id=12580,2014年11月18日。
④ 冯冬艳:《河南坠子专场暨宋爱华收徒仪式在河南博物院举行》,河南文化网,http://www.hawh.cn/fybh/2014-06/14/content_182531.htm,2014年6月14日。
⑤ 《杭滑等9位传统戏曲非遗传人收徒,拜师"三鞠躬"》,中国新闻网,http://www.chinanews.com/cul/2014/12-02/6835952.shtml,2014年12月2日。

收巴蜀笑星王磊为徒等。特别值得一提的是，宋爱华收的徒弟李霁霞是法国人，非常热爱中国曲艺，曾在中国煤矿文工团工作，是小有名气的"女大山"。因痴迷河南坠子，拜宋爱华为师，成为其首个洋弟子。宋爱华表示："民族的就是世界的，收了这个徒弟，我相信民族之花会发扬光大，走出国门，开遍世界。"①

在其他传承方面，北京市非物质文化遗产北京评书传承基地在北京戏曲艺术职业学院挂牌，黑龙江省非物质文化遗产（快板）传承基地在佳木斯市桦川县实验小学揭牌，浙江省绍兴市举办地方曲艺传习所2014培训班等。

走进校园，依旧是曲艺类非物质文化遗产传播传承的重要方式。2014年，中国曲艺家协会主席、著名相声表演艺术家姜昆在耶鲁大学举办了以"中国曲艺艺术魅力"为主题的专场讲座，向耶鲁大学的学生、学者、汉学家宣传和推介中国曲艺艺术。② 国家级非物质文化遗产传承人陆倚琴先生走进南开大学，讲解京韵大鼓艺术流派的形成。③ 著名相声表演艺术家李金斗等曲艺名家在南京大学演讲《相声的今天、昨天和明天》④。著名曲艺理论家常祥霖在天津海河大讲堂、四川巴蜀大讲堂等地方学术场合，通过"挖掘传统文化，领略经典魅力"为题的讲座，宣传非遗文化，并应邀到宁波海滨国际学校讲述以宣传非遗为中心的"曲艺之美"专题。此外，还有四川省曲艺研究院"第二届非遗传习展演"走进四川师范大学、"广东曲艺进校园活动"走进星海音乐学院、苏州评话名家陈卫伯走进上海师范大学、山东省曲艺家协会主席孙立生做客山东交通学院、湖南省曲协走进湖南城市学院等。

值得一提的是，浙江大学附属中学自主开发了适合学校师生学习的《西湖文化之杭州评话》，以"杭州评话源流""杭州评话道具"

---

① 李贵刚：《活态传承在中原：收洋徒、传薪火、境外展》，中国新闻网，http://www.chinanews.com/cul/2014/06-14/6280570.shtml，2014年6月14日。
② 《耶鲁大学演讲中国曲艺艺术》，中国曲艺网，http://www.cnquyi.com/news.php?id=12178，2014年5月14日。
③ 《鼓韵铿锵话传承——汉语言文化学院举办"文化弘扬海内外，国粹唱响南开园"系列活动京韵大鼓专场》，中国曲艺网，http://www.cnquyi.com/news.php?id=12587，2014年11月24日。
④ 《李金斗走进南大，授课又收徒》，中国曲艺网，http://www.cnquyi.com/news.php?id=12529，2014年10月20日。

"杭州评话表演"和"杭州评话创编"为主要内容,形成了一个特色课程体系,并根据杭州评话的特点以及学生的身心特点,分层次递进式实施有效、合理的杭州评话教学,为传承和发扬国家非物质文化遗产提供了平台。① 将地方曲艺编成教材,纳入课堂,无疑是对曲艺传承发展的重要推动。

近年来,高校曲艺社团越来越明显地成为曲艺类非物质文化遗产传承的重要阵地。2014年,湖南省曲艺家协会组建湖南省高校曲艺联盟,在长沙成立湖南大学生曲艺培养基地。这是全国首家由省级曲艺家协会倡导的高校曲艺联盟。② 哈尔滨曲协也成立了大学生相声联盟。在高校曲艺中,相声社团是最多的,呈现出蓬勃发展的势头,甚至有大学生开始走入相声演员队伍,如清华大学的李寅飞、北京大学的徐德亮、南开大学的裘英俊等。"校园曲艺不只是自娱自乐,还带有某种文化使命和价值。""校园环境的高知化和纯粹性,成为传播曲艺的优良环境。"③ 当前,高校曲艺社团也存在诸多问题,如学生们的表演缺乏专业指导、学生队伍青黄不接、大学生曲艺创作趋于模仿、追求一时的火爆、一笑了之等。所以,曲协搭桥,让更多的艺术家走进校园,组织专业指导和专业学习,让学生社团正规化,为大学生社团活动提供更多更高的平台,以权威、正面、积极的方式引导大学生曲艺社团的发展,是对曲艺保护传承的一个重要方面。④

2. 非遗志愿者的出现

2014年,我国第九个"文化遗产日"提出的口号是"非遗传承,人人参与",即提倡人人争做非物质文化遗产保护的倡导者、践行者与推动者。其中,浙江省尤为突出,大力促进构筑省、市、县(市、区)、镇、村五级网络的非遗保护志愿服务团队,广泛招募具有文化情怀、文化艺术专业技能和研究水平,热心于传统文化的非遗保护志愿者。目前,浙江有10多所高校、8个市、30多个县(市、区)建立了非遗保护志愿服务组织,全省非遗志愿者社团注册会员达1.57万多人,各地参与非遗普查和保

---

① 施永忠、周学焕:《国家非遗杭州评话,走进浙大附中校本课程》,浙江非物质文化遗产网,http://www.zjfeiyi.cn/news/detail/31-6507.html,2014年9月10日。
② 张玲:《湖南高校曲艺联盟挂牌》,《中国文化报》2014年6月11日,第10版。
③ 丁永勋:《校园曲艺不只是自娱自乐》,《曲艺》2014年第8期。
④ 田海龙:《促进高校校园相声发展——功在当代、利在千秋》,《曲艺》2014年第8期。

护的志愿者达23万人。① 在曲艺传承方面，一方面，曲艺表演团体加大力度走基层、送演出；另一方面，民间曲艺爱好者自发传播传承。比如，绍兴成立了地方曲艺志愿队，温州也成立了由80多名志愿者组成的非遗志愿者社团，浙江省非物质文化遗产保护志愿者队伍已日益成为非物质文化遗产保护的重要力量和坚实基础。②

3. 曲艺之乡建设

2014年是中国曲艺之乡创建20周年。从授予辽宁大连西岗区中国曲艺之乡称号起，截至2014年，全国共有45个中国曲艺之乡。其中2014年被授予曲艺之乡的分别是江苏省张家港市和苏州市相城区。10月27~28日，中国曲艺之乡创建20周年系列活动在山西长治县举行。活动表彰了创建标兵单位4个、先进单位8个、优秀曲艺工作者42名、先进个人39名。③

二 研究情况

2014年，与曲艺相关的国家社科基金项目有7项，教育部项目2项，详见书后附表。

（一）著作情况

2014年出版了较多有关曲艺的书籍，其中有专门辑录的曲艺作品，有曲艺类非遗项目介绍性丛书，有学术专著，也有非遗传承人的纪实性作品，主要包括以下内容。

《中国历代曲艺作品选》三卷本，由春风文艺出版社出版发行。该书辑录了自唐至清优秀的、对后世曲艺有重大影响的说唱书目曲目，不仅具有很高的文学价值，也具有极强的史料、学术价值。④

---

① 王淼：《非遗事业进入新的时代》，浙江非物质文化遗产网，http：//www. zjfeiyi. cn/news/detail/31 - 6140. html，2014年7月1日。

② 陈佳利：《绍兴首支非遗传承志愿团成立展演地方曲艺》，浙江非物质文化遗产网，http：//www. zjfeiyi. cn/news/detail/31 - 6284. html，2014年7月28日。沈海涵：《温州市成立80多名非遗志愿者社团》，浙江非物质文化遗产网，http：//www. zjfeiyi. cn/news/detail/31 - 6013. html，2014年6月17日。

③ 《关于表彰创建中国曲艺之乡工作标兵单位、先进单位、优秀曲艺工作者、先进个人的决定》，中国曲艺网，http：//www. cnquyi. com/news. php？id = 12577，2014年11月17日。

④ 《〈中国历代曲艺作品选〉出版》，中国曲艺网，http：//www. cnquyi. com/news. php？id = 12410，2014年8月27日。

《中国大百科全书·名家文库——中国戏曲曲艺》，由中国大百科全书出版社出版，张庚等著，分别介绍了中国戏曲和中国曲艺的发展历史、艺术特色和艺术形式等。

《清代曲艺史》，由学苑出版社出版，中国艺术研究院包澄絜著，约20万字，为首部系统论述清代曲艺发展历史的著作。

三卷本《伊玛堪集成》，由黑龙江人民出版社出版发行。该书共收录伊玛堪说唱48部，图片300余幅，总计约230多万字，是黑龙江省非物质文化遗产保护的重要成果。

《浙江省非物质文化遗产代表作丛书》之《温州莲花》《平湖钹子书》《绍兴词调》《临海词调》《金华道情》，由浙江摄影出版社出版；《浙江省非物质文化代表作丛书》之《绍兴宣卷研究》，由中国社会科学出版社出版，钟小安著。

《扬州弹词：玉蜻蜓》，由广陵书社出版。

《河洛大鼓传统大书选》，由商务印书馆出版。

《中州传统曲艺戏曲音乐概论》，由河南大学出版社出版。

《中华传统曲艺文化常识》，由中州古籍出版社出版。

《中国曲艺》，由吉林文史出版社出版。

《我和相声》，马贵荣著，由中国戏剧出版社出版。

《五彩校园文化艺术活动丛书：校园曲艺类活动指导手册》《"四特"教育系列丛书——曲艺项目活动组织策划》以及《流派众多的曲艺杂技》，由吉林出版集团有限责任公司出版。

《相声"三字经"》，由北京联合出版公司出版。

《京城艺事》，由华中科技大学出版社出版，为首部讲述北京曲艺圈圈内圈外60年发展之路的作品。

《梨花魂》，是国家级非物质文化遗产项目山东大鼓的代表性传承人左玉华创作的纪实小说，描写了王小玉（白妞）、谢大玉等在一百多年时间里对梨花大鼓的创造、发展和坚守。

（二）论文情况

2014年，关于曲艺类非物质文化遗产保护方面的学术论文依然数量不多，但涉及的保护情况与领域有所拓展，除对非物质文化遗产曲种的介绍性论述、整体性保护思路探讨、个案的分析研究外，出现了一些新主题或新思考,如新媒介环境对曲艺保护与发展的影响;传统曲艺的旅游化生存模式分析;高校如何成为曲艺保护发展的新平台;民间曲艺人才的培养;曲艺类非物质文化遗产保护传承究竟是"城镇化"还是"民间化"等。

随着四级非物质文化遗产项目的公布,有研究者指出,名录自2006年以来,将我国的非物质文化遗产划分为十大类,其中第五项为曲艺,之后都是以十个种类为标准进行评定和区分。然而,随着国家级非物质文化遗产品种的逐年增加,非遗一级类的划分显然含有范围大、标准粗的缺点。因此,对曲艺进行二级类、三级类划分,不仅对于国家级曲艺的申报、评定及保护具有重要作用,对省市级曲艺的评定工作也具有重要的借鉴意义。因此,对曲艺类非物质文化遗产探索性地构建了三层次分类体系,即"一级分类为国家分类体系中的曲艺类;二级分类中将曲艺分为说书类、唱曲类和谐谑类;三级分类中将说书类划分为徒口讲说类、说唱相间类和韵诵类,将唱曲类进一步划分为曲牌体类、板腔体类和综合类,将谐谑类进一步划分为相声类、快板类和谐戏类。"[1]

在对列入各级名录的曲艺类非物质文化遗产项目的具体关注中,谢中元以首批国家级非遗项目龙舟说唱为例,指出在社会力量的介入下,"(龙舟说唱)从仅有二三个艺人的濒危险境进入到'起死回生'的状态"。"随着非遗保护的逐渐深入以及龙舟艺人的集体助推,原本属于私人卖唱技艺的龙舟说唱开始转换为带有公共文化属性的非物质文化遗产,并从艺人个体安身立命的依凭过渡为凝聚乡民文化认同的符号。"佛山、顺德等地的龙舟说唱传承与传播看似景象繁荣,但传承过程中的技艺遗失、特色打折、受众断裂等问题与危机不容忽视。[2] 而对于京族唱哈的保护性开发,吴莹、郑直提出,由于京族与越南越族同源,应搭建平台,开展跨文化研究,深入挖掘唱哈文化的内涵和规律;同时,京族哈节与唱哈的伴奏乐器独弦琴,都是国家级非遗项目,唱哈的活态传承,需要形成文化空间、文化习俗的整体性保护体系。[3] 于雅琳则对国家级非物质文化遗产项目徐州琴书的发展模式提出了新的想法,即具有民族文化保护意识的演出经纪人

---

[1] 王月月:《曲艺类非物质文化遗产分类体系的探索性构建》,《浙江艺术职业学院学报》2014年第4期。
[2] 谢中元:《佛山"龙舟说唱"的活态传承与保护研究》,《文化遗产》2014年第2期。
[3] 吴莹、郑直:《广西京族曲艺唱哈的保护性开发策略研究》,《新西部》2014年第30期。

或演出公司的介入,并辅以一定的工商与税务支持,是推动徐州琴书持续市场化发展的一个方向。①

对于新媒体时代曲艺类非物质文化遗产的传承传播问题,有学者指出,要借助数字传播实现曲艺传承。这一方面是指用数字格式、数字出版替代传统出版物,另一方面则指教学传承要实现数字化,以弥补口传心授的局限性。另外,社交网络平台的作用不容忽视,利用QQ、微博、微信的巨大辐射力,有助于传统曲艺重拾影响力。② 张增龙也提出,"在民间艺术资源保护方面,传统的信息采集、记录及保存方式已经不能满足大量、高质、高效的保护要求,因此由传统保护方式向现代化、数字化方式转变也是时代发展的大势所趋"。提出尝试性地打造山西民间艺术资源云服务平台,着重于民间艺术资源遗产的云存储、云计算、云分析、大数据等功能。③ 有研究者通过对同属国家级非遗项目的京剧、昆曲、黄梅戏与天津时调进行了专门网站、网页以及百度模糊词频搜索结果分类统计(见表1),认为与戏曲相比,"天津时调在网络传播中,虽然也有一些新闻介绍和演出曲目在线视听、下载,但除了百度百科、维基百科等对天津时调的名词解释页面和地方文化网站里对其历史发展的简介页面链接以外,天津时调没有独立的网址。网上为数不多的基础音视频资料因年代长远、表演形式单一、曲调难懂、视听效果不理想等原因,浏览欣赏的人不多。如此的网络传播现状并没有对天津时调的传播起到积极促进的作用。"④

表1 统计举例(截至2013年1月11日)

剧种	网站数量	模糊词频搜索
京剧		60800000
京戏	102	2940000
平剧		451000

---

① 于雅琳:《徐州琴书当下发展方式探究》,《艺术百家》2014年第5期。
② 石蕾:《地方曲艺的出版传承危局及数字化应对——以天津时调为例》,《现代出版》2014年第1期。
③ 张增龙:《民间艺术资源在云时代的管理》,《太原大学学报》2014年第S1期。
④ 石蕾、危怡:《网络传播环境下"非遗"天津时调的跨语境突围》,《新闻界》2014年第4期。

续表

剧种	网站数量	模糊词频搜索
昆曲	79	19900000
昆剧		2360000
黄梅戏	54	9610000
天津时调	4	126000

海外汉学在曲艺的研究方面提供了不同视角。丹麦汉学家易德波在对扬州评话的研究中更侧重于口传文学与书面文学的比较研究，注重中国文学中口头传统与书面文化的互动关系，并主持了"中国说书系统记录：扬州评话四家艺人全书表演录像"项目，提出要认识到中国口传文学的重要性，不能使之消亡。①

（三）研讨会情况

中国曲协"多元文化中都市曲艺的生存与发展"研讨会2月28日在上海举行。与会专家分别就"沪上曲艺现状的思考""都市曲艺的生存与发展""曲艺的多元发展与单元深入""夹缝中的春天——论大数据时代的曲艺生存之路""论曲艺第二次都市化浪潮""新故事与群众文化ABC"等议题展开讨论。②

"如何让地方曲艺走得更远"研讨会10月在杭州召开。与会专家提出，要想使地方曲艺走出去，重点是突破语言障碍，还要与其他姊妹艺术多交流，多借鉴，不断丰富、改进，使其在保留本曲种味道的同时尽可能地大众化。另外，培养、组建、磨合曲艺自己的核心主创团队也是让地方曲艺走出去的一个重要环节。③

第五届"中国曲艺团长高峰论坛"12月在北京举行，与会代表按照习近平总书记在文艺工作座谈会上的重要讲话精神，围绕"曲艺团体：经营

---

① 汪花荣：《口传文学与书面文学：从扬州评话到〈金瓶梅〉——丹麦汉学家易德波教授访谈录》，《文艺研究》2014年第1期。
② 《中国曲协"多元文化中都市曲艺的生存与发展"研讨会在安亭镇镇政府举行》，中国曲艺网，http://www.cnquyi.com/news.php? id=12011，2014年3月14日。
③ 《〈如何让地方曲艺走得更远〉研讨会在杭州召开》，中国曲艺网，http://www.cnquyi.com/news.php? id=12522，2014年10月16日。

与责任"的主题，探讨与交流各地各类曲艺团体在市场经济条件下如何更加切实地担负起繁荣发展曲艺事业的社会历史责任，并发表了倡议书。①

此外，相关的研讨会及调研活动还有"大运河流域曲艺学术交流展演及研讨活动""扬州评话传承发展学术研讨会""清代北方说唱文学学术研讨会""深圳历年获奖作品研讨会暨深圳移民城市曲艺现状与发展论坛""全国'鼓书'观摩交流座谈会"及"全国'鼓书'学术邀请赛""全国河南坠子传承与发展学术研讨会""第六期全国曲艺创作高级研修班""2014中国文联文艺培训志愿服务项目——曲艺人才培训班"等。

三 问题与思考——城镇化进程中的曲艺保护与传承

伴随着我国城镇化建设进程的不断推进，非物质文化遗产保护和传承进入了一个关键时期。关于都市曲艺的生存与发展，出现的变化和问题有以下几个方面。

1. 城乡一体化带来方言的稀释或流失

上海市曲艺家协会副主席葛明铭说："目前曲艺正面对缺少方言认同的受众。"② 随着城市的同质化日益严重，方言式微，曲艺面临严峻挑战。比如，苏州是苏州评话和苏州弹词等曲艺形式发源地。有关资料显示，截至2013年年底，在苏州市的人口中，外地人已经超过一半，达到了700万人，从而使苏州成为全国继深圳之后的第二大移民城市。这就给吴语方言的保存与使用，带来了极大的困惑与挤压，也给包括苏州评话和苏州弹词等曲艺形式在内的非物质文化遗产的传承与保护，提出了更高要求。上海的外来人口比例也一路走高，目前外地人占整个城市人口的40%，突破了1/3。这给包括上海说唱、浦东说书、上海独角戏、浦东宣卷和上海锣鼓书等在内的上海本土曲种的传承与保护，提出了严峻挑战。苏州、上海的情况并非个案。当前的城市发展模式和进程指标显示，各地的方言使用及其文化传承，在人流涌动的现代化浪潮中，正面临着极大冲击。尤其是一

---

① 《第五届"中国曲艺团长高峰论坛"在北京成功举行》，中国曲艺网，http://www.cnquyi.com/news.php? id=12641，2014年12月30日。
② 李韵：《曲艺如何跟上都市化步伐》，中国文明网，http://www.wenming.cn/wmzh_pd/yh/mjys/201406/t20140603_1979856.shtml，2014年6月3日。

些超大城市的迅猛形成及发展演变,已然给当前"新型城镇化"进程中的方言保存与曲艺保护带来了困难,敲响了警钟。①

2. "原生"还是"再生"

曲艺理论家李广宇认为,当代曲艺存续于三种不同的生态环境中。一种是存活于民俗仪式与民俗活动中的,民间非职业艺人自娱或娱人的曲艺形式,称之为"原生态曲艺";一种传承于民间职业、半职业艺人之中,作为营业性表演的以传统曲目为主的曲艺形式,称之为"次生态曲艺";一种就是专业曲艺工作者创作表演的反映当今时代生活的曲艺形式,称之为"次次生态曲艺"。② 以首批国家级非物质文化遗产马街书会为例,唱书是与中原广大地区的民俗活动紧密相连的,同时也是民间自娱自乐的交流,而不是单纯为了表演、获利。所以,"原生"与"再生"是曲艺的两重文化品性。"要切实有效地保护传统曲艺,首先要重视传统曲艺的'原生态'环境和民俗性特征,在此基础上对其进行文化意义的观照,找出优良的文化基因,使之注入新的发展活力。"③ 山东省曲协主席孙立生也提出,马街书会要健康成长,不能完全依赖政府包办,越来越多的农村人口走向城市,"如何更有效、更科学地为'变化中'的农民服务,成为与时俱进的曲艺课题"。"曲艺艺术的基本规律,以及诸如'把点开活''随机应变''即兴现挂'的素质与能力等,从无城市、农村之分……培养熟悉农村市场规律的优秀曲艺人才,依然是马街书会乃至民族曲艺的传承、发展的重要问题。"④

上海市曲协副主席葛明铭提出,都市曲艺面对的受众出现了新的变化:从过去的群体受众到现在的个体受众,从有文化传承的受众到无文化传承的受众,从文化消费缺乏选择的受众到文化消费多元选择的受众,从浅代沟的年轻受众到深代沟的年轻受众,从过去有特色的城市环境到现在日趋同质化的城市环境,这些变化都要求曲艺在城市中的发展要突围、要创新,要适应观众的审美趣味,要回归剧场。创新主要应表现在

---

① 吴文科:《方言没了,方言曲艺咋活?!》,《光明日报》2015年1月28日,第10版。
② 李广宇:《传统曲艺的原生态环境和民俗性特征不容忽视:从马街书会的价值谈曲艺的保护与发展问题》,《曲艺》2014年第4期。
③ 李广宇:《传统曲艺的原生态环境和民俗性特征不容忽视:从马街书会的价值谈曲艺的保护与发展问题》,《曲艺》2014年第4期。
④ 孙立生:《走"马"观花说书会》,《曲艺》2014年第4期。

作品观念和表现手法上,要创造流行、引领时代,而不是做网络语、流行语的跟屁虫。①

3. 政府支持下的曲艺传承——谁的非遗

对于当前政府、社会各方面加大力度保护曲艺类非物质文化遗产传承的做法,也有学者提出了不同的思考。黄琼经过一年多对国家级非物质文化遗产——东莞木鱼歌的田野调查,对"非遗"保护举措下东莞木鱼歌的传承发展提出了反思。黄琼认为,"全国范围内自上而下的'非遗'申报和保护工作,为诸如木鱼歌一类的边缘化民间艺术在现代社会中搭建起文化传播的平台。然而,化身为具有地方文化'新宠'的舞台化木鱼歌,在'现代性'这把双刃剑的强势裁断下,被生吞活剥地从原生场域中抽离出来,并剔除了民间性、生活化的音乐特质和传统社会功能。这种'去脉络化'民间文化'保护'与'重塑'的现代舞台艺术作品附着'主体的缺位''文化功能的趋同'及'传承的局限性'等特质与弊端。"②首先,体现为"主体的缺位",即相对于政府指定的传承人,普通传承人积极性不高。其次,木鱼歌的传承主体发生了变化,以国家公共文艺事业为主体的创新取代了民间的自主创新,由圈外的学者、专家给予"专业性"意见和"艺术"性改造、创新。如新编木鱼歌《亭岗唱晚》,特邀了广东歌舞剧院专业作曲人员,同时表演队伍也年轻化,东坑镇近几年的新编木鱼歌表演者,都是东坑中心小学的学生和文广中心工作人员,他们的身份与文化归属显然截然有别于传统木鱼歌演唱群体。"那么这样的非遗舞台是给谁提供的空间?这样的非遗又是谁的非遗?木鱼歌究竟为谁而唱?为何而唱?""以文化汇演或展演为目的而构建的舞台表演赋予了木鱼歌新的内涵和意义,有如城市名片之符号性意义的木鱼歌集娱乐性、观赏性于一身,以政治宣传、社会教育为核心的文化功能取代了传统木鱼歌所承载的娱乐、教育、信仰仪式、文化传承等多重文化功能。"③

对于城镇化建设中曲艺类非物质文化遗产的传承保护中出现的新问题、新局面,也有可供借鉴的做法和建议。

---

① 葛明铭:《都市曲艺生态的变迁及应对》,《曲艺》2014年第10期。
② 黄琼:《谁的"非遗"?——东莞木鱼歌的田野调查与思考》,《文艺争鸣》2014年第3期。
③ 黄琼:《谁的"非遗"?——东莞木鱼歌的田野调查与思考》,《文艺争鸣》2014年第3期。

1. 保护城市语言，打破千城一面

在城镇化过程中，越来越多的人拥有双重语言功能，即掌握普通话和方言。加强对方言的保护，培养离土不离乡的情感认同，与以方言为载体的曲艺类非物质文化遗产的保护传承有着相辅相成的关系。2013年1月颁布的《国家中长期语言文字事业改革和发展规划纲要（2012—2020）》中，明确了"保护方言"的必要性。纲要指出："加强各民族语言文字的科学研究和资源开发利用。加强语言资源数字化建设，推动语言资源共享，充分挖掘、合理利用语言资源的文化价值和经济价值。建立和完善语言资源库，探索方言使用和保护的科学途径，用现代技术手段记录保存少数民族濒危语言。"① "建设中国语言资源有声数据库。科学设计，统一规划，调查收集普通话、汉语方言、少数民族语言的有声语料，整理保存和深入开发利用，科学保存中国各民族语言实态。"②

仍以苏州为例，在2012年启动的苏州话保护工程中，率先进行苏州方言数据录制，进入国家有声数据库；进入试点幼儿园、中小学课堂；公共交通采用双语播报，评弹昆曲进社区、进高校，使方言使用与曲艺传承相得益彰。③

2. 重视民间曲艺团体、民间曲艺人才的扶持与培养

广东有14个中国曲艺之乡，曲艺群众基础广泛，在民间扎根深厚。据最新调查数据显示，省内民间曲艺团体多达2300多个，业余曲艺演员万余人。以职业团体与民间团体作为曲艺传承发展的两大支撑，走出一条"背靠乡土、面对乡亲、演出乡音、弘扬乡韵"的广东特色曲艺发展之路。④对于专业团体，如广东曲艺音乐团，采取打造精品、开拓局面的方式；对于自娱娱人的活跃在民间演出场所的业余曲艺社，大力扶持，积极推动。如东莞麻涌成立戏剧曲艺家协会，对社区21个民间曲艺社统一管理，定期组织交流、举办活动、扩大宣传。镇政府每年拨款10万元，各社区也相应

---

① 教育部语言文字应用管理司：《国家中长期语言文字事业改革和发展规划纲要（2012—2020）》，第二章《目标和任务》之二《主要任务》，（五）《科学保护各民族语言文字》，语文出版社，2013。
② 教育部语言文字应用管理司：《国家中长期语言文字事业改革和发展规划纲要（2012—2020）》，第三章《重点工作》之五《科学保护》，（十二）《各民族语言文字科学记录和保存》，语文出版社，2013。
③ 陈璇：《苏州方言保护的现状及对策研究》，《江南论坛》2014年第7期。
④ 忘川：《岭南性格——广东曲艺之乡繁荣的样本意义》，《曲艺》2014年第5期。

投入资金,给曲艺社作为活动经费。同时,社会各界、民间人士也热心捐款资助。① 东莞中堂镇镇政府则要求各村(社区)成立曲艺队,人数在15人以上,伴奏乐器不少于10件,同时要有200平方米的固定排练场所。规定每周特别是农闲、节假日、重大庆典活动期间都要举办曲艺演唱活动。现全镇有民间组织的曲艺队25支,成员500多人,全镇"私伙局"(曲艺爱好者)达几千人。② 再如,厦门市翔安区在对民间曲艺人才的培养上采取的措施有:宣传文化部门每年安排财政预算,专门奖励、补贴民间曲艺活动,培育"一镇一品"和"一村一队"的曲艺形式;将民间曲艺文艺演出、培训班、宣传活动和"非遗"传承人经费纳入当地政府财政预算;以政府出资为导向,引导民间资金投入。企业、公益组织和个人等民间资金的注入才是民间曲艺发展和人才培养的主渠道。民间大众是民间曲艺生存的土壤,民间曲艺只有坚持它的民间性才有发展的空间和活力。③

可见,对民间演艺团体给予鼓励和支持,营造有序的市场环境,提供艺术上、资金上的帮助,才能使地方曲艺真正生在民间、活在民间、兴在民间。

3. 加强理论指导

在当前的高校学科设置中,曲艺及非物质文化遗产学都没有成为独立的学科,因此,关于曲艺类非物质文化遗产保护方面的基础理论和应用理论的研究都比较匮乏,不能为保护实践提供学理分析和理论指导。"如果理论研究走在前面的话,像今天所面临的城镇化就不是一个问题。可以通过文化遗产风险管理的理论和方法进行预测和评估,做出预案进行规避,最大限度地使非物质文化遗产在城镇化的进程中得到妥善保护。文化遗产的风险管理是专门研究对文化遗产形成的各种风险来源的评价、控制、规避、监测的机制,任何文化遗产都可以通过这一机制来提高短期或长期的保护利益相关价值。但遗憾的是,这样的理论问题很少有人关注。"④

---

① 李华:《改革创新是曲艺之乡建设以及基层曲艺文化的发展方向》,《曲艺》2014年第5期。
② 丰实:《粤韵中堂,沁心醉乡》,《曲艺》2014年第12期。
③ 蔡丁澜:《厦门市翔安区民间曲艺人才培养初探》,《福建省社会主义学院学报》2014年第2期。
④ 徐艺乙:《问题与对策:城镇化进程中的非物质文化遗产保护》,《徐州工程学院学报》(社会科学版)2014年第5期。

高苹也曾提出:"学者在保护工作中的关键职责是在正确观念的指导下建立科学的评估体系,确定其价值、概念、保存和保护的性质。非物质文化遗产作为特定区域、族群历代创造并传承的精神文明的重要载体,是族群获得文化认同以维系其团结统一的重要基础。"①

总之,在城镇化进程加快的背景下,对曲艺类非物质文化遗产实施多样化保护,"充分重视非遗凝结传统、植根创造、面向未来的特殊性质"②,才能探索出符合其自身规律的各种保护实践方法,更好地实现城镇化进程与非遗保护协调发展。

---

① 高苹:《曲艺艺术类非遗亟待多样化保护》,中国文艺网,http://www.cflac.org.cn/gn/201312/t20131225_236911.html,2013年12月25日。
② 王福州:《以发展的眼光看传统文化》,人民网,http://culture.people.com.cn/n/2014/1114/c87423-26021059.html,2014年11月14日。

传统体育、游艺与杂技类非遗保护发展报告

撰稿：康　涛　审稿：傅起凤　康戈武[*]

传统体育、游艺与杂技类非遗作为中华民族宝贵的"活态人文遗产"，是中华民族在漫长的历史中创造和积淀下来的文化瑰宝，蕴含着中华儿女强身健体、休闲娱乐、修身养性、美化生活的记忆因子。它既有相关的身体运动内容，又是与中华民族文化血脉息息相关的传统文化现象，对于提高人们的精神境界和文化生活品位与质量，起到了十分重要的作用。2014年，这类非遗保护取得了许多新的进展，也存在一些有待改进的问题。

一　保护情况

（一）各级各类非遗名录入选情况

2014年，文化部公布了第四批国家级非遗代表性项目名录和扩展项目名录①，其中传统体育、游艺与杂技分别为12项和6项。

除了国家级非遗代表性项目名录的公布，部分省（自治区、直辖市）也公布了新增、扩展的传统体育、游艺与杂技类项目名录共计23项，新增传承人70人。

---

[*]　康涛，男，1986年生，博士，中山大学教育学院教师。傅起凤，女，1941年生，中国文联杂技家协会编审，文化部非物质文化遗产专家委员会委员。康戈武，男，1948年12月出生，国家体育总局武术研究院秘书长、专家委员会执行专家，研究员、教授、博导。

① 《文化部办公厅关于公示第四批国家级非遗代表性项目名录推荐项目名单的公告》，中华人民共和国文化部，http://zwgk.mcprc.gov.cn/auto255/201407/t20140716_30299.html。

根据文化部公布的第四批国家级非遗代表性项目名录，传统体育、游艺与杂技类项目占第一批 518 项中的 17 项，占比 3.28%；第二批 510 项中的 38 项，占比 7.45%；第三批 191 项中的 15 项，占比 7.85%；第四批 153 项中的 12 项，占比 8.6%（见图 1）。虽然第三批和第四批项目数量较之前有所减少，但所占比例却逐批提高。近年来，非遗保护工作的核心从"重申报"转向"重保护"，"后申遗时代"不仅更加强调申报材料的准确可靠，还对具体的保护计划、措施、方法提出了更高要求，切实推进了非遗保护工作。

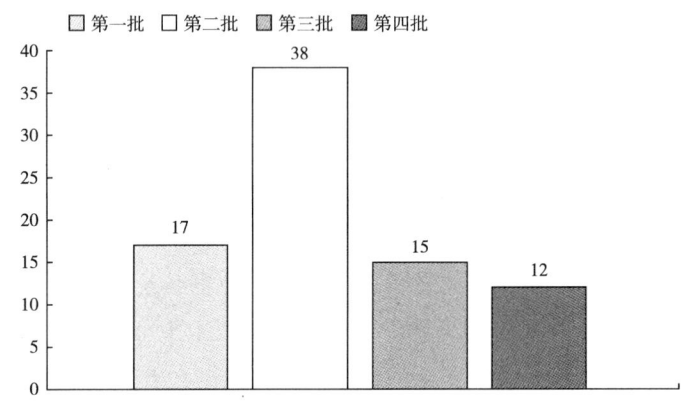

图 1　四批国家级传统体育、游艺与杂技类项目与代表性项目对比图

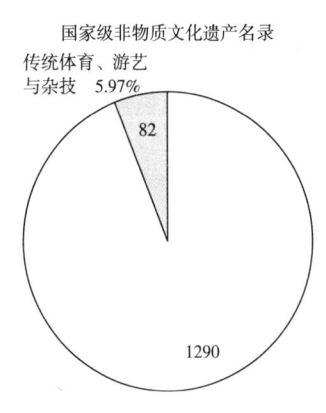

图 2　国家级非遗项目中传统体育、游艺与杂技类项目所占比例图

通过对比四批国家级非遗代表性项目的总数（见图 2），自 2006 年公布第一批国家级非遗代表性项目到现在，四批共计 1372 项，其中传统体育、游艺与杂技类项目 82 项，占比 5.97%。作为非遗十大门类之一，传统体育、游艺与杂技类项目所占比例达不到平均水平。虽然数字不能代表一切，但内在的保护发展不均衡、分类标准不清晰等问题必然会困扰传统体育、游艺与杂技类非遗的可持续发展。在此，我们也呼吁社会各界增加对该门类的关注与支持，将千百年来中华儿女强身健

体、休闲娱乐、修身养性、美化生活的传统体育、游艺与杂技类非遗项目挖掘整理，使其得到应有的保护和发展。

（二）比赛与展演活动

2014年，传统体育、游艺与杂技类项目举办的国内外重大比赛、展演、活动对非遗保护和文化传播起到了重要的推动作用（见表1）。

表1　2014年传统体育、游艺与杂技类项目重大赛事及展演情况表

活动名称	主办单位	时间	地点
炫技华北，筑梦启航——2014华北五省区市杂技新人新作展演①	北京、天津、河北、山西、内蒙古等五省（市、自治区）文联及杂技家协会	3月21~23日	北京市
第31届潍坊国际风筝会②	国家体育总局、国际风筝联合会	4月19~26日	山东省潍坊市
中国·保定国际空竹艺术节③	国家体育总局群众体育司、河北省体育局	5月15~16日	河北省保定市
全国传统武术比赛暨全国农民武术比赛④	国家体育总局武术管理中心、中国武术协会	5月17~19日	江苏省徐州市
首届南方五省（区）青年魔术新秀展演⑤	中国杂技家协会、广西壮族自治区文联	5月17~18日	广西壮族自治区桂林市
第12届中国邯郸国际太极拳运动大会⑥	国家体育总局武术运动管理中心、中国武术协会	6月13~15日	河北省邯郸市

---

① 吕小中：《炫技华北，筑梦启航——2014华北五省区市杂技新人新作展演在京举办》，《杂技与魔术》2014年第2期。
② 王晋军：《第31届潍坊国际风筝会将办》，《中国文化报》2014年4月9日，第2版。
③ 《2014中国·保定国际空竹艺术节15日开幕》，新华网，http：//www.he.xinhuanet.com/news/2014-05/15/c_1110705261.htm。
④ 《2014年全国传统、农民武术比赛落下帷幕》，《中国体育报》，http：//www.sport.gov.cn/n16/n1122/n1953/5368384.html。
⑤ 《首届南方五省（区）青年魔术新秀展演在桂林举行》，桂林生活网，http：//news.guilinlife.com/n/2014-05/18/346035.shtml。
⑥ 《第十二届中国邯郸国际太极拳运动大会隆重开幕》，华奥星空，http：//wushu.sport.org.cn/home/wlkd/2014-06-13/440343.html。

续表

活动名称	主办单位	时间	地点
全国"市长杯"武术太极拳比赛①	国家体育总局武术运动管理中心、中国武术协会	6月23日	海南省琼海市
全国武术之乡武术比赛②	国家体育总局武术运动管理中心、中国武术协会、湖南省体育局	7月5~8日	湖南省永州市
中国魔术大赛③	广东省杂技家协会、国际魔术师协会	7月12~13日	广东省东莞市
第四届北京国际武术文化交流大会暨"全球功夫网"杯第三届国际功夫交流大会④	中国武术协会	7月26日	北京市
首届全国武术运动大会⑤	国家体育总局武术运动管理中心、中国武术协会、国家武术研究院	8月8~9日	天津市
第二届粤港澳台魔术节⑥	文化部艺术司、广东省文化厅、广东省文联	8月30日~9月1日	广东省广州市
第二届中国北京国际魔术大会⑦	文化部、中国文联、北京市政府	9月5~7日	北京市

---

① 《2014年全国"市长杯"武术太极拳比赛暨武术太极拳论坛落幕》,太极网,http://www.taiji.net.cn/article-20336-1.html。
② 《2014全国武术之乡比赛拳种展示》,中国太极拳网,http://www.cntjq.net/article-15438-1.html。
③ 《2014年IMS中国魔术大会在清溪举行》,南方网,http://news.southcn.com/z/2014-07/14/content_104233330.htm。
④ 《国际武术文化交流大会300多支代表队参加》,国家体育总局,http://www.sport.gov.cn/n16/n1122/n1953/5564924.html。
⑤ 《全国武术大会倾心打造全景展示精彩呈现》,《中国体育报》2014年8月14日,第6版。
⑥ 隗瑞艳:《第二届粤港澳台魔术节力推大型原创》,《中国文化报》2014年9月5日,第2版。
⑦ 高庆秀:《第二届中国北京国际魔术大会举办》,《中国文化报》2014年9月10日,第1版。

续表

活动名称	主办单位	时间	地点
世界华人龙舟邀请赛①	国家体育总局社会体育指导中心、中国龙舟协会	9月17~22日	上海市
第5届长三角地区金手杖奖魔术大会②	上海市文联、上海华侨城投资发展有限公司	10月1~3日	上海市
中国·宝丰第六届魔术文化节③	中国杂技家协会、河南省文联	10月15~16日	河南省平顶山市
中国郑州国际少林武术节④	国家体育总局武术中心、中国武术协会、河南省体育局	10月18~22日	河南省郑州市
第六届传统武术锦标赛⑤	国际武术联合会、中国武术协会	10月26~28日	安徽省池州市
首届世界太极拳锦标赛⑥	国际武术联合会、中国武术协会	11月1~4日	四川省都江堰市
2014年中国武术段位制国家考试大赛⑦	国家体育总局武术运动管理中心、中国武术协会、江苏省体育局	11月4~5日	江苏省徐州市
全国"企业家杯"武术太极拳交流大赛⑧	国家体育总局武术运动管理中心、中国武术协会	11月15~16日	海南省琼海市

① 《世界华人龙舟邀请赛水乡举行搭桥传友谊》，国家体育总局，http://www.sport.gov.cn/n16/n1122/n1953/5784003.html。

② 上海市杂技家协会：《2014上海欢乐谷国际魔术节暨第5届长三角地区"金手杖奖"魔术大会成功举办》，《杂技与魔术》2014年第6期。

③ 河南省杂技家协会：《金秋10月河南杂技魔术盛事多》，《杂技与魔术》2014年第6期。

④ 《中国郑州国际少林武术节开幕1870余人参赛》，国家体育总局，http://www.sport.gov.cn/n16/n1122/n1953/5804830.html。

⑤ 《第六届世界传统武术锦标赛池州火热开幕》，国家体育总局，http://www.sport.gov.cn/n16/n1122/n1953/5825934.html。

⑥ 《首届太极拳世锦赛深圳选手勇夺两冠》，国家体育总局，http://www.sport.gov.cn/n16/n33193/n33238/n35829/n37356/5850433.html。

⑦ 《武术段位制国考大赛徐州开赛》，国家体育总局，http://www.sport.gov.cn/n16/n33193/n33238/n35095/n36381/5854435.html。

⑧ 《2014博鳌企业家杯武术太极拳大赛在博鳌举行》，琼海在线，http://www.qionghai.ccoo.cn/news/local/3307968.html。

续表

活动名称	主办单位	时间	地点
第四届中国西湖国际魔术交流大会①	中国杂技家协会、浙江省文联	11月7~9日	浙江省杭州市
首届海峡两岸闽台高校大学生魔术大赛②	福建省文联、福建省教育厅	11月15日	福建省厦门市
全国"企业家杯"武术太极拳交流大赛③	国家体育总局武术运动管理中心、中国武术协会	11月15~16日	海南省琼海市
第五届世界太极拳健康大会④	国家体育总局武术运动管理中心、中国武术协会	11月20~24日	浙江省杭州市
中华龙舟大赛总决赛⑤	中国大学生体育协会	12月6~7日	海南省陵水黎族自治县
第六届"新星杯"全国大学生魔术比赛⑥	北京杂技家协会、中国高校魔术联盟	12月13~14日	北京市
全国武术对练大奖赛⑦	国家体育总局武术运动管理中心、中国武术协会	12月21日	陕西省西安市
2014全国象棋冠军挑战赛⑧	中国象棋协会	12月24~26日	浙江省宁波市

① 何瑞涓:《西湖国际魔术交流大会举办》,《中国艺术报》2014年11月12日,第1版。
② 林丹:《首届海峡两岸闽台高校大学生魔术大赛在闽举行》,《杂技与魔术》2014年第6期。
③ 《2014博鳌企业家杯武术太极拳大赛在博鳌举行》,琼海在线,http://www.qionghai.ccoo.cn/news/local/3307968.html。
④ 《世界太极拳健康大会举行,国际名家共发宣言》,中国武术协会网,http://wushu.sport.org.cn/home/wlkd/2014-11-25/454987.html。
⑤ 《2014年中华龙舟大赛总决赛,华侨大学队获佳绩》,闽南网,http://www.mnw.cn/quanzhou/edu/xy/831304.html。
⑥ 《第六届CMUU新秀交流大会暨新星杯魔术比赛》,北京杂技家协会,http://www.bjwl.org.cn/wwwroot/bjzjjxh/publish/article/971/50103.shtml。
⑦ 《2014年全国武术对练大奖赛于西安落幕》,国家体育总局,http://www.sport.gov.cn/n16/n1122/n1953/6036243.html。
⑧ 《凤凰宁波直击2014全国象棋冠军挑战赛,20岁小将郑惟桐夺冠》,凤凰网,http://nb.ifeng.com/nbxw/detail_2014_12/26/3343763_0.shtml。

传统杂技作为让世界认识中国艺术的一个窗口，以其高超的艺术表现形式和迷人的东方气质，在国内外舞台上大放异彩。3月21日，"2014华北五省区市杂技新人新作"展演在北京拉开帷幕。该展演由北京、天津、河北、山西、内蒙古五省区市文联及杂技家协会联合主办，北京市文联、北京杂技家协会承办，是以弘扬杂技文化、促进杂技交流、发掘杂技人才、加强区域合作为目的的大型专题文艺演出。该届展演汇集了近40个杂技、魔术、滑稽节目，代表了2008年以来华北五省区市杂技、魔术、滑稽节目在创编、表演上的最新成就。为了进一步培养新生代魔术人才力量，促进青年魔术师之间的相互交流，广西杂技家协会与贵州、广东、云南、四川等地的杂技家协会共同商定，将每年在各省（区）轮流举办青年魔术新秀展演系列活动。5月16日，以"追寻中国梦，精彩南国风"为主题的首届南方五省（区）青年魔术新秀展演在广西桂林举行，青年魔术师们精彩的表演和娴熟的魔术技巧赢得了现场观众的阵阵喝彩。"广西杂技家协会创作培训演艺基地"也正式落户桂林，进一步推动了国内杂技、魔术的发展，培育了中国杂技在南方的活动品牌。①

由国家体育总局、国际风筝联合会、山东省潍坊市人民政府共同主办的第31届潍坊国际风筝会暨第10届世界风筝锦标赛，于4月19～26日在山东潍坊举行，共有57支国内代表队及29个国家和地区的45支境外代表队参加，举办了万人风筝放飞表演、风筝大赛、第7届海峡两岸风筝文化交流活动、第7届中国（潍坊）风筝工艺美术博览会等，突出了国际性和潍坊特色，大力推介了城市品牌，促进了文化发展和经贸招商工作。同样，深受人民群众喜爱的民间游艺项目还有抖空竹。5月15日举办的"2014中国·保定国际空竹艺术节"系列活动，吸引了来自中国、美国、俄罗斯、南非、日本、韩国等30多个国家和地区的230支代表队参加展演。艺术节由国家体育总局群众体育司、河北省体育局、保定市委、保定市政府共同主办，活动内容包括空竹比赛、空竹技艺展示、空竹达人秀、优秀空竹节目汇演暨颁奖仪式、空竹文化长廊展示以及空竹产品博览会等。

5月17日，2014年全国传统武术比赛、全国农民武术比赛在江苏省徐州市鸣锣。比赛由国家体育总局武术管理中心、中国武术协会、江苏省体

---

① 《南方五省（区）青年魔术新秀展演在桂林举行》，新华网，http://www.gx.xinhuanet.com/newscenter/2014－05/18/c_1110739292.htm。

育局、徐州市人民政府主办，来自全国各地的武术运动员、教练员云集徐州，尽展技艺，摘金夺银。本次比赛保持了前两次参赛人员众多、区域广泛的特点，有26个省、市、自治区，2个行业体协，19个高等院校，289支代表队，近3000名武术运动员、教练员报名参赛。运动员队伍老少咸集，年龄最大的84岁，最小的7岁。

6月13日，由国家体育总局武术运动管理中心、中国武术协会、河北省体育局主办的第十二届中国·邯郸国际太极拳运动大会在邯郸广府古城太极文化广场隆重揭幕。此次国际太极拳运动大会得到了海内外太极拳爱好者的积极响应，来自20个国家和地区的197支代表队的1787名太极拳爱好者参赛。本次比赛参赛运动员多，项目设置多，时间紧凑，共安排4个单元，分4块场地进行4场套路比赛及太极推手（实验规则）展示赛。在大会比赛期间，邯郸市文化艺术中心广场还举办太极拳"六进"展演暨太极拳名家表演、辅导活动，以展示邯郸多年来太极拳普及推广的成果。来自全国的12位太极名家与邯郸市太极拳爱好者一道为大家奉献了精彩的拳艺展示。

7月5日，第十一届全国武术之乡武术套路比赛在湖南东安县隆重开幕。此次比赛由国家体育总局武术运动管理中心、中国武术协会、湖南省体育局主办。比赛为期3天，设老、中、青、少四个年龄组，竞赛项目由自选项目、规定项目和传统项目组成。来自89个"全国武术之乡"的1038名运动员及教练员相聚于此，切磋武艺。

7月12日，国际魔术师协会（IMS）中国魔术大赛暨交流大会在广东东莞市举行。此次活动由广东省杂技家协会、国际魔术师协会中国分会主办，大会会集了十多位重量级魔术嘉宾。经过前期的分区赛选拔，来自12个省区的41名魔术高手进入决赛，争夺3个金奖席位。按照国际惯例，大会期间举行了舞台组、近景组决赛，两场魔术大师讲座，两场魔术沙龙，嘉宾秀和颁奖晚会等系列活动。来自香港、澳门、台湾和内地的大师评委和参赛者、观摩者聚首清溪，参加为期三天的魔术嘉年华，为市民奉献了多场魔术盛宴。

7月26日，由中国武术协会主办的"金沂蒙·广星杯"2014第四届北京国际武术文化交流大会暨"全球功夫网"杯第三届国际功夫交流大会开幕式在北京昌平体育馆举行。来自美国、英国、俄罗斯、德国、法国、澳大利亚、日本、意大利、乌克兰、韩国、巴西、津巴布韦、巴基斯坦、阿塞拜疆等60多个国家、国内31个省市自治区及港澳台地区的300多支代表队、8000余人报名参赛。在大会期间，组委会还同步举行了国际功夫高峰论坛、国际功夫联合会代表大会等活动，以此宣传和展示中华武术的运动理念与文化内涵。

8月8~9日，首届全国武术运动大会在天津举行，这项代表当今中国武术运动最高水平的赛事，成为所有武林高手追逐梦想的"天堂"。本次大会设有竞赛项目、表演项目和武术文化展示三大部分，计44个分项，103个小项，规模1600人左右，有33个省市单位报名参加此次大会。竞赛项目分别是武术套路比赛和武术散打比赛；表演项目分别为武术段位制表演、武术特色拳种表演、武术太极拳推手表演、武术短兵表演；武术文化展示项目分为武术文化论坛和武术产品展示。全国武术运动大会旨在进一步促进我国传统武术和竞技武术的协调发展，彰显东方体育文化特色，展示武术运动的综合实力，传承武术文化，弘扬民族精神，提高运动水平，服务全民健身计划，在建设体育强国的进程中发挥特殊作用。

由文化部艺术司、广东省文化厅、广东省文联共同主办的第二届粤港澳台魔术节，于8月30日~9月3日在广州中山纪念堂举行。本届魔术节高手云集，更具观赏性。9月5日，第二届中国北京国际魔术大会在北京举行。来自17个国家和地区的50多名魔术界领袖、大师和新星为魔术爱好者奉上了精彩纷呈的魔术表演和比赛。此次大会所有参赛选手都是各类国际魔术大赛的冠军，可谓世界魔术新秀在中国上演的"决战紫禁城之巅"。活动由文化部、中国文联、北京市政府共同举办，本届大会坚持"非原创节目不参赛，非原创道具不参展"的原则，吸引了来自全世界20个国际魔术组织的代表和20个国内魔术组织的代表。

9月17日，世界华人龙舟邀请赛在上海市青浦区朱家角镇漕港河鸣锣开桨。来自美国、澳大利亚、新加坡等10个国家和地区的24支龙舟队400多名运动员相聚青浦，分别参加300米直道竞速、3000米环绕赛等项目的角逐。同时，为了进一步推进群众性龙舟运动的发展，此次赛事还融合了群众参与的理念，有9支家庭龙舟队参加比赛。世界华人龙舟邀请赛不仅已成为一项品牌赛事，更是世界华人加强交流的纽带，增进友谊的桥梁，传承和发展中华文化的平台。

10月18日，由中国武术协会主办的第十届中国郑州国际少林武术节在郑州开幕，历时5天，共有57个国家和地区的213个团队、近2000名运动员报名参赛。据主办方透露，此次少林武术节报名选手呈现出分布广、年龄跨度大的特点,最小的参赛选手仅3岁,而最大的已经77岁。除了运动员外,还有国际武联官员、中国武协官员、驻华使节、友好城市代表以及100多名专家学者出席,在人员规模上超过了以往历届武术节。

10月26日,第六届世界传统武术锦标赛在九华山开赛,来自中国、美国、加拿大、德国、俄罗斯、日本等45个国家和地区的2000多名选手在此"论剑"。本届世界传统武术锦标赛由国际武术联合会、中国武术协会主办。参赛选手展示了太极拳、咏春拳、五祖拳、形意拳、八卦掌、少林拳、武当拳、峨眉拳、刀、剑、棍、枪、九节鞭、双节棍、三节棍、流星锤等传统武术的魅力与风采。

11月1日,世界太极拳锦标赛在成都市、都江堰市举办。来自世界31个国家和地区的297名太极拳高手会师成都,共同切磋、交流太极技艺。同时,中国太极拳界的泰斗级人物陈小旺、陈正雷、赵幼斌、崔仲三等太极大师登台表演。作为目前世界上最高级别的太极单项赛事,比赛分男女两个组,设竞赛项目和表演套路两个大项,共23个单项。其中竞赛项目包括:自选套路、规定套路、集体套路,太极拳(剑)的各个流派和花式在赛场精彩角逐。表演套路包括新式套路和传统套路,创新与传统的交融擦出了耀眼的火花。

11月4日,由国家体育总局武术运动管理中心、中国武术协会和江苏省体育局主办的2014年中国武术段位制国家考试大赛在徐州拉开帷幕。段位制国考是武术标准化体系建设的重要内容,是规范和推动中国武术发展的重要手段。它以传统武术为基础进行等级划分和编排,有利于中国武术在工业化社会、信息化社会和全球化背景下的大规模普及。

12月13~14日,由北京杂技家协会和中国高校魔术联盟共同主办、全国部分高校魔术社共同协办的"第六届CMUC新秀交流大会暨新星杯魔术比赛"在华北电力大学隆重举办。本届新星杯参赛选手的魔术作品无论是从语言形体、手法技巧、流程设计、表演台风和熟练程度来讲,都很有亮点,水平也是前六届中最高的。

12月26日,为期三天的2014全国象棋冠军挑战赛总决赛在宁波落下了帷幕,经过历时四个月,共四个分赛站的比拼,年仅20岁的小将郑惟桐成为本届全国象棋挑战赛总决赛的冠军,成为"第18个全国象棋冠军"。

(三)获奖情况

2014年,传统体育、游艺与杂技类项目依靠强劲的创新团队,注重对节目技巧、创意和道具的深入研发，在国内国际重大赛事中屡屡获奖（见表2）。

表2　2014年传统体育、游艺与杂技类项目获奖情况表

活动名称	时间	地点	获奖情况
第10届匈牙利布达佩斯国际马戏节①	1月9～13日	匈牙利布达佩斯	青岛市杂技团的《双爬杆》获得本届国际马戏节"金小丑"奖
第38届蒙特卡罗国际马戏节②	1月16日	摩纳哥蒙特卡罗	四川遂宁杂技团《力量——双人倒立技巧》、武汉杂技团《飞轮炫技——蹦床蹬人》获得"银小丑"奖
"明日"国际杂技节③	1月26日	法国巴黎	中国杂技团选派的《协奏·黑白狂想——男子技巧》获节目金奖
第三届摩纳哥新一代国际青少年马戏节④	2月18日	摩纳哥	吴桥县杂技团选送的节目《独轮车手技》获得银奖
第七届西班牙国际马戏节⑤	2月22日	西班牙阿伯赛特	自贡市杂技团获得金奖
第13届莫斯科青少年国际马戏节⑥	9月4～7日	俄罗斯莫斯科	四川省遂宁杂技团《顶碗》获得成人组金奖——金象奖；《肩上芭蕾》获得少年组铜奖——铜象奖
第十六届意大利拉蒂娜国际马戏节⑦	10月12～22日	意大利	浙江曲艺杂技总团获银奖

---

① 曹博：《青岛市杂技团夺得匈牙利布达佩斯国际马戏节金小丑奖》，《杂技与魔术》2014年第1期。
② 中国杂技家协会：《中国杂技家协会选派优秀节目参加三大国际马戏节再创佳绩》，《杂技与魔术》2014年第1期。
③ 《中国杂技团再战巴黎杂技节问鼎金奖》，新浪网，http://ent.sina.com.cn/j/2014-01-27/18354089450.shtml。
④ 李秋云、杨国勇：《吴桥杂技"独轮车手技"获国际大奖》，《中国文化报》2014年2月21日，第2版。
⑤ 自贡市杂技团演艺有限公司：《自贡市杂技团荣获西班牙国际马戏节大奖》，《杂技与魔术》2014年第2期。
⑥ 郭云鹏：《中国杂技家协会选派的节目在第13届莫斯科青少年国际马戏节取得佳绩》，《杂技与魔术》2014年第5期。
⑦ 《意大利拉蒂娜国际马戏节浙江曲艺杂技总团获银奖》，凤凰网，http://news.ifeng.com/a/20141024/42287943_0.shtml。

1月9~13日，第十届匈牙利布达佩斯国际马戏节在匈牙利首都布达佩斯举行，吸引了来自东西方各国的杂技精英，共有来自德国、乌克兰、保加利亚等世界杂技强国的70余个节目参加角逐，节目涵盖了地面杂技、空中杂技、滑稽、驯兽等各个马戏门类。经过激烈的角逐，青岛市杂技团的《双爬杆》夺得本届国际马戏节杂技类唯一金奖。

第38届蒙特卡罗国际马戏节于1月16日在蒙特卡罗举行，共有来自中国、英国、德国、法国、俄罗斯、意大利、西班牙、荷兰、匈牙利等10余个国家和地区的近200名演员参加了本届马戏节，为观众带来了近30个精彩的杂技、驯兽节目。本届马戏节共评选出2个"金小丑"奖、6个"银小丑"奖和6个"铜小丑"奖。荣获最高奖"金小丑"奖的是来自俄罗斯的《双人皮条》和《大跳板》，中国四川遂宁市杂技团表演的《倒立双人技巧》节目和中国湖北武汉市杂技团表演的《飞轮蹬人》节目双双获得"银小丑"奖。

1月26日，由中国杂技团选派的《协奏·黑白狂想——男子技巧》节目，在第35届法国巴黎"明日"国际杂技节上问鼎金奖，这也是中国杂技团第四次摘得此项赛事的桂冠。法国"明日"国际杂技艺术节是目前世界三大高水平国际杂技赛事之一。角逐本届"明日"杂技节的共有来自18个国家的近30个节目。由中国杂技团选派的《协奏·黑白狂想——男子技巧》把音乐中"协奏"的华彩与真谛通过不同艺术形式进行了完美诠释。

2月23日，在西班牙阿伯塞特举行的第七届西班牙国际马戏节颁奖仪式上，来自中国四川省自贡市杂技团的《倒立飞砖》荣获比赛最高奖——金奖和特别奖，这是自贡杂技60年来首次入围重大国际赛事并获奖，同时，也为中国的杂技事业赢得了荣誉。作为与蒙特卡罗、法国巴黎、中国吴桥齐名的国际马戏（杂技）节之一，第七届西班牙国际马戏节由西班牙文化部主办，于2月21~23日在西班牙阿伯赛特市举行，设有1金1银1铜及单项奖，共有20多个国家和地区的20余个优秀节目进入决赛，能够在此项赛事中取得优异成绩，实属不易。

（四）传承、教育

在传承、教育方面，民间传统师徒制传承是传统体育、游艺与杂技类项目持续发展的主要方式。传统拜师礼仪有助于传承传统文化，弟子们在传承体育、游艺与杂技项目技艺精髓的同时，更要懂得传承尊师重道的传统文化。

2014年1月11日，国家级非遗传承人、陈家沟陈氏第十九世太极拳掌门人陈小旺大师在陈家沟太极拳祖祠举行了收徒仪式。① 10月29日，首届陈正雷太极年会的重要盛典——"陈正雷大师收徒仪式"在温县陈家沟举办。国家级非遗传承人、陈氏十九世、太极拳十一代嫡宗传人陈正雷大师及各界嘉宾、陈正雷大师的弟子和年会的所有会员600余人参加并见证了收徒仪式。② 12月13日，北京八极拳第八代、三皇炮捶第九代正脉传人石宝生先生、王玉环女士收徒仪式于北京市门头沟区金手勺餐厅隆重举办。武术界同仁欢聚一堂，共贺石宝生、王玉环喜收新徒。③

此外，一些国家级非遗传承人义务授艺，为非遗的传承发展做出了积极的贡献。例如在衡水市深州，国家级非遗形意拳代表性传承人张玉林先生，数十年如一日义务授拳，指导市民和各地形意拳爱好者习练形意拳，推动了形意拳进校园、进社区、进农村的步伐，促进了形意拳的传承与发展。④

在社会传承和学校教育方面，武术进学校是国家文化战略和全民健身战略长期发展的重要项目之一。今年，中国武术协会选择了吉林、云南、河南、陕西、湖南和广西6个省区作为武术段位制进入中小学的试点单位。目前，按照《武术段位制推广十年规划》的整体部署，武术进校园各项工作正有序推进。例如在湖南省，全省首批10个试点县市区和175所试点学校获得武术进学校授牌，为了保证试点工作的顺利开展，省体育局还为各试点学校免费培训武术教师，免费提供教学业务咨询和指导。⑤

北京市杂技学校在全国同类艺术职业院校当中具有一定影响力，特别是杂技与魔术表演专业"团校一体"的人才培养模式，在行业办学中具有

---

① 《陈家沟陈氏第十九世太极拳掌门人陈小旺大师举行收徒仪式》，中国武术在线，http://www.chinesekungfu.com.cn/html/1401/b8226f23 - a22a - 4b6e - 9d57 - aa7324ac6816.htm。
② 《陈正雷大师收徒仪式圆满举办》，中国太极拳网，http://www.cntjq.net/article - 16023 - 1.html。
③ 《京西武术名家石宝生、王玉环联合收徒》，全球功夫网，http://www.qqgfw.com/News_1Info.aspx？News_1ID = 24334。
④ 《深州形意拳传承人张玉林义务授拳促拳法传承与发展》，中国经济网，http://cz.ce.cn/szcz/hsjj/tpxw/201412/26/t20141226_2206653.shtml。
⑤ 《段位制进入中小学正有序推进》，中国武术段位制官方网站，http://dw.wushu.com.cn/NewsView.asp？ID = 524。

一定的实用性。北京市杂技学校与中国杂技团相互依托、双赢互补,在探索中前进,以"团校一体"模式作为学校战略发展目标,建构了"团校一体"办学模式下的"演学交替、顶岗实习、订单培养、合作育人、产演结合、服务社会、多元定位、全面发展"的"团校一体"人才培养模式。这一模式特色鲜明,实施效果显著。在这种模式下培养的杂技表演艺术人才,不仅具备职业所需的基本素质和基本技能,而且各有所长,职业素养高,德艺兼备。这一模式运行的过程,也是学生向职业演员转化的过程,有力地促进了学生的职业发展,推动了首都文化艺术事业的发展。①

二 研究情况

(一) 课题立项

2014年,国家社会科学基金、教育部和文化部关于传统体育、游艺与杂技方面的科研立项共28项。

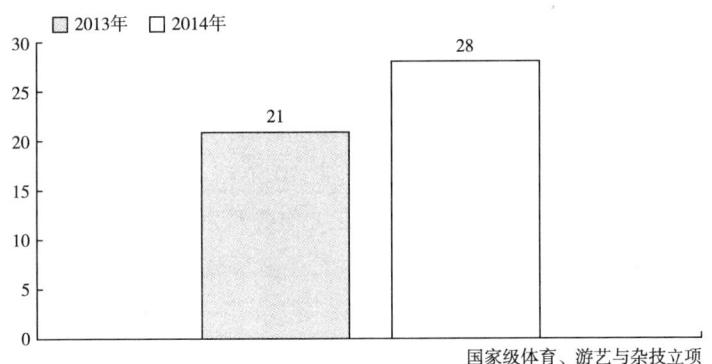

图3 2013与2014年传统体育、游艺与杂技类国家级课题立项比较图

2014年度国家社会科学基金资助项目共3820项,有15项与传统体育相关的科研立项,占总数的0.39%,和2013年的立项数量相等;体育类共立项124项,传统体育立项数占12.1%。2014年,教育部人文社会科学研究项目立项2414项,有8项与传统体育相关的科研立项,占总数的

---

① 北京市杂技学校:《"团校一体"人才培养模式的研究与实践》,《杂技与魔术》2014年第1期。

0.33%。2014年，文化部文化艺术科学研究项目立项64项，传统体育、游艺与杂技没有立项。建议传统体育、游艺与杂技类项目加大科学研究的投入力度，以科研引领事业发展，也呼吁各级各类科学研究基金项目关注传统体育、游艺与杂技的研究，为其可持续发展提供理论和科学支持。

（二）期刊、专著与论文

1. 传统体育类

2014年，传统体育类的学术研究成果仍然集中在传统武术方面。通过对中国知网的文献检索，2014年，以"民间体育"和"传统体育"为主题的研究论文分别有269篇和2532篇。与往年相比，数量上明显增加。以"传统武术"作为搜索主题，共检索到717篇，说明关于传统武术的研究成果在传统体育类研究中占到了很大比重。

从非遗研究的视角，张赐东、李士英的《文化空间视野下客家土楼对客家武术影响研究》[①]采用文献资料法、田野调查法、访谈法、逻辑分析法，从文化空间的视角出发，以客家土楼和客家武术为研究对象，针对客家土楼与客家武术的形成发展对客家人生存环境的影响和意义，以及客家土楼的文化空间对客家武术理念、武术内容、武术传承等方面的影响进行研究，透视了客家社会的文化现象。秦立凯、刘超、郑贺等在《汉代巴蜀射箭文化探讨》[②]一文中，运用考古实物和文献相结合的方法，对汉代巴蜀地区的射箭文化进行了研究。牛芳、卢玉、陈小蓉在《非遗视角下徽州民俗体育的传承——以徽州嬉鱼灯活动为例》[③]的研究中，以徽州嬉鱼灯活动为个案，从非遗视角对徽州民俗体育的传承特性、传承危机及保护现状进行了研究。此外，学者们也逐渐开始关注少数民族地区的传统体育研究，如姜奎的《布朗族体育研究》[④]，汪雄、吕金江的《摩梭民俗体育文化探析》[⑤]，张路遥的《蒙古搏克运动之文化研究》[⑥]，索奇山、胡小军的《广

---

① 张赐东、李士英：《文化空间视野下客家土楼对客家武术影响研究》，《北京体育大学学报》2014年第11期。
② 秦立凯、刘超、郑贺、陈威：《汉代巴蜀射箭文化探讨》，《体育文化导刊》2014年第2期。
③ 牛芳、卢玉、陈小蓉：《非遗视角下徽州民俗体育的传承——以徽州嬉鱼灯活动为例》，《上海体育学院学报》2014年第3期。
④ 姜奎：《布朗族体育研究》，《体育文化导刊》2014年第4期。
⑤ 汪雄、吕金江：《摩梭民俗体育文化探析》，《体育文化导刊》2014年第2期。
⑥ 张路遥：《蒙古搏克运动之文化研究》，《体育文化导刊》2014年第7期。

东五邑侨乡武术文化研究》①，郭振华、白晋湘的《滇黔武术特征分析》②，孙庆彬、吴光远、周家金等的《少数民族村落传统体育的非正式制度研究——以壮、侗、苗、瑶等少数民族古村落为例》③，陈炜、文冬妮的《桂滇黔少数民族传统体育文化资源调查研究》④，万义、王健、龙佩林等的《少数民族原始宗教与身体运动文化形成的文化生态学分析——东巴跳与达巴跳的田野调查报告》⑤ 等研究；鲁平俊、丁先琼、白晋湘在《民族传统体育非遗濒危状态评价的实证研究》⑥ 一文中，以资源依赖理论和结构化理论为基础，研究和探讨了影响民族传统体育非遗濒危状态评价的内、外部环境影响因素及其对非遗保护行为的影响。研究表明，制度设计因素、经济因素、教育因素、社会效益因素、项目创新因素对民族传统体育非遗濒危状态评价有负面影响；文化冲击因素对民族传统体育非遗濒危评价有正面影响。

2. 游艺与杂技类

通过对中国知网的检索，2014 年以"游艺民俗"为主题的文章共有 32 篇。关于传统游艺与杂技的论文，可以大致分为三类，一是运用田野调查的方法，研究某种传统游艺项目的历史沿革；二是讨论在当代社会背景下传统游艺、杂技该如何创新与发展；三是讨论传统游艺与杂技的传承问题。

杨宇全的《从文人笔记看宋元时期杭州杂技魔术艺术的多样性与丰富性》⑦、林天皇的《南派花毽发展研究》⑧、李志军与张赐东的《舞龙运动服饰演变研究》⑨ 等文章，都是从已有的文献出发，深入发掘历史

---

① 索奇山、胡小军：《广东五邑侨乡武术文化研究》，《体育文化导刊》2014 年第 9 期。
② 郭振华、白晋湘：《滇黔武术特征分析》，《体育文化导刊》2014 年第 4 期。
③ 孙庆彬、吴光远、周家金、朱波涌：《少数民族村落传统体育的非正式制度研究——以壮、侗、苗、瑶等少数民族古村落为例》，《西安体育学院学报》2014 年第 1 期。
④ 陈炜、文冬妮：《桂滇黔少数民族传统体育文化资源调查研究》，《西安体育学院学报》2014 年第 3 期。
⑤ 万义、王健、龙佩林、白晋湘、杨海晨、王涛：《少数民族原始宗教与身体运动文化形成的文化生态学分析——东巴跳与达巴跳的田野调查报告》，《体育科学》2014 年第 3 期。
⑥ 鲁平俊、丁先琼、白晋湘：《民族传统体育非遗濒危状态评价的实证研究》，《体育科学》2014 年第 11 期。
⑦ 杨宇全：《从文人笔记看宋元时期杭州杂技魔术艺术的多样性与丰富性》，《杂技与魔术》2014 年第 1 期。
⑧ 林天皇：《南派花毽发展研究》，《体育文化导刊》2014 年第 3 期。
⑨ 李志军、张赐东：《舞龙运动服饰演变研究》，《体育文化导刊》2014 年第 3 期。

上的变化情况,从而对项目在当代的发展提供一定的建议。关于当代社会背景下传统游艺、杂技该如何创新与发展的研究论文有很多,如《当今杂技艺术的发展与创新》① 一文中提出,近代杂技节目的创新和发展不外乎三种方式,一是继承提高,二是移植改造,三是全新创造。同时,杂技艺术的发展创新形式也有两个方面,即融合综艺手段和注重杂技剧的创作。《审美疲劳与杂技创新》② 论述了当代杂技发展的困难所在,即审美疲劳。为了应对审美疲劳,当然离不开创新。杂技的创新,不仅要使该节目获得新的技巧建构,充分突出节目的高难和惊险,更要为节目创造出新的审美视角和意境。只有在继承的基础上创新,把现代科技与传统技巧有机地组合起来,在形式和内容上有新的突破,紧跟时代步伐,体现时代精神,杂技这门传统艺术才会有可持续发展的希望。

(三) 学术研讨会

表3 2014年传统体育、杂技与游艺类重要学术研讨会情况表

会议名称	举办单位	时间	地点
邯郸国际太极拳运动大会学术研讨会③	国家体育总局武术运动管理中心、中国武术协会、河北省体育局、邯郸市政府	6月14日至6月15日	河北省邯郸市
"市长杯"太极拳比赛武术太极文化论坛④	国家体育总局武术运动管理中心、中国武术协会	6月19日至6月21日	海南省琼海市
2014年全国武术科学大会⑤	国家体育总局武术研究院、中国体育科学学会武术分会	8月7日	天津市

---

① 任静:《当今杂技艺术的发展与创新》,《杂技与魔术》2014年第1期。
② 李丹:《审美疲劳与杂技创新》,《杂技与魔术》2014年第2期。
③ 《国际太极拳运动大会将在邯郸举行》,新华网,http://news.xinhuanet.com/sports/2014-04/11/c_126382621.htm。
④ 《我系青年志愿者参加博鳌2014年全国"市长杯"武术太极拳比赛暨武术太极拳论坛志愿服务》,海南软件职业技术学院网站,http://www.hncst.edu.cn/info-13452.html。
⑤ 《第一届全国武术运动大会暨武术科学大会召开》,中国武术,http://hyzj.wushu.com.cn/newsView.asp?ID=449。

续表

会议名称	举办单位	时间	地点
第六届东北三省杂技理论研讨会①	中国杂技家协会、辽宁省文联、吉林省文联、黑龙江省文联	8月20日至8月22日	辽宁省沈阳市
第五届世界太极拳健康大会武术名家论坛②	国家体育总局武术运动管理中心、中国武术协会、浙江省体育局	11月22日至11月23日	浙江省杭州市

8月7日,第一届全国武术运动大会暨武术科学大会在天津理工大学举行。国家体育总局武术运动管理中心主任、中国武术协会主席、国家武术研究院院长高小军做主题报告。高小军在报告中从大武术观、标准化、段位制、武术六进、创编中小学武术健身操、打造武术之乡、创办武术研究院院刊等多个方面详细地介绍了武术项目发展所取得的成绩,并提出要继承与创新相结合,弘扬中华武术文化、提升国家武术文化软实力,要理论联系实际、勇于创新,开创武术科技新局面。国家体育总局武术研究院研究员康戈武、北京体育大学教授吕韶钧、上海体育学院教授郭玉成、武汉体育学院教授石爱桥等四位专家分别以《加强科研是推动武术段位制普及发展的重要环节》《健康问题的社会塑造——太极拳健康工程的社会责任》《武术标准化研究的概念、方法和体系——基于标准化学科视域的基础理论构建》《回眸、窘境与抉择:武术与民族传统体育专业建设》为题做了研究报告。此次武术科学大会是第一届全国武术运动大会的重要组成部分,在第一届全国武术运动大会之前召开全国武术科学大会,目的就是搭建平台、交流最新科技成果,探讨武术在发展过程中面临的难题与任务,发挥武术科技的引导作用,为武术推广工作全面展开提供科技保障和理论支撑,加快武术推广普及的步伐。

8月20~21日,由中国杂技家协会主办的第六届东北三省杂技理论研讨

---

① 辽宁省杂技家协会:《第六届东北三省杂技理论研讨会在辽宁成功举办》,《杂技与魔术》2014年第5期。
② 《第五届世界太极拳健康大会将"决战"萧山》,中国新闻网,http://www.chinanews.com/ty/2014/11 - 06/6758739.shtml。

会在沈阳举行。中国文联副主席、中国杂技家协会主席边发吉，中国杂技家协会分党组书记、驻会副主席、秘书长邵学敏，中国杂技家协会理论研究室主任郭云鹏，文化部艺术司音乐舞蹈杂技处处长孙志强，以及来自北京、天津、上海、吉林、黑龙江等省市的杂技家协会秘书长、杂技团团长、杂技艺术研究人员、编剧（导）、演员等共计60余人参加了此次研讨会。研讨会上，大家主要围绕以下几个议题开展讨论：一是杂技作为有着3000多年历史、在国内外受到普遍欢迎的表演艺术，如何在传承传统的同时，追求技巧难度的创新与突破及艺术创作的个性化探索，提升演绎时尚和创造时尚的能力；二是如何应对在杂技创作方面出现的技巧难度下降、演员表演能力欠缺、艺术主体发生偏移、杂技日益呈现戏剧化趋势的隐忧以及在传统杂技教学中面临的教学内容有限、教学模式与舞台艺术环境脱节和对演员综合表演能力培养欠缺的挑战；三是在当前的市场体制下，在多元多样的大众审美需求下，在娱乐传媒时代下，杂技产品如何开阔思路，打造品牌，寻求社会融资及与旅游、演艺等文化产业合作，强化市场经营运作。专家和与会人员立足自身实践，面向当下杂技艺术表演环境和生态，从领导、管理、创作、研究等不同角度，谈经验、引思考、抛见解、提倡议、话感受，气氛活跃，坦诚认真。其研讨成果有助于东北三省乃至全国杂技艺术的发展。

三 问题与建议

自2006年国家设立"文化遗产日"，并公布"第一批国家级非遗代表性项目名录"起，我国非遗保护工作迈入了快速发展期。在文化部公布的四批国家级非遗代表性项目名录（共计1372项）中，传统体育、游艺与杂技类项目共计82项。近年来，"非遗"从术语成为热词，逐步深入人心，也反映了中国在非遗保护工作上取得的骄人成绩。回首过去，我们需要从反思性的视角对此前传统体育、游艺与杂技类非遗保护研究工作进行梳理评析，回顾总结，并检讨失误，省思不足，以期在新的发展阶段继续开拓。

（一）保护工作中存在的问题

1. 基础理论研究不足

目前，传统体育、游艺与杂技类非遗项目理论研究滞后，保护工作日益显示出缺乏有力的理论支撑和正确的理念导引,且普遍存在分类标准不统一、界限模糊、学科交叉重合的现象。从基础理论的研究视角对非遗的分类进行全面系统科学的研究时,应注重对整体"文化空间"进行保护,但在申报材料的整理研究中,易出现以地域和从习者为所申报项目命名,进而将其所涉内容,按地域或从习者全数包揽,造成内容过泛,特点不明,项目不清。诸如沧州武术、武当武术、武汉杂技等,都属于此类。另外,在历史渊源论述上,有盲目崇古的倾向,有的仅仅依靠民间传说,甚至随意附会,缺乏理论依据和切实证据。在2014年7月16日,文化部有关部门对《第四批国家级非遗代表性项目名录推荐项目名单》进行网上公示,"张三丰太极拳"申遗在武术界和学术界引发热议。对于非遗的申请,应以历史文献为证据,遵循严格的程序和标准要求,其中最核心的要求就是传承谱系清楚,时间递进长,有深厚的文化代表性和底蕴。太极拳发源于河南温县,是一批批学者和研究机构经过多年的考察和研究,反复认定的结果。普遍观点认为,之所以引发争议,是因为其中存在巨大的经济利益。从"张三丰太极拳"申遗事件,我们不难看出一些地方之所以对申遗不遗余力,根本上还是"申遗风作祟",如同神仙故里之争一样,不过是商业开发的借口。只是,商业开发不能背离保护的初衷,地方利益也不能违反基本原则。对于"张三丰太极拳"之类的申请,我们必须进行严格的资格审查和项目认证,防止其浑水摸鱼、蒙混过关。若神仙申遗过关,不仅是对非遗保护规则、秩序和公平的破坏,更会形成恶劣示范,导致申遗保护手段的变形走样,从而偏离其正常的轨道和正确的道路。[①]

传统体育、游艺与杂技类非遗项目任何一个层面的发展,都离不开理论介入。著名魔术家徐秋老师表示:现阶段中国魔术没有专门研究机构,缺乏专业人员、职业队伍,总是临时抱佛脚,依靠热心肠;研究缺少宏观规划,缺少基础理论建设,魔术理论体系尚未形成,无法满足当下艺术实践的需求,对创作表演没有及时有效的引领和评论。这些不足仍然制约着魔术的进一步发展。没有基础理论的提升和指导,非遗保护工作就会流于表面,甚至失去方向。尤其是有关传统文化的保护,更是一项学术含量很高的工作,必须得到理论研究的支撑。

---

① 《"张三丰太极拳"入申遗有违保护初衷》,光明网,http://guancha.gmw.cn/2014-08/16/content_12572616.htm。

2. 法制保护薄弱

我国现行有关传统体育、游艺与杂技类非遗方面的法律法规，其薄弱点主要体现在以下几个方面。

（1）制度建设不完善

虽然一些政策文件对非遗的传承和发展起到了一定的作用，但是这些法律文件很多缺乏具体的制度和措施，还没有真正转化为有效的法律行为。到目前为止，国家及地方各级行政部门有关传统体育、杂技与游艺类非遗保护的法律还相对零散，相继出台的地方性行政法规仅仅停留在描述认知层面，没有实质操作层面的具体内容，缺少系统成熟的规章制度和管理体系。如果不建立一套完善的、有针对性的法律体系，就很难让传统体育、游艺与杂技类非遗在这样的环境中求得生存。

（2）管理部门不明，权责不清

部分管理人员法制意识淡薄，执法不严，违法不究，严重地制约了非遗的保护和发展。特别是在全球文化一体化的浪潮中，各种文化之间的冲击和碰撞越发激烈。在实际操作过程中，对非遗传承人的保护仍然不够重视，不少传统体育、游艺与杂技类非遗传承人的切身利益并没有得到维护。

（3）关于传统体育、游艺与杂技类非遗法律保护的争议

我国保护传统文化的相关法律制度正在逐步建立，在法律实践方面还不太成熟。随着传统文化的经济价值被不断挖掘，非物质文化资源也面临不容回避的民事权利问题。如何以法律的手段对世代相传且具有极高经济价值的传统体育、游艺与杂技类非遗进行有针对性和可操作性的保护尚存争议。

3. 商业化选择不当

非遗不仅具有宝贵的文化价值，同时还蕴含着丰富的经济价值。联合国教科文组织和国家的政策法规都支持鼓励对非遗进行合理利用，但要求避免过度开发，尤其反对违背非遗传承保护规律的商业化开发。"非遗"的过度商业化和使用不当是全世界都有的问题，这一问题在我国尤为突出。传统体育、杂技与游艺类非遗源于人民群众的生产劳动、休闲娱乐、宗教祭祀、军事战争等。在漫长的历史长河中，勤劳质朴的中国人民创造并发展了形式多样、富有鲜明民族特色的体育游艺活动，留给世人无尽的财富。其中有些项目与民族特定的节日或场合相关联，包含着宗教祭祀的

民族信仰和民俗民风,并不适合公开表演或商业化开发,但却很可能被开发商误用,让人们去观赏花哨的服饰以及热闹的场景。还有一些项目,比如赛马、搏克、挠羊赛、掼牛等,如果过度商业化,虽然追求效益最大化的商业性增强了,但文化传承与社会责任的教育功能就会削弱,很容易变成赌博、权钱交易等违法行为,破坏传统体育、游艺与杂技类非遗的延续性。

(二) 对传统体育、游艺与杂技类非遗保护的建议

1. 建立健全科研机构,加强理论研究工作

深入地进行理论研究是非遗科学传承与发展的前提。当前,非遗保护事业正处于新的发展时期,我们必须深刻认识加强理论研究的重要性和紧迫性,充分发挥理论对实践的指导和推动作用,有组织、有计划地开展对非遗理论和实践的研究,探索和把握新时期非遗保护发展的规律,不断提高主管部门和保护人员的实际工作能力和理论研究水平,把非遗保护事业不断向前推进。

(1) 建立科研平台,加强学科建制

应加强学科建制,培养、提高从事非遗保护、传承人员的业务素质,实现对知识、技艺、感知经验的继承。非遗专家傅起凤老师曾多次建议在高校设立百戏专业,完善杂技游艺学科建制,培养专业研究人员和传承人。她认为,杂技的学科地位被忽视是制约我国杂技艺术系统传承发展的决定性因素。没有完善的学科建制和专门的研究机构和人员,就缺乏相应的学术地位,得不到应有的规划和支持,也会制约该类非遗项目的传承发展。从近两年国家社科规划办、教育部、文化部的科研立项来看,传统体育、游艺与杂技类项目立项数不到总数的0.5%,且多集中在民族体育、传统武术的研究上,杂技与游艺类仅有一项科研立项。学科地位的缺失,致使整体科研水平、基础理论无法与传承保护实践并驾齐驱。非遗保护的实践告诉我们,只有加强理论研究,才能更好地进行传承保护。

(2) 建立专家数据库,完善专家咨询机制

建议在各省市建立传统体育、杂技与游艺类非遗项目专家库,完善专家咨询机制,充分发挥他们在科学决策中的参谋和咨询作用。专家应通过实地考察、归纳分析,研究传统体育、杂技与游艺类非遗项目的类别特点,在遵循非遗传承发展规律的基础上,制定具有可操作性的分类保护标

准与规范，作为衡量项目保护成效的参照，为政府部门的保护管理决策提供科学的、合理的坚实依据，指导保护单位采取合适的措施，履行保护的使命。

2. 以文化生产促进生产性保护

生产性保护是实施非遗保护的重要方式。目前，传统体育、杂技与游艺类非遗的生产性保护主要有商业演出、影视舞台作品、竞赛培训、创新研究转换和生产性保护基地等形式。非遗专家王文章曾强调，生产性保护不仅仅是一个简单的生产过程，更是一个传承的过程。所以，非遗生产性保护是建立在非遗生产基础之上的，非遗生产本质上是一种文化生产。传统体育、杂技与游艺类非遗进行文化生产，必须适应时代需求，注重社会性利用，在生产中传承，把传统文化的核心技术，项目的风格、内涵，甚至传承人的技艺个性都能够传承下来。传统体育、杂技与游艺类非遗进行文化生产，应注意其传承历史文化、展示民族风情、增进族群认同感的作用；在内容上，应是民族传统文化的一部分，有利于传统文化的传承；在特点上，应表现出项目的独有意蕴和审美情趣。

3. 开拓思路，促进产业化发展

非遗产业化的实质就是规模化地生产非物质文化产品，将非物质文化由单一的事业管理转向多极化管理与企业经营并重，在市场经济中实现非物质文化的经济价值，并以此反哺非遗保护，在保护中获得新生，得到新发展，达到延长非遗生命周期的目的。

首先，在本体经济价值的开发方面，要营造相关教育培训、竞赛、表演产业市场氛围。竞赛和表演在宣传、推广传统体育、游艺与杂技类非遗方面，起到了至关重要的作用，同时还创造了巨大的经济价值。国内外重大传统体育、魔术、杂技等项目比赛，如传统武术节、魔术交流比赛等大型赛事的举办，不仅要赢得世人的关注，还要逐步建立、形成完善的赛事、表演经济产业体系，增强自身造血能力。其次，做好衍生产品的开发。在传统体育、游艺与杂技类非遗的传播传承过程中，使相关器材、书刊、音像制品，以及服装、场地等，形成一条产业需求链。在移动商业时代，传统体育、游艺与杂技类非遗要通过与信息产业、数字媒体、动漫产业、创意产业等行业的融合、合作，开发出基于互联网、移动电视、智能手机的新产品，开拓移动时代新的产业格局。再次，加强产业集群发展。产业集群是文化产业发展的必然趋势，传统体育、游艺与杂技类非物质文化产业核心竞争力的提升，离不开完善而高效的文化产业集群。传统体育、游艺与杂技类非遗的产业化发展，应加大开发力度，以增强文化吸引力，增强经济开发的理念，注重产业集聚的经济效应。对那些既能显示民族文化特色又有经济产业开发价值，市场前景广阔的非遗项目，要敢于树立产业化的发展思路，进行科学的品牌定位，制定合理的营销策略，集中力量培养优势文化产业，将文化遗产优势转化为经济优势与产业优势。（资料员：武梦云、罗干明、王青竹）

传统美术类非物质文化遗产保护发展报告

撰稿：张 蕾 审稿：乔晓光[*]

经过十多年的努力，我国的非遗保护工作整体上已进入常态化阶段，名录申报热潮较前几年稍有减退，实际开发保护与传承教育成为今后很长一段时期内的工作重点。2014年传统美术保护领域，名录申报、展示展演、传承教育、生产开发及学术研究均在此前基础上继续保持稳定发展的态势，同时也依然存在一些有待解决的问题。下文将分"保护情况""研究情况""热点与趋势"及"问题与对策"四个方面进行全面论述。

一 保护情况

2014年传统美术类非遗保护工作的实际进展情况，可以分为"重要政策与法规的颁布与实施""名录的变更""重要展示与展演"及"传承与教育"四个方面。

1. 重要政策与法规的颁布与实施

2014年，河南、河北、陕西、安徽、陕西五省的省级保护条例正式实施。此外，江西省出台《江西省非物质文化遗产保护条例》（征求意见稿）；《辽宁省非物质文化遗产条例》正式公布并计划于2015年2月1日施行；福建省出台《福建省非物质文化遗产项目传承人认定与管理暂行办法》；《贵州省非物质文化遗产保护发展规划（2014—2020年）》颁布

---

[*] 张蕾：女，1987年生，文学博士，广州大学人文学院讲师；乔晓光，男，1957年生，中央美术学院非物质文化遗产研究中心主任、教授。

实施。

以政策、法规的形式确定各级政府为非遗保护主体，确保财政支持，规定传承人责任与义务，这对于保护一些失去市场生存能力的濒危项目意义尤其重大，既保证了最基本的人力、物质、资金来源，同时也极大地鼓舞了传承人进行艺术创新和技艺传承的主动性和积极性。2014年新颁布实施的《沈阳市非物质文化遗产代表性项目管理办法》便明文规定，沈阳市非遗保护单位将拥有依法向他人提供产品和服务的权利，有权参加非公益性活动并取得相应的报酬。

2．名录增补

2014年11月，第四批国家级非物质文化遗产代表性项目名录（以下简称"第四批国家级名录"）公布，传统美术类项目有13个（详见本书附录），包括织绣、绘画、雕刻、书法等多个不同类型。其中，蒙古文书法、满文锡伯文书法凝聚着独特的民族记忆和历史传统；毕摩绘画、彩砂坛城绘制也是在民族地区、极小范围内流行的稀有技艺，这显示出我国对各少数民族非遗传承与发展的重视。另一方面，京绣、布糊画、抽纱、琥珀雕刻、郯城木旋玩具、刻铜、错金银及赏石艺术则传播范围较广，更加贴近普通民众日常生活，具有较为广阔的市场开发前景。可见，"传统美术"大类别之下所包括的具体项目复杂多样，物质形式、社会功能与精神价值均各有特色，彼此之间差异极大，这就要求实际保护工作必须在对每一个代表性项目进行全面、深入的调查和研究基础上展开，尊重每个项目的独特性和独立性。

四川、安徽、重庆、贵州4个省级政府公布了省（直辖市）级非遗代表性项目名录及扩展名录（详见本书附录），涉及传统美术技艺共26种，其中四川省第四批代表性项目名录包括36个项目，新增省级传统美术类代表性项目4项，另有3项入选扩展项目名录；安徽省第四批名录共70项，其中传统美术8项，徽州三雕则被列入扩展名录；重庆市第四批共11项，传统美术类入选项目达6项，占比极高；贵州扩展项目名录增加63项，其中传统美术类4项。

广东、云南、内蒙古、湖南、江苏、上海、海南、西藏、青海、新疆、陕西、山东13个省（自治区、直辖市）于2014年内公布了非遗项目代表性传承人名单（详见本书附录）。通过对这些传承人名录的初步分析，可以看到，传承人平均年龄在50岁左右，但也有一些项目传承人已年逾古稀,如云南省纳西族东巴画传承人何国华已83岁高龄,江苏省金坛刻纸传承人周蕴华已79岁。尽管近年来不断有中青年手艺人加入非遗传承人行列,但传承人老龄化、技艺传承后继乏人依然是当前传统美术面临的严峻考验。此外,性别失衡现象也需要引起更多重视。仅就2014年公布的各级传承人名录来看,总体上以男性传承人为主,女性传承人总数明显少于男性;并且女性传承人大多仅限于刺绣类和剪纸类项目,而雕刻、绘画类项目则基本以男性为主。

3. 重要的展示和展演

（1）传统美术专项展示

5月10～30日,"1895中国当代工艺美术系列大展优秀作品展"在国家大剧院举办,此次展览集中展示了中国当代工艺美术设计在材料、技术、设计等方面的诸多创新理念和成果,对于传统美术的技艺改良与创新有十分重要的启发意义。① 9月28日,"第二届上海民间艺术成果展"在上海市工艺美术博物馆揭幕,数十种具有海派艺术特色的民间美术作品参加展出。② 12月6日,"中国当代工艺美术双年展（2014·北京）"在国家博物馆开幕,分"承古启今、巧夺天工"和"薪火相传、演绎华彩"两大主题,分别展示手工雕刻类作品（包括玉雕、石雕、牙雕、砚雕、竹木雕、雕漆等）和彩绘、织锦及其他手工技艺类作品（包括陶瓷、漆器、金属工艺、织绣、玻璃、唐卡等）。③ 12月14～22日,第三届全国少数民族美术作品展在民族文化宫举办,此次展览距2004年第二届全国少数民族美术作品展已有十年。过去十年间,随着非遗保护工作的深入开展,多个少数民族传统美术被列入各级非遗代表作名录,影响力越来越大,此次展览是对新时代背景之下最优秀少数民族美术作品的集中展示。④

2014年,中国民间文艺家协会与不同地区文化部门合作,举办了以"中

---

① 《"1895中国当代工艺美术系列大展优秀作品展"开幕》,新华网,http://news.xinhuanet.com/ent/2014-05/12/c_126489494.htm,2014年5月12日。
② 朱语:《都市民间艺术尽显新意——第二届上海民间艺术成果展举办》,《上海工艺美术》2014年第4期。
③ 郭桑:《承古启今——传递民族艺术正能量"中国当代工艺美术双年展"（2014·北京）举行》,《上海工艺美术》2015年第1期。
④ 郝斌:《第三届全国少数民族美术作品展在京举行》,《美术》2015年第1期。《第三届全国少数民族美术作品展在民族文化宫开幕》,中华人民共和国国家民族事务委员会,http://www.seac.gov.cn/art/2014/12/15/art_31_221082.html,2014年12月15日。

国梦"为主题的多场民间美术专题展出活动,产生了极大的社会影响,为民间美术宣传推广做出了突出贡献。如江西万安"我的中国梦·全国农民画展",江苏南京"中国梦·我心中的梦——2014·全国剪纸艺术名家精品展",陕西西安"中国梦·情之乡土"中国农民画、剪纸艺术大赛优秀作品展,上海"2014 中国玉雕品牌博览海派玉雕艺术大展暨第七届中国玉石雕神工奖作品展"等。① 另外,中国民间文艺家协会"中国剪纸中心"自 2014 年 7 月成立以后,也组织了多场剪纸艺术专题展出,如 10 月份在天津举办的"我们的价值观——中国·天津 2014'西岸'剪纸艺术展""本固枝荣——中国民间剪纸艺术暨非遗传承特展"等,均产生了极大的社会影响。

2014 年,国家艺术基金传播交流推广资助项目共 79 项,其中 4 项涉及非遗传统美术类代表性项目,如表 1 所示:

表1 国家艺术基金 2014 年度传播交流推广资助项目(传统美术类)

项目名称	申报主体名称
杨柳青木版年画系列展览	天津杨柳青画社
塔尔寺藏艺三绝	青海湟中县塔尔寺管委会
宁夏回民间工艺美术品传承交流拓展	宁夏回族自治区民族艺术研究所
"从洛桑到北京"第九届国际纤维艺术双年展暨学术研讨会	清华大学美术学院

过去十多年对非遗的宣传与保护,不仅在全社会范围内大大提高了民众对非遗的认知度和自觉保护意识,而且改变了此前精英艺术领域视传统美术为民间艺人手艺活、并不具备突出审美价值和艺术价值的偏见。此次 4 个传统美术类项目入选国家最高级别的艺术资助项目,可见民间艺术的价值得到了更高层的重视与认可。

(2)非遗纪念日及各类民俗节日中的传统美术展演

2014 年 6 月 14 日是我国第九个文化遗产日,活动主题为"让文化遗产活起来",主题口号为"非遗保护,人人有责"②,文化遗产日的各项宣

---

① 有关中国民间文艺家协会举办的展演活动,可参见中国民间文艺家协会官方网站(http://www.cflas.com)相关报道及中国民间文艺家协会内部活动资料。
② 《文化部中央文明办民政部关于认真组织 2014 年文化遗产日活动的通知》,中华人民共和国文化部,http://zwgk.mcprc.gov.cn/auto255/201405/t20140529_30298.html,2014 年 5 月 11 日。

传、展览及培训教育活动，最终目的在于呼吁人们重视非遗活态传承的重要性，提高全民参与非遗保护工作的积极性。当日，主场城市活动在江西景德镇举行，其他地区也举办了内容丰富、形式多样的宣传纪念活动。湖南省举办"湖湘记忆——2014 文化遗产日湖南非物质文化遗产系列展演"，邀请湘绣等多个非遗项目传承人进行现场技艺展示和教学、传习活动；①云南省举行"非物质文化遗产美术作品展览"，重点展示当地少数民族传统美术作品；②陕西省在文化遗产日主会场特别设置传统美术和传统技艺展示环节；③河北省举办"燕赵百工"传统手工艺展示，汇集了河北重要的传统美术类非遗代表作，并邀请传承人进行技艺表演，与观众进行互动交流。④

2014 年，全国各地还举办了多场综合性民俗节、民间艺术节及独立的非遗文化节，大多设有传统美术专题展览，如 1 月 19～26 日北京"中国非遗年俗文化展示周"，⑤ 1 月 18～22 日昆明"古韵官渡"第四届全国非物质文化遗产联展，⑥ 3 月 2～19 日河南淮阳第五届"中原古韵——淮阳非遗展演"，⑦ 9 月 26～28 日四川省首届农民艺术节，10 月 10～13 日第三届中国非物质文化遗产博览会⑧等。在上述这些以庆祝年俗节庆、宣传地方民俗文化或展示非遗整体风貌为主题的综合性展览中，传统美术作品展与技

---

① 有关此次活动信息，可参见湖南省文化厅官方网站"文化要闻"栏目发布的系列通知和报道。如《"湖湘记忆"巡礼：湖南将举办"文化遗产日"非物质文化遗产系列展演》《湖南省文化厅关于举办湖湘记忆——2014"文化遗产日"湖南非物质文化遗产展演活动的通知》《"湖湘记忆"——2014"文化遗产日"湖南非物质文化遗产展演安排》等。
② 《云南多项精彩活动迎接"文化遗产日"》，云南网，http://yn.yunnan.cn/html/2014-06/17/content_3250948.htm，2014 年 6 月 7 日。同时，可参见云南省非物质文化遗产保护中心相关资料。
③ 《魅力愈展愈强：陕西文化遗产日主会场活动举办》，中国文化传媒网，http://www.ccdy.cn/home/lianbo/sn/201406/t20140615_943659.htm，2014 年 6 月 15 日。
④ 《传承·保护·培育·涵养文化生态第七届河北省民俗文化节在我市成功举办》，中华人民共和国文化部，http://www.mcprc.gov.cn/sjzz/ggwhsnew_sjzz/ggwhsnew_jdgl/ggwhsnew_cjgjggwhfwtxsfyq/201406/t20140623_433991.htm，2014 年 6 月 23 日。
⑤ 《文化部将在京举办中国非遗年俗文化展示周》，中国文化传媒网，http://www.ccdy.cn/wangxun/201401/t20140116_849512.htm，2014 年 1 月 16 日。
⑥ 《"第四届非遗联展"18 日开幕》，《昆明日报》2014 年 1 月 14 日。
⑦ 秦华：《13 省非遗项目汇集淮阳非遗展演尽显古风古韵》，《郑州日报》2014 年 2 月 26 日第 8 版。
⑧ 《第三届中国非物质文化遗产博览会 10 月 10 日将在济南启幕》，人民网，http://sd.people.com.cn/n/2014/0916/c173259-22324778.html，2014 年 9 月 16 日。

艺表演充分展示了其与地方传统文化和民间艺术之间的深层关联。特别值得注意的是，9月1~4日，山东潍坊举办"海峡两岸非物质文化遗产联展"并专设"流彩的岁月"传统美术展区，是为海峡两岸传统美术技艺一次全面、深入的交流与对话，显示了两岸传统文化艺术同根相连却各具特色的艺术风貌，此次展览将有助于加强今后海峡两岸在非遗保护领域的进一步合作与互助。

（3）文化产业系列活动中的传统美术展览

2014年，一些文化产业领域的产品展示、交易活动中频频可见传统美术的身影。5月份深圳第十届文博会期间举办的"中华巧艺——中国非物质文化遗产百项技艺（深圳）联展"，包括四大名绣（苏绣、湘绣、蜀绣、潮绣）及藏族唐卡等传统美术项目参加了展出。[1] 深圳文博会是我国规模最大、最具影响力的文化产业展览和交易平台，传统美术进驻文博会，不仅是为了技艺展出和公益宣传，主要目的仍在于借助这一平台，寻求产业合作和发展的机会。在此次文博会签约活动中，"沙坪湘绣文化旅游生态园"成功签约，获得高额投资，不啻为传统美术类非遗代表项目走向市场商业运营道路的一次积极尝试。[2] 2014年，有传统美术参与其中的此类文化产品销售活动还有多场，如4月份的"第9届中国（义乌）文化产品交易会"[3]、10月份的"2014中国杭州文化创意产业博览会"[4]、12月11~20日在广东省举办的"非遗精品展及拍卖会"等[5]。

综上所述，2014年各类非遗美术类展览活动，总体上呈现出以下几点特征：首先，展示形式仍以作品展览为主，同时更加重视技艺展示，竭力呈现非遗技艺的立体性和活态性特点。其次，多数展览属于展销结合性质，举办作品展览的同时还组织相应的销售、签约活动。最后，传统美术项目不再限于非遗专题展览，而是越来越多地出现在各类文化创意博览会

---

[1]《非遗传人深圳凤凰古村献艺》，人民网，http://sz.people.com.cn/n/2014/0513/c202846-21192186.html，2014年5月13日。

[2]《文博会：长沙团五项目签约总金额高达135.5亿元》，中国经济网，http://www.ce.cn/culture/gd/201405/17/t20140517_2830814.shtml，2014年5月17日。

[3]《第9届中国（义乌）文化产品交易会开幕》，中国报道网，http://www.chinareports.org.cn/news-13-20894.html，2014年4月24日。

[4]《2014中国杭州文化创意产业博览会10月16日开幕》，人民网，http://zj.people.com.cn/n/2014/0923/c228592-22407698.html，2014年9月23日。

[5]《广东省非遗精品展及拍卖会本月举行》，《南方都市报》2014年12月12日。

及各项文化宣传展览活动中，传统美术作为民族美术的杰出代表和地方民俗传统的结晶，其综合价值得到了更多的重视。

4．传承与教育

传承与教育是非遗保护工作的重中之重，根据主体身份、性质及其在非遗保护进程中发挥的不同作用，下文将从专业传承人教育、传习基地建设、学校教育以及社会教育四个方面对2014年传统美术类非遗在传承与教育方面的工作进展予以介绍。

（1）专业传承人培养与奖励

传承人及其弟子共同构成了我国传统美术传承与发展的中坚力量，对他们进行有计划、有针对性的培训和教育，给予长期、稳定的政策、资金扶持，是保持传统美术持久的创造力和生命力的根本所在。

6月6日，由中国艺术研究院、中国非物质文化遗产保护中心主办的第三届"中华非物质文化遗产传承人薪传奖"颁奖仪式在北京举行，此次薪传奖共有60人获奖，其中传统美术类代表性项目传承人共10人，如表2所示。①

表2 2014年中华非物质文化遗产传承人薪传奖（传统美术类）

地区	传承人姓名	所属项目
吉林	倪友芝	剪纸（长白山满族剪纸）
江苏	陆斌	木雕（南通红木雕刻）
浙江	倪东方	青田石雕
河南	郭太运	朱仙镇木板年画
湖南	刘爱云	湘绣
贵州	杨坚平	水族马尾绣
陕西	宋水仙	剪纸（延川剪纸）
西藏	罗布斯达	藏族唐卡（勉唐画派）
陕西	胡深	（泥塑）凤翔泥塑
青海	夏吾角	热贡艺术

---

① 《第三届"中华非物质文化遗产传承人薪传奖"暨"中华非物质文化遗产保护贡献奖"举行颁奖仪式》，《中国文化报》2014年6月17日，第3版。

11月,国家艺术基金委员会公布了41项年度人才培养资助项目,其中5个项目与传统美术传承人培养事业相关,如表3所示:

表3 2014年国家艺术基金人才培养资助项目(传统美术类)

序号	人才培养资助项目名称	人才培养单位	传统美术代表作
1	热贡唐卡艺术人才培养	青海黄南州热贡画院	热贡艺术
2	当代陶瓷绘画艺术人才培养	江西省景德镇市逸品人间瓷画有限公司	景德镇民窑陶瓷美术
3	刺绣艺术创新青年人才培养	江南大学	苏绣、平绣、乱针绣等
4	篆刻艺术青年人才培养	中国艺术研究院	金石篆刻
5	工艺雕刻青年人才培养	中国工艺美术协会	雕刻类

与非遗保护角度的传承人培养稍有不同,国家艺术基金项目更重视传统美术的艺术价值,更强调对青年艺术家艺术创新能力的培养,这也是对非遗保护领域内传统美术技艺传承的一种有益补充。

在传承人培养、教育与资助方面,中国民间文艺家协会继续发挥着重要作用,例如:9月在陕西西安举行的"中国梦·情之乡土"中国农民画、剪纸艺术大赛期间,组织农民画、剪纸艺术培训班;在2014"传承·燎原"中国民间手工艺精品展期间,举办了"第二期中国民间手工艺传承人高级研修班",采用更加具有针对性的分班授课,取得了十分显著的教学效果。[①] 此外,中国民间文艺家协会"中国剪纸研究中心"成立伊始,便召开了《中国民间剪纸集成》全国范围的编纂工作培训会,为更多基层研究者提供了学习机会。[②]

各省级政府文化部门及非遗保护中心也对本地传承人进行了不同形式的嘉奖及培训教育。4月,西藏自治区文化厅非物质文化遗产保护处授予10名非遗传承人西藏自治区非物质文化遗产保护"年度十佳传承人"称号,其中包括国家级藏族唐卡勉萨画派传承人罗布斯达和西藏自治区级嘎玛嘎赤画派传承人嘎玛德勒。[③] 11月,辽宁省启动"非物质文化遗产名师

---

① 参见中国民间文艺家协会官方网站相关活动报道。
② 《中国剪纸研究中心在京成立》,《中国文化报》2014年7月15日,第2版;《"中国剪纸研究中心"在京成立》,《中国艺术报》2014年8月1日,第4版。
③ 《我区首次表彰非遗十佳传承人》,《西藏日报》2014年4月21日,第2版。

名家传承工程"，阜新玛瑙雕、岫岩玉雕等辽宁传统美术代表作国家级代表性传承人、国家级工艺美术大师李洪斌、王运岫等人参与其中。12月，湖南省启动"工艺美术大师"系列宣传表彰活动，共设置"湖南省具有影响力的传统技艺大师""湖南具有发展潜力的传统技艺项目"和"湖南省具有艺术推广价值的工艺美术品"三大奖项，截至2014年底，各奖项排名前20位的工艺美术大师大多是湖南省内国家级、省级传统美术项目传承人，涉及湘绣、剪纸、陶瓷绘画、布绣、土家族刺绣、菊花石雕等多种传统美术技艺。①

（2）传习基地的建设与发展

传习基地作为资源集中、稳定的专业传承机构，在传统美术保护与传承工作中担负着更大的责任。传习基地的建设与完善，是非遗传承与教育最重要的环节之一。2014年，此项工作有一定推进。

首先是专项传习基地的设立，以四川省为例，如下表所示。

表4 四川省第一批非物质文化遗产传习基地名单（传统美术类）

传习基地名称	单位/企业	代表性项目
四川省绵竹木版年画传习基地	绵竹年画博物馆	绵竹木版年画
四川省羌绣传统刺绣工艺传习基地	北川绣娘文化产业开发有限公司	羌绣传统刺绣工艺
四川省观音绣传习基地	遂宁市妙善文化艺术坊	观音绣
四川省仪陇剪纸传习基地	仪陇县文化馆	仪陇剪纸
四川省觉囊唐卡传习基地	阿坝州壤塘县藏哇寺管委会	觉囊唐卡
四川省藏族郎卡杰唐卡传习基地	甘孜州郎卡杰唐卡文化有限公司	藏族郎卡杰唐卡

这种针对个别代表性项目设立的专项传习基地，有利于更好地集中人力、物力，更高效、更有针对性地开展传承工作，特别是对于羌族刺绣、藏族唐卡等民族特色浓郁、宗教性质突出且仅在个别区域内流传、不具备商品流通性质的特殊项目更具有适用性。

其次，一些地区传习基地的设立，体现出对区域文化综合性、整体性

---

① "湖南省工艺美术大师系列宣传表彰活动"官方网站，http://hnbp.voc.com.cn/vote/list.php?cid=127。

的重视。2014年5月,云南省公布"省级非遗保护传承基地名单"(共5项),虽没有独立的传统美术项目传承基地,但其中3个单位:玉溪师范学院民族民间文化传习馆、官渡古镇非物质文化遗产传承基地和香格里拉县滋吾古村纳西族东巴文化传承基地,均包含传统美术项目。这种综合性传承基地的设立,为传统美术营造了一个更接近原生文化语境的传承空间,属于整体性保护的实现方式之一。

(3) 校园推广与学校职业教育

2014年,面向中小学和大中专院校学生的非遗校园传承教育,在以往工作的基础上,朝着更加常态、稳定的方向发展。

一方面,以往在文化遗产日及特殊节日组织的"传统美术进校园活动"持续开展,活动形式更加成熟完善。另一方面,剪纸、刺绣、编织等传统美术技艺开始被引入中小学美术课堂,从课余兴趣教育发展为固定的教学课程,被纳入正式培养计划。部分少数民族地区的中小学更是将独具民族特色的传统美术纳入中小学美术课教学计划当中,有利于真正发挥传统美术在凝聚民族记忆、传承民族文化精神方面的积极作用。

除了进入常规美术课程体系,依托校园设立传统美术传习基地也是传统美术校园推广与教育的重要方式之一。2014年,上海10所学校被评为"非遗进校园十佳传习基地",包括徐行草编、顾绣、麦秆画等传统美术技艺在内的多项非遗技艺被引入课堂,为促进非遗校园教育的常态化建设起到了积极作用。①

与中小学教育以知识普及和兴趣培养为主有所不同,传统美术在大中专院校的教育越来越朝着专业化、职业化的方向发展。这首先体现在越来越多的职业教育院校开始设置传统美术类专业,以培养传统美术类创作的专业技术人才为目标。例如,贵州省发布《推进职业院校民族民间文化传承创新工作实施办法》,计划在职业院校逐步开发建设一批民族民间文化教育课程,并且每年安排500万元经费聘请绣娘、木匠、银匠担任兼职教师。湖南工艺美术职业学院则在招生政策、奖学金制度及毕业生就业指导方面继续加强对传统美术专业的重点扶持,例如为湘绣

---

① 《石笋中学等10所学校获评"非遗"传习基地》,《浦东时报》2014年9月15日第3版;《"非遗"进校园徐行小学等10所学校被评为传习基地》,人民网,http://edu.people.com.cn/n/2014/0914/c1053-25657485.html,2014年9月14日。

设计与工艺、湘瓷艺术设计专业的新生设立专项奖学金等。① 另外，近年来国家对职业教育的扶持，也给职业院校的非遗相关专业招生、就业创造了更多机会。这些措施大大激活了职业院校在非遗传承人培养方面的积极性和主动性，使职业院校的专业技术培训成为传统师徒传授和家族传承的重要补充。

与此同时，研究型院校越来越重视对学术研究型人才的培养，强调对传统美术在历史、文化、民俗及艺术等多个层面、多重价值的深入探究。特别值得肯定的是中央美术学院在文化遗产专业本科生培养教育方面所做的开拓性贡献——重视对学生田野调查、社会调查能力以及传统美术项目个案分析、研究能力的培养。由乔晓光教授主持的"剪纸工作坊"作为该校民间美术认知实践的经典课程，2014年继续吸引着大量学生参与到保护、研究、学习传统美术特别是剪纸艺术的行列中。这些措施既大大提高了传统美术研究的专业化水平，更充分体现出高校文化遗产专业教育适应非遗保护实践工作需求、加强与社会关联互动的积极尝试。

综上所述，2014年传统美术校园教育在以往基础上朝着更加深入、系统、专业的方向发展，现代学校教育与传统师承教育有效结合，对传统美术人才的培养意义重大。

二 研究情况

2014年，围绕传统美术类非遗的研究成果主要体现在成立研究基地、举办学术研讨会、主题论文发表、课题立项、著作出版五个方面。

1. 研究机构

江苏省文化厅6月份印发《关于命名首批江苏省非物质文化遗产研究基地的通知》，14个基地中，南京大学、东南大学、南京航空航天大学、南京晓庄学院、苏州大学、苏州工艺美术职业技术学院、无锡商业职业技术学院、常州大学均有涉及传统美术的研究项目和团队。

7月10日，中国民间文艺家协会"中国剪纸研究中心"在北京成立，该中心旨在对全国范围内的剪纸艺术进行全面的抢救、记录、发掘、整理

---

① 《湖南工艺美术职业学院为湘绣、湘瓷新生设立专项奖学金》，湖南教育网，http://www.hnedu.cn/show/212,115.html，2014年9月11日。

和研究,并致力于面向全社会进行剪纸艺术与文化的推介传播。[①]

2. 学术研讨会

3月2日,"中原传统美术保护与传承座谈会"作为第五届中原古韵——中国(淮阳)非物质文化遗产展演系列活动之一在淮阳召开,河南传统美术的保护与开发现状、地域历史文化对传统美术形式风格的影响等问题,是此次会议的重点议题。[②]

3月22日,南通市人民政府和清华大学美术学院共同主办"再生产——中国当代工艺美术学术论坛暨2014年中国工艺美术学会理论委员会年会",大会发布《南通宣言》,要求重视工艺美术在当代的变化与发展及其对国家文化产业升级的意义,强调应肯定并合理利用"再生产"对当代工艺美术发展的促进作用。[③] 大会讨论的问题对我们认识和评价传统美术在当代生产、流通过程中出现的一些变化和转型现象有重要启发。

9月23日,由中国民协、西藏自治区文联主办的《中国唐卡文化档案》项目推进工作会在拉萨召开,课题组专家委员会成员及各卷本部分编纂、调查人员参加了会议,共同讨论该项目在进展过程遇到的问题及应对方案。[④] 9月26日,首届唐卡艺术节高端论坛在西藏拉萨举办,国内外传统美术和唐卡研究专家、各级传承人及民间画师参加会议,围绕古代唐卡作品的保存问题、当代唐卡创作技术革新和制作销售问题、唐卡技艺所依赖的宗教信仰和文化习俗传承问题,以及传承人培养问题进行了探讨。[⑤]

12月,"中国当代工艺美术双年展(2014·北京)"系列活动期间,以"承古启今、薪火相传"为主题的专题学术研讨在北京召开。传统美术技艺一直是当代工艺美术最重要的技艺支撑和灵感、题材来源之一,近年来工艺美术行业的活跃,也为传统美术类非遗代表作的发展和创新提供了

[①] 《中国剪纸研究中心在京成立》,《中国文化报》2014年7月15日第2版;《"中国剪纸研究中心"在京成立》,《中国艺术报》2014年8月1日,第4版。
[②] 《中原传统美术保护与传承座谈会在淮阳召开》,河南文化网,http://www.hawh.cn/whzx/2014-03/05/content_164125.htm,2014年3月5日。
[③] 陈朗:《再生产,中国当代工艺美术发展的未来之路——记"再生产——中国当代工艺美术学术论坛"》,《艺术设计研究》2014年第2期。
[④] 《〈中国唐卡文化档案〉项目推进工作会在拉萨召开》,中国文艺网,http://www.cflac.org.cn/xw/bwyc/201409/t20140924_270780.htm,2014年9月24日。
[⑤] 晓勇:《为唐卡保护传承创新发展"把脉"献策——走近首届唐卡艺术节高端论坛》,《西藏日报》2014年9月30日。

更多平台和机遇,如何在保持自身文化价值、艺术价值与历史价值的同时,通过与工艺美术行业的有效合作,不断发掘传统美术技艺的实用价值和商品价值,是目前传统美术保护与发展领域需要特别关注的问题。

此外,由中国民间文艺家协会主办、以"中国梦"为主题的系列民间美术展览活动中,有针对性地召开了多场专题研讨会,如海派玉雕展览期间举办"变局中的中国玉石雕"主题论坛,全国农民画展进行期间举办了"五彩斑斓的梦想·2014中国农民画学术研讨会"等。

3. 期刊论文与学位论文

2014年,被中国期刊网收录、以传统美术为主题的学术论文总数达一百余篇,收入全国优秀硕博士论文数据库、以传统美术为主要研究对象的硕士学位论文四十余篇,涉及传统美术类非遗代表性项目百余种,研究对象既有知名度高、影响力大、传播地域广、已有一定研究基础的年画、雕刻、刺绣、泥塑、剪纸等,也有少数民族地区特有、传播区域相对有限、学界尚未对其进行深入研究的唐卡、苗族蜡画、东巴绘画等。从所属学科及所采用的视角、方法来看,传统美术不仅是艺术学、民俗学等学科的重点研究对象,且日益引起教育学、管理学以及经济学等专业领域的关注,强调"保护与传承"已成为不同学科对传统美术进行研究的一个共同前提,下面分四类进行介绍。

首先,数量最多的是针对非遗名录中某项传统美术代表作的个案研究。此类论文多以田野调查为基础,收集了大量宝贵的第一手材料,对于补充、完善非遗代表作的资料数据库有重要意义。特别关注传统美术代表作的个性特征,尤其强调其与地方历史文化及民间信仰之间的深刻关联,是此类个案研究最有价值的地方。代表性成果主要是硕士学位论文,如《剪刀下的艺术——高密剪纸》(陈敏敏,福建师范大学)、《民间艺术的明珠——开封朱仙镇木版年画》(刘娟,福建师范大学)等。这些论文大多以整体性研究为主,试图对某项传统美术代表性项目的文化价值、艺术价值、民俗价值、信仰价值以及当代传承问题进行全方位的考察,难免有追求全面而缺乏理论深度的遗憾。

第二类论文多以传统美术的传承教育问题为主题,在期刊论文和学位论文中所占比重都比较大,是传统美术研究的热点问题之一。面对当前传统美术领域普遍存在的自然传承体系遭到破坏、传统行业后继乏人的现象,许多研究开始关注现代学校教育对非遗传承的积极作用,积极探索传统美术技艺培训进入学校美术课程体系的可行之法，寻求中国传统技艺传承模式与现代校园教育的有效结合。代表性学位论文有《内蒙古非物质文化遗产在当地小学美术教学中的应用研究》（奥登，内蒙古师范大学）、《藏族地区中学美术唐卡课程教学思考》（张林杉，广西师范大学）等。这类论文多出自教育学或艺术学专业，通常基于课堂教学实验，并会提出一些具有实践指导意义的培养计划和教学设计。

在非遗保护的视野下，基于对传统美术当下生存状态的考察，从行业生产角度思考传统美术在新的时代背景、新的消费环境以及新的文化语境中可持续发展问题，这是论文研究的第三大论题，对这些问题的思考主要围绕传统美术的物质材料更新、艺术形式创新、创作技术革新、销售模式转型及人才培养方式优化等具体问题展开，具有较强的实践针对性。这方面的代表性学位论文成果有《贵州苗族蜡画纹饰在现代产品设计中的运用》（陈怡君，重庆大学）、《东巴文化符号元素在家居陶瓷用品中的设计应用》（华笑，昆明理工大学）等，期刊论文则有王雁燕《非物质文化遗产对艺术设计专业的启发性多元化研究——以民间美术为例》，李烨、王庆生、李志刚《非物质文化遗产旅游开发风险评价——以天津市为例》等。这些文章分别探讨了传统美术与工艺美术、旅游、艺术设计、影视动漫等新兴行业的合作方式及其对传统美术行业转型的启示意义，具有很强的现实针对性。

除了上述三大主题，还有其他一些重要的研究视角及观点，如呼吁重视传统美术知识版权保护问题（刘澜汀、高春妍《出版产业化视阈下的民间美术作品版权保护探析》），从艺术行业管理角度反思市场经济条件下非遗的发展问题（田川流《当代中国市场经济条件下的艺术管理分类研究》），关注传统美术与民族精神文化传承之间的深刻关联（孙立新、曲宏宇《辽宁锡伯族非物质文化遗产民族品牌建设研究》）等。

4. 科研立项与著作出版

（1）科研立项方面

2014年重要科研项目中以传统美术为主要研究对象的课题数量较2013年大有提升（参见附录），国家社科基金年度项目、青年项目、艺术学项目总计近四十项，包括两个重点项目《传统服饰中的"中国元素"及创新设计研究》和《城镇化进程中民族传统美术现状与发展研究》。另外，教育部人文社会科学研究基金系列也有二十多项课题涉及传统美术。

根据研究对象的不同，可以将这些课题分为两大类，一类明确以非遗范畴中的传统美术为主要研究对象，另一类虽非专门针对传统美术类非遗，但研究对象中包括了相关的美术技艺。这两类课题中，前一种与非遗保护工作联系最为紧密。其中一些项目直接以当前传统美术类非遗的保护工作与传承实践为研究对象，如教育部规划基金项目"雷山苗族服饰非物质文化遗产传承与保护的研究"、青年基金项目"城镇化进程中北方少数民族美术类非物质文化遗产的保护利用及其创意产业开发研究"等。另有一些项目在"民间手工技艺"或"民族艺术设计"等大范畴之下，对特定区域或特定民族的传统美术技艺的艺术特性、文化内涵及当代生存与发展境况加以考察，如国家社科基金艺术类项目"中国藏族传统设计史研究""四川藏羌民族工艺美术的田野调查与专题研究"等。

统计发现，传统美术的产业发展和技术应用问题已是国家科研立项的热点，除了上面提到的两个国家社科基金重点项目，其他还有"中国手工产业生态状况调研与地方政策建议""隐晦与新生——中国民间手工纸的艺术应用研究""传统版画创作与数码新媒介的结合在设计实践中的关系研究""农村女性传统手工艺市场化开发的限制与策略研究"等项目均涉及这一主题。

（2）著作出版方面

1月，北京市美术教育实验教学示范中心教材系列《中国传统版画与现代技术实验教程》出版，该书对中国传统版画的历史发展脉络、分类标准及艺术特色进行了全面的梳理和介绍，可供美术院校专业教育及其他大中院校传统美术类通识教育使用。

7月，"《传承传播》——青岛理工大学非物质文化遗产与品牌设计专业教学研究与实践学术座谈会暨新书出版首发发布会"在青岛理工大学举办，《传承传播》一书以对国家级非物质文化遗产传统美术类项目"聂家庄泥塑"的长期田野考察为基础，认为传统美术行业通过与现代商业品牌设计产业的接轨，一方面可激活自身的艺术创造力和市场竞争力，另一方面也为独具民族文化风格的品牌设计提供有益启示，因而是促进传统美术当代传承与传播的有效途径。①

---

① 《青岛理工大学非物质文化遗产与品牌设计专业教学研究与实践学术座谈会暨新书出版首发式在青举行》，中国通讯社，http：//www.chinanewsa.hk/Html/？4504.html，2014年7月9日。

9月，海派玉雕非遗系列丛书《海派玉雕新传人》正式出版并在上海举办发布会，该书详细介绍了34名海派玉雕代表性传承人的师承关系、艺术风格及代表性作品。

10月，张景明编著的《东北民间美术遗产研究》出版，该书融合了多个学科的视角与方法，在分类介绍和历史梳理的基础上，对东北地区民间美术的审美形式、社会功能、文化内涵进行了深入探讨，考察并反思当前保护与传承现状，为今后东北地区传统美术类非遗的生产与发展问题提出了积极建议。[1]

12月，吴明娣编创的《百年京作——20世纪北京传统工艺美术的传承与保护》由首都师范大学出版社出版，该书全面考察了北京二十多种代表性传统工艺美术在过去一百多年间的传承状况与发展规律，史料价值和学术价值均十分突出。

5. 主要研究观点与存在的问题

"生产性保护"一直是传统美术研究的热点。2014年，在前期研究基础上，研究者开始对生产性保护大旗之下对传统美术类非遗的旅游开发、产业变革提出更多质疑。首先，有研究者从概念定义层面指出，"传统美术"这一大范畴之下所包括的美术形式差异极大，其艺术形式、社会功能和文化内涵各有不同，因此，并非所有项目都适用于生产性保护。其次，基于对过去几年保护成果的调查和分析，越来越多的研究者开始批评、反思生产性保护理念与实践对传统美术类非遗的负面影响。即使有研究认为相对于戏剧、文学、民俗等其他非遗，对工艺美术进行旅游开发风险相对较低，但同时也敏锐地指出，对传统美术进行旅游开发，很可能带来非遗的客体文化内涵丧失、主体传承机制被干扰、原生文化环境遭破坏等一系列恶性后果。[2] 此外，不少个案研究考察个别地区或某项传统美术技艺的生存现状时也发现，一些传统美术行业为了满足外来游客的猎奇心理和廉价消费的需求，过分降低成本，选择劣质原材料，简化生产工艺，放弃艺术形式创新，使用机器批量复制生产，最终导致旅游地美术产品趋

---

[1] 唐家路：《东北区域性非物质文化遗产研究的新篇章——读〈东北民间美术遗产研究〉有感》，《山东工艺美术学院学报》2014年第6期。

[2] 李烨：《非物质文化遗产旅游开发风险评价——以天津市为例》，《地域研究与开发》2014年第5期。

同,丧失独特性,这些都对传统美术的良性发展造成了巨大的伤害。

要言之,呼吁各级政府及保护单位理性地认识生产性保护对传统美术类非遗的意义,反思以往保护进程中的经验教训,要求有区别、有针对性地对传统美术进行开发,这是2014年传统美术研究的主要论题之一。

存在的问题方面,研究的专业性和深刻性仍有待于进一步提高,对传统美术的本体研究仍较薄弱,特别是对技艺项目自身的艺术特性、文化内涵和精神价值缺乏深入透彻的剖析。此外,多数研究以国家级、省级名录中的传统美术代表性项目为对象,对偏远地区、少数民族地区以及很多市县级名录中的传统美术技艺关注不够,这就特别提醒我们警惕学术研究中可能存在的"名录等级歧视"和地域不平等现象。四级名录的划分,只是出于保护实践的需要而制定的管理政策。真正的学术研究,对任何一种传统美术技艺都应当平等视之,尊重其艺术形式、文化内涵等各方面的独特性,避免受政策层面的四级名录划分影响而轻易做出高下、优劣的价值判定。

三 热点与趋势

1. 传统美术类非遗生产性保护示范基地的成立

2014年4月,文化部公布了第二批国家级非物质文化遗产生产性保护示范基地名单,59家企业、单位入选,其中涉及传统美术类代表性项目的有23家,如表5所示。

表5 第二批国家级非物质文化遗产生产性保护示范基地(传统美术类)

序号	地区	企业或单位名称	项目名称
1	天津	天津杨柳青画社	杨柳青木版年画
2	河北	衡水一壶斋工艺品有限公司	衡水内画
3	辽宁	阜新市细河区珏艺轩玛瑙素活制品厂	阜新玛瑙雕
4	黑龙江	哈尔滨市群力新区文化产业发展中心	剪纸(方正剪纸)
5	江苏	苏州镇湖刺绣艺术馆有限公司	苏绣
6	安徽	黄山徽州竹艺轩雕刻有限公司	徽州三雕
7	福建	莆田市善艺李氏工艺有限公司	木雕(莆田木雕)

续表

序号	地区	企业或单位名称	项目名称
8	山东	潍坊杨家埠民俗艺术有限公司	风筝制作技艺（潍坊风筝） 杨家埠木版年画
9	河南	开封市素花宋绣工艺有限公司	汴绣
10	湖北	武汉高龙城投资管理有限公司	木雕（武汉木雕船模）
11		孝感天仙雕花剪纸有限公司	剪纸（孝感雕花剪纸）
12		黄梅巾帼挑花工艺有限公司	挑花（黄梅挑花）
13	湖南	湖南省湘绣研究所	湘绣
14	广东	潮州市潮绣研究所	粤绣（潮绣）
15	四川	康定大吉香巴拉文化发展有限公司	藏族唐卡（噶玛嘎孜画派）
16		四川省青神县云华竹旅有限公司	竹编（青神竹编）
17		汶川杨华珍藏羌织绣文化传播有限公司	藏族编织、挑花刺绣工艺 羌族刺绣
18	贵州	台江芳佤银饰刺绣有限公司	苗绣
19	云南	剑川县兴艺古典木雕家具厂	木雕（剑川木雕）
20	西藏	西藏唐卡画院	藏族唐卡（勉萨画派）
21	甘肃	夏河县拉卜楞摩尼宝藏文化艺术有限公司	藏族唐卡（甘南藏族唐卡）
22	宁夏	宁夏隆德杨氏彩塑文物艺术有限公司	泥塑（杨氏家庭泥塑）
23	新疆兵团	新疆生产建设兵团农业建设第六师红旗农场	哈萨克毡绣和布绣

在23项生产性保护基地中，有3个是分别针对不同唐卡画派的专项保护基地，由此可见当前非遗保护对传统美术自身多元的艺术形态、多样的生存状态以及不同地区、不同流派的美术技艺各自传承统序的尊重。

另有一些地区也于2014年公布了省级生产性保护基地。2月，贵州省公布第二批省级非遗生产性保护示范基地名单，黔东南州台江县台江芳佤银饰刺绣有限公司被认定为苗绣生产性保护示范基地。[①] 6月，四川省公布第二批省级非遗生产性保护示范基地名单，四川羌寨绣庄有限责任公

---

① 《省文化厅关于公布第二批省级非物质文化遗产生产性保护示范基地名单的通知》，贵州省非物质文化遗产网，http://www.gzfwz.com/WebArticle/ShowContent? ID=80，2014年2月12日。

司和四川噶玛博秀有限公司分别被认定为羌族刺绣和噶玛嘎孜唐卡生产性保护基地。10月，新疆公布首批"自治区非物质文化遗产保护传承基地"91个单位，其中生产性保护基地28个，包括在布偶、面人、剪纸、泥塑等传统技艺保护方面做出积极贡献的新疆7坊街创意产业投资有限公司等单位。

生产性保护作为促进传统美术活态性、可持续性传承的重要手段之一，重在发掘传统美术制品的实用功能和商品价值，以期恢复并加强传统美术与当代民众消费生活的关系。这就要求传统美术保护必须与生产实践及市场消费结合起来，只有这样才能保持其创作活力和传承动力。但如何吸收以往经验，结合当下现实，在不损害传统美术自身文化价值和艺术价值的同时更好地实现生产性保护策略，是保护实践和理论研究两个领域共同面临的重点与难点。

2. 文化生态保护区内部的传统美术保护与传承

整体性保护作为非遗保护的另一种重要策略，更重视传统美术与特定的区域文化、历史传统及民俗节庆之间的深刻关联，旨在保护传统美术的历史价值、艺术价值和文化价值不因外界环境变迁而遭受破坏，体现了非遗保护工作对传统民间艺术原真性的尊重。在实践当中，文化生态保护区是实现传统美术整体性保护的主要方式之一，也将是今后传统美术保护的发展方向之一。

2014年，福建省发布《闽南文化生态保护区总体规划》，在对今后20年闽南地区独特的地域文化进行整体性保护的大框架之下，有多项计划涉及传统美术项目。漳州木版年画等6项传统美术代表性项目被列入"闽南文化生态保护区主要濒危非物质文化遗产代表性项目名录（共30项）"；与江加走木偶头雕刻等19个传统美术类非遗代表性项目相关的32家企业和单位被列为"闽南文化生态保护区首批扶持的传习中心（共125个）"名单；23位传统美术项目传承人入选"闽南文化生态保护区主要非物质文化遗产项目代表性传承人名单"；漳浦剪纸、华安玉雕、惠安石雕工艺被认定为"闽南文化生态保护区主要非物质文化遗产生产性保护项目（共29项）"；闽南剪纸展示馆、惠安雕艺（石雕、木雕）展示馆、漆线雕展示馆等多个传统美术专题馆建设被列入"闽南文化生态保护区基础设施建设项目（116个）专题展示馆"名单；《闽南传统美术》《闽南服饰》等与传美术相关的书籍亦入选"出版丛书与著作计划"。①

3. 生产性保护与整体性保护协同发展

生产性保护与整体性保护，两种策略出发点不同，侧重点不同，但根本目的都为了确保非遗传承的活态性，避免非遗技艺成为脱离地域文化生态和民众生活的无源之水，两种方式可以实现有效的合作。2014年，由文化部和财政部共同发布的《藏羌彝文化产业走廊总体规划》正是对这一思路的积极实践。该项规划计划打造一条横贯云、贵、川、藏、陕、甘、青七个省（自治区），针对藏、羌、彝三个少数民族文化艺术的产业走廊，建设一条"具有较强影响力、传播力和竞争力的西部地区特色文化产业带"。② 具体产业项目包括文化旅游、工艺美术、演艺娱乐及文化创意等新兴产业，均与传统美术息息相关。这一区域内，仅入选国家级非遗代表性项目名录的藏、羌、彝少数民族传统美术项目就有藏族唐卡、羌族刺绣、彝族（撒尼）刺绣等多个项目，加上省（自治区）、市两级的代表性项目名录，将有数十项传统美术项目被纳入整体开发规划之中。该规划将是融合生产性保护与整体性保护两种思路、促进传统美术开发与传承的一次开拓性实践。

生产性保护与整体性保护策略协作互通具有多重积极意义。首先，有利于维持传统美术与区域历史文化的内在联系，防止对传统美术的过度"革新"，避免其历史价值、文化价值和艺术价值遭到破坏。其次，强调区域特性及区域内文化艺术样式之间的有机统一，有利于保护不同地区、不同民族传统美术的多样性和独特性。最后，在整体发展区域文化产业的大前提之下进行产业开发，有助于促进区域内传统美术制造行业向集约化、市场化方向发展，激发区域内手工业者的创造积极性，加快民族美术与当代美术创意行业的融合。总而言之，生产性保护与整体性保护的协同合作，是今后传统美术保护的主要趋势之一。

---

① 《福建省人民政府办公厅关于印发闽南文化生态保护区总体规划的通知》（闽政办〔2014〕54号），福建省人民政府，http://www.fujian.gov.cn/zwgk/zxwj/szfwj/201405/t20140513_739229.htm，2014年5月10日。

② 《文化部、财政部关于印发〈藏羌彝文化产业走廊总体规划〉的通知》，中华人民共和国文化部，http://www.mcprc.gov.cn/whzx/ggtz/201403/t20140306_430486.html，2014年3月6日。

四　问题与对策

2014年，传统美术类非遗项目的保护工作在此前基础上，在不同方面各有不同程度的进展，同时也暴露了一些新的问题。

第一，传统美术类非遗的基层保护工作继续保持常态化发展的稳定趋势，有多场传统美术展览面向乡镇、农村群众展出，大大提高了当地传统美术类非遗代表性项目在基层群众中的影响力，也有利于调动地方群众传承民间艺术的主动性和积极性。与此同时，随着越来越多省市地区非遗保护法规及政策条例的推出，对传统美术类代表性项目及传承人的资金支持得到了法律和政策的双重保障，各级政府对贫困地区和少数民族地区的非遗保护工作也给予了更多的政策扶持和财政资助。

存在的问题包括，大部分传统美术类非遗的宣传和展出仍以美术作品的固定分类展示为主，艺术品展览式的呈现方式尽管突出了作品的艺术价值和审美价值，但却与其原生的文化环境相脱离，与民众的日常生活相隔绝，与传统美术自身的文化传统相割裂，这显然违背了非遗保护的初衷。因此，设计更符合传统美术特质的专题展出方式，重视对传统美术文化背景和传承生态的立体呈现，是今后传统美术宣传与展出工作需要特别注意的问题。

第二，生产性保护的理念在实践中不断发展、完善，相关企业、商家在追求经济效益和商业价值的同时，开始注重对各类技艺自身特色的保护与发扬。之所以发生这种转变，首先是前期实践所积累的经验教训所致。如上文所述，大量市场调研和田野调查表明，许多传统美术类项目因为开发不当、过度追求商业利益，已经造成粗制滥造、产品同质化等恶性后果，大大制约了行业发展。因此，从追求量到追求质，从单纯强调商业利润到注重综合效益，是传统美术行业内部发展的要求。另外，外部政策环境的引导和理论研究的规范也起到了重要的促进作用。

第三，对少数民族地区以及与特殊宗教信仰相关的美术技艺的保护问题，是当前传统美术类非遗生产性保护工作的难题之一。藏族唐卡、毕摩绘画这类美术形式仅在特定的少数民族地区流行，带有浓厚的宗教仪式色彩，文化生态环境往往十分脆弱，传承现状也更加严峻，很难进行大规模、产业化的保护与开发。这就特别需要认真参考以往的经验和教训，警惕过度开发，避免片面突出艺术价值和商品价值，使传统美术技艺步入丧失文化信仰根基、沦为旅游纪念商品的误区。

第四，在传承人培养方面，传承人高龄化问题依然没有得到有效解决，暴露出相关美术技艺衰落甚至断代的无奈现状。如何确保这些高龄传承人能切实履行相应职责与义务，同时，如何以更合理高效的方式培养濒危项目的重点接班人，是当前非遗传承工作的重中之重。此外，如前文所述，传承人男女性别分布失衡的现象也应引起足够重视。传统社会，手工技艺传承受社会分工和性别观念的影响和制约十分明显，一些有宗教祭祀功能的艺术形式（如东巴画、傩面具等），或作为家庭甚至家族、地区主要经济收入来源的手工技艺（如木雕、玉雕、石雕、象牙雕刻、盆景技艺、版画等），以及需要较高文化水平和艺术修养的创作形式（如民族绘画、民族书法等），多由男性掌握，且仅在男性群体中传承，长期秉承"传男不传女"的师承规律，女性被剥夺了进入传承体系的资格。与此同时，刺绣、剪纸等日常生活技艺则主要由女性掌握，并仅在女性群体中进行传承，较少有男性参与其中。在当今时代，亟须打破传统美术技艺传承领域的性别偏见。对此，一方面应继续加大非遗宣传力度，让更多人有机会了解传统美术，培养学习兴趣；另一方面，应以政策、法规形式要求传承人收徒和职业院校招生时，不得设置性别限制，从政策制度层面确保在传承人培养过程中实现真正的性别平等。

五　结语

2014年，全国各级传统美术类非遗代表性项目数量继续增加，13项传统美术技艺入选第四批国家级名录，另有多个省（自治区、直辖市）代表性项目名录及传承人名单陆续公布。各种展演活动频繁举办，形式更加丰富，从以往的静态作品展示向更加立体、生动的活态展演转变，展销结合，以展促销，传统工艺展与创意设计展结合成为新的趋势。在传承与教育方面，传承人培养与奖励机制在各级法规和政策的保障下逐步完善，新一批传习基地成立，校园推广进一步深入，传统美术教育开始进入中小学教材，同时，职业教育学校中的传统美术专业技术培训越来越受到重视，传统师徒传授、中小学兴趣培养、中高级职业学校专业技能培训将成为解决传统美术类非遗传承人培养问题的重要途径。

尽管过去一年的非遗保护工作取得了不少进展，但仍存在许多问题。面对现代化建设和商品经济的冲击，传统美术及其所依赖的传统民俗均在日渐消亡，老一辈传人逐渐退出，更多年轻艺人带着强烈的革新与发展意识投身其中，文化馆与合作社成为地方非遗保护与发展的引路者，基层政府鼓励农民探索依靠民间艺术致富的道路，在"发展""革新""致富"进程中仍然存在诸多问题。以剪纸为例，许多地方对传统剪纸与现代剪纸的区分与对待尚不明晰；政府在引导、保护过程中缺乏对剪纸艺术与当地文化、经济特点之间深层关系的宏观把控；部分地区对传统美术及本土文化的基础调查整理工作尚未完善便盲目地开发、利用民间美术资源发展地方经济……面对这些问题，政府在制定和落实相关保护政策时，必须从基层实况出发，深入了解区域内文化、经济状况的特殊性及传统美术生态的独特性，切实解决当地农民对传统美术及相关民间文化艺术的需求问题和当地非遗保护工作面临的具体问题、实际问题，让政府和社会给予乡村文化雪中送炭的政策关怀。[1]

---

[1] 参见中国民间艺术家协会陕北剪纸考察组：《陕北剪纸行》，中国文艺网，http://www.cflac.org.cn/xw/bwyc/201506/t20150612_298118.htm，2015年6月12日。

传统技艺类非物质文化遗产保护发展报告

撰稿：陆晓佳　审稿：徐艺乙*

2014年中国非物质文化遗产的保护工作继续向前稳步推进，这一年，国家公布了第四批国家级非物质文化遗产代表性项目名录，部分省份也相继推出各省的非物质文化遗产代表性项目名录与非遗传承人名单，其中的传统技艺依然是社会各界关注的焦点。

这一年，与传统技艺相关的政策研究、法律建设取得了丰硕的成果，同时更加注重传统技艺的教育传承与社会传播，更强调传统技艺同现代文化产业的融合与发展，各类传统技艺展演大放异彩，相比2013年有了新的发展和探索。但非遗保护工作中也依然存在一些未解决的问题，并出现了一些新的挑战，亟待关注。

本报告将从保护情况、研究情况、特点与趋势、问题与对策四个方面对2014年传统技艺类非物质文化遗产保护工作进行总结和探讨。

一　保护情况

2014年，传统技艺类非物质文化遗产保护工作稳中有进。这一年公布了第四批国家级非物质文化遗产代表性项目名录，其中传统技艺类非遗项目在数量上以及比重上都略有提升。伴随着名录建设步伐的日渐放缓，各省（自治区、直辖市）的新增名录数量显著下降，但传统技艺类非遗项目

---

* 陆晓佳，女，1990年生，中山大学中文系民俗学硕士研究生；徐艺乙，男，1956年生，南京大学历史系教授、中国国家非物质文化遗产保护工作专家委员会委员。

数量在比重上仍略有提升,并占比较大。随着文化体制改革的深入,对传统技艺的保护得到了制度上的保障和宏观政策上的积极引导。

(一) 各级各类非物质文化遗产名录的公布及调整

1. 第四批国家级非物质文化遗产代表性项目名录的公布

2014 年 12 月,国务院公布了第四批国家级非物质文化遗产代表性项目名录和第四批国家级非物质文化遗产代表性项目名录扩展名录,而这无疑成为 2014 年非遗保护工作的重点。①

和上一批次相比,2014 年国家级传统技艺类非遗在代表性项目的数量上以及比重上都略有提升。如图 1、图 2、图 3、图 4 所示。

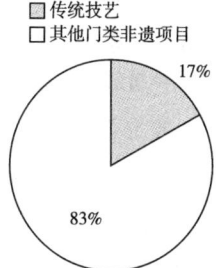

图 1 第三批国家级非遗代表性项目名录中传统技艺类非遗情况

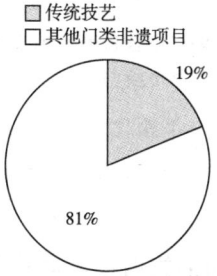

图 2 第四批国家级非遗代表性项目名录中传统技艺类非遗情况

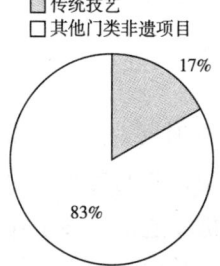

图 3 第三批国家级非遗代表性项目名录扩展项目中的传统技艺类非遗情况

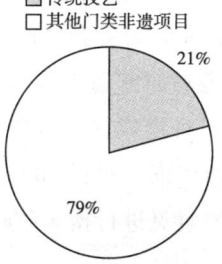

图 4 第四批国家级非遗代表性项目名录扩展项目中的传统技艺类非遗情况

2. 省级非物质文化遗产代表性项目名录的公布

2014 年,北京、四川、重庆、安徽、广西五个省(自治区、直辖市)

---

① 第四批国家级非物质文化遗产代表性项目名录见本书附录部分。

陆续公布了省级非物质文化遗产代表性项目名录①。这些地区今年共新增了传统技艺类非遗代表性项目118项，占项目总数的27.83%，新增传统技艺类扩展项目11项，占项目总数的29.73%。如图5、图6所示。

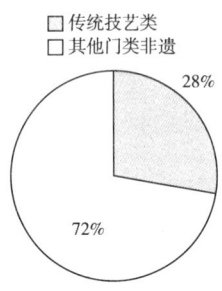

图5　2014年各省新增非遗代表性项目名录中传统技艺类非遗的情况　　图6　2014年各省新增非遗代表性项目名录扩展名录中传统技艺类非遗的情况

和2013年相比，传统技艺类非物质文化遗产名录新增项目显著减少，扩展项目也为数不多，名录建设步伐放缓。但从占比上看，在2014年各地公布的非遗名录中，北京市的传统技艺类非遗项目占项目总数的46%，而安徽省公布的第四批非物质文化遗产名录项目名单中这一比例更高，达到了49%，传统技艺类项目在项目名单中几乎占了半壁江山。由此可见，传统技艺类非遗项目在非遗保护工作中颇受重视。这反映出我国传统技艺具有数量多、价值高的特点，同时，这也和当下传统技艺市场逐渐缩小，不少传统技艺面临失传窘境而亟待抢救的现状相关。

3. 香港首届非遗清单

2008年香港成立非遗咨询会，经过三年多的时间，完成了非遗普查工作，在非遗咨询会对近800个本地非物质文化遗产进行考察和社会各界对非遗清单的意见进行搜集整理之后，香港的首份非遗清单终于在2014年6月正式公布。②

首份非遗清单共确立了480个非物质文化遗产项目，其中，传统手工艺部分包含了101个主项目和36个次级项目，包括豆豉制作技艺、豆腐制作技艺等127项传统技艺类非遗代表作，占到了项目总数的26.46%。其

---

① 详细名单见本书附录部分。
② 详细名单见本书附录部分。

中，有许多本地、渔民、客家、潮州等不同的地方文化传统，如潮州糖饼制作技艺（潮州五色礼饼）、客家菜菜式、粤菜菜式、茶楼点心制作技艺、潮州卤水食品制作技艺等，这些传统手工艺类文化遗产自内地传入，而在香港得到发展传承并形成体系；也有一些地方传统技艺，如港式奶茶制作技艺等。不过，部分项目如牙雕技艺、扎作技艺、晒盐技艺、雨伞制作、木船制作等业已式微，存在着失传的隐忧。①

4. 省级非物质文化遗产项目代表性传承人名录入选及保护情况

2014年，江苏、内蒙古、海南、云南、山东、湖南、新疆、福建、广东、陕西、湖北、青海、上海公布了新的省级非物质文化遗产项目代表性传承人名录。② 13个省（自治区、直辖市）共计327人成为传统技艺类非遗传承人代表。在数量上，云南省2014年新增的传统技艺类非遗传承人最多，达到了51人，在比例上，海南省最高，达到了30%。虽然各地分别不同程度地给予了传统技艺类非遗传承人一定的重视和保护，但在代表性传承人的认定工作中，地区差异仍然相对较大。在湖南第三批省级代表性传承人保护名单中，传统技艺类仅占十分之一强。

5. 调整

2014年3月，文化部发布了《关于调整和重新认定部分国家级非物质文化遗产代表性项目保护单位的通知》，决定对鼓舞（花钹大鼓）等121个国家级非遗代表性项目的保护单位进行调整和重新认定。③ 此次调整重新认定了文化部原核定的一部分传统技艺保护单位，并涉及包括河北省衡水市蒸馏酒传统酿造技艺（衡水老白干传统酿造技艺）、福建省龙岩市客家土楼营造技艺在内的17项传统技艺。

（二）政策法规

2014年是国家继续推进非物质文化遗产保护工作的一年。2014年政府出台的相关意见规划，一是继续强调建立健全相关机制，加强知识产权保护工作，以实现对传统技艺的保护；二是从具体的实践层面要求政府对部

---

① 《香港公布首份非物质文化遗产清单》，新华网，http://news.xinhuanet.com/culture/2014-06/18/c_126635297.htm，2014年6月18日。
② 详细名单见本书附录部分。
③ 详细名单见本书附录部分。

分传统技艺类非遗项目提供资金支持,并进行项目管理。3月14日,国务院发布了《关于推进文化创意和设计服务与相关产业融合发展的若干意见》,提出要鼓励挖掘、保护、发展中华老字号等民间特色传统技艺和服务理念。[1] 8月8日,文化部、财政部联合印发《关于推动特色文化产业发展的指导意见》,鼓励各地发展工艺品,建立和完善传统工艺、技艺的认定保护机制,鼓励特色文化企业申报原产地标记,并加大对知识产权的保护利用力度。[2] 8月,国家发改委办公厅、文化部办公厅专门出台了《国家非物质文化遗产保护利用设施建设实施方案》[3],要求对传统技艺类非遗项目的生产传习用房、技艺展示厅和相关的辅助用房等设施进行保护和改善。

从相关政策调整方面可以看出,在现代化与全球化进程中,在市场化和非遗保护语境下,国家继续在政策层面对传统技艺类非物质文化遗产如何融入现代生活保持着关注,强调创新与传统的融合,并在制度上提供保障,从宏观政策上给予了积极的引导。

同时,随着国家在传统技艺类非遗管理政策上的微观调整,陕西、河北、西藏、安徽、辽宁等地也陆续出台、修订了许多地方性的非遗法规、条例,以适应传统技艺类非物质文化遗产保护和发展的需要。

这些非遗条例在传统技艺的保护方面,都无一例外地规定了政府和传承人的责任和义务,提出应将非物质文化遗产及其资源转化为文化产品和文化服务;同时政府应当给予符合规定的项目一定的政策、资金、税收支持,对已经转化为文化产品的传统技艺等代表性项目进行重点扶持。

(三) 保护单位的建设

2014年,第二批国家级非物质文化遗产生产性保护示范基地名单公布。包括河北省邯郸市峰峰矿区大家陶艺有限责任公司(磁州窑烧制技艺)、大

---

[1] 《国务院关于推进文化创意和设计服务与相关产业融合发展的若干意见》,中国政府网,http://www.gov.cn/zhengce/content/2014-03/14/content_8713.htm,2014年3月4日。
[2] 《文化部、财政部关于推动特色文化产业发展的指导意见》,中华人民共和国文化部,http://www.mcprc.gov.cn/whzx/bnsjdt/whcys/201408/t20140828_435731.html,2014年8月28日。
[3] 《国家发展改革委办公厅、文化部办公厅关于印发国家非物质文化遗产保护利用设施建设实施方案的通知》,中华人民共和国国家发展和改革委员会,http://www.sdpc.gov.cn/zcfb/zcfbtz/201408/t20140805_621301.html,2014年5月4日。

厂回族自治县良盛达花丝镶嵌特艺有限公司（花丝镶嵌制作技艺）等在内的24个省（自治区、直辖市）共28个传统技艺的非遗传承基地得到确立。①

与之相应，一些省（自治区、直辖市）也建立了省（自治区、直辖市）级非物质文化遗产保护基地。10月27日，新疆首次认定了91个非遗保护传承基地，包括维吾尔族地毯制作技艺、维吾尔族乐器制作技艺、锡伯族弓箭制作技艺、蒙古族服饰制作技艺等在内的传统技艺类非遗项目将得到保护性发展。

生产性保护示范基地项目的建成，将使非物质文化遗产在转化为产品的同时，产生经济效益，促进产业发展与文化遗产保护的双赢，推动非物质文化遗产更好地融入当代生活。

（四）企业贡献

始于2007年的"BMW中国文化之旅"系列活动，在2014年继续开展。这一活动由BMW与中国艺术研究院（非遗保护中心）共同举办，旨在深入探访非物质文化遗产，助力中国传统文化的保护与发展。八年来，"BMW中国文化之旅"已经累计为77项亟待保护的非遗项目和研究课题提供了总计800万元的捐助。2014"BMW中国文化之旅"深入黔东南地区，重点探寻了贵州的刺绣、蜡染、银饰制作等手工技艺。② 8月26日，广东省深圳市首家非遗企业贺贺文化艺术公司在上海股权托管交易中心挂牌上市。公司将剪纸元素延伸到服装、灯饰、电子产品、礼品等领域，实现了将非物质文化遗产与现代工艺的结合，并且率先在国内备案了剪纸和景泰蓝工艺画企业质量标准，试图探索适合非物质文化遗产衍生品发展的商业模式。③

企业的参与，一方面唤起了社会公众对非物质文化遗产及其传承人群体的关注，另一方面也构筑了一个开放的文化保护平台，有利于推动非物质文化遗产及其资源转化为文化产品和文化服务。

---

① 《文化部关于公示第二批国家级非物质文化遗产生产性保护示范基地的公告》，《中国文化报》2014年4月14日，第8版。
② 《2014"BMW中国文化之旅"两线探访圆满完成》，中华网，http：//auto.china.com/dongtai/qy/11031467/20140707/18612151.html，2014年7月15日。
③ 《深圳首家非遗企业挂牌上市》，中国文化传媒网，http：//www.ccdy/xinwen/gongong/xinwen/201409/t20140905_993398.htm，2014年9月5日。

（五）传承和教育

2014年传统技艺类非物质文化遗产的传承、教育工作呈现出两大特色，一是在国家的重视和主导驱使下，地方政府积极开办各类培训班、研修班，对已经认定的非遗传承人进行技能培训；二是以"非遗进校园"为主题，注重校园宣传和体验活动的开展，并在职业院校开设传统技艺类非物质文化遗产专业课，聘请传承人授课，促进非遗传承与职业教育的结合。

2014年，辽宁省在"非遗进校园"系列活动中展示了营口陈氏面塑技艺、木条编织技艺等多个极具互动性和观赏性的传统技艺。① 在云南省的非遗进校园活动中，60多位民间文化传承人展演了包括云南围棋子（云子）制作技艺、宝翰轩字画装裱修复技艺在内的35个云南省传统医药、传统美术、传统手工艺及民族民间歌舞等项目。②

2014年，非遗传承与职业教育相结合的标志性事件是非物质文化遗产学院的成立。该学院隶属于四川省文化产业学院，是全国第一所以"非物质文化遗产"命名并致力于培养非遗保护与研发、项目传承专门人才的学院，这意味着非物质文化遗产拥有了专业文化身份。③

尽管政府和社会各界在积极推动传统技艺类非遗项目的传承工作，但是由于许多传统技艺类项目学习周期长、成材率低，许多传统技艺的传承仍然面临后继无人的困境。不过在新的时代背景下，在报刊媒体对非遗传承人进行大量采访报道的同时，许多非遗传承人的传承自觉意识被挖掘出来，他们在新媒体的帮助下，利用网络公开寻找传承人，积极推动了项目的传承。④ 与此同时，一些"90后"青年也意识到了传统文化的重要性，自觉加入到非遗传承、传播的队伍中。中国传媒大学一群"90后"大学生成立了名为"非遗青年"的社团，利用暑期对"砖雕张""聚元号"弓箭

---

① 《省非遗保护中心开展"非遗进校园"文化志愿服务活动》，辽宁省人民政府，http://www.ln.gov.cn/zfxx/tjdt/201410/t20141028_1466343.html，2014年10月28日。

② 《云南非遗传承人走进大学校园，促进非遗与教育相融传承》，中华人民共和国文化部，http://www.mcprc.gov.cn/whzx/qgwhxxlb/yunnan/201410/t20141030_436903.html，2014年10月30日。

③ 《国内首家非物质文化遗产学院落户四川》，中国新闻网，http://www.chinanews.com/tp/2014/07-07/6358030.shtml，2014年7月7日。

④ 《丽水50位非遗传人网上免费公开招徒》，中国新闻网，http://www.chinanews.com/cul/2014/07-09/6366388.shtml，2014年7月9日。

等非遗传承人进行寻访调研,形成了3部纪录片和6个项目的调研成果。①广西钦州学院的"90后"大学生将"坭兴陶"大师们传承的经验与理论知识相结合,创新弘扬"坭兴陶"工艺,他们制作的作品多次在国内外陶艺大赛中获奖,现已有200多名毕业生在当地的生产企业就职,致力于创新传承"坭兴陶"非遗文化。②

(六)展览展演

2014年,国内外开展了不同规模的传统技艺展览展演活动,不少传统技艺类非遗传承人在现场进行活态展示,使传统技艺类非物质文化遗产项目得到了展示宣传。

1. 综合展览中的传统技艺展示

2014年,不少传统技艺在专题博览会中得到展出。博览会围绕不同的主题,展示了来自不同地区的传统技艺。1月19日,在文化部主办的"中国非物质文化遗产年俗文化展示周"活动中,集中展示了与年节文化密切相关的近80个传统美术和传统技艺类非物质文化遗产项目。③云南举办了"古韵官渡·第四届全国非物质文化遗产联展",专门组织传统技艺生产性保护展示,展示了包括个旧锡器制作技艺、建水紫陶制作技艺、白族布扎制作技艺等85项非遗项目。④

有的综合展览通过精选具有区域代表性的非遗项目来展示地方文化特色,呈现传统技艺精髓和地域文化魅力。2014年,南京⑤、福建⑥组织了非物质文化遗产精品展,新疆国际旅游商品博览会中特设了"丝路商街"主题展馆,重点展示了传统技艺类非物质文化遗产项目。⑦ 10月,四川省

---

① 《非遗玩儿出时尚来》,《北京日报》2014年3月21日,第8版。
② 《90后大学生潜心研习陶艺致力传承非遗文化》,搜狐网,http://roll.sohu.com/20140619/n401045103.shtml,2014年6月19日。
③ 《"中国非遗年俗文化展示周"开幕》,新华网,http://news.xinhuanet.com/politics/2014-01/20/c_126032222.htm,2014年1月20日。
④ 《第四届全国非遗联展在昆明举行》,中国文化传媒网,http://www.ccdy.cn/xinwen/wenhua/xinwen/201401/t20140123_855869.htm,2014年1月23日。
⑤ 《南京非遗精品在京展示》,《中国文化报》2014年6月30日,第1版。
⑥ 《福建非物质文化遗产精品展在京举行》,光明网,http://news.gmw.cn/2014-09/18/content_13280060.htm,2014年9月18日。
⑦ 《新疆非遗项目将亮相克拉玛依》,中华人民共和国文化部,http://www.mcprc.gov.cn/whzx/qgwhxxlb/xinjiang/201408/t20140822_435524.html,2014年8月22日。

举办了首届农民艺术节暨民间艺术节,展示了来自全省各地的27项民间手艺,包括蜀锦、蜀绣、成都银花丝、成都漆艺、刘氏竹编等。①

2. 专题展示

2014年,全国各地开展了形式多样的传统技艺类非遗专题展示活动。

广西壮族自治区举办了"品味广西:2014广西非物质文化遗产美食展",展览设置了广西非物质文化遗产美食制作技艺展示表演区,邀请了入选广西壮族自治区级非物质文化遗产保护名录的民间传承人现场展示制作技艺,展览内容包括壮族五色糯米饭艺、横县大粽、油茶(恭城油茶)等制作工艺。②浙江温州在第九个全国"文化遗产日"举办了"百人百工百技"现场展示活动,来自温州的103位非遗传承人带来了乐清细纹刻纸、木拱桥营造技艺、木活字印刷技术、夏益锦盔头制作技艺、鸡母狗粿制作技艺等70多项国家级、省市级非遗。③浙江杭州则于12月17~21日举办了首届中国国际传统工艺技术研讨会暨博览会名人名品展。④北京恭王府中华传统技艺精品馆的首次展出集中展示了明式家具制作技艺。⑤海南省保亭县非物质文化遗产2014年的传统技艺巡回展以"雨林奇观,黎风苗韵"为主题,在呀诺达雨林文化旅游区向游客展示黎族传统纺染织绣技艺、苗族染绣技艺和黎族钻木取火、竹木器乐、藤竹编织等传统技艺。⑥

3. 境外展示

2014年,不少传统技艺类"非遗"跨越国境,在境外得到了展示。

1月21日,"天工遗风——浙江非物质文化遗产展"在印度美术手工协会展厅开幕。展览选取龙泉青瓷、活字印刷、细纹刻纸等30多个浙江最具代表性的非遗项目,将活态演示和静态展陈的方式相结合,充分展示了

---

① 《四川省首届农民艺术节暨民间艺术节开幕》,四川新闻网,http://scnews.newssc.org/system/20141011/000498715.html,2014年10月11日。
② 《广西:多项活动品味舌尖上的非遗》,《中国文化报》2014年5月21日,第2版。
③ 《温州非遗展演"百人百工百技",民间绝技活起来》,新华网,http://www.fj.xinhuanet.com/travel/2014-07/03/c_1111434002.htm,2014年7月3日。
④ 《首届中国国际传统工艺技术研讨会暨博览会名人名品展展会12月17日登陆杭州》,西湖博览会网站,http://www.xh-expo.com/477/2014/12/18515.html,2014年12月1日。
⑤ 《明式家具传统制作技艺学术研讨会暨明氏十六品高仿作品展》,新华网,http://news.xinhuanet.com/shuhua/2014-07/08/c_126725825.htm,2014年7月8日。
⑥ 《海南保亭县非遗传统技艺巡回展走进呀诺达》,中新网,http://www.hi.chinanews.com/hnnew/2014-09-27/4_37103.html,2014年9月27日。

富有中国特色的民间工艺绝技。① 7月11~13日，加拿大多伦多港前艺术中心举办了"加拿大中国民俗文化节——China Now"，"加拿大中国民俗文化节"是中加文化交流史上迄今为止规模最大、级别最高的一次中国民俗文化主题活动。② 9月6~13日，由长沙开福湘女绣庄、长沙棕艺堂佳霖编织坊（棕叶编）、长沙青竹湖湘绣三家非物质文化遗产项目单位组成的湖南代表团，远赴西欧列支敦士登大公国，参加为期8天的2014列支敦士登国际工商及手工业展览会（LIHGA）。③

（七）竞赛与奖励

1. 薪传奖

2014年，由中国非物质文化遗产保护中心主办的"中国非物质文化遗产传承人薪传奖"（以下简称"薪传奖"）继续开展。薪传奖是我国首个由非物质文化遗产专业工作机构设立的国家级专业奖项，每年评选一次，每次评选出杰出非物质文化遗产传承人60名。2014年的颁奖仪式在中国艺术研究院隆重举行，60名获奖者中有20名是传统技艺类传承人。④

2. 中华非物质文化遗产保护贡献奖

2014年，中国艺术研究院（中国非物质文化遗产保护中心）面向中国内地及香港、澳门、台湾地区，设立了"中华非物质文化遗产保护贡献奖"，以表彰在非物质文化遗产保护实践中做出突出贡献者。2014年6月6日，"中华非物质文化遗产保护贡献奖"颁奖仪式在中国艺术研究院举行。中国泛海控股集团有限公司，宝马（中国）汽车贸易有限公司、华晨宝马汽车有限公司由于在非物质文化遗产保护实践中做出突出贡献，成为首次获得该奖项的两家机构。⑤

---

① 《印度展出浙江非物质文化遗产》，中国文化传媒网，http://www.ccdy.cn/xinwen/jiaoliu/xinwen/201412/t20141211_1034002.htm，2014年12月11日。
② 《加拿大中国民俗文化节在多伦多成功举办》，环球网，http://china.huanqiu.com/News/scio/2014-11/5220779.html，2014年11月29日。
③ 《湖南长沙非遗项目赴西欧展览》，人民网，http://sh.people.com.cn/n/2014/0911/c357191-22267580.html，2014年9月11日。
④ 第三届"中华非物质文化遗产传承人薪传奖"获奖人员名单（传统技艺类）见本书附录部分。
⑤ 《第三届"中华非物质文化遗产传承人薪传奖"暨"中华非物质文化遗产保护贡献奖"颁奖仪式举行》，中华人民共和国文化部，http://www.mcprc.gov.cn/whzx/zsdwdt/zgysyjy_zsdw/201406/t20140609_433629.html，2014年6月9日。

3. 其他各类竞赛与评奖

2014年，由湖南省文化厅、湖南日报报业集团联合指导的"湖南省'工艺美术大师'系列宣传表彰活动"启动。活动评选出了"湖南省最具影响力的工艺美术大师"，包括湖南省内传统美术、传统手工技艺两大类的"湖南省具有发展潜力的传统技艺项目"，以及"湖南省具有艺术推广价值的工艺美术品"共三个奖项。3月3日，活动为新授予的31位湖南省工艺美术大师颁发了证书。湖南从1990年起开展省工艺美术大师的评授工作，目前已有121位资深工艺美术专业技术人员获此殊荣。

二 研究情况

（一）科研立项

2014年传统技艺类相关科研立项中，国家社会科学基金资助项目有13项，其中年度项目4项，青年基金项目1项，艺术学项目8项。[1]

2014年国家社会科学基金资助项目共3979项，年度项目2776项，青年项目1044项，艺术学项目159项，科研立项中与传统技艺相关的共13项，涵盖了宋锦织染技术、山西传统民居营造技艺、传统泥片贴筑制陶工艺等多个与传统技艺相关的研究项目，与2013年的9项相比，在数量上增加了4项；在比重上，2013年与传统技艺相关的科研立项占总量（3826项）的0.2%，2014年与传统技艺相关的科研立项占总量的0.3%，2014年与传统技艺相关的科研立项占总量的比例较2013年有所提升。

（二）研讨会

2014年，围绕传统技艺类非物质文化遗产的传承保护工作，部分地区开展了不同规模、主题多样的学科研讨会，其中有高校主办的，有政府主导的，也有社会机构联合举办的，研讨会从不同角度进行了探讨、分析和研究，社会各界纷纷建言献策，热烈讨论，既有总体战略的部署，也有具体对策的协商，为传统技艺类非遗保护传承产生了引导作用。

其中尤为值得一提的是2014年12月17~21日，中国科学院、中华炎

---

[1] 2014年国家社科基金立项名单（传统技艺类）见本书附录部分。

黄文化研究会、杭州市人民政府联合举办了首届中国国际传统工艺技术研讨会，这是以国际性传统工艺技术研讨和国际性传统工艺技术名人制品展览展示为内容的首次盛会，该研讨会以"振兴传统工艺文化"为主题，就国际传统工艺技术保护、传承、创新、发展的最新科研成果进行了总结与交流，展示了国际传统工艺技术高、精、尖、新、奇、特制品，并为2015米兰世博会 KIP 馆推荐入馆精品，以参加《联合国千年发展目标》米兰千年金奖评选。①

（三）著作情况

2014年5月，"十二五"国家重点图书出版规划项目、长北著《〈髹饰录〉与东亚漆艺——传统髹饰工艺体系研究》由人民美术出版社出版。全书共40余万字，详细梳理了以中国髹饰工艺体系为主干的东亚髹饰工艺发生、发展与衍变的脉络，对各时代、各国、各种不同的漆器髹饰工艺及其材料、工具、设备、器用与流程进行了介绍，逐条解说了《髹饰录》记录的漆器髹饰工艺及其未记的割漆、选漆、制漆、熬油工艺，另外对《髹饰录》问世以后东亚各国漆器髹饰工艺新创、日本莳绘工艺体系、工业社会漆器髹饰工艺的质变也有涉及，堪称东亚漆器研究的经典作品。②

由江苏省工艺美术学会常务理事陆晔和南京师范大学中北学院艺术系讲师陆原合编的《中国纹样图典》由学苑出版社出版。这是一部传统装饰纹样题材类的大型图集工具书，书中全面系统地反映了我国历代装饰纹样中各种动物题材和植物题材纹样的基本面貌，涉及的工艺载体几乎涵盖了传统工艺美术领域的全部门类和应用范畴，如陶瓷、织绣、印染、服饰、漆器、工艺雕塑、金属工艺、剪刻绘印、建筑彩画等，题材品种之全面、内容之丰富、容量之广泛，在60多年来的纹样类图集出版物中比较少见，对传统工艺美术的学术研究和生产制作等都有一定的参考价值和现实意义。③

---

① 《首届中国国际传统工艺技术研讨会暨博览会名人名品展昨在杭开幕》，人民美术网，http://www.peopleart.tv/65292.shtml，2014年12月8日。
② 《新书推荐〈《髹饰录》与东亚漆艺——传统髹饰工艺体系研究〉》，漆趣网，http://www.qiquwang.com/2014/0613/2769.html，2014年6月13日。
③ 《传统工艺纹样大型工具书〈中国纹样图典〉出版》，艺博网，http://www.jsact.cn/news/show-4108.aspx，2014年9月24日。

(四) 论文情况

笔者在"中国知网"将文献搜索范围限定在"基础科学""哲学与人文科学""社会科学""信息科技""经济与管理科学"的范围，时间范围取2014年1月1日～12月31日，以"传统技艺""手工艺"为主题词和关键词搜索，查到的论文分别为167篇（传统技艺）和529篇（手工艺），并对其进行了简要分类。

2014年传统技艺研究领域的主要研究论题可分为以下几类，笔者试就热点视角与研究内容进行概述：

1. 基于个案调查，对传统技艺类非遗进行工艺流程再现

个案的调查研究多使用实地调查的方法，通过亲身的观察与体验，深入细致地探究传统技艺类非物质文化遗产在制作技艺上的特殊性和复杂性，或就特定非遗的发展现状、面临的危机等进行分析。陈丹围绕凉山彝族传统漆器工艺的当代传承与发展展开了实地调查。[①] 计世光则在《中国端砚制作技艺调查研究》[②] 中理清了端砚制作工艺的发展的脉络，对端砚的出产地、各时期端砚制作的特征进行了说明，并进行了实地工艺调查。在运用拍照、录像等手段对当代端砚制作工艺进行记录的同时，也对其中一些关键工艺步骤进行了亲自操作，概括出端砚制作的工艺程序。在《扬州雕版印刷技艺的调查与研究》[③] 一文中，作者赵子君、倪健林对雕版印刷技艺的传承人进行了深度访谈，通过传承人的口述，呈现了扬州雕版印刷技艺的发展历程，借助现场观察、拍摄等方式，对其工具材料准备、制作流程和技艺特色进行了完整呈现。

2. 通观全局，为传统技艺类非遗保护与发展出谋划策

不少论文全方位把握，多角度观察，通过对政府、企业、媒体、传承人等不同社会主体的权责提出要求，寻找多种途径为传统技艺类非物质文化遗产的保护和发展出谋划策。李亚男等人在论文中提出，要以政策法规为根本手段，将保护工作与市场产业结合，形成产业集群，同时要挖掘传统技艺类非遗的文化内涵，注重传播和推广，强化与提升项目的品牌与形象，做到保

[①] 陈丹：《凉山彝族传统漆器工艺当代传承与发展调查》，《文化遗产》2014年第3期。
[②] 计世光：《中国端砚制作技艺调查研究》，硕士学位论文，重庆师范大学，2014。
[③] 赵子君、倪健林：《扬州雕版印刷技艺的调查与研究》，《创意与设计》2014年第2期。

护与开发并重。① 傅丽在论文中则以杭州运河区域的传统手工技艺为例，指出其保护发展一是需要通过流动展览、数字化方式等手段使传统手工艺重回当代记忆，二是需要依靠政府支持开设资助项目，利用文化产业方式找回当代利用空间，同时注重品牌的成长。② 汪浩对景德镇陶瓷手工艺传承的现状进行了阐述，尤其关注制瓷手工艺传承方式在新媒介环境下所呈现的转变，并指出了在新媒介机制下所面临的机遇挑战以及相应的建议与对策。③ 张瑞在论文中总结了近年来随着旅游业开发，大理地区传统手工艺出现的诸如破坏性发展、民族特色流失、异化等问题。④ 宋秋采用访谈、观察等方法深入四川省凉山州进行传统手工艺的调研，指出了当前保护工作中存在的诸多问题，并在此基础上提出应发挥多方力量，形成多元化的保护的建议。⑤

3. 从生产性保护角度出发，探讨传统技艺的保护和发展

活态保护一直是非遗保护关注的重点。2014年文化创意产业的蓬勃发展，无疑为传统技艺类非物质文化遗产提供了崭新的现实语境与发展机遇，不少论文开始就如何实现传统技艺与文化产业的有机结合进行了多角度、深层次的研究讨论。

在《自洽衍变——"非遗"理性商业化的必然性分析——以传统手工艺为例》一文中，作者张礼敏提出，部分非物质文化遗产的起源即带有商品属性，留存至今的传统手工艺都有其适应市场、适应社会的衍变经历。只有通过理性商业化，尊重、鼓励和促进具备商业运作潜力的手工艺进行自洽衍变，才能使之重新融入现代民众生活，形成稳定的文化消费习惯和消费群体，摆脱濒危窘境。⑥ 在《本真与嬗变——对作为非物质文化遗产的手工技术意义的再反思》一文中，作者顾浩也认为非物质文化遗产的传

---

① 李亚男、张浩然、杜浩：《河北省非物质文化遗产保护性开发策略》，《河北大学学报》2014年第3期。
② 傅丽：《传统手工艺类非物质文化遗产的当代传承与振兴——以杭州运河区域的实践为例》，《浙江艺术职业学院学报》2014年第2期。
③ 汪浩：《新媒介环境下景德镇制瓷手工艺传承的机遇和挑战》，《科教文汇》2014年第3期。
④ 张瑞：《大理地区传统手工艺发展现状问题研究》，《前沿》2014年第ZB期。
⑤ 宋秋：《凉山彝族传统手工艺类非物质文化遗产保护之问题与对策》，《西昌学院学报》（社会科学版）2014年第4期。
⑥ 张礼敏：《自洽衍变："非遗"理性商业化的必然性分析——以传统手工艺为例》，《民俗研究》2014年第2期。

统手工技艺的本真性是相对的，但它的嬗变将是绝对的，应当认同并促成传统手工技术社会功能的转换，不应固守所谓"传统"，使传统技艺在急速转化的社会中迟钝保守。① 中国艺术研究院研究员邱春林也提出，要从传统再出发实现手工业的第二次产业化。② 焦成根、唐慧基于对湖南地区侗锦工艺的田野调查和发展现状，提出了搭建一个文化创意产业平台发展侗锦的想法，希望通过高校培养、科研机构研究、民间艺人技术指导、政府提供政策资金支持、行业企业间深度联合，实现"产、学、研、商"一体化发展，从而形成一个优势互补、利益共享、风险共担、联合开发的文化创意产业链。③

但与此同时，也有学者为盲目的文化产业化敲响了警钟。徐艺乙在《当下传统工艺美术的问题与思考》一文中指出，创新在手工艺行业里有较大的局限性，传统手工艺不仅是满足生活之需创造经济利益的产业，同时也承载着传承文化的重任，而有部分技艺是无法通过产业化实现价值的，手工技艺中的很多产品从来不是大众化用品，讲求精工细作，此时盲目的产业化非但无法达到经济文化的双赢，相反还会给相关企业和生产作坊带来巨大的损失。④

石慧提出，保持民间传统手工艺传承的最有效方式是提高其市场化程度，而高级定制无疑是保持传统手工艺的自主性和独立性的最好方式，这种方式能够将传统手工艺中最温暖的、人性化的东西在创新和发展的模式下保存下来，从而保留传统手工艺的核心价值——情感元素的传递，同时又能使传统手工艺按照产业化的形式发展。⑤

4. 传统技艺的教育与传承问题

传统技艺的教育与传承问题在近年来一直是研究的热点问题，2014年更加注重教育传承过程中校企合作模式的探索，并对以往探索过程中出现的问题予以分析，并提出了改革方法。另外，也有部分论文涉及教学内容与教学方法的反思。

---

① 顾浩：《本真与嬗变——对作为非物质文化遗产的手工艺技术意义的再反思》，《扬州大学学报》（人文社会科学版）2014年第1期。
② 邱春林：《从传统再出发：手工艺的第二次产业化》，《人民政协报》2014年7月28日，第10版。
③ 焦成根、唐慧：《文化创意产业背景下的传统手工艺生存与发展之"道"——以湖南侗锦工艺为例》，《湖南行政学院学报》2014年第4期。
④ 徐艺乙：《当下传统工艺美术的问题与思考》，《贵州社会科学》2014年第3期。
⑤ 石慧：《保持传统手工艺的纯粹性之高级定制》，《现代交际》2014年第7期。

廖瑜以湖南工艺美术职业学院的湘绣专业为例，提出传统手工艺在高职艺术院校的四大传承路径。① 贺坚以贝雕艺术课程为例，针对中等职业学校工艺美术课程中教学内容与企业需求脱节、教材缺乏区域特色、教学与实践脱节等问题提出了改革思路。② 高爱民则提出，应该根据学校所在区域，选择一两个可操作性强、具有地方特色、适合中职学生学习的传统手工艺项目作为主要学习目标，并可先尝试以第二课堂形式引进传统手工艺学习，待教学条件成熟时再将手工艺课纳入正式课程体系。③ 另外，广西师范大学的李书田鉴于我国基础教育美术课程中《工艺》模块由于建设与发展尚不成熟，一直未开设，便以桂林民族民间手工艺教材开发为出发点，通过文献资料和实地考察资料相结合的方法，梳理桂林地区可供开发的手工艺教学资源，对将手工艺资源转换为教学资源进行了尝试。④

5. 传统技艺的知识产权法律保护问题

早在2008年国务院发布的《国家知识产权战略纲要》中就指出，要在包括传统手工艺在内的特定领域加强知识产权保护。近年来，随着非遗保护工作的不断推进，与市场关系最为密切的传统手工艺的有关权利主体已经意识到知识产权在传统手工艺保护中的重要性。2014年，不少论文就是围绕传统手工艺传承发展中的知识产权问题进行研究和讨论的。

这些论文都不约而同地观察到了近年来由于传统技艺的特殊性，以及知识产权制度本身的不完善而引发的相关问题，如技术标准制定缺失或不够完善、发明专利权与商业秘密权保护之间的利益取舍、地理标志注册的困难、著作权与外观设计专利权之间存在的交集与冲突、传统手工艺本源作品的保护、侵权成本与维权成本呈现反比现象等。白慧颖在论文中针对这些现象，从法律角度给出了一些建议和意见。⑤ 杨丽娇在其硕士学位论文《我国传统手工艺的知识产权保护》中，运用比较的视角，介绍了国外

---

① 吴化雨：《工艺美术专业在边疆高校教育中的人才培养模式探究——以云南省为例》，《美术教育研究》2014年第19期。
② 贺坚：《中等职业学校工艺美术品牌课程建设的研究——以贝雕艺术课程为例》，《艺术科技》2014年第3期。
③ 高爱民：《不要让优秀传统手工技艺成为"古董"艺术——关于中职学校传承传统手工艺教学的几点思考》，《职业教育研究》2014年第9期。
④ 李书田：《桂林民族民间手工艺教材开发研究》，硕士学位论文，广西师范大学，2014。
⑤ 白慧颖：《传统手工艺传承发展中的知识产权问题研究》，《河南财经政法大学学报》2014年第4期。

具有代表性的国家以及相关国际组织的法律保护措施，指出了我国传统手工艺保护方面存在的主要问题和现实困境，提出了相应的完善意见，并对如何采取特别立法保护的模式保护传统手工艺进行了重点陈述。[1]

三 特点与趋势

2014年传统技艺类非物质文化遗产的保护研究工作，呈现出以下一些新的特点和趋势。

（一）国家严格把控传统技艺类非遗"入口"

同前几年大规模公布非遗名录相比，2014年，国家在传统技艺类非遗保护工作方面更加审慎。这一年公布了国家级传统技艺类非遗的代表性项目，但在具体的数量上以及总体比重上都基本与上一年持平，不再有大规模调整，严格把控传统技艺类非遗保护的"入口"。这一特点更加明显地体现在省级非物质文化遗产代表性项目名录的公布上。2014年，北京、四川、重庆、安徽、广西五个省（自治区、直辖市）陆续公布了省级非物质文化遗产代表性项目名录，而2013年公布省级非物质文化遗产名录的省（自治区、直辖市）多达16个，对于传统技艺的保护工作而言，在数量控制的前提下，更有利于政府相关机构对非遗项目进行管理。

（二）实行动态化的"退出"管理机制

2014年，文化部第二次对原有国家级非遗代表性项目的保护单位进行调整和重新认定。这次重新认定，涉及17个不同省份、不同批次、不同项目内容的传统技艺类国家级非物质文化遗产代表性项目，撤销了一批不再具有保护作用的原有保护单位，而将其纳入新的具备保护、传承能力的新的保护单位中。而在地方，《河北省非物质文化遗产条例》也打破了非遗传承人"终身制"，提出应定期对非遗传承人进行评估，对丧失传承能力的传承人和无正当理由拒不履行规定义务的传承人取消资格、重新认定。

这一动态化的"退出"管理机制，显示出国家和地方相关部门对传

---

[1] 杨丽娇：《我国传统手工艺的知识产权保护》，硕士学位论文，黑龙江大学，2014。

统技艺类非遗项目保护工作的持续关注和动态管理趋势。

（三）重视对传统技艺类非遗项目的生产性保护

生产性保护一直都是传统技艺类非遗保护的重点。文化产业化无疑为传统技艺创造了实现社会价值和商业价值的双赢机会。手工艺类的非物质文化遗产一方面得以通过此途径获得再生产的动力，加速传承和传播，同时，也能创造经济价值。不少传统技艺通过手工艺品的制作和销售，将文化与产业结合，形成文化产品，开始接受市场的检验。2014年，随着第二批国家级非物质文化遗产生产性保护示范基地名单公布，不少传统技艺类非遗项目将得到政府的资金政策支持与进一步生产性保护。校企合作模式在传统技艺领域有了新的探索，传统技艺大师参与项目产品设计，推动传统手工艺在高职艺术院校、企业生产领域的传承与发展，这一途径得到了更多的重视和关注。

（四）推动新媒体及数字化技术下传统技艺的保护与传承

传统技艺类非物质文化遗产是依托于人而存在的，传承人是核心，但在新的媒体及技术环境中，传统技艺也有了新的宣传推广方式。中国青少年发展基金会与广西民族博物馆共同建设的"希捷广西非物质文化遗产数字中心"通过现场讲解及音频、视频相结合的形式，让公众在参观博物馆静态展览之余，从试听层面亲身感受非物质文化遗产的魅力。另外，新媒体还承担了互通有无、资源调配的功能。社会上有很多非遗项目爱好人士，想学技艺却苦于寻师无门，而部分传统技艺类非遗又苦于找不到传承人，新型媒体成为一种全新的交互沟通渠道。如浙江丽水市利用新型媒体开启了网络寻访活动，面向全国公开免费招收传统技艺类非遗的传承人，在培养和保护传承人、传递承载传统技艺方面发挥了重要作用。

四 问题与对策

如上文所述，2014年传统技艺无论是在政策引导、行为实践方面，还是在学术研究领域，都获得了非常大的进展。然而，其中仍然存在一些亟待重视并解决的问题。为此，笔者试提出以下对策，以唤起社会各方面力量的关注和积极响应，促进传统技艺的保护与发展。

（一）注重技艺传承，避免产业化趋势下技艺意识的淡化

2014年，不少生产性保护示范基地项目建成，许多校企也开始探索联合发展、共享利益的新模式。对于传统技艺类非遗项目来说，生产性保护无疑成为活态保护的代名词。然而，一方面生产性保护不能完全等同于产业化，另一方面，在推进传统技艺、传统手工艺品产业化的今天，不少问题也开始涌现，产业化趋势下技艺意识的淡薄就是最突出一个表现。在产业化的背景下，一些运用传统技艺制作的工艺品为迎合市场需求，在现代工业中努力适应市场需求的不断精细化、标准化，逐渐丧失了传统手工技艺的精髓，最后沦为机械复制品，丧失了手工感，逐渐退出市场。

徐艺乙在《当下传统工艺美术的问题与思考》[①]中一针见血地指出，许多传统技艺生产的产品是无法实现产业化的，文化产业作为消费主义社会的产物，关注的是文化产品的大众化、标准性和通用性，可是传统手工艺中的追求的是独特性和区域性，且在制作过程中因材料、工艺的不同会出现较多不确定性因素，如何处理这些状况仰赖于手工艺人的经验和习惯，也是传统技艺的固有价值体现，而工业化流水线生产的产品往往缺少这一创造性地体现主观能动性的过程，一味追求产业化过程中的数量、规模、集约效应，带来的是质量的下降、技艺意识的淡薄。但作为非物质文化遗产的传统技艺，其价值所在依然还是技艺、手工，因此无论采取何种形式，都要坚持手工制作这一基础。生产性保护只能作为传承和传播的保护手段，而不能成为以利润为目标、以市场为导向的产业。

（二）先继承，后创新，避免创意呼声下传统的变异和流失

2014年，创新仍然是一个热词。这一年，文化部与财政部联合印发了《关于推动特色文化产业发展的指导意见》，明确提出了促进工艺品中特色文化元素、传统工艺技艺与创意设计、现代科技、时尚元素结合的要求。在传统文化领域，如何在继承传统的基础上对传统技艺实现创新，成为传统技艺实施生产性保护的重点与难点，而近年来过度关注创新对传统技艺造成的变异问题，值得引起重视。

---

① 徐艺乙：《当下传统工艺美术的问题与思考》，《贵州社会科学》2014年第3期。

部分传统技艺一味追求创新,却在现代设计和工艺制作中无法寻找到自己的独有价值。徐艺乙在《当下传统工艺美术的问题与思考》中指出,当前在传统手工艺领域内的创新多是不成功的,究其原因,一是对传统研究不足,二是传统手工艺领域内创新本来就有较大的局限性。现在的所谓创新,或出于传统的冗杂,或由于经济舆论的左右,而缺乏对传统的研究与传承,造成对传统技艺中材料、工艺、形态的认识不足,审美标准和趣味相对缺乏,创新成为无源之水,缺乏价值和创新意义。而作为手工艺品,其关键的材料、工艺、形态中能够创新的空间也是有限的,不可能进行颠覆性的创新,尤其是在工艺上,机械生产后的传统手工艺将丧失其保护的根本意义,手感的缺失带来的将是手工技术的倒退。

笔者认为,在这个纷纷以创新闯市场求发展的时代,传统手工艺必须厘清什么是不能变的根基,不能盲目地为了占领消费市场而一味求新求变,否则只会摧毁传统手工艺在现代社会的独特价值,加速传统手工艺的消亡。应坚持手工制造,并且在保持传统工艺基础上,先继承,后创新,在慎重考虑如何将实用性和现代审美结合的基础上实现传统技艺的传承与发展。

(三) 完善与加强法律对传统技艺知识产权的保护

近年来,在现代化和工业化的进程中,不少传统手工技艺失去了社会需求,日渐萎缩,但还有许多项目在非遗保护的浪潮中保留了一席之地,一些传统技艺的传承人在市场经济的浪潮中,开始逐渐意识到利用知识产权来维护自身的利益。

2014年,包括甘肃裕固族服饰制作工艺、四川北川县金银花保健茶制作工艺、安徽霍山黄芽新加工工艺等传统技艺都申请并获得了国家专利证书。但对于传统工艺的知识产权保护,仍然任重而道远。

在传统手工艺保护方面的难题重重,一是因为许多传统技艺是历史累积的知识结果,在知识产权的权利主体认定方面存在困难,二是我国对传统技艺的法律保护长期以来都以行政保护为主,近年来虽然也出台了一些相关法律法规,但都不是专门保护传统手工艺的法律与行政法规,因而其针对性较弱,细则不够完善,也缺乏实践操作性。一些传统技艺在申请专利保护时,在法律方面缺乏完善的技术标准,维权成本远高于侵权成本。同时,法律保护意识的欠缺也是重要因素。由于对传统技艺知识产权保护的宣传相对欠缺，而大部分传统技艺持有者对知识产权法认识相对不足，被他人抢占商业先机，或者在遇到侵权行为时无法开展对自身权益的维护。大众消费者也在没有辨明真伪的情况下随意消费，助长了侵权行为的发生。以上所述，都是传统技艺在知识产权领域内由于法律不完善、法律意识淡薄而引发的一些问题。

总而言之，对传统技艺的知识产权保护仍然亟待完善，相关部门需要尽快汇总传统技艺保护在知识产权保护方面的问题，并总结实践经验，研究对策，进行统筹规划，及早制定、完善相关法律法规，并出台专门性的知识产权保护法律，完善传统技艺的知识产权保护条件。

传统医药类非物质文化遗产保护发展报告

撰稿：廖晓键　张益嘉　审稿：柳长华[*]

前　言

  2014年，在全面深化改革的大背景下，传统医药的保护与发展更加注重体制的改革与创新，传统医药类非物质文化遗产的保护发展工作呈现出了新的特点。中央继续加强对传统医药事业的财政、政策支持，显示了扶持和发展传统医药事业的决心。传统医药的法律保护取得重要进展，第一部传统医药方面的专业法律《中华人民共和国中医药法（征求意见稿）》公开征求意见。中医药的国际交流与合作延续了积极的发展势头。中医药的国际标准化工作取得突破性进展，国际标准化组织发布多项传统医药领域的国际标准。传统医药的非遗保护发展工作开展了总结与反思，申遗工作往内涵化方向发展。

  国际上对传统医药的地位与作用也达成更多共识。世界卫生组织第67届世界卫生大会审议并通过了我国提出的传统医学决议，决议敦促各成员国根据本国的实际情况，调整、采纳和实施《世卫组织2014－2023年传统医学战略》。

---

[*] 廖晓键，女，1986年生，非物质文化遗产学硕士，广州中医药大学基础医学院教师；张益嘉，女，1990年生，非物质文化遗产学硕士；柳长华，男，1954年生，中国中医科学院教授、博导。

一　保护情况

（一）国家政策、法规、制度建设情况

2014年，传统医药的立法工作取得重要进展。7月，国务院法制办公室就《中华人民共和国中医药法（征求意见稿）》公开征求意见。从1983年倡议首次提出，历经31年，中医药立法终于走到了重要节点。《中华人民共和国中医药法（征求意见稿）》明确了所保护的对象中医药即中国传统医药，是"我国各民族医药的统称，是反映中华民族对健康和疾病的认识、具有特定理论和中华文化特征的医学体系"，对目前争议较大的"中医药"与"传统医药"的概念作了界定。征求意见稿明确提出国家实行中西医并重的方针，充分发挥中医药在医药卫生事业中的作用，并将国家发展中医药文化纳入国家文化发展规划。征求意见稿还体现了国家鼓励和支持中医药对外交流与合作，促进中医药的国际传播和应用，并提出将每年10月11日定为"中医药日"。[①]

2014年中央对中医药的财政支持力度创历年新高。近年来，随着中央对中医药的重视与扶持，财政支持力度也逐年加大。2014年中央财政共投入65亿余元支持中医药发展，其中基建投资近50亿元，公共卫生专项投入15.23亿元。[②]

此外，一系列围绕中医药体制机制改革的政策出台。

5月，国家卫生和计划生育委员会及国家中医药管理局印发了《关于在卫生计生工作中进一步加强中医药工作的意见》，明确提出各级卫生计生行政部门要充分认识加强中医药工作的重要性和紧迫性。《意见》还对中医药工作的组织领导、规划统筹等提出了要求。[③]《意见》印发后，全国

[①] 《国务院法制办公室关于公布〈中华人民共和国中医药法（征求意见稿）〉公开征求意见的通知》，中华人民共和国商务部，http://www.mofcom.gov.cn/article/b/g/201409/20140900740339.shtml，2014年9月23日。

[②] 《中央财政支持中医药再创新高》，《中国中医药报》，http://www.cntcmvideo.com/zgzyyb/html/2014-07/23/content_88632.htm，2014年7月23日。

[③] 《国家卫生计生委和国家中医药管理局关于在卫生计生工作中进一步加强中医药工作的意见》，人民网，http://health.people.com.cn/n/2014/0509/c375809-24998156.html，2014年5月9日。

多省市相继出台实施意见，结合本地实际提出落实措施。江苏省把中医药作为重点内容纳入该省制定的加强现代医疗卫生体系建设的意见和规划中。① 同月，国务院办公厅印发《深化医药卫生体制改革2014年重点工作任务》，提出研究制定中医药发展战略规划、完善中医药事业发展政策和机制、实施中医药传承与创新人才工程等工作任务，② 确立了中央对中医药事业的发展布局，显示了对人才动力的重视。

8月，国家中医药管理局发布《关于进一步推进中医药综合改革试验区工作的指导意见》。国家中医药综合改革试验区建设项目自2009年启动，现有甘肃省、上海市浦东新区、北京市东城区、河北省石家庄市及重庆市垫江县5个试验区。试验区围绕中医药事业发展中的重点难点问题，探索中医药工作的新模式新路径，完善中医药事业发展的政策机制，为全面推进中医药深化改革提供示范。《指导意见》对化解中医药事业发展体制机制性障碍的解决途径和实践依据、创新政策机制等体制机制层面的工作做了明确要求，提出要突出针对性、操作性和实效性，形成可复制、可推广的成果。③

（二）各级各类非物质文化遗产名录公布情况

2014年11月，第四批国家级非物质文化遗产代表性项目名录和国家级非物质文化遗产代表性项目名录扩展项目名录公布。第四批国家级非物质文化遗产代表性项目名录共计153项，其中传统医药类项目两项，为布依族医药（益肝草制作技艺）和哈萨克族医药（布拉吾药浴熏蒸疗法、卧塔什正骨术、冻伤疗法）；扩展项目名录共计153项，其中传统医药类项目涉及中医诊疗法、中药炮制技艺、中医传统制剂方法、针灸、中医正骨疗法、藏医药、蒙医药、回族医药、彝医药、维吾尔医药等10项类别。

安徽省、广西壮族自治区、四川省、北京市、重庆市5个地区也公布了省级非物质文化代表性项目名录和扩展项目名录。安徽的代表性项目名

---

① 《中医药管理体系取得突破性进展》，《中国中医药报》，http：//www.cntcmvideo.com/zgzyyb/html/2014-07/23/content_88627.htm，2014年7月23日。
② 《国务院办公厅关于印发深化医药卫生体制改革2014年重点工作任务的通知》，中华人民共和国中央人民政府，http：//www.gov.cn/zhengce/content/2014-05/28/content_8832.htm，2014年5月28日。
③ 《推进中医药综合改革试验区工作指导意见发布》，《中国中医药报》，http：//www.cntcmvideo.com/zgzyyb/html/2014-08/25/content_90014.htm，2014年8月25日。

录中收录了砀山王集王氏接骨膏药、戴氏正骨法、野鸡坞外科、祁门胡氏骨伤科 4 项传统医药项目。广西的名录收录了宾阳封氏烧伤创疡治疗术、壮族谭氏草药疗骨法、苗族传统医药、瑶医偏方（治鬼刺风）、瑶族火疗、潘公平跌打还魂丸 6 项传统医药项目。四川的名录中收录的传统医药项目只有峨眉伤科疗法 1 项。北京的名录收录了同春堂皮肤病诊疗方法、蝴蝶手指穴疗法和崇厚堂沈氏女科疗法 3 项。重庆的名录收录了李志沧传统中医正骨术、郭昌毕中医跌打损伤传统疗法、赵氏雷火灸、老氏静卧养生法、刘氏"捏膈食筋"疗法、柴氏推灸养生祛病法等 6 项。香港公布了首份非物质文化遗产清单，其中，传统中医药文化、凉茶、蛇酒、跌打 4 项被收录在"有关自然界和宇宙的知识与实践"类别。此外，福建、黑龙江、青海、上海、海南、广东、湖北、湖南、江苏、山东、陕西、新疆、云南、内蒙古公布了新一批省级非物质文化遗产项目代表性传承人。在这一批代表性传承人名录中，瑶族、纳西族、傈僳族这三个民族传统医药文化首次有了省级非物质文化遗产项目代表性传承人。

从 2014 年公布的非物质文化遗产代表性项目名录情况看，国家级及各省市的非遗名录建设总体上已经进入成熟期，项目新增速度有所放缓，名录建设趋于完善。濒危的民族医药依然是重点保护对象，在国家级及部分省级名录中均有体现。值得关注的是，2014 年发布的名录中收录的内容更为包容，例如"扬州传统修脚术"作为中医诊疗法类别的项目之一被收录到国家级项目名录扩展项目名录。但是，2014 年公布的省级非物质文化遗产项目代表性传承人名单直观地反映出传统医药类非物质文化遗产的代表性传承人数目明显少于其他项目的传承人，说明了开展传统医药传承工作的紧迫性。

中医针灸，2010 年被列入人类非物质文化遗产代表性项目名录，这是我国传统医药领域目前唯一一项入选人类非物质文化遗产代表性项目名录的项目。针灸申遗成功给针灸的保护和发展带来了极大的机遇，提高了针灸治疗在海内外的认可度和接受度。因此，有学者呼吁加快民族医药申报人类非物质文化遗产代表性项目的进度，改善民族医药传承现状。藏医药申报联合国人类非物质文化遗产代表性项目名录的工作已于 2014 年 2 月完成申报文本、视频的撰写及拍摄，并正式上报文化部。[①]

---

① 《西藏启动藏医药"申遗"，已正式上报中国文化部》，新华网，http://news.xinhuanet.com/local/2014-02/17/c_119373786.htm，2014 年 2 月 17 日。

（三）传统医药类非物质文化遗产保护发展情况

2014年，传统医药类非物质文化遗产保护发展情况主要体现在以下几个方面：

1. 中医药标准化工作取得重大进展

我国一直在努力推动传统医药领域的国际标准化工作，2014年这方面工作取得了突破性进展，由我国提出或制定的多项传统医药领域国际标准相继发布。

国际标准化组织（ISO）于2014年2月和4月正式出版《ISO 17218：2014 一次性使用无菌针灸针》《ISO 17217：2014 人参种子种苗第一部分：亚洲人参》两个国际标准，这是首批在世界传统医药领域内发布的ISO国际标准。[①]"一次性使用无菌针灸针"依据我国标准，由中方提出，主要对一次性使用无菌针灸针的材质、直径及长度、硬度与弹性、针尖穿刺力等方面提出了标准化要求。[②]"人参种子种苗国际标准"是由我国承担制定的第一个中药国际标准。[③]

8月，《中医药学语言系统语义网络框架》和《中医药文献元数据》两项国际标准发布，这是国际标准化组织首次发布中医药信息标准。[④]

此外，"中医药设备和药物的安全使用与操作相关的服务标准"也被纳入工作范围。[⑤]

8月，中国的一些中药标准已被列入美国药典，还有几十种药物正在进行审查。丹参是第一种列入美国药典的中药。[⑥]

[①]《2014年度ISO/TC249秘书处工作总结》，国际标准化上海协作平台，http：//www.cnsis.info/xiezuopingtai/huodong/huodong_detail.jsp?contentdetailsid=204945，2014年12月22日。

[②]《一次性使用无菌针灸针国际标准"出炉"》，新华网，http：//news.xinhuanet.com/health/2014-02/26/c_126190638.htm，2014年2月26日。

[③]《"人参种子种苗国际标准"正式颁布》，人民网，http：//health.people.com.cn/n/2014/0507/c14739-24986924.html，2014年5月7日。

[④]《ISO首发两项中医药信息国际标准》，《中国中医药报》，http：//www.cntcmvideo.com/zgzyyb/html/2014-08/27/content_90075.htm，2014年8月27日。

[⑤]《中医药设备和药物安全服务标准入ISO/TC249》，人民网，http：//health.people.com.cn/n/2014/0620/c375016-25176880.html，2014年6月20日。

[⑥]《中国部分中药标准已经列入美国药典》，中国新闻网，http：//finance.chinanews.com/jk/2014/08-07/6470579.shtml，2014年8月7日。

传统医药国际标准化工作的重要进展,充分说明了建立一套在国际上居于主导地位,又能与西方主流标准交融的传统医药国际化标准是完全可能的。传统医药国际标准的发布,对我国传统医药的国际推广和海外普及、提升传统医药的国际影响力具有重要意义。

国内也发布了多项国家标准。7月,全国针灸标准化技术委员会和中国针灸学会发布了6项针灸国家标准和12项针灸行业组织标准,包括基础标准《针灸学通用术语》《腧穴主治》2项、《针刀基本技术操作规范》等技术操作规范5项、《循证针灸临床实践指南:失眠》等临床诊疗标准10项,以及管理标准《针灸临床研究管理规范》。6项针灸国家标准包括《针灸技术操作规范》中的"芒针""腹针""毫针"基本手法"刮痧",以及《腧穴主治》和《针灸学通用术语》。目前,在针灸标准制定方面,我国已发布针灸国家标准28项、针灸行业组织标准13项,参与制定世界针灸学会联合会标准4项、ISO国际标准1项。①

2. 抢救性保护情况

2014年2月,国家中医药管理局科技司下发《关于做好中医药传统知识调查工作的通知》,要求重点针对分布在基层、民间的中医药传统知识进行抢救性调查、挖掘和整理,全面掌握中医药传统知识资源状况,为制定中医药传统知识保护名录、建立中医药传统知识保护专门制度奠定基础。② 随后,全国各地陆续启动调查工作。6月,辽宁省中医药传统知识调查项目第一阶段摸底调查结束,共计收到申报项目238项,内容涉及传统诊疗技术、中药炮制技术、养生方法、单验方及传统制剂方法等,其中以骨科传统诊疗技术居多。③ 这次调查工作是中华人民共和国成立以来第一次中医药传统知识的保护调查工作,通过建立中医药传统知识保护名录和数据库,可以实现对中医药传统知识的防御性保护,为中医药传统知识的保护利用与惠益分享提供基础,主动防御传统医药知识不断流失及传承断

---

① 《6项针灸国家标准出炉》,新华网,http://www.cq.xinhuanet.com/2014-08/05/c_1111943745.htm,2014年8月5日。
② 《国家中医药管理局科技司关于做好中医药传统知识调查工作的通知》,中华人民共和国国家中医药管理局,http://www.satcm.gov.cn/e/action/ShowInfo.php?classid=31&id=18900,2014年3月3日。
③ 《辽宁传统知识调查集纳技术方法238项》,《中国中医药报》,http://www.cntcmvideo.com/zgzyyb/html/2014-06/23/content_87331.htm,2014年6月23日。

代的情况。

3. 展会经济渐成规模

近几年来，国内多个传统医药展会已发展出品牌效应，取得了一定的经济效益，带动了传统医药的产业发展。

在5月举行的第六届中国（玉林）中医药博览会上，① 共达成贸易成交总额37.52亿元人民币，其中合同成交额13.97亿元人民币；签约了投资项目10个，合同投资总额42.35亿元。② 9月在安徽亳州举办2014年国际（亳州）中医药博览会暨第30届全国（亳州）中药材交易会，现场签订了21个投资协议，签约金额达23亿元。③

随着民族医药逐渐受到重视，各类展示展览活动中民族医药的身影也更为活跃，带动了民族医药的生产性保护。5月，京交会举行民族医药医疗与保健项目专场推介会，在中医药板块特设民族医药展位，蒙医、藏医、回医、维医、瑶医等民族医药医疗与保健项目在会上进行了交流展示。④ 8月，在宁夏银川举行的2014中国（宁夏）民族医药论坛暨民族医药博览会探讨了中国和欧亚非各国传统医药、中医药民族医药服务贸易的模式、中医药民族医药企业与产品品牌的建设，以及中医药民族医药产品如何建立质量保障体制、中医药民族医药如何构建文化内涵等，着力构建长期、稳定的中国—欧亚非中医药民族传统医药交流合作机制。⑤ 同月在四川绵阳举办的第十一届中国中医药（民族药）博览会，展品涵盖了中成药、民族药、中药饮片、中药材、保健品、中医诊疗设备及医疗器械等，展会达成合作意向协议总额约20亿元。⑥

---

① 《第六届中国（玉林）中医药博览会开幕》，玉林市政府，http://www.yulin.gov.cn/info/297763，2014年5月16日。
② 《第六届中国（玉林）中医药博览会闭幕》，玉林新闻网，http://www.gxylnews.com/news/html/71/88411.htm，2014年5月19日。
③ 《安徽亳州办2014年药博会》，人民网，http://health.people.com.cn/n/2014/0915/c375016-25661485.html，2014年9月15日。
④ 《民族医药服务贸易展示潜力》，中国网，http://zy.china.com.cn/2014-06/04/content_32572623.htm，2014年6月4日。
⑤ 《中国（宁夏）民族医药论坛暨民族医药博览会启幕》，央广网，http://news.cnr.cn/native/city/201408/t20140822_516282676.shtml，2014年8月22日。
⑥ 《中国中医药博览会达成意向协议20亿元》，《中国中医药报》，http://www.cntcmvideo.com/zgzyyb/html/2014-08/27/content_90068.htm，2014年8月27日。

4. 传承与教育

2014年，国家继续开展、总结传统医药的人才培养与传承教育工作，中医药从医人员的人才培养更加规范化。中医药类高等院校更加注重中国传统文化的教育。国家表彰了第二届"国医大师"，全国多地也相继评选、表彰名医，发挥名医名师的传承作用。

自2014年开始，中医药从医人员统一纳入住院医师规范化培训体系。11月，教育部、国家卫生和计划生育委员会、国家中医药管理局三部门联合召开医教协同深化临床医学人才培养改革工作推进会，提出将全科和中医（民族医）专业纳入住院医师规范化培训体系，加大支持力度，构建中医临床人才培养体系，积极实施名老中医药专家传承工作室等师承教育项目，进一步加强基层卫生人才培养。① 12月，国家中医药管理局、国家卫生和计划生育委员会、教育部联合印发了《中医住院医师规范化培训实施办法（试行）》《中医住院医师规范化培训标准（试行）》《中医住院医师规范化培训基地认定标准（试行）》和《中医类别全科医生规范化培养基地认定标准（试行）》4项规范性文件，对培训对象、培训标准、培训基地的基础性要求等各方面工作做了具体化规定。②

中医药类高等院校更加重视中国传统文化的教学与研究，对中医药高等教育展开了新的探索。北京中医药大学成立了全国中医药类高等院校中第一家国学院，开展以中医药文化为特色的中华优秀传统文化研究。国学院下设儒释道医药研究所、易学与中医学研究所、中医典籍与汉语文化研究所、中医哲学研究所、中医与中华文明研究所、中医与艺术研究所、中医对外传播研究所等，将承担国学与中医药文化的教育、研究和传播三大任务。③ 传统医药高等教育与传统文化脱节，是近年来传统医药高等教育模式中存在的问题之一，许多中医药高等院校也逐渐开始重视这个问题，开设国学院、设立国学系，或进一步加大传统文化课程的比重，将成为设立传统医药学专业的高等院校的一个发展趋势。

---

① 《将中医药人才培养纳入卫生规划》，中华人民共和国国家中医药管理局，http://www.satcm.gov.cn/e/action/ShowInfo.php?classid=140&id=20356，2014年11月28日。
② 《四项中医住院医师培训规范出台》，《中国中医药报》，http://www.cntcmvideo.com/zgyyb/html/2014-12/15/content_94033.htm，2014年12月15日。
③ 《北京中医药大学国学院成立》，《中国中医药报》，http://www.cntcmvideo.com/zgyyb/html/2014-01/20/content_81804.htm，2014年1月20日。

国家表彰第二届"国医大师",全国多地评选名老中医,发挥传承人的"传、帮、带"作用。国医大师、名老中医是传统医药传承工作的主要承担者,他们大多经验丰富,造诣高深,对传统医药的传承工作起着不可替代的作用。2014 年,在第二届国医大师表彰大会上,干祖望等29 人被授予"国医大师"荣誉称号,其中包括第一位女国医大师刘敏如。① 各地方省市也相继开展名老中医评选及表彰活动。3 月,河南省开展第二批河南省名中医评选活动,评出 50 位河南省名中医。② 6 月,北京市召开第二届"首都国医名师"表彰暨中医药传承工作会,30 名老中医药专家受表彰。③ 8 月,吉林省开展第三批名中医评选活动,新增名中医40 人。④

国家中医药管理局尝试探索新的传承工作模式,总结传承成果;多地采取跟师学习、"师带徒"的方式传承传统医学。⑤ 10 月,国家中医药管理局要求各地各相关部门分期分批组织编撰《全国名老中医药专家传承工作室建设成果概览》丛书,展示全国名老中医药专家传承工作室的建设成果,传承发展中医药特色优势,推广运用老中医药专家的学术经验,促进中医药人才队伍建设。⑥ 11 月,国家中医药管理局组织开展的全国中药特色技术传承人才培训项目在广东省启动。该项目为期 5 年,培养对象每年度到 5 个以上培训单位学习,以便较系统地掌握各地区中药特色技术。⑦ 12 月,国家中医药管理局公布了一批国家中医药优势特色教育培训基地。培训基地包括中药基地和中医护理基地,其中中药基地 36 个,中医护理基

---

① 《第二届国医大师在京评出,第一位女国医大师产生》,新华网,http://news.xinhuanet.com/politics/2014 - 10/31/c_ 127162465.htm,2014 年 10 月 31 日。
② 《河南再评 50 位省名中医》,《中国中医药报》,http://www.cntcmvideo.com/zgzyyb/html/2014 - 03/27/content_ 83953.htm,2014 年 3 月 27 日。
③ 《第二届"首都国医名师"表彰暨中医药传承工作会隆重召开》,北京中医药信息网,http://www.bjtcm.gov.cn/news/201407/t20140701_ 86875.html,2014 年 7 月 1 日。
④ 《吉林省名中医将新增 40 人》,《中国中医药报》,http://www.cntcmvideo.com/zgzyyb/html/2014 - 08/15/content_ 89600.htm,2014 年 8 月 15 日。
⑤ 《国家中医药局选拔中药特色技术传承人才》,《中国中医药报》,http://www.cntcmvideo.com/zgzyyb/html/2014 - 08/27/content_ 90061.htm,2014 年 8 月 27 日。
⑥ 《名老中医传承工作室成果将编撰丛书》,《中国中医药报》,http://www.cntcmvideo.com/zgzyyb/html/2014 - 10/24/content_ 92247.htm,2014 年 10 月 24 日。
⑦ 《全国中药特色技术传承人才培训启动》,《中国中医药报》,http://www.cntcmvideo.com/zgzyyb/html/2014 - 11/27/content_ 93363.htm,2014 年 11 月 27 日。

地18个。① 各地也组织开展了各类名老中医传承工作。5月,陕西省名老中医传承工作全面启动,开展了名老中医大讲堂、名老中医师带徒、名老中医学术经验整理三大活动。② 6月,山东省中医药传承拜师大会在济南召开,在省、市、县、乡镇、村五级公立医疗卫生机构开展中医药师承教育工作。③ 7月,广东省中西医结合医院举行第二批全国老中医学术经验继承工作结业典礼,国医大师张学文等专家指导带教的6位广东省中青年中医临床骨干完成了4年跟师学习,结业并获出师证书。④

近年来,国家依靠学术流派传承工作室、名老中医药专家传承工作室等载体,通过各种名老中医传承工作项目,促进了传统医药人才队伍建设。但这些传承工作主要是针对传统医药从业人员的培训教育,尚未与传统医药高等教育很好地结合。

(四) 宣传与传播

1. 传统医药科普工作开展情况

2014年,全国各地继续加大中医药文化科普力度。

6月,河北省组建了河北省中医药文化科普巡讲团。⑤ 7月,中医科普书籍《走好中医科普路》在重庆举行首发式,百余名中医药文化科普专家研讨了中医药文化科普发展战略,并呼吁建立中医药科普常态运行机制。⑥ 7月,"中医中药台湾行"暨两岸中医药文化与养生保健交流大会正式启动,开展了高层互动、学术交流、义诊讲座、展览展示等活动。⑦ 9月,国

---

① 《54个中医药特色教育培训基地公布》,《中国中医药报》,http://www.cntcmvideo.com/zgzyyb/html/2014-12/24/content_ 94290.htm,2014年12月24日。
② 《我省启动名老中医学术经验传承工作》,《西安日报》,http://epaper.xiancn.com/xarb/html/2014-05/19/content_ 298118.htm,2014年5月19日。
③ 《山东省中医药传承拜师大会在济南召开》,《中国中医药报》,http://www.sdtcm.gov.cn/index.php? m = content&c = index&a = show&catid = 7&id = 1930,2014年6月4日。
④ 《广东省中西医结合医院第二批继承人出师》,《中国中医药报》,http://www.cntcmvideo.com/zgzyyb/html/2014-07/16/content_ 88414.htm,2014年7月16日。
⑤ 《河北组建中医药文化科普巡讲团》,人民网,http://health.people.com.cn/n/2014/0606/c375016-25114567.html,2014年6月6日。
⑥ 《建立中医药科普常态运行机制》,《中国中医药报》,http://www.cntcmvideo.com/zgzyyb/html/2014-07/30/content_ 88912.htm,2014年7月30日。
⑦ 《中医中药台湾行》,《中国中医药报》,http://www.cntcmvideo.com/zgzyyb/html/2014-07/30/content_ 88900.htm,2014年7月30日。

家卫生和计划生育委员会、国家中医药管理局、中国科协三部门联合启动"健康中国行——2014年度科学就医主题宣教活动",活动内容包括:通过科学就医主题健康巡讲等多种形式的宣传教育活动,引导公众科学就医;组织临床医学、健康教育等领域权威专家制定10条科学就医核心信息;按照重点人群和重要健康问题分类编写科学就医系列科普图书;与电视台健康类栏目合作,制作科学就医系列专题节目;利用12320热线为公众提供科学就医咨询服务。①

近年来中医养生热潮高涨,但也出现了养生保健方面的书籍、节目鱼龙混杂的情况。为了发挥好中医药在养生保健方面的特色优势,提高中国公民的中医养生保健素养,2014年6月,国家中医药管理局与国家卫生和计划生育委员会联合发布了《中国公民中医养生保健素养》和《健康教育中医药基本内容》。《中国公民中医养生保健素养》分为基本理念和知识、健康生活方式与行为、常用养生保健内容、常用养生保健简易方法4个部分,共42条。②

博物馆在推广传统医药文化工作中发挥着重要作用,是公众了解医药文化与历史的一个窗口。2014年,我国新增一座省级中医药博物馆。江苏省第一座省级中医药博物馆——江苏省中医药博物馆10月在南京中医药大学仙林校区落成,馆藏展品近4000件,包括储药器具、制药工具、行医用具、卫生保健、医家墨迹、医籍文献等。③

2. 国际交流合作

2014年,传统医药领域的国际交流和合作延续了积极的发展势头。

2月,《中华人民共和国国家中医药管理局与匈牙利人力资源部中医药领域合作意向书》签署。④ 12月,李克强与中东欧16国领导人共同出席第三次中国—中东欧国家领导人会晤,共同制定和发表了《中国—中东欧国

---

① 《三部门联合启动2014年度科学就医主题宣教》,《中国中医药报》,http://www.cntcmvideo.com/zgzyyb/html/2014-09/12/content_90641.htm,2014年9月12日。
② 《中国公民中医养生保健素养发布》,中国新闻网,http://finance.chinanews.com/jk/2014/06-05/6246561.shtml,2014年6月5日。
③ 《江苏省中医药博物馆落成》,中国江苏网,http://jsnews.jschina.com.cn/system/2014/10/17/022195631.shtml,2014年10月17日。
④ 《中国国家中医药管理局与匈牙利人力资源部签署中医药领域合作意向书》,中华人民共和国国家中医药管理局,http://www.satcm.gov.cn/e/action/ShowInfo.php?classid=34&id=18871,2014年2月28日。

家合作贝尔格莱德纲要》。《纲要》提出中方将与有兴趣的中东欧国家开展合作,选择在合适的地点推动建立中医中心。①

多个国内中医药机构也与国外机构签署了合作协议。10月,广东省中医院和瑞典卡罗林斯卡学院签署合作协议,双方将在中医药预防和治疗感染性及其他疾病研究、高级人才培养、短期进修等方面开展合作。② 11月,北京中医药大学和西悉尼大学签署在澳洲建立中医中心的合作协议,将建立集中医医疗服务、教育、研究与文化交流为一体的综合平台,探索中医药走向世界的合作模式。③

此外,在原有的合作基础上,我国进一步推进了与其他国家、机构的合作进程。3月,国家中医药管理局邀请吉尔吉斯斯坦卫生部部长等一行访问甘肃,双方达成加快《中华人民共和国国家中医药管理局与吉尔吉斯共和国卫生部关于中医药领域合作谅解备忘录》的落实进程等共识。④ 8月,在中马传统医学双边工作会上,双方就共同落实《中华人民共和国政府和马来西亚政府关于传统医学领域合作的谅解备忘录》,深入开展传统医学合作达成了系列共识。⑤ 9月,中法卫生战略合作研讨会在法国巴黎召开,双方围绕国家卫生战略、中医药、卫生监督和新发传染病防控等问题进行了深入探讨。中法以中医药合作委员会为平台,已初步形成了中法中医药临床医疗、高等教育、科学研究、产业促进、文化推广"五位一体"全面发展的合作格局。⑥ 11月,中法中医药合作委员会第六次会议在中国昆明召开。双方一致认为,中法双方在中医药领域开展了丰富、多层次的

---

① 《中医药被纳入贝尔格莱德纲要》,《中国中医药报》,http://www.cntcmvideo.com/zgzyyb/html/2014-12/26/content_94406.htm,2014年12月26日。
② 《于文明副局长率团访问瑞典并见证广东省中医院和瑞典卡罗林斯卡学院签署合作协议》,中华人民共和国国家中医药管理局,http://www.satcm.gov.cn/e/action/ShowInfo.php?classid=33&id=20331,2014年11月24日。
③ 《习近平见证中澳中医合作协议签署》,人民网,http://health.people.com.cn/n/2014/1121/c375016-26069308.html,2014年11月21日。
④ 《王国强会见吉尔吉斯斯坦卫生部部长代表团》,中华人民共和国国家中医药管理局,http://www.satcm.gov.cn/e/action/ShowInfo.php?classid=34&id=19211,2014年3月27日。
⑤ 《国家中医药管理局与马来西亚卫生部召开传统医学双边工作会谈》,中华人民共和国国家中医药管理局,http://www.satcm.gov.cn/e/action/ShowInfo.php?classid=34&id=20091,2014年8月21日。
⑥ 《中法卫生战略合作研讨会在法召开,中医药成为重要议题内容》,中华人民共和国国家中医药管理局,http://www.satcm.gov.cn/e/action/ShowInfo.php?classid=33&id=20216,2014年9月30日。

交流与合作，并取得了积极成果，今后应继续扩大合作领域、增加合作内容，在委员会框架下，建设开放、包容的合作平台。①

多个国家也表达了与中国开展在中医药领域的合作的意愿。5月，第67届世界卫生大会期间，俄罗斯、捷克、匈牙利、英国、加拿大、韩国、新加坡、马来西亚、阿尔及利亚、巴巴多斯等15个国家的卫生部长对中医药的发展表示了浓厚的兴趣。②

我国继续推动传统医学在世界的发展。5月，世界卫生组织第67届世界卫生大会审议并通过了我国提出的传统医学决议，决议敦促各成员国根据本国的实际情况，调整、采纳和实施《世卫组织2014－2023年传统医学战略》。世界卫生组织的这一传统医学战略承认了传统和补充医学的作用与潜力。过去十年中，制定传统医学政策的国家由25个增长至69个，制定草药监管法规的国家由65个增长至119个，制定传统医学服务提供者监管法规的国家已达到65个。传统医学在各国的卫生保健系统中发挥着越来越重要的作用。③ 7月，国家卫生和计划生育委员会副主任、国家中医药管理局局长王国强会见世界卫生组织总干事陈冯富珍一行时表示，将继续加强与世卫组织在传统医学领域的合作，根据《传统医学战略》提出的目标，结合中国的国情，逐步完善中医药的法规建设，促进中医药全民健康覆盖，并加强中医药的质量、安全性和创新性工作，做好《传统医学决议》的落实工作。④

二 研究情况

（一）项目情况

6月，中国中医科学院"民间中医特色诊疗技术整理研究"课题

---

① 《中法中医药合作委员会第六次会议在中国昆明召开》，中华人民共和国国家中医药管理局，http://www.satcm.gov.cn/e/action/ShowInfo.php?classid=33&id=20329，2014年11月24日。

② 《王国强与多国卫生部长谈合作，中医药双边交流成效显著》，中华人民共和国国家中医药管理局，http://www.satcm.gov.cn/e/action/ShowInfo.php?classid=34&id=19512，2014年5月27日。

③ 《第67届世界卫生大会通过我国提出的传统医学决议》，中华人民共和国中央人民政府，http://www.gov.cn/xinwen/2014－05/26/content_2687591.htm，2014年5月26日。

④ 《王国强会见世界卫生组织总干事陈冯富珍》，中华人民共和国国家中医药管理局，http://www.satcm.gov.cn/e/action/ShowInfo.php?classid=34&id=19809，2014年7月8日。

在北京启动,将深入抢救、发掘、保护、研究中医药民间特色诊疗技术。① 7月,中国中医科学院"不同地域中药传统炮制调查与比较研究"课题启动,将摸清常用中药在不同地域、不同时期的炮制状况,总结古今不同时期、不同地域中药传统炮制的多样性和复杂性特征,并结合非物质文化遗产的保护宗旨,提出中药传统炮制运用和传承的传统规范。② 6月,《医学人类学视野下傣族传统医药的传承与保护研究》《成都老官山汉墓出土医简整理研究》《新疆出土医药文献整理研究》《清代瘟病知识的建构与江南社会研究》《敦煌古籍医经医理类文献英译及研究》5项课题获2014年国家社科基金年度项目一般项目立项,《秦汉简帛涉医文献疑难字词研究及数据库建设》获2014年国家社科基金青年项目立项。③ 7月,《中医药技术秘密保护制度研究》《藏医学——印度阿育吠陀医学知识的数据挖掘和对比研究》《清代中医古籍训诂研究》《山东当代名老中医口述史研究》《古代涉医画像石及壁画研究》《中医药本科生PBL模式教学质量评价体系研究》《苏沪医籍考》《两套中医译名标准化方案:问题与对策》8项课题获2014年度教育部人文社会科学研究一般项目立项。④

(二) 研讨会情况

2014年,中医药的战略规划、中医药传统知识保护是学界重点关注的问题。

8月,在河北省石家庄市召开的第四届中国中医药发展大会以"国家战略与路径选择"为年度主题,重点聚焦中医药发展战略规划、中医药政策体系建设总体规划、中医药海外发展战略规划、中医药人才培养、中医

---

① 《民间中医特色诊疗技术整理研究启动》,人民网,http://health.people.com.cn/n/2014/0613/c375809-25144791.html,2014年6月13日。
② 《地方特色中药炮制技术有望受保护》,《中国中医药报》,http://www.cntcmvideo.com/zgzyyb/html/2014-08/01/content_89008.htm,2014年8月1日。
③ 《2014年国家社科基金年度项目和青年项目立项结果公布》,全国哲学社会科学规划办公室,http://www.hpopss_cn.gov.cn/n/2014/0616/c219469_25156302.html,2014年6月16日。
④ 《教育部社科司关于2014年度教育部人文社会科学研究一般项目立项通知》,中国高校人文社会科学信息网,http://www.sinoss.net/2014/0704/50699.html,2014年7月4日。

药科技创新等课题。大会设立了"中医药与京津冀一体化""医改与中医院发展""全国重点专科建设""民营中医医疗机构发展""中药质量控制与用药安全""中药现代化与科技创新""中医药国际化和资本化"7个分论坛,邀请有关专家学者开展研讨。①

10月,首届中医药发展战略高峰论坛暨侯占元中医优势论学术研讨会在四川成都举行。②

11月,世界中医药学会联合会中医药传统知识保护研究专业委员会第二届学术年会暨中医药传统知识保护国际学术大会在河南洛阳召开。大会围绕中医药传统知识与非物质文化遗产保护主题,主要研讨了中医药传统知识与非物质文化遗产保护进展与策略、生物多样性相关传统知识分类技术规定、中医药知识产权保护法律法规等内容,交流了中医药传统知识保护相关方面的研究经验和心得。③

11月,2014全国中医学派学术研讨会在河北石家庄举办,会议研讨了易水学派、河间学派、中西医汇通学派等中医学派的近期成果与心得。④ 同月,太湖世界文化论坛2014年中医药文化发展高级别会议在澳门举行。此次会议以"创新发展传统医学,迈向生态文明新时代"为主题,就传统医学的传承与弘扬、融汇与创新等议题展开高层次研讨。

12月,世界中医药学会联合会维吾尔医药专业委员会成立大会暨第二届维吾尔医药非物质文化遗产保护高峰论坛在新疆和田市举行。与会医学专家、学者共同探讨了整合维吾尔医药资源,搭建维吾尔医药遗产保护、传承、发展、弘扬平台等议题。⑤

其他主题的研讨会有:以"创新技术方法,深化经络研究"为主题的国

---

① 《第四届中国中医药发展大会将办》,《中国中医药报》,http://www.cntcmvideo.com/zgzyyb/html/2014-08/18/content_89710.htm,2014年8月18日。
② 《首届中医药发展战略高峰论坛举办》,《中国中医药报》,http://www.cntcmvideo.com/zgzyyb/html/2014-10/27/content_92336.htm,2014年10月27日。
③ 《中医药传统知识保护研究专业委员会第二届学术年会在洛阳召开》,世界中医药学会联合会,http://www.wfcms.org/meanConlocntadetail.jsp?id=6062,2014年11月21日。
④ 《全国中医学派学术研讨会举办》,《中国中医药报》,http://www.cntcmvideo.com/zgzyyb/html/2014-11/05/content_92672.htm,2014年11月5日。
⑤ 《世界中联成立首个少数民族医药专委会》,中国网,http://zy.china.com.cn/2014-12/02/content_34205570.htm,2014年12月2日。

家中医药发展论坛（珠江论坛）第十三届学术研讨会；① 以"中药炮制技术传承与创新"为主题的国家中医药发展论坛（珠江论坛）第十四届学术研讨会；② 在陕西西安举行的第三届国际中医原创思维与扁鹊脉法论坛。③

国际上也举行了多场研讨会。

5月，2014国际针灸研讨会在北京召开，这是美国针刺研究会首次在美国本土以外地区举行学术年会，希望加强与中国针灸研究的联系，增进两国在相关领域的交流与合作。④

9月，2014年中加传统医药国际论坛在加拿大万锦市举行，论坛以"传统医学对人类健康的贡献"为主题，中加两国中医药及针灸界专家、学者交流了近年来中医、针灸治疗疾病的研究成果和学术经验，展示了临床诊治疑难病症的新思路、新方法和新进展，分享了中医针灸等领域的最前沿学术信息，探讨了本学科未来发展的前景及关键问题。⑤

10月，主题为"东方西方文化融合，共创未来医学模式"的第十一届世界中医药大会在俄罗斯圣彼得堡举行。大会议题涉及中西医结合和医学模式探讨，道地药材的保护，中医药国际标准化、信息化研究等。会上，世界中医药学会联合会审议并通过了《中医基本名词术语中俄对照国际标准》《中医药学科体系类目》《国际中医医师测试与评审规范》。⑥

11月，2014世界针灸与结合医学大会在美国休斯敦召开，来自42个国家和地区的838名代表围绕"植物药国际化的途径论坛"，针灸机理研究，针灸教育标准，针灸立法发展和针灸临床安全性、有效性等议题进行了探讨。⑦

---

① 《第十三届珠江论坛聚焦经络研究》，《中国中医药报》，http://www.cntcmvideo.com/zgzyyb/html/2014-01/22/content_81868.htm，2014年1月22日。
② 《中药炮制急需传承亟待规范》，人民网，http://health.people.com.cn/n/2014/0711/c375016-25271607.html，2014年7月11日。
③ 《中医原创思维与扁鹊脉法论坛举行》，《中国中医药报》，http://www.cntcmvideo.com/zgzyyb/html/2014-07/30/content_88868.htm，2014年7月30日。
④ 《2014国际针灸研讨会在京召开》，新华网，http://www.bj.xinhuanet.com/hbpd/health/spaq/qydt/2014-06/03/c_1110965129.htm，2014年6月3日。
⑤ 《中国同加拿大专家研讨中医针灸发展》，中国网，http://zy.china.com.cn/2014-09/04/content_33428082.htm，2014年9月4日。
⑥ 《第十一届世界中医药大会在俄召开》，中国网，http://zy.china.com.cn/2014-10/09/content_33710568.htm，2014年10月9日。
⑦ 《2014世界针灸与结合医学大会在美召开》，《中国中医药报》，http://www.cntcmvideo.com/zgzyyb/html/2014-11/20/content_93200.htm，2014年11月20日。

（三）著作、论文情况

2014年关于传统医药的著作，以关于流派、医史的著作和对民族医学的研究为主。

陈仁寿的《江苏中医历史与流派传承》（上海科学技术出版社）首次全面展示了江苏中医历史与流派的脉络与精华，分历史纵览、医学流派、医家医著、文化遗产四个方面展示了江苏中医文化与传承历史；对19种国家级和江苏省省级传统医药"非遗"进行了历史沿革、主要内容和传承情况方面的整理与总结。张文勇、童瑶、俞宝英主编的《上海中医药文化史》（上海科学技术出版社），从社会史研究角度来考察中医药文化，记录了从近代海派中医的传播与发展，到现代中医药医疗、保健、教育、科研、产业、文化的全面发展，反映了上海中医药的发展历史。

民族医学研究方面的著作有郭凌云、李敏、张桂民的《中国少数民族医药文献研究》（世界图书出版公司），介绍了几种主要的少数民族医药理论的形成与发展以及少数民族医药文献的特点、保护和利用。郭世民、俞永琼编写的《怒族医药简介》（中医古籍出版社）、中医古籍出版社的和杨玉琪、贺铮铮编写的《傈僳族医药简介》（中医古籍出版社）分别在对怒族和傈僳族医药有关的文献进行整理和对医药现状进行调研的基础上编写而成，介绍了这两种民族医药的基本状况、发展沿革、医药理论及传承方式，对于疾病的防治和养生保健的认识、常用药物、医药起源与发展、医药理论和民间单方、验方及民间医药状况等内容。此外，国家中医药管理局民族医药文献整理丛书由中医古籍出版社出版，该系列丛书对一些民族医药文献进行了整理，包括《中国侗医药史》《土家医药双语词汇》《土家医治毒药物集》《南垣医抄》等，对一些民族医药的历史或文献等进行了较为系统的梳理。

2014年关于传统医药类非物质文化遗产研究的论文，体现了近两年来传统医药类非遗的热点问题，其中民族医药保护与传承、传统医药知识保护、对传统医药非物质文化遗产的保护发展情况的总结与反思是2014年研究的重点。

在民族医药保护与传承研究方面的论文有赵景云等的《阿昌族传统医

药传承现状调查》[1]、龙彦合等撰写的《侗族医药传承与发展思考》[2]、程玲俐等的《羌族医药非物质文化遗产传承与发展探索》[3] 以及马克坚、杨玉琪、杨剑、戴水平、张静的《西南少数民族传统医药调查》[4] 等。

随着传统医药立法的呼声日高，学界对传统医药专门法的名称也进行了探讨。张静的《对"中医药法"名称争议的思考》，对争议的主要焦点"中华人民共和国中医药法"和"中华人民共和国传统医药法"进行了名称定义、名称利弊的讨论，提出中医药立法的名称可以采用《中华人民共和国中华民族传统医药法（简称中医药法）》的建议。[5]

在中医药传统知识保护方面，王赛男、田侃的《中医药传统知识的知识产权保护现状》界定了中医药传统知识内涵，认为中医药传统知识保护客体构成要件应符合与中医药理论体系相一致、具有明显的地域性、具有明晰的传承人3个条件；中医药传统知识分类应包括实物类、智力成果类、中医药特有的行业规则及习俗等三大类。文中提出运用知识产权制度保护中医药传统知识存在一些很难保护甚至根本不能保护的对象，而且中医药传统知识在权利人的界定方面也存在困难。文中同时从专利法、商标法、反不正当竞争法和著作权法四个方面对知识产权制度在保护中医药传统知识方面的利弊进行了简要概述，提出要充分发掘现有制度的潜力，充分利用知识产权保护制度的扩张性，在国际条约的基础上建立中医药知识的专门保护制度。[6]

对传统医药的非物质文化遗产学特性研究方面，宋歌、柳长华、李君的《中医药的非物质文化遗产学分析》[7] 提出中医药非物质文化遗产保护具有非物质性与物质性、传承性与传承主体、活态性与本真性三个基本理论问题，强

---

[1] 赵景云、马克坚、陆宇惠、和丽生：《阿昌族传统医药传承现状调查》，《云南中医学院学报》2014年第4期。
[2] 龙彦合、龙滢任、龙运光：《侗族医药传承与发展思考》，《中国民族医药杂志》2014年第11期。
[3] 程玲俐、张善云：《羌族医药非物质文化遗产传承与发展探索》，《西南民族大学学报》（人文社会科学版）2014年第5期。
[4] 马克坚、杨玉琪、杨剑、戴水平、张静：《西南少数民族传统医药调查》，《广西民族大学学报》（哲学社会科学版）2014年第6期。
[5] 张静：《对"中医药法"名称争议的思考》，《中医药管理杂志》2014年第7期。
[6] 王赛男、田侃：《中医药传统知识的知识产权保护现状》，《辽宁中医药大学学报》2014年第5期。
[7] 宋歌、柳长华、李君：《中医药的非物质文化遗产学分析》，《中华中医药杂志》2014年第6期。

调对中医药核心理念的尊重和保护是中医药非物质文化遗产保护的关键。维护中医对生命疾病认知核心理念的稳定，使中医药依照自身规律传承发展，达到保护与发展的辩证统一，是中医药非物质文化遗产保护的必由之路。

在世界中医药学会联合会中医药传统知识保护研究专业委员会第二届学术年会暨中医药传统知识保护国际学术大会上，专家们围绕中医药传统知识与非物质文化遗产保护主题展开研讨。宋歌、柳长华、杨朝晖、张逸雯的《我国传统医药非物质文化遗产名录数据分析》，从项目与传承人数量、分布地区、传承人年龄、项目类别、民族等方面进行了分析，发现存在传统医药项目数量不足、地区分布不均衡、代表性传承人认定工作滞后、传承人队伍老化等问题，建议加强各级传统医药行业主管部门与文化部门的配合，共同开展申报与保护工作，并加强传承梯队建设，组织抢救整理代表性传承人技艺。王凤兰、何振中的《论传统医药非物质文化遗产保护的核心理念》剖析了非物质文化遗产项目的"有形的资源"和"无形的知识"两种形态、"文化内涵、项目核心思想、项目的具体构成要素"三个层次与"核心要素、主体要素、外围要素"三个要素，认为传统医药非物质文化遗产保护的本质是保护理念和思想。

（四）获奖情况

1月，解放军军事医学科学院女科学家高月领衔的"中药安全性关键技术研究与应用"项目获得国家科技进步一等奖。该项目创建了中药早期毒性预测、毒性物质分析和配伍禁忌评价3类技术8种方法，并利用这一综合技术平台对临床易发不良反应的7大类中药的安全性进行了系统研究，阐明了中药配伍理论的现代生物学机制，证实了"十八反"、寒热配伍、甘草"调和诸药"等中医经典理论。项目组研制的"红益胶囊""刺白胶囊"等3种新药用于装备部队，直接促进了103种创新药物的研发。[①]

8月，江西省中医院与赣南医学院一附院合作完成的"腧穴热敏红外检测技术的建立与临床应用"项目获江西省科技进步奖一等奖。[②]

[①] 《军事医学科学院中药安全性研究获国家科技进步一等奖》，中国新闻网，http://www.chinanews.com/mil/2014/01-10/5724370.shtml，2014年1月10日。

[②] 《腧穴热敏红外技术获江西科技进步一等奖》，《中国中医药报》，http://www.cntcmvideo.com/zgzyyb/html/2014-08/15/content_89603.htm，2014年8月15日。

10月,黑龙江省科学技术奖评审结果揭晓,共有31项中医药科研成果获奖,其中一等奖1项,二等奖19项,三等奖11项,包括自然类奖励7项,进步类奖励24项。①

12月,王华、方剑乔、杨金生、田振国、孙增涛、张冰、郑伟达、王学美、齐清会、梁晓春等10位中医药工作者获得全国优秀科技工作者称号。②

2014年,我国民族医药首次颁发了科学技术奖。11月,2014中国民族医药大会召开,首次颁发了民族医药界的科学技术奖、终身成就奖、突出贡献奖、学术著作奖4个奖项。国医大师占堆、吉格木德被授予终身成就奖。民族医药科学技术奖是我国民族医药科学技术领域唯一的奖项,设立了自然科学奖、技术发明奖、科学技术进步奖、民族医药产业创新奖、民族医药传承贡献奖、国际科学技术合作奖6个奖项。内蒙古大学生命科学院教师马超美因主持"民族天然药物基础与开发研究项目",在科研上开拓了蒙古族药材研究的新领域而获一等奖。③

6月6日,第三届"中华非物质文化遗产传承人薪传奖"和"中华非物质文化遗产保护贡献奖"颁奖仪式在北京举行,中医诊法葛氏捏筋拍打疗法传承人葛凤麟、针灸刘氏刺熨疗法传承人刘光瑞和回族医药回族汤瓶八诊疗法传承人杨华祥获"薪传奖"。④

三 问题与对策

(一)传统医药传承工作危急紧迫

2006年,第一批国家级非物质文化遗产名录公布。第一批国家级非物质文化遗产名录收录的传统医药项目中医生命与疾病认知方法、中医诊法、中

---

① 《31项中医药科研成果上榜》,《中国中医药报》,http://www.cntcmvideo.com/zgzyyb/html/2014-10/08/content_91358.htm,2014年10月8日。
② 《10位中医人获全国优秀科技工作者称号》,《中国中医药报》,http://www.cntcmvideo.com/zgzyyb/html/2014-12/18/content_94141.htm,2014年12月18日。
③ 《我国民族医药首颁科学技术奖》,《中国中医药报》,http://www.cntcmvideo.com/zgzyyb/html/2014-11/26/content_93323.htm,2014年11月26日。
④ 《传统医药三人获"非遗薪传奖"》,《中国中医药报》,http://www.cntcmvideo.com/zgzyyb/html/2014-06/11/content_86804.htm,2014年6月11日。

药炮制技术、中医传统制剂方法、针灸、中医正骨疗法、同仁堂中医药文化、胡庆余堂中药文化、藏医药9项，基本上形成了国家级名录传统医药项目的分类方式。在传统医药申遗的实践过程中，由中医药项目逐渐向民族医药、民间医药项目倾斜，这种实践理念符合非遗保护注重保护濒危文化、维护文化多样性的思想，显示了传统医药申遗实践的逐渐成熟。

虽然传统医药工作质量稳步提升，但代表性项目数量、代表性传承人数量严重不足。2006年至今，我国已公布国家级非物质文化遗产代表性项目名录4批共1372项，其中收录传统医药类项目23项，占比约1.68%；公布国家级非物质文化遗产代表性项目名录扩展项目名录3批共464项，其中收录传统医药类项目共22项，占比约4.74%。共认定代表性传承人4批共1986人，其中传统医药类非物质文化遗产项目代表性传承人74位，占比约3.73%。无论是项目数量还是代表性传承人数量，在非物质文化遗产十大类项目中都是最少的。不仅代表性传承人数量不足，目前传统医药类74位国家级代表性传承人平均年龄70.0岁，70岁以上的传承人占47.3%，已有4位第一批国家级代表性传承人去世，表明了传统医药的保护抢救工作迫在眉睫。[①]

（二）传统医药的保护发展重点是人才培养

自西医传入中国以来，关于"中医是否科学"的争论从未停止。近几年来，由于网络媒体的活跃，这场争论又迅速掀起舆论高潮。科学主义者提出这一质疑的最主要依据在于中医虽然几千年来运用于实践，但治好患者只是概率性事件，且中医理论根植于"天人合一"等古代哲学，而非诞生于生物医学的实验成果。然而，支持与反对中医的双方都没有切中要领。能否说服大众接受中医，不在于是否"科学"，不在于是否"实践了几千年"，而在于是否有疗效。对疗效的期盼才是对医药最功利、最根本的崇拜。

传统医药相比西医，没有技术中介，而主要依靠医生对知识的把握和实践。[②] 因此，传统医药是否有疗效，医生的医术就尤为重要。医生医术

---

① 宋歌、柳长华、杨朝晖、张逸雯：《我国传统医药非物质文化遗产名录数据分析》，《世界中医药学会联合会中医药传统知识保护研究专业委员会第二届学术年会暨中医药传统知识保护国际学术大会论文集》，2014年11月15日。

② 刘有春：《医学人类学》，中国人民大学出版社，2011。

高超，则善于对症下药，则疗效好，甚至不排除医生的口碑声望也会对患者产生安慰剂的效果。传统医药的传承工作，最根本的落脚点也应该在于能否培养出优秀的传统医药人才。

西式高等院校的教学模式鼓励的是知识的共享与传递，是打破文化特权，但医学需要培养精英，因为在患者与医生之间存在受与予的关系，医生必须掌握高于普通人所掌握的医学常识，才能提供"予"的服务。在某种程度上，传统医药知识的传递是排斥共享的，它只能在某个派系或某个传承队伍中流通传递。医学生在传统医药高等院校习得的知识，很大程度上只是共通的医学知识，却缺乏传统医药中最精微的部分。

近几年来，依托非物质文化遗产保护项目传承人工作室、学术流派传承工作室、名老中医药专家传承工作室等载体，逐渐开展了各个层面的传承工作项目，促进了传统医药人才队伍建设，但是仍未有传统医药的高等教育与师承工作有效结合的方式。传授医技过程即是知识权力转移的过程，也就是知识权力占有者牺牲自我权力的过程。[1] 在古代，知识的传递与转移主要发生在家族内部或师徒之间，由高位向低位流动。现在，如何破解这种知识财产的私有性与知识的惠益分享之间的矛盾，如何协调教育制度、传承方式、从业资格之间的关系，将成为创新传统医药人才培养模式的关键。

（三）传统医药应祛魅归真

传统医药被冠以"伪科学"的名号，有一部分原因是传统医药文化的返魅所致。品牌开发与虚构成为传统医药文化返魅的重要原因。传统医药文化被不断地制造成为一种消费符号，代表着养生、健康、环保、时尚等，符号化的传统医药文化从而蒙上了现代化的神秘面纱，打着各种各样的时新的幌子。[2] 不仅如此，纵观各类中医药、民族医药、民间医药的宣传广告，不难发现有个共同的高频形容词："神奇"。"神奇"，是对认知的突破，仿佛还带着对原始巫术的崇拜，缺乏医学所需的严谨。这种宣传将导致对传统医药的认知是神秘的、不可解释的，是对传统医药本真的反

---

[1] 刘有春：《医学人类学》，中国人民大学出版社，2011。
[2] 盛德荣、何华征、李铭：《传统医药文化的附魅、祛魅与返魅》，《医学与哲学》2013年第1期。

噬。这种伪文化的盛行，对传统医药的打击将是致命的。保护和发展传统医药，最终应回归到对疗效的提升，摈弃魅化的宣传。

张有春在《医学人类学》中指出中医的特点是"治病人而不是治病"，点明了传统医学与西医的对象区别。医学的目的是为了人类的健康，在治疗或维持、恢复健康的过程中，人不只是冷冰冰的数据指标，而是有呼吸有温度的生命体；人体不只是独立的器官或物质的组合，而是一个循环运转的系统。传统医药在实验科学之外，提供了一种认知人类身心健康与疾病的方式，这种认知方式不应该被轻易遗弃。科学主义在近代迅速发展，是因为保持着对未知的任何可能性的探索。过分强调科学一元论崇拜，全盘否认传统医学，是切断了认知生命的一条通道，也是放弃了一种认知宇宙与万物的可能性。

民俗类非物质文化遗产保护发展报告

撰稿：姚丽梅　审稿：刘晓春[*]

2014年，在总结、反思中国非物质文化遗产保护工作经验的基础上，民俗类非物质文化遗产保护工作已日趋成熟：少数民族地区普查立项工作深入开展，项目展演展示日趋多元化，对外交流与青少年教育得到加强，相关科研从理论研究开始转入实践与应用研究，保护实践日益注重维护文化生态的整体性。在取得进展的同时，民俗类非物质文化遗产保护仍存在一些问题与困境。本报告将从保护情况、研究情况、问题与建议三个方面，对2014年民俗类非物质文化遗产保护工作进行总结。

一　保护情况

（一）各级各类非物质文化遗产名录公布情况

1. 国家级非物质文化遗产代表性项目名录

2014年11月11日，国务院发布《国务院关于公布第四批国家级非物质文化遗产代表性项目名录的通知》，批准文化部确定的第四批国家级非物质文化遗产代表性项目名录（共计153项）和扩展项目名录（共计153项）。其中民俗类新增项目共计13项，占新增项目总数的8.50%；民俗类

---

[*] 姚丽梅，女，1989年生，中山大学中文系民俗学专业博士生；刘晓春，男，1966年生，中山大学中国非物质文化遗产研究中心、文化遗产传承与数字化保护协同创新中心教授、博导（民俗学），中国非物质文化遗产研究中心副主任。

扩展项目共计19项,占扩展项目数的12.42%。以下是四批国家级民俗类非遗项目在非物质文化遗产代表性项目名录中的占比情况。

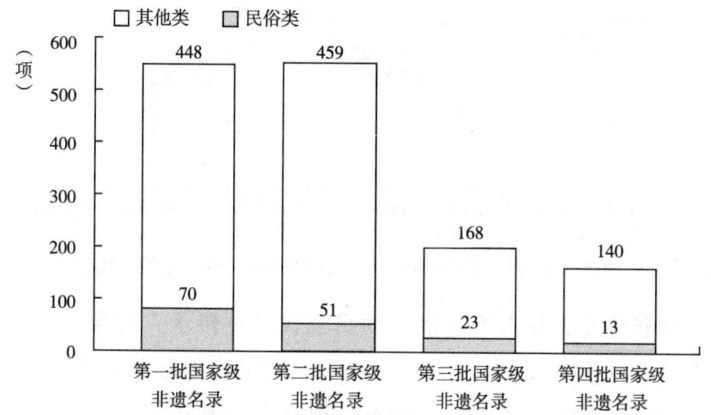

图1 四批国家级非物质文化遗产代表性项目名录对比

由图1可见,图家级非遗名录项目总数在整体上呈下降趋势,民俗类非遗项目在数量和占比上亦逐步下降。

公布的第四批国家级非遗名录中,新增的13项民俗类非遗项目大致可分为三个子类,分别为传统节日活动类1项、仪式信俗类3项和生产生活类9项。四批国家级非遗名录中新增的民俗类非遗项目子类分布情况如下:

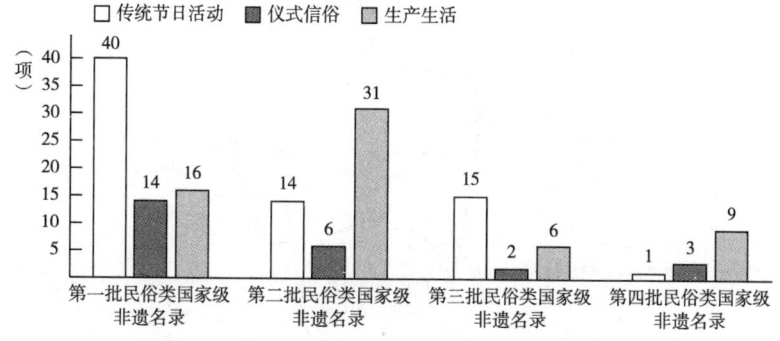

图2 四批国家级非遗项目民俗类子类分布情况

从图2、图3可以看出,在四批国家级民俗类非遗项目名录中,传统节日活动与生产生活类项目占较大的比重,仪式信俗类所占比重较小。而从2014年公布的名录来看,传统节日活动类非遗项目的数量和比重大幅缩减,生产生活类项目的数量与比重增加,仪式信俗类项目浮动不大,一直维持着较小的比重。

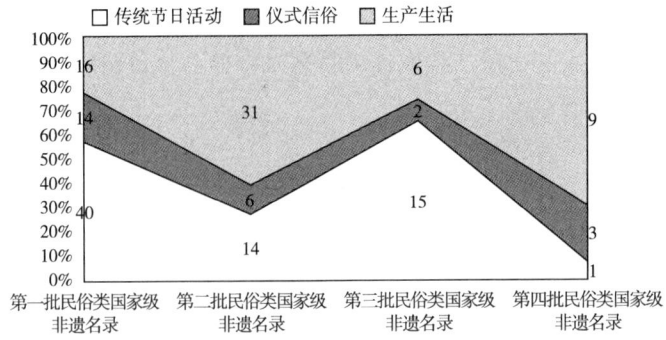

图3 四批国家级民俗类非遗项目子类分布比例对比

2. 各省非物质文化遗产代表性项目及代表性传承人名录

2014年,重庆、安徽、四川、广西、北京等地陆续公布了省(自治区、直辖市)级非物质文化遗产代表性项目名录和扩展名录。值得注意的是,2014年6月17日,香港康乐及文化事务署(康文署)公布了香港首份非物质文化遗产清单,清单涵盖了联合国教科文组织《保护非物质文化遗产公约》(2003)中的五大类别①,共计480个项目。与民俗类相关的项目在香港首批非物质文化遗产名录中的占比情况如图4所示。

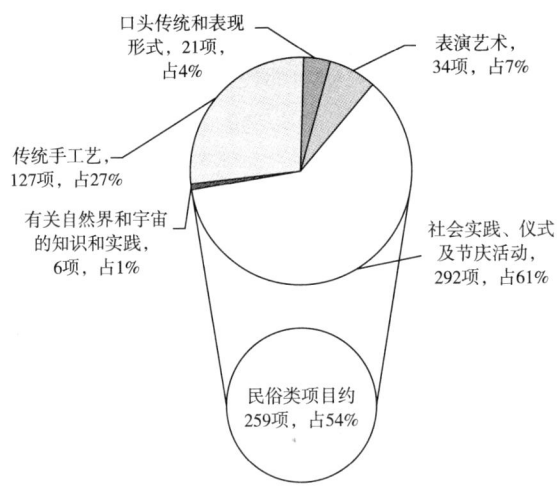

图4 香港首批非物质文化遗产名录民俗类占比情况

---

① 根据联合国教科文组织于2003年通过的《保护非物质文化遗产公约》,非物质文化遗产包括五个类别:(一)口头传统和表现形式,包括作为非物质文化遗产媒介的语言;(二)表演艺术;(三)社会实践、仪式及节庆活动;(四)有关自然界和宇宙的知识和实践;(五)传统手工艺。

由图4可以看出,在香港的首份非遗清单中,与"民俗类"非遗相关的项目主要集中在"社会实践、仪式、节庆活动"和"有关自然界和宇宙的知识和实践"两大类别当中,合计约259项,占总数的54%。这些项目主要包括太平清醮、盂兰胜会、谭公诞、渔民有关自然界和宇宙的知识、传统历法等具有香港特色的节庆诞会和历法知识。由于香港属首次公布非遗名录,缺少可比性,故在下文针对各地非遗名录公布情况展开的趋势分析中,暂不将其纳入讨论范围。

2014年,除香港外各省(自治区、直辖市)新增名录中的民俗类项目分布情况如图5所示。

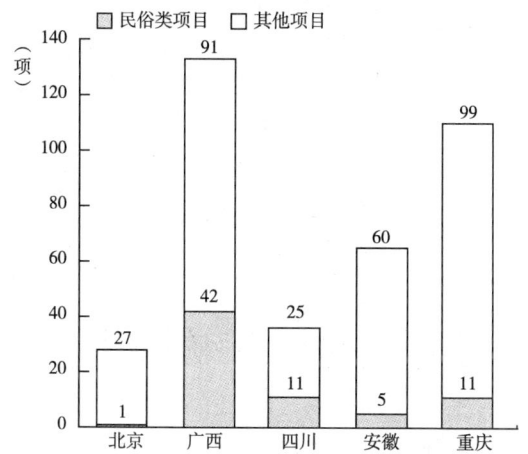

图5 2014年各省(自治区、直辖市)新增名录中民俗类项目分布情况

2014年,各省(自治区、直辖市)新增民俗类非遗项目共70项,约占总数的19%,其中传统节日活动类项目39项,仪式信俗类7项,生产生活类24项。2014年各省扩展名录中均无民俗类项目。

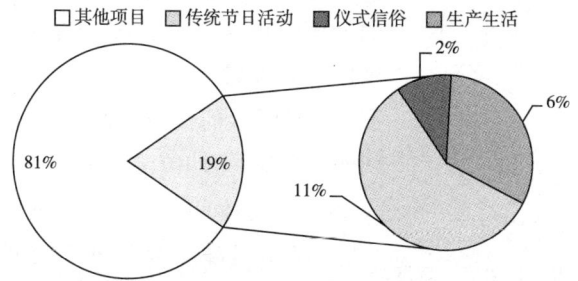

图6 2014年各省(自治区、直辖市)级非物质文化遗产代表性项目民俗类及其子类分布情况

267

由图5、图6可以看出，2014年各省（自治区、直辖市）新增的民俗类非遗项目虽然在总数上占据较大的比例，但绝大部分是广西的项目，其中又以少数民族类项目居多，其余两个项目数较多的省份（四川、重庆）也包含不少少数民族类项目；图5则反映出2014年新增的省（自治区、直辖市）级民俗类非遗项目仍以传统节日活动和生产生活类项目为主，仪式信俗类项目入选较少。

2014年，江苏、黑龙江、湖南、福建、上海、山东、陕西、云南、湖北、广东、内蒙古、新疆、海南、青海等14个省（自治区、直辖市）陆续公布了非物质文化遗产项目代表性传承人名录，其中民俗类传承人共137人，约占总数的9%。各省（自治区、直辖市）民俗类传承人的分布情况如下。

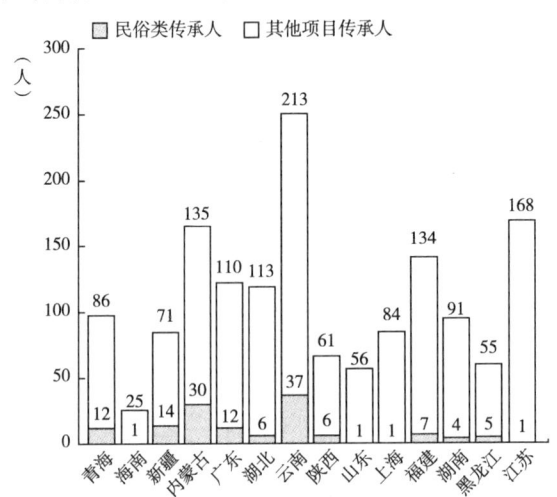

图7 2014年各省（自治区、直辖市）非物质文化遗产项目代表性传承人民俗类传承人的分布情况

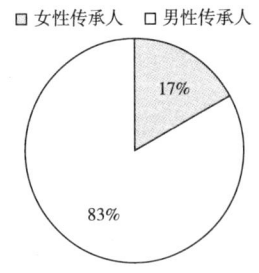

图8 2014年各省（自治区、直辖市）民俗类非物质文化遗产项目代表性传承人男女比例

从图7可以看出，2014年民俗类传承人占非遗代表性传承人比重较小，在占比较大的云南、内蒙古、新疆、青海等地，以少数民族传承人居多。

从传承人的性别来看，除内蒙古未公布性别外，在剩下的107人当中，女性民俗类传承人18人，男性89人，男性超过八成。

从年龄上看，除广东公布的名录没有传承人的年龄信息外，剩下的125名民俗类传承人的年龄分布如下。

民俗类非物质文化遗产保护发展报告

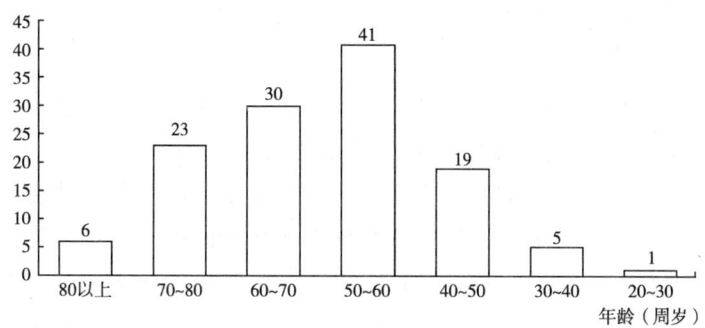

图9 2014年各省（自治区、直辖市）民俗类非物质文化遗产项目代表性传承人年龄分布

从图9中可以看出，当下民俗类非遗传承人的年龄主要集中在50~80岁之间，老龄化较严重，亦显示出民俗类非遗传承的濒危现状。

总体上看，2014年公布的国家级及省（自治区、直辖市）级非物质文化遗产名录主要体现了以下几个特征：一是入选名录的项目整体呈现出逐渐减少的趋势；二是在新增的民俗类项目中，传统节日活动类比重开始下降，生产生活类比重有所上升，仪式信俗类一直维持在较低的数量与比重，少数民族民俗类项目比重上升；三是民俗类传承人以50岁以上的男性为主。新增项目减少、重大节日类项目比重下降、少数民族类项目比重增加等现象，是与我国非遗保护工作的发展趋势相吻合的：经过几轮普查，一方面具有重大民族文化价值的"显性"项目已陆续纳入名录，新的普查工作将更加全面、细致，深入到各个民族地区；另一方面，重申报、轻保护的现象已成为中国非遗保护实践中的突出问题，故严格控制入选项目、加强保护实践已是非遗保护工作的大势所趋与发展要求；此外，由于仪式信俗多与民间信仰相关，在我国仍缺乏较完备的价值评审标准，所以民间信仰类项目入选困难仍是目前非遗工作的现实情况，这也引起了不少研究者的关注。

（二）展演与展示情况

1. 依托盛大节日与活动，开展常态性民俗展演

（1）节日展演

与其他种类的非物质文化遗产项目不同，民俗类的非遗项目的进行大多具有特定的时间，如节日、庙会、祭仪等。因此，以盛大节日为依托进行民俗展演,成为"活态展演非遗文化"的必然趋势,亦逐渐成为近年来非遗保护中的常态性项目。

春节作为最隆重的传统节日,是家人团聚、休息娱乐的日子,所以各项民俗活动最为集中,是民俗展演的最佳时期。2014年1月19～26日,由文化部主办的"中国非物质文化遗产年俗文化展示周"活动在北京石景山体育馆举行,集中展示了与年节文化密切相关的剪纸、年画等全国各地近80个非物质文化遗产项目;[①] 1月23日～2月14日,新疆亦举办了首届"天山南北贺新春"新疆非物质文化遗产春节习俗展;[②] 河南省在春节期间在全省范围内开展年度"春满中原"春节系列文化活动;[③] 河北、辽宁、广东等地也在春节期间举办年俗庙会、灯会。此外,还有端午(如赛龙舟)、七夕(如乞巧、拜月)等节庆民俗活动,以及祭祀祈福活动(如妈祖诞)等。

许多少数民族地区也有自己独特的重要节日,将节日与民俗展演、非遗保护结合起来,已经成为近年来各地文化部门的一个共识。如"三月三"是壮族人民的传统节日,自2014年起,农历的三月初三、初四被纳入广西壮族自治区的公众假日,自治区各地举办壮族"三月三"系列活动,广西文化厅在广西民族博物馆组织了《桂风壮韵》非物质文化遗产展演,除了传统的歌圩之外,不少市县还根据自身的传统民俗习惯形成了独特的三月三民俗文化节,如三江县"三月三花炮节"、崇左"祭壮祖赶歌坡赏木棉"、来宾"三月三"布伢(花婆)节庙会等;[④] 除广西外,4月2日,福建省也在福鼎市举办了第三届"三月三"畲族文化节,内容涵盖民族传统节目表演、畲族巫舞、原生态畲歌等,全方位反映了畲族的民族文化形态;[⑤] 湖南省近两年尝

[①] 李珊珊:《"中国非遗年俗文化展示周"开幕》,中华人民共和国文化部,http://59.252.212.17:7070/search/snapshot.jsp?dbname=webdata3&key=425680,2014年1月20日。

[②] 任春香:《新疆非物质文化遗产春节习俗展周四起开展》,亚心网,http://news.iyaxin.com/content/2014-01/21/content_4385025.htm,2014年1月21日。

[③] 《河南省文化厅关于在全省开展2014年"春满中原"春节系列文化活动的通知》,河南文化网,http://www.hawh.cn/zfxxgk/2014-01/30/content_162027.htm,2014年1月30日。

[④] 《欢度"壮族三月三",传承优秀传统文化》,广西壮族自治区文化厅,http://www.gxwht.gov.cn/culture/show/7720.html,2014年4月9日。

[⑤] 《2014海峡两岸各民族欢度"三月三"节暨福建省第三届"三月三"畲族文化节在宁德福鼎举办》,福建省文化厅,http://www.fjwh.gov.cn/xxgk/gzdt/2014040809_43908.html,2014年4月3日。

试将群众文艺汇演活动"欢乐潇湘"与邵阳、怀化、湘西等少数民族地区的民俗节庆活动相结合,在展演中融入当地民族民俗文化元素①,如丹清苗族清明歌会将苗族传统的民歌对唱、傩戏、花灯戏、狮子舞等进行了"活态"展演②,绥宁黄桑上堡侗寨还将四八姑娘节的风俗与"追踪上堡古国的巫傩传说"活动结合,以参与体验式的活动向各地游客展现了当地的传统民俗风情③;此外,还有新疆塔城地区达斡尔族传统节日"霍乌都如"节("抹灰节")、贵州丹寨"祭尤节"等,在此不一一赘述。

(2)活动展演

除了传统节日或诞日之外,由政府主导并形成的年度文化盛会近年来也逐渐成熟,成为各地民俗展演的另一个重要平台。这类逐步"常态化"的活动盛会,主要包括"非遗节""民俗文化节""民间艺术节"等。在今年6月14日的第九个中国"文化遗产日",许多省市都制定了文化活动方案,不少民俗类项目亦在此时登上展演舞台,如广东粤剧院上演"瑶族耍歌堂",宁夏举办回族服饰展,新疆举办哈萨克族、博州蒙古族等各民族服饰展,上海以浦东说书《嫁女歌》重现旧浦东婚俗,广西在南宁民族广场现场展示上林渡河公、邕宁赛巧等民俗,湖南在长沙安排踩街巡游,江苏进行甪直水乡妇女服饰缝制技艺展示传授,等等。不少省市还形成了自己的特色"民俗文化节",如"文化遗产日"期间在河北廊坊举办的第七届河北省民俗文化节,元宵期间在河北正定县举办的民间艺术节,在辽宁朝阳举办的"牛河梁红山文化节"等。

除了在节会上进行展演,一些地区开始尝试建设固定的民俗保护与展演场所,如浙江省审核确定鄞州咸祥渔棉会、景宁尝新节等35个传统节日保护地为第二批浙江省传统节日保护基地④,广西南宁成立一站式非遗体

---

① 《湖南"非遗之花绽放三湘四水"》,中华人民共和国文化部,http://www.mcprc.gov.cn/whzx/qgwhxxlb/hunan/201409/t20140922_436175.html,2014年9月22日。
② 陈生真:《吉首市丹青举行一年一度的"清明歌会"》,湘西土家族苗族自治州人民政府,http://www.xxz.gov.cn/news/xwdt/xsdt/201404/t20140409_115502.html,2014年4月9日。
③ 《湖南"非遗之花绽放三湘四水"》,中华人民共和国文化部,http://www.mcprc.gov.cn/whzx/qgwhxxlb/hunan/201409/t20140922_436175.html,2014年9月22日。
④ 《浙江省文化厅关于公布第二批浙江省传统节日保护基地的通知》(浙文非遗〔2014〕46号),浙江省文化厅,http://www.zjwh.gov.cn/zcfg/wht/2015-01-04/176712.htm,2014年12月29日。

验基地——江南水街民俗街区①等,这些配套基础设施的完善,为民俗展演提供了保障。当然,对于绝大多数地区来说,由于条件所限,民俗展演难以获得足够的平台,所以"展演"多被"展示"所替代,这在下文中将进行详细介绍。

2. 借助影像等手段,加强民俗展示与交流

与其他类别的非遗项目相比,民俗类项目(服饰民俗除外)受时间、传承主体、场所等条件限制较多,若要完全重现或以实物等形式进行展示,具有较大的难度。随着科技手段的进步和非遗保护工作的不断创新,近年来,为更好地展示民俗类非遗项目,各地都进行了许多有益的尝试。

(1) 图文展

在非遗保护工作中,图文展是较为传统的展示方式,由于较易操作、效果直观形象,所以被许多非遗展览采用。而以非遗为主题的摄影征集活动,近年来亦十分受重视。如2014年7月~2015年3月,文化部主办了以"非遗传承,人人参与"为主题的"2014中国非物质文化遗产摄影活动"②;河北省在2014年春节期间举办了"第六届河北省民俗摄影大赛"和相关网络主题活动③;2014年11月17~24日,广东省文化厅主办了"2014地道中华非物质文化遗产图文展"④,等等。

图文展示解决了民俗展演所面临的时间、人物、场所、资金等问题,可流动性更强,所以除了在当地展示之外,图文展也是民俗类非遗项目跨地域交流的一个重要方式。如上文所提到的"2014中国非物质文化遗产摄影活动",除了在"文化遗产日"期间举办"中国非物质文化遗产摄影大展"之外,还在各省和境外举办巡回展览;广东"2014地道中华非物质文化遗产图文展"在广州展出之后,还赴深圳、东莞等地进行巡展。另外,还有一些境外交流活动也常常采用图文展的形式,例如2014年5月13~17日,在东京举办的"海南省非物质文化遗产保护成果展"就以中国海南

---

① 李宗文:《非遗展演,好戏连台——江南水街民俗街区成为广西首家非遗文化传承中心》,《南宁晚报》2014年3月29日。
② 《中国非物质文化遗产摄影活动征稿启事》,人民网,http://culture.people.com.cn/n/2014/0723/c87423 - 25325040.html,2014年7月23日。
③ 吕虼海:《马年春节期间全省民俗文化活动精彩纷呈》,河北非物质文化遗产保护网,http://www.hebfwzwhyc.cn/Show.asp?id =427&info =1191,2014年2月8日。
④ 麦慕银:《"2014地道中华非物质文化遗产图文展"在广州图书馆举行》,广东省文化厅公众服务网,http://www.gdwht.gov.cn/plus/view.php?aid =33596,2014年11月18日。

非物质文化遗产名录为主题,用图文并茂的形式描述了黎族"三月三"、黎族五大方言服饰等民俗文化①。

(2)影像与媒体

图文展虽然大大降低了民俗展示的成本与难度,但是对于文化内涵丰富的民俗项目来说,仅靠静态的图片和文字,展示效果显然十分有限,影响力也随之降低。随着声像技术和影视传媒的发展,用影像记录民俗,并借助媒体进行传播成了非遗保护工作中的"新宠"。影像展示多以纪录片的形式呈现,近年来许多电视栏目开始关注乡土民风、传统习俗,许多非遗项目也得以被全程记录,展现给全国各地的观众。如央视十套(中央电视台科教频道)的《文明密码》栏目,2014年摄制并播出了多期与各地非遗项目相关的纪录片,如反映河北省井陉县板桥庙会、北秀林马火、南康庄和北芦庄撵虚耗等民俗项目的《千年社火》②,反映河北唐县灌城西乐会、婚俗等民风民俗的《唐县乡野探奇》③ 等。2014年9月3日,新疆博尔塔拉蒙古自治州在自治州成立60周年之际,制作了当地的非遗系列专题片,并在州庆期间进行展播。④ 2014年11月,宁夏银川首部大型非物质文化遗产主题纪录片《遗脉相承》正式开拍,尝试将文化与故事相融合,以生动活泼的方式展现非遗。⑤

值得注意的是,用影像记录非遗不仅在大众媒体中方兴未艾,也开始对普通市民,尤其是大学生群体产生了影响。2013~2014年,由中国传媒大学的30多位"90后"大学生非遗志愿者组成的团队,耗时14个月创作了一部记录非物质文化遗产的专题系列片《非遗朝阳》,该片共16集,每集讲述一项非遗项目及其传承人的故事,于2014年10月26日在中国教育

---

① 庄虹意:《海南省非遗展在日本举办》,海南省非物质文化遗产网,http://www.hiich.org/_page.php?xuh=1229,2014年5月30日。
② 《千年社火登陆央视十套〈文明密码〉》,河北非物质文化遗产保护网,http://www.hebfwzwhyc.cn/Show.asp?id=427&info=1216,2014年3月9日。
③ 李红叶、孙少彬:《央视〈文明密码〉播放纪录片〈唐县乡野探奇〉》,中国新闻网,http://www.heb.chinanews.com/baoding/11/2015-01-06/99843.shtml,2015年1月6日。
④ 《新疆博州非物质文化遗产名录项目系列展播向自治州成立60周年献礼》,中华人民共和国文化部,http://www.mcprc.gov.cn/whzx/qgwhxxlb/xinjiang/201409/t20140916_436099.html,2014年9月16日。
⑤ 《宁夏银川首部非物质文化遗产主题纪录片开拍》,中华人民共和国文化部,http://www.mcprc.gov.cn/whzx/qgwhxxlb/ningxia/201409/t20140929_436371.html,2014年9月29日。

电视台开播。

(3) 歌舞剧及其他形式

除了图文、影像等多媒体手段之外,一些地区也开始尝试创新民俗类非遗项目展示的形式。如2014年1月24日,由内蒙古鄂尔多斯歌舞剧团打造的中国民族舞剧《鄂尔多斯婚礼》在美国华盛顿肯尼迪表演艺术中心艾森豪威尔剧院上演,该舞剧通过讲述一个情窦初开的少女获得爱情、完成婚礼的美好故事,将蒙古族祭祀、宫廷、饮食、服饰和礼仪文化用歌舞剧的形式搬上舞台,形式生动活泼,获得了观众的一致好评;[1] 2014年10月16日,在湖北宜昌首届艺术节上演了秭归县打造的大型原创民俗情景歌舞剧《大端午》,呈现了秭归端午包粽子、划采莲船儿、龙舟竞渡等传统习俗,引起强烈反响。[2]

另外,也有地区采用"流动博物馆"的形式,让更多的民众可以近距离地感受和认识民俗历史和文化遗产。在2014年文化遗产日暨第二届新疆非物质文化遗产展示周期间,新疆博物馆通过"流动博物馆"展车,在全疆各地巡展新疆"三史"展览和"新疆古代服饰记忆展",民众可以走进多媒体流动展车亲自操作,也可以与博物馆工作人员现场交流探讨。[3]

(三) 宣传、教育与传承情况

1. 对外加强交流宣传,提升文化自信心与影响力

2014年,民俗类非遗项目继续加强对外展演、展示和交流。如2014年春节期间,重庆市组织6个文化代表团分赴三大洲7个国家参加"欢乐春节"海外活动,让当地观众全面、直观地了解中国民俗文化;[4] 比中协会和布鲁塞尔孔子学院联合举办了"马年春节中国文化互动体验"活动;[5]

---

[1] 《舞剧"鄂尔多斯婚礼"亮相肯尼迪中心》,中华人民共和国文化部,http://59.252.212.17:7070/search/snapshot.jsp?dbname=webdata3&key=430982,2014年3月18日。
[2] 郑家录:《〈大端午〉杀青,秭归又出大型民俗情景歌舞剧》,三峡秭归在线,http://www.zigui.gov.cn/2014-09/25/cms674378article.shtml,2014年9月25日。
[3] 《新疆"流动博物馆"打造民族团结新阵地》,中华人民共和国文化部,http://www.mcprc.gov.cn/whzx/bnsjdt/ggwhs/201406/t20140629_434107.html,2014年6月29日。
[4] 《重庆市组织文化代表团参加海外"欢乐春节"活动受好评》,中华人民共和国文化部,http://www.mcprc.gov.cn/whzx/qgwhxxlb/chongqing/201403/t20140307_430573.html,2014年3月7日。
[5] 《比利时2014年"欢乐春节"系列活动拉开帷幕》,中华人民共和国驻比利时王国大使馆,http://www.fmprc.gov.cn/ce/cebel/chn/sbgx/whjl/t1125674.htm,2014年2月4日。

贝宁中国文化中心举办"体验春节"展览;① 2014年8月,广西南宁市在新加坡、马来西亚举行"文化走亲东盟行"系列活动,向当地居民及华侨展现壮族民俗文化与非物质文化遗产。②

以上这些对外交流活动,一方面加强了我国非物质文化遗产和中华民族文化的宣传,促进了不同地域之间的文化交流;另一方面,这些交流展演、展示也在某种程度上增强了民俗传承主体的自豪感与自我认同。尤其对海外侨胞来说,能够在传统节日体验到最为熟悉亲切的传统民俗活动,不仅是一种情感上的回归与维系,也是民俗文化在异域时空的延续与扩展。另外,换个角度来看,对观众来说,在了解其他地区的民俗文化过程中,往往能够形成"反向刺激",促使其反观自身。如2014年7月,海南省民族博物馆和西藏博物馆在西藏联合举办了《锦绣天成——黎族树皮服饰展》,一些拉萨市民看完展品后赞叹不已,还从树皮布的制作技艺联想到与其制作工艺十分相似的藏纸③,这正是在相似联想中完成的一次对自身文化的重新审视。

2. 对内普及教育,提高文化自觉与传承意识

除了加强对外交流宣传,对内的工作也十分重要,尤其是针对年轻一代传承主体的教育,更是非遗保护中的基础环节。"非遗进校园"也因此成为近年来的工作热点。2014年,上海举办第四届"上海学子非遗展馆行"活动,近十万名学子走进非物质文化遗产展馆,了解和体验传统民俗文化④;辽宁开展了三次大规模的"非遗进校园"系列活动,通过技艺展示与动态展演相结合的方式,寓教于乐,引导广大青少年认识非遗、参与非遗保护⑤;西藏制定出台了开展非物质文化遗产进校园工作的意见,提

---

① 《贝宁中国文化中心"体验春节"展览元宵节开幕》,中华人民共和国文化部,http://59.252.212.17:7070/search/snapshot.jsp?dbname=webdata3&key=431395,2014年3月2日。
② 《广西南宁"文化走亲东盟行"启动仪式在新加坡举办》,中华人民共和国文化部,http://www.mcprc.gov.cn/whzx/bnsjdt/dwwhllj/201408/t20140825_435611.html,2014年8月25日。
③ 张晶:《"锦绣天成——黎族树皮服饰展"在拉萨展出》,海南省文化广电出版体育厅,http://www.wtt.hainan.gov.cn/swtt/zxdt/wtdt/wh/201407/t20140731_1335252.html,2014年7月31日。
④ 《2014年"上海学子非遗展馆行"系列活动》,上海非物质文化遗产网,http://www.ichshanghai.cn/news/detail.php?id=1868,2014年7月24日。
⑤ 《辽宁非遗进校园播种传统文化的希望》,辽宁省非物质文化遗产保护网:http://www.lnwh.gov.cn/detailfl/33009.html,2014年11月3日。

出了"非遗保护,从娃娃抓起"的保护理念①,等等。

除了培养传承主体的文化自觉性,非遗"进校园"也在为一些非遗项目的发展打下基础。如2014年8月,上海市文化广播影视管理局启动与上海大学的"非遗进MBA课堂"课程合作,非遗课程开始进入MBA课堂②,这不仅有助于增强精英群体的文化积淀和文化自觉,非遗项目本身也可借此得到推广,部分项目还将由此获得市场开拓和创新发展的新机遇。湖北省也在9月底正式启动非物质文化遗产传承学校创建工作③。12月,贵州省下发推进职业院校民族民间文化传承创新工作实施办法,旨在培养一支民族民间文化职业教育传承队伍,建立职业教育与非物质文化遗产传承人才培养相结合的有效机制④。

二 研究情况

(一) 科研立项情况

2014年,国家社科基金年度项目共立项2776项,与"民俗类"非遗相关的有15项,其中重点项目2项,一般项目13项;国家社科基金青年项目共立项1044项,与"民俗类"非遗相关的有4项;国家社科基金西部项目共立项505项,与"民俗类"非遗相关的有11项;教育部人文社会科学研究规划基金、青年基金、自筹经费项目共立项2414项,与"民俗类"非遗相关的有7项,其中6项为规划基金项目,1项为青年基金项目。

从2014年"民俗类"非遗相关的科研立项情况来看,立项数与

---

① 《西藏制定出台非物质文化遗产进校园工作意见》,中华人民共和国文化部,http://www.mcprc.gov.cn/whzx/qgwhxxlb/xizang/201411/t20141124_437262.html,2014年11月24日。
② 《上海市非遗精品首次进入高校MBA课堂》,中华人民共和国文化部,http://www.mcprc.gov.cn/whzx/qgwhxxlb/shanghai/201408/t20140827_435701.html,2014年8月27日。
③ 《省文化厅省教育厅关于开展湖北省非物质文化遗产传承学校创建工作的通知》,湖北省文化厅,http://www.hbwh.gov.cn/xwdt/tzgg/7669.htm,2014年10月14日。
④ 《贵州出台政策推进职业院校民族民间文化传承创新工作》,中华人民共和国文化部,http://www.mcprc.gov.cn/whzx/qgwhxxlb/guizhou/201412/t20141216_437797.html,2014年12月16日。

2013年相比略有增加，主要集中在社会学、民族问题研究、宗教学等学科范畴，重点关注民族民俗文化、民间信俗及其社会功能，尤其是在社区治理、民族关系、城镇化、产业化等社会变迁与发展方面所产生的影响与作用。可以看出，与"民俗类"非遗相关的科研立项已经从材料搜集、源流考据、谱系梳理等学理性研究，逐渐向社会应用研究靠拢。

除了研究内容的"应用化"趋势，在研究对象与方法上亦有了新的动向，如2013年国家社科基金西部项目"新疆民俗数学研究"和2014年国家社科基金年度项目（一般项目）"贵州传统村落民俗数学调查研究"，使"民俗数学"① 这一概念逐步进入民俗学的研究视野，为民俗学与民族文化研究开拓了一个新的空间，在调查对象与研究思路上都将产生有益的启发。

（二）学术研讨会举办情况

2014年，与"民俗类"非遗相关的专题学术研讨会主要围绕"节日""民间信仰"和"民俗文化产业"等几个主题展开：

节日类研讨会主要关注传统节日文化的传承保护、政府职能以及旅游资源的开发利用等。5月30日在湖北秭归"端午习俗传承与保护研讨会"上，专家指出，端午习俗的传承性发展要挖掘历史文化和民俗元素，尊重民众的主体地位，加强"参与性设计"。② 6月2日浙江嘉兴"端午民俗文

---

① "民俗数学"又称"民族数学"，其英文表述为"Ethnomathematics"，是在1984年8月召开的第五届国际数学教育大会上被正式提出的一个概念。关于"民俗/民族数学"的定义和研究内容，巴西数学史家达布罗西欧（Ubiratan Ambrosio）指出，"民族数学是指个人在不同文化与环境脉络中，适应与解释实体世界的不同方式"（转引自罗永超、张和平、杨孝斌《中国民族数学研究述评及展望》，《民族教育研究》2015年第1期）。也就是说，民族数学研究的是不同民族个体在生产生活过程中所创造出来的、蕴含其独特世界观的"数学文化"，这些文化主要隐藏在传统建筑、计量计数、天文历法、宗教礼仪、民间游戏、民族服饰、绘画、工艺、俚语、音乐等方方面面，这也使得民族数学无可避免地成为一门包括文化人类学、民俗学、社会学、数学史、数学哲学、数学教育等多学科"有机结合"的交叉学科。中国民俗数学的研究始于20世纪80年代，贵州师范大学吕传汉、汪秉彝等在贵州省黔南布依族苗族自治州开展了水族、布依族、苗族等民俗数学的调查研究，并获得了一系列重要成果。

② 《端午习俗传承与保护研讨会在秭归举行》，湖北省文化厅，http://www.hbwh.gov.cn/xwdt/zgyw/6224.htm，2014年6月3日。

化的当代传承学术研讨会",对传统文化在当代社会的复兴进行了深入的探讨,旨在寻求传统节俗与新兴节会融合的新模式。①

民间信仰类研讨会则主要关注民间信仰的研究现状、民间信仰与传统文化的继承与弘扬、民间信仰事务管理、民间信仰在民族关系维系与社会建设中的作用等问题。如10月25日广东广州"华南地区社会信仰专题研讨会"及3月27日浙江嘉兴"民间信仰与社会治理"研讨会的关注点都集中在民间信仰的研究现状、事务管理以及与社会建设、国家安全的关系等问题上。②另外,1月8日在福建安溪召开的"清水祖师信仰文化国际学术研讨会"则在海内外交流、以共同信俗进行"文化寻根"等方面投以更多的关注。③

在民俗文化产业方面,较具代表性的主要有11月22日在江苏南京召开的"中国民俗文化产业现状与前瞻研讨会"。会上,专家学者在研究调查及工作经验的基础上,从民俗学、人类学、社会学等多方面对中国民俗文化产业现状及未来进行了深入的剖析。会议还决定了出版《中国民俗文化产业发展报告》及评选全国"十大民俗文化节庆""十佳民俗文化园区""十大民宿酒店"等事项。④

无论是民俗节日、民间信仰,还是民俗文化产业,从这些学术研讨会的内容来看,我国对民俗类非物质文化遗产的研究已不止于保守的认识与保护,而是开始倾向于从民俗文化与社会运作之间的关系着手,探讨民俗文化在社会生产生活中"活态发展"的模式。

---

① 《2014端午民俗文化的当代传承学术研讨会在嘉兴举行》,中国嘉兴网,http://www.jiaxing.gov.cn/zgjx/swhj/gzdt_ 6157/zyhy_ 6158/201406/t20140620_ 401621.html,2014年6月4日。
② 黄叶坤:《2014广东省社会科学学术年会回顾之"华南地区社会信仰专题研讨会"》,中国社会科学网,http://orig.cssn.cn/skyskl/skyskl_ yw/201501/t20150107_ 1470020.shtml,2015年1月7日;《"民间信仰与社会治理"研讨会在浙江嘉兴举行》,中国社会科学网,http://www.cssn.cn/zjx/zjx_ zjsj/201404/t20140408_ 1060376.shtml,2014年4月8日。
③ 《海内外信众研讨"清水祖师信仰文化"》,中国新闻网,http://www.chinanews.com/qxcz/2014/01-09/5715694.shtml,2014年1月9日;《第二届海峡两岸妈祖文化学术研讨会揭幕》,中国社会科学网,http://www.cssn.cn/zjx/zjx_ tpxw/201408/t20140815_ 1293243.shtml,2014年8月15日。
④ 《2014中国民俗文化产业现状与前瞻研讨会在江苏南京召开》,中国民俗学网,http://www.chinesefolklore.org.cn/web/index.php?NewsID=13346,2014年12月25日。

（三）论著发表情况

1. 著作发表情况

2014年出版的与民俗类非遗相关的著作大致可以分为两大类，一是学术研究类，二是通俗科普类。

在学术研究类著作方面，2014年出版的理论文集主要有民俗学家乌丙安先生的《乌丙安民俗研究文集》，该书共八卷，是在乌丙安先生民俗研究的代表性著作基础上加入最新研究成果汇编而成，第八卷《民俗遗产评论》特别选收原著《非物质文化遗产保护理论与方法》（2010）中所有关于非物质文化遗产民间文学类、民俗文化类遗产保护的评论篇章整合成卷，对当下中国非物质文化遗产，尤其是民间文学和民俗类非遗的保护与传承工作具有启示意义。其他学术研究类著作多为区域性民俗的个案研究，一般在历史文献考据与田野调查经验的基础上进行文化剖析，是珍贵的民俗志及民族志材料，其中也不乏民俗学和人类学研究的优秀范例，如覃德清著的《南岭瑶族的民俗与文化》、岳永逸著的《行好：乡土的逻辑与庙会》（主要关注华北乡村腹地梨区的庙会敬拜和信仰）、董喜宁著的《孔庙祭祀研究》、乌云格日勒著的《信仰的薪火相传：成吉思汗祭奠的人类学研究》等。值得注意的是，随着非遗保护运动的兴起与对民俗文化的日益重视，近年来依托各类相关科研项目产生的研究成果亦十分可观，多以"丛书"的形式呈现，如国家社科基金特别委托项目《中国节日志》，北京市文联、北京民间文艺家协会组织编纂的"非物质文化遗产丛书"，厦门市社科重大系列调研课题成果"闽台历史民俗文化遗产资源调查"系列丛书等。

相较于学术研究类，"通俗科普类"著作数量更多，它们往往图文并茂，以通俗晓畅的语言对风俗习惯、节日信俗进行描述和介绍，轻学理而重趣味，普适性较强。这类著作也有不少以"丛书""系列"的形式出版，如中国人类学民族学研究会民族节庆专业委员会组织编写的"中国节庆文化丛书"，以中英文对照、通俗易懂、趣味生动的形式向中外读者展现中华节庆民俗风情；王早早等编著的"中国记忆·传统节日图画书"系列，以生活故事为主线讲述中国传统节日的来历与习俗，配以精美的插画，尤其适合用作家庭教育读物。另外，不少省市在非遗保护实践中，也推出了一系列当地的"非遗代表作丛书"，如"浙江省非物质文化遗产代表作丛书""南京非物质文化遗产丛书""塔城地区非物质文化遗产系列丛书"等。这类作品既是一种非遗记录，同时也成为这些地区真实可感的"非物质文化名片"，使文化交流更为便利。从2014年度"通俗科普类"著作的受众群体来看，大部分老少咸宜，但也有一些针对性较强的出版物，如针对青少年群体的教育类读物，除了上文提到的《中国记忆·传统节日图画书》，还有牛建军、赵斌编著的《中华传统节日文化常识》，安源著的《中国传统节日诗话》，梁林山为初中七、八年级学生编写的课程教材《中国传统节日与地域特色》等，通俗晓畅，兼具通识教育与趣味性；针对外来游客的风土人情读物，如玉海著的《蒙古族民俗风情》，将景色风物与民俗风情相融，引人入胜，是内蒙古推出的旅游文化丛书之一；更为引人注目的，还有不少标注着"汉英对照"的著作，如上文提到的"中国节庆文化丛书"及"南京非物质文化遗产丛书"都是中英文双语出版。2014年，北京理工大学出版社还出版了一本英文版的《中外民俗文化的对比研究》（吕景霞、刘蕾、潘高编著），可见让本土文化走出国门、促进中外交流已是许多文化保护工作者的共识，亦是时势之所趋。

2. 论文发表情况

2014年，与民俗类非遗相关的论文发表数量总体上与2013年相近，较2012年及之前有了显著增加，学界对相关研究的日益重视可见一斑。从中国知网全文数据库的检索结果来看，2014年度与民俗类非遗相关性较大的论文记录数约有50条，多数为民俗类非遗项目个案研究，并融入了作者对现状、问题及未来发展的思考。以下就2014年度发表的论文所探讨的相关热点问题进行概述。

（1）民俗文化旅游开发与非物质文化遗产保护

近年来，"民俗文化旅游"随非遗热而兴盛一时。民俗文化旅游开发可以增强文化持有者的自信心，为非遗保护提供持续的资金保障，是非遗保护的一种有效方式，但随着开发过程中问题的不断暴露，一些专家学者也开始反思旅游开发与非遗保护之间的关系。

在2014年发表的相关论文中，虽然关于区域民俗文化旅游开发的个案研究及论证仍占多数，但也出现了不少针对旅游开发给非遗保护所带来的问题以及如何在开发与保护之间寻找平衡点的探讨。结合2014年度的相关研究，当下旅游开发中出现的问题主要集中在"空心化开发"扭曲原本生活形态、过度舞台化导致"失真"、本地居民文化认同感低等方面。关于产生这些问题的主要原因，有学者认为"根源在于旅游与遗产是两类社会实践活动"①，也有学者进一步指出，"非物质文化遗产旅游开发中所产生的问题主要是由文化生态破碎化、受众群体缩减化、传承人断层化等困境造成的"②。那么，如何实现保护传承与旅游开发的平衡发展呢？相关研究的意见主要集中在尊重文化原生态和尊重文化传承人这两大方面。如有学者指出，要"遵循遗产内在发展规律性要求，充分保护遗产的原生性主体的生计模式、遗产要素的整体性、遗产表现形式的多样性，进而在遗产的文化生态环境中实现遗产的真实性保护传承"③，也有学者提出要对非物质文化遗产进行"生活化"利用，"尽可能还原非物质文化遗产赖以存续的社会情境"④。在一些个案研究中，学者提出的改善建议则更加具体，如采取惠民政策以提高原住居民对旅游业的支持和参与度，以避免"空心化开发"模式带来的问题⑤；通过"全域体验""传承人技术入股"等文化遗产旅游开发模式以实现传承人的深度参与⑥；同时，还要明确政府和开发商在旅游开发中应尽的职责⑦，等等。

（2）从文化空间的整体性、活态性视角探讨民俗类非遗的保护与传承

"文化空间"⑧是当前民俗类非物质文化遗产学术研究中频繁使用的热词之一。在非遗语境下，文化空间实际上是一个生动立体的概念，它既指

---

① 吴兴帜：《文化旅游与遗产保护的平衡点探究》，《西南民族大学学报》（人文社会科学版）2014年第7期。
② 方旭红、张清清：《论非物质文化遗产在旅游发展中的"生活化"利用》，《华侨大学学报》（哲学社会科学版）2014年第1期。
③ 吴兴帜：《文化旅游与遗产保护的平衡点探究》，《西南民族大学学报》（人文社会科学版）2014年第7期。
④ 方旭红、张清清：《论非物质文化遗产在旅游发展中的"生活化"利用》，《华侨大学学报》（哲学社会科学版）2014年第1期。
⑤ 张益嘉、宋俊华：《从旅游开发角度浅谈乌镇非物质文化遗产的保护》，《文化遗产》2014年第6期。
⑥ 张欢：《宁夏非遗质文化遗产旅游开发模式研究》，硕士学位论文，宁夏大学，2014。
⑦ 胡海燕、巴桑巴吉：《拉萨市非物质文化遗产旅游开发的运作模式研究》，《西藏大学学报》（社会科学版）2014年第3期。
⑧ 1998年，联合国教科文组织在《人类口头和非物质文化遗产代表作宣言》中指出，"文化空间"是"具有特殊价值的非物质文化遗产的集中表现"。联合国教科文组织北京办事处文化官员爱德蒙·木卡位对文化空间进一步解释为"某个民间传统文化活动集中的地区，或某种特定的文化事件所选的时间"（张博：《非物质文化遗产的文化空间保护》，《青海社会科学》2007年第1期）。

传统文化活动呈现的具体场所,又包括文化形成的自然生态环境和社会语境,此外还暗含了文化发生的时间段,可以说具有整体性、活态性和传统性等特点①。从 2014 年的相关研究来看,多数学者并不限于对"文化空间"本身定义的探讨,而是将"文化空间"作为一种观念,并在此视角下重新审视当下的民俗类非遗保护工作。

首先是从文化空间的整体性出发,以开放、联系的角度开展非遗保护工作。潘文焰、仲富兰在《我国传统节日文化的生产性保护路径研究》中,提到构建"节日民俗系统",这实际上就是一种文化空间的视角,其构建的一个重要原则也是"整体性",就是要避免孤立、局部、碎片化地保护某个民俗资源,"尽量把相关的民众(俗民)、社会机构、区域环境等整个文化生态系统都予以尊重与保留","不仅要关注传统节日的民俗文化价值,还要将经济价值、社会价值、生态价值作为一个整体综合进去"②。除了文化生态环境、民俗资源、传承主体之外,传承与保护的介体——政府、企业、媒体、学校、民间团体等各种机构也要作为民俗文化的组织者和运作者纳入到整体保护的体系当中。③

其次是从文化空间的"活态性"出发,以包容、发展的眼光看待民俗文化的变迁问题。文化空间的活态性与整体性其实是一脉相承的,只是整体性侧重于空间的"全局观",活态性则更侧重于时间的"历史观",强调发展与流动,避免故步自封、盲目追求"本真性"的保护。民俗文化会适应时代发展而变化,所以非遗的"生产性保护"才具备了合法性,甚至成为一种历史的必然。这也涉及近年来非遗保护研究中的一个热点,即城镇化进程中的非遗保护问题。随着城镇化进程的推进,旧的文化空间被打破,民俗活动也面临着"重构"的问题,不少研究以此为切入点,探讨非遗保护语境下的民俗重构:一是随着生存空间的重新规划,新的活动场地

---

① 张博:《非物质文化遗产的文化空间保护》,《青海社会科学》2007 年第 1 期。
② 潘文焰、仲富兰:《我国传统节日文化的生产性保护路径研究》,《文化遗产》2014 年第 1 期。
③ 如杨项讷在《从文化空间视角看节庆民俗的保护——以大关苗族花山节为例》一文中指出,在大关苗族花山节的传承与保护工作中,只针对节日、仪式本身是远远不够的,还应当关注与之相关的口头传说、民间技艺、民间工艺,如芦笙制作技艺、芦笙舞曲表演等,这些民间技艺事项构成了花山节的社会文化生态环境。参考杨项讷:《从文化空间视角看节庆民俗的保护——以大关苗族花山节为例》,见《非物质文化遗产研究集刊》,2014。

(如城市广场）也应纳入"文化空间"的视野；二是随着生活方式的转变，民俗文化的价值也会相应改变，可以通过适当引导以达到保护非遗与传承文化的目的。如蒙古勒津安代原为萨满驱邪治病的歌舞活动，演变为当代的自娱性舞蹈；又如西和的乞巧节由原来的成人礼演变为如今的公共社区文化。这些民俗的文化价值发生了转移，但都获得了传承主体的认可，也就是具备了自主传承的生命力。①

当然，无论是整体性还是活态性，最终都必须统一于文化空间的本土性、传统性特征，这是民俗文化的核心，在学界亦已有过充分的研究，在此不再详述。

（3）非物质文化遗产保护语境下民间信仰问题的思考

在相当长的一段历史时期内，民间信仰都被主流文化认为是落后、腐朽的"迷信"而不登大雅之堂，直到20世纪80年代以来才逐渐受到学界的重视，尤其在2006年广泛开展非遗保护运动之后，不少学者提出"民间信仰是我国相当大一部分非物质文化遗产的生命之源和生存土壤"②，呼吁"应将民间信仰作为非遗保护工作的一个核心问题来认真对待"③。随着非遗运动的深入开展以及各地民间信仰恢复与重建工作的兴起，近年来关于非遗语境下的民间信仰研究开始将重心放在总结研究成果、反思实践上面。

一方面是对非遗语境下民间信仰研究的概述与现状分析，如李向平、梁超在《非物质文化遗产与民间信仰研究》一文中，对2006年以来在非物质文化遗产语境下有关民间信仰的研究成果进行了回顾，并进一步指出民间信仰在非遗运动中获得合法性的同时，国家权力也借此实现了对民间信仰的重建，这既是国家对民间信仰的有效治理，也

---

① 关于城镇化过程中民俗重构的相关研究，主要包括王志清：《民俗文化内外价值的正向迁移——以蒙古勒津安代为例》，《民族艺林》2014年第2期；徐蒙蒙：《都市化语境下传统民俗的重建——浦东三林镇西城隍庙城隍出巡仪式调查》，硕士学位论文，上海大学，2014；张迪：《城市化语境中的社火流变》，硕士学位论文，华东师范大学，2014；刘宪：《"代理论"视阈下甘肃西和乞巧节的传承与变迁研究》，硕士学位论文，温州大学，2014；杨丹丹：《祭海仪式的变迁与社会影响——对青岛沙子口海庙巡游仪式的调查》，硕士学位论文，中国海洋大学，2014。
② 向柏松：《民间信仰与非物质文化遗产保护》，《中南民族大学学报》（人文社会科学版）2006年第5期。
③ 高丙中：《作为非物质文化遗产研究课题的民间信仰》，《江西社会科学》2007年第3期。

是民间信仰自身与现代社会互动的调整与创新,形成了一种"民间信仰新传统"。①

另一方面是对民间信仰非遗实践的个案研究与反思,从数量上看,这类研究占据了更大的比例。这些个案研究主要包括以下几方面的内容:一是分析在非遗运动的大背景下,民间信仰如何通过形式创新、价值重构等方式获得官方及社会各界的认可;二是反思在非遗语境下民间信仰在多元诉求与博弈中被"重构"所面临的问题,如精神内涵被篡改、活动形式被增减等;三是探讨在非遗语境下,民间信仰如何平衡"重构"与"传承"的方法。从2014年度的研究上看,绝大多数学者肯定了民间信仰的活动形式与思想取向在社会发展变迁中发生改变的必然性,以及进行正向引导的可行性与必要性,但也指出在引导的过程中,必须保护民间信仰传承的文化生态,尊重传承群众的意愿,遵循民间信仰的历史发展规律,这样才能够保持民间信仰的生命力,避免被异化。②

(4) 非遗时代的民俗学反思

不难发现,从事民俗类非遗研究的学者多出自民俗学,联合国教科文组织对非物质文化遗产的认知与保护始于民俗,中国民俗学者也是最早加入中国非物质文化遗产保护工作的专家群体。然而,随着中国非遗保护工作的深入开展,中国民俗学者也面临着新的问题和挑战:应该如何处理非遗保护与民俗学的关系,民俗学者应承担怎样的社会责任?这些问题近几年来一直为民俗学界所讨论和反思。

陈勤建在《民俗学者与当今的中国非物质文化遗产保护》中指出,中国非遗保护中的民俗学者群体总体上在逐渐退缩,主要原因是中国民俗学者"学科边界的自我缩小和学科知识的偏窄",具体表现在整体对民俗实践知识"lore"(生活技术、生存方式、生产技艺、生活知识等)

---

① 李向平、梁超:《非物质文化遗产与民间信仰研究》,《河南社会科学》2014年第12期。
② 相关的个案研究主要包括:李华伟:《非物质文化遗产对妙峰山庙会之影响——以妙峰山庙会申报非遗前后的活动为中心》,《民间文化论坛》2014年第6期;黄霜:《非物质文化遗产项目认定的多元博弈——以湖北省黄石市阳新县"接大王"申遗为例》,硕士学位论文,华中师范大学,2014;李硕硕:《地域信仰的生成与当代建构——以豫西白龙王信仰为例》,硕士学位论文,河南大学,2014;冯永泰:《民间信仰与和谐社会的构建——基于非物质文化遗产视角》,《东岳论丛》2014年第4期;俞黎媛:《当前福建"妈祖热"的生态学研究》,《莆田学院学报》2014年第1期。

的轻视，部分学者在缺乏田野实践的情况下空发议论等。① 在这种情况下，户晓辉提出了"非遗时代民俗学的实践回归"，指出非遗保护运动使民俗学本身的实践属性得以彰显：它不是为了对不同的非遗项目做单纯的经验认识、归纳和登记保护，而是为了"从实践原则和自由意志出发来展开并创造新的实践"，让以往被"民俗"忽视的社区、群体及非遗得到新的价值体认。由此，户晓辉进一步强调了实践民俗学在当代中国的紧迫性和必要性，提出学者要借助非遗保护来贯彻基本的普世价值理念，尊重民众的主体性，并加强立法与监督惩罚机制，另一方面也要凸显民俗实践的道德责任和伦理维度，防止为了保存过去而忽视人的观念和做法。②

此外，与民俗类非遗相关的论文当中，还有不少基于个案的反思及建议，这体现了研究者的批判精神，同时也表明非遗研究已从刚开始的认识非遗、考据非遗的理论知识体系建设，进入反思非遗及参与非遗建构的实践研究阶段。

三　现状、问题与建议

（一）现状与趋势

在上文的分类介绍中，我们详细了解了民俗类非物质文化遗产的保护与研究情况，以下就其现状与趋势进行简要概述与分析。

从民俗类非遗项目的普查立项情况来看，新增项目呈逐年递减的趋势，且新增少数民族项目比例将有所加重，这表明全国范围内的非遗普查日益全面，逐渐深入各少数民族地区，同时评选标准也更为严格，以纠正部分地区"重申报、轻保护"的态度。

从民俗类非遗项目的保护情况来看，主要呈现出几个特点：一是项目展演常态化、品牌化，主要依托节日或盛会进行，在形成"常规活动"以融入居民生活的同时，打造文化品牌；二是项目展示多元化，借助数字化

---

① 陈勤建：《民俗学者与当今的中国非物质文化遗产保护》，《民间文化论坛》2014年第2期。
② 户晓辉：《非遗时代民俗学的实践回归》，《民俗研究》2015年第1期。

手段打破时空的局限，渗透到传承区域的日常生活，并扩散至其他文化区域；三是项目宣传与教育更加注重对外交流与青少年教育，一方面扩大了项目及民俗文化的影响力，另一方面也通过提升文化持有者的自信心和文化自觉，培育坚实的传承群体基础。

从民俗类非遗项目的科研情况来看，无论是科研立项课题、学术研讨会主题还是论著研究的热点，都日益注重实践与应用。如与民俗类非遗相关的科研课题多倾向于探讨民俗文化和信仰的社会功能，学术研讨会的热点逐渐转向关注民俗文化与社会运作之间的相互关系，研究论著则进入了反思非遗保护及参与非遗建构的实践研究阶段。可见，关于民俗类非遗项目的科研已从"认识性"的学理性研究，逐渐转向"实践性"的社会应用研究。这是非遗"生产性"活态保护的要求，也符合民俗文化与社会变迁相互适应的历史发展规律。

（二）问题与困境

尽管民俗类非遗保护工作在探索与尝试中已逐步形成一套自己的工作方法，并取得了一些可喜的成果，但相对于民俗文化形成的漫长时间来说，"非物质文化遗产保护"仍处于初生阶段，难免存在许多问题与不成熟之处。就民俗类非遗项目的保护情况来看，目前存在的问题事实上都与文化生态的活态性、整体性相关。不少研究者都关注到了非遗保护与文化生态之间的关系，并提出了不少有益的建议，然而在具体实践当中却仍然出现了"脱节"的情况，主要表现如下。

1. 民俗文化由地方性向公共性转化过程中的"主观塑造"问题

民俗文化被"遗产化"的过程，实际上是一个由"地方性"向"公共性"转化的过程："将非物质文化遗产从具体的生存语境中抽离出来，并广泛地为传承主体之外的第三者所发现、认识、利用以及专门化、数据化、学科化……并且纳入到地方政府以及民族—国家的文化发展战略，成为具有政治、经济、文化价值的文化产品。"[①] 可见"遗产化"是一个有导向性的筛选和塑造的过程，本身就带有保护主体所代表的"公众"的主观意识，如果这种理想化的主观意识与地方原有的文化生态相违背，则存在

---

① 刘晓春：《非物质文化遗产的地方性与公共性》，《广西民族大学学报》（哲学社会科学版）2008年第3期。

变"保护"为"破坏"的危险。关于非物质文化遗产地方性与公共性之间的问题,学界已有较为系统的讨论与认识。然而在非遗实践当中,仍然有不少地区表现得过于急躁,在非遗申报或保护的过程中对民俗文化的形式乃至内涵进行主观塑造,在破坏其文化生态圈的同时,实际上也断开了民俗文化的传承之路。

如湖南麻阳漫水村田氏宗族的盘瓠祭,2006年被列为省级民俗类非遗项目,县有关部门尝试将其申报为国家级非物质文化遗产,但最终失败。有学者以此申报个案为研究对象,发现该申遗材料将漫水盘瓠祭上升为"麻阳盘瓠祭",并将与原盘瓠祭关联不大的花灯戏、山歌、辰水号子、傩堂戏等地方戏打包申报,还将这本为田氏宗祖的祖神信仰仪式上升为"苗族文化"的代表,并以"民间信仰"的名义进行申报,忽视了漫水盘瓠祭原先的宗族性,而强调其民族性。① 像这样将许多项目"打包"申报,以及在文化价值上进行"拔高"的例子其实并不少见。一些地区为提高非遗申报的成功率,在申报材料上按照"主流"申报条件进行主观篡改,这种现象一方面体现了政府在浪漫主义式的想象中对民间民俗文化进行建构的努力;另一方面,采取"揠苗助长"的方式反而割裂了非遗项目与其生存的文化土壤之间的关系,脱离了地方意义的非遗也就丧失了其自身的生命力。

又如时下流行的民俗类非遗项目中的民俗文化及节庆旅游模式,在实际操作中也暴露了许多问题,最为普遍的就是项目产品设计雷同,景点、项目千篇一律,本地的非物质文化遗产特色不鲜明。如节庆、庙会活动中最吸引游客的小吃街、美食节,往往变成融各地美食于一炉的"大杂烩",本地正宗的特色美食或湮没其中,或根本未曾出现,而其他地区的小吃也往往是不正宗的,让游客扫兴而归;另外,各景点兜售的"特产""纪念品",往往粗制滥造,大同小异,也让旅游者颇感失望。导致这些民俗文化旅游项目及产品设计问题的根本原因,便是急于求利,只在非遗噱头之下进行"文化旅游模式"的商业改编和简单包装,并未认真思考采取何种方式将旅游开发与本土文化及居民的生产生活方式更好地结合起来,形成可持续发展的良性循环,所以结果便只有雷同的"旅游产品",不见民俗文化。

---

① 张池、焦阳:《民族地区"申遗"活动的人类学浅析——基于麻阳盘瓠祭祀的调查》,《民族论坛》2014年第4期。

无论是民俗类非遗项目的申报或是保护，都必须面对"地方性"向"公共性"转化的过程，要避免出现以上问题，就要掌握二者之间的平衡点，这必须将尊重文化生态的整体性、尊重传承群体的生活与文化生活作为工作守则。而要做到将理论付诸实践，单纯依靠政府或是交付给某个保护机构都是远远不够的，它涉及整个文化生态语境下的利益相关主体，同时必须有传承群体的全程参与，这实际上反映了当下民俗类非遗实践工作中保护主体与传承主体所面临的困境，即接下来要探讨的问题。

2. 保护主体力量不均衡，传承主体参与性不强

非物质文化遗产保护是一个文化空间的多元博弈过程，它不仅涉及生态地理、人文历史这些客观环境因素，同时也涉及文化持有者、政府、企业、媒体等各种社会群体相互作用下的生产与生活方式、价值与利益关系。与"保存"不同，"保护"是活态的，是当下的生活，这对民俗类非遗项目来说尤甚。所以，要做好非物质文化遗产保护工作，除了政府的支持之外，还需要众多社会力量的通力合作。

就民俗类非物质文化遗产的保护主体来看，主要包括政府、研究机构、媒体、企业和非政府组织（如社会团体、非营利性组织等）。虽然2011年颁布实施的《中华人民共和国非物质文化遗产法》明确了对社会各界参与非遗保护工作的鼓励与支持①，但在实际工作中，各类保护主体的力量却十分不均衡：或是政府一力独揽，却明显"心有余而力不足"，非遗保护流于形式，难有实质性进展；或是政府与企业合作（尤其是许多旅游开发的文化产业项目），并由企业主导具体开发保护事宜，这就容易导致"过度商业化"；或是政府与高校等研究机构合作，研究机构主要提供理论支撑与对策建议，但缺乏人力物力支持具体实践工作。苑利在2014年接受中国文物网采访时指出，与国外及中国台湾地区相比，中国的 NGO 组织不发达，参与非遗保护不够广泛和深入，是中国非遗保护中的一大弱项②。正如上文所说，非物质文化遗产

---

① 参见《中华人民共和国非物质文化遗产法（2011）》第九条"国家鼓励和支持公民、法人和其他组织参与非物质文化遗产保护工作"和第三十六条"国家鼓励和支持公民、法人和其他组织依法设立非物质文化遗产展示场所和传承场所，展示和传承非物质文化遗产代表性项目"。
② 张艳：《苑利：在中国非遗保护工作中 NGO 是弱项》，中国文物网，http://www.wenwuchina.com/a/168/227680.html，2014年11月24日。

保护涉及整个文化生态圈，是一项全民运动，如果各保护主体力量失衡，一方面影响力不足，难以达到预期的保护成效，另一方面则可能在某一方利益主导下偏离原来的发展轨道，成为没有活力的"产品"。

从传承主体来看，民俗类与其他类别的非遗传承有所不同，像节日、祭仪、信仰等多建立在某一群体所共享的文化与心理认同之上，虽然被认定的传承人熟悉仪式的程序或是某种服饰的制作，但是却无法离开族群进行小团体的"传承"，所以民俗类非遗项目的传承多属于"集体性传承"。因此，民俗类非遗项目在传承上主要面临着以下几方面的困难：一是随着社会发展的加快，人们的居住环境、人际交往、生产生活方式都发生了较大的改变，原来的节庆风俗、仪式活动等逐渐式微，如原先有在田间劳作对山歌的习俗，现在人们到工厂上班了，对山歌的风俗就因失去了传统的表演场所和演唱者而濒临失传；二是传承群体老龄化严重，民俗类非遗项目认定的传承人多数在五六十岁以上，年轻一代多外出求学、工作，对自身的传统文化或是无从了解，或是缺乏兴趣，民俗传承面临着"断代"的危险；三是在具体的民俗非遗保护工作当中，有些传承人或传承主体根本无从参与，例如当地人因过度商业化的民俗产品而降低了文化认同感，却没有与政府、企业建立起有效的沟通渠道，导致不少地区的民俗文化产业与居民生活实际上完全脱节，"保护"更无从谈起。

（三）建议与展望

从上文的分析可以看出，文化整体观是非遗保护的核心理念，而在实际操作中，保护主体是非遗保护运动的推行者，传承主体是民俗类非物质文化遗产的生存之本。所以，要做好民俗类非遗保护工作，关键就在于处理好保护主体与传承主体的定位及相互关系，为非物质文化遗产营造一个可持续发展的文化生态圈。

1. 政府职能重新定位，做好职权下放与法制建设工作

中国的非物质文化遗产保护运动是一项政府行为，政府在其中起着举足轻重的引领与协调作用。针对非遗工作中出现的问题，政府必须重新做好角色定位，明确自身作为决策、组织和统筹的主导者地位：一是要做好立法保障工作。我国非遗保护的相关立法仍过于笼统，除了《中华人民共和国非物质文化遗产法》之外，国家还应建立非物质文化遗产的标准分类法，各省应根据当地的非遗现状制定具体的实施条例，市县还要制定具体的保护措施和方案,尤其要保障传承人及公众参与的合法权利,激发公众的保护意识和热情,建立起可逐级推进、具有针对性的长效机制;二是要保证财政投入,制定相关优惠政策;三是要下放职权,引导社会各界(院校、研究机构、民俗博物馆、NGO、企业、媒体等)的广泛参与,尤其是对非政府社会组织,在管理、申报、准入方面要逐步放开,纳入规范管理,并在此基础上结合数字化保护,建立综合数据库,方便资源共享与交流;四是要积极引进专业人才,建立专家责任制,严格做好项目评审工作;五是要建立反馈机制,及时跟进、监督非遗实践的效果。

2. 在院校参与中培育新生力量

院校是非遗保护的重要力量,目前行之有效的院校参与方式主要有以下几点:一是高校培养相关专业人才(如非遗保护、民俗研究、非遗立法、非遗管理等),以缓解目前政府非遗保护专业人才紧缺的现状;二是在地方高校成立专门的非遗研究机构,为政府提供智力支持;三是做好传统民俗文化的普及教育工作,如开展"非遗进校园"活动、中小学开设本土文化课等,尤其对民俗类的非物质文化遗产项目来说,强化新生代对本土文化的认知,唤醒其文化自觉,就是为非遗传承注入源源不断的新鲜血液。

3. 增强传承群体参与保护的自主性

一个好的非遗发展模式必然是由下而上的自发性传承模式。但是,在社会转型、生活变迁时,这种代代相传的民俗文化原有的生活价值可能无法凸显,普通民众也不可能从历史的高度认识它的意义。因此,就必须采取由上而下、由外向内等方式引导这种"迂回政策",激发传承主体的文化自觉性,进而恢复稳定、健康、持续的自发性传承模式。除了上文所说的文化教育外,对非遗事项本身进行适当的利用或为其传承创造有利条件,使其在传承群体的社会交往、经济生产当中发挥作用,重新回到"日常生活"之中,无疑是增强传承群体参与自主性的最佳途径。例如在发展民俗文化旅游时尝试"传承人入股"的形式,在城市建设中开辟文化公共空间,将宗族祭祀、民间信仰活动纳入当地社会管理当中予以支持,为少数民族重大节庆设立公共假日(如广西"三月三"已列入法定假期)等。只有民俗文化与自身休戚相关,才能促使传承主体摆正态度,认真对待,非物质文化遗产的可持续发展才能够实现。

4. 关注社区营造,探索更好发挥民间组织力量的途径

上文提到,中国非政府社会组织在非遗保护方面仍有很大的参与空间，这类民间组织中多包含具有专业背景的专家或是有热情与奉献精神的志愿者，在参与非遗实践的过程中，他们有共同的志趣与目的，动机更纯正，态度也更认真端正，所以能从保护民俗文化的角度出发，动员更多的公共力量，更好地开展非遗保护工作。鉴于这类非政府组织仍在起步阶段，他们活跃的范围也多以自身工作、生活的区域为中心，所以，将非政府组织及社区营造结合起来，使其共同参与到非物质文化遗产保护当中，是当下非遗实践的一个新的思路，也是充分调动民众文化自觉的一个不错的切入点。

2014 年度热点

非物质文化遗产数字化保护的现状、问题与趋势

撰稿：王明月　审稿：宋俊华[*]

伴随计算机与互联网技术的飞速发展，信息技术快速地渗透到人类社会经济与文化发展的各个领域。信息技术在商务、医疗、教育等领域的广泛应用昭示着信息技术时代的到来。20世纪90年代开始，信息技术也开始应用于非物质文化遗产的保护领域，"非物质文化遗产数字化保护"逐渐为人们熟知和运用。

非物质文化遗产数字化保护就是采用数字采集、数字储存、数字处理、数字展示、数字传播等技术，将非物质文化遗产转换、再现、复原成可共享、可再生的数字形态，并以新的视角加以解读，以新的方式加以保存，以新的需求加以利用。[①] 20世纪90年代，美国国会便开启了美国记忆计划，对美国的历史记忆与文化档案等进行数字记录与保护。1992年，联合国教科文组织发起的"世界记忆工程"也将现代信息技术应用于文化遗产的保护，推动了文化遗产的数字化保护进程。此外，欧洲各国也对非物质文化遗产数字化、数字博物馆等开展了系列探索。

近十年来，中国的非物质文化遗产数字化保护也获得了国家与社会各界的广泛关注。2005年，国务院公布的《关于加强中国非物质文化遗产保

---

[*] 作者简介：王明月，内蒙古突泉人，中山大学中国非物质文化遗产研究中心博士研究生；宋俊华，陕西富平人，中山大学中国非物质文化遗产研究中心、文化遗产传承与数字化保护协同创新中心教授。

[①] 王耀希：《民族文化遗产数字化》，人民出版社，2009，第8页。

护工作的意见》（以下简称《意见》）便提出"要运用文字、录音、录像、数字化多媒体等各种方式，对非物质文化遗产进行真实、系统和全面的记录，建立档案和数据库"[①]。2010年，文化部启动"中国非物质文化遗产数字化保护工程"，将其作为文化部"十二五"时期规划项目，这凸显了数字化保护的国家战略地位。2011年，国务院公布的《中华人民共和国非物质文化遗产法》进一步对非物质文化遗产数字化保护工作做出了相关规定，使数字化保护有了法律依据。随着相关工作如火如荼地开展，非物质文化遗产数字化逐渐成为社会关注的热点。如图1所示：

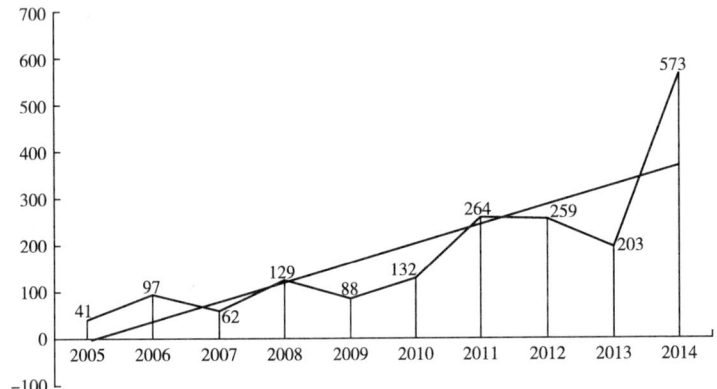

图1 非物质文化遗产数字化新闻发布量走势图

数据来源：本数据来源于百度搜索引擎，使用新闻高级搜索，以"非物质文化遗产数字化"为关键词搜索所得。

2005~2014年，"非物质文化遗产数字化"相关的新闻年发布量由41条上升为573条，整体上处于上升趋势。随着2010年非物质文化遗产数字化保护工程的启动，非物质文化遗产数字化的新闻关注度更是成倍增长。值得注意的是，2014年发布量（573条）甚至已经大大超过了2012和2013年的总和（462条）。可见，2014年，非物质文化遗产数字化的新闻关注度已经提升到更高的层次。这从侧面说明，非物质文化遗产数字化保护已成为社会关注的热点之一。

与此同时，非物质文化遗产数字化保护也获得了学术界的关注。一方面，相关的学术论文大量发表，且呈明显增长趋势，如图2所示：

---

① 《关于加强中国非物质文化遗产保护工作的意见》，中国政府网，http://www.gov.cn/zwgk/2005-08/15/content_21681.htm，2005年8月15日。

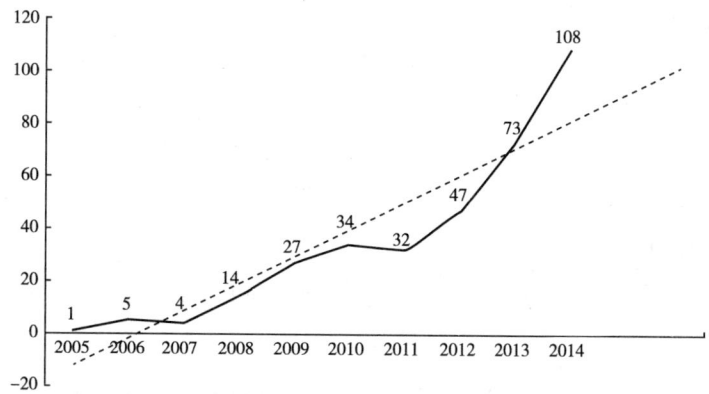

图2 非物质文化遗产——期刊学术发展趋势曲线

数据来源：本数据来源于超星发现系统，以"非物质文化遗产数字化"为关键词检索所得。

随着2005年《意见》的发布，非物质文化遗产数字化的相关论文发表量持续上升。至2014年，非物质文化遗产数字化保护的相关论文发布量达到了108篇，创下新高。与此同时，以"非物质文化遗产数字化"为主题的国家社会科学基金和教育人文社会科学规划项目数量也整体呈增长趋势。如图3、图4所示：

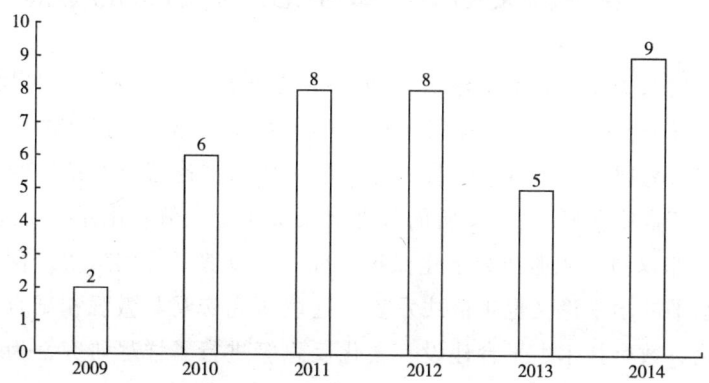

图3 非物质文化遗产数字化（国家社会科学基金项目数量分布图）

数据来源：本数据来源于超星发现系统，以"非物质文化遗产数字化"为关键词检索所得。

相较于2005～2009年，2010年以后的国家社会科学基金项目和教育部人文社会科学规划项目中，非物质文化遗产数字化的相关命题数量有了明显增长，且总体呈上升趋势。这表明，无论是国家建设实践，还是学术理论研究都越来越重视非物质文化遗产的数字化保护。

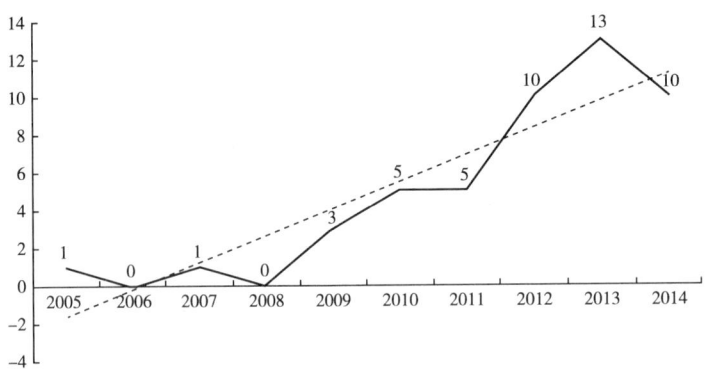

图 4 非物质文化遗产数字化（教育部人文社会科学规划项目数量分布图）
数据来源：本数据来源于超星发现系统，以"非物质文化遗产数字化"为关键词检索所得。

由上可见，社会和学术界对非物质文化遗产数字化的重视与日俱增，数字化保护已然成为非物质文化遗产保护的新热点。那么，非物质文化遗产数字化保护研究和实践的现状如何，存在哪些风险，将来的趋势怎样？这些都是值得我们思考的问题。

一 非物质文化遗产数字化保护研究的热点

数字化保护热潮离不开学者孜孜不倦的研究。近年来，来自民俗学、人类学、计算机科学、档案学等学科的学者对非物质文化遗产的数字化问题开展了大量研究，出现了一批优秀的数字化保护论著，如杨红的《非物质文化遗产数字化研究》、李昕的《非物质文化遗产数字化保护研究》、彭冬梅的《非物质文化遗产数字化保护研究——以剪纸为例》等。同时，一大批高水平的学术论文也集群式发表。这些研究宏观与微观相结合，对数字化理论、数字技术、平台建设、文化反思等进行了详尽研究，为非物质文化遗产数字化保护工作奠定了坚实的研究基础。

（一）非物质文化遗产数字化理论研究

虽然数字化保护工作开展得如火如荼，但依然缺少坚实的理论支持，因此数字化保护理论成为学界研究的重点之一。其一，学者对非物质文化遗产数字化保护体系进行了构建。黄永林与谈国新教授系统分析了非物质文化遗产数字化保护的巨大优势，主张建立包括数字化技术、资源入库技术、资源管理技术、情景构建技术、可视化技术、传播与服务技术在内的非物质文化遗产数字化保护与传承技术体系。① 其二，部分学者以数据库建设为重点，对数据库构建的理论问题进行了探索。杨红就以非物质文化遗产数据库作为主要研究对象，从数据库的分类体系、核心元数据、标准规范等角度探讨了非物质文化遗产数据库的理论问题。② 其三，部分学者从信息视角对非物质文化遗产数字化理论进行了探索。例如，谈国新教授和彭冬梅教授从信息空间理论编码、抽象和扩散三个维度对非物质文化遗产的数字化形态和特性进行分析，详细探究了非物质文化遗产信息传播的技术问题、语义问题和有效性问题及其解决方案。③ 这些研究兼顾整体与局部，多层次、多角度地探索了数字化保护理论，为未来更加深入的专题研究奠定了基础。

（二）非物质文化遗产数字化技术研究

构建数字化保护理论的同时，学者们也对数字化保护技术开展了大胆探索。首先，非物质文化遗产数据库构建一直是学界的研究重点。学者们或从宏观角度出发，或以具体数据库构建为个案，分析了数据资料的来源与存储、应用界面的基本分类、数据库功能、技术实施方案等。其次，学界也重视非物质文化遗产影像与图片记录的研究。黄文山、余伟浩、吴亚明等明确了非物质文化遗产影像的定位，从影像原真性、受众心理需求和创作主体的真实情感方面论述了影像纪录的宗旨，并探讨了数字化时代影像纪录手段多元化的需要和趋势。④ 再次，学者们强调非物质文化遗产的活态性特征，将三维技术与动作模型相结合，对数据采集过程中的动作捕捉技术开展了研究，如庄俊宏的《基于动作捕捉技术的泉州拍胸舞的数字化采集》、陈思喜的《基于运动捕捉的民间舞蹈保护研究》等。最后，非物质文化遗产保护与展示平台也是学界重点研究的技术对象。朱海澎、魏

---

① 黄永林、谈国新：《中国非物质文化遗产数字化保护与开发研究》，《华中师范大学学报》（人文社会科学版）2012年第3期。
② 杨红：《非物质文化遗产数字化研究》，社会科学文献出版社，2014。
③ 谈国新、孙传明：《信息空间理论下的非物质文化遗产数字化保护与传播》，《西南民族大学学报》（人文社会科学版）2013年第6期。
彭冬梅：《非物质文化遗产数字化保护与传播研究：以剪纸艺术为例》，山东人民出版社，2014。
④ 黄文山：《非物质文化遗产保护语境下的影像纪录探索》，《美术大观》2011年第6期。

莹等分别从 Web 3D 技术、Web GIS（网络地理信息系统）等技术手段出发，初步探讨了非物质文化遗产保护与展示平台的构建问题。这些研究对不同的非物质文化遗产数字技术做了大量实证研究和科学实验，为数字化保护提供了强大的技术支持。

（三）图书馆、档案馆与非物质文化遗产数字化保护

图书馆与档案馆是文化保护与保存的重要机构，在非物质文化遗产数字化保护中扮演着重要角色，因此学者们也对图书馆、档案馆与数字化保护的关系作了系统探讨，并就图书馆、档案馆如何参与数字化保护提出了对策建议。张赞梅等分析了地方高校图书馆在数字化保护中的明显优势。他们认为，高校图书馆拥有的信息资源建设专业人才、先进的信息管理和存贮技术设备、优良的网络条件，可为建设和保护特色非物质文化遗产资源、开展地方非物质文化遗产保护工作提供强有力的保障。[①] 谭必勇则从档案馆资源管理、现代信息技术应用角度，阐明了档案馆在数字化保护中的重要作用。[②] 在明确图书馆与档案馆优势的基础上，学者们从非物质文化遗产的保护机制、网络资源导航、文献资料收藏、数字化建设、服务利用、宣传教育等对图书馆、档案馆在数字化保护中的利用路径和方法展开了探讨[③]。总体而言，学者们的研究为图书馆、档案馆参与数字化保护提供了可行性。

（四）非物质文化遗产数字化的文化视野

随着数字化研究与实践的逐步深入，部分学者也将文化视角引入数字化保护。2008 年 12 月的"中美文化论坛——数字化时代的文化遗产保护和展现"学术研讨会上，中国艺术研究院吕品田研究员就提出："利用数字化技术一种手段，在进行文化遗产保护方面可能存在消极一面，也就是说它是一把双刃剑。"[④] 的确，学者的研究也说明数字化保护巨大优势的同

[①] 张赞梅：《地方高校图书馆服务本地区非物质文化遗产保护的探索与实践》，《图书馆建设》2011 年第 8 期。
[②] 谭必勇、徐拥军、张莹：《档案馆参与非物质文化遗产数字化保护的模式及实现策略研究》，《档案学研究》2011 年第 2 期。
[③] 朱丽珍：《图书馆与非物质文化遗产的保护和利用》，《科研情报开发与经济》2009 年第 29 期。
[④] 吕品田：《数字技术与非物质文化遗产保护》，贾磊磊主编《数字化时代文化遗产的保护和展现——中美文化论坛文集》，文化艺术出版社，2010。

时，也发现数字化保护存在着文化风险。数字化保护虽有逼近原物、再现真实和易于传播、方便存储的优势，但是也面临着过度娱乐化、显失本体和文化单极化挤压、夹缝中生存的窘境。[①] 同时，当前数字化保护忽略蕴含在其中的精神追求和生存观念，只注重具有视觉冲击效果的新、奇、绝的文化样式，仅限于非物质文化遗产的表层传播。[②] 这些学者的研究指出了数字化保护潜在的问题与困境，推动了数字化保护理论与实践的进一步发展，使其越发具有文化的反思性。

综上所述，通过对数字化保护的理论与技术探索、图书馆与档案馆的参与以及文化性的反思，学者们已经将数字化保护研究立体化、系统化，使其具备了跨学科的研究特色，为数字化工作提供了强大的智力支持，促进了数字化保护手段的发展与完善。

二 技术创新：非物质文化遗产数字化保护的实践途径

在全面且系统的数字化研究基础上，数字技术的探索与实践脱颖而出，成为非物质文化遗产数字化实践工作的聚焦点。正如谭必勇教授所言，非物质文化遗产数字化首先是一个技术问题。[③] 数字技术的发明与应用是非物质文化遗产数字化的重要前提，数字技术问题成为社会和学术界的重点探索对象，代表了当下数字化保护与实践的发展趋势。具体而言，非物质文化遗产数字化的实践路径主要包括：非物质文化遗产数据库建设、非物质文化遗产数字化应用和大数据分析的初步应用。

（一）非物质文化遗产数据库建设

目前，数字化保护工作主要集中于非物质文化遗产数据库建设领域。非物质文化遗产数字化是对非物质文化遗产保护实现科学化管理的前提，也是非物质文化遗产保护进入常态化阶段的重要保证。其中，非物质文化

---

① 赖守亮：《数字化手段在非物质文化遗产保护中应用的多维度思辨》，《设计艺术研究》2014年第1期。
② 常凌翀：《新媒体语境下西藏非物质文化遗产的数字化保护与传承探究》，《西南民族大学学报》（人文社会科学版）2010年第11期。
③ 谭必勇、徐拥军、张莹：《技术·制度·文化：非物质文化遗产数字化研究述评》，《浙江档案》2011年第6期。

遗产数据库正是数字化保护的核心组成部分。[①] 换句话说，非物质文化遗产数据库是数字化保护核心中的核心，其重要性可见一斑。

当下非物质文化遗产数据库建设的主要内容有：其一，把非物质文化遗产的文献、图片、碑刻、影像等实物资料，进行分类整理和数字化转化、存储，建立非物质文化遗产文献档案库；其二，把非物质文化遗产实践的场所、工具、产品等，进行数字化文字、图像、音像记录，进行分类整理和存储；其三，用数字化技术对非物质文化遗产实践的动态过程，进行动态、立体、高清晰地记录，分类整理和数字化存储。这些以分类存储为特点的非物质文化遗产数字化保护，为那些在现实中仍有生存基础的非物质文化遗产提供了传承、发展的资料依据，可以为传承人的传承活动提供参考。

的确，数据库在非物质文化遗产保护工作中的优势显而易见。相对于传统记录、存储方式，数据库的优势主要体现在三个方面：第一，存储灵活。随着数据储存格式、载体、容量的快速进步，非物质文化遗产资源的电子化存储已成为主流，所需存储空间、成本、管理使用流程将大大降低和减少，为非物质文化遗产资源利用创造了条件；第二，传播迅速。经过电子化存储后，非物质文化遗产资源的复制、编辑和传播效率将大大提高；第三，应用广泛。电子化后的非物质文化遗产资源，应用灵活，数据的分析与统计、查询与检索、资源加工与应用将更加方便和多元化。

所以，国家与地方始终把非物质文化遗产的数据库建设作为工作重点。国家层面，国家非物质文化遗产数据库包括非物质文化遗产普查数据库、非物质文化遗产项目资源数据库、非物质文化遗产专题资源数据库、科研库和公众库等，能够满足不同用户的需求。地方层面，各省、地、市纷纷建立了非物质文化遗产数据库和地方特色数据库，如陕西省非物质文化遗产数据库、河北省非物质文化遗产数据库、海西蒙古族藏族自治州非物质文化遗产数据库、嘉兴市非物质文化遗产名录数据库等，为地方非物质文化遗产保护提供了信息资源的整合平台。

（二）非物质文化遗产保护领域中的数字化应用

在数据库建设的基础上，数字化技术在非物质文化遗产传播和传承中

[①] 杨红：《非物质文化遗产数字化研究》，社会科学文献出版社，2014，第5页。

的初步应用是非物质文化遗产数字化保护的另一个实践途径。

首先,数字化应用以数字化的展示、展演、展览为手段,向外来者和非物质文化遗产拥有者、传承人进行传播,目的是让外来者能够理解,让拥有者、传承人更加自觉。相较于传统的非物质文化遗产传播手段,数字化具有以下优势:第一,它突破了传统现场活动展示、展览时空、物质条件的限制,为非物质文化遗产的跨时空、跨族群的传播创造了条件;第二,它突破了传统非物质文化遗产实物展示静态、平面的局限,充分利用数字化技术,通过高清晰扫描技术、虚拟3D技术,把非物质文化遗产实物展示动态化、立体化,同时利用网络技术实现跨时空传播。第三,它突破了传统展示、宣传的单向性,利用体感技术和人机互动技术来增强展示的体验效果。随着数字化技术和多媒体技术的提高,非物质文化遗产数字化宣传的真实性、现场性、参与性会逐步提高,将在很大程度上代替传承人的直接展示活动,而且有跨越时空、节约成本等优势。

其次,数字化可以改善非物质文化遗产的传承方式。非物质文化遗产传承的内容,是"术"与"道"的统一体,"术"往往是外在的工艺、技术、仪式、程式等,是非物质文化遗产传承中较为共性和稳定的内容;"道"是非物质文化遗产传承中较为个性和变化的内容,是技巧、技能、观念、信仰等。非物质文化遗产传承的运用中,"术"的传承往往有事半功倍的效果。利用数字化技术分析某种舞蹈动作的规律、某种音乐的演唱规律、某种观念的变化规律等,通过再现模拟来培养传承人对这些共性规律的掌握。如戏曲中水袖功、翎子功的动作特点,可以通过动作捕捉和数字化分析,掌握其中的规律,以之来培养学生,使其通过模拟和体验,从而在较短时间内掌握动作要领,并为创新发展创造条件。数字化技术在非物质文化遗产"道"的传承上,目前尚在探索之中。如何通过数据采集和分析,揭示传承人在传承非物质文化遗产过程中的心理变化及创新特点,探索非物质文化遗产传承创新的内在机制,以之来培养传承人,这是非物质文化遗产传承数字化将来的努力方向。

(三)大数据时代的非物质文化遗产数字化应用

除了以上实践方向,非物质文化遗产领域出现了一种新的研究呼声,即将非物质文化遗产发展与大数据应用结合起来。潘鲁生教授曾指出,云计算与大数据时代,非物质文化遗产的数据化、信息化将成为大众互联时代活跃的文化因子,对其海量文化数据与信息的计算与利用将成为设计创新的重要文化根基和平台,对其数据关联性的有效利用将成为当代人文需求与历史文化传统对接的突破口。[①] 的确,大数据给非物质文化遗产数字化保护提供了新的手段与方式。通过海量数据的精确分析,它能够对非物质文化遗产保护工作进行实时监控,并提供相应的决策分析。2014年12月进行的"文化遗产传承与数字化保护论坛"中,宋俊华教授便提出文化生态保护区建设与数字模型技术分析结合的设想,希望大数据能够为生态保护区趋势分析和对策设计提供依据。可以预见,大数据在非物质文化遗产领域的广泛应用将成为非物质文化遗产数字化研究的新关注点。

不过,大数据的探索依然处于起步阶段,其中仍然有非常多的研究问题需要解决。李国杰教授曾对大数据应用于社会科学的问题提出过思考,认为大数据的应用需要发现网络数据产生、传播以及网络信息涌现的内在机制,还要研究隐藏在数据背后的社会学、心理学、经济学机理。[②] 同时,大数据仅仅是发现数据之间的关联性,无法在根本上找到非物质文化遗产变量间的"因果关系",对数字化保护的深层次理论问题仍然缺乏解释力。因此,大数据应用与非物质文化遗产学术研究如何进行合理对接,也是值得学者们探讨的话题。

三 非物质文化遗产数字化保护的风险分析

不可否认,非遗数据库、数字化应用、大数据分析为非物质文化遗产保护提供了强大的技术支持,使非物质文化遗产的保存、保护与创新焕发出新的面貌。但是,在为数字化保护欢欣鼓舞的时候,我们需要深刻地反思数字化保护暗含的多层次风险。

(一) 非物质文化遗产数字化保护的本真性风险

目前,数字化研究与实践多重视再现非物质文化遗产的形态,坚持非物质文化遗产的"本真性"。这种现象在学者的研究中尤为明显,研

---

① 潘鲁生:《非物质文化遗产资源转化的亚洲经验与范式建构》,《民俗研究》2014年第2期。
② 李国杰:《大数据研究:未来科技及经济社会发展的重大战略领域——大数据的研究现状与科学思考》,《中国科学院院刊》2012年第6期。

究中常见"数字化保护真实直观再现原始面貌""'原汁原味'地还原民族音乐的生长环境及表现形态"等类似话语。不难发现,无论"原始",还是"原汁原味",学者们的话语均暗含着他们对非物质文化遗产"本真性"的追求。那么,数字化保护真能够保证非物质文化遗产的"本真性"吗?

民俗学领域的研究已经证明,"本真性"只是一种学者的幻想。正如赫尔曼·鲍辛格所言,学者的裁断将"民俗的真正范例"放置到了一块不断缩小的飞地上,将之从动态的文化进程中隔离出来。① 的确,人们对于本真性的追求实则将活态的非物质文化遗产静态化了,违背了非物质文化遗产动态变化的发展规律,也因此忽略了作为创造者的传承人的关键作用。因此,作为非物质文化遗产的保护手段,数字化保护需要打破这种本真性幻想。

事实上,数字化的非物质文化遗产也不可能真实直观地再现非遗的原始面貌。数字化空间作为一种符号化的图像和信息存储库,它决定了人们在虚拟空间中的交往本质上就是一种以符号为中介的互动。② 这种作为中介的符号是数字化的,是现实的文化符号经过抽象和编码而形成的新的符号形态。因此,数字化保护因数字符号的介入及其对非遗形态的数字转换而具有创造性,是非物质文化遗产数字符号化的建构过程。所以,与其说数字化保护是通过数字技术再现非物质文化遗产本真形态的过程,不如说它是非物质文化遗产再生产的过程。

既然数字化保护是非物质文化遗产再生产的过程,那么我们在探讨数字化保护时就无法逾越传承人的生产活动。因为非物质文化遗产因传承人生产活动而存在,因传承人赋予意义而有价值,所以,非物质文化遗产数字化的再生产必然需要传承人主体性的发挥。只有让传承人参与进来,让他们能够以自己的文化逻辑进行数字化、符号化表达,数字化保护才能够始终保证非物质文化遗产与传承人的共生关系。

(二) 非物质文化遗产数字化保护的语义风险

"口传、身授"是非物质文化遗产特殊的传承方式,传承人表达的语

---

① 转引自瑞吉娜·本迪克丝:《本真性》,《民间文化论坛》2006年第4期。
② 高鸿:《数字化时代主体间性问题研究》,上海社会科学院出版社,2008,第110页。

义能够为接收者理解则是口传身授的前提。这种语义具有显著的地方性特征，一方面，传承人表达的文化符号具有特定的社会文化意义；另一方面，传承人表达的文化内容对地方社会文化体系而言具有整体意义，是其中的文化节点。

在数字化保护中，语义表达也是非常关键的环节，且表达形式具有特殊性。对于在日常生活中依然存在的非物质文化遗产而言，数字化保护既要能够通过数字符号表达非物质文化遗产的社会文化意义，也要保证这种符号能够为所属社群理解。难度相当大，也面临着语义风险。具体而言如下。

首先，数字化的语义设计应该重视文化的整体性意义呈现，彰显非物质文化遗产在地方社会文化体系中的位置。语义设计过程中，我们所建构的应是一整套地方性文化关系，从而保持其地方性的整体意义。否则将很容易割裂非物质文化遗产与其他社会文化因素的内在关联，导致非物质文化遗产成为"文化碎片"。谈国新教授曾就语义问题提出相关认识。

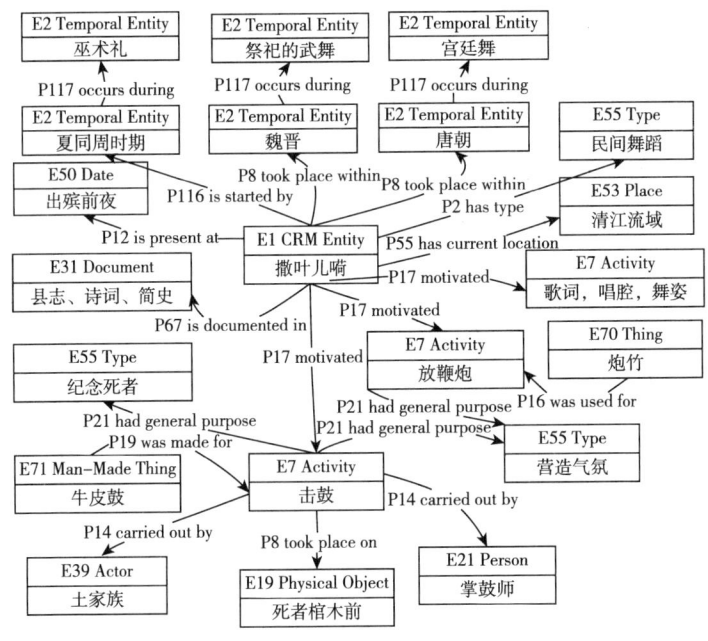

图5 "撒叶儿嗬"知识语义网络架构

图 5 为谈国新教授在土家族"撒叶儿嗬"的数字化保护与开发①中，建立起来的"撒叶儿嗬"知识语义网络架构。由图 5 可以发现，谈国新教授将"撒叶儿嗬"的历史发展、文化意义、社会功能、舞蹈内容与步骤等均作了详细的语义关联，非常完整地呈现了"撒叶儿嗬"的整体性意义。从语义关联的角度而言，谈国新教授的研究无疑是非常细腻且有价值的。他已经指出了各文化要素的定义和文化要素（或知识）之间的关系在语义设计中的重要性，对于地方性知识的整体意义呈现具有重要价值。

不过，在语词与意义的对应关系上，有一些问题值得我们思考。在注重知识关联的同时，这种语义设计忽略了非物质文化遗产知识在地方文化体系中解释和意义关联，消解了非物质文化遗产的地方性社会文化意义。首先，文中"撒叶儿嗬"被追溯到夏周时期，那么在当地土家族民众的认知中，"撒叶儿嗬"又有怎样的历史记忆？这一语义关联很容易忽略地方民众的历史记忆表达，造成数字语义表达与民众生活的偏差，从而导致理解上的困难。

其次，"撒叶儿嗬"中的"击鼓"只是土家族的文化标签吗？拥有者们如何来看待"撒叶儿嗬"的文化归属？这一语义表达容易抹杀掉武陵山区区域内族群互动与文化共享的事实。事实上，这些问题都需要传承人对"撒叶儿嗬"进行文化解释，否则这种语义表达将难以真正表达出地方性的非物质文化遗产的文化意义及其与其他文化要素的整体关联。

因此，我们需要让传承人参与数字化的语义设计，既让他们串联起非物质文化遗产与其他文化因素的关联，也让他们对非物质文化遗产进行解释。只有这样，数字化的语义设计才能够完整地体现出非物质文化遗产的地方性特征。

（三）非物质文化遗产数字化保护的分类与评价风险

事实上，在语义问题方面我们已经发现：学者和设计者们往往掌握着知识和技术的主导逻辑，在生活世界中形成了话语霸权。② 学者和设计者秉持这种话语霸权，忽视了传承人和文化共享群体的地方性认知和解读。

---

① 谈国新、孙传明：《信息空间理论下的非物质文化遗产数字化保护与传播》，《西南民族大学学报》（人文社会科学版）2013 年第 6 期。

② 高鸿：《数字化时代主体间性问题研究》，上海社会科学院出版社，2008，第 158 页。

在数字化的分类与评价体系中,这种话语霸权则表现为"先入为主的知识分类体系"和"大传统视域下的评价体系"。

1. 先入为主的知识分类体系

在分类体系设计之中,学者们往往忽略传承人对非物质文化遗产所属范畴和文化结构的阐释,先入为主地对非物质文化遗产进行归类。不可否认,学者们对数字化的分类已经开展了长期的研究,创造了四分法、八分法、十分法、十六分法等多种分类体系。这些分类体系能够从整体上把握非物质文化遗产的信息,但是它们的目的终究是利于非物质文化遗产项目管理与资源共享,管理者往往为了便于管理而先入为主地将非物质文化遗产归于某一类别。例如,剪纸兼具剪的技艺和纸的图案呈现两种功能,因此存在手工技艺和民间美术两方面的归属问题。这种情况下,评审组就按其最主要特色来归类,被划分至民间美术类。① 可见,非物质文化遗产的归类是按评审组认为的主要特色来认定的,它并未充分地考虑到地方文化体系中非物质文化遗产的门类归属,甚至将生活中的非物质文化遗产人为地"艺术化",剥夺了传承人对自我文化的解释权利。

2. 大传统视域下的评价体系

在数字化设计过程中,学者和设计者们的评价体系呈现出大传统、科学化的认知特征,忽略了传承人的评价。例如,张赞梅等学者在研究中指出:"我馆以浙北地区为重点,对具有历史、科学和艺术价值的蚕桑养殖、丝织生产和贸易以及与之相关的涉及社会方方面面的文化资源予以全面的收集。"② 不可否认,从图书馆的专业角度出发,蚕桑养殖、丝织生产等的确是具有历史、科学和艺术价值的。但是,对于文化主体而言,他们如何看待蚕桑养殖、丝织生产和贸易?对他们而言,蚕桑养殖难道真的非常具有艺术价值吗?还是更多地关乎他们的生计?这只有传承人才能够给予答案。正如宋俊华教授所言,同一遗产因群体、团体、个人价值主体变化或因所在历史、现实与未来等时代变化而变化,使非物质文化遗产价值呈现出一种历史多元特征。③ 在具体的分析中,我们需要注意到主位与客位对

---

① 黄永林,王伟杰:《数字化传承视域下我国非物质文化遗产分类体系的重构》,《西南民族大学学报》(人文社会科学版)2013年第8期。
② 张赞梅、顾金孚、周菲英、罗铮:《地方高校图书馆服务本地区非物质文化遗产保护的探索与实践——以嘉兴职业技术学院图书馆为例》,《图书馆建设》2011年第8期。
③ 宋俊华:《非物质文化遗产概念的诠释与重构》,《学术研究》2006年第9期。

非物质文化遗产的评价差异,而且更应该重视传承人的评价。传承人对于非物质文化遗产的评价是基于自己的文化逻辑和生活经验做出的,能够反映出非物质文化遗产对所属群体的真正价值和意义。因此,数字化保护工作在注重学院式的、主流话语的评价时,更要重视传承人基于生活经验的评价。

(四)非物质文化遗产数字化保护的制度风险

非物质文化遗产数字化保护是一个多主体参与的过程。以剪纸数字化为例,图案的采集依赖于传承人的配合,剪纸数据库系统和剪纸软件的开发则是由学者与计算机技术人员共同完成的,作为消费品的剪纸数字产品也会因其具有市场价值而吸引市场团体的参与。可见,非物质文化遗产数字化作为信息资源,能够将各个主体聚合起来并围绕其展开互动。

事实上,非物质文化遗产的数字化就是这些主体共同协商,进行文化生产的建构活动。多元主体互动的对象是非物质文化遗产的数字信息资源,它是一种流动、未完成的实体,信息的使用不仅仅是被传递,更重要的是使用者之间的共同建构,信息的流通在不同情境下不断被使用者赋予和增添新的意义。① 换言之,多元主体在围绕非物质文化遗产信息资源互动的过程中,时刻在建构非物质文化遗产的形态与意义。所以,非物质文化遗产的数字产品极可能因某一参与主体的建构而改变其地方性形态与意义。

由于非物质文化遗产无法脱离传承人独立存在,我们本应当尊重传承人的意义表述与生产活动。不过,正如上文所述,传承人处于多元主体互动的边缘,为学者、电脑程序员和政府的话语所掩盖,失去了自主进行文化表达的机会。这导致非物质文化遗产被肆意重构,渐渐失去了生活的意义。因此,非物质文化遗产数字化必须对多主体的权限做出界定,赋予传承人充分的话语权利,以维护传承人与非物质文化遗产的共生关系。

综上所述,非物质文化遗产数字化保护面临着来自文化、制度和技术方面的潜在风险,当然,这些风险是针对非物质文化遗产的文化特征而言的。本质而言,这些风险源于当前非物质文化遗产数字化领域存在的"知识-权力"关系。政府、专家与学者秉持所谓的科学与社会使命,运用科学化与专家化的知识,对非物质文化遗产进行了过分的解构与重构,以普

---

① 高鸿:《数字化时代主体间性问题研究》,上海社会科学院出版社,2008,第170页。

遍性的数字技术掩盖了多元性的数字文化需求。与此同时，具有丰富身体经验的传承人们却在非物质文化遗产权力体系中位于底层，被剥夺了参与数字文化生产的权利，这是非物质文化遗产数字化风险产生的根本原因。

四 "参与式数字化保护"：非物质文化遗产数字化保护的一种路径选择

事实上，上一节已经表明了传承人参与和赋权的重要性。若要规避非物质文化遗产的数字化风险，我们需要建立起有效的传承人参与制度，赋予他们参与数字文化建构、表达自身文化态度的权利。基于此，笔者借鉴人类学领域的"参与式发展"理论，提出"参与式数字化保护"理念。所谓"参与式数字化保护"，即将传承人引入数字化保护的过程之中，充分赋予传承人话语权，使他们参与数字化产品的设计与开发。传承人基于自己的文化逻辑，在与电脑程序员协商与讨论的基础上，建立符合本文化的数字化分类与评价体系；针对本文化民众的知识体系与生活体验，进行合理的数字化设计，以充分发挥数字化技术的教育与文化传承功能；同时，建立自由的交互平台，从而实现传承人与异文化群体的良性交互，实现文化的相互理解。

（一）"参与式数字化保护"的理论基础

"参与式发展"的理念源于人类学与社会学领域。自20世纪80年代，参与式发展的理论得到了广泛应用。在中国，20世纪90年代以来，参与式发展在资源管理、农村社会经济评估、社区发展与管理、发展计划、小流域治理、小额信贷、农村医疗等方面都取得了令人瞩目的成绩。[①] 随着参与式发展理论的广泛实践，理论也在不断修正，出现了"以社区为基础的发展""社区主导发展理论"等多种形态。

无论参与式发展的理论形态如何多样，该理论的核心理念是一致的。首先，"参与"是参与式发展的重要内容。它是一个居民能以主体的身份介入有关社区决策的过程，一个不同行动者进行博弈的过程，一个既充满

---

① 章立明：《参与式发展的迷思——云南省三个少数民族社区项目的个案研究》，《贵州民族研究》2006年第6期。

争议又激发认同的过程,人们通过参与过程提升了原本没有或遭到忽略的家园意识和主体意识。[①] 在参与式发展的视野下,地方民众不再是无主体性的发展对象,他们所具备的地方性知识与文化技能受到尊重,成为参与自身发展的资源。其次,"赋权"则是参与式发展的核心。以往发展项目的权力是自上而下运行的,而参与式发展则强调自下而上的赋权过程。它让以往中心化的权力结构转为去中心化的权力结构,从而使民众的话语权得到保护,激发民众参与的积极性和主动性。

虽然"赋权"是参与式发展的核心,但是专家学者对权力的认识也有不同。朱晓阳教授将"参与式发展"的理念分为"规范的参与式发展"和"根本的参与式发展"。她认为,规范的参与式路径将民众依然限定在发展的逻辑框架之下,这种赋权并没有改变发展的知识权力结构关系,面临着参与式发展的困境。在此基础上,她结合胡塞尔的"生活世界"与伽达默尔的"视界融合"理论,提出了根本的参与式路径。它以承认任何人、社区或族群的日常生活世界的真理性为出发点,提供的是一种自由协商和讨论的对话情景,从而在这种协商中达到视野融合或者说导出真理。可见,根本的参与式理论实则关照的是无意识的文化结构,对这一文化结构的理解是建立在协商与讨论基础上的。这无疑一定程度上跳出了他者预先设定的科学与发展框架,将参与者之间的平等协商与文化理解的重要性凸显出来。

(二)传承人参与数字化保护的必要性

参与式发展理念对于非物质文化遗产数字化保护是很有反思意义的,它重新确立了传承人在非物质文化遗产生产和再生产领域的主体地位,突出了传承人在非物质文化遗产数字化保护工作中的主体性和平等协商的地位。事实上,从理论和实践角度而言,传承人都能够而且应该参与数字化保护工作。

从理论角度看,传承人具有参与数字化保护的合法性。表面上看,数字化保护关注的是数字技术与非物质文化遗产的结合问题;实质而言,数字化保护探求的是数字技术与非物质文化遗产核心属性的融合问题,也即是说,数字化保护应该是以遵循非物质文化遗产核心属性为前提的。值得

---

① 潘泽泉:《参与与赋权:基于草根行动与权力基础的社区发展》,《理论与改革》2009年第4期。

注意的是，非物质文化遗产的核心属性并不能主动地呈现出来，而是以传承人为综合载体的。因此，数字化保护若要完整地呈现非物质文化遗产的文化特征，就离不开传承人的深度参与。

从实践角度看，数字化保护工作也急需传承人的参与。作为非物质文化遗产的生产者和载体，传承人在数字化保护过程中一直处于失语状态，他们难以表达自己的文化分类和文化评价，也无法充分参与非物质文化遗产的数字生产过程。数字化保护与非物质文化遗产因此出现了根本性的矛盾（非物质文化遗产依赖于传承人的生产活动，而目前的数字化保护又忽略传承人的参与），导致数字化保护工作陷入困境。若要摆脱此种困境，传承人在数字化保护领域的充分参与是关键，这正是参与式保护的核心理念。

事实上，传承人参与数字化保护也具有明显优势。传承人拥有地方性知识，他们能够以自者的眼光看待数字化保护活动。对国家而言，数字化保护是一项卷帙浩繁的保护工程；而对传承人来说，它实际上就是所在社区生活中发生的事情。他们能够以自己的逻辑来看待数字化技术的功能和意义，从而将数字技术真正地与日常生活结合起来，使数字化保护由保护手段逐渐转变为日常生活的组成部分，最终融入地方社会文化体系。因此，传承人参与数字化保护工作是具有先天优势的。

至于传承人如何参与数字化保护，笔者认为"根本的参与式路径"是可行的路径。在坚持非物质文化遗产文化特征的同时，我们不能忽视技术的重要性。至少目前，掌握数字化技术的传承人依然比较少，难以根据自己的想法独立完成数字化生产。所以，传承人的深度参与需要建立在与各主体（尤其电脑程序员）深度合作与平等协商的基础上。在根本的参与式路径下，非物质文化遗产的数字化正是建立在传承人与电脑程序员等其他参与者平等协商基础上的，这既能保证传承人充分地表达自己的文化分类与评价的权利，也利于电脑程序员理解非物质文化遗产的生活意义和地方性分类体系，从而使数字化设计符合非物质文化遗产的核心属性。

五　非物质文化遗产数字化的发展趋势

非物质文化遗产数字化保护虽然刚刚起步，但发展迅速。数字化技术正在从一种外在于非物质文化遗产的技术手段向非物质文化遗产内在生命力转化,正在影响着非物质文化遗产保护的历史进程、形塑着非物质文化遗产保护的新生态。

从数字化技术及与其相关的大数据分析技术、虚拟再现技术、体感技术、智能技术迅速发展来看,从不断深入的非物质文化遗产保护需求来看,非物质文化遗产数字化保护将呈现以下发展趋势。

(一) 非物质文化遗产建档数字化方面

非物质文化遗产建档数字化正在从单项、平面、现象的数字化向综合、立体、本质的数字化转化,从基于语义、基于语句数字化向基于语词的数字化发展演变,从单纯保存性建档数字化向研究性、传承性、应用性建档数字化发展。

非物质文化遗产建档数字化是数字化技术在非物质文化遗产保护中的基本应用。数字化技术以其灵活、方便、快捷的优势大大革新了传统建档模式,从而优化了建档这个非物质文化遗产保护措施。当然,非物质文化遗产建档数字化不只是对传统建档的简单取代,而是基于非物质文化遗产保护的不同诉求,会发展出不同层次、不同方向的建档数字化。

以传统戏剧类非物质文化遗产建档数字化为例,它将会呈现以下三个层次:第一层次,按照传统戏剧的剧种建设数据库,如京剧、昆剧、粤剧、秦腔等数据库,每个剧种数据库又分别按照剧种档案信息来分设存储格式,如剧本、舞台美术、音乐唱腔、传承人、研究文献、演出习俗等。数字化形式可以是文字、图片、录音、录像等。这样,整个传统戏剧数据库就是各个剧种数据库的汇集,每个剧种数据库是独立的,每个剧种的音乐、舞美、剧本等也是独立的、完整的。这样,传统戏剧数据库中的每个剧种,每个剧种的音乐、舞美、剧本等都是基于一个各自完整意义的语义数据库。这种数据库是单项的、平面的、现象的,对于传承、研究某一个完整的剧种或它的音乐、舞美、剧本等有意义,但无法从中获得对不同剧种之间的差别及相互影响的分析数据。第二层次,打破剧种之间的壁垒,按照传统戏剧构成元素如剧本、音乐、舞美、表演等建设数据库,并按照它们各自的构成类型,形成二级数据库,如剧本的二级数据库可以按照剧本的题材内容,如三国故事、西厢记故事、牛郎织女故事。音乐的二级数据库,可以按照不同曲牌来设立等。这样,每个数据库虽然不能独立称为戏剧,但都属于构成戏剧篇章的独立语句,即基于语句的数据库。这种数据库的建立，为研究不同剧种之间的剧本、音乐、舞美等的相互关系提供了分析数据。第三层次，打破戏剧与文学、音乐、美术、舞蹈、曲艺等之间的界限，按照文学、音乐、美术、舞蹈等建设数据库，并细分它们各自的结构至最小基本单位，如文学中的词语、音乐中的一个小旋律、美术中的某个构图、舞蹈的某个动作等，每个小的数据库类似一个基因库，虽然不能独立称为文学、音乐、舞蹈等，也不能称为戏剧中的剧本、音乐、舞美等元素，但都属于构成上述文化形态的基因，即基于词语意义的数据库。这种数据库的建立，为研究戏剧与不同艺术形式之间的相互关系提供了分析数据。

（二）非物质文化遗产数字化传播方面

非物质文化遗产数字化传播从被动的、静态的、旁观的、局部的展示到互动的、动态的、体验的、全面的展示转变，从面向外来者的展示，到兼顾外来者与本地人的展示，从单纯知识性、审美性展示向文化性、传承性展示转变。

非物质文化遗产数字化传播的发展，是与数字化技术发展与宣传方式创新密不可分的。数字化传播取代传统传播模式，最基本的表现就是用数字化多媒体技术，把原来实物的、图片的展览变成数字化的多媒体展示，如电子图片、录音、录像或者动漫等，但仍未克服传统宣传、展示中参观者被动的、静态的、旁观的角色定位，无法让参观者获得身临其境的体验感、互动感。所以，利用数字化技术营造真实完整的非物质文化遗产文化空间，让参观者参与非物质文化遗产的互动、体验，是非物质文化遗产数字化传播的新趋势。

以传统戏剧服饰展示数字化为例，传统的博物馆往往以实物和图片展示为主，很少用到数字化技术，即使用到数字化技术，也往往只是把实物和图片的展示变成电子图像展示而已，这种展示往往给人平面、呆板的印象，参观者只有通过文字介绍来了解戏剧服饰的形态和功能，无法把其与舞台表演真正联系起来。现代体感技术的发展，为开发戏剧服饰的体验互动式展示创造条件。利用这种体感技术，可以让参观者通过遥控电子屏幕中戏剧服饰、演出情景等，现场模拟戏剧服饰的穿戴方法、角色特点，现场学演，体验传统戏剧的表演，把被动的接受变成主动的参与。

(三) 非物质文化遗产数字化传承方面

非物质文化遗产数字化传承从被动的、模仿的、平面的、局部的传承到互动的、体验的、立体的、全面的传承演变。

前文已述，非物质文化遗产传承数字化以非物质文化遗产中"术"的数字化为主，在非物质文化遗产的社会传承和学校传承中都有应用，在传统戏剧、传统音乐、传统美术、传统舞蹈、传统体育、传统医药、曲艺、民间文学的学校教育中尤为突出，用文字、照片、录音、录像等数字化记录非物质文化遗产，把其作为教学的辅助手段，这是非物质文化遗产传承数字化的常见方法。但这种方法既无法还原社会传承中师徒之间耳濡目染的情境，也无法克服学校教育中偏重共性的"术"教学的缺陷，具有被动、模仿、平面、局部传承的特点。所以，发展数字化技术，创新传承方式，发展以个性的"道"为传承核心的互动、体验、立体、全面的数字化传承，是必然的发展趋势。只有这样，我们才能克服非物质文化遗产传承中重"术"轻"道"的现象，才能避免非物质文化遗产丰富的个性文化内涵因数字化传承而被剥离、被碎片化。

(四) 非物质文化遗产研究数字化方面

非物质文化遗产研究数字化从单个的、局部的分析，到整体的、趋势性的分析转变。

前文已述，大数据分析等数字化技术有助于非物质文化遗产研究，为非物质文化遗产研究的发展创造了条件。用数字化技术获取非物质文化遗产资料，对非物质文化遗产进行单个、局部的研究，这是非物质文化遗产研究数字化常见的做法。对非物质文化遗产保护而言，这种深入的微观研究是必要但不够的。目前，非物质文化遗产保护正在从单个项目的保护向整体非物质文化遗产文化生态区保护转变。与此相关，非物质文化遗产研究数字化应该从单个的、局部的分析，向整体的、趋势的分析转变。如利用大数据技术和建模技术，针对某一地区、族群的文化生态区，搜集数据，分析数据，找出制约该文化生态区发展变化的影响因子和变化参数，建立相应的文化生态区动态分析模型，为该文化生态区保护提供决策咨询和规划建议等。

六 结语

数字化保护是数字技术与非物质文化遗产的有机结合，它为非物质文化遗产融入现代科技生活提供了可能性。可以说，通过数据库的建设、体感技术、虚拟现实技术的探索、动态技术的研发和大数据的初步研究，数字化保护给非物质文化遗产保护提供了新的理念与发展方向，成为非物质文化遗产保护的新热点。

数字化技术作为一种信息处理技术，是计算机技术、多媒体技术、智能技术和信息传播技术的基础，它为非物质文化遗产保护提供多方面的技术支持。一方面，它作为一种外在技术，通过优化非物质文化遗产保护的建档、宣传、研究、保存、传承、利用等措施，确保非物质文化遗产的生命力；另一方面，它作为一种内在元素，通过内化到非物质文化遗产存在和传承实践中，确保非物质文化遗产的生命力。

非物质文化遗产数字化保护无论以何种方式开展，非物质文化遗产拥有者和传承人都应该是其中的主体。他们对数字化技术的掌握虽然有一个循序渐进的过程，但只有他们真正接受了数字化技术，并自觉把其融入到自己的非物质文化遗产实践中，数字化技术才能真正实现从外在技术向内在技术的转化，才能成为非物质文化遗产自身的一部分。外来者运用数字化技术参与非物质文化遗产的存储、宣传、研究、利用，也只有通过非物质文化遗产拥有者和传承人的认可才能发挥保护非物质文化遗产的作用，也才能避免数字化技术对非物质文化遗产文化内涵的碎片化、雷同化伤害。

非物质文化遗产数字化保护的发展趋势，既体现在外在技术对非物质文化遗产保护措施优化的不断深化上，又体现在数字化技术内化为非物质文化遗产生命的程度上。与非物质文化遗产保护的最终目的是不保护，即让非物质文化遗产能够回归自我生存、自我发展一样，非物质文化遗产数字化保护的最终目的是不见数字化技术，即让数字化技术真正融入到非物质文化遗产之中，成为它生命的一部分。

"创意导向生活"

——非物质文化遗产保护的台湾经验

撰稿：潘博成　审稿：高小康[*]

"创意与生活"是理解台湾无形文化资产[①]保护与发展的重要方式。创意作为方法与策略，使无形文化资产与当代日常生活融通。此处的"创意"和"生活"具有特定含义：作为工具与方法的"创意"，不仅指运用文化创意产业[②]发展无形文化资产资源的狭义概念，也包括在公共文化建设和公众日常生活实践等领域运用创意保存与发展无形文化资产的广义概念。"生活"依据历史发展特性分为无形文化资产重新回归日常生活或形成新的日常生活功能等属性，亦可基于主体性分析此为"谁的'生活化'"（如当地人与观光游客，或特定消费阶层、文化群体和年龄群体等）。本报告将上述观念称为无形文化资产保存与发展的"创意导向生活"策略。

一　台湾无形文化资产保护与发展概况

国际（以联合国教科文组织为代表）、东亚（以中国大陆、日本和韩国

---

[*] 潘博成，1989年生，男，广东肇庆人。台湾交通大学社会与文化研究所博士生。高小康，男，1954年生，中山大学中国非物质文化遗产研究中心学术委员会委员、南京大学中文系教授、博导。

[①] 两岸在本研究领域之术语有较多区别，为利于行文规范，本报告统一使用台湾地区惯用术语，并在首次出现时予以必要解释。台湾的无形文化资产在概念上类似于大陆的非物质文化遗产，所谓无形文化资产，即传统表演艺术、传统工艺美术、口述传统、民俗和传统知识与实践，与非物质文化遗产内涵基本一致。有研究者认为，"资产"提法具有更强的资源化取向（见李东方《我国台湾地区文化资产保护制度基本问题研究》，《经济法论坛》，2008，第527~528页）。

[②] 台湾习惯使用"文化创意产业"一词，其内涵与外延大体与文化产业和创意产业相近。

等为代表）与台湾地方实际情况是台湾无形文化资产保护与发展进程的三重体系①，它们分别从外部环境和内部条件施加影响。在该体系下，台湾紧随"从有形到无形的国际遗产保护观念"进行自我调适②，并形成了文化性资产③、广域式文化资产保存④和文化资产区域环境⑤等本土化的保存观念。在上述三重体系和保存观念的影响下，台湾逐渐形成了"创意导向生活"的无形文化资产保存与发展理念。制度（如法律、政策和管理主体）、无形文化资产的资源条件及其整体保存与发展思想是该导向的基础环境。

（一）法规、政策与管理主体概况

台湾无形文化资产法制建设不是像美国（《民俗保护法案》，1976）专门立法，而是仿效日本（《文化财保护法》，1950）与韩国（《文化财保护法》，1962）制定了综合性的《文化资产保存法》，将无形文化资产与有形文化资产、自然资产等共同管理。这种综合理念深刻影响了台湾无形文化资产的发展观念，也与联合国教科文组织（《保护非物质文化遗产公约》，2003）、中国大陆（《中华人民共和国非物质文化遗产法》，2011）有很大区别。

台湾《文化资产保存法》施行于1982年，迄今经历过多次修订，现行版本为2005年大修版。该法在"文化资产"定义中并未直接使用"无形文化资产"等术语⑥，而是在第三条中以"传统艺术"和"民俗及有关

---

① 相关研究见林承纬《民俗学与无形文化资产——从学科理论到保存实务的考察》，《文化资产保存学刊》2012年第6期，第72~73页；江韶莹：《台湾无形文化资产保存现况与趋势》，《福建艺术》2009年第3期，第28页；黄贞燕：《日韩无形的文化财保护制度》，"台湾传统艺术总处筹备处"，2008；林会承：《战后台湾文化资产保存法制与氛围的形塑》，《文资学报》2014年第12期，第27~55页等。
② Ahmad Y. (2006). The Scope and Definitions of Heritage: From Tangible to Intangible. International Journal of Heritage Studies, 12 (3): 292~300.
③ "文化性资产"包括：传统产业材料、传统产业技术、各类文化设施、法定文化资产、各族群语言俚谚、各类歌谣戏曲、各族群节庆风俗和集体记忆的生活场景等。
④ 林崇熙：《文化再生产：一个无形文化资产哲学刍议》，《文资学报》2008年4月，第1~26页。
⑤ "文化资产区域环境"指以区域性整体视野推动有形与无形文化资产环境保全和活化的思想。具体操作方案可见后文将介绍的"区域型文化资产环境保存及活化计划"。
⑥ 根据2014年8月14日公布的《文化资产保存法修正草案》，台湾文化资产的法定分类将更改为有形文化资产和无形文化资产两大类，其中无形文化资产与联合国教科文组织《保护非物质文化遗产公约》接轨，包括传统表演艺术、传统工艺美术、口述传统、民俗和传统知识与实践。但此《草案》目前尚在审查，故本报告以现行《文化资产保存法》相关条款为准。

文物"代替之。

四、传统艺术：指流传于各族群与地方之传统技艺与艺能，包括传统工艺美术及表演艺术。

五、民俗及有关文物：指与国民生活有关之传统并有特殊文化意义之风俗、信仰、节庆及相关文物。

2010年版《文化资产保存法施行细则》第五至七条进一步对上述两类型做了细分："传统艺术"包括传统工艺美术和传统表演艺术。前者主要指编织、刺绣、制陶、窑艺、琢玉、木作、髹漆、泥作、瓦作、剪粘、雕塑、彩绘、裱褙、造纸、摹搨、作笔制墨及金工等技艺，后者指传统之戏曲、音乐、歌谣、舞蹈、说唱和杂技等艺能。"民俗及有关文物"包括风俗（如出生、婚嫁、饮食、住屋、衣饰、宗族和习惯等生活方式），信仰（如教派、诸神、神话、传说和祭典等仪式活动）和节庆（如清明、端午、中秋、重阳和冬至等节气庆典活动）。

此外，该法第八十九条基于"保存、传习、活用"目的单独制定"保存技术"的工作保障、人才养成及辅助办法等相关内容。以上决定了台湾地区评选、保护和发展无形文化资产的基本趋向，即以传统工艺美术、表演艺术、民俗和保存技术为主要保护对象。这是"创意导向生活"理念产生的法制背景。

根据《文化资产保存法》及其《细则》《传统艺术民俗及有关文物登录指定及废止审查办法》，传统艺术与民俗的评定等级包括"重要"和"一般"两级，原则上前者由地方文化主管部门向中央主管机关提报，并由中央主管机关的"文化资产审议委员会"评选，但在实践中常表现为直接由中央主管机关提报再交由"委员会"评定；后者由地方文化主管部门直接评定产生。"保存技术及其保存者"评选则依据《文化资产保存技术保存传习及人才养成辅助办法》及《文化资产保存技术及其保存者审议委员会设置要点》，由各级"文化资产保存技术及其保存者审议委员会"根据个人或集体的提报评定"保存技术及其保存者"。

表 1 台湾无形文化资产登录基准

	一般	重要
传统艺术	(1) 艺术性：具有艺术价值者。(2) 特殊性：构成传统艺术之特殊艺能表现，其技法优秀者。(3) 地方性：传统艺术领域有价值与地位，并具有地方色彩或流派特色显著者。	(1) 反映古昔常民生活形态或娱乐类型，并在艺术或艺术史上具有重要价值者。(2) 地方色彩或流派特色显著，并在艺术或艺术史上具有价值且濒临失传者。(3) 传统技艺或艺能，其结构技法，表现特别优秀，并在全国具有领先地位者。
民俗及有关文物	(1) 传统性：具有古昔生活传承，风俗形成与发展者。(2) 地方性：民俗其形成与发展，具地方特色及民间自主性，或与其他地区有显著差异者。(3) 历史性：由历史事件形成，具有纪念性意义者。(4) 文化性：具有特殊生活文化价值者。(5) 典范性：民俗活动具有示范作用，可显示其特色者。	(1) 风俗习惯之历史传承与内容显现人民生活文化典型特色者。(2) 人民岁时重要风俗、信仰、节庆等仪式，显示艺能特色者。(3) 民俗艺能之发生与变迁，其构成上具有地方特色，且影响人民生活者。

资料来源：《传统艺术民俗及有关文物登录指定及废止审查办法》第二至三条。

在政策层面，与无形文化资产保存与发展相关的政策主要包括"社区总体营造"系列政策（1994年迄今）、文化创意产业系列政策（2003年迄今）、"区域型文化资产环境保存及活化计划"（2007～2015年）、"台湾生活美学运动"（2008～2012年）和"数位典藏与数位学习'国家'型科技计划"（2002～2012年）等。这些政策也密切关联于"创意导向生活"理念。首先，上述政策为无形文化资产保护与发展营造了良好环境条件。如"社区总体营造"和"区域型文化资产环境保存及活化计划"政策促进了社区内文化生态的保护，数字化相关政策则为无形文化资产的"加值利用"创造了基础条件。其次，以上政策普遍重视生活、创意、美学和文化资产的彼此融通。本报告强调的"创意导向生活"理念亦离不开这些政策的铺垫。最后，这些政策相当重视公众参与，例如"社区总体营造"政策对树立"自己思考自己地方的未来"等理念起到了重要作用[①]；"台湾生活

[①] 陈其南：《社区总体营造运动精神与内涵》，http://www.tainan.gov.tw/，2015年3月22日。

美学运动"和文化创意产业系列政策均对培养公众文化素养或文化消费意识有所关怀。

台湾无形文化资产的中央主管部门为"文化部文化资产局"。该局传艺民俗组下设的民俗、传统艺术和保存技术三科具体承担研究调查、审议、指定、废止、变更、保存、传习和活化无形文化资产，以及辅导地方文化部门等职能[①]。涉及文化创意产业的业务，则由"文化部文创发展司"等中央单位管理。地方主管部门依据各县市情况各有差异，例如台北市文化局文化资产科、台南市文化资产管理处、高雄市文化资产中心等。此外，"客家委员会"和"原住民族委员会"等特定族群管理机构亦会配合无形文化资产的保护与发展工作。

（二）台湾无形文化资产概况

台湾的历史、社会与文化是塑造其无形文化资产的宏观背景，如族群层面的汉人与原住民并存，汉人内部闽南、客家和大陆各省市移民等族群并存；历史层面的"殖民—收复"的反复过程；以及政治社会层面的宗教信仰传统、地方社会的治理生态等。

台湾目前无形文化资产共有350项（392件）[②]，在类型方面以传统艺术为主，占总数之61.43%（62.76%）。值得注意的是，部分种类由于保存者或团体众多，出现较多件数，如布袋戏和歌仔戏分别有14件和8件。在等级方面，"重要"类尽管数量稀少，但已基本涵括台湾无形文化资产主要形态，如歌仔戏、布袋戏、南管、北管、泰雅史诗吟唱、北港朝天宫迎妈祖、白沙屯妈祖进香和大甲妈祖绕境进香等均在其列。它们均是"创意导向生活"策略中较为常见的主要无形文化资产项目。在区域分布上以台南最多（17.60%），台北与彰化（均为8.16%）和新北（7.91%）次之。此外，台湾比照联合国教科文组织"人类非物质文化遗产代表作名录"相关标准，评选出泰雅口述传统与口唱史诗、布农族歌谣、北管音乐戏曲、木偶戏、歌仔戏、糊纸（纸扎）、阿美族丰年祭、赛夏族矮灵祭、

---

① "文化部文化资产局"：《"文化部文化资产局"简介》，"文化部文化资产局"，2012，第20~21页。
② 根据台湾规定，同一种无形文化资产若涉及不同保存者或保存团体，则依据其不同以件数计算。如歌仔戏作为"重要传统艺术"时，由于涉及廖琼枝和陈剩等七个不同保存者或保存团体，则在"重要传统艺术"或"一般传统艺术"总数计为八件。

王爷信仰、妈祖信仰、上元节、中元普度等十二项无形文化资产作为"台湾非物质文化遗产潜力点"。

表2　台湾无形文化资产总数

类别	传统艺术			民俗及有关文物			总计		
	重要	一般	合计	重要	一般	合计	重要	一般	合计
种类（项）	24	191	215	15	120	135	39	311	350
数量（件）	26	220	246	16	130	146	42	350	392

资料来源：文化资产查询系统，"文化部文化资产局"，http://www.boch.gov.tw/，最后检索时间：2015年3月6日。

保存技术分为"指定"和"列册追踪"两级，其中后者具有"责成行政人员对具登录或指定之文化资产，必须持续关切其发展"[①] 的目的。目前属于"指定"等级的保存技术包括大木作技术、凿花技术和交趾陶保存修复技术等8项。"列册追踪"等级则包括古典布袋戏偶衣饰、盔帽、道具制作技术，造船技术和客家狮头制作技艺等77项。它们在官方分类中根据"保存技术"的服务对象，散布在古迹、历史建筑、聚落，古物，文化景观等各个类别之中，但实际上它们均可视为是无形文化资产的组成部分。如石沪景观属于"文化景观"，石沪修造技术在保存技术中也归属于"文化景观"之子类别。

表3　台湾保存技术总数

类别	保存技术		
	指定	列册追踪	合计
件数（件）	8	77	85

资料来源：文化资产查询系统，"文化部文化资产局"，http://www.boch.gov.tw/，最后检索时间：2015年3月6日。

台湾无形文化资产保存人才具体制度与大陆类似，即一项无形文化资产可以具备多个保存个人或团体，在此不再赘述。台湾近年来颇为重视无形文化资产保存人才的培养与传承，例如近年来持续进行的"文化资产人

---

① 王淳熙等编《2007文化资产实务执行参考手册（4）：传统艺术、民俗及有关文物》，"行政院文化建设委员会"，2007，第4~12页。

才年度培训活动"中,无形文化资产保存人才培训一直占有较大比重。以 2014 年为例,台湾累计举办了排湾族口鼻笛、布袋戏、客家音乐和歌谣等 11 项(次)培训活动①。

表 4　台湾无形文化资产保存人才数

类别	无形文化资产保存人才		
	个人(位)	团体(个)	合计
人才	162	126	288

资料来源:文化资产查询系统,"文化部文化资产局",http://www.boch.gov.tw/,最后检索时间:2015 年 3 月 6 日。

(三) 主要保护与发展的基本思路

由目前台湾无形文化资产保护与发展的相关法规政策及具体实践观察,其主要思路可以概括为"文化生态""文化创意产业"(观光产业)和"公众参与"三个关键词。它们从不同角度呼应着"创意导向生活"的理念。

与中国大陆类似,近年来台湾高度重视文化生态保护②问题。台湾语境下,所谓"文化生态"不仅包括中国大陆语境下"以保护非物质文化遗产为核心,对历史文化积淀丰厚、存续状态良好,具有重要价值和鲜明特色的文化形态进行整体性保护"③ 的理念(即以整体区域空间为单位,将无形文化资产及其相关的历史、社会、文化和人等环境物共同保护的思路),还包括了为发展无形文化资产而建设的文化生态,如前文谈到的公众文化消费与公众文化素养培育、智慧财产权(即知识产权)保护等均属此列。

其次,文化创意产业和观光产业等市场观念。"文创岛"是不少人对台湾的基本印象。在 2008~2013 年间,台湾文化创意产业平均占 GDP 比重已达 5.24%④,依照国际惯例已成为当地经济支柱性产业。根据《文化创意产业发展法》和《文化创意产业内容及范围》等法规,包括无形文化资产

---

① "文化部文化资产局":《2014 年文化资产人才培训手册》,"文化部文化资产局",2013,第 18~37 页。
② 台湾亦有将"文化生态保护"称为"保存环境培育""广域式文化资产保存"和"环境整备"等术语。
③ 文化部:《文化部关于加强国家级文化生态保护区建设的指导意见》,文化部,2010。
④ "文化部":《台湾文化创意产业发展报告 (2014 年)》,"文化部",2014,第 7~8 页。

在内的文化资产行业均被纳入文化创意产业范围。观光产业也有类似的发展趋向，如"一乡一特产（OTOP）"政策，苗栗和台北等地区旅游商品认证制度以及"台湾原住民文化产业认证标章"均将当地特色无形文化资产作为旅游商品加以营销。又如苗栗三义的木雕工艺，新北平溪的天灯民俗、莺歌的陶瓷工艺，新竹的玻璃制作工艺等无形文化资产均作为当地观光产业的重要名片。

表5 台湾文化创意产业的无形文化资产相关领域

类别	主管部门	内容
文化资产应用及展演设施产业	"文化部"	从事文化资产利用、展演设施［如剧院、音乐厅、露天广场、美术馆、博物馆、艺术馆（村）、演艺厅等］经营管理之行业。
工艺产业	"文化部"	从事工艺创作、工艺设计、模具制作、材料制作、工艺品生产、工艺品展售流通、工艺品鉴定等行业。
视觉艺术产业	"文化部"	从事绘画、雕塑、其他艺术品创作、艺术品拍卖零售、画廊、艺术品展览、艺术经纪代理、艺术品公证鉴价、艺术品修复等行业。
创意生活产业	"经济部"	从事以创意整合生活产业之核心知识，提供具有深度体验及高质美感之行业，如饮食文化体验、生活教育体验、自然生态体验、流行时尚体验、特定文物体验、工艺文化体验等行业。

资料来源："文化部"：《文化创意产业内容及范围》。"文化部"，2014。

最后，公众与地方社会的自发保护观念。台湾的文史保存运动氛围相当活跃，基金会（如财团法人李天禄布袋戏文教基金会、财团法人台湾原住民部落振兴文教基金会等）和地方文史工作室（如高雄市哈玛星文化协会、淡水乡土研究会和台南市文史协会等）是较为常见之形式。这些民间团体深耕地方社会，透过口述历史、文史调查、乡土教材编写、承办政府地方文化艺术活动、社区营造等策略[1]唤起公众对无形文化资产的保护意

---

[1] 陈登武：《台湾全志（卷十二）文化志·文化事业篇》，"国史馆台湾文献馆"，2009，第68~69页。

识,并以此缓解"发展主义"或过度都市化对无形文化资产的冲击。例如,20世纪90年代后期,"写村史"成为台湾社区营造中颇为流行的一种策略,这种"社区史"让"社区居民有机会透过共同参与的过程来写出共同的历史",最终产生社区共同体的文化凝聚力[①~②]。

二 广义的创意方法

从全球范围观察,文化创意产业等产业化和市场化取向俨然成为了创意的主流论述,将创意同义化或唯一化为产业的思考方式也多不胜举。但人们容易忽略的是创意在产业领域之外的应用实践,如以政府、公众和公益团体为主体的,以公共文化建设、公众日常生活习惯和公益事业方向的实践领域。由此,我们将作为纯粹产业方向的创意称为"狭义的创意方法",将同时运用在产业内外者描述为"广义的创意方法",后者正是台湾无形文化资产保护与发展实践中的重要基础与特色。显然,两者并非是相互替代或否定的对立关系,而是后者包含前者,彼此相互支撑的共生关系。"广义的创意方法"在台湾的形成既与文化教育普及程度较高、居民消费能力(特别是文化消费能力与观念)较强和社会环境比较开放多元等普遍性条件密切关联,也具有台湾的一些特殊条件。这也是上述"共生关系"形成的主要过程。

首先,台湾尤为重视公众创意观念的养成与塑造。此处的"公众"是相对于文化创意产业从业者或专业人士而言的群体。他们较少或从不介入文化创意产业的供应端,更多以需求者角色存在。因此,公众创意观念的养成首先可视为对文化消费观念的塑造。如《文化创意产业发展法》第十三条即规定"为提升国民美学素养及培养文化创意活动人口,政府应于高级中等以下学校提供美学及文化创意欣赏课程,并办理相关教学活动"。以笔者所在的台湾交通大学为例,学校艺文中心每学期均会补助学生参与各类表演、展览和讲座,并间接服务周边市民。其次,对公众的创意观念塑造还在于形成一种"尊重创意"和"创意有价"的社会氛围,更具体地

---

① 尤力·阿冒等编《大家来写村史:民众参与式社区史操作手册》,唐山出版社,2001,第14~16页。
② 周樑楷等:《大家来写村史①:总论》,彰化市文化局,2005,第15页。

说,即是对文化创意之智慧财产权的尊重理念,假以时日公众养成此观念后,亦有助于调动文化创意行业的创作积极性。最后,公众创意观念的养成更在于使公众形成创意思考(creative thinking)能力,具体之可以是如何打造自己的"创意生活"、如何培养自己的创意思维等问题。

基于上述三重目的,公众创意观念养成与塑造具体实践的显著特征包括:第一,培养方式多元化与灵活化。公众创意观念养成不同于学历化教育,更多依赖的是非正规教育,工作坊与研习营、社区大学和沙龙均是常见的主要形式。第二,社会企业(social enterprise)观念广泛介入,这是上一特征的延续。社会企业强调的是商业与公益的联动。如台北的"都市酵母"近年来持续面向公众开设台北都市色彩、设计思考工作坊和台北街角遇见设计等类型、主题和形式丰富的创意训练活动,有效通融了企业自身的商业发展与公众创意观念养成过程。第三,此类创意观念的养成往往与日常生活紧密结合。不少公众创意观念养成的活动均以日常生活与起居为对象加以推广,如"南村落"惯常以台湾传统饮食习惯、农历二十四节气和农历等密切关乎日常生活的无形文化资产题材促使公众形塑自己的"创意生活"[1]。

其次,文化经过"资源化"过程成为创意资源。在本报告中我们将反复触及文化(如无形文化资产)与创意资源之间的转换逻辑。文化并非天然成为创意资源,或说文化仅作为创意资源的"母体"或"原型"而存在,唯经"资源化"(resource utilization)过程,文化才在真正意义上转换为创意资源。此转换过程是"广义的创意方法"中极其重要的环节。围绕此方面,台湾经验主要体现在文化的一系列数字化处理方法。前文曾述及"数位典藏"和"数位学习"等相关计划,这些由政府主导的大型计划在将文化转换为数字载体(如数字图像、影像、数据库和3D模型等基本载体,以及互动游戏、专题网站和电子书等衍生性产品)后,根据公众教育、商业市场运作等层次,制定了不同的定价策略、申请程序和管理规章的授权使用规则[2]。一方面,其兼顾了公众权益与商业市场发展之间的关

---

[1] 《韩良露谈南村落》,http://www.southvillage.com.tw/about_0007.html,2015年3月19日。
[2] "文化部":《公有文化创意资产衍生素材加值应用宣导手册》,"文化部",2014,第184~189页。

系，尤其确保了公众以较为便利的渠道寻获文化资源，甚至使公众产生主动探索文化资源的意识。另一方面也促使文化创意企业合理与规范地使用文化资源，避免文化资源的滥用或误用。例如，2015年3月颁布施行的《原住民族传统智慧创作保护条例》对"原住民族传统之宗教祭仪、音乐、舞蹈、歌曲、雕塑、编织、图案、服饰、民俗技艺或其他文化成果"等传统智慧创作依法予以认定与保护，并对违法使用行为予以界定和量罚。

最后，多重空间均可作为创意场所。在我们直觉中，创意往往只会彰显在文化创意园区、博物馆和创意小店等指向明确的场所。但实际上，大至城市、校园、风景区和公园等公共空间，小至便利商店、客车、临街墙壁、电箱和告示栏等均可成为创意场所。由此，台湾产生了层次丰富和形态各异的创意场所体系。以下以日常生活中常见的"声音"为例讨论[①]。台北市文化局2015年初推出了"捷运声音地景计划"，由各路民众组成的工作小组搜集和整理日常生活中的市场叫卖声、交通工具声音和虫鸣鸟叫等声音，再与其他旋律配合以形成不同的创意声音，最终将其在部分台北市地铁站和列车上播放[②]。无独有偶，早在2011年，由吴灿政艺术家等人领衔的"台湾声音地图计划"便已开始了对日常生活声音的公益调查与整理。他们结合谷歌地图制作声音地图，迄今已发布了数以千计的"声音地景"[③]。由此可见，创意不仅来源于不同空间及其内部的日常生活方式，同时经过创意转换的成果又能回馈并进一步丰富各类空间的生活体验。

总言之，"广义的创意方法"既包括产业、经济与商业领域，即透过创意促进文化创意产业和观光产业等行业的发展（即"狭义的创意方法"）；也包含了非营利和非商业领域，这一领域的范围较前者更为宽阔，诸如公众文化活动建设、公共空间营造和公众创意意识养成等均属此列。无形文化资产的"创意导向生活"理念建基于上述两者在交错与融合中所形成的创意沃土。

---

① 在中国大陆亦有类似成功经验。如中山大学中国非物质文化遗产研究中心在2005年便曾在第二届"声响亚洲"广州文化节中进行了声音记录的行动研究，并将之转化为声音治疗等应用成果。
② "捷运声音地景计划"，http://www.culture.gov.taipei/frontsite/cms/newsAction.do?method = viewContentDetail&iscancel = true&contentId = MTEzNjU = &subMenuId = 601，2015年3月21日。
③ "台湾声音地图计划"，http://www.soundandtaiwan.com/，2015年3月21日。

三 "价值重塑"与"功能化"策略

无形文化资产的价值因时而变，变动与相对静止并存其中。关于无形文化资产价值已有较多论述，如中国大陆《中华人民共和国非物质文化遗产法》与台湾《文化资产保存法》均认定无形文化资产包括历史、文学、艺术和科学价值；亦有学者基于历时性（历史价值、文化价值和精神价值）、共时性（科学价值、社会价值和审美价值）和时代性（教育价值和经济价值）三个维度划分价值[①]；或以记忆、传承、审美、基因、学术和经济等六类价值论之[②]。所谓"价值重塑"意指无形文化资产价值的内涵与外延在当代环境下的增加、减少和调整等变化过程。功能则是彰显无形文化资产价值及其嬗变的直观剖面之一，它一方面是价值重塑的重要渠道和方法，另一方面它也依循无形文化资产的当代价值而不断调适。

在当代台湾，无形文化资产作为"活的遗产"（living heritage），即"存在于公众内心中，并承续到当下生活环境中（的无形文化资产）"[③]。其功能将沿着两条轴线持续演绎：新功能的发明；原有功能的当代恢复、延续或改进。创意是上述两条轴线均普遍采纳的方法，生活化实然是种种"价值重塑"中的核心追求。这里所说的"生活化"既包括如何使无形文化资产重新回到日常生活或强化其在日常生活中的既有功能，也包括其为当代生活创造新的使用功能。

无形文化资产全新功能的发明是极富争议性但又不得不面对的一个议题。如何界定功能发明的限度？何种功能的发明才算是无形文化资产的延伸而非扭曲或造假？功能的发明会对旧有功能造成什么影响？更何况台湾无形文化资产不仅受到《文化资产保存法》保护，同样也是《文化创意产业发展法》的重要构成部分，两者间拉扯出了张力巨大的争议场域。本报告限于篇幅无法细致讨论之，而以"由传统复兴、衍生、再创造与再组合的新文化，如果其价值、形式与要素仍然有意识地以保存

---

① 王文章编《非物质文化遗产概论》，教育科学出版社，2013，第75~111页。
② 宋俊华、王开桃：《非物质文化遗产保护研究》，中山大学出版社，2013，第65~75页。
③ Proschan, F. (2008), Safeguarding Intangible Heritage and Sustainable Culture Tourism: Opportunities and Challenges. Bangkok: UNESCO Bangkok, 2008, p.21.

传统为原则"①,即认定该功能发明仍处于无形文化资产范围之内。功能发明的最常见来源是文化创意产业、观光产业和其他商业活动。

高雄大树地区由于土质优良,自1918年起便是台湾传统砖瓦烧制技艺的重要区域,至20世纪60年代受工业化和居住生活方式等原因而走向没落。位于竹仔寮的三和瓦窑是目前仅存不多的砖瓦窑,在无形文化资产保存价值和瓦片日常用途渐衰的矛盾中,三和瓦窑重新定位了砖瓦的使用功能——从建筑材料功能延伸出了更多当代日常生活功能,先后开发了名片架、杯垫和皂盘等日常生活用品,以及微缩化的瓦片和砖块等拼装玩具。这些产品较之原先的建材功能更为"生活化"。透过创意重新赋予无形文化资产以当代新功能的策略使三和瓦窑得以延续发展,并收获了意想不到的效果:令台湾众多古厝和古宅等文物古迹在修复中"有瓦可用"②。

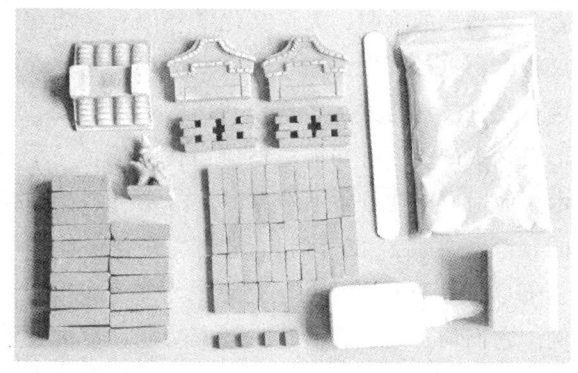

图1 三和瓦窑"淡定薰香炉"材料包

资料来源:http://tw.becuber.com/mycuber/sites/sanhe/?product=2237.

再如,槟榔是台湾地方文化重要但也饱受争议内容,禁食槟榔乃至禁植槟榔作物的呼吁常见诸各类场合③。虽然槟榔制作工艺未被列入官方无

---

① 王嵩山主编《2005—2008年台湾无形文化资产保存年鉴》,"行政院文建会文化资产总管理处筹备处",2011.第IX页。
② 可见洪于展《传统砖雕工艺多角化经营之策略模式研究——以三和瓦窑为例》,成功大学,2011。
③ 槟榔是否应该禁食是台湾社会争执多年的话题。台湾不少官方部门(如"行政院"及台北等地政府)均有基于医学研究为据,倡导不食槟榔。但民间槟榔业始终比较兴旺,多主张是否食用槟榔乃是个人之自由选择。

形文化资产名录①，但它作为一种事实的无形文化资产，不仅是部分人群日常生活方式的重要一环②，在泰雅族、排湾族、布农族和鲁凯族等原住民群体中，它更与祭祀与巫术等仪式、婚嫁和待客民俗以及农事相关的生活实践等无形文化资产关联紧密。因此，以功能有违当代文明为由简单粗暴地禁止槟榔制造相关行业并不符合文化多样性思想。近年来，台湾农业经营管理学会等机构积极介入槟榔制作工艺各个环节，除了改进嚼食槟榔产品生产工艺外，还赋予了槟榔其他全新功能，主要包括槟榔入菜、槟榔染色布料和槟榔作物工艺商品等更为多元的日常生活功能③。此一系列新功能之意义绝非鼓励或倡导种植、生产与嚼食槟榔，而是借由赋予新功能的策略，为槟榔制作工艺保有适度的生存空间，同时令公众对槟榔制作工艺与槟榔消费等相关内容形成新的价值认知，最终使原住民中涉及与槟榔相关的日常生活实践得以延续。

相较于前者全新功能的发明，无形文化资产原有功能在当代的延续或改进则往往争议较少，也具有更为广泛的实践应用。它们在不脱离原有功能的前提下，透过改进技术与方法、调整功能的作用形式、范围和受众等手段，以使无形文化资产的原有功能更适应当代环境。一个典型的例子便是传统表演艺术如何适应当代日常消费习惯。白先勇的青春版《牡丹亭》、明华园歌仔戏的《蓬莱大仙》和《何仙姑》以及金光布袋戏的《六合水浒传》和《黄金布袋戏系列》等剧目均是近二十年来台湾对传统表演艺术的当代创新案例。它们均延续着表演这一基本功能，借由新媒体（如金光布袋戏利用电视频道）、题材改编与创新（如霹雳布袋戏取用奇幻题材书写故事④）、调整受众定位（如白先勇对《牡丹亭》的青春式表达⑤、小西园仿效歌友会与戏迷们共同成立"椅子会"来稳定受众群体⑥）、与当代元

---

① 目前所知，与槟榔制作工艺相关的无形文化资产仅有我国湖南省的"张新发槟榔制作工艺"，其于2014年入选《湘潭市第三批市级非物质文化遗产项目名录》中的"传统工艺"类别。
② 郭淑珍，丁志音：《茶行里的槟榔客：嚼食槟榔的社会脉络初探》，《台湾社会研究》2006年第9期，第143~208页。
③ 台湾农业经营管理学会：《台湾原住民族槟榔创意生活宣导手册》，"行政院原住民族委员会"，2008，第2，9~12页。
④ 张琼慧编《黄强华、黄文择与霹雳布袋戏》，中国时报，2003，第21~22页。
⑤ 华玮：《情的坚持——谈青春版〈牡丹亭〉的整编》，台湾戏专学刊，2005，第181~207页。
⑥ 张琼惠编《许国良与小西园》，《"中国"时报》，2003，第30页。

素结合（如明华园对实验剧场和小剧场的灵活运用①）等渠道和方法，使传统表演艺术得以运用新手段延续其基本功能。

图2　霹雳布袋戏"刀狂剑痴叶小钗"海报

资料来源：张琼慧：《黄强华、黄文择与霹雳布袋戏》，《"中国"时报》，2003，第58页。

最后，无形文化资产的全新功能发明与已丧失功能的恢复是值得探讨的一组关系。创意通过科学技术、商业营销和官方政策宣导等手段，可使已经消逝了的无形文化资产功能在当代被还原与复活，进而重塑其日常生活价值。在某种程度上，这类看似由档案资料或博物馆中原汁原味地"重现（reappearance）"的无形文化资产就是全新发明（invention），而非大写或绝对的传承，比较接近于联合国教科文组织《保护非物质文化遗产公约》中"振兴"（revitalisation）内涵。

---

① 台湾大百科全书：明华园，http：//nrch.cca.gov.tw/twpedia.php? id = 12783，2015年3月22日。

(如果指向由文化共同体发展的实践）：恢复或重新发明废弃已久或长期不再使用的社会实践与表现。

（如果指向遗产政治性）：鼓励与支持一个地方共同体在内部形成共识，以恢复或重新发明废弃已久或长期不再使用的社会实践与表现①。

我们在研究台湾"创意导向生活"策略时需对此加以分辨，分类讨论功能发明、重新恢复和延续改进既有功能等不同层面的变动，尤其需要关注几个问题：其对无形文化资产的变动程度是否已经逾越合理界限，对无形文化资产保存与发展的利弊影响如何，以及能否有效延续该无形文化资产基本精神与内涵。

四 "时尚化"与"年轻化"② 策略

无形文化资产的"时尚化"与"年轻化"策略首先体现在对表达形式与内容的当代创新。但凡谈及文化资产（文化遗产），往往容易使人联想起古老、传统和严肃等关键词，而"遗产（heritage）"概念在此语境下之"祖先留给全人类的共同的文化财富"的定义③~④也指出了它与"当代"在时间与空间上的疏离感。换言之，无形文化资产与时尚和年轻似乎存在较大隔阂。

---

① 译自 Zanten, Wim van（2002）Glossary Intangible Cultural Heritage, prepared by an international meeting of experts at UNESCO, June 2002. Netherlands National Commission for UNESCO. 原文如附：[If referring to practices developed by the cultural community:] Reactivating or reinventing social practices and representations, which are no longer in use or falling in disuse. [If referring to heritage policies:] The encouragement and support of a local community, developed with the agreement of that same community, in the reactivation of social practices and representations, which are no longer in use or falling in disuse.
② "时尚化"与"年轻化"概念受到了台北故宫博物院近年来"让故宫活起来""时尚故宫"和"Old is New"三项重要政策的启发，它们的共有特征是试图促成传统文化与当代社会持续对话（可参阅拙文《博物馆文化创意商品研发模式探析——以台北"故宫博物院"为例》，《文化产业研究》2014 年第 1 期，第 164~173 页）。
③ 苑利：《文化遗产与文化遗产学解读》，《江西社会科学》，2005 年第 3 期，第 127 页。
④ 《辞海（第六版）》将"遗产"定义为公民死亡时遗留的个人合法财产。通常包括积极遗产和消极遗产。……借指历史上遗留下来的精神财富或物质财富。

但联合国教科文组织《保护非物质文化遗产公约》第十四条指出了向公众,特别是青少年传播无形文化资产的必要性与重要性。日本与韩国也具体设置了艺术节、青少年艺术剧场、中学生艺术鉴赏教室、儿童传统文化教室和传习教育馆等机构以促进无形文化资产与年轻人的对话[①]。台湾无形文化资产"创意导向生活"的理念正呼应着以上观念。创意能否使无形文化资产导向青少年生活,甚至成为他们的日常生活方式是个关键性问题。"时尚化"与"年轻化"是目前台湾对此的主要应对策略。

"小确幸(shoukkou)"的精致化思维是理解台湾无形文化资产的"时尚化"与"年轻化"策略的一条"小径"。"小确幸"原为日本作家村上春树自创的词汇,后于2014年在台湾成为流行语,其基本含义可简述为:普通人日常生活中的,小而确切的幸福[②]。我们可以抽象出三层重要意涵:它的主体性为普罗大众(特别是年轻人),它施力的场域是日常生活领域,它所营造的结果是一种细致、具体和实实在在的幸福体验感。总之,它与日常生活关系密切,尤其紧扣了年轻人的生活情趣。"时尚化"和"年轻化"的无形文化资产发展思路与此非常吻合。

活字印刷技术、书法和造纸技术都是非常古老的无形文化资产,尤其是在当代科技进步的背景下,它们早已成为"'名副其实'的'遗产'"了,但当前却成为台湾无形文化资产彰显"小确幸"思维的重要代表。日星铸字行是台湾目前仅存活版印刷技术商号,它们与三和瓦窑相似,均尝试在功能层面以创意实现商业盘活和无形文化资产传承并举。日星铸字行在功能发明的过程中尤其重视迎合台湾年轻人的消费趣味和生活方式。以下试举几例介绍。在日星铸字行的文化创意商品中,名片设计是颇受欢迎的一类,年轻人会前往该店自行挑选相关活字,放到名片制作匣内刷印,从而制成个性化名片[③]。除此之外,对印量需求大,或有更高体验需求的消费者,日星铸字行还提供了制作活字以及刷印技术培训等高级服务,满足了不同层次的消费需求。重要的是,活字印刷技术的应用间接盘活了书法和篆刻等相关无形文化资产,使它们获得利用创意重回日常生活的可能

[①] 黄贞燕:《日韩两国无形文化资产保存制度暨个案资料收集计划期末报告》,"国立传统艺术中心",2004,第38、83~84页。
[②] 曾秋桂:《台湾地区阅读村上春树的"小确幸"》,《东北亚外语研究》2014年第3期。
[③] 日星铸字行,http://rixingtypography.blogspot.tw/,2015年3月22日。

性。例如，活字的制作一方面可以融入当代视觉设计思想，另一方面也可以将书法容纳于内，为书法回到年轻人的日常生活中提供了一定契机，甚至为篆刻、笔墨纸砚制作技艺等更广泛的无形文化资产回归日常生活带来可能。

不同于上述以商业活动发展无形文化资产的思路，公共文化活动对此也有涉足。近年来，台湾围绕汉字文化举办了不少节庆活动。例如，台北市文化局自2005年起连续举办了10年的汉字文化节便是对上述思想的系统呈现。以2012年第八届汉字文化节为例，当年"从生活开发创意·由台北传向世界"的主题，试图从"汉字与生活的关系"出发，由汉字生活导游、汉字生活讲座、展演汉字艺术、汉字小神通和汉字嘉年华五个主题活动吸引市民，尤其是年轻人参与和体验[①]。

从源流看，这种对日常生活用品的个性化追逐是日本消费文化熏陶的结果。无形文化资产由于自身与当代文化较强的差异感，某种程度上使之能够贴合了年轻人个性化的消费趣味。这些无形文化资产商品与精致化日常生活的亲近感，又能营造出一种"小确幸"的实在氛围。

最后，我们回到何谓"时尚化"与"年轻化"意象的问题。显然，卡通化（可爱化）是非常重要且常见的一种样貌，但这绝非是——甚至不能成为——"时尚化"与"年轻化"的基本意象。尽管卡通化确实能使无形文化资产在形式上从严肃走向活泼，为之添增了不少"年轻化"气息。但我们必须警惕一种错误思维：将卡通化等同为"时尚化"与"年轻化"的主要乃至唯一形式。一方面，"卡通化"较多强调以形式创新为媒介使无形文化资产与年轻人对话，而卡通化背后的内容精神并无太大变化，甚至会出现过度简化的趋势。换而言之，"卡通化"在迅速吸引年轻人后的效应持久性仍显不足。另一方面，我们必须持续关注年轻人审美情趣的普遍变化，忧思他们对卡通化的审美疲劳。更何况，并非一切无形文化资产均适用于卡通化思路，若使用不当还会起到适得其反的效果。

"故事力"就是异于"卡通化"的一种"时尚化"与"年轻化"具体策略，它是目前台湾比较兴盛的一类思考方式。在理论层面，作为方法与策略的"故事"包括三个创意面向：令人能解读和体会故事的过程与意

---

① 台北市文化局：《台北市文化指标调查（2012年度）》，台北市文化局，2013，第184页。

义;令人感动的故事内容可以把人带入故事情节之中;能使人产生共鸣并作出反馈①。"故事"一方面可以狭义地理解为讲述、整理乃至发明"故事",另一方面也可广义认为是一种积极传递无形文化资产的新理念。"故事力"也可被诠释为"感动力",即感动观众的能力,这与"故事力"一脉相承,均是通过人文关怀拓宽无形文化资产与创意结合程度,并扣连年轻人个性的手段。

无形文化资产及其保存者普遍有着丰富的文化记忆与故事②。这些题材丰富的素材本身就是无形文化资产不可分割的一部分。一方面,这些文化记忆与故事是吸引年轻人关注无形文化资产的"噱头",这实际上为无形文化资产吸引年轻人提供了新视角——以无形文化资产保存者的故事——这种能普遍感染大众的素材切入,引导年轻人将无形文化资产纳入自己的视野。譬如,宜兰山区泰雅族"不老部落"以及屏东三地门的"蜻蜓雅筑"皆是善于把故事讲好的案例。"不老部落"取自泰雅语"BulauBulau"谐音,意指"放松心情出去走走,随意逛逛"③。该部落原为泰雅族聚落,拥有织布技术、小米酒酿制技术、农耕技术和狩猎技术等四项无形文化资产。如今的"聚落主人"潘今晟将该聚落重新命名为"不老部落",是因为他意识到上述无形文化资产保存者往往有着丰富的生活记忆与人生故事,均彰显一种超越城市与回归乡野的人文情境,外加自己放弃台北都市生活回到乡野荒郊的独特人生故事,使得"不老部落"成为借由故事吸引年轻人暂别都市生活,享受传统原住民生活的好去处④。"蜻蜓雅筑"是一家继承了排湾族琉璃珠制作工艺的作坊,它与"不老部落"类似,在营销策划中大量融入了与排湾族琉璃珠传统文化相关的故事和寓言,并将自己作为保存者传承和发扬该工艺的经历转化为故事加以叙述⑤。

---

① 邱于芸:《用故事改变世界:文化脉络与故事原型》,远流出版公司,2014,第168~169页。
② 相关内容可参阅"文化部文化资产局"编辑出版的《一心一艺:巨匠的技与美》(1至4集),其详细叙述了多个无形文化资产保存者的生命故事。
③ 王玉萍等:《文创进行式:走访25个台湾文化创意产业现场》,远流出版公司,2011,第30页。
④ 参见"不老部落"网站,http://www.bulaubulau.com/,2015年3月21日。
⑤ "行政院文化建设委员会":《2011年"行政院文化建设委员会"地方文化馆人才专业成长培训工作坊成果专辑》,"国立台湾博物馆",2011,第79~87页。

图 3 "不老部落"的织布技术

资料来源:"财团法人国家文化艺术基金会":《文创进行式:走访 25 个台湾文化创意产业现场》,远流出版公司,2011,第 30~31 页。

另一方面,台湾有借由展览、剧场和商品等创意媒介将无形文化资产故事化诠释的丰富经验。这种经验不同于前者重视于对故事的挖掘、生产与整理,而是偏向将无形文化资产"故事化",使它们成为一个个贴合年轻人的故事题材。台北故事馆是陈国慈女士于 2003 年至 2015 年间"领养"的台北市法定古迹,该馆多年来数次以无形文化资产为题办展,如"甜点·故事·台湾味"展将台湾本土糕点制作工艺、工具、方法和经典产品作为展览题材,成功向年轻人讲述了一个关于台湾本土糕点制作发展的好故事[①]。目前,"故事馆"这种展示思想已广泛应用在台湾和香港等地无形文化资产实践领域,成为诠释无形文化资产的特色形态。

我们可以将以上两重经验简略概述为"讲'好故事'"和"讲好'故事'",前者意指以"好故事"这种具有普遍性的题材吸引年轻人关注无形

---

① 台北故事馆"甜点·故事·台湾味"展,http://www.storyhouse.com.tw/main/modules/MySpace/BlogList.php? sn = storyhouse&cn = ZC524695,2015 年 3 月 21 日。

"创意导向生活"

图4 台北故事馆"甜点·故事·台湾味特展"
资料来源：笔者摄影。

文化资产，后者则指透过有效的创意手段，将"故事化"了的无形文化资产"讲好"。它们均是"创意导向生活"的思维方式。这些做法的意图并不复杂，它们均是一种借由故事为渠道，将之转换为符合年轻人趣味的日常生活故事题材与类型，以打动、感染和吸引年轻人，使他们关注无形文化资产。

五 "参与体验式"策略

"无形文化资产"与"无形文化资产产品"在概念上存在显著差异，前者重视生产与制作过程，后者倾向关注实体成果。由此我们认为，无形文化资产不同于博物馆藏品，活态、动态和过程地呈现之方才是妥善形式，这暗合了文化创意所重视的受众体验与观感议题。基于"广义的创意方法"，"参与体验式"策略能在不同领域使无形文化资产向日常生活靠拢。"参与体验式"策略指在无形文化资产保存与发展过程中,以创意为工具方法,为民众提供各类参与和体验无形文化资产构想、创作、生产、使用和展示等具体环节的机会。此举旨在使无形文化资产与民众产生直接的感官身体接触,形成特别的参与体验记忆,并最终将之带回日常生活之中。

使民众参与设计、生产或展演等无形文化资产具体过程是台湾目前较常见的一类"参与体验式"策略,大甲妈祖绕境进香较能诠释此方面经验。台湾素有"三月疯妈祖"一说,即在每年农历三月二十三日妈祖诞辰日时,全台各地妈祖庙均会举行隆重宗教仪式。其中,长达八天七夜的大甲妈祖绕境进香是全台最重要的一场民俗活动[1]。自2001年起,当地政府将传统意义的绕境进香民俗活动"节庆化",以"大甲妈祖文化节"或"大甲妈祖国际观光文化节"等名义持续举办至今[2]。在赋予无形文化资产以现代节庆意义的同时,如何使民俗传统充分融入现代生活是特别重要的议题。以2015年为例,"跟着妈祖轻旅行一日体验"和"跟着妈祖去旅行两日体验"等活动透过全程亲身体验任何一日或两日之绕境进香过程以使非信众报名者获得对妈祖文化的"身体感"经验。笔者以2013年的亲身体验为例阐释其如何透过"参与体验式"的创意策略使无形文化资产进入到非信众的民众生活中[3]。

首先,该活动充分考虑到了对年轻人的吸引度问题。在活动设计上分为"一日轻体验"或"两日一般体验",既确保年轻人参与体验到完整的单日绕境进香程序,亦兼顾到年轻人日常生活时间安排和兴趣持久性等现实问题。根据笔者观察,该活动的参与者多为三五成群结伴而来的大学生和上班族等年轻群体。在一日绕境进香后,根据笔者随机访问,年轻人多表示活动强度"刚好""不至于影响第二天的工作"或觉得是"与朋友很愉快的经历"。其次,大甲妈祖绕境进香兼顾了信众与非信众的习惯传统。例如,主办方在体验活动前会分批对报名者讲解必须遵循的绕境进香仪式、礼节及规范。在绕境进香过程中,主办方安排数万名志愿者于不同地

---

[1] 陈清龙:《台中县大甲妈祖国际观光文化节政策执行之研究》,静宜大学硕士论文,2008,第11页。
[2] 大甲妈祖绕境进香,http://dajiamazu.mmhot.tw/?ptype=info,2015年3月20日。
[3] 本部分研究基于2013年4月12至13日于大甲妈祖绕境进香"员林—彰化"段的参与观察式调查。

段、时间和场合为报名者提供咨询和协助等服务。这种做法较大程度避免了报名者对信众的无意冒犯，使得绕境进香成为一种全民式的节庆活动。如果说前两项是制度与规则的创意设计，那么文化活动及相关产品设计是最典型的创意，可以说这种创意将报名者"武装到了牙齿"，从辨别报名者身份的水性贴纸，到平安符和纪念册等各类文化创意商品[①]，再到绕境所经之处的各类文化展演活动，可谓一应俱全，使报名者既能从传统中体验到妈祖绕境进香的精神主旨，也能透过现代文化创意手段丰富对该无形文化资产的感官体验，甚至借由文化创意商品把妈祖绕境进香及其精神"带回家"，转化为日常生活一部分[②]。

在台湾，类似于大甲妈祖绕境进香的无形文化资产"参与体验式"策略的经典案例还有台北大龙峒保安宫保生大帝诞、东港王船祭和原住民丰年祭等民俗节庆活动，以及三义木雕和三峡蓝染等传统艺术。这些案例不仅强调了利用"狭义的创意方法"使无形文化资产转化与输出成果，同时也充分注意到如何透过"广义的创意方法"，促使民众亲身参与到无形文化资产各流程环节，并由此形成层次丰富的生活体验。总之，这些"参与体验式"策略绝非是肆意商品化、旅游化和大众化，它们在实际操作过程中仍秉持无形文化资产既有的传统规则和精神主旨，是介乎于制造或发明的无形文化资产商业节庆与博物馆化静态保存之间的有限度的创意实践。

六 经验与反思

"创意导向生活"作为台湾无形文化资产保存与发展的思想之一，正如开篇所叙述的，是国际、东亚和台湾本地三重经验共同作用的产物。台湾既需参考联合国教科文组织等国际组织所主导的无形文化资产国际趋势，也必须借鉴和关注中国大陆与日韩等东亚经验，当然最终还得回归台湾，基于自身文化资源条件和社会环境塑造经验。近年来，中国大陆亦重视透过商业开发与利用等渠道促进无形文化资产的保护与发展，台湾"创

---

① 近年来，台湾围绕着大甲妈祖绕境衍生出了数量庞大的文化创意商品，还分别采取了政府主办"妈祖文化创意商品征集比赛"和"妈祖文化创意商品展览"等具体举措。

② 黄旭主编《流动的女神：台湾妈祖进香文化特展》，"国立自然科学博物馆"，2011，第214~217页。

意导向生活"的实践经验与前者既在引商业资本进入保护场域、将无形文化资产视作文化资源再创作等方面具有相似性，又存在一定差异性。如台湾将创意视为"广义的方法"而不仅仅局限于市场领域，在文化生态建设环节即有意识为后续创意环节创设基础性条件，在无形文化资产创意化的过程中高度重视本地民众参与性等。因此，"台湾经验"对大陆无形文化资产领域应具有一定借鉴性。

首先，上述所及的四种"创意导向生活"策略（"广义的创意方法"、"价值重塑"与"功能化""时尚化"与"年轻化"、"参与体验式"）往往是一套"组合拳"，某一策略的奏效离不开其他策略的配合与支撑。例如"不老部落"尽管透过故事叙述有效吸引年轻人，但其也为织布技术、小米酒酿制技术、农耕技术和狩猎技术等无形文化资产设计了很强的参与体验性，更何况原始聚落转向"不老部落"的全过程也是创意参与的过程，也体现着使原始部落居民改善生活与参访宾客获得生活经验的共同追求。三和瓦窑、蜻蜓雅筑和日星铸字行等传统工艺类无形文化资产保存者的"创意导向生活"经验也基于对"功能化""时尚化"与"年轻化"等策略的融通。再比如，位于宜兰的"国立传统艺术中心"作为台湾传承无形文化资产的重镇，完全涵括了这四种"创意导向生活"策略：其文化创意产业园区的建设思想回应了"广义的创意方法"，民俗仪式的节庆化展演调适了其原有之功能，民艺坊的设置以满足年轻人消费兴趣为主，而形式多样参与体验活动则与"参与体验式"策略相仿[①]。

其次，对"台湾经验"的探讨必须意识到其良好的整体文化生态建设。在"广义的创意方法"中已叙述了台湾营造文化创意整体环境的思路，在无形文化资产领域，其也有类似思考。"区域型文化资产环境保存及活化计划"和"社区总体营造"等政策较能说明其经验：尽管无形文化资产在评审、资助和管理等方面相对独立，但在实际运作中却往往与区域内其他资源共同保存与发展。以"淡水文化资产环境保存及活化计划"为例，该计划将淡水的空间（古迹与历史建筑、街区、开放空间等）、时间（文化活动、民俗活动）和"人间"（个人、工匠、组织、社区大学课程）等共同调查、保护与发展，从而使南北管和艺阵等无形文化资产得以与淡

---

① 郭士榛，黄素贞：《传艺印记》，"国立台湾传统艺术总处筹备处"，2011，第6, 38~39, 152~156页。

水文化生态形成紧密网络,如通过社区大学和文化导赏等形式让淡水居民或外来游客同时体验到各类文化资产①。在"社区总体营造"政策中,台湾基本承袭了日本千叶大学宫崎清(Yoshifumi Miyazaki)教授对日本"造町运动"中"人""文""地""景"和"产"的社区资源五分法调查方法②,无形文化资产是"文"的具体内涵之一。由此使得无形文化资产在保存与发展过程中不断与日常生活形成紧密联系。

再次,台湾在无形文化资产保存与发展过程中,民间力量始终是非常关键的保护主体。台湾文史保存运动现象是以民间为参与主体的文化资产保存行为,它们一方面利用"社区总体营造"等官方政策红利,积极配合社区和一般保存者收集、整理、传承和发展无形文化资产,另一方面也积极监督各级政府在无形文化资产保存与发展的政策制定与实施绩效。无疑,这种民众广泛参与介入的思想一定程度上提升了台湾社会对无形文化资产的关注度。特别地,由于大量文史工作团体的主事者均为大学生等年轻人,他们的情怀亦有利于当地无形文化资产未来的承续与发展。

最后,我们也要看到台湾"创意导向生活"的无形文化资产保存与发展思路的不足。其一,同质化趋向严重。台湾囿于无形文化资产总类有限,以及各地均倾向将无形文化资产作为文化资源加以创意利用的观念,导致各地存在较严重的同质化倾向。这种同质化不仅展现在所利用之无形文化资产相似或雷同,更表现在创意方法重复性。其二,不平衡性突出。"创意导向生活"并非对所有无形文化资产皆适用,目前较多应用范围仍局限在传统工艺和部分民俗类型中,而无法普遍适用于所有类型的无形文化资产。此外,这种"不平衡性"也表现在区域结构,部分经济落后区域的无形文化资产,容易被台北和高雄等发达城市所"吸走",而走向"异地保存"怪圈。同样,在同一类型无形文化资产中,代表性保存者占据了绝大多数资源,余下绝大多数保存者则长期鲜被关注。其三,部分无形文化资产过度依赖政府挹注资金,而难以实现自我盘活。台湾的无形文化资产保存与发展政策目前存在一个较为显著的难题:无形文化资产如何由政府资助走向自我生存与发展。政府在辅导无形文化资产初步实现"创意导

---

① 黄瑞茂主持:《区域型文化资产环境保存及活化计划:台北县淡水地区文化资产环境保存及活化计划规划报告书》,台北县立淡水古迹博物馆,2007,第35页。

② 曾旭正:《台湾的社区营造》,远足文化事业股份有限公司,2013,第16~19页。

向生活"后,一旦停止拨款,则无形文化资产容易陷入发展困境,这固然与消费市场有限和无形文化资产同质化较高等因素有关,但也说明政府在挹注资金奖励无形文化资产介入文化创意时,更有待在市场空间拓展和发展规划制订等方面加以建设。其四,在"创意导向生活"的过程中所覆盖的群体存在一定局限性。例如,在大量传统工艺类无形文化资产经过创意环节所产制的成果,较多迎合的是都市中产阶级的消费趣味,而较少关注其他消费群体的偏好。在开发原住民所有的无形文化资产时,多重视向原住民以外群体的传播而缺乏对原住民内部群体的"向内发展"。

总言之,"创意导向生活"是这样一种实践思路:以"广义的创意方法"实现无形文化资产与当代日常生活的联结。在这一过程中,无形文化资产透过创意,在产业内外等不同领域与当代日常生活广泛接触。它显然为我们提供了一条借由创意将无形文化资产不断导向日常生活的可能取径。

粤港民间组织保育非物质文化遗产的实践
——以江门开平市"仓东计划"及香港长春社文化古迹资源中心为例

撰稿：邓正恒　审稿：蔡启光*

非物质文化遗产（以下简称"非遗"）是人类集体、群体或个人创造的以非物质方式被后代所认可与继承的文化财富①。非遗亦是文化多样性的体现、创造力的源泉，对非遗进行保育（Preservation and Conservation），既是对非遗进行的抢救和记录，保存②文化的多样性，更能够推动文化的传承与发展。

在认识到保育非遗的迫切性及重要意义的基础上，上至国际组织、国家政府，下至企业、研究机构及民间组织等单位均参与到非遗的保护③或保育工作之中。自2004年我国成为《保护非物质文化遗产公约》（下文简称《公约》）缔约国后，政府便加大了对非遗的关注与投入。尤其在2011年6月起正式施行《中华人民共和国非物质文化遗产法》（下文简称《非遗法》）后，我国非遗保护步入有法可依的新阶段。此后，香港特区政府于2006年在香港文化博物馆下设非遗组，以响应《公约》及中央所要求的具体工作。政府以外，民间组织亦广泛参与到非遗保育的各个层面，为非遗的保育作出了特殊贡献。

---

* 邓正恒，1990年生，男，广东肇庆人，文学硕士，肇庆市文化馆助理馆员。蔡启光，现任"香港非物质文化遗产教育推广活动计划"统筹，曾任"香港大学粤剧教育研究及推广计划"统筹；致力把传统文化融入学校课程，并作公众推广。

① 宋俊华：《非物质文化遗产概念的诠释与重构》，《学术研究》2006年第9期。
② "保存（preserve）"强调对非物质文化遗产原封不动的保护。
③ 除有特别说明外，本文所用"保护（conserve）"均指代相对于"保育"而言的其他方式，诸如政府主导的非物质文化遗产保护政策、学界对非物质文化遗产的整理与研究等。

回顾国际以及我国关于保护非遗的公约及法规，不难发现当中多有鼓励民间力量参与非遗保护的内容。如《公约》第十一条和第十五条；《非遗法》第九条、第十条、第十四条、第二十条、第三十六条等。

近年来，随着我国民间组织的蓬勃发展，同时受到国外及香港台湾等地民间文化保育运动的启发，我国非遗公众保育意识萌芽，非遗保育领域涌现出一批批民间组织。该现象在广东省尤其显著：诸如2010年的"广州街坊情"团队、肇庆"岭南文化公益团"团队，2011年的"湛江往事书吧""佛山口述史小组"、开平"仓东计划"团队，2012年的"汕头山水社"等。

作为一股新生的民间力量，上述组织有着不同于政府部门的民间性、自治性以及区别于企业的非营利性、志愿性。它们在省内多地开花，吸引了大批志愿者投身非遗保育行动，并渐次把政府相关部门及学界牵引其中，形成保护及保育非遗的合力。

本文的问题意识是：如何理解"民间组织"及"非遗保育"？民间组织为何及如何保育非遗？当前民间组织保育非遗存在何种优势及问题？

一 概念界定

（一）民间组织界定

对于"民间组织"（Civil Organization），目前国内学界存在多个与其类似的表述，如"非营利组织"（Non-profit Organization，NPO）、"非政府组织"（Non-governmental Organization，NGO）、"第三部门"（The Third Sector）等，这些概念的边界不尽相同，但经常出现混用的状况。

我国自2000年起正式将"民间组织"作为法定表述[①]。安蓉泉（2003）建议"在进行中外同类组织对比时，使用'非营利组织'；国内相关研究使用'民间组织'概念"[②]。本研究所选案例包含香港的相关组织，而香港习惯使用"非牟利机构"或"非营利组织"这一概念。

关于"非营利组织"的定义，学界较为认同并较多引用的是 Lester

---

① 中华人民共和国民政部：《取缔非法民间组织暂行办法》。http://www.gov.cn/gongbao/content/2000/content_60523.htm，2000年4月10日。
② 安蓉泉：《中国民间组织研究中的概念矛盾分析》，《国家行政学院学报》2003年第2期。

M. Salamon（1987）的"五特征说"：组织性（Organized），即机构有一定的制度和结构；民间性（Private），即机构在制度上与国家相分离；非营利性（Non-profit-distributing），即机构不向经营者或"所有者"提供利润；自治性（Self-governing），即机构基本上是独立处理各自的事务；志愿性（Voluntary），即机构的成员不是法律要求而组成的，而是一定程度地捐献时间或资金①。类似地，Thomas Wolf（1999，转引自萧新煌，官有垣，陆宛苹，2010：423）亦认为非营利组织的定义必须具备下列要素："公益使命、不以营利为目的、为正式合法的组织、接受相关法规管理、组织享有税收优惠。"

现时我国各级民政部门作为登记管理机关并纳入登记管理范围的民间组织包括：社会团体、民办非企业单位、基金会和境外基金会代表机构四个类型。上述四类组织可被视为具有"合法性"，本文称之为狭义的"民间组织"。然而，在我国《社会团体登记管理条例》（1998）、《民办非企业单位登记管理暂行条例》（1998）、《基金会管理条例》（2004）的相关规定之下，民间组织的准入制度受登记管理机关和业务主管单位双重管理。因此，有很大一部分与上述四类合法组织发挥着同等作用的民间组织，为了减少行政成本以及保持组织内部的自治性，而没有正式注册为民间组织。但鉴于这些组织亦符合"五特征说"，本研究称之为"准民间组织"，即广义的"民间组织"。

由于本文所探讨的"民间组织""非营利组织"或"准民间组织"在实践层面并不存在明显的区隔，故本文统一使用广义的"民间组织"，指代所有符合"五特征说"的组织。

（二）非遗保育界定

民间组织所"保"之"非遗"，不局限于列入各级非物质文化遗产代表性项目名录的项目、学界视为有学术研究价值的文化事象、商家认为具备经济价值的文化资源。民间组织意图保育的重点，乃那些被上述主体所忽视的生活、平民、社区的历史及记忆，乃至与这些历史和记忆共生的文化生态。

"育"意味着不是对非遗进行静态、固化、单体的保护，而是建基于传承与发展的眼光，在保存非遗真实性的基础上，借由利用、创新、振兴

---

① 〔美〕莱斯特 M 萨拉蒙等：《全球公民社会——非营利部门视界》，贾西津等译，社会科学文献出版社，2000，第3~4页。

等丰富的表达方式，对非遗所处的环境以及非遗背后的人进行整体性保护及创意利用。

二 民间组织保育非遗的政策背景

我国尚未系统地制定支持民间组织参与非遗保育的政策，当前只在国家法律和地方法规层面鼓励民间组织参与非遗保护。如《非遗法》第九条"国家鼓励和支持公民、法人和其他组织参与非遗保护工作"。

参与层面又可分类为：

1. 进行文化遗产调查

如《非遗法》第十四条"公民、法人和其他组织可以依法进行非遗调查"。

2. 为非遗保护提供用地或资金

如《非遗法》第三十六条"国家鼓励和支持公民、法人和其他组织依法设立非遗展示场所和传承场所，展示和传承非遗代表性项目"；《文化部关于加强国家级文化生态保护区建设的指导意见》（2010）"调动社会各方面力量参与保护区建设。采取多种方式，广泛调动有关学术研究机构、高等院校、企事业单位、社会组织、个人等各种社会力量的积极性，形成合力，共同开展文化生态保护区建设工作"；《文化部关于加强非遗生产性保护的指导意见》（2012）"鼓励社会参与，积极采取措施，鼓励个人、企业和社会组织积极参与非遗生产性保护，多渠道吸纳社会资金投入非遗生产性保护；鼓励建立社会中介组织，使其成为非遗生产性保护与社会需求、市场需求联系的桥梁与纽带"；《广东省非遗条例》（2011）第四十条"鼓励和支持公民、法人和其他组织依法通过资金资助、物资支持、提供场所等方式参与非遗代表性项目的传承、传播活动"。

3. 为非遗保护谏言

《非遗法》第二十条"公民、法人和其他组织认为某项非遗体现中华民族优秀传统文化，具有重大历史、文学、艺术、科学价值的，可以向省、自治区、直辖市人民政府或者国务院文化主管部门提出列入国家级非遗代表性项目名录的建议"；《广东省非遗条例》第十条"鼓励公民、法人和其他组织向文化主管部门提供非遗信息"；第十二条"公民、法人和其他组织认为某项非遗体现优秀传统文化，具有历史、文学、艺术、科学价值，可以向文化主管部门提出列入非遗代表性项目名录的建议"；第十三条"公民、法人和其他组织可以向文化主管部门提出列入非遗代表性项目名录的申请";第十九条"文化主管部门应当将拟列入本级非遗代表性项目名录的项目予以公示,征求公众意见。公示时间不得少于二十日。公示期间,公民、法人和其他组织有异议的,应当书面提出";第二十六条"公民、法人和其他组织可以向文化主管部门推荐非遗代表性项目的代表性传承人人选,公民也可以自行申请认定为代表性传承人"。

4. 捐赠非遗相关资料

《广东省非遗条例》第三十七条"鼓励公民、法人和其他组织将其所有的非遗资料和实物捐赠给政府设立的文化机构收藏、或者委托政府设立的文化机构保管或者展出。对捐赠者,应当予以表彰,并颁发捐赠证书;对委托者,应当注明委托单位的名称或者个人姓名"。

5. 开展非遗研究

《广东省非遗条例》第三十七条"鼓励公民、法人和其他组织依法成立研究机构,兴办专题博物馆,开设专门展室,开展对非遗的研究工作,展示非遗代表性项目";第四十条"鼓励和支持社会团体、研究机构、大专院校参与与非遗有关的科学技术研究和非遗保护方法研究"。

与此同时,国家法规亦会表彰公众参与非遗保护的行为。如《非遗法》第十条"对在非遗保护工作中做出显着贡献的组织和个人,按照国家有关规定予以表彰、奖励"。

上述规定分散于各个条例当中,且多为原则性的规定,相对空泛,缺乏具体、细节的支持或奖助办法。同时,上述条例所提倡的"政府主导,民间参与"机制,亦是处于初步探索的阶段,未见指导民间组织实践的细则及行之有效的合作机制。综上,我国对于民间组织应如何参与非遗保育,还未形成系统且具有较强指导意义的办法。

三 广东省、香港民间组织保育非遗实践

纵观广东省内民间组织保育非遗的实践,其场域多为城市。例如,2013年肇庆骑楼街口述史调查[①]、同年汕头的永泰街永和街街区文化调研[②]、2014

---

① 本例可见于岭南文化公益团新浪微博。
② 本例可见于汕头山水社新浪微博及微信公众号。

年湛江广州湾调研行动①等,其所关注的对象均处于城市之中。而在江门市开平市的仓东村,在"乡愁"的感召下,"开平碉楼保育与发展项目——仓东教育基地项目"(下文简称"仓东计划")早于2011年启动,关注着我国乡村物质文化遗产及非遗的保育。

此外,肇庆和湛江研项目的成员主要为学生志愿者,且无学者或专业人士带头。反观"仓东计划",其带头人谭金花老师②其专业性非学生志愿者或业余爱好者可以相提并论。

而在香港众多保育非遗的民间组织中,长春社文化古迹资源中心(下文简称"中心")依托其悠久的历史,于2005年率先投身非遗保育实践,并建筑起成熟的组织架构,其非遗保育实践亦得到众多学者的指导,有序开展。

由此,从实践时间的长度以及业务的专业程度两个维度考虑,本文选择"仓东计划"及"中心"两个案例作为研究对象。

(一)广东省民间组织保育非遗实践——"仓东计划"团队

2007年6月28日,"开平碉楼与古村落"正式入选《世界遗产名录》,成为我国首个华侨文化世界遗产项目。"世界遗产"的头衔大大提高了开平碉楼的旅游价值及经济价值。然而,同受华侨文化影响的仓东村虽在20世纪30年代辉煌一时,但今日却鲜为人知。

仓东村位于开平市塘口镇,改革开放后,村民陆续外迁,现有人口约70人。建筑方面,村里尚存建筑51座,其中1座碉楼、2座祠堂、45座民居闲置,仅3座处于正常居住状态③。

由于不忍仓东村民外迁、文化传统断层,自2011年起,谭金花老师及五邑大学 Steps 学社的成员组建"仓东计划"团队。在旅港同胞资助下,"仓东计划"于仓东村启动。

"仓东计划"是文化保育的乡村实践项目,以社区参与活化文化遗产,开展立足乡土实际与开拓国际视野的教育实践,努力探索乡村文化遗产保

---

① 本例可见于湛江往事书吧新浪微博。
② 谭金花,美国亚苏沙太平洋大学华侨史方向访问学者,香港大学建筑系建筑文物保护博士、五邑大学建筑系副教授,主要研究方向为世界文化遗产的保育、发展。
③ 谭金花:《乡村文化遗产保育与发展的研究及实践探索——以广东开平仓东村为例》,《南方建筑》2015年第1期。

育与发展的新模式。

2011年至2014年间,"仓东计划"团队一方面与当地村民沟通,引导村民重建对社区、对本土文化的信仰;另一方面,则根据当地居民对于村落的记忆以及生活需求,先后对村内的碉楼、祠堂、夫人庙等建筑进行修复,同时鼓励当地居民保存当地文化及延续传统生活方式。

2014年为"仓东计划"的试运营期,这期间村中合计举办十多场大型活动,既有由"仓东计划"团队主办的遗产教育活动,又有村民自己组织的喜宴和聚会,以及祠堂庙宇的开光大典等。

表1 2014年"仓东计划"重要活动一览表

活动概述	活动日期
仓东基地举办以开平学生为主的中学生文化遗产英文工作坊。	2014年1月22~26日
香港的中学生到仓东村进行文化遗产保育工作坊活动。	2014年4月22~26日
香港大学建筑系的硕士生到仓东村参与以文化遗产保护为主题的工作坊。	2014年4月22~26日
五邑大学建筑系"建筑学专业英语"课程在仓东村以工作坊形式作现场教学。	2014年5月24日
"台湾大学"李可强教授、陈育贞副教授及美国加州大学伯克利分校邢幼田教授等专家到访仓东村,与谭金花老师交流社区营造的心得体会和文化遗产的保育经验。	2014年7月4~6日
仓东后裔——立园谢维立之孙谢志伟携儿子从纽约回仓东村"认祖归宗"。	2014年7月15日
二十五位来自省内多所高校的建筑系学生在仓东基地进行"仓东设计与建造工作坊"。参与者通过为期二十天的工作坊教学,在实践中学习文化遗产保育的知识,并在多位老师及当地村民指导下,根据当地建造工艺和用材传统进行设计与建造。	2014年7月15日~8月5日
七夕前夕,谭金花老师、仓东建造小组全体成员以及仓东村村长在秉文公祠堂的天井进行开平仓东村的七夕"慕仙"活动。	2014年8月2日
美国斯坦福大学及国内华侨文化研究的专家一行二十多人到仓东村考察侨乡古村的历史与文化。	2014年9月10日
五邑大学建筑系"土木工程专业英语""工程管理专业英语"课程在仓东村以工作坊形式作现场教学,并邀请英国和香港的专家一同研讨在工程建筑过程中的文化遗产保育和生态保育等问题。	2014年10月12日

续表

活动概述	活动日期
第三届"国际移民与侨乡研究"国际学术研讨会的六十多位来自海内外的专家学者齐聚开平仓东教育基地，进行学术考察与交流。此外，华南（广州）历史文化保护论坛的与会者到仓东村考察。	2014年12月14日
仓东村夫人庙重光庆典，村民在社稷坛拜祭。	2014年12月27日

说明：表格资料由笔者整理自"仓东计划"微信公众号，最后检索日期：2015年7月10日。

试运期内，"仓东计划"团队"软硬兼施"，一方面继续推进建筑的修复，另一方面则从基础调研及教育宣传着手，保育仓东村的文化遗产。

表2 2014年"仓东计划"重要活动一览表

基础调研	教育宣传
口述史记录	举办展览
建筑测绘	建立网站
文献收集	制作纪录片
——	出版仓东村导览图及宣传物料

说明：表格资料由笔者整理自"仓东计划"微信公众号，最后检索日期：2015年7月10日。

作为省内知名的乡村文化遗产保育实践，笔者认为"仓东计划"具有"整体性保育"的运作理念。

"仓东计划"的出发点是解决村落人口流失、历史建筑衰败以及由此造成的文化传统难以为继的问题。基于此，"仓东计划"团队首先和当地村民沟通，从村民实际需求的角度考虑，而不是仅仅关注村内建筑或相关文化的保存，做到以人为本。了解到村民有修复村内祠堂、延续文化传统以及改善居住环境的想法之后，"仓东计划"团队再引进项目团队及资金，鼓励村民参与到村落环境的修复和改造工作之中，增强村民主人翁精神。

在修复村内历史建筑的过程中，"仓东计划"团队坚持"真实性""完整性""最少干预"等原则，聘请当地掌握传统灰雕、木雕、壁画技艺的师傅，根据村民对建筑的回忆，对建筑进行修复。如此一来，村民虽不懂修复技艺，但亦可以参与到建筑修复之中。此外，此举又能令师傅们再次发挥其传统技艺，并增加其经济收入以及获得村民对其的认可。借由保育物质文化遗产，带动非遗的保育。

随着仓东村环境的改善以及历史建筑修缮到一定程度，"仓东计划"团队即尝试增强仓东村内外人员的互动交流，以期在发挥文化遗产教育功能的同时，提升居民对于自身文化传统的认同感。

为此，"仓东计划"团队邀请文化保育领域的团队或个人以及建筑学方面的学者到仓东村参加工作坊，笔者亦曾于2013年参访仓东村。在为期两天的工作坊之中，谭金花老师及团队成员带领参与者了解"仓东计划"的理念、过程，讲述保育文化遗产的价值，体验当地的传统音乐，并品尝村民亲手制作的小食。

活动过程中，谭金花老师多次强调参与者应尊重当地村民，并且要不吝赞赏村民们的手艺。笔者认为，此举意在透过外来人员的行为，增强村民对自身手艺及价值的认同，并找到留在仓东村生活的理由。

总而言之，"仓东计划"的核心即围绕当地村民的诉求，所做的行动是基于与村民真诚、深入沟通后，共同寻找的解决办法。正如谭金花老师在"文化遗产保护与乡村实践"讲座中的观点：文化遗产保育并不是僵化地保育遗产的形式和表皮，而是为了保育在城市化、全球化进程中日渐湮没的精神家园。

（二）香港民间组织保育非遗实践——长春社文化古迹资源中心

相比"仓东计划"团队，香港的这个案例有着更为悠久的历史和丰富的经验。

长春社（香港保护自然景物协会）创建于1968年，是香港历史最悠久的民间环保团体，关注自然环境及文化遗产保育问题。2005年，长春社成立中心。2007年，中心获得香港赛马会慈善信托基金779万港元捐款，对1909年落成的位于西营盘的西约方便所（现为香港二级历史建筑）进行修复并改建为办公场所及活动场地。在赛马会经费支持下，中心推行一项为期三年的"文化承传"社区参与计划、"保育文化古迹"教育及外展计划，透过举办收集口述历史、考察、工作坊、展览和专题讲座等活动，向社区人士及学生推广文化保育。①

中心积极参与到香港历史、文化和古迹的保育工作之中,并面向学校、社区和市民开展形式丰富的文化保育活动,以增强公众的文化保育意识。此外,为配合香港的通识教育及历史课程,中心更为老师和学生提供教学支持。截至2010年8月,中心举办活动逾250场,参与学生高达一万人次②。

作为一个正式注册的民间组织,中心当前设有15人的理事会,另聘请包括执行总监、项目经理等职位共11名专职人员,团队人数达到一定规模,组织架构较为成熟③。

在过往几年,中心主要开展以下形式的文化保育活动:

(1) 社区文化遗产导赏团;
(2) 专题讲座和展览;
(3) 社区文化遗产工作坊;
(4) 口述历史采集;
(5) 与学校合作推动文化遗产教育活动。

中心所开展的活动不仅形式丰富,而且举办活动的频率非常高,月均2~3场。

2011年,随着香港潮人盂兰胜会、长洲太平清醮、大澳端午龙舟游涌和大坑舞火龙四个项目入选第三批国家级非物质文化遗产代表性项目名录,中心便于2012年与香港赛马会二度合作,由香港赛马会慈善信托基金捐助16万港元,启动为期一年的"国家级非遗社区教育计划"。④

该计划由长春社文化古迹资源中心主办,以上述四个国家级非物质文化遗产项目为主题,在遗产所在社区之中展开一系列教育活动,以此加强公众对文化保育及本土历史文化的认识,提高本土身份认同。

计划自启动以来,得到媒体和公众的好评,因此中心至今仍在推行"国家级非遗社区教育计划"。

---

① 资料来源:《马会捐助长春社修葺文化古迹资源中心 推广文化保育历史工作》,http://www.hkjc.com/chinese/news/news_ 2009011720971.htm,2009年1月17日。
② 卢亦瑜,洪健崴,黄竞聪,吴育建:《长春社文化古迹资源中心——文化保育活动手册(学生版)》,长春社文化古迹资源中心,2010。
③ 资料来源:长春社文化古迹资源中心官方网站。
④ 吉翔:《香港马会200万支持四项非物质文化遗产》,http://www.chinanews.com/ga/2012/04-23/3838661.shtml,2012年4月23日。

表3 长春社文化古迹资源中心"国家级非遗社区教育计划"活动一览表

保育项目	活动名称	活动内容	活动概况
香港潮人盂兰胜会	潮人盂兰胜会食品、祭品工作坊	解说潮人盂兰胜会祭品的摆法和意义、潮式糕饼的制作及潮籍人士的祭祀习俗等。	日期：2013年8月3日 参与人数：50人 费用：全免
	潮人盂兰胜会考察	中心职员带领参与者到不同地区，亲身了解该区盂兰胜会的背景，实地考察胜会的祭祀仪式及场地设置等。	日期：2013年8月28日 参与人数：25人 费用：60元
			日期：2013年9月3日 参与人数：25人 费用：60元
			日期：2014年8月23日 参与人数：25人 费用：60元
	潮人盂兰胜会讲座	阐述潮人盂兰胜会的历史文化意义，及解释胜会中每个祭祀仪式、各个棚（大士、天地父母、戏棚）的功能。	日期：2013年8月17日 参与人数：80人 费用：全免
	香港潮人盂兰胜会户外速写活动	适逢第六十届西贡区潮侨街坊盂兰胜会，主讲人讲述六十年来西贡区潮侨街坊盂兰胜会的变迁及盂兰如何迎接六十周年这个大日子。	日期：2014年7月26日 参与人数：80人 费用：全免
		首先通过导赏，让参加者初步了解盂兰文化，其后可按兴趣，绘画会场内外各人、事、物。速写作品最终结集成画册出版，并派发给公众人士。	日期：2014年8月17日 参与人数：25人 费用：全免

续表

保育项目	活动名称	活动内容	活动概况
长洲太平清醮	百年来长洲地方宗教活动的转变讲座	讲座结合地方文献与口述资料，以长洲太平清醮、北帝诞、天后诞与端午游龙等地方宗教活动，探讨百年来长洲地方社会组织，不同方言群体的传统生活。	日期：2013年5月4日 参与人数：300人 费用：全免
	长洲非遗导赏团	导赏团以长洲太平清醮、北帝诞、天后诞与端午游龙等地方宗教活动，探讨百年来长洲地方社会组织，不同方言群体的传统生活。	日期：2013年9月28日 参与人数：25人 费用：100元
	长洲非遗讲座	讲座结合地方文献与口述数据，以长洲太平清醮及其他非遗为例，探讨百年来长洲地方社会组织，不同方言群体的传统生活。	日期：2014年4月26日 参与人数：80人 费用：全免
	长洲太平清醮平安包工作坊	工作坊邀请长洲著名饼店郭锦记的店东郭锦全先生现场指导参加者制作平安包，为平安包盖上"平安"字样，把祝福带回家。	日期：2015年5月2日 参与人数：30人 费用：180元（已包括材料及用具费用）
	长洲太平清醮讲座	主讲人介绍长洲太平清醮所涉及的族群色彩、传统信仰和祭祀仪式，并探讨近年所出现的变化，让参与者从多方面了解长洲太平清醮。	日期：2015年5月9日 参与人数：80人 费用：全免
	长洲太平清醮考察导赏团	是次在建醮期间进行的考察，旨在让参加者透过亲身的参与观察，了解长洲太平清醮的具体内容。	日期：2015年5月24日 参与人数：25人 费用：100元
	长洲太平清醮户外速写活动	首先通过导赏，让参与者初步了解醮场文化与活动，其后可按兴趣，绘画醮场内外各人、事、物。速写作品最终结集成画册出版，并派发给公众人士。	日期：2015年5月24日 参与人数：20人 费用：全免

续表

保育项目	活动名称	活动内容	活动概况
大澳端午龙舟游涌	大澳端午游涌讲座	介绍大澳游涌与渔业发展之关系，并讲解大澳游涌申遗前后的点滴。	日期：2013年5月25日 参与人数：100人 费用：全免
			日期：2015年5月30日 参与人数：80人 费用：全免
	"大澳龙舟游涌"文化体验之旅	学者带领大家走访大澳独特的棚屋、各大庙宇、游涌路线及渔业行会的龙趸，即游涌活动的总部，从各方面了解大澳端午龙舟游涌。	日期：2013年10月26日 参与人数：25人 费用：100元
			日期：2014年5月31日 参与人数：25人 费用：120元
			日期：2015年6月6日 参与人数：25人 费用：100元
	"大澳龙舟游涌"工作坊	参与者可于端午节前登上大澳的龙舟，在龙舟好手的指导下了解扒龙舟的技巧和禁忌。	日期：2015年6月6日 参与人数：25人 费用：80元
大坑舞火龙	大坑舞火龙讲座	大坑舞火龙国家级非遗传承人为参与者讲解大坑舞火龙的历史与分享多年筹办经过。	日期：2013年9月13日 参与人数：80人 费用：全免
			日期：2014年8月29日 参与人数：80人 费用：全免
	大坑舞火龙制作工作坊	中心邀请大坑舞火龙总指挥给参与者讲述舞火龙的历史和发展，此后参与者由师傅们亲自传授扎火龙的技巧。	日期：2013年9月13日 参与人数：30人 费用：全免

续表

保育项目	活动名称	活动内容	活动概况
大坑舞火龙	大坑舞火龙制作工作坊	大坑舞火龙总指挥带领一众大坑师傅，亲自为参与者传授扎火龙的技巧。此外，参加者更尝试了扎一小节迷你版龙身，一尝成为火龙师傅的滋味。	日期：2014年8月29日 参与人数：30人 费用：全免
上述四个项目	填色比赛	主题为国家级非遗传承与保育。面向全港小学生，希望借此比赛鼓励学生多留意香港的非遗，从而提高文化保育意识。	日期：2015年3~7月 成果：收到45间学校共8974份参赛作品。

说明：笔者整理自长春社文化古迹资源中心官方网站，http://www.cache.org.hk/，最后检索日期：2015年7月20日。

保育国家级非物质文化遗产项目，固然是首要任务。然而，中心并没有将视野局限于列入名录的项目，更不会将资源集中于少数文化事象之中，而是将保育的对象扩大到更多个与本土历史文化相关的项目上。

2012年，中心三度与香港赛马会合作，推出"社区文化遗产推广计划"。该计划为期三年，由香港赛马会慈善信托基金拨捐475万港元[①]。计划将围绕社区历史文化，通过举办专题讲座、文化导赏团、训练社区古迹导赏员等不同类型的活动，一方面引导公众走进不同社区，认识各社区的文化遗产；另一方面促进社区人士建立身份认同，投入到社区古迹保育工作中，进而增强社区的凝聚力。

表4 赛马会社区文化遗产推广计划活动选录

活动类型	活动名称	活动内容	活动概况
工作坊	中国民族乐器介绍及保育工作坊	为参与者介绍四大类中国乐器：吹奏、弹奏、拉奏和打击类以及中国乐器在香港的发展的保育。此外，讲者即场表演琵琶独奏名曲。	日期：2013年2月2日 参与人数：约80人 费用：全免

---

① 资料来源：《马会社区文化遗产推广计划 助公众重温启德历史》，http://charities.hkjc.com/charities/chinese/charities-trust/activities/article.aspx?_file=charities_2013111600100.html&current_category=9，2013年11月16日。

续表

活动类型	活动名称	活动内容	活动概况
工作坊	中国古琴制作欣赏工作坊	邀请了有三十年弹奏及制造古琴经验的唐健垣博士为大家介绍及示范古琴的制作方法。	日期：2013年7月20日 费用：100元
	手雕麻雀口述历史工作坊	中心邀请到具四十多年麻雀雕刻经验的何秀湄女士，为参与者细说麻雀的故事并作示范。每位参加者获赠一只由何女士雕刻的麻雀。	日期：2013年11月30日 参与人数：15人 费用：100元（包括材料及用具费用）
			日期：2014年5月18日 参与人数：15人 费用：120元（包括材料及用具费用）
			日期：2014年8月10日 参与人数：15人 费用：120元（包括材料及用具费用）
	传统花钮工作坊	参与者近距离欣赏有三十多年制作花钮经验的浦明华师傅的手艺，更学习了编织基本的花钮以及寓言吉祥的"中国结"。	日期：2013年12月14日 参与人数：20人 费用：100元（包括材料及用具费用）
			日期：2014年3月22日 参与人数：20人 费用：100元（包括材料及用具费用）
	罗衣祺缝工作坊	参与者了解袍服的演变，仔细欣赏祺袍工艺，并在祺袍师傅的工作室亲自缝制一件迷你版"五幅裁"，以及透过纸样了解中国袍服独特的拉襟设计。	日期：2014年2月15日 参与人数：8人 费用：500元（包括材料及用具费用）
			日期：2014年6月28日 参与人数：8人 费用：500元（包括材料及用具费用）

续表

活动类型	活动名称	活动内容	活动概况
	石刻拓印技巧工作坊	参与者在文物专家的指导下学习拓印技巧。	日期：2014年3月22日 参与人数：20人 费用：120元（包括材料及用具费用）
			日期：2014年6月14日 参与人数：20人 费用：150元（包括材料及用具费用）
	长洲太平清醮平安包工作坊	邀请长洲著名饼店郭锦记的店东郭锦全先生，现场指导参加者制作平安包。	日期：2014年4月12日 参与人数：30人 费用：160元
	活字宝手作坊	中心职员带领参与者寻找印刷业的足迹，走进家庭式经营的印务公司，参观德国名厂活字印刷机的运作过程，听印刷世家和行业发展的故事。此外，参与者利用凸字印刷术，制作"活字宝小簿簿"及书签作纪念品。	日期：2014年7月12日 参与人数：20人 费用：150元（包括材料及用具费用）
			日期：2014年9月27日 参与人数：15人 费用：150元（包括材料及用具费用）
			日期：2015年2月28日 参与人数：15人 费用：160元（包括材料及用具费用）
			日期：2015年8月8日 参与人数：15人 费用：160元（包括材料及用具费用）
	霓虹灯工业口述历史工作坊	参加者到访历史悠久的南华霓虹灯电器厂工场，观看具多年经验的师傅示范制作霓虹灯光管，并搜集他们的行业口述历史，认识这个在香港曾经相当璀璨的行业。	日期：2014年9月13日 参与人数：15人 费用：150元
			日期：2014年11月1日 参与人数：不满15人 费用：150元
			日期：2015年1月17日 参与人数：不满15人 费用：150元

续表

活动类型	活动名称	活动内容	活动概况
			2015年6月27日 参与人数：15人 费用：150元
工作坊	元朗厦村醮场口述历史工作坊	中心邀请到祺麟店纸料扎作香庄冒卓祺师傅讲解醮场设置和工艺扎作文化，亦有风俗专家介绍打醮仪式及与厦村乡的村民对谈厦村乡历史，从不同角度介绍厦村乡独有的历史与文化。	日期：2014年10月26日 参与人数：25人 费用：全免
	鱼头骨鸟工艺口述历史工作坊	邀请年过八旬、自幼学习鱼头骨鸟装饰工艺的张诗美先生为参与者示范如何制作几近失传的民间工艺。	日期：2015年2月7日 参与人数：15人 费用：全免
	"相约旌旗六"——舞狮旗工作坊	参加者不仅了解到香港百年造旗业的发展兴衰，更走进开业几十年的和兴旗家老铺，聆听负责人讲述家族造旗的故事，并亲身体验造旗过程，制造出一面属于自己的独特旗帜。	日期：2015年8月15日 参与人数：10人 费用：350元（包括制作材料）
导赏团	土产土制土瓜湾团	由土瓜湾居民带领参与者走访土瓜湾的街道趣闻、古迹及掌故，认识土瓜湾的独特的风土人情。	日期：2013年3月24日 参与人数：20人 费用：100元
	深水埗老店导赏团	中心职员带领参与者亲身到木头车、单车店、蛇店以及布行，认识深水埗小区历史。	日期：2013年10月5日 参与人数：20人 费用：100元
	屏山文物径考察团	通过考察屏山文物径沿线古迹，了解定居香港新界元朗屏山的邓氏宗族的发展历史，从而探讨新界地方宗族组织，以及香港"文化承传"的概念。	日期：2013年12月28日 参与人数：约25人 费用：100元

说明：笔者整理自长春社文化古迹资源中心官方网站，http://www.cache.org.hk/，最后检索日期：2015年7月22日。

根据上面两个表格，笔者认为中心所开展的活动可概括为"三多、两少、一强"。

"三多"分别指保育对象多、活动形式多以及参与总人数多。中心的保育对象，除了2011年入选国家级非物质文化遗产代表性项目名录的项目以外，还涵盖手雕麻将、传统花钮、霓虹灯工业等独特的文化项目。其次，中心的活动形式也十分丰富，以香港潮人盂兰胜会为例，通过工作坊、导赏、考察、讲座、户外速写、绘画竞赛等形式，从不同侧面展示盂兰胜会的内涵。再次，参与过中心活动的人数也相当庞大，仅在2005年至2010年便有超过一万人次。

"两少"则是"单次活动参与者少"和"报名费用少"。中心开展的每期活动，除了讲座、展览、竞赛这些面向广大市民开放的活动，其余像工作坊和导赏团，基本上是走"小班教育"路线，每次活动的参与者约为20人。"小班教育"的好处显而易见——保证了较高的教学质量，让参与者更充分地感受文化遗产。另一"少"，便是活动的报名费用较少，基本上仅象征性地收取材料费用，每场每人60至100元不等有时甚至免费。价格亲民，以降低公众走近文化遗产的门槛，进而促进文化遗产的传播与推广。

"一强"特指中心开展文化保育活动的灵活性强。中心根据保育项目的特性以及各项活动运营的实际情况，或于每年特定时期开展某个活动，或于一年之内开展多场相同活动，灵活地编排活动时间。在活动人数及费用方面，中心亦可以借鉴以往的经验，灵活地作出调整。

相比"仓东计划"，中心所开展的活动通常耗时较短，短则两三小时，长则半天。由此观之，中心文化保育的路线乃"多点开花"式的"文化遗产初体验"，通过关照尽可能多的文化项目，借此挖掘更多可能需要保育的文化资源。与此同时，此举亦可以照顾更多受众的兴趣，为公众提供多样、细分的文化选择。

四 民间组织保育非遗的优势与问题

民间组织保育非遗的优势与可能存在的问题，均源于民间组织的"五特征"——组织性、民间性、自治性、非营利性及志愿性。

本章将结合上章所述两个案例，剖析民间组织在保育非遗时，区别于政府、学界及企业等组织的可能存在的优势及隐忧。

(一) 民间组织保育非遗的优势

1. 自治性

与政府部门抑或企事业单位相比，体制外的民间组织因其与生俱来的自治性，在开展非遗保育活动时有着其自身的组织性质优势。

一般地，就保育非遗这项工作而言，政府部门侧重管理非遗，制定非遗法规及政策，其角色为管理者。事业单位，诸如非遗保护中心，作为公益性事业组织，虽专注于确认、立档、保存、研究、保护及进行非遗推广教育，但因其半官方的背景，日常工作涵盖大量事务性及管理内容，真正能投入到非遗保育具体实践和研究中的时间和精力有限。而企业出于经济效益的考量，并不会把保育非遗置于首位。纵使近年有更多企业重视承担社会责任，但终究是为了更好地盈利。

相对地，民间组织可以根据自身发展的实际情况，搭建合理的组织架构，如中心便有着成熟的组织架构，便于其日常管理及开展文化遗产保育工作。

自治性带来的另一个好处即为：民间组织保育非遗、物质文化遗产、文化遗产背后的人乃至整个文化生态时，边界可以模糊处理。反观文化遗产的管理部门，如博物馆、非遗保护中心，虽然归于同一文化部门管理，但实际操作时不免"各自为政"。而民间组织，诸如"仓东计划"团队，在非遗保育实践中，并不是单纯地保育仓东村的非遗，更保育当地的祠堂和村落环境，整体地保育仓东村的文化生态。此外，自治的民间组织在进行文化遗产保育时，无须囿于政绩或特性形式。质言之，民间组织可以关注各式有待保育但暂被忽视的对象，并通过灵活多变、丰富多样的形式对文化遗产予以保育。如中心是由工作坊、导赏团、户外速写活动、填色比赛、展览、讲座等方式保育文化遗产。笔者相信，这种保育方式更具有活力及借鉴意义。

自治性第三个好处为民间组织获取资金的渠道非常多元：成员自筹、企业捐款、政府补助、众筹以及民间组织之间的关照。相对而言，政府部门只有公帑，企业则只能自负盈亏。处于政府部门与企业之间的民间组织，可视为居中角色。尤其是近年越来越多的民间组织借镜"社会企业(Social Enterprise)"理念，积极改善自身财务状况，通过各式兼具社会效益和经济效益的产品和服务为自身开源,随后将盈余投入到相关公益项目之中,实现可持续发展。与此同时,现时政策下,经注册登记的民间组织享有税收、场地优惠,民间组织可有效降低运营成本。如此一来,保育非遗的资金利用率应更高。

2. 志愿性

民间组织低运营成本的优势,不仅体现于税收或场地上,尤见于人力成本。当今志愿精神越发盛行,乐意投身到公益事业、践行志愿者精神的个体日渐增多。在民间组织理念及使命的呼唤下,各式人士参与到民间组织的工作之中,奉献自己的时间、金钱或智力、体力。除了直观地缩减了运营成本,志愿者的身体力行更为民间组织作出了口碑营销。试想,当大小企业每年花费不菲的资金于营销之时,民间组织凭借其感人的宗旨、口耳相传,其品牌的知名度必然逊于所谓的大企业?

此外,包括非遗保育在内的文化遗产保育,综合性非常强。要实现文化遗产的整体保育,民间组织需要招募多种专业背景的人才。笔者将从事文化遗产保育民间组织的人才需求整理如下。

表5 文化保育民间组织所需人才一览表

调研层面	文史:中文、历史、档案学、图书馆学等	
	建筑:建筑学、城市规划类、景观学、环境艺术学等	
	社区:社会学、人类学、民俗学、考古学、文化遗产学等	
宣传层面	线上:新闻学、传播学、市场营销、信息技术类、影视制作等	
	线下:策划、编辑出版、会展、艺术设计类等	
保护层面	考古学、文物及博物馆学、建筑学、旅游管理、法务、信息技术类等	
组织管理	人力资源管理、财务管理、会计、公共管理、行政管理、社工、战略管理、法务等	

说明:本研究整理。

人才需求如此之多,民间组织应发挥其"志愿性"及"非营利性"的优势,吸引更多类型的志愿者参与文化遗产保育,践行志愿精神。

3. 民间性

民间,并非与业余、草根画等号。相反,民间组织不带官方色彩,更易于扎根民间、深耕社区从而与社区人士融为一体。"仓东计划"一例,谭金花老师及其团队在保育当地文化遗产的各环节，均尊重村民的意见，帮助村民实现愿望，得到村民的支持与配合。又如中心，除了响应国家非遗保护政策，围绕四项国家级非物质文化遗产项目，开展"国家级非遗社区教育计划"外，更关涉当地其他似乎不太知名或其文化价值暂未显现的民间艺术、特殊行业、特定区域的发展史，以求更大面积地保育文化遗产。如此一来，保育之花才可盛开，保育工作才能与当地联系，保育成果才能为更多人尤其当地人所共享。

（二）民间组织保育非遗可能存在的问题

诚然，民间组织在保育非遗时有其独特优势，但同样存在某些问题，即不稳定性。不稳定性问题尤见于中国内地的文化保育民间组织中。

不稳定性主要体现在以下三个维度：

1. 合法性

当前，中国大陆保育文化遗产的民间组织，如"仓东计划"团队、汕头山水社、湛江往事书吧、岭南文化公益团等，普遍存在合法性问题——即尚未到民政部门登记注册，不具备法人身份。换言之，这些"组织"既不能承接政府部门的补助，亦无法获得税收优惠。更关键的是，这些"组织"在对外开展活动时，需承担无限责任。万一活动中出现意外，如受伤、破坏文物等，其成员要以个人财产承担责任。

笔者认为，造成这种状况的主要原因是民间组织的管理制度欠科学。当前，中国大陆仍有多个省份实行民间组织"双重管理"制度——即民间组织的登记注册和日常管理受到登记管理单位（即各级民政部门）以及业务主管单位（即挂靠单位）两方面的管理。随着民间组织的不断发展，该制度造成了准入门槛过高以及妨碍民间组织独立性等问题，因而饱受诟病。

2011年，党中央在《国民经济和社会发展第十二个五年规划纲要》中提出民间组织管理体制改革创新议题后，北京市、广东省等多个省市先后对民间组织管理办法进行修订，"双重管理"制度逐渐转为直接登记制度。

以广东省为例，早在2006年3月便正式施行《广东省行业协会条例》。作为我国第一部关于行业协会管理的地方性法规，该《条例》具有开创性意义：将"业务主管单位"改为"业务指导单位"。如此一来，即弱化了业务主管单位对行业协会的控制。至2011年底，广东省政府在

《关于广东省进一步培育发展和规范社会组织的方案》中指出，从2012年7月1日，除特别规定、特殊领域外，将民间组织的"业务主管单位"改为"业务指导单位"，民间组织可直接在民政部门申请登记注册。民间组织注册的门槛虽然降低了，然而对于保育文化遗产的民间组织并无太多吸引力，个中原因，值得反思。

2. 经费及人才

民间组织获得资金的渠道虽多且灵活，但相比政府、事业单位有来自公共财政的全额拨款、学界的科研经费、企业通过扩大再生产增加财富，民间组织的经费来源略显不稳定。假如某日无法获得充裕的运营经费，组织自身又不具备足够的开源能力，组织运作将陷入难以为继的地步。

经费不稳定很大程度上会左右到人才的质量和稳定性。

当前，中国大陆文化遗产保育民间组织的大部门成员是在读大学生或社会人士，他们在组织愿景及志愿精神的感召下，奉献自己的时间、金钱或智力、体力，投身文化遗产保育。然而，他们均不是专职人员，而是利用课余或业余时间参与组织的活动。民间组织亦无权要求志愿者定时定量开展工作，导致在管理上较为松散。反观中心，有着成熟的组织架构，执行人员多为受薪全职工作者，可以持续稳定地推动文化遗产保育工作。

由此观之，民间组织虽然不需像企业那样求生存、逐利益，但若要提升组织的综合实力及可持续发展，必然需要进行科学财务及人力资源规划和管理。

五　结语

非遗的价值日益为人们所知晓并重视，保育包括非遗在内的文化遗产，功在当前，利在千秋。这项事业，单靠政府推动是远远不够的，还需要来自民间组织、社区人士及社会公众的积极参与。当前，政府已意识到民间组织在文化遗产保育工作中的重要作用，民间组织亦透过持续的实践，启蒙更多有志之士，吸引他们加入文化遗产保育大队伍。笔者相信，随着政府提高重视、学术研究深入、民间组织发展、社区人士认同、社会公众参与，文化遗产定能得到更加科学的保育，文化遗产保育事业定会迈上更高的台阶。

国家级文化生态保护区建设中的问题分析
——以客家（梅州）文化生态保护区中的松口镇文化生态保护为例

撰稿：刘鹏昱　审稿：宋俊华[*]

自 2004 年，我国加入"非遗保护公约"后，2006 年即在《国家"十一五"时期文化发展规划纲要》中确立了设立 10 个国家级文化生态保护区的目标。从中央到地方政府都给予文化生态保护区建设高度重视，文化部先后下发了《文化部关于加强国家级文化生态保护区建设的指导意见》(2010)、《文化部办公厅关于加强国家级文化生态保护区总体规划编制工作的通知》(2011)；地方政府积极申请设立国家级文化生态保护区，截至 2014 年已相继设立了 18 个国家级文化生态保护实验区，分布在 16 个省区市，从数量上已远超过预期目标。

文化生态保护区是指在一个特定的区域中，通过采取有效的保护措施，确保非遗与相关的物质文化遗产（不可移动文物、可移动文物、历史文化街区和村镇等）、自然环境、生产生活方式、经济形式、语言环境、社会组织、意识形态、价值观念等构成共生共存、相互作用的文化生态系统的真实性、活态性、完整性，使其自我调节、自我发展的能力得以充分体现[①]。文化生态保护区的设立，从理念上"改变了就非遗保护非遗的保护模式，对于整体且完整地、可持续且可解读地保护与传承非遗，保护和传承优秀的民族的文化遗产与传统，具有开创性的意义和价值"[②]。

---

[*] 刘鹏昱，男，1984 年生，中山大学中文系非物质文化遗产学 2012 级博士生；宋俊华，男，文学博士，中山大学中国非物质文化遗产研究中心主任，教授，主要研究方向中国非物质文化遗产学、中国传统戏剧史。
[①] 宋俊华、王开桃：《非遗保护研究》，中山大学出版社，2013，第 161 页。
[②] 陈华文：《文化生态保护区的创新意义及价值》，《中国文化报》，http://epaper.ccdy.cn/html/2014 - 12/26/content_ 143660. htm。

学者对该问题关注热切，就文化生态保护区的理论基础、可行性及范围、思路与模式，不足与对策等问题，纷纷发表意见和看法。如乌丙安先生从 2004 年春到 2007 年夏，先后 6 次到包括泉州、漳州、厦门三地对闽南文化生态保护区进行调研[1]，并指出"文化生态保护区建设思路不清、模式不定""借文化生态保护区之名，打造文化旅游区，追逐经济利润"[2]的不当做法。2014 年 10 月 10 日举办的"文化生态保护区建设论坛"引起了国内非遗保护专家的高度关注，刘魁立、周小璞、高丙中、李雄等分别提出了建议。突出强调了整体性保护的重要性，指出要处理好人、技艺、物与社区、村落，以及原居民生活方式之间的关系。[3]

文化生态保护区建设虽然取得了一些成绩，但在实际操作上仍存在一些问题：人们似乎并未意识到它与之前的"非遗"保护有什么区别[4]，对"非遗"的保护仍是以代表性项目为主。追求经济利益，致力于"打造文化旅游区"，"提升地方文化品牌影响力"。忽视了与文化遗产相关的生态环境、人文环境。通过兴建各种各样的非遗开发中心、场馆、非遗传承中心、非遗公园，取代了"非遗"的生存环境。

"文化生态保护区"的不同在于它是一种区域性整体保护的模式，不能只顾及项目本身，不能脱离社区民众的参与和文化传承。因此，要从保护区特定文化形态的全局角度认真研究生态环境，对当地的文化形态有一个清楚的认知，对自己文化的认知、认同，是保护区建设的基础[5]。

2010 年梅州获批设立国家级客家文化生态保护实验区。先后建设了中国客家博物馆，东山教育基地（包括艺术学校、客家艺术中心、市山歌剧团、广东汉剧院、剑英图书馆），叶剑英纪念园等文化场馆。通过举办客

---

[1] 乌丙安：《闽南文化生态保护区初步考察认定的几点意见》，中国民俗学网，http://www.chinesefolklore.org.cn/web/index.php? NewsID=3229，2008 年 10 月 17 日。
[2] 乌丙安：《关于文化生态保护区建设基本思路和模式的思考》，中国民俗学网，http://www.chinesefolklore.org.cn/web/index.php? NewsID=6805，2009 年 5 月 30 日。
[3] 《文化生态保护区建设论坛成功举办 非遗保护专家学者齐聚一堂，共论文化生态整体性保护》，《世界遗产》2014 年第 11 期。
[4] 《非遗保护呼唤文化生态保护区建设》，《中国财经报》，http://finance.china.com.cn/roll/20150226/2973194.shtml，2015 年 2 月 26 日。
[5] 周小璞：《关于文化生态保护区建设的几个问题》，《中国文化报》，http://epaper.ccdy.cn/html/2014-11/21/content_140867.htm，2014 年 11 月 21 日。

家文化艺术节、客家文博会、客家山歌文化节宣传客家文化。出版了《梅州市非遗大图典》《梅州客家山歌系列丛书》等书籍。

在《客家文化（梅州）生态保护区总体规划》①中，松口镇作为梅州东北部的历史文化名镇，被列为区域整体保护的重点镇区。本文通过对梅县松口镇文化生态保护的调研，在此基础上，以揭示梅州客家地区各文化要素、自然环境与人三者之间的相互联系，以及梅州文化生态保护区建设的现状。

一 生计方式的转变与文化遗产保护的问题

人与动物的不同在于人主要利用文化手段来适应和改变自然环境、获取资源，"而资源被充分利用的过程，即生计方式"②。在长期的自然与历史的互动中，梅州客家地区的人们形成了以山区稻作农业为主的生计模式，主要的粮食作物包括：占米，又名占城稻，有白占、黄占、赤脚占，二季熟；糯米，有白糯、红糯、圆糯、大冬糯等；百日禾，下种至收获时间不超过百日；麦，有大麦、小麦、百日麦，晚稻收获后即种，二月收获。由菲律宾传来的番薯也可以做口粮；甘薯（又称树番薯）、芋头以及荷兰豆、胡豆等辅助。上述农作物和饲养的家禽、家畜、鱼类以及山货、蔬菜等构成当地饮食文化的基础。

松口镇春季常有低温阴雨天气，夏季昼长夜短，气温高，雨量集中，秋季较凉爽，冬季雨量稀少，因此形成了一年两熟③，或两季水稻加一季小麦的三熟制。但在同一块土地上的连续种植，会造成产量的递减，造成农业生产的"内卷化"，而梅州地区向有"八山一水一分田"之说，山多田少，造成人—地之间的极大压力，虽然在生态人类学的视野上，"环境负载力"的概念，存在争议，即单位面积土地的负载力可以通过技术的发明来养活更多的人口，但是这一方式并不适用于中国，"事实上，发明了农业的狩猎民族与采集民族，肯定是通过内部规定、战争或迁徙来控制其数量的……如果面临资源基地的压力，它们会乞助于这类解决办法，或者

---

① 以下简称《规划》。
② 参见庄孔韶《人类学概论》，人民大学出版社，2006，第202页。
③ 当地称"早造、晚造"。

忍受饥荒，而不是去发明"①。直至民国，农业生产技术并无突破，"全松每年产谷仅可供本地四月之需，麦粟薯芋等什粮约可供一个月，其不足米粮约有七个月，不足之数约四十余万斤，均靠外米接济"②。在内部压力的推动及"南洋"外部条件的拉力下，"下南洋"成为梅州客家人的重要谋生方式，松口镇因水路运输的重要位置，成为著名的"古镇"。

这一生计选择，也使留守的妇女成为农业生产的主力，直至新中国成立前，当地一直延续着"妇劳男逸"的性别分工模式。由于妇女在经济生活中的特殊地位，以及与之相关的童养媳、等郎妹、隔山娶等婚姻形式，使妇女成为山歌的主体，山歌成为妇女抒发情感的主要窗口，并在男、女情感交流中起到重要作用③。

在农业生产的过程中，人们也形成了以二十四节气为指导的劳作时间安排，如表1④：

表1 松口镇农业生产安排

节气名	农业生产安排	节气名	农业生产安排
立春	犁地耙地、田里放水	立秋	因新米打下，蒸味粄吃
雨水	翻田、耕地、种植番薯、甘薯	处暑	管理田地，做田埂
惊蛰	懵懵懂懂，惊蛰浸种	白露	晚稻除虫、施肥、种菜
春分	"春分豆，一斗漏"（春分种豆收获丰富）	秋分	农闲管理农田、施肥、除草
清明	"清明前，莳半田"（现在使用抛秧技术，不到清明基本种完田）	寒露	田间管理
谷雨	耘田、拣草（现在因为水稻种的早，谷雨时稻子已经长出）	霜降	可以收割二季稻了，霜降后收甘薯
立夏	管理番薯园	立冬	"禾到立冬死，有青禾、没青米"，立冬前一定要将晚稻收割完

---

① 〔美〕尤金·安德森著《中国食物》，马嬿、刘东译，江苏人民出版社，2002，第15页。
② 《梅县要览》，梅县中华书局，1941（民国30年）（不确定是否为1941年，有查到1940的版本），第38页。
③ 参见刘晓春《客家山歌传承的文化生态》，《文艺研究》2008年第2期。
④ 据当地调查及梁仁盛等口述整理。

续表

节气名	农业生产安排	节气名	农业生产安排
小满、大满	"大满小满,江河浸满"	小雪	种青豆、胡豆
		大雪	管理田地
芒种	等待收割早稻	冬至	冬至挪圆、夏至买田
夏至	管理田地	小寒	田间管理、施肥,准备过年
小暑大暑	"小暑小禾黄,大暑满田光",现在因抛秧技术,种植提前半月左右,所以小暑基本已经割完水稻,播种晚稻	大寒	

农业生产生活也相应的形成了岁时节日民俗,传统农业社会,生活艰苦朴素,在梅州地区,地主与普通农户相比,也不过一月能吃三次肉,因此岁时节日的饮食调节作用不言而喻。

20世纪80年代起,梅州开始发展金柚种植,松口镇大部分农田、山地改种柚树,走上了以家庭小农场经营价值较高的经济作物的农业发展道路。管理柚树的劳动时间和劳动强度低于种植水稻,剩余小面积的稻田也可以使用现代化农具。目前在农村,老年人成为农业的主力并照管孩子,而大部分青年男女则到梅州市、珠三角、海南等地务工。

农业从粮食到经济作物的转变,其实是受到工业化的影响。交通运输的改进,使当地纳入到全国性经济的轨道。商品的诱惑刺激人们对于现金的需求,通过经济作物换取货币,以购买工业产品。新的工艺产品,电视、电脑、网络等进入大众生活,改变了人们的娱乐方式。原来在山野中传唱的客家山歌,逐渐失去了生活的土壤,目前只有松口客家山歌协会通过"山歌进校园"、举办山歌晚会等方式传承。一些传统民俗活动,如端午节松南、松北的龙舟赛,以及新春的"打金狮"活动。由于没有经济收益,缺少青壮年的参加,在当地难以传承。

同时,经济的发展带来生活水平的提高。具有民俗和礼仪性质的传统节日食品逐渐走向商业化。如蒸发粄、甜粄(年糕)、煎圆、鱼圆、芋圆、肉圆不仅是节日时分享的食品,也是祭祖敬神、馈赠亲友的礼仪食品。这些地方饮食早已走入市场(不同的是一些手工制作食品转为机器加工),成为"大众食品"。

根据上述情况,我们发现梅州在相关非遗的保护上存在的一些问题。

客家山歌是梅州具有代表性的非遗项目，有梅州市山歌剧团、梅县山歌剧团等保护传承单位。2010年8月5日还在梅州市群艺馆启动了"客家山歌手培养战略工程、客家山歌创作战略工程"[①]。但是对于像松口客家山歌协会这样的民间团体则关注不够，根据胡希张的研究，梅州民间的山歌协会至少有6个，对这些民间协会进行扶持、帮助，才能促进客家山歌的民间传承。

梅州目前是全国最大的金柚商品生产基地，而把"梅县金柚"申请为非遗，令人疑惑。沙田柚于1915年引进，丙村镇华侨郭仁珊从南洋回乡途经广西梧州，托同学从容县沙田村引进柚苗在丙村种植。松口镇山口村华侨梁隽可，也通过在广西的同乡，引进沙田柚苗在本乡栽种。为了与广西沙田柚有所区别，申请这个非遗项目，其主要目的是为了打出"梅县金柚"品牌，而忽略了申请"非遗代表项目"应该具备的文化内涵。

地方传统饮食商品化，走向大众市场后，将面临饮食类非遗项目的地名权的问题。如客家酿酒（梅县、兴宁）、西阳仙人草、五华酿豆腐等，以及梅江区的味酵粄、蒸甜粄、清明粄等。这些非遗项目，是整个梅州地区常见的地方饮食，不仅普通家庭会制作，而且早已成为商品出售。其产地、技艺传承并不局限于一个地方，那么对梅州其他县、镇的同类饮食制作技艺又要怎样保护呢？

二 聚落形态的变迁与村落整体保护的问题

在梅州客家地区，以围龙屋为代表的聚落形态是各地的普遍特征，从文化生态学上看，聚落形态是指与自然条件和"社会环境"的相关联的人类群体的分布状态。影响聚落形态的因素众多，包括诸如自然障碍、技术和生计、政治组织、亲属关系、战争和意识形态以及象征符号等等[②]。

（梅州）松口镇属于亚热带季风气候，常年气温较高，热量丰富，有充足的降雨量。该地区的住宅倾向于较大限度遮阳，并减少蓄热，同时需要保

---

① 梅州市文化广电新闻出版局网站，http://wgxj.meizhou.gov.cn/。
② 〔美〕唐纳德·L·哈迪斯蒂著《生态人类学》，郭凡、邹和译，文物出版社，2002，第10页。

证通风量，因此通常以单体形式或以相互分离的单体组合方式来实现①如围龙屋常见的三堂、两横、一围的组合方式，便于通风采光。围龙屋前半月形风水池也起到调节小气候的作用。从地形来说松口镇是依山傍水的山区，境内丘陵、盆地与河流交错，人们往往选择在小丘陵上或者依山麓（丘陵）建筑围龙屋，不但有防御作用，同时也能节省土地以作稻田。

其次，客家人酷信风水，风水信仰是其适应和影响环境的文化手段，也影响着聚落形态。在松口镇人的言语中"风水"往往指祖先的坟墓，而住宅则称"屋场风水"。民居的选址离不开"背山面水"的环境，所谓："左有流水，谓之青龙；右有长道，谓之白虎；前有污池，谓之朱雀；后有丘陵，谓之玄武"，四项全才是好的风水。如山口村的梁姓大夫第，分上中下三堂，四横，坐东向西，背依高地，后有远山，前有松源河弯曲流过，当地人称为"衣带水"，禾坪外为围墙，在北侧开一门楼，正对不远处的鳌头山，门联上书"门迎松水，户对鳌山"，符合当地人"山管人丁、水管财"的风水观念。

社会、历史因素，是影响客家地区聚落形态的主要动力。根据陈春生的研究，明清之际，韩江流域的社会动乱，是促使梅州地区围龙屋聚落形态形成的直接原因。有明一代汀、赣、循、潮间盗贼蜂起，梅州因处于闽赣粤交界地带，尤被其害②，从明代中叶开始，在韩江中上游地区出现了大规模修筑军事性围寨的情况③，而在梅州地区以围龙屋为典型特征。如松口镇的世德堂，建于明末，有三堂两围，在第二围的锦屏楼左右原有八座碉楼（现余四座），以防御外敌，后方为相连的源远楼，打开源远楼的大门，就是松源河的码头，便于逃脱，具有很强的防御性。

明嘉靖时议"大礼制"，使宗族意识形态和礼仪制度在地方得到推广，是将地方认同与国家象征结合起来的过程④；明代以来实行的里甲制度，到清代仍然是户籍登记和赋役征收的主要机制，康熙以后在华南地区普遍

---

① 参见钱云、郦大方、胡依然《国外乡土聚落研究进展及对中国的启示》，《主题报道》（没有找到出处）2012 年 4 月。
② （清）吴宗焯：（光绪）《嘉应州志》，卷四。
③ 陈春声、肖文评：《聚落形态与社会转型：明清之际韩江流域地方动乱之历史影响》，《史学月刊》2011 年第 2 期。
④ 科大卫、刘志伟：《宗族与地方社会的国家认同——明清华南地区宗族发展的意识形态基础》，《历史研究》2000 年第 3 期。

实行的"粮户归宗"政策，使宗族成为负担赋役的实际单位，成为管理乡村社会的实际力量，也是梅州地区形成以宗祠为中心聚族而居的聚落形态的重要原因①。如松口镇松南一带民国时为松南乡，依然保持着各姓分自然村聚居的形态（如图1）。

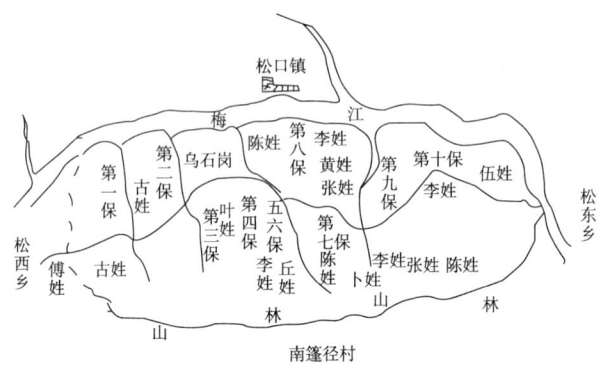

图1

梅州客家地区以宗祠为中心聚族而居，以围龙屋为主的聚落形态，受到了自然环境、风水信仰以及社会、历史等多方面因素的影响，而"纵观历史，战争在文化与环境的互动中是一个主要因素"②。

但在现代社会，围龙屋的防御功能已不重要，聚落形态相应也发生了很大的改变。由于地方经济发展和新的建筑技术，人们更多的选择新式独立住房，在围龙屋内聚族而居的生活成为过去。随着新中国成立后土地政策的实行，使原先的农业生产关系和宗族以尝田和尝产为主的经济基础中断。改革开放后，松口镇经济发展，从20世纪80年代起至今，大部分家庭迁出原来居住的围龙屋，在周边建起了新式住宅，围龙屋内只有少量人居住。即以建于明末的世德堂为例，世德堂所在自然村称下店，人民公社时期，世德堂内居住有220多人，都为李椅后裔。因在世德堂第二围的左侧建有一口水井，因此以中轴为界，将世德堂左右两边分为井头队和世德队，后又与后方的源远楼合并，统称为第十三生产队。在乡镇行政结构调整后，为铜琶村第十三

---

① 科大卫、刘志伟：《宗族与地方社会的国家认同——明清华南地区宗族发展的意识形态基础》，《历史研究》2000年第3期。
② 〔美〕朱利安·H. 斯图尔特：《文化生态学》，潘艳、陈洪波译，陈淳校，《南方文物》2007年第2期。

村民小组。目前仅住有几户人，但周围的新式房屋，都是由世德堂后裔建造。这一方面是因为在分田到户的时候，是以生产队为单位分割资源的，在祖屋周边建房，起到节省土地、便于管理田地的目。另一方面如果在镇上建房，自然费用较高。

但是梅州文化生态保护区在村落整体保护上并未考虑到聚落形态的变迁。在《客家文化（梅州）生态保护区总体规划》的重点村镇保护上提出："保护文化聚落整体格局……保持原住民生活形态。保留梅州客家人传统的生活环境……延续客家传统血缘宗族生活方式"[1] 等。然而，在现代社会，这一传统聚落形态及生活方式已经有了很大的改变。除传统民居周边兴建了许多新式住宅外，聚族而居的方式也转变为"核心家庭或主干家庭"。但是祠堂、祖屋作为集体记忆的象征，仍然具有仪式空间的重要作用。因为共同的祖先崇拜，民间自发地对祠堂、祖屋进行重修。这恰恰是文化生态保护区建设应该加以引导、利用的力量，使其符合保护古民居应该采用的方式，而不是希望"复原"想象中的聚落面貌。

三 物质文化与"非遗"的关系和整体性保护问题

虽然围龙屋作为生活空间的作用降低，但作为仪式空间的作用凸显出来。人们在过去长期的居住生活中，形成了对亲属关系的区分，"亲戚，是比较亲的人，从爷爷算起；亲房又不一样，是共一个公太的，五服以内，七、八世以上就不用算了；'屋侉人'是同住一个祖屋的人，其实就是邻居的意思"[2]。"屋侉人"是当地人常用的一个词汇，"屋侉人"虽然没有亲戚间的互惠互助那么紧密的关系，但因共同的祖先崇拜，以及长期共处的居住环境，在譬如孩子出生、结婚、老人去世等人生重大事件上，依然保持着礼仪和经济上的交往和互助。在祭祖、丧礼、婚礼等仪式上，也都能够使用其公共空间。

如世德堂后裔对公太李椅的祭祀，即使在"文革"期间也未曾中断过，年节（主要是端午、除夕），李氏后裔仍要祭祖。正如欧爱玲在梅县的调查所表明的："传统从来就没有中断过……文革期间老年妇女似乎同

---

[1] 广东省文化厅·梅州市人民政府：《规划》，2014年3月，第51~52页。
[2] 世德堂李仰明口述，2015年3月5日。

样不受影响。她们一些人会在过年期间为村里的祖先和神灵奉上祭品——因为上了年纪，人们没有将她们当回事，因此也不太遭到他人的指责。"①虽然"破四旧"时，木刻的公太像，以及轿子都被丢掉，但是每年农历三月初九的公太生日，世德堂后裔仍要举行隆重的"迎公太"仪式。旧时要有人抬轿，给公太"洗面"，只有有钱、子孙多的人才有资格。现在"迎公太"敲大锣大鼓迎公太牌位（俗谓"闹八音"），仍遵旧制，从后围景屏楼迎下到大堂。子孙后裔行香祭拜，祭品用三牲（鸡、鱼、肉），祭拜完毕后，再将牌位送上原位，路线是"左下右上"。然后在大堂摆宴席，并要吃炒面，寓意健康长寿。② 公太生日的开支由后裔捐款，有专门的经办人，经费公开。

婚礼在祠堂举行也是很普遍的，女儿出嫁也要在头一天到祠堂祭祖，告知上代。2014年8月在松南的陈氏下陈屋的婚礼上，新郎、新娘面对历代祖先神位三鞠躬，进香。之后要到前代祖先墓前祭祀，还要在门前水塘坎，燃烛、进香，祭拜弥陀伯公，因管水塘的弥陀伯公也是家里的神，要一并祭拜，祈求保佑。喜宴摆在上下堂和庭院中，有20多台，请镇上酒楼的人来做。婚礼在祠堂举行还有实际的考虑，一是空间充足，二是经济，因为镇上酒店一桌婚宴酒席已经到了800元。

丧礼是当地最重要的仪式，在住宅举行，因此，祠堂或祖屋成为首选。丧礼上不可缺少的是由和尚或斋嫲主持的"香花"佛事，时间有从下午到第二天凌晨的，称作"半夜功"，一天一夜、三天三夜或更长，称"做斋"。

由于围龙屋作为仪式空间的重要作用，改革开放后，地方经济发展，松口镇各姓的祠堂、祖屋都经过重修或正在组织重修。祠堂、祖屋的修复，有时由叔公头牵头，实际组织者往往是50多岁的"中坚农民"。他们往往在村委担任职务，也是宗族内的成员。八九十年代回乡华侨牵头，带动了宗祠、祖屋的维修。现在外出经商致富者起到重要作用。

上述行为背后也有着现实的社会动力，一是乡村基础设施建设，如村道建设、水利、体育活动设施、饮水、照明等主要依靠乡贤捐助；二

---

① 〔美〕欧爱玲：《饮水思源——一个中国乡村的道德话语》，钟晋兰、曹嘉涵译，社会科学文献出版社，2013，第146~147页。
② 李仰明口述整理。

是农村养老,松口镇各个村都有老人活动会,资金也由乡贤、村民捐款。最根本的是中国目前的"城乡二元结构",使年轻子女外出务工,年老父母留守农村,农村留守人口大约占全国人口的一半①,外出人员不会割断与家乡的联系,在节庆特别是春节时可以返乡,而此时他们也成为村、镇争取的主要资金捐助对象。如一位村主任所说:"我们这里村内的建设,一是靠国家的投资,像'村村通'这样的,但是村里的基础设施建设还要靠外出的乡贤捐款,各个村都这样。"② 因此,祠堂修复、年节祭祖等活动成为地方获取发展资源的一种象征力量,也形成了一些民间文化的生存空间。

如松口镇马方坪丘氏的乐髦公祠先后两次重修,并成立宗族理事会管理,第一次重修在1981年,据其后裔介绍:

> "文革"期间,破四旧的时候神祖牌毁掉了,那复古以后又要做回去,重新装修什么的,我们当时搞那个神祖牌,是很多在外面工作的,在外洋的本姓华侨、香港那边的人,他们要求做回去,他们捐了钱,把那个神祖牌请回去,叔公管好神祖牌,敲锣打鼓迎回来,很隆重的。日子由地理先生算好,比如在松口,或梅县,对地理熟悉的人,选这个日子。当时找的是梅县的,叫李子俊,当时都七八十岁了,恐怕很早就过世了。③

第二次重修在2008年,这次主要是依赖国内的后裔捐款。祠堂维修后,要举行"升龙转火"(安龙转火)的仪式:

> 乐髦公祠的上座是在晚上,比如明天是良辰吉日,日子好,那么今天晚上十二点,要把神祖牌从龙脉上请回来,在围龙屋外龙厅那里,绕那个地方,然后请回来。要请德高望重的叔公绕神牌,他是我们姓里面的长辈来的,然后再上座。改革开放以后,松口举行祖牌上座,我们丘姓乐髦公祠是最早的,81年嘛。

---

① 贺雪峰:《城市化的中国道路》,东方出版社,2014。
② 官坪村李育民口述,2014年12月10日。
③ 丘谦昌(59岁)口述,2014年12月4日。

禳龙（旺龙），是在祖牌上座以后的三天，那三天里边就去禳龙，晚上去，那个龙脉上，是我们的后堂上边，在花头后面，做有一个花印，我们这个上堂后边没有围屋，在花头背上，是我们的土神，三炷香点燃去拜一下，一般都是男丁去拜；如果有围屋的话，就对着围屋中间的那个龙厅拜。暖龙也是要拿三牲，化一些财帛去拜。墓做好了，圆坟圆好了，也要去旺龙，在周边点火。那个屋场风水就是这样来的，要连点三天。①

　　祠堂、祖屋（围龙屋）不仅仅是祖先崇拜的空间，作为物质文化遗产，它们还是"围龙屋建造技艺"的载体。同时也是婚俗、丧礼以及"升龙转火""正月上灯"等民俗活动举行的场所。"围龙屋建造技艺"这一"非遗"创造了围龙屋，围龙屋这一物质文化遗产也是"非遗"的仪式空间，是"非遗"生态场的重要构成部分。在文化生态保护区的建设中，应把两种文化遗产进行整体性的保护，才能达到良好的效果。

　　而从梅州文化生态保护区建设的一些措施来看，却割裂了物质文化遗产与非物质文化遗产的整体性。一是重复的场馆设置。如拟在梅州城区建设综合性的"梅州市客家文化传习中心"，又拟建设3000平方米的"梅州市非遗展示馆"。以中国客家博物馆为围龙屋建筑的保护单位，并拟在梅州城区建设1000平方米的围龙屋文化展示馆等。二是场馆没有针对项目独特性的功能配置。如拟在市、镇建设15个"广东汉乐传习所"，硬件配置为"拟功能包括传习教室2间、传承人工作室1间、信息共享室1间，增置台式电脑2台、投影仪1台、多功能一体机1台、专业摄像机1台、办公桌2套、档案柜2件"。而其他如"花环龙传习所""大埔民俗传习所""平远民俗传习所②""梅江区民俗传习所③"等，全部采取相同配置，并没有考虑到传承人的需要，以及不同项目的特殊性。比如像坐月子、上灯、葬礼、丧礼、升龙转火、拜孔圣等"非遗"，是以"社会传承"的方式传承的，与民众生活及祠堂、祖屋等物质文化遗产联系紧密。建设一个现代化的传习所，反而使其脱离了"民俗语境"。

---

① 丘谦昌口述，2014年12月4日。
② 包括六月六福祖公王节、扛仙师、南台大佛传说。
③ 包括"香花佛事、太阳生日、坐月子、上灯、葬礼、丧礼、拜公王、升龙转火等"。

四 民俗仪式的社区传承与保护单位设置的问题

人们在特定的环境中形成了对自然的恐惧、崇拜。松口镇的水路运输地位,以及官方的提倡,也使一些神灵信仰传播到当地,如天后、关帝等。与之紧密相关的是形成了相应的民俗仪式。松口镇的民间信仰系统如表2:

表2 松口镇民间信仰系统

神灵性质	神灵名及功能
住宅神	祖先神(公太、婆太及各代祖先神牌)
	福德龙神伯公,本宅土神,主管住宅平安
	五星石伯公,主管女性生育
	井神
	杨、廖、曾公仙师,主管住宅平安
村落、社区神	福德伯公、弥陀伯公、水口伯公、榕树伯公,与住宅、村落关系密切
	公王:主管村落平安,管小人,有公王庙或公王坛
	五谷老爷、大地老爷、社官:保佑农业丰收,村落平安,村内设神坛
镇区共神	天后:原有天后宫,已废
	关帝:原有关帝庙,已废,民宅内仍有祭拜
	财神:文昌阁(又名财神宫),建于明代;宅内供奉
	太岁:庵庙、民宅都有供奉,主管年运
佛教神	观音、了拳祖师;观音在庵庙内供奉,民宅供奉;二水庵供奉"了拳祖师"(拜祖师)

松口镇的公王宫、庵庙很多都经过重修或正在组织重修。庵堂寺庙的重修由僧、尼等民俗职业者推动,并符合地方政府发展文化旅游的目的。一些庵庙的重修启事也采用了诸如:"保护客家物质文化遗产"或"保护非遗"的表述。

其中主管村落的"公王""五谷老爷""大地老爷""社管"等神灵,对社区关系的整合十分重要。新中国成立前,"扛公王""抬大地老爷""抬五谷老爷"等巡村的民俗仪式十分普遍。这些抬神巡游的活动,一方面以公王宫、庙宇等信仰空间为依托,另一方面以宗族的尝产为经济基础。神像到该社区各姓的祠堂停留,对于多姓的社区来说,公王巡游具有维系社区认同的作用。对于单姓村来说,则具有联合本宗族各分支的作用。抬神后的庆祝,构成了俗民的娱乐空间,使汉剧、木偶戏等既娱神又娱人的艺术在乡间普遍上演。

我们还应注意与"抬神巡村"紧密相关的"祚福","祚福"是在祠堂或祖屋,祭祀神灵、祖先,乞求保佑的一项民俗仪式。在祭祀结束后,以家庭为单位请所有亲戚、朋友聚餐。与"祚福"相联系,我们认为,"抬神游村"的活动,更重要作用在于超越村落边界的食物互惠与人际关系互动:

> 我的娘家在松东的中井村,他们那里每年正月初六迎大地老爷①,敬天神、敬上代,请亲戚朋友吃饭,每年都请我们这边的人(亲戚)过去;我们这里(盘龙村)就八月初三祚福,也要请他们那边的人过来。②

在传统社会,松开镇许多村落社区都有抬神巡游的民俗。如寺坑村"社官老爷日"立秋后十天,中江村正月初四迎"大地老爷"祚福。中畲村农历十月十三迎五谷老爷,上井沈姓农历九月二十八迎五显老爷。到车村农历正月初九"抬祖师"③。农历"七月半"祚福也很普遍。当地人说:"一般过七月半的就不过'八月初三'④,七月半有七月十四、七月十六、七月十九的,过'八月初三'的时间也不一样,到月底都还有人过。"

这些游神活动,以宫、庙为中心,维系着社区边界。更重要的是通过"祚福"的活动,加强了各社区间的食物互惠与人际交流。各社区"抬神"、祚福的时间不一,恰恰是传统上以食物分享为主的"延迟性互惠"所造成的时间差序。由于历史原因,松口镇抬神巡村的活动被废除,但随着改革开放后"大众宗教的复兴",拜神和"祚福"的习俗仍然保留下来。

---

① "文革"以后,松口镇抬神游村活动未恢复,此处所谓"迎",只是祭拜。
② 盘龙村沈德珍女士口述,2015年3月3日。
③ 根据《松口镇志》(未刊版)及调查整理。
④ 松口镇有些姓氏有农历八月"祚福"的习俗,一些姓氏在八月初三举行,惯称"八月初三""八月半"。

梅州民间的"抬神巡村",是以村落为信仰圈,以庵、庙,祠堂等为信仰空间的民俗活动。村落是中国广大农村村落民俗传承的生活空间,在其内部构成一个有活力的文化传承和发挥功能的有机体①,或者说特定的民俗活动往往依靠特定的村落社区而举行。但梅州在非遗的保护上,却忽视了社区群众自主参与的作用。

根据《规划》的统计,梅州截至 2014 年共 5 批非遗名录,共有国家、省、市、县四级 216 个项目。其中保护单位设在市、县非保中心的合计 102 项,其他则多设在市、县、镇的文化馆及文化站。除像广东汉剧院,五华县采茶剧团等作为传承单位,也可以作为保护单位外。把大量的政府机关设为保护单位,并不能起到很好的保护效果。特别是一些民俗类的非遗项目,地方本来有理事会之类的民间团体,也有以庵堂寺庙等为依托的信仰空间,把保护权交给地方理事会、协会等民间组织,是比较切实的方式。梅州文化生态保护区像这类的非遗有很多项,其保护单位都设在政府机关,如表 3:

表 3　梅州市游神类非遗项目

级别	项目名称	保护单位
县级	茶阳太宁洋万岗五显大帝庙会	大埔县茶阳镇
市级	六月六福祖公王节	平远县非保中心
县级	水车祭祀(扛)公王	梅县
县级	拜公王	梅江区非保中心
县级	祭祀(扛)公王	梅县松源镇文化馆

以市级项目"六月六福祖公王节"为例。其保护单位是平远县非保中心,而民俗活动由平远县大柘镇坝头村举行(福祖公王墓在该村),活动经费来自社区捐款,传统的公王节为期两日。后由于当地大部分青年外出务工,经该地理事会决定改为一天,并取消演木偶戏,改为舞狮队和八音班表演②。说明这一民俗活动在自发传承,当地理事会也具备组织、管理的能力,

---

① 参见刘铁梁《村落——民俗传承的生活空间》,《北京师范大学学报》(社会科学版) 1996 年第 6 期。
② 梅州市文化广电新闻出版局、梅州市非遗保护中心编《梅州市非遗大图典》,岭南美术出版社,2009,第 229 页。

把保护权交给当地理事会,才能引起当地更多人的关切,吸引更多民间参与的力量。政府则可以通过宣传、资金扶持、政策引导等方式提供帮助。依托游神、庙会等民俗,还能使木偶戏、汉剧、汉乐等非遗,在民间获得更多的生存空间。

五 非遗的完整性与代表性项目设置的问题

"完整性"的概念最初是针对自然遗产而言,随着人们对遗产概念认识的深化,"完整性"不再是自然遗产的专利,文化遗产也在其意义之中。对非遗的完整性要从两个角度来把握:一是外在表现形式的完整性,二是其所蕴藏的民俗文化内涵。

如梅州的非遗项目"广东汉乐",在松口镇主要有两种形式。一种当地称"八音大锣鼓",一种称"汉调丝弦"(或直称汉乐班)。它们都有一定的器乐配置、人员构成,以及传统的演奏曲调。而它们最主要的作用是婚礼、庆典、丧葬和祭祀中仪式中伴奏,以及"扛公王"、庙会中作为伴奏音乐。在这样的民俗氛围中,其传承也没有严格的师徒关系。而是以自学、相互切磋的"社会传承"方式传承。

如世德堂的"八音大锣鼓",除祭祖使用外,也承接一些丧葬、庆典活动:

> 八音锣鼓有大鼓、马锣、笃锣、小钹、大钹、大镲、小镲,笛子(横箫)、唢呐。马锣一定要七八个人,两个抬鼓的,所以组织一次八音锣鼓队,要16个人,以前松口街市上有人请,过年喜庆一下,初一、初二去打。现在主要是做丧事、圆坟有人请,一次2、3千块。现在人们不敢大张旗鼓(圆坟)的,有钱的人讲排场才会请一下。在做丧事的时候,主家有亲戚来拜的时候,要打一下迎接,吃过饭,要闹一闹场。第二天出殡的时候,送葬到坟山,要跟在后面。圆坟的时候,要到主家的祖公厅闹一下,然后还要到主家家里再打一场,之后再一路打到坟地,圆坟结束后,再一路打回到祖公厅①。

---

① 李仰明口述,2014年12月28日。

虽然松口镇能组织成队的"八音大锣鼓"已经不多，除世德堂外，还有大黄村委组织的八音锣鼓队①。但是各姓的祠堂内一般备有大鼓、大锣，在年节祭祀、及丧礼上敲打热闹一番。"中军班"与"八音锣鼓"类似，主要是为婚丧喜庆等民俗活动服务的营利性组织，在松口有一个。"汉调丝弦"则以丝、弦乐器为主，77岁的梁世仁先生回忆：

> 松口78年成立汉乐团，（团长王基川），我在里面帮忙，后来这个团赚不到钱，一年之后解散了。92年成立汉乐研究会，老松口的研究会，成立的时候，也有华侨捐款。有时候人家请的去"搞热闹"，有些老人家过世，家里经济可以啊，就会请的去搞那个弹唱，汉乐弹唱啊，现在就没人叫了。有次有个圳头②的华侨啊，喊做古康明，他是做大生意的，他是古氏华侨商会的会长，就请去搞弹唱。当时是2000年，他们家祭祖，请我们汉乐研究会15个人去，请我们的费用2000元，另外还打赏我们640元，另外还请了大锣鼓队，17个人，打大锣鼓的热闹嘛。
>
> 现在汉乐研究会还有个名，每年春节去搞弹唱，都70多岁了，就交给温婉香去搞，但是也会去参加，镇政府搞这个活动都几十年了，年初一上午，在松口中山公园，一般12个人去表演，拉一个上午，镇政府补助600元。

"松口汉调丝弦表演团"是汉乐爱好者自娱自乐的小团体，乐器主要是头弦、扬琴、三弦、笛子、椰胡等，其组织者李仁华说："我们这个表演团，也没有什么严格的制度，相当于一个私伙局。已经十四五年了。现在孩子也大了，自己老有所乐，常来的七八个人，也都是60多岁以上。我们大家自己很快乐，每天上午到我这里玩一玩。场地、费用都由我负担，自己学习，自己提高。"

民间传统的手工艺也与民俗活动有着紧密的联系。在丧礼上，主家要请纸扎师傅，专门负责纸扎工作，如纸灵屋、花圈、童仆、丫鬟、高灯③，

---

① 主要是春节时演奏，以及丧礼上闹场。
② 松口镇圳头村。
③ 一般为圆梨形，竹篾为骨，外敷以纸，上书丧家堂号、姓氏、逝者的世代、岁数。

以及一些新的形式，如电视、冰箱、轿车等，这些仪式性物品在丧礼结束时都要被烧掉。

纸扎的花树是当地"出花园"仪式必备的物品："'出花园'是希望孩子健康，长得漂亮的，孩子到16岁的时候做一次，到19岁的时候再做一次，叫'出大花园'。我给我儿子、女儿都做过，到庙里去做，让纸扎店做一个花树，也可以给钱让庙里和尚、斋嬷代办，那个花树很漂亮，下面有一个纸扎的人挑一担水浇花，孩子在佛像面前拜一拜，斋嬷念经很快，也听不清，大概是一年十二个月各种能开花结果的花树的名字。"① 也因为民间的多神信仰和各种仪式，所以在松口墟镇上香烛纸扎店有二十多家。

百子灯制作的目的是为了"正月上灯"。"正月半"的时候，上年生了男孩儿的家庭都要买一盏灯挂在祠堂内，称作"上灯"，取"添丁"之意。拿三牲、纸宝去祠堂祭拜祖公，并连放三天的"火箭"、烟花，寓意高升；来探望的亲友要买两根甘蔗，捆以红绳，意为"节节高"。所挂灯称作"百子灯"，在挂了几天后，要取下来让小孩子拿去撕开玩，寓意"开支散叶"②。在松口镇的大涧村，有钟姓和巫姓人专门制作百子灯，钟姓人直到民国时期制作百子灯还很兴盛，并制作烟花、火箭、纸炮等③。由于计划生育、人们思想观念的改变，家里孩子没那么多了，影响销售量；同时也受到了工业生产的冲击，被塑料灯取代。现在只有巫姓一家人还在制作。④

上述八音大锣鼓、中军班，汉调丝弦是汉乐的不同形式，大部分成组织的班社主要是为了丧葬、祭祀仪式服务，是梅州地区很久以来的传统。黄钊记载梅州墓祭习俗说："俗上塚多用吹炮手，彩旗、凉伞、铜笛、胡弦，自上元前后直至清明后，连村接市，往来不绝。"⑤

传统的纸扎工艺也与丧葬，上灯、出花园等仪式不可分割，他们的本质不在于工艺性，而在于仪式性。根据宋俊华对身传非遗的分类，

---

① 松口镇李女士口述。
② 当地口音"掰纸"与"百子"近，将纸等掰开，表示百子千孙（卜阿婆口述）。
③ 钟世汀口述，2014年12月21日。
④ 同样，以制作花灯著称的兴宁，前景也不容乐观。参见《兴宁赏灯民俗》，兴宁市人民政府，http://www.xingning.gov.cn/content/detail/53b26f86eabc88e7699ce4.html，2014年7月1日。
⑤ （清）黄钊《石窟一征》（点注本），2007，第104页。

它们属于"民俗技艺遗产"的范畴,其技艺行为以民俗活动或民俗产品为目的①。民俗活动是它们非常重要的生存空间,也是它们能够传承的重要动力。但在非遗保护中,往往只注意到技艺形式的一面,却忽视了仪式性的意义,出现了割裂"非遗"完整性的项目设置。

济度仪式"香花"佛事就是一个很好的例子。如 2014 年 7 月在松口镇南上村陈氏恩赐公室的丧礼上,为女性亡者举行的"半夜功",其完整仪式如表 4:

表 4 香花"半夜功"仪式流程

仪式名称	形式	寓意
招魂	三岔路口,挥魂幡,"跌数"	请魂灵回家(不在本宅去世的添加环节)
起坛	禾坪外搭双桌设坛,唱念孝单	请护法的觋公、西天佛祖降临
献饭	祠堂下堂(以下都在祠堂内)	敬奉食品
下关(沐浴)	祠堂下堂	请亡灵沐浴,洁净后参拜佛祖
初辰(伸)救苦	斋嬷带领死者亲属绕坛拜神	诉说为人之苦,参拜神佛,请求超生
拜忏	斋嬷念唱,绕坛参拜	忏悔生前的罪过
二辰(伸)救苦	同初辰救苦	
开光	一人敲鼓,一人敲铙钹;另由三人舞蹈	请佛祖赐福
拜女堂	面对纸灵屋参拜,念唱《佛说阿弥陀经》	由女儿参拜,谢娘恩
打莲池②	以佛教目连救母的故事为原型的舞蹈	意为女性去世后,会掉进血湖,要将其救出
拜灶君	斋嬷二人在厨房举行	不在本宅去世的添加环节
拜血盆	斋嬷唱念血盆经	诉女性十月怀胎之苦,谢娘恩
拜药师	斋嬷念唱,拜药师佛	死者生病去世,祈药师佛赐药,保佑家人身体健康
完忏	斋嬷带领走队形,绕坛	表示拜忏完成

---

① 参见宋俊华、王开桃《非遗保护研究》,中山大学出版社,2013,第 60 页。
② 如果死者为男性,则进行另一种形式,称"打关灯"。

续表

仪式名称	形式	寓意
救三苦	同初辰救苦	
过勘（十王大勘）	斋嬷准备十王像，冥钞及过关文凭念经	使死者通过十殿阎君的审查，最后过转轮冥王殿，转世
拜鸿福	亲属双手合十向神佛参拜	祈祷菩萨保佑全家人平安

整个佛事过程到凌晨四点结束，第二天出殡，还要来一位斋嬷做一场发送，给纸扎的童仆和丫鬟的耳朵上穿个洞，意为让他们听话，在阴间好好服侍逝者。在一天一夜或更长时间的仪式中，则有"铙钹花""席狮舞"等出现在"香花"中。"香花"是20世纪80年代以来普遍"复兴"的一项传统仪式，当地人称"我们这里，百分之八九十的人去世都要这样做"。

但是在项目设置上，却割裂了这一民俗仪式的完整性（见表5）：

表5 梅州市"香花"之非遗项目

级别	类别	项目名称	保护单位
国家级	传统舞蹈	狮舞（席狮舞）	梅江区东郊碧峰寺
省级	传统舞蹈	铙钹花	梅江区东郊碧峰寺
市级	传统舞蹈	打莲池	梅江区东郊碧峰寺
省级	传统舞蹈	打莲池（蕉岭莲池舞）	蕉岭县非保中心
县级	传统舞蹈	拜血盆	梅江区非保中心
	传统舞蹈	拜药师	

固然"香花"有舞蹈性的一面，但其意义更在于它是丧礼仪式的重要组成部分，有一套完整的仪式流程与象征意义。但梅州在"非遗"的保护上，却只注重其舞蹈性，忽略了它在表现形式和文化内涵上的完整性。

六 总体思路和管理上的问题

非遗保护的主导方针是"保护为主、抢救第一、合理利用、传承发展"，而梅州文化生态保护区建设的主导思想是借建设文化生态保护区而"助力广东文化旅游特色区建设"①。"开展客家文化生态旅游"，并作为文化生态保护区建设的重要方向②。这种指导思想，往往寄希望于通过旅游开发公司来开发、保护，延误了一些文化遗产的保护时机。

在梅州文化生态保护区的管理系统上，则存在组织机构不健全的问题。梅州市成立了由市委常委、宣传部长为组长，副市长副组长，市文广局、发展和改革局、教育局等相关部门负责人以及各县（市、区）分管文化的副县（市、区）长为成员的梅州市客家文化生态保护区申报和建设工作领导小组，全面负责该项目申报和建设工作。另一方面在市文广局设立非遗科，在市文化馆设立"非遗保护中心"，由馆长兼任中心主任，其他工作人员，也由馆员兼任，各县级非保中心也依此类推。唯梅县区有所不同，将非保中心设在县文化局。这样的组织机构，看似有一个从上至下的系统，但实际上却没有起到统筹安排的作用，按照梅州市文广新局工作人员的说法是："两个班子，一套人马"；非保中心的工作人员主要还是负责文化馆的工作，如梅州市非保中心的工作人员认为："虽然建设文化生态保护区的事我们知道，但是实际上跟我们非保中心关系不大，我们平常主要是负责非遗项目申报、材料整理，另外我们还有文化馆自己的事情。"

"实际工作中仅仅设立一个领导小组，恐怕不能完全有效突破管理权限和建设范围形成的制约"。目前梅州市的一些非遗保护工作，主要是下级部门或文化单位有什么活动或项目时，撰写一个项目规划，向上级申报，申请一些经费。领导小组很难起到协调各部门工作，系统推进文化生态保护区建设的作用。领导小组也没有订立一个可供遵循的工作机制。特别是遇到新区开发而影响到文化遗产保护的问题时，因为牵涉问题、部门很多，领导小组、文化部门也显得力量不足。

按照国家非遗保护的要求，梅州也设立了"国家、省、市、县"四级的名录体制，然而除国家、省级由国家、省拨付传承人保护经费外，市、县级非遗项目并没有配套的传承人保护经费，县级项目能够产业化的就对传承人扶持一下。传承人是文化传承的主体，以"非遗为中心建

---

① 梅州市文化广电新闻出版局，http://wgxj.meizhou.gov.cn/。
② 《保护客家文化生态推动文化强市建设》，梅州市人民政府，http://www.meizhou.gov.cn/zwgk/zwdt/zwyw/2010-12-28/1293498477d74603.html，2010年12月28日。

设文化生态保护区",应该首先保证传承人的传承活动。目前,与《客家文化(梅州)生态保护区总体规划》相配套的"实施方案""管理办法""代表性传承人认定与管理办法"还未制定,同时保护资金也无制度支撑。2014年7月8日,市长调研保护区建设,表示把保护区经费列入财政预算,暂时先拨款20万到市非保中心。那么,除将保护区经费列入财政预算外,还应依照国家对保护区的拨款,按比例设立地方上的配套资金。并制定"专项资金管理办法",使资金使用有规章制度遵循,不再依赖于"领导重视"。

综上所述,梅州客家地区在自然和历史的互动过程中,形成了以山区稻作农业为主的生计模式,以祖先崇拜为核心的宗族社会和聚族而居的聚落形态,以及民间信仰系统。虽然新中国成立后,维系宗族的经济基础及制度已经瓦解,但随着政策的调整,祖先崇拜及其他神灵信仰得以恢复,成为村落争取发展资源的一种象征力量,并促成一批古民居的修复。与民间信仰相关的民俗活动也使"香花""安龙转火"、民间音乐、传统手工艺等"非遗"获得了一定的生存空间。随着农业产业结构的调整,地方经济发展,与群众生活密切相关的传统饮食,获得了更多的发展空间。另外,现代化工业则对传统手工艺和传统饮食制作产生了冲击和影响。也即在社会转型期,"非遗"传承虽然受到了影响,但仍然具有赖以生存的民间力量。

刘魁立指出"文化生态保护区建设的核心是整体性保护,这种整体性保护要建立在自我认知的基础上,应该在推进非遗保护和文化生态保护区建设过程中,提升民众对此的价值观"[①]。

那么,在建设文化生态保护区的过程中,是应该从上层制度设计、规划上通过兴建文化场馆、文化公园,修建仿古建筑,以及展会、展演、文化节等方式"打造"一个供人参观、娱乐的"文化旅游区"呢?还是应该结合本区域文化生态的现状,采取符合社区群众意愿及文化传承者利益的措施,引导文化传承者建立团体、行业协会。维护社区群众、民间团体、宗族理事会的话语权、管理权,从而激发民众对文化保护、文化传承的兴趣呢?我们认为后者才是更可取的思路。

---

① 《文化生态保护区建设论坛成功举办非遗保护专家学者齐聚一堂,共论文化生态整体性保护》,《世界遗产》2014年第11期。

大事记

大事记

(除文化部及其相关部门活动外按省分类,包括港澳台三地)

整理:宋俊华　王　娜　张文露

文化部及其相关部门

1月19~26日,由文化部主办,中国非物质文化遗产保护中心和北京市石景山区委、区政府联合承办的"中国非物质文化遗产年俗文化展示周"在北京石景山体育馆举行。共有80个传统美术和传统技艺类非遗项目参展。(文化部官网)

1月29日~2月5日,由中国文化部和泰国国家旅游局等部门联合举办的第十届泰国"欢乐春节"活动,共邀请中国10个省、市、自治区的11支艺术团携花鼓灯、黄梅戏、中国武术等非遗节目参展,是历届参加艺术团和非遗项目最多、地域分布最广、总规模最大的一次。(文化部官网)

2月9日,"第四届文化中国·中国非物质文化遗产美国行暨第二届百花迎春·美国林肯中心星光盛典"在美国林肯中心举行。(搜狐网)

2月11日,"文化中国·非遗校园传承在行动"在法国巴黎的联合国教科文组织总部举行,来自中国人民大学附属中学、北京师范大学附属实验中学等学校的学生,演出了泉州南音、川剧变脸、民族歌曲、民族舞蹈等十余个节目,展现了中国非物质文化遗产在校园传承的成果。(新华网)

3月6日,文化部办公厅对121个国家级非物质文化遗产代表性项目的保护单位进行了调整和重新认定。详见附录三。(文化部官网)

4月16日,中国工艺美术大师、热贡艺术国家级代表性传承人娘本的65幅唐卡作品在中国国家博物馆展出。文化部副部长、青海省副省长等有关部门负责人出席了展览开幕式。(文化部官网)

5月4日,国家发展改革委办公厅、文化部办公厅联合编制了《国家非物质文化遗产保护利用设施建设实施方案》,用于开展国家非物质文化遗产保护利用设施建设,2014年共安排国家非物质文化遗产保护利用设施建设中央预算内资金2.07亿元。(文化部官网)

5月16日,文化部公布了第二批国家级非物质文化遗产生产性保护示范基地名单,共59家企业或单位。详见附录三。(文化部官网)

5月20日,由中国非物质文化遗产保护中心、中国国家体育总局等单位主办的"中国凉茶文化全球推广活动·巴西站"在里约热内卢举行。"巴西站"是中国凉茶首次在国外进行的推广活动。(新华网)

5月28日,联合国教科文组织亚太地区非物质文化遗产国际培训中心在北京召开管理委员会第三次会议。会议审议通过了亚太非遗中心2013年度工作报告及经费决算情况,并审议批准了2014年度工作计划及经费预算等。(《中国日报》网)

6月2~5日,《保护非物质文化遗产公约》缔约国第五次大会在联合国教科文组织总部巴黎举行。此次大会是回顾总结《公约》实施十年以来的首次会议。(非物质文化遗产网)

6月6日,由中国艺术研究院·中国非物质文化遗产保护中心主办的首届"中华非物质文化遗产保护贡献奖"和第三届"中华非物质文化遗产传承人薪传奖"的颁奖仪式在北京举行。名单详见附录三。(非物质文化遗产网)

6月14~22日,由文化部、中央文明办、民政部主办的"非遗保护与城镇化同行"——2014年文化遗产日活动在北京举行。此次文化遗产日活动分为视频展示、互动展示、图片展览三部分。其中图片展览集中展示了近年来非遗保护的成果及120名代表性传承人的杰出事迹。(《北京晚报》)

6月14日,由文化部主办的"中国非物质文化遗产保护出版成果展"在国家图书馆开幕。展览列数了获得"五个一工程奖""中国出版政府奖""国家图书奖""中华优秀出版物奖"等国家级出版物奖项的非遗出版物104种,以及自2008年以来,国家出版基金资助的与非遗保护相关的出版项目131项。在当日展览现场,还举办了《大漆髹饰传承人口述史》一书的首发式。(新华网)

6月16~20日,由文化部人事司、非遗司主办的全国文化厅(局)长非物质文化遗产保护高级研修班在四川举行。各省区市文化厅(局)分管非遗工作的负责人围绕"非遗保护与传承""非物质文化遗产生产性保护""城镇化与非遗保护"三大课题进行了研修。(《中国文化报》)

6月17~18日,由文化部主办,文化部非物质文化遗产司和中国非物质文化遗产保护中心承办的"城镇化进程中的非物质文化遗产保护论坛"在中国艺术研究院举行。(《中国文化报》)

6月25日~7月6日,第48届年度美国史密森尼民俗文化节在华盛顿举行,这是中国首次以主宾国身份参加史密森民俗节,来自中国15个省区市的120多位知名非遗专家和非物质文化遗产传承人,向近百万名游客展示了"中国:生活的传统和艺术"。(《中国艺术报》)

6月26~29日,由文化部主办的第七届中国原生民歌大赛在甘肃省和政县举行。其间,还举办了"花儿音乐保护学术研讨会",来自全国近40位民族民间音乐研究方面的专家学者围绕"花儿"音乐等传统音乐的保护、传承进行了交流。(文化部官网)

8月1日,由中国民协、文化部非遗司、甘肃省委宣传部等共同主

办的第六届中国（陇南）乞巧女儿节与妇女发展国际论坛在北京举行。（《中国艺术报》）

8月20日，文化部在北京召开季度例行新闻发布会。会上，文化部非遗司马盛德副司长介绍了关于加强非物质文化遗产保护的措施，具体包括开展贯彻《非遗法》的执法检查、建立国家级非遗代表性项目的评估制度和监测体系、让非遗在当地得到公共传承和生存空间等十一项。（文化部官网）

9月19日~10月5日，由中国文化部和波兰文化与民族遗产部共同主办的"中国民族文化周"在华沙肖邦音乐学院音乐厅举行。活动内容包括"云南声音"音乐会、少数民族服饰展、非物质文化遗产动态展演暨茶艺、剪纸艺术表演等。（文化部官网）

11月7日，由联合国教科文组织亚太地区非物质文化遗产国际培训中心主办的"非物质文化遗产保护经验交流会"在北京中国国家博物馆举行。其中，中方代表分别从国家层面、地方政府层面，分享了中国近年来在非遗保护方面取得的成果和经验，从国际层面介绍了"保护非物质文化遗产能力建设战略"在亚太地区的实施情况，并听取了联合国教科文组织的意见和建议。（文化部官网）

11月11日，国务院办公厅公布了第四批国家级非物质文化遗产代表性项目名录（共计153项）和国家级非物质文化遗产代表性项目名录扩展项目名录（共计153项），同时根据《中华人民共和国非物质文化遗产法》，将"国家级非物质文化遗产名录"名称调整为"国家级非物质文化遗产代表性项目名录"。至此，国家级非物质文化遗产代表性项目总数达1372项。详见附录一。（文化部官网）

11月19日，文化部非遗司在武汉召开座谈会，研究2015年及"十三五"全国非遗保护工作思路。（文化部官网）

11月25日，联合国教科文组织巴黎总部举行的保护非物质文化遗产政府间委员会第九次会议,批准肯尼亚西部地区的部族舞蹈、乌干达中北部兰戈地区的男童洗礼仪式以及委内瑞拉土著语言马波约原住地口头传统3个新项目列入教科文急需保护的人类非物质文化遗产名录,1个新项目列入非遗优秀实践名册。(中国社会科学网)

11月25～27日,由中国艺术研究院、中国非物质文化遗产数字化保护中心主办的"全国非物质文化遗产数字化保护(首批)试点工作总结会"在北京召开。西藏昌都是全国13家首批试点单位中唯一的少数民族试点地区,同时也是全国唯一一个地级非遗数字化保护点。(文化部官网)

11月28日,在法国巴黎召开的联合国教科文组织保护非物质文化遗产政府间委员会第九次会议上,中国民俗学会竞选成功,进入保护非物质文化遗产政府间委员会新成立的"审查机构",将在2015～2017年间全面参与人类非物质文化遗产代表作名录、急需保护的非物质文化遗产名录、优秀实践名册及国际援助四类申报项目的评审工作。(《中国艺术报》)

12月6日,由文化部非遗司主办的全国非物质文化遗产戏曲剧种传承与保护学术研讨会在北京举行。研讨会设3个分会场,分别为"非遗剧种表导演及剧目创作研究""入选非遗对于戏曲剧种发展的意义"及"非遗剧种与地域文化关系研究"。(《中国文化报》)

12月23～29日,由国家民委、文化部主办的"中国少数民族非物质文化遗产展示周"在北京举行。此次活动是我国首次以少数民族非物质文化遗产为专题的大型展览,涉及国家级非物质文化遗产名录中的少数民族项目433项,与项目相关的20个省、市、自治区参展。(文化部官网)

全国各省、自治区、直辖市
(按音序排列)

安　徽

3月11日,江苏省文化厅非遗处,到安徽省非遗中心考察非遗数字化

保护试点工作。双方交流了非遗保护工作经验，探讨了非遗保护工作中存在的困难、问题及对策。（安徽省文化厅网站）

3月14日，安徽省文化厅开始开展第二批非物质文化遗产传习基地评审工作。（安徽省文化厅网站）

3月底开始，文化部公共文化发展中心组织开展《安徽非物质文化遗产》专题资源库的建设，安徽省分中心承担30集的电视专题片拍摄任务。内容涵盖安徽省入选的国家级非物质文化遗产名录项目。每个非遗项目专题片总时长约30分钟，单独成片。（安徽省文化馆网站）

5月5日，安徽省人民政府公布了第四批省级非物质文化遗产名录，新入选项目65项，扩展名录项目5项。详见附录一。（安徽省文化厅网站）

5月28日～6月9日，由安徽省非遗保护中心、省图书馆主办的"皖北阜阳、蚌埠、淮南、淮北四市非遗巧艺珍品联展"在四市依次举行。（安徽省文化厅网站）

6月初，安徽省潜山县桑皮纸手工制作技艺国家级非遗传承人刘同烟，以"传统工艺生产桑皮纸的专用抄纸装置""专用于桑皮纸传统生产工艺的焙笼"两项技艺，获国家知识产权局实用新型专利。（《安徽日报》）

6月13～17日，安徽省文化厅主办了2014年中国文化遗产日安徽省主场活动，包括"迎驾杯"安徽省非物质文化遗产摄影大赛作品展以及"文化遗产进校园"等系列活动。（安徽省文化厅网站）

7月6日，《黄梅戏》特种邮票首发式在安庆黄梅戏艺术中心门前广场举行。本次发行的《黄梅戏》特种邮票全套有3枚。3枚邮票表现的内容，分别是《天仙配》《女驸马》和《打猪草》。（安徽省文化厅网站）

8月19日，由安徽省文联、安徽省民协主办的首届安徽民间工艺精品展在合肥开幕。本次精品展以中国梦为主题,参展作品分民间美术、文房四宝、竹木牙雕、玉器四大类,涵盖40余个民间工艺门类。(《中国艺术报》)

8月21日,安徽省十二届人大常委会第十三次会议全票通过了《安徽省非物质文化遗产条例》。该条例于10月1日起施行。(《安徽日报》)

8月26~31日,由安庆再芬黄梅艺术剧院出品的最新原创黄梅戏舞台剧《徽州往事》首度登陆国家大剧院舞台。(安徽省文化厅网站)

9月18日,安徽省文化厅组织实施2015年度非物质文化遗产保护资助项目申报工作。(安徽省文化厅网站)

9月22日,安徽濉溪县举行淮北大鼓演唱团成立揭牌仪式,这是淮北市成立的首家非物质文化遗产曲艺项目演唱团。(安徽省文化厅网站)

9月22~23日,由安徽省文化厅、安徽省黄梅戏艺术发展基金会主办的《中国黄梅戏唱腔集萃》首发式暨黄梅戏音乐研讨会在合肥举行。《中国黄梅戏唱腔集萃》精选了中国黄梅戏各历史发展阶段的优秀唱腔633段,是迄今为止规模最大的黄梅戏音乐出版项目。(安徽省文化厅网站)

9月30日~10月3日,由安徽省非物质文化遗产保护中心、合肥裕丰物业投资有限公司首次联合主办的"文心雅韵——安徽非遗文房四宝专题展"在裕丰花市展览中心举行。(安徽省文化厅网站)

10月5~7日,合肥市举办了"首届合肥非物质文化遗产精品展"。(安徽省文化厅网站)

10月16~23日,首届"安徽文化惠民消费季·好戏大家看"——全省民营院团优秀剧目展演于在合肥举行。15个剧团近400名文艺工作者奉献了黄梅戏、泗州戏、扬剧、庐剧等6场戏剧、1场杂技。(安徽省文化厅网站)

10月19日，首届合肥市非遗技艺大赛在老市府广场举行。(《合肥日报》)

12月初，由安徽省工艺美术学会和江西省工艺美术学会联合举办的"首届中国（合肥）非物质文化遗产精品大展暨2014年工艺美术精品大展"在合肥举行。(安徽省文化馆网站)

12月5～7日，以"守望传承对话创新"为主题的首届徽州工艺精品博览会在黄山徽文化产业园举行，共有31位国家级、省级工艺美术大师及非物质文化遗产传承人的百件精品参展。(安徽省文化厅网站)

12月16日，安徽省艺术研究院就《安徽传统剧种音乐档案数字化建设与研究》召开了项目论证会。(安徽省文化厅网站)

12月25日，由合肥市文广新局主办的"首届合肥市非遗保护与发展论坛"在肥东县举办。(中安在线网)

澳　门

6月14日，澳门特区政府文化局举行《澳门十项非物质文化遗产》展览，以庆祝第九个"中国文化遗产日"。(中国新闻网)

7月25日，首届亚太文化创意博览会在澳门开幕。展会期间，现场进行了乞巧文化宣传片的播放和2014广州乞巧赛艺会的启动仪式，这是广州巧姐首度赴澳门献艺，实现非遗文化节庆与世界遗产城市的无缝接驳。(《羊城晚报》)

7月27日，由澳门基金会和江苏省京剧院共同打造的大型史诗京剧《镜海魂》，作为庆祝澳门回归15周年的庆典作品，在南京紫金大戏院举行首演。这是澳门和大陆的首次深度文化合作。澳门非物质文化遗产醉龙舞，在该戏中起到了"画龙点睛"的作用。(光明网)

北　京

1月22日，北京市海淀区非遗项目代表性传承人甲午新年联欢会暨海

淀区龙在天非遗小剧场挂牌仪式在京举行。这是北京市首家以展示非遗保护成果、传习非遗技艺为主题的剧场。(《中国艺术报》)

4月29日,北京"首届武吵子大赛暨第二届鼓舞邀请赛"在大兴区榆垡镇文化广场举行,来自全市的11支代表队登台献技。(千龙网)

5月中,国家非遗传承人、青海省民间工艺大师罗藏旦巴,及家族唐卡艺术展在北京莲生妙相唐卡艺术中心开展。这是非遗传承人罗藏旦巴画师首次以家族传承体系为主题参展,本次展出的作品年代跨度达400年之久。(社会科学网)

5月26日,来自美国、法国、埃及等7个国家的10位摄影大师在京以展现北京城市风范和中国非物质文化遗产的魅力为主题,用镜头记录北京变迁。(国务院新闻办公室门户网站)

5月28日~6月1日,第三届中国(北京)国际服务贸易交易会在北京国际会议中心举行,其中文化服务贸易板块首次召开以"非遗项目申请的咨询与服务"为主题的现场洽谈研讨会,并迎来百家中国非物质文化遗产企业现场表演。(中新网)

5月31日,第六届北京端午文化节暨北京市首届"非遗大观园"端午游园会、首都高等学校第四届大学生龙舟锦标赛在延庆开幕。(《北京周报》)

6月26日,由央视科教频道、人民网传媒频道、新华网传媒频道等联合主办的《"手艺"里的中国梦》——百集纪录片《手艺》创作研讨会在京举行。今年百集创作收官后,《手艺》选入《中国非物质文化遗产保护大事记》,并在由文化部主办、中国非物质文化遗产保护中心、国家图书馆承办的"中国非物质文化遗产保护出版成果展"上循环展映。(中青在线网)

6月30日,故宫公布了"平安故宫"项目的最新进展,在故宫今年的文物保护计划中,一批老字号企业和非物质文化遗产传承人与故宫实现签约,目前已经成立了宫廷家具文物、车马轿舆类文物、中和韶乐类文物、缂丝类文物、金属文物等五个修复工作室。(北京商报)

7月6日,中国首部陇剧戏曲电影《陇上的梦》剧本研讨暨新闻发布会在北京举行。(中国新闻网)

7月10日,中国民间文艺家协会在北京成立"中国剪纸研究中心"。(新华网)

8月19~24日,北京市举行第九届民族传统体育运动会,非遗项目珍珠球、蹴鞠首次列入运动会正式比赛项目。(中国新闻网)

9月初,中国戏曲学院首次招收河南曲剧本科生,这是继京昆之后多剧种办学增添的又一新剧种,也标志着河南曲剧首次有本科生。(《光明日报》)

9月27日,京津冀非遗鼓舞精品展演在北京市城湖公园举行。(新华网)

12月10~12日,中国艺术研究院研究生院与恭王府联合举办中国艺术研究院研究生院非物质文化遗产保护专业艺术硕士现场教学会。主办方邀请了来自全国各地的十位国家级非遗项目传承人与同学们进行了为期三天的研讨活动。(《光明日报》)

12月11~14日,第九届中国国际文化创意产业博览会在北京举办。本届文博会首次在江苏扬州设立分会场展示大运河申遗成果、古琴艺术、扬州"三把刀"等国家级非遗项目。(《光明日报》)

12月29日,北京市人民政府公布了第四批市级非物质文化遗产代表性项目名录(共计28项)和市级非物质文化遗产代表性项目名录扩展项目名录(共计6项)。详见附录一。(《北京晨报》)

重 庆

1月27日,重庆市人民政府公布了重庆市第四批非物质文化遗产代表

性项目名录,共110项。详见附录一。(中国文艺网)

5月22~23日,重庆市非遗保护中心开展"非物质文化遗产进社区、进校园"活动,先后组织蜀绣、梁平木版年画、重庆糖画、重庆面塑等近20项国家级、市级非物质文化遗产项目走进珊瑚实验小学、金马小学、重庆市50中学等进行现场展示。(重庆非物质文化遗产网)

6月14日,由重庆市文化委员会、重庆市精神文明办公室、重庆市民政局、巴南区人民政府共同主办的2014年"文化遗产日"暨重庆市第五届文化遗产宣传月展演活动在巴南区人民广场举行。(重庆非物质文化遗产网)

6月21日,中国民主同盟重庆市委文化委与重庆天风古琴院共同举办的"把遗产留给未来——2014年古琴进社区"首场分享会在重庆市群众艺术馆举行。(《重庆日报》)

6月25日,重庆市地理信息中心、重庆地理地图书店发布了《重庆非物质文化遗产地图》。(《重庆晨报》)

7月9日,重庆的国家级非物质文化遗产川江号子赴欧洲,参加第八届世界合唱比赛。(中国广播网)

11月初,重庆市文化遗产研究院的科研专著《川江号子》获得重庆市第七届社会科学优秀成果奖一等奖,这也是首次为这一国家级非物质文化遗产项目立传。(中国新闻网)

11月26日,重庆市非物质文化遗产保护协会正式成立。(《中国文化报》)

福 建

2月2~6日,由福建省文化厅、西藏林芝地区行政公署主办的"情系八闽走基层"2014春节"文化惠民"系列活动在福州举行。此次活动包括"藏畲少数民族非遗交流展""福州非遗三宝新春联展"和"莆田木雕

艺术展"等。(《中国文化报》)

2月5~11日,福建省艺术馆、非遗保护中心携非遗项目福建宁德霍线狮,赴新加坡参加"布海同心"妆艺大游行。(福建省非物质文化遗产保护中心网站)

2月10日,福建省海峡民间艺术馆举行"剪春风——闽台剪纸艺术展",50余件福建民间剪纸作品和20余件台湾立体剪纸作品参展。(中国新闻网)

2月12日,海峡两岸民俗文化节在福州闽江公园开幕。本届文化节活动分为两岸民俗展演大舞台、海峡两岸民俗队伍大巡游、传统民俗项目展示等。(《中国文化报》)

5月29日,福建省政府公布了福建省第三批非物质文化遗产项目代表性传承人名单,共141名。详见附录一。(福建省文化厅网站)

6月14日,由福建省文化厅、福州市政府等主办的2014年"文化遗产日"活动在福州三坊七巷举行。内容包括闽台非遗习俗展演、闽台宗祠楹联书法展等10多个,其中,客家文化遗产是首次在福州亮相。(福建省文化厅网站)

6月14日~7月14日,福建省非遗保护出版成果展在福建省图书馆和福建省非遗博览苑非遗书吧联袂展出。这是福建省首次集中展示本省非遗保护的出版成果,包括了图书图典、非正式出版物、期刊报纸文章、数字音像出版物等251种300多件出版成果。(福建省文化厅网站)

8月15~17日,由福建省艺术馆、晋江市文化体育新闻出版局主办的"人文之旅·非遗之光"福建非遗博览苑首届少儿公益夏令营活动,在福州三坊七巷和省少年儿童图书馆举行。(福建省非物质文化遗产保护中心网站)

8月24日至9月22日,"庆祝新中国65华诞·同圆中国梦——福建戏剧优秀剧目晋京展演"活动在北京举行。其中,9月16~21日,北京国家大剧院还举办了"福建非物质文化遗产精品展",包括了寿山石雕、莆田木雕、福建漆艺等百余件非物质文化遗产项目。(《中国文化报》)

9月5日,由福建省文化厅主办的"丝路非遗系列展——漆缘"开幕式暨"丝路寻根非遗扬帆——漆艺的流传"沙龙活动在福建省非物质文化遗产博览苑举行。(福建省文化厅网站)

9月29日,"'闽南古韵·两岸传情'——海峡两岸闽南非物质文化遗产展演"系列活动在北京国家大剧院开幕。此次活动由全国台联、北京市台联、福建省台联与国家大剧院共同主办,展示了闽台歌仔戏、漳州锦歌、泉州高甲戏、南音等诸多非物质文化遗产项目。(新华网)

甘 肃

1月10日,甘肃省非物质文化遗产保护协会在兰州成立,在当选的80名协会理事中,有17名国家级传承人、4名省级传承人。(《甘肃日报》)

6月12日,甘肃定西市"首届非物质文化遗产摄影图片展"开展。本次图片展展出了涵盖民间美术、民间音乐、传统手工技艺等10多个类别的摄影作品304幅。(《甘肃日报》)

6月14~16日,由甘肃省文化厅、省文明办、省财政厅、省民政厅和平凉市政府主办的2014年文化遗产日"甘肃省非物质文化遗产展演"活动在平凉崆峒古镇举行。本次展演是首次由各省级部门联合举办的非遗展演活动,也是甘肃省首次在社区举办的全省性非遗展演活动。(《兰州晨报》)

7月22日,甘肃省陇南市在召开的第六届中国(陇南)乞巧女儿节新闻发布会上,正式启动了西和乞巧节申报人类非物质文化遗产代表作名录工作。(文化甘肃网)

7月27日~8月2日,第六届中国(陇南)乞巧女儿节在陇南举办。同时,作为系列活动之一中国(陇南)乞巧女儿节与妇女发展国际论坛于

8月1日在北京举办。该论坛以"女儿梦·中国梦"为主题,围绕"乞巧文化和妇女发展"开展研讨交流和宣传推广。(文化甘肃网)

8月20日,由甘肃嘉峪关市市委宣传部、市文化广播新闻出版局主办的"首届嘉峪关市非物质文化遗产论坛"开坛。(《嘉峪关日报》)

11月14日,《甘肃省非物质文化遗产条例(草案)》正式向社会公开征求意见,公民可自荐申请认定非遗传承人。(《兰州晚报》)

广 东

1月31日~2月4日,由汕头市委宣传部、市文广新局、市文联联合主办的"首届潮汕民俗文化展示周"在汕头市中山公园举行。(《汕头日报》)

4月3~4日,由广东省文化厅主办的"2014广东省(珠三角肇庆片区)非物质文化遗产保护工作培训班"在肇庆举行。来自广州、佛山、江门、云浮、顺德和肇庆市及所辖县(市、区)省、市级非物质文化遗产项目保护单位、非物质文化遗产项目代表性传承人、非遗保护中心工作人员近300人参加了培训。培训专题有"非物质文化遗产项目保护数据库管理与应用""非物质文化遗产代表性项目保护单位职责"以及"传承人义务和责任"等。(《西江日报》)

4月16日,"拯救非物质文化遗产手工艺——花丝工艺"项目在广东汕头潮宏基花丝博物馆启动。(新华网)

4月23~24日,由广东省文化厅主办的2014年广东省粤北地区非物质文化遗产保护工作培训班在清远市连南县举行,来自清远、韶关130多名非物质文化遗产保护工作者参加了培训。(广东省文化厅公众服务网)

5月9日,"岭南非遗文化走出去"工程在广州南方文化产权交易所启动。此次活动是由广东省南方文化产权交易所、北京东方雍和国际版权交易中心、中凯文化集团联合推动,致力于"传播优秀传统文化",让岭南

非遗走向全国。(南方网)

5月9日,广东省文化厅举办了2014广东省非物质文化遗产专家委员会初聘专家培训班。来自传统音乐、舞蹈、戏剧、曲艺、美术、技艺、医药、民俗8个组别初任专家和相关人员约40余人参加了培训。(广东省文化厅公众服务网)

5月15~19日,由中国文化部、广东省政府、深圳市政府等联合举办的第十届中国(深圳)国际文化产业博览交易会在深圳举行。本届文博会共有2263个政府组团、企业和机构参展,设有文化产业综合馆、非物质文化遗产馆等八类大展馆。(《中国文化报》)

5月13~19日,由中国艺术研究院、中国非物质文化遗产保护中心、深圳市宝安区政府共同主办的"中国巧艺——中国(深圳)非物质文化遗产百项技艺联展"在深圳市凤凰古村举行。此次联展是第十届中国(深圳)国际文化产业博览交易会的重要组成部分,展览以国家级、省级代表性传承人现场演示为主。联展共选出来自全国22个省、市、自治区的78个国家级非物质文化遗产项目,分为传统美术、传统技艺、传统医药三个区域。参展项目除广东省外,浙江数量最多。(《中国文化报》)

6月14日,深圳市首家非物质文化遗产博物馆在南山区海大创意园举行了开馆仪式。这家博物馆目前划分为非遗工艺展厅、非遗美术展厅、非遗活态展厅和非遗珍宝展厅,包括剪纸、彩陶、五大名窑等28个类别。(《深圳特区报》)

6月14日,由广东省文化厅、省文明办和省民政厅联合主办的2014年"文化遗产日"系列活动在广东粤剧院举行。主要内容包括:广东省非物质文化遗产代表性传承人手工技艺展、"守望岭南"广东省非物质文化遗产专场惠民演出及巡演等。(广东省文化厅公众服务网)

8月初,东莞举办首个"非物质文化遗产展演",共有10个非遗项目登上舞台。(《东莞日报》)

8月23日,由广东省文化馆、省非物质文化遗产保护中心等联合主办的"民俗文化发展研讨会"在中山市大涌镇召开,来自全国各地近100名民俗文化研究专家出席了会议。(广东省文化厅公共服务网)

8月26日,深圳市首家非物质文化遗产企业——贺贺文化艺术公司,在上海股权托管交易中心成功挂牌上市。(新华网)

8月底,78岁的国家级非遗佛山木版年画传承人冯炳棠首次正式收徒。(《羊城晚报》)

10月17日,广东省文化厅公布了第四批省级非物质文化遗产项目代表性传承人,共122名。详见附录一。(云南省文化厅网站)

10月31日,由中山大学中国非物质文化遗产研究中心、中国社会科学院社会科学文献出版社主办的"《中国非物质文化遗产保护发展报告(2014)》发布会"在北京举行。(光明网)

11月11~23日,第十二届广东省艺术节在广州主会场、佛山及惠州分会场同时举行,158场演出包括粤剧、潮剧、广东汉剧、正字戏、西秦戏、白字戏等非物质文化遗产项目。(广东省文化厅公共服务网)

11月17~24日,由广东省文化厅主办的"2014地道中华非物质文化遗产图文展——广东省非物质文化遗产成果巡礼暨广东省非物质文化遗产保护研讨会"在广州图书馆新馆举行。(广东省文化厅公众服务网)

11月22日,东莞首次举办集采香庆典、表演、品香、观光、展览、论坛于一体的"莞香采香日文化活动"。(《南方日报》)

11月27日,"中国砚都"首个国家级非物质文化遗产生产性保护示范基地在广东肇庆市端州区华兴端砚厂揭幕。(中国新闻网)

12月11~20日,由广东省文化厅主办的"广东省非遗精品展及拍卖

会"在广州举行。(《南方日报》)

12月19日,第三届"两岸三地"非物质文化遗产博览会在珠海开幕。本届博览会以"韵荟岭南,大美西藏"为主题,为期三天。来自西藏、岭南及港澳台等地的百余项非遗展品集中参展。(《南方日报》)

广 西

3月28日,广西首家非物质文化遗产江南水街传承展示中心在南宁挂牌成立。(《广西日报》)

4月2~3日,广西壮族自治区在南宁和广西各地举办了"壮族三月三"系列活动。(广西壮族自治区文化厅网站)

4月9~11日,广西壮族自治区非物质文化遗产保护工作暨中越边境非物质文化遗产保护惠民富民示范带建设培训班在东兴举办。全区14个市文化局、非遗保护中心,以及凭祥、宁明等8个中越边境县、市的非遗工作相关负责同志参加了培训。(广西壮族自治区文化厅网站)

4月10日,广西第一家非物质文化遗产展示馆——东兴非物质文化遗产展示馆在东兴市挂牌成立,该馆分为民族民间艺术、历史文化、传统技艺、特色美食、民风民俗五大部分。(新华网)

5月4~10日,"2014悉尼·广西文化周"交流活动在澳大利亚悉尼中国文化中心举行。本次交流活动由广西少数民族歌舞专题演出、广西传统织绣艺术展和"美丽广西,多彩民族"主题演讲等内容组成。(广西壮族自治区文化厅网站)

5月17~18日,由广西壮族自治区文化厅主办的"2014广西非物质文化遗产美食展"在自治区博物馆民族文物苑举行。今年美食展的主题是"共享八桂美食珍馐,感受非遗独特魅力"。(广西壮族自治区文化厅网站)

6月14日,由广西壮族自治区文化厅、自治区文明办、自治区民政厅主办的广西2014年文化遗产日系列宣传活动——"非遗保护与城镇化同行"在南宁民族广场举行。(广西壮族自治区文化厅网站)

11月25日,广西壮族自治区人民政府公布了第五批自治区级非物质文化遗产代表性项目名录,共133项。详见附录一。(广西壮族自治区文化厅网站)

贵 州

1月15日,贵州召开全省宣传部长会议筹备工作暨非物质文化遗产保护利用专题会议。会议指出,要把非物质文化遗产的保护传承和开发利用作为今后宣传思想工作的重头,5年内重点推出"'多彩贵州'原生态文化大观",凸显贵州文化特色。(《中国文化报》)

1月24~26日,中宣部、国家文化部、国家税务总局相关部门到贵州调研,实地考察了牙舟陶和水族马尾绣生产性保护情况,了解非物质文化遗产生产性保护过程中经营企业税收政策执行情况。(贵州非物质文化遗产网)

2月4~9日,全国文化信息资源共享工程贵州省中心摄制组一行到册亨县板坝、板万、乃言、弼佑等村寨拍摄国家级非物质文化遗产《布依戏》专题片。(贵州非物质文化遗产网)

3月27日,"2014西班牙马德里·多彩贵州文化节"在马德里中国文化中心举行。本届文化节是贵州省与马德里中国文化中心2014年度部省合作项目的首场,分为"炫彩贵州——贵州少数民族服饰展""音韵贵州——贵州非物质文化遗产展演"和贵州非物质文化遗产专题讲座等四项活动。(贵州省文化厅网站)

4月15日,中国艺术研究院中国非遗数字化保护中心、中国中医科学院中药研究所一行人到山雷县,对国家级非物质文化遗产名录项目"苗医药(骨伤蛇伤疗法)"数字化采集工作进行了指导。(贵州非物质文化遗产网)

5月5日，贵州省文化厅领导和专家对国家级、省级非物质文化遗产生产性保护示范基地石桥黔山古法造纸合作社、宁航蜡染有限公司、扬武苗族蜡染专业合作社和卡拉鸟笼制作技艺传习所进行了考察调研。（贵州非物质文化遗产网）

6月13日，贵州省文化体制改革和发展工作领导小组在贵阳召开会议，启动实施《贵州省非物质文化遗产保护发展规划（2014—2020年）》，全面部署全省非物质文化遗产保护发展工作。这是国内首个以省委办公厅、省政府办公厅名义正式公布的非物质文化遗产保护规划。该规划涵盖了"十二五"后期及整个"十三五"时期，内容包括八大"工程"。（贵州非物质文化遗产网）

6月14~21日，由贵州省文化厅、省文物局、省文化演艺集团共同主办的2014年"文化遗产日"系列活动在贵州省博物馆举行。内容包括"非物质文化遗产与城镇化同行"进校园主题讲座，"非物质文化遗产与城镇化同行"进社区展览宣传以及举办全省非物质文化遗产保护与传承培训班等。（贵州非物质文化遗产网）

6月底，从江县下发《关于做好国家二级综合档案馆创建相关资料报送工作的通知》，要求14个县直部门、21个乡镇收集从江县各个历史时期少数民族的档案资料。这是从江县建县以来，首次为当地少数民族建立历史档案"信息库"。（贵州非物质文化遗产网）

7月2日，贵州首届苗族摔跤节在惠水县九龙村举行。（贵州非物质文化遗产网）

7月4日，由国家非物质文化遗产中心、宝马（中国）汽车贸易有限公司、贵州省文化厅等有关人员组成的考察组一行80人，探访了贞丰岩鱼布依古寨。（贵州非物质文化遗产网）

7月21日，第七届"中国·原生态民族文化旅游节"在贵州凯里开幕。（贵州非物质文化遗产网）

7月30日~8月2日，贵州省非物质文化遗产中心组织专家朱伟华、蒋英，贵州省非遗中心数据部工作人员及黎平县非物质文化遗产保护中心工作人员赴兴义市开展"非物质文化遗产数字化管理系统试点"交流、指导工作。（贵州非物质文化遗产网）

8月12日，贵州省文化厅、非遗处一行五人组成的调研组，赴丹寨县开展黔东南州非物质文化遗产传承人队伍现状调研工作座谈会。（贵州非物质文化遗产网）

8月19日，贵州威宁自治县石门乡新龙小学在中国社会科学院学者沈红教授的资助下举办了首届苗文培训班。（贵州非物质文化遗产网）

9月13日，中国人类学民族学研究会苗学研究专业委员会成立大会在贵州大学举行。（贵州非物质文化遗产网）

9月23~27日，由贵州省文化厅主办的2014全省非物质文化遗产数字化建设培训班在三都县举行。全省9个市州近120名非物质文化遗产保护一线工作者参加了培训。培训的重点内容是摄影摄像与非物质文化遗产数字化保护采集方法。（贵州非物质文化遗产网）

9月26日，国家民委发布《关于命名首批中国少数民族特色村寨的通知》，天柱县坌处镇三门塘村被命名为全国首批"中国少数民族特色村寨"并予以挂牌。（贵州非物质文化遗产网）

9月27日，川、黔、滇苗族学术研讨会第一次会议暨毕节市苗学会年会在赫章县召开，来自四川、云南、北京、山东以及贵州省毕节市、遵义市、安顺市、六盘水市、黔南苗族布依族自治州等地的专家学者152人参加了会议。（贵州非物质文化遗产网）

10月10日起，贵州省黔剧院民族乐团分别在北京国家大剧院、中央民族乐团音乐厅、中央音乐学院音乐厅举行了三场名为《风华黔韵》民族音乐会的演出。这是作为非物质文化遗产的黔剧第一次在中国最高音乐殿堂向人们展示黔剧乐韵，12支曲目包括贵州地方特色的音乐作品、以黔剧板腔为素材的民族音乐新编曲目，以及黔剧彩唱。(《光明日报》)

10月15日，由贵州省文化厅、省民族宗教事务委员会主办的全省首期"侗族大歌传承保护发展骨干人才培训班"在侗乡黎平开班。本次首期培训历时一个月，来自黎平、从江、榕江三县文化馆、文化站和农村优秀歌师（歌手）共100名学员参加了培训。(贵州非物质文化遗产网)

11月28~29日，由贵州省文化厅、省民族宗教事务委员会和黔东南州委、州人民政府联合主办的贵州首届侗族大歌传承保护发展百村歌唱大赛决赛暨从江第十一届原生态侗族大歌节在从江县城鼓楼广场举行。(贵州非物质文化遗产网)

海　南

4月8~11日，由海南省外事侨务办策划，海南日报报业集团承办的海南文化主题展示在博鳌亚洲论坛2014年年会期间展出。今年的主题为海南省非物质文化遗产，集中展示了海南省25项非物质文化遗产项目。(《海南日报》)

4月10日起，由海口市委、市政府主办的海南非物质文化遗产系列纪录片在中央电视台第四套节目连续播出。海南非遗系列纪录片共13集，包括"海南琼剧""三江舞虎""府城换花节""海南椰雕"等20多个项目。(人民网)

5月13~16日，由海南省文化广电出版体育厅和日本东京中国文化中心共同主办的"海南省非物质文化遗产保护成果展"在东京中国文化中心举行。(海南省非物质文化遗产网)

5月底，由海南省文体厅与省非物质文化遗产保护中心、琼海市文化馆组成的普查工作组对三沙市的非物质文化遗产进行了第一期普查，初步了解和掌握了三沙市所驻岛屿的非物质文化遗产资源种类、数量、分布状况、生存环境、保护现状及存在问题等。(《海南日报》)

6月14~22日，由海南省文化广电出版体育厅主办的2014年"文化遗产日"系列活动在海口举行。主要内容包括黎族传统纺染织绣技艺保护成果展、第五届海南黎族织锦大赛、"薪火相传"海南省非物质文化遗产展演等。（海南省非物质文化遗产网）

7月9日，由海南省文体厅主办的为期3天的琼粤桂非物质文化遗产保护研讨会在三亚市开幕，广西、广东、海南三省区共同探讨研究非遗保护。（《海南日报》）

9月初，由海南省文体厅主编，省民族研究所组编的《黎族服饰》正式出版，该书全面系统介绍了黎族五大方言传统服饰的历史渊源、基本特征、制作工艺等，并首次把黎族装饰品纳入黎族服饰研究。（《海南日报》）

11月12日，海南省文体厅公布了海南省第三批省级非物质文化遗产传承人名单，共26人。详见附录一。（《海南日报》）

11月22日~12月27日，海南大学艺术学院举行了"民间艺术进高校"系列展演活动，海南八音、琼剧、疍家调、黎族歌舞和服饰、临高哩哩美和人偶戏、儋州三宝等海南民间艺术走进海南大学。（新华网）

12月21日，海南首度对全省68名非物质文化遗产传承人进行考核，分为优秀、称职、基本称职和不称职四类。考核结果作为今后"非遗"传承人进入和退出机制的有效依据。（《海南日报》）

河 北

2月初，由河北武强年画博物馆、西藏博物馆共同举办的武强年画专题展在西藏拉萨举办。此次展览是河北武强年画首次走进西藏。（《中国文化报》）

2月14日~3月18日，2014海外"欢乐春节"暨《河北曲阳雕塑展》《河北唐山工艺陶瓷展》及河北民俗工艺展演活动在西班牙马德里中国文化中心举行。该展由文化部、河北省文化厅、马德里中国文化中心共同主办,是河北省2014年在国外举办的首个大型艺术展活动,也是河北曲阳石雕、唐山工艺陶瓷、仿古青铜器等文化产品首次在欧洲举办的专题展览。(河北非物质文化遗产保护网)

3月6~8日,由河北省文化厅主办,河北非遗保护中心承办的"冀中传统音乐文化生态保护实验区保护规划论证会"在廊坊市召开。(河北非物质文化遗产保护网)

3月21日,《河北省非物质文化遗产条例》经河北省第十二届人民代表大会常务委员会第七次会议表决通过,于6月1日起施行。(河北省文化厅网站)

4月30日~5月3日,由中国群众文化学会、邯郸市委、市政府共同主办的第九届中原民间艺术节在邯郸市举办。此次艺术节新增国家级非物质文化遗产保护名录项目地方戏曲优秀剧目精品选段展演环节,武安平调落子、永年西调、豫剧(桑派)、冀南四股弦、临漳郭小屯坠子等剧种传承人登台演出。(河北省文化厅网站)

5月27~29日,由河北省文化厅主办,省非遗保护中心承办的学习贯彻《河北省非物质文化遗产条例》培训班在石家庄举行。河北省非遗保护中心、各市文广新局、市非遗保护中心、部分县文广新局和代表性项目保护单位负责人,以及传承人代表等共计90人参加了培训。(河北非物质文化遗产保护网)

6月7日,由河北省非物质文化遗产保护中心和新浪河北共同主办的"非物质文化遗产探寻之旅"活动启动仪式在正定荣国府举行。(河北非物质文化遗产保护网)

6月14~16日,由河北省文化厅和廊坊市人民政府主办的第七届河北省民俗文化节在廊坊国际会展中心举行。文化节包括:"燕赵风华"非遗展演、宣传贯彻《河北省非物质文化遗产条例》座谈会、河北省特色非物质文化遗产纪录片展播等十大板块。(河北省文化厅网站)

7月9~18日，由河北省群众艺术馆、省非物质文化遗产保护中心等部门主办的"'满韵乡风'——丰宁满族风情剪纸展暨研讨会"在石家庄市美术馆举行。（河北非物质文化遗产保护网）

8月12日，河北省非遗代表性传承人口述史记录整理培训班在石家庄市举办。该培训班由河北省非物质文化遗产保护中心主办，来自河北各地的非遗代表性传承人口述史记录整理人及河北省非遗保护中心有关人员参加了培训。（《中国文化报》）

8月13日，伏羲祭典研讨会在河北新乐市河北美术学院举办。（河北非物质文化遗产保护网）

9月11~14日，由文化部艺术司、河北省文化厅、唐山市人民政府共同主办的第九届中国评剧艺术节在唐山市举行。（《天津日报》）

9月15~17日，由河北省文化厅主办的首届河北省民歌演唱大赛在秦皇岛市举行。（河北非物质文化遗产保护网）

9月18日，由河北省文化厅主办的"印象·河北"摄影展和河北非遗展在德国乌波塔尔市政厅举行。中国河北文化周是河北首次在德国举办的重大文化交流活动。（河北省文化厅网站）

9月26日，河北省非物质文化遗产保护中心与石家庄东风小学举办了"2014年非物质文化遗产进校园活动"。活动期间组织了河北省国家级、省级非遗项目武强木版年画、无极剪纸、藁城吹糖人、南花园民间戏法等进行现场展示。（河北非物质文化遗产保护网）

9月26~28日，由河北省文化厅主办的"第三届河北省特色文化产品博览交易会"在石家庄市英华特色文化城举行。藁城宫灯、蔚县剪纸、曲阳石雕、大名草编、花丝镶嵌、磁州窑、掐丝唐卡、香河景泰蓝等数百种各具特色的非物质文化遗产精品现场展出。（河北非物质文化遗产保护网）

9月27~28日，由中国艺术研究院音乐研究所、河北师范大学、河北省音乐家协会、河北省艺术研究所、河北省非物质文化遗产保护中心共同举办的燕赵音乐文化研讨会在石家庄市举行。（河北非物质文化遗产保护网）

9月30日，数字电影《窗花》在河北蔚县首映。这是中国首部描写世界非物质文化遗产蔚县剪纸的数字电影作品。（河北非物质文化遗产保护网）

11月初，2014第三届国家级非物质文化遗产形意拳交流研讨高峰论坛在河北省深州市举行，来自北京、天津、山西、辽宁等全国多个省市以及国外形意拳组织的200多名形意拳代表、拳师参加。（河北非物质文化遗产保护网）

11月18~20日，由河北省群众艺术馆、河北省曲艺家协会、河北省非遗保护中心和河间市人民政府联合主办的"首届中国河间西河书会"在河间市举行。（河北非物质文化遗产保护网）

11月15~22日，由河北省群众艺术馆、省非遗保护中心主办的河北皮影艺术展在河北科技大学举行。此次活动分为皮影实物展览、基地签约仪式和剧目演出三部分。（河北省文化厅网站）

11月29日，河北梆子首次举办非遗传承人收徒仪式，国家级非遗传承人王凤芝和李二娥分别收下国家一级演员杨秀琴和优秀青年演员张华为徒。（河北省文化厅网站）

河　南

1月29日，由河南省文化厅颁发的非物质文化遗产展示馆挂牌仪式，在洛阳烟云涧青铜工艺博物馆举行。这是国内首家青铜工艺非遗展示馆。（《中国文化报》）

2月11~15日，以"逛千年庙会，赏中原民俗，感春节文化，享旅游盛宴"为主题的第六届中国（鹤壁）民俗文化节在河南鹤壁举行。其中，

2月12~13日举办的第五届中国春节文化高层论坛,进一步盘点春节民俗家底、加快推进春节申报世界非遗、充分领会春节文化内涵,成为会议的中心议题。(中国文艺网)

2月11~13日,文化部非物质文化遗产司领导和专家先后赴河南宝丰县、浚县实地调研了马街书会和浚县正月古庙会等非物质文化遗产代表性项目。(河南省人民政府网站)

2月12日,由中国非物质文化遗产保护中心、河南省文化厅、平顶山市人民政府等联合举办的"中国·宝丰马街书会国家级非物质文化遗产曲艺展演"上演,19个节目涉及17个曲种,全部为国家级非物质文化遗产项目,曲种包括评书、快板书、河南坠子等。同时,马街书会中华曲艺展览馆也在当日开馆,文化部、中国文联、中国曲协、省委宣传部、省文化厅等相关领导共同揭牌。(河南文化网)

3月2~19日,由中国非物质文化遗产保护中心、河南省文化厅、周口市人民政府共同主办的第五届"中原古韵——中国(淮阳)非物质文化遗产展演"活动在河南淮阳县举行。本次活动内容涉及河南的豫剧、曲剧、开封盘鼓以及陕西的韩城行鼓、江西的永新盾牌舞、内蒙古的蒙古长调、安徽的花鼓灯、山西的上党八音会、辽宁的东北二人转等。(《中国文化报》)

4月3~14日,2014中国(开封)清明文化节在河南开封清明上河园举行。由中国民协主办的全国首届木偶展演在3日的开幕式上展演。(《中国文化报》)

4月26日,由中原大地传媒股份有限公司主办、中州古籍出版社有限公司承办的"民俗文库"创作研讨会在郑州举行。30多位来自全国各地的民俗领域的专家为中华民俗文化的薪火相传建言献策。(河南文化网)

6月初,河南省濮阳市开通全国首部非遗保护热线。(《中国文化报》)

6月11~29日,由河南省文化厅主办的2014年"文化遗产日"系列活动在郑州举行,活动内容包括河南省非物质文化遗产图片展、薪火相传——河南省非物质文化遗产传统技艺(陶瓷类)精品展、国家级非物质文化遗产代表性项目曲剧专场展演、第一届河南省曲剧艺术保护与传承研讨会等。(河南文化网)

8月底,开封市博物馆"开封朱仙镇木版年画保护"项目获"2014年度美国文化保护基金"7万美元资助。这是迄今为止河南省首个非遗项目获此资金支持。(河南文化网)

9月22日,由中国文联、中国文学基金会、中国曲艺家协会主办的"向人民报告——庆祝新中国成立65周年"暨说唱中国梦优秀曲艺节目展演河南曲艺专场在北京民族文化宫大剧院上演。由河南歌舞演艺集团曲艺团演出的"马街书会"首次被打造成一台节目搬上北京舞台。(河南文化网)

11月16日,2014中国(郑州)世界旅游城市市长论坛在郑州召开,朱仙镇木板年画、汴绣、古琴、泥塑、民间剪纸、秦氏绢艺等非遗项目出现在同期举办的河南非物质文化遗产展示。(河南文化网)

11月27日,河南省文化厅公布了第三批河南省非物质文化遗产生产性保护示范基地名单,共10个单位。(河南文化网)

12月8日,由河南省文化厅举办的河南省第三批省级非物质文化遗产代表性传承人培训班在郑州开班,本次培训班为期两天,内容包括全国非物质文化遗产资源概况及我省非物质文化遗产保护工作基本情况,《中华人民共和国非物质文化遗产法》《河南省非物质文化遗产保护条例》解读,代表性传承人如何更好地开展保护和传承工作,国家级非物质文化遗产代表性传承人申报基本方法等。(河南文化网)

12月14日,由河南省文化厅、河南省音乐家协会主办的"首届河南省古琴古曲展演活动"在河南博物院多功能厅举行。(河南文化网)

12月18～20日，由河南省文化厅举办的河南省第一期非物质文化遗产代表性项目保护单位负责人培训班在开封举行。来自开封、濮阳、许昌等市（县）文广新局非遗科（股）长、非物质文化遗产保护中心主任以及项目保护单位负责人共计130余人参会。（河南文化网）

12月25日，河南省非物质文化遗产学会在郑州成立。与会代表通过了《河南省非物质文化遗产学会章程》，明确了业务范围。（河南文化网）

12月25日，河南省稀有剧种抢救工程总结表彰会在郑州召开，省文化艺术音像出版社等20家单位，刘亚光等28位个人获得表彰。（河南文化网）

黑龙江

3月29日，黑龙江省市（地）非物质文化遗产保护中心工作会议暨省级非物质文化遗产代表性传承人考核培训工作会议在哈尔滨召开。此次会议确定2014年为非物质文化遗产保护工作"夯实基础、规范管理"年，安排了黑龙江省级非物质文化遗产代表性传承人的考核工作。（人民网）

4月4日，首届黑龙江赫哲族鱼皮艺术作品展在黑龙江省图书馆举行。近400件造型各异、制作精美的鱼皮艺术品在此进行了为期半个月的展览。这是国家级非物质文化遗产赫哲族鱼皮艺术项目在黑龙江的首次专题展览。（《人民日报》）

4月23日，黑龙江省文化厅公布了第四批省级非物质文化遗产项目代表性传承人60名及相关保护单位。详见附录一。（黑龙江非物质文化遗产网）

6月初，黑龙江省非物质文化遗产保护中心创作的首部赫哲族伊玛堪说唱与皮影戏结合剧目——《赫哲英雄》，进入排练阶段。（黑龙江非物质文化遗产网）

6月11～14日，由黑龙江省非物质文化遗产保护中心举办的"赫哲族伊玛堪说唱保护工作会议暨培训、展演"在同江市召开。"伊玛堪说唱"国家级和省级代表性传承人及优秀学员等50余人参加了此次会议。（黑龙

江非物质文化遗产网)

6月15日,世界针灸学会联合会人类非物质文化遗产中医针灸传承工作委员会成立,传承基地落户黑龙江中医药科学院。(国家中医药管理局网站)

湖 北

1月10~11日,文化部非遗司一行4人到湖北省考察非物质文化遗产保护工作。(湖北省文化厅网站)

1月21日,全国首部关于《木兰传说》的国家非遗专著在武汉出版。台湾著名学者胡秋原的《木兰诗》手稿,在此书中首次公开曝光。(《长江日报》)

5月9日,湖北省文化厅召开了传统戏剧传承保护模式研究工作座谈会。(湖北省文化厅网站)

5月19日,湖北省非物质文化遗产展在莫斯科中国文化中心礼仪大厅举行。包括传承人现场展示、非遗歌舞表演、非遗实物展示、项目图片展示、培训与讲座五大内容。(湖北省文化厅网站)

5月27日~6月2日,由中国艺术研究院中国非物质文化遗产数字化保护中心主办的"全国非物质文化遗产数字化保护摄影摄像专题培训班"在湖北宜昌举行。(湖北省文化厅网站)

5月29日~6月2日,由文化部和湖北省人民政府共同主办的2014届原故里端午文化节在秭归举行。活动内容包括中国端午习俗图片展、端午习俗传承与保护研讨会、屈原故里端午习俗展示等。(湖北省文化厅网站)

6月14~15日,由湖北省群众艺术馆、省皮影艺术协会共同主办的湖北省第二届皮影戏调演在洪山礼堂举行。本次调演精选省内仙桃、云梦、巴东、神农架、麻城、秭归、潜江、罗田、红安、天门等县市的10个皮影

戏团队。(湖北省文化厅网站)

6月21日,湖北地方戏曲传承保护发展成果展在湖北美术馆开幕。(湖北省文化厅网站)

6月27日~7月8日,第二届湖北地方戏曲艺术节在武汉举行。(湖北省文化厅网站)

7月11日,神农架林区非物质文化遗产保护协会正式成立,这是湖北省各地市州成立的第一个非物质文化遗产保护协会。(湖北省文化厅网站)

8月7日,湖北省文化厅在荆州召开座谈会,专题研究国家级非物质文化遗产生产性保护示范基地建设工作。(湖北省文化厅网站)

8月中,文化部复函湖北省政府办公厅,同意在湖北恩施土家族苗族自治州和长阳土家族苗族自治县、五峰土家族苗族自治县设立"武陵山区(鄂西南)土家族苗族文化生态保护实验区"。(湖北省文化厅网站)

8月底,武汉第三届非遗艺术节暨长江流域非遗展在汉口江滩一元广场举行。来自长江流域青海、云南、四川、重庆、湖北、湖南、安徽、江西、江苏、上海等11个省市自治区的近百项非遗项目参展。(湖北省文化厅网站)

9月28日,湖北省文化厅公布了第四批省级非物质文化遗产项目代表性传承人,共119人。详见附录一。(湖北省文化厅网站)

10月16日,《长江流域非物质文化遗产》文献在武汉启动编纂。这是国内首部涵盖长江全流域19个省、市、自治区非遗项目的作品,全书共64卷、2000多万字,计划用两年编纂完成。(《武汉晚报》)

10月25日,首届鄂西南非物质文化遗产保护与传承暨恩施民间文学学术研讨会在湖北民族学院召开。议题主要包括非物质文化遗产的保护与

传承、民间文学、民间艺术等。（湖北省文化厅网站）

10月30日，文化部副部长，中宣部、国土资源部、住房和城乡建设部、国家税务总局等国家部委人员调研湖北省地方戏曲传承保护发展工作。（湖北省文化厅网站）

11月底，荆州市荆楚非物质文化遗产博物馆通过省文物局审批，成为湖北省首座民办非物质文化遗产博物馆。（湖北省文化厅网站）

12月13日，由湖北省群众艺术馆、湖北省曲艺家协会联合主办的湖北大鼓传承与发展座谈会在湖北省群众艺术馆举行。（湖北省文化厅网站）

湖 南

3月3~21日，湖南省文化厅及省非遗保护中心有关负责人组成两个调研小组，分赴娄底、邵阳、湘西、岳阳、常德、湘潭、永州等地，调研非物质文化遗产保护工作，同时对非物质文化遗产保护专项资金使用情况进行督查。此次调研了解到的相关情况为出台《湖南省非物质文化遗产保护专项资金管理办法》奠定了基础。（湖南省文化厅网站）

4月11日，湖南文化代表团访问了位于贝宁行政首都波多诺伏市的非洲文化遗产学校，并与该校签署了《关于加强非物质文化遗产保护合作谅解备忘录》。（湖南省文化厅网站）

4月15日，湖南省文化部呈报的《武陵山区（湘西）土家族族苗族文化生态保护区总体规划》获得批准，正式进入项目建设全面实施阶段。（湖南省文化厅网站）

4月17日，由湖南省文化厅、中共怀化市委、怀化市人民政府主办的"中国侗族大戊梁歌会"在怀化市通道侗族自治县举行。（湖南省文化厅网站）

5月15日，湖南省文化厅公布了第三批省级非物质文化遗产项目代表

性传承人名单，共95人。详见附录一。（湖南省文化厅网站）

6月13~15日，由湖南省文化厅主办的湖湘记忆——2014"文化遗产日"湖南非物质文化遗产系列展演活动，在湖南省群众艺术馆举行。全省14个市州精选出的38个国家级、省级非物质文化遗产保护项目或非物质文化遗产项目代表性传承人参与了现场演出。（湖南省文化厅网站）

6月17日，"湖湘家传"2014"沪洽周"湖南非物质文化遗产精品展示展销在上海举行。整个非遗展分为展示、展销、展演三部分，常德丝弦、土家打镏子、苗族银饰与服饰等多项湖南非遗项目悉数参展。（中国上海网）

6月27~30日，由湖南省文化厅、国际木联·中国中心主办的"2014中国（湖南）·贝宁非物质文化遗产木偶皮影艺术交流展示"活动在湖南省木偶皮影艺术保护传承中心举行。（湖南省文化厅网站）

8月18~22日，湖南省非物质文化遗产保护工作培训班在吉首市举行。来自全省14个市州文广新局分管领导、省市非遗保护工作负责人和专干、省直非遗项目保护单位的负责人共70多人参加。（湖南省文化厅网站）

9月3日，由长沙开福湘女绣庄、长沙棕艺堂佳霖编织坊（棕叶编）、长沙青竹湖湘绣三家非物质文化遗产项目单位组成的湖南代表团，参加2014列支敦士登国际工商及手工业展览会（LIHGA），展期8天。（湖南省文化厅网站）

9月5~8日，湖南省木偶皮影艺术保护传承中心参加了由新加坡举办的第十届"艺满中秋"活动。此次活动是湖南木偶皮影首次在新加坡演出。（湖南省文化厅网站）

9月14日，张家界开始打造首个武陵山脉非遗文化传承基地。（中国新闻网）

10月18~24日，主题为"传承民族文化精髓 培育民族文化产业"的武陵山区（湘西）土家族苗族文化生态保护节在湘西土家族苗族自治州凤凰县举行。此次文化生态保护节包含武陵山区（湘西）土家族苗族文化生态保护区建设研讨会等四大主题活动。（湖南省文化厅网站）

10月19日，国家文化部非遗司一行，对湖南国家级非遗项目"孽龙"和"沅洲石雕"进行了专题调研。（湖南省文化厅网站）

11月2日，中国非物质文化遗产保护协会刺绣专业委员会在开福区宣告成立并揭牌。这是中国非物质文化遗产保护协会下成立的首个全国性专业委员会。（《长沙晚报》）

11月2~4日，由中国艺术研究院曲艺研究所、中国说唱文艺学会、湖南省文化厅联合主办的"全国'鼓书'观摩交流座谈会"及"湖南常德·全国'鼓书'学术邀请赛"在常德市举行。本次活动分为"湖南常德·全国'鼓书'学术邀请赛""全国'鼓书'观摩交流座谈会""文化惠民专场演出"三部分。（湖南省文化厅网站）

12月12日，长沙市非物质文化遗产保护协会正式成立。这是湖南省第一个从事非物质文化遗产保护工作的民间组织。（湖南省文化厅网站）

吉 林

3月中旬开始，吉林省非遗中心的工作人员先后赴前郭、延吉、长春、吉林、通化五个地区开展调研工作。此次调研，全面掌握了吉林省各地区在当前非物质文化遗产保护中存在的困难、问题和建议，为《吉林省非物质文化遗产保护规划纲要》的起草奠定了基础。（吉林省非物质文化遗产网）

6月12日，吉林市"第九个文化遗产日·非遗活态传承展"在吉林市文庙前广场举行。本次非遗日活动主要分为四个部分，分别是静态展板宣传展示、非遗项目传承人活态展演、现场非遗知识抢答赠书活动、非遗名录项目申报咨询暨部分非遗项目公众参与活动。（吉林省非物质

文化遗产网）

8月9～11日，由吉林省文化厅非遗处和省非物质文化遗产保护中心组织实施的"吉林省首批特色城镇化示范镇非物质文化遗产展演"在四平艺术剧院举行。展演节目以吉林省国家级和省级非物质文化遗产项目为主要内容，包括东北二人转、蒙古族马头琴音乐，朝鲜族长鼓舞、高粱秆哨等。（吉林省非物质文化遗产网）

9月9日，作为"跨越太平洋·中国吉林文化周"重要内容之一的"长白风韵"吉林省非物质文化遗产展在美国洛杉矶举行。此次吉林省非物质文化遗产展，展出了东丰农民画、李宝凤剪纸、满族服饰等经典作品。（《吉林日报》）

10月24日，2014第二届中国朝鲜族农乐舞大赛在延吉体育馆开赛。来自吉林市、黑龙江省牡丹江市以及州内各县市的11支代表队参加了比赛。（吉林省非物质文化遗产网）

10月29日～11月2日，吉林省政府新闻办、《中国日报》进行了为期5天的长白山文化采风活动。先后采访拍摄了长春市省级非物质文化遗产项目"郭丽传统布鞋手工艺"，吉林市省级非物质文化遗产项目"乌拉满族猎鹰习俗"传承人李忠文，汪清县世界级非物质文化遗产项目"朝鲜族农乐舞"（象帽舞）等项目。（吉林省非物质文化遗产网）

11月初，吉林省民间文艺家协会剪纸艺术委员会会员代表大会在吉林市召开。来自全省8个市（州）的70多名剪纸艺术家参会。（吉林省非物质文化遗产网）

江 苏

2月25日，江苏省文化厅公布了第四批江苏省非物质文化遗产代表性传承人，共169人。详见附录一。（江苏省文化厅网站）

3月初，中国非物质文化遗产数字化保护中心在江苏开展"非物质文化遗产代表性项目通用数据库系统"装机调试和非遗数字化保护标准体系培训工作。江苏省"香山帮营造技艺""白蛇传传说""海州五大宫调"等项目成为国家非遗数字化保护工程第一期试点,率先试行国家行业标准。(江苏省文化厅网站)

3月5日,南京发布了首张《南京文化遗产分布图》。(人民网)

3月19日,江苏省公共文化(非遗保护)工作座谈会在盐城召开。(江苏省文化厅网站)

6月初,江苏省文化厅命名南京大学等14家单位为首批江苏省非物质文化遗产研究基地。(江苏省文化厅网站)

6月28日,由南京市政府主办,南京市文化广电新闻出版局、南京青奥组委文化教育部和国家大剧院共同承办的"活力青奥 多彩金陵——南京文化周·非遗精华展"在国家大剧院拉开帷幕。(南京市文广新局网)

6月28日,由江苏省文化厅、徐州市人民政府主办的"美丽中国梦——中国剪纸艺术精品江苏邀请展"在徐州艺术馆开幕。展览征集到江苏、安徽、山东等10个省(市)36个市(县、区)114位剪纸传承人作品近400幅,评选出10个金奖,17个银奖,37个铜奖和64个优秀奖,并组织进行了集中展出。(江苏省文化厅网站)

7月25日,由江苏省非遗保护中心、市文广新局共同主办的江浙沪人类非物质文化遗产剪纸艺术交流巡回展(大丰展)在大丰文化馆开展。(江苏文明网)

9月初,苏州昆剧院整理出版百部经典折子戏。本次活动由香港民间人士叶肇鑫发起、赞助并委托江苏省苏州昆剧院负责组织实施。《昆曲百种·大师说戏》集聚了全国7大昆剧团29位著名昆曲表演艺术家,以"一人一说一戏一题"的形式,对昆曲600年流传和积累下来的109折经

典精品折子戏及其戏中的表演艺术作阐述,通过文字和影像实录进行了整理和出版。(江苏省文化厅网站)

9日10~11日,江苏省非遗"记忆工程"试点暨数字化保护工作培训班在镇江开班。全省10个"记忆工程"暨非遗数字化保护试点单位负责人及相关市(县)文广新局业务处(科)、非遗保护中心负责人参加了培训。(江苏省文化厅网站)

9月12~18日,由中国文联、中国文学艺术基金会、中国民协、江苏省委宣传部、江苏省文联主办的"中国梦·我心中的梦——2014全国剪纸艺术名家精品展"在江苏现代美术馆举行。此次精品展共收到有效应征剪纸作品815幅(组),经过初评和终评,有120件(套)作品获奖。(《中国艺术报》)

10月21~25日,第八届中国曲艺节在江苏省连云港市举办。来自全国500多名老中青曲艺工作者参与了演出。(江苏省文化厅网站)

11月初,江苏省文化厅在南京召开了首批江苏省非物质文化遗产研究基地课题研究座谈会。14个首批列入江苏省非物质文化遗产研究基地的相关高校负责人,省文化厅非遗处负责同志参加了座谈。(江苏省文化厅网站)

11月5日,2014年全省非物质文化遗产保护工作培训班在宿迁举办。来自全省13个省辖市和3个省直管县(市)文广新局、非遗保护中心的负责同志以及承担省"非遗志"编撰、第四批省级非物质文化遗产代表性名录项目申报工作的有关业务骨干共90余人参加了培训。(江苏省文化厅网站)

12月初,江苏省文化厅设立第三批3个省级文化生态保护实验区,即江苏省宜兴陶瓷文化生态保护实验区、江苏省同里水乡民俗文化生态保护实验区和江苏省张家港沙上文化生态保护实验区。(江苏省文化厅网站)

12月27日,南京云锦研究所与南京云锦博物馆共同主办"吉祥云锦华丽转身暨首发仪式",发布我国首部织锦专业词典《中国织锦大全》。(中国文艺网)

江 西

2月底至5月初,由江西省委宣传部、省文化厅主办的"江西风景独好"——2014年北京·江西文化月活动在北京举行。国家级非物质文化遗产——南昌瓷板画、获文化部首届文华大奖的赣剧《荆钗记》以及景德镇陶瓷艺术等非遗项目参展文化月活动。(文化部官网)

6月14日,江西省各地举行一系列活动,庆祝2014年"文化遗产日"。主要内容包括对省市非遗传承人进行非遗知识讲座、吉安市群众艺术馆承办的非物质文化遗产进校园、崇仁县举办大型"文化遗产就在你我身边"图片展等。(江西非物质文化遗产网)

7月13日,国家文化部非遗司一行,来到江西分宜县双林镇参观和考察了分宜夏布手工制作技艺。(江西非物质文化遗产网)

7月30日,江西省文化厅新设"江西省非物质文化遗产研究保护中心"。(江西非物质文化遗产网)

8月15日,《江西省非物质文化遗产保护条例》立法座谈会在南昌市召开。(江西非物质文化遗产网)

11月26~27日,由中国民协、江西省文联、景德镇人民政府联合主办的2014全国村落文化论坛在江西景德镇举办。(《中国艺术报》)

12月17日,江西省人大教科文卫委联合省文化厅组成调研组赴奉新县和高安市两地开展非物质文化遗产立法调研。(江西人大网)

辽 宁

2月21日,辽宁省非物质文化遗产保护中心举行"正月看民俗"非遗

项目调研活动，从全省范围内筛选出较具代表性的民俗活动进行实地考察。（辽宁省非物质文化遗产网）

4月25~27日，辽宁省文化厅组成了22人的辽宁省非物质文化遗产展演团，其中国家级非物质文化遗产项目海城高跷秧歌代表中国参加塞舌尔维多利亚国际嘉年华活动，获得了冠军。（人民网）

5月16日，中国首个锡伯族博物馆在辽宁省沈阳市沈北新区启动建设。（新华网）

5月16日，阜新市细河区珏艺轩玛瑙素活制品厂被文化部命名为第二批国家级非物质文化遗产生产性保护示范基地，这是辽宁省第一个获得此项荣誉称号的项目及企业。（辽宁省文化厅网站）

6月14~15日，"2014全国第九个'文化遗产日'辽宁省（抚顺）非物质文化遗产展示展演"活动在抚顺雷锋大剧院举行。活动首次采取省市联动的形式，由辽宁省文化厅与抚顺市联合主办。共选调了85个非遗项目、300多名传承人和项目代表参展。包括非物质文化遗产传统技艺展示、非物质文化遗产专场展演、群体项目展演、非物质文化遗产大讲堂以及"清风传韵"——辽宁省非物质文化遗产项目专场展演等五大主题内容。（辽宁省文化厅网站）

10月初，辽宁省非遗保护中心完成15万字的《辽东文化生态保护实验区规划纲要》。（辽宁省人民政府网站）

10月28日至11月1日，辽宁省非遗保护中心在全省范围内开展"非遗进校园"系列活动。选调了凌源皮影戏、辽西木偶戏、鞍山评书、朝鲜族农乐舞（铁岭朝鲜族面具舞）等8个国家级、省级、市级非遗项目，走进沈阳市内五区的朝阳一小、望湖路小学、回族小学等6所学校。（辽宁省文化厅网站）

11月8日，辽宁省文化厅将"传统文化的继承和弘扬"与"非遗的保

护和传承"紧密结合，在全省范围内启动"辽宁省非物质文化遗产名师名家传承工程"。(《辽宁日报》)

11月27日，第十二届辽宁省人大常委会第十四次会议通过了《辽宁省非物质文化遗产条例》，该条例于2015年2月1日起施行。(辽宁省文化厅网站)

12月8日，辽宁省文化厅召开学习贯彻《辽宁省非物质文化遗产条例》座谈会暨非物质文化遗产代表性项目传承人座谈会。(辽宁省文化厅网站)

内蒙古

7月3~9日，由内蒙古自治区文化厅、俄罗斯图瓦共和国文化部、内蒙古民族艺术剧院、内蒙古自治区满洲里市政府主办的"首届中国呼麦大赛暨第一届中国·国际呼麦大赛"在满洲里举办。本次比赛有中国、俄罗斯图瓦共和国、蒙古国、美国等9个国家的57名选手和28个呼麦组合参加。(内蒙古自治区非物质文化遗产保护中心网站)

7月8~11日，由锡林郭勒盟文化体育广播电影电视局、苏尼特左旗党委、苏尼特左旗政府、锡林郭勒盟群众艺术馆主办的"锡林郭勒盟第三届非物质文化遗产保护成果展"在苏尼特左旗满都拉图镇查干葛根纪念馆广场举行。(内蒙古自治区非物质文化遗产保护中心网站)

7月11日，内蒙古自治区举办蒙古族服饰与长调民歌展演，庆祝第六届中国·内蒙古草原文化节。(内蒙古自治区文化厅网站)

8月2日，第二届伊金霍洛鄂尔多斯婚礼文化旅游节暨苏泊罕游牧文化活态博物馆及非遗传承保护示范基地挂牌仪式启动。本届活动由伊金霍洛旗人民政府、内蒙古东联旅游集团主办。(中国旅游新闻网)

8月8日，由阿拉善左旗文联主办，阿拉善左旗文化馆承办的"牧民阿迪亚的《毡文化与纳缝艺术》一书发行仪式暨纳缝艺术展览"在阿拉善

左旗文化馆举行。（内蒙古自治区非物质文化遗产保护中心网站）

8月15日，首届"巴彦哈鲁乃杯"科泊尔民歌比赛在阿左旗敖伦布拉格镇开幕。（内蒙古自治区非物质文化遗产保护中心网站）

8月19日，内蒙古自治区文化厅正式公布了第四批自治区级非物质文化遗产名录项目代表性传承人名单，共166名。详见附录一。（内蒙古自治区文化厅网站）

10月10日，由阿拉善左旗文化馆与阿拉善左旗民歌协会举办的"首届江格尔说唱艺术培训班"在阿拉善左旗民歌协会举行。此次培训班邀请了新疆和布克赛尔蒙古自治县籍江格尔说唱艺术传承人进行授课，共有来自多个盟市70余名文艺爱好者参与。（内蒙古自治区非物质文化遗产保护中心网站）

宁 夏

1月5～24日，由宁夏文化厅主办，宁夏文化馆、宁夏非遗中心承办的"2014年春节民俗文化大集"在宁夏文化馆举行。（宁夏非物质文化遗产保护网）

8月25～31日，由中国戏剧家协会、宁夏文化厅主办的第七届西北五省区秦腔艺术节在银川举行。来自陕西、新疆、青海、宁夏和甘肃的秦腔专业院团共举行12场秦腔优秀剧目表演，这些剧目代表了现阶段秦腔艺术发展的最高水平。（宁夏回族自治区文化厅网站）

9月19日，宁夏首部大型主题纪录片《遗脉相承》在银川市文化馆举行开机仪式，陆续录制花儿、马氏口弦、贺兰砚制作工艺、回族汤瓶八诊等22个国家级、自治区级和市级非遗项目。（《银川晚报》）

11月24～30日，2014年宁夏回族自治区非物质文化遗产展在宁夏文化馆展出。展览通过实物和影像及传承人现场技艺展演、模特走秀等方式集中展示18个国家级非遗项目及部分自治区级和市县级非遗项目。（中国

社会科学网）

青 海

2月初，《寻根行动——全省非物质文化遗产资源再调查·民和卷》在西宁问世。《民和卷》是"寻根行动"首部汇编成册的调查成果，也是青海省近年来非遗保护工作成果的展示。此次调查资源数量多达1537项，包括民间文学、传统音乐、传统美术、传统舞蹈、传统技艺、传统医药及传统游艺、体育与杂技等项目。（青海民族文化网）

6月4日，西宁市非物质文化遗产保护工作专家委员会成立，青海省内65名专家学者受聘。（《西宁晚报》）

6月14~16日，由青海省文化新闻出版厅主办的"河湟皮影戏"展演活动在大通县举行，以庆祝2014年文化遗产日。来自青海省互助、湟中、湟源等以及甘肃环县等省内外11个县（区）的26支皮影队表演了非遗节目。（《青海日报》）

6月15日，由青海省文化新闻出版厅主办、省文化馆等单位承办的第十一届西北五省（区）花儿演唱会在循化撒拉族自治县举行。（《青海日报》）

7月初，由中国非物质文化遗产保护中心和青海省文化新闻出版厅联合主办的青海"花儿"论坛在西宁举行。本次论坛是青海省首次面向全国举办的一次较高规格的以"城镇化进程中花儿艺术的保护与传承"为主题的专题学术会议。（青海民族文化网）

7月8日，由全国《格萨（斯）尔》工作领导小组办公室和青海省非遗保护中心联合主办的全国《格萨尔》管理人员暨青海"三区"（边远贫困地区、边疆民族地区和革命老区）人才非遗工作人员培训班在海南藏族自治州贵德县举行。本次培训班历时三天，有来自青海、北京、四川、甘肃、内蒙古、西藏等省市、自治区的50余名非遗工作人员参加。（青海民族文化网）

7月29日,文化部批准在青海省果洛藏族自治州设立"格萨尔文化(果洛)生态保护实验区"。这是继热贡文化生态保护实验区之后在青海省设立的第二个国家级文化生态保护实验区。(青海民族文化网)

10月24日,青海省"大音—雪白的鸽子""花儿"艺术合唱团在西宁成立。这是我国首个"花儿"合唱团。(《西海都市报》)

12月11日,青海省文化和新闻出版厅公布第三批省级非物质文化遗产项目代表性传承人,共98人。详见附录一。(青海民族文化网)

山 东

2月初,第一届山东省剪纸艺术研究会会员代表大会在济南召开。会议选举产生了首届山东省剪纸艺术研究会领导成员,其中,刘玉麟当选为会长。(《齐鲁晚报》)

2月17日,由山东大学承担并完成的项目《中国民俗文化发展报告:2013》正式发布。对于中国民俗文化的未来发展,《报告》提出了五点建言。(《中国文化报》)

2月25日,山东省文化厅在召开的2014年"文化惠民、服务群众"16件实事新闻发布会上决定,2014年山东继续扶持千位"非遗"传承人和民间艺人"收徒传艺"。(中国山东网)

3月7日,山东省文化厅全面启动《山东省非物质文化遗产保护条例》立法工作。决定采取录音、录像、收集实物、数字化保存等方法,对非遗项目、代表性传承人等进行抢救性保护。(《中国文化报》)

3月25日,山东省文化厅公示了第四批省级非物质文化遗产项目代表性传承人,共57名。详见附录一。(山东省文化厅网站)

5月29日,由山东省艺术研究院组织举办的山东省非物质文化遗产进校园演出活动,在山东师范大学拉开帷幕。(山东省文化厅网站)

6月初,山东省艺术研究院齐鲁文化传承、传播工程——菏泽大弦子戏项目全面启动。该项目由山东省艺术研究院与菏泽市地方戏曲传承研究院共同合作,主要包括三方面的内容。(山东省文化厅网站)

6月14日,由山东省文化厅主办的"美丽非遗·文化山东"庆祝第九个"文化遗产日"非物质文化遗产系列活动在济南举行。活动内容包括全省非物质文化遗产优秀地方戏剧目展演、山东省非物质文化遗产精品展、非物质文化遗产传承人四进(进社区、进学校、进广场、进企业)等。(山东省文化厅网站)

6月25日,由山东省文化厅、山东省人民政府新闻办公室主办的"欧洲摄影家看非遗——山东省非物质文化遗产巡礼"摄影采风活动结束。4位欧洲摄影师带着5000余张照片见证了山东的非物质文化遗产。(齐鲁网)

9月28日,由山东省文化厅主办的"喜迎国庆·美丽非遗"全省非遗传承成果展演在省东柳戏院举行。在参演人员中,共有国家级非遗传承人4名、省级非遗传承人10名。(《济南时报》)

9月28日,菏泽市地方戏曲传承研究院创排的山东梆子《古城女人》在梅兰芳大剧院演出,正式开启由山东省委宣传部、省文化厅主办的"山东梆子进北京——庆祝新中国成立65周年山东梆子精品剧目展演"活动。(《中国文化报》)

10月10~13日,由文化部、山东省人民政府主办,文化部非物质文化遗产司、中国非物质文化遗产保护中心、山东省文化厅、济南市人民政府共同承办的"第三届中国非物质文化遗产博览会"在济南举行。本届博览会以"非遗:我们的生活方式"为主题,主要内容包括优秀非遗创意衍生品和非遗保护创新成果推荐项目展示、非遗优秀剧(节)目惠民展演、非遗保护高层论坛等八大活动板块。本届博览会还首次引入了"国家级和省级文化生态保护区成果展",18个国家级文化生态保护区及部分省级文化生态保护区全部参展。同时,还首次发行了以非遗为主题的邮品纪念

册，收录全国各省市53个非遗项目。（文化部官网）

11月25～26日，济南举办"齐鲁非遗大讲堂"第1期，全省各市文广新局文化科（处）长、非遗保护中心主任，省直文化系统有关单位负责人、部分省级非遗项目保护单位负责人参加了培训。（《中国文化报》）

12月3日，由山东省艺术研究院、省戏剧家协会主办的淄博市聊斋俚曲戏研讨会在济南举行。在聊斋俚曲戏研讨会上，山东省戏剧家协会宣布，淄博市聊斋俚曲戏被正式确认为一个新戏种。（《大众日报》）

12月24日，山东大学京剧体验基地"体验式京剧课程"的第一讲在山东大学中华传统文化研究与体验基地进行。（《中国文化报》）

12月29日，由山东省旅游局、共青团山东省委、省文化艺术界联合会、省艺术研究院、省教育厅和济南军区前卫文工团联合主办的"国家级非物质文化遗产（山东快书）传承基地授牌暨山东快书表演艺术家阴军授业仪式"在山东旅游职业学院举行。这是国家级非物质文化遗产传承基地首次落户省内高职院校。（山东省文化厅网站）

山　西

1月10日，山西成立晋剧名人工作室，应对非遗"人才危机"。（中国新闻网）

4月初，由山西中医药管理局、山西中医学院主办、孝义皮影木偶艺术研究会演绎的皮影戏《药会图》在孝义市开拍，该剧首次用孝义的两项国家级非物质文化遗产——孝义皮影及碗碗腔来展现国粹中药。（人民网）

6月11～15日，山西省举办"2014年文化遗产日暨晋中文化生态保护区传统剧目展演周活动"，组织非遗项目代表性传承人在太钢社区、文瀛公园、小店区音乐广场等地进行演出。（《太原日报》）

7月下旬至10月中旬，由山西省妇联、省人社厅、电视台、省城联社联合主办的以"传承三晋文化展示巧姐风采"为主题的山西省首届"三晋巧姐"手工艺品在山西省工艺美术馆举行。首届"三晋巧姐"手工艺品评比活动征集到刺绣、编织、剪纸、雕塑、布艺等8大类1264件手工艺作品。(山西省文化厅网站)

11月13~15日,山西省文化厅组织有关专家就设立省级平阳文化生态保护实验区赴临汾市所属襄汾县、尧都区、洪洞县等地进行实地考察。(山西省文化厅网站)

12月初,山西省首部以非遗为主题的大型专题地图集通过了专家审定。该地图集直观地展示了山西省非遗产生的自然、社会和文化背景及分布状况,全面反映了其现状及保护传承情况。(山西省文化厅网站)

12月底,山西省民间"非遗"文化代表团抵达意大利北部城市都灵,与当地有关专家学者、华人青年组织分别表述了在"非遗"文化保护方面所取得的成绩和经验。这期间,山西省民间"非遗"文化代表团还在都灵市国立美术学院珍藏馆成功举办了山西省民间艺术展和山西省"非遗"文化专场介绍会。(新民网)

陕　西

1月10日,《陕西省非物质文化遗产条例》经陕西省第十二届人民代表大会常务委员会第七次会议通过,于5月1日起正式施行。(人民网)

3月13日,西安易俗社被文化部命名为非遗保护单位的授牌仪式在易俗社内举行。(《陕西日报》)

5月31日~6月2日,由陕西省委宣传部、陕西省文化厅、陕西省旅游局、陕西省文联主办的"我们的节日·首届陕西省端午民俗文化艺术节"在关中民俗艺术博物院举行。(中国文艺网)

6月初,由陕西省非遗保护中心主办、陕西省汉中市非遗保护中心协办的"陕西省非物质文化遗产培训班"在汉中举行。陕西省10个地市

（区）非遗保护中心的主任及相关工作骨干共52人参加了培训。在此次培训班举行期间，主办方还对在2012年至2013年度陕西省非遗保护工作中表现突出的16名先进个人和13个先进集体进行了表彰，这是陕西省非遗保护中心首次对一线工作人员进行表彰。（中国新闻网）

6月14日，由陕西省文化厅、西安市政府共同主办的"庆祝国家第九个文化遗产日"主会场活动在西安大唐西市金市广场、大唐芙蓉园紫云楼广场、大明宫遗址公园广场同时举行。包括秦腔、西安古乐、陕北民歌等古老民俗民艺、传统戏曲在内，陕西省有近百种国家级、省级非遗项目在主会场展演展示。福建南音也应邀参演，与西安古乐形成南北传统文化同台共奏、海陆丝路起点古乐齐鸣的场面。（《陕西日报》）

7月11日，陕西省文化厅公布了陕西省第四批非物质文化遗产项目代表性传承人，共67人（详见附录一）。以及兴平市子孝孝道文化协会等23个单位为陕西省第二批省级非物质文化遗产项目代表性传承单位。（陕西省文化厅网站）

8月2日，由中国民协、陕西省文联主办的"我们的节日——中国七夕民俗文化艺术节"在西安关中民俗艺术博物院举行。艺术节以传统七夕文化的内涵为主题，包括剪纸、面花、刺绣、墩绣、原生态织布等手工技艺。这期间，还举办了中国七夕文化研讨会。（中国文艺网）

8月25日，皮影、老腔、提线木偶、秦腔四个陕西文化元素混搭组合，串成一台70分钟的大戏《长安往事》在易俗社小剧场里首演。（《西安晚报》）

9月5~8日，由文化部、国家新闻出版广电总局和陕西省政府共同主办，西部11个省区市协办的第七届中国西部文化产业博览会在西安举行，共设5大展馆、12个专题展区。其中"藏羌彝文化产业走廊"专题展区，集中展示了四川、贵州、云南、西藏、陕西、甘肃、青海七省区在工艺美术等非遗项目方面的民俗文化产品。（文化部官网）

9月12日,由文化部和陕西省政府主办的首届丝绸之路国际艺术节暨第三届阿拉伯艺术节陕西分会场活动在西安开幕。"中国——阿拉伯非物质文化遗产精品展"作为艺术节主要活动之一在陕西省美术博物馆举办。(文化部官网)

9月29日,陕西著名秦腔流派传承发展中心揭牌仪式暨名家鉴赏会在西安交通大学举行。(光明网)

11月1日,由陕西省委宣传部、陕西省文化厅、国家图书馆共同主办的"国风·秦韵"陕西传统文化展演活动在北京举行。此次展演包括"国风·秦韵"民族音乐会、陕西民间美术精品展等系列活动。(陕西省文化厅网站)

上 海

6月14日,2014年上海市民文化节非物质文化遗产展示活动在虹口区四川北路公园广场举行。活动公布了第四批上海市非物质文化遗产代表性项目代表性传承人,共85名。详见附录一。(上海市文化广播影视管理局网站)

8月8日,由上海对外文化交流协会、澳大利亚政府文化机构主办的《芬芳土地——中澳原住民艺术展》,在澳大利亚南澳首府阿德莱德原住民艺术中心开幕。金山农民画家曹秀文、闵行莘庄钩针手工编织代表性传承人金龙华等人携50多幅上海非遗文化作品参展。(《新民晚报》)

8月23日,上海市文化广播影视管理局与上海大学签订"非物质文化遗产进MBA课堂"合作协议,并于当天启动了该课程,此次确定参与授课的有昆曲、京剧、古琴、海派旗袍等7个非遗项目。(《东方早报》)

10月16日,上海师范大学成立中国非物质文化遗产传承研究中心,同时启动非物质文化遗产生命力等级评价体系研究,并推出非物质文化遗产生命力评定信息系统。(中国教育新闻网)

11月21日,"传承传统文化延续民族文脉"——2014年上海非物质文化遗产进校园系列活动启动仪式在华东师范大学举行。本次活动包括展示和展演两大部分。(东方网)

四 川

1月13~17日,由文化部人事司、非遗司、四川省文化厅共同主办的以非遗生产性保护为主题的"西部非遗保护干部培训班"在成都举行。来自重庆、贵州、云南、西藏等12个省(市、自治区)和全省21个市州文化部门、非遗保护中心的67名学员参加了学习。(四川省文化厅网站)

1月25日,四川省非物质文化遗产保护协会会员代表大会(暨四川省非物质文化遗产保护协会成立大会)在成都召开。来自全省相关文化单位、研究单位、专家学者、非遗项目保护单位、非遗传承人等近70名代表参加了会议。(四川省文化厅网站)

4月16~22日,由联合国教科文组织亚太地区非物质文化遗产国际培训中心主办的《保护非物质文化遗产公约》批约及履约培训班在成都举行。(四川新闻网)

6月10日,四川省文化厅公布了四川省第一批非物质文化遗产传习基地名单(共23个)和第二批非物质文化遗产生产性保护示范基地名单(共16个)。(四川省文化厅网站)

6月13~15日,川昆首次登上北京舞台,此次参演剧目有《醉隶》《游园》《教歌闹街》《巧配》《醉打》《花子拾金》《坠马》等。(四川省文化厅网站)

6月14日,由四川省文化厅主办的2014年"文化遗产日"系列活动陆续开展,包括开通"记忆四川——非遗主题网站",以及在成都市、自贡市等地组织非遗演出、非遗展览、非遗宣传、非遗研讨等34项文化活动。(四川省文化厅网站)

6月15~21日，由文化部人事司、非遗司主办的全国文化厅（局）长非物质文化遗产保护高级研修班在成都举行。全国各省（区、市）文化厅（局）及各计划单列市文化局主管非物质文化遗产保护工作的厅（局）长、全省各市州文化局分管局长参加了培训。（四川省文化厅网站）

6月23日，四川省人民政府公布了第四批四川省非物质文化遗产项目（共36项）和第一、二、三批四川省非物质文化遗产扩展项目（共26项）。详见附录一。（四川省文化厅网站）

7月2日，由四川省艺术研究院主办的国家级非物质文化遗产"四川扬琴"传承交流展示研讨会，在成都师范学院召开。（四川新闻网）

9月22~28日，"全国民间文学、民间音乐、民间舞蹈类与传统戏剧曲艺类非物质文化遗产灾害（难）预防与风险管理培训班"在绵阳举行。国内外相关领域著名专家、学者及来自全国32个省市自治区的70余名非物质文化遗产保护工作者、传承人代表在四川文化艺术学院参加了培训。（四川新闻网）

9月28日~10月8日，由四川省非物质文化遗产保护协会、四川天府文化产业发展促进中心及四川省文化品牌发展促进会举办的首届"四川非遗特色文化品牌"大展在成都、北京等地举行。（四川省文化厅网站）

12月29日，四川省非物质文化遗产精品主题展在北京中国妇联活动中心举行。来自四川省的15项数百件非物质文化遗产手工艺精品参展。（《北京日报》）

台　湾

2月12~17日，由北京市台商投资服务中心、北京市西城区商业联合会、北京台湾会馆和台湾中华海峡两岸企业交流协会等单位共同主办的"第三届高雄灯会艺术节暨北京特色周"在北京举行。活动内容包括传统京剧、剪纸表演以及非遗传承人手工技艺展示等。（中国台湾网）

2月13~18日，山东潍坊市在台湾台中市举办了为期六天的非物质文化遗产展览展示活动。共展示了潍坊风筝、杨家埠木板年画、红木嵌银、聂家庄泥塑、潍坊布玩具、高密扑灰年画、核雕、临朐农民画等潍坊特色民间艺术精品。（山东省文化厅网站）

5月23日~6月15日，由中华文化联谊会、浙江省文化艺术交流促进会主办的"忆江南·浙江非物质文化遗产生活主题馆"，在台湾台中文化创意产业园区举行。共展出35项浙江非遗代表性项目、300余件（套）代表性作品，并组织了13个浙江省非遗项目传承人进行现场活态演示、教学。（浙江文化信息网）

6月21日~7月7日，"福建文化宝岛行——福建优秀舞台剧（节）目赴台巡演"活动在桃园、台南、高雄等地交相上演，十二场演出中，包括传统戏剧闽剧、京剧、越剧等。（《福建日报》）

8月9~17日，由中华文化联谊会主办，河南文化联谊会、台湾财团法人人间文教基金会承办的"台湾佛光山·2014河南文化季"系列活动，在台湾高雄佛光山佛陀纪念馆举行。此次活动包括河南省非物质文化遗产展演、河南杂技特演等。（河南文化网）

9月1~4日，"海峡两岸非物质文化遗产联展"在山东潍坊举办。该联展由国务院台湾事务办公室、山东省人民政府共同主办，是"2014第二十届鲁台经贸洽谈会"的子活动。84岁高龄的布袋戏项目指定传承人陈锡煌等多位"非遗"项目指定传承人携台湾漆工艺、篮胎竹编工艺、木雕凿花工艺等百余件作品参展。（中国台湾网）

12月8日，"大漆艺术——2014海峡漆艺术大展"在北京举行。此次漆艺展由中国艺术研究院、中国美术家协会、中国美术馆、福建省文化厅联合主办，其中台湾三大漆艺世家、三大艺术院校的43位艺术家展示了85件作品。（福建省文化厅网站）

天　津

1月18日,"高原如歌——中国边远少数民族与非物质文化遗产音乐系列"在天津大剧院举行,首场演出为"蒙古呼麦马头琴长调音乐会",之后还陆续推出了侗族大歌、天津鼓曲、上海评弹、纳西古乐、绛州鼓乐等演出。(《今晚报》)

2月13~15日,2014中国·杨柳青第一届国际民俗摄影大展在杨柳青镇举办。大展以"传承民俗文化,弘扬时代精神"为主题,由"中国·杨柳青第一届国际民俗摄影获奖作品展""美丽西青摄影展"国际民俗摄影展等42场中外民俗摄影作品展览组成。(《天津日报》)

5月16日,由天津市文广局推荐的杨柳青画社成为天津市首个国家级非物质文化遗产生产性保护示范基地。(《天津日报》)

8月8日,由天津机场发起,天津市文化广播影视局和天津机场主办的"天津记忆"非物质文化遗产展示体验基地正式启动,这是全国首个坐落于重要交通运输环境的"非遗基地"。(天津文化信息网)

9月12~14日,由中国非物质文化遗产保护中心、天津市文化广播影视局、天津市河西区委区政府等联合主办的首届"中国·天津2014'西岸'剪纸艺术节"在天津博物馆举行。(《天津日报》)

9月21日,由天津市文广局、北方演艺集团主办,市"非遗"保护中心、天津京剧院、天津曲艺团、天津图书馆承办的"非遗"专题系列讲座开讲。(《天津日报》)

10月11~15日,由中国文联、天津市人民政府、中国民协和联合国教科文民间艺术国际组织(IOV)主办的第四届中国国际民间艺博会暨第四届中华(天津)民间艺术精品博览会在天津举行。本届民博会包括"海内外艺术家国际民间艺术大师和优秀民间工艺美术家优秀作品展"和"京津冀民间艺术精品展"等10余项大展。(《中国艺术报》)

11月10~22日，由文化部、天津市人民政府主办的第七届中国京剧艺术节在天津举行。来自全国的33个京剧院团为观众献上26台参演剧目、5台祝贺演出剧目，共57场演出。（文化部官网）

12月初，天津文艺广播启动了"曲艺晚霞工程"，抢救性地录制了一批"非遗"传承人、知名艺术家的经典作品和即将失传的曲目。（《今晚报》）

12月13日，由教育部高等学校纺织服装教学指导委员会等联合主办的首届全国大学生"纺织类非物质文化遗产"创意创新作品大赛在天津工业大学举行。（《天津日报》）

西 藏

2月15日，2014年藏历木马年新年晚会摄录完成，非物质文化遗产波密卓舞《桃花深处》在3月1日播出。（《中国文化报》）

3月初，西藏自治区文化厅与各地（市）文化局及相关项目保护单位签订了《西藏自治区非物质文化遗产重点保护项目责任书》。（西藏自治区文化厅网站）

3月26日，西藏首家集非遗文化博览、藏艺生活体验、创意产业孵化等为一体的"吞米岭·藏艺文博园"在拉萨市达孜县开建。（《光明日报》）

3月31日，《西藏自治区实施〈中华人民共和国非物质文化遗产法〉办法》经自治区十届人大常委会第九次会议通过，于6月1日起正式施行。（《法制日报》）

4月2日，西藏自治区首次表彰了"年度十佳传承人"。涉及传统舞蹈、传统戏剧、传统美术、传统技艺等5个门类。（《北京青年报》）

5月初，西藏自治区文化厅启动了对国家级代表性传承人的抢救性记

录工作。(《中国文化报》)

6月14日,西藏自治区群众艺术馆举办了题为"西藏服饰文化展"的展览,共展出130余件(套)入选国家级或自治区级非遗项目的藏族、珞巴族、门巴族服饰以及歌舞戏曲服饰。这是西藏七地(市)特色民族服饰首次在拉萨集中展示。同时,西藏自治区人民政府正式将123人命名为第三批自治区级非物质文化遗产传承人。详见附录一。(西藏自治区文化厅网站)

7月28日,西藏格萨尔说唱、八大藏戏、传统舞蹈等多个非遗项目的全媒体资料,统一录入了数据库,并向公众免费开放。(新华网)

9月25日,首届中国唐卡艺术节暨"中国唐卡之都"挂牌仪式在拉萨市城关区夏扎大院举行。次日,首届中国唐卡艺术节高端论坛在拉萨举行。区内外百余名专家、学者、艺术评论家、民间艺人就唐卡艺术的传承与保护、创新与发展进行了深入的讨论。(西藏新闻网)

11月26日~12月5日首届全区民间藏戏艺术骨干培训班在区藏剧团举办。(西藏新闻网)

12月20日,西藏自治区文化厅公示了首批12个自治区级非物质文化遗产生产性保护示范基地。分为传统医药、传统技艺、传统美术三大类,分属自治区区直、拉萨、日喀则、山南、昌都、林芝及那曲。(《中国文化报》)

香　港

1月17日~2月9日,由西九文化区管理局主办的"西九大戏棚2014",在西九龙海滨长廊举行。梅花奖艺术团携京、昆、秦腔、越、川、黄梅、锡、扬、淮、湘等十个剧种在香港举行了四场折子戏专场演出。(西九文化区网站)

3月1日,佛教慧因法师纪念中学开展为期18个月的"香港非物质文

化遗产教育推广活动"计划。该校是香港目前唯一一所以非物质文化遗产为主题的学校。(佛教慧因法师纪念中学网站)

3月18~20日,第十二届香港国际武术节在香港马鞍山体育馆举行,非物质文化遗产太乙拳组队参加了此次赛事。(新华网)

6月17日,香港特区政府康乐及文化事务署公布了《香港首份非物质文化遗产清单》,包含宗族口述传说、粤剧、太平清醮、端午节、盂兰胜会、舞火龙、传统中医药文化和古琴制作技艺等480个项目。详见附录一。(香港文化博物馆网站)

10月17日~11月2日,以"香港民俗文化·文学足迹"为主题的"香港周2014@台北"在台北华山1941文化创意产业园区举行,其中《非常香港》——传统风俗文化展览,共展出十三项香港非物质文化遗产。(《新闻公报》)

新 疆

1月23日~2月14日,由新疆维吾尔自治区文化厅主办的"首届新疆非物质文化遗产春节习俗展"在乌鲁木齐市文化馆举行。该展以"我们的梦想——新年新传承"为主题,包括春节习俗图片展、新疆剪纸作品展、传统手工技艺、新疆曲子表演等10项内容。(新疆文化网)

4月17日,由新疆维吾尔自治区文化厅主办的"2014年新疆非物质文化遗产保护培训班"在博州开班。在为期两天的培训中,来自北疆片区的116名非遗专干分别就《非物质文化遗产相关法律》《新疆非物质文化遗产保护工作》《非物质文化遗产调查与建档工作》《非物质文化遗产的基本理论及项目文本写作》等专题进行了讨论。(新疆文化网)

5月16日,2014年中国·察布查尔第四届文化旅游节暨纪念锡伯族"西迁"250周年"嘎善圆梦"民间艺术联欢会在锡伯民族博物院举行。同时,还举办了农民画展和非物质文化遗产摄影展,共展出了40张农民画和80张非遗摄影作品。(天山网)

6月14~20日，由新疆维吾尔自治区文化厅主办的"第九个文化遗产日暨第二届新疆非物质文化遗产展示周"活动在塔城市举行。内容包括新疆非物质文化遗产传承创意展、新疆非物质文化遗产专场演出、新疆非物质文化遗产服饰展、新疆非物质文化遗产特色饮食展、塔城地区民族民俗展等。（天山网）

8月初，由新疆非物质文化遗产保护研究中心负责的"中华文脉——新疆非物质文化遗产保护记录工程"全面实施。该工程包括系列丛书编撰、系列专题片剪辑、传承人系列纪录片拍摄等内容。计划完成13本，涉及民间文学、传统音乐、曲艺、传统体育、游艺与杂技、民俗五大类。（新疆文化网）

8月27日，新疆博湖县的非遗传承项目首次在乌鲁木齐举行的亚欧博览会上参展。（新疆文化网）

10月22日，新疆维吾尔自治区文化厅公布了第四批自治区级非物质文化遗产名录项目代表性传承人名单，共85人。详见附录一。（《新疆日报》）

10月22日，新疆维吾尔自治区文化厅首次认定了91个单位为"新疆非物质文化遗产保护传承基地"。（天山网）

10月27日，新疆维吾尔自治区文化厅对原《新疆维吾尔自治区文化产业示范基地评选命名管理暂行办法》进行了修订，并予以印发。（新疆文化网）

12月2日，为期9天的"阿克苏苹果红了"——新疆阿克苏地区非物质文化遗产浙江展在杭州工艺美术馆开幕。本次展览从"龟兹文化""多浪文化"两大地方特色文化品牌入手，共展出了900余件非遗文化产品。（中新网）

12月5~8日，"新疆（丝绸之路）第二届文化创意博览会"在新疆国际会展中心举行。其中主题为"创意非遗·点亮生活"的非物质文化遗产展亮相新疆文博会。全疆范围内30个非遗项目及衍生品参展，涉及汉、维吾尔、哈萨克、柯尔克孜、蒙古、塔吉克、锡伯、塔塔尔等多个民族。（亚心网）

云 南

1月18~22日，全国64个非遗项目汇集云南，参加由云南省非物质文化遗产保护中心、昆明市文化广播电视体育局、昆明市官渡区政府共同主办的"古韵官渡·民间艺彩为主题的非遗联展"。参展项目主要集中于国家和省级保护项目名录。（中国新闻网）

3月7日，由中央美术学院和云南省大理白族自治州剑川县主办的"滇西奇葩——云南大理·剑川木雕艺术展"在中央美术学院美术馆举行，展出了来自"中国木雕艺术之乡"云南剑川的100多件木雕作品。（云南省文化厅网站）

4月6日，云南省非物质文化保护中心成立"非物质文化遗产项目及代表性传承人抢救性记录工程项目组"，开始对部分非物质文化遗产项目代表性传承人进行抢救性保护。（云南非物质文化遗产保护网）

5月9日，云南省文化厅命名云南文化艺术职业学院、玉溪师范学院民族民间文化传习馆、官渡区牛街庄滇戏博物馆等5个单位为省级非物质文化遗产保护传承基地。（云南省文化厅网站）

5月17日~6月1日，第六届墨西哥城友好文化博览会在墨西哥城的宪法广场举行。云南省文化厅委派云南省非物质文化遗产保护中心，组织"傣族剪纸""纳西族东巴画""彝族刺绣"3个国家级、省级非物质文化遗产项目及传承人，代表中国政府参加了这次文化博览会。（云南非物质文化遗产保护网）

5月25~30日，由昆明市文化馆、昆明市非物质文化遗产保护中心承办的昆明市首届"滇雪杯"滇剧票友大赛，在官渡古镇古渡梨园滇剧传习

馆举行。(云南非物质文化遗产保护网)

6月14～19日，由云南省文化厅、云南省文物局主办的2014年"文化遗产日"系列活动在昆明举行。包括云南民族民间歌舞乐和传统地方戏曲展演、云南非物质文化遗产传统技艺展、云南非物质文化遗产美术作品展览等七大活动。(云南非物质文化遗产保护网)

6月14日～7月13日，由云南省文化厅主办，云南美术馆、云南画院承办的第四届"非遗画忆——非物质文化遗产艺术作品展"在云南美术馆举行。(云南非物质文化遗产保护网)

9月11日，云南省文化厅公布了第五批省级非物质文化遗产项目代表性传承人，共250名。详见附录一。(云南省文化厅网站)

浙 江

1月底，由浙江省文化厅、浙江广播电视集团主办的"中国梦想·美丽浙江"2014浙江省非遗电视春晚，在浙江广电集团的演播厅录制完成。(《中国文化报》)

2月初，由中国社会科学院荣誉学部委员、国家非物质文化遗产保护专家委员会副主任、文化部非物质文化遗产司副司长带领的专家小组到温州市瓯海区考察调研泽雅古法造纸。(浙江文化信息网)

2月14日，由浙江省文化厅、省旅游局等联合主办的2014年浙江省美丽非遗赶大集开幕仪式暨天台元宵节非物质文化遗产踩街活动在台州市天台县举行。(《青年时报》)

6月初，由浙江省文化厅、浙江日报社共同举办的第九届浙江省非物质文化遗产节暨"浙江好腔调"传统戏剧展演系列活动在临安市启动。第九届浙江省非遗节以"美丽非遗进礼堂、魅力戏剧响浙江"为主题。包括浙江传统戏剧名家名段演唱会、浙江地方剧种经典折子戏展演、浙江濒危剧种传统剧目展演、浙江传统戏剧擂台赛暨订戏会等活动。

(《中国文化报》)

6月14日,浙江省首次青瓷高级技师评审会在龙泉市召开,12名龙泉青瓷行业技能人才通过省专家组评定,成为第一批获得龙泉青瓷高级技师职业资格成员。(浙江文化信息网)

8月12~14日,浙江省非遗保护中心在杭州举办"2014全省非遗对外交流工作培训班",来自全省各市非遗保护中心外事工作人员和相关非遗项目保护传承人参加了培训。(浙江文化信息网)

8月20~22日,由浙江省文化厅主办的2014全省非遗业务骨干培训班在温州瑞安市举行。(浙江非物质文化遗产网)

9月初,全国海洋非遗产品网络交易平台——淘古网正式上线。淘古网是在浙江省文化厅和舟山市文广新局的支持倡议下,由岱山县打造的非遗产业化项目,是全国首个海洋非遗产品交易网上商城。淘古网包含非遗精品、非遗地方馆、非遗旅游等板块,是集非遗产品展示、交易、传播等功能于一体的电子商务平台,同时也是全国非遗项目、非遗传承人、非遗资讯等的信息发布平台。(浙江文化信息网)

9月16~18日,由中国文化报社、浙江省文化厅、中共舟山市委、舟山市人民政府联合主办的"第三届中国非物质文化遗产保护(舟山)论坛",在岱山县举行。本次论坛以"文化强国与海洋文化"为主题,三天的时间里先后开展了"美丽非遗赶大集——舟山市海洋非遗展演"和岱山东沙古渔镇"夜东沙非遗体验"、2014中国海洋非遗产品网络交易会、"海洋文化与文化强国"保护论坛等活动。省内及来自全国各地的120余名非遗理论专家、非遗工作者及新华社、中国网、中国文化报、中国文化传媒集团等20多家新闻媒体参加了论坛。(《中国文化报》)

10月12~28日,由文化部、浙江省人民政府共同主办的第三届中国越剧艺术节在温州举行。共有18个剧目参赛、6个剧目参演。(文化部官网)

10月16~20日，由中国非物质文化遗产保护中心、浙江省文化厅和杭州市人民政府共同主办的以"美好生活手上来"为主题的第六届中国（浙江）非物质文化遗产博览会在杭州白马湖国际会展中心举行。整个博览会包含大运河生活主题长廊、藏宝楼、"非遗薪传"——浙江金石篆刻精品展、浙江宝剑锻制技艺精品展、传统医药主题馆、首届杭州文博会文创精品拍卖会、百姓非遗大舞台等七大展示展演活动。（浙江文化信息网）

10月17日，由中国非物质文化遗产保护中心、浙江省文化厅、杭州市人民政府主办的"非遗薪传——浙江宝剑锻制技艺精品展颁奖仪式"在杭州白马湖国际会展中心举行。（浙江文化信息网）

11月初，由浙江省文化厅主办的2014全省民办非遗馆长培训班在象山县委党校举行，来自杭州、宁波、温州、湖州、嘉兴、舟山等11个市的文广新局非遗处长、非遗保护中心主任，全省各地的民办非遗馆馆长代表，共80余人参加了培训。（浙江文化网）

11月21日，"天工遗风——浙江省非物质文化遗产展"在印度新德里"印度美术手工艺协会"会展中心开幕。本次展览选取了浙江最具代表性的龙泉青瓷、木活字印刷、细纹刻纸等30余个省级以上非遗项目、200余件代表作品。展览期间，8位非遗项目传承人、工艺美术大师在现场进行活态演示，并开展互动交流。（浙江文化信息网）

12月11日，由浙江省文化厅、省广电集团、丽水市人民政府主办的以"守护精神家园"为主题的2015浙江省非遗电视春节晚会在丽水市举行，800多位演员用来自全省各地的非遗类节目为现场群众呈现了一场精彩演出。（浙江文化信息网）

12月15~17日，由浙江省非遗保护中心、杭州市文化创意产业办公室、杭州市江干区委宣传部主办的浙江省非遗传承与创新研修班暨2015重点推介非遗创意作品签约仪式在杭州江干举行。国家级和省级非遗代表性传承人、工艺美术大师、省非遗保护协会专委会代表等60余人参加了研修班。（浙江文化信息网）

12月18日，文化部、人力资源和社会保障部在北京举行全国文化系统先进集体、先进工作者和劳动模范表彰活动，其中金华市非遗保护中心是浙江省唯一一家入选文化部表彰名单的非遗保护业务单位。（浙江非物质文化遗产网）

12月26日，"耀世青瓷 亮眼深圳——龙泉青瓷精品深圳展"在深圳开幕，共展出50件作品，其中包括龙泉青瓷博物馆藏品10件以及国家、省、地等各级龙泉青瓷非遗传承人、工艺美术大师共20人创作的40件作品。（浙江文化信息网）

12月26日，由浙江省文化馆、金华市经济和信息化委员会、金华市非物质文化遗产保护中心、金华市文联主办的"2014浙江省剪纸艺术展"在金华市美术馆举行，共展出200余幅获奖剪纸作品。（浙江非物质文化遗产网）

附录一 非遗代表性项目名录与项目代表性传承人名录

第四批国家级非物质文化遗产代表性项目名录（共计153项）

序号	项目编号	项目名称	申报地区或单位
一、民间文学（30项）			
1220	Ⅰ-126	卢沟桥传说	北京市丰台区
1221	Ⅰ-127	鬼谷子传说	河北省临漳县
1222	Ⅰ-128	东海孝妇传说	江苏省连云港市
1223	Ⅰ-129	刘阮传说	浙江省天台县
1224	Ⅰ-130	孔雀东南飞传说	安徽省怀宁县、潜山县
1225	Ⅰ-131	老子传说	安徽省涡阳县，河南省灵宝市
1226	Ⅰ-132	陈三五娘传说	福建省泉州市洛江区
1227	Ⅰ-133	胡峄阳传说	山东省青岛市城阳区
1228	Ⅰ-134	孟母教子传说	山东省邹城市
1229	Ⅰ-135	河图洛书传说	河南省洛阳市
1230	Ⅰ-136	杞人忧天传说	河南省杞县
1231	Ⅰ-137	三国传说	湖北省
1232	Ⅰ-138	伯牙子期传说	湖北省武汉市
1233	Ⅰ-139	尹吉甫传说	湖北省房县
1234	Ⅰ-140	苏仙传说	湖南省郴州市苏仙区
1235	Ⅰ-141	毕阿史拉则传说	四川省金阳县
1236	Ⅰ-142	仓颉传说	陕西省白水县、洛南县
1237	Ⅰ-143	骆驼泉传说	青海省循化撒拉族自治县
1238	Ⅰ-144	回族民间故事	宁夏回族自治区泾源县
1239	Ⅰ-145	广禅侯故事	山西省阳城县
1240	Ⅰ-146	解缙故事	江西省吉水县
1241	Ⅰ-147	壮族百鸟衣故事	广西壮族自治区横县
1242	Ⅰ-148	阿凡提故事	新疆维吾尔自治区喀什地区
1243	Ⅰ-149	广阳镇民间故事	重庆市南岸区
1244	Ⅰ-150	西王母神话	新疆维吾尔自治区阜康市

续表

序号	项目编号	项目名称	申报地区或单位
1245	Ⅰ-151	盘王大歌	湖南省江华瑶族自治县
1246	Ⅰ-152	玛牧	四川省喜德县
1247	Ⅰ-153	黑白战争	云南省丽江市古城区
1248	Ⅰ-154	祁家延西	青海省互助土族自治县
1249	Ⅰ-155	常山喝彩歌谣	浙江省常山县
二、传统音乐（15项）			
1250	Ⅱ-156	土家族民歌	湖南省湘西土家族苗族自治州，贵州省沿河土家族自治县
1251	Ⅱ-157	渔歌（洞庭渔歌、汕尾渔歌）	湖南省岳阳市，广东省汕尾市
1252	Ⅱ-158	西岭山歌	四川省大邑县
1253	Ⅱ-159	旬阳民歌	陕西省旬阳县
1254	Ⅱ-160	撒拉族民歌	青海省循化撒拉族自治县
1255	Ⅱ-161	锡伯族民歌	新疆维吾尔自治区察布查尔锡伯自治县
1256	Ⅱ-162	凌云壮族七十二巫调音乐	广西壮族自治区凌云县
1257	Ⅱ-163	毕摩音乐	四川省美姑县
1258	Ⅱ-164	剑川白曲	云南省大理白族自治州
1259	Ⅱ-165	阿斯尔	内蒙古自治区镶黄旗
1260	Ⅱ-166	莆仙十音八乐	福建省莆田市涵江区
1261	Ⅱ-167	蒙古族汗廷音乐	内蒙古自治区阿鲁科尔沁旗
1262	Ⅱ-168	浏阳文庙祭孔音乐	湖南省浏阳市
1263	Ⅱ-169	潮尔（蒙古族弓弦乐）	内蒙古自治区通辽市
1264	Ⅱ-170	蒙古族托布秀尔音乐	新疆维吾尔自治区博尔塔拉蒙古自治州
三、传统舞蹈（20项）			
1265	Ⅲ-112	太子务武吵子	北京市大兴区
1266	Ⅲ-113	左权小花戏	山西省左权县
1267	Ⅲ-114	博舞	吉林省前郭尔罗斯蒙古族自治县
1268	Ⅲ-115	洪泽湖渔鼓	江苏省洪泽县、泗洪县
1269	Ⅲ-116	龙岩采茶灯	福建省龙岩市新罗区
1270	Ⅲ-117	宜黄禾杠舞	江西省宜黄县
1271	Ⅲ-118	耍老虎	河南省焦作市
1272	Ⅲ-119	棕包脑	湖南省洞口县
1273	Ⅲ-120	瑶族金锣舞	广西壮族自治区田东县
1274	Ⅲ-121	玩牛	重庆市石柱土家族自治县
1275	Ⅲ-122	古蔺花灯	四川省古蔺县
1276	Ⅲ-123	登嘎甘伫（熊猫舞）	四川省九寨沟县

序号	项目编号	项目名称	申报地区或单位
1277	Ⅲ-124	阿妹戚托	贵州省晴隆县
1278	Ⅲ-125	布依族转场舞	贵州省册亨县
1279	Ⅲ-126	耳子歌	云南省大理白族自治州
1280	Ⅲ-127	铓鼓舞	云南省建水县
1281	Ⅲ-128	水鼓舞	云南省瑞丽市
1282	Ⅲ-129	怒族达比亚舞	云南省福贡县
1283	Ⅲ-130	锅哇（玉树武士舞）	青海省玉树藏族自治州
1284	Ⅲ-131	纳孜库姆	新疆维吾尔自治区吐鲁番市
四、传统戏剧（4项）			
1285	Ⅳ-159	线腔	山西省芮城县
1286	Ⅳ-160	平讲戏	福建省福安市
1287	Ⅳ-161	永修丫丫戏	江西省永修县
1288	Ⅳ-162	东河戏	江西省赣县
五、曲艺（13项）			
1289	Ⅴ-115	数来宝	北京市东城区
1290	Ⅴ-116	梅花大鼓	天津市
1291	Ⅴ-117	弹唱	山西省吕梁市离石区
1292	Ⅴ-118	浦东宣卷	上海市浦东新区
1293	Ⅴ-119	丽水鼓词	浙江省丽水市莲都区
1294	Ⅴ-120	客家古文	江西省于都县
1295	Ⅴ-121	永新小鼓	江西省永新县
1296	Ⅴ-122	山东花鼓	山东省菏泽市
1297	Ⅴ-123	跳三鼓	湖北省石首市
1298	Ⅴ-124	湖南渔鼓	湖南省
1299	Ⅴ-125	桂林渔鼓	广西壮族自治区桂林市
1300	Ⅴ-126	宁夏小曲	宁夏回族自治区银川市
1301	Ⅴ-127	托勒敖	新疆维吾尔自治区尼勒克县
六、传统体育、游艺与杂技（12项）			
1302	Ⅵ-71	布鲁	内蒙古自治区库伦旗
1303	Ⅵ-72	蒙古族驼球	内蒙古自治区乌拉特后旗
1304	Ⅵ-73	通背拳	北京市西城区
1305	Ⅵ-74	戳脚	河北省衡水市桃城区
1306	Ⅵ-75	精武武术	上海市虹口区
1307	Ⅵ-76	绵拳	上海市杨浦区
1308	Ⅵ-77	咏春拳	福建省福州市
1309	Ⅵ-78	井冈山全堂狮灯	江西省井冈山市

续表

序号	项目编号	项目名称	申报地区或单位
1310	Ⅵ-79	徐家拳	山东省新泰市
1311	Ⅵ-80	梅山武术	湖南省新化县
1312	Ⅵ-81	武汉杂技	湖北省武汉市
1313	Ⅵ-82	幻术（傅氏幻术、周化一魔术）	北京市朝阳区，陕西省
七、传统美术（13项）			
1314	Ⅶ-110	京绣	北京市房山区，河北省定兴县
1315	Ⅶ-111	布糊画	河北省丰宁满族自治县
1316	Ⅶ-112	抽纱（汕头抽纱、潮州抽纱）	广东省汕头市、潮州市
1317	Ⅶ-113	水陆画	河北省广平县
1318	Ⅶ-114	毕摩绘画	四川省美姑县
1319	Ⅶ-115	彩砂坛城绘制	西藏自治区日喀则市
1320	Ⅶ-116	琥珀雕刻	辽宁省抚顺市
1321	Ⅶ-117	传统玩具（郯城木旋玩具）	山东省郯城县
1322	Ⅶ-118	蒙古文书法	内蒙古自治区
1323	Ⅶ-119	满文、锡伯文书法	新疆维吾尔自治区乌鲁木齐市
1324	Ⅶ-120	刻铜（杜氏刻铜）	安徽省阜阳市
1325	Ⅶ-121	错金银	福建省莆田市涵江区，新疆维吾尔自治区乌鲁木齐市天山区
1326	Ⅶ-122	赏石艺术	中国观赏石协会
八、传统技艺（29项）			
1327	Ⅷ-213	邢窑陶瓷烧制技艺	河北省邢台市
1328	Ⅷ-214	婺州窑陶瓷烧制技艺	浙江省金华市婺城区
1329	Ⅷ-215	吉州窑陶瓷烧制技艺	江西省吉安市
1330	Ⅷ-216	登封窑陶瓷烧制技艺	河南省登封市
1331	Ⅷ-217	当阳峪绞胎瓷烧制技艺	河南省焦作市
1332	Ⅷ-218	潮州彩瓷烧制技艺	广东省潮州市
1333	Ⅷ-219	陶瓷微书	广东省汕头市
1334	Ⅷ-220	古陶瓷修复技艺	上海市长宁区
1335	Ⅷ-221	藏族鎏钴技艺	青海省
1336	Ⅷ-222	铜器制作技艺（大同铜器制作技艺）	山西省大同市城区
1337	Ⅷ-223	古代钟表修复技艺	故宫博物院
1338	Ⅷ-224	传统香制作技艺（药香制作技艺、莞香制作技艺）	北京市西城区，广东省东莞市
1339	Ⅷ-225	一得阁墨汁制作技艺	北京市西城区
1340	Ⅷ-226	奶制品制作技艺（察干伊德）	内蒙古自治区正蓝旗

续表

序号	项目编号	项目名称	申报地区或单位
1341	Ⅷ-227	辽菜传统烹饪技艺	辽宁省沈阳市
1342	Ⅷ-228	泡菜制作技艺（朝鲜族泡菜制作技艺）	吉林省延吉市
1343	Ⅷ-229	老汤精配制	黑龙江省哈尔滨市阿城区
1344	Ⅷ-230	上海本帮菜肴传统烹饪技艺	上海市黄浦区
1345	Ⅷ-231	传统制糖技艺（义乌红糖制作技艺）	浙江省义乌市
1346	Ⅷ-232	豆腐传统制作技艺	安徽省淮南市、寿县
1347	Ⅷ-233	德州扒鸡制作技艺	山东省德州市
1348	Ⅷ-234	龙口粉丝传统制作技艺	山东省招远市
1349	Ⅷ-235	蒙自过桥米线制作技艺	云南省蒙自市
1350	Ⅷ-236	坎儿井开凿技艺	新疆维吾尔自治区吐鲁番市
1351	Ⅷ-237	古建筑模型制作技艺	山西省太原市
1352	Ⅷ-238	传统造园技艺（扬州园林营造技艺）	江苏省扬州市
1353	Ⅷ-239	古戏台营造技艺	江西省乐平市
1354	Ⅷ-240	庐陵传统民居营造技艺	江西省泰和县
1355	Ⅷ-241	古建筑修复技艺	甘肃省永靖县
九、传统医药（2项）			
1356	Ⅸ-22	布依族医药（益肝草制作技艺）	贵州省贵定县
1357	Ⅸ-23	哈萨克族医药（布拉吾药浴熏蒸疗法、卧塔什正骨术、冻伤疗法）	新疆维吾尔自治区阿勒泰地区
十、民俗（15项）			
1358	Ⅹ-145	望果节	西藏自治区
1359	Ⅹ-146	苗族花山节	云南省屏边苗族自治县
1360	Ⅹ-147	察干苏力德祭	内蒙古自治区乌审旗
1361	Ⅹ-148	博格达乌拉祭	内蒙古自治区扎赉特旗
1362	Ⅹ-149	稻作习俗	江西省万年县
1363	Ⅹ-150	仡佬族三幺台习俗	贵州省道真仡佬族苗族自治县
1364	Ⅹ-151	匾额习俗（赣南客家匾额习俗）	江西省会昌县
1365	Ⅹ-152	马仙信俗	福建省柘荣县
1366	Ⅹ-153	寮步香市	广东省东莞市
1367	Ⅹ-154	达斡尔族服饰	内蒙古自治区呼伦贝尔市
1368	Ⅹ-155	鄂温克族服饰	内蒙古自治区陈巴尔虎旗
1369	Ⅹ-156	彝族服饰	四川省昭觉县，云南省楚雄彝族自治州
1370	Ⅹ-157	布依族服饰	贵州省
1371	Ⅹ-158	侗族服饰	贵州省黔东南苗族侗族自治州
1372	Ⅹ-159	柯尔克孜族服饰	新疆维吾尔自治区乌恰县

国家级非物质文化遗产代表性项目名录扩展项目名录（共计153项）

序号	项目编号	项目名称	申报地区或单位
\multicolumn{4}{c}{一、民间文学（7项）}			
8	Ⅰ-8	孟姜女传说	山东省莱芜市莱城区
13	Ⅰ-13	宝卷（吴地宝卷）	江苏省苏州市
27	Ⅰ-27	格萨（斯）尔	内蒙古自治区巴林右旗
521	Ⅰ-34	杨家将传说（杨七郎墓传说）	天津市宁河县
565	Ⅰ-78	童谣（绍兴童谣）	浙江省绍兴市
1043	Ⅰ-99	苏东坡传说	湖北省黄冈市
1069	Ⅰ-125	谚语（陕北民谚）	陕西省榆林市
\multicolumn{4}{c}{二、传统音乐（19项）}			
34	Ⅱ-3	蒙古族长调民歌（巴尔虎长调）	内蒙古自治区新巴尔虎左旗
51	Ⅱ-20	花儿（张家川花儿）	甘肃省张家川回族自治县
52	Ⅱ-21	藏族拉伊（那曲拉伊）	西藏自治区那曲地区
58	Ⅱ-27	薅草锣鼓（金湖秧歌）	江苏省金湖县
61	Ⅱ-30	多声部民歌（阿尔麦多声部民歌）	四川省黑水县
65	Ⅱ-34	古琴艺术	北京市大兴区，香港特别行政区
67	Ⅱ-36	蒙古族四胡音乐	内蒙古自治区科尔沁右翼中旗
68	Ⅱ-37	唢呐艺术（临县大唢呐、灵璧菠林喇叭）	山西省临县，安徽省灵璧县
604	Ⅱ-105	蒙古族民歌	青海省海西蒙古族藏族自治州
608	Ⅱ-109	苗族民歌	海南省琼中黎族苗族自治县，重庆市彭水苗族土家族自治县
609	Ⅱ-110	瑶族民歌	广东省乳源瑶族自治县
614	Ⅱ-115	藏族民歌（藏族酒曲）	青海省海南藏族自治州
615	Ⅱ-116	维吾尔族民歌	新疆维吾尔自治区伊宁市、库车县
619	Ⅱ-120	古筝艺术（中州筝派）	河南省
621	Ⅱ-122	津门法鼓（香塔音乐法鼓）	天津市西青区
622	Ⅱ-123	锣鼓艺术（软槌锣鼓、花镲锣鼓、大铜器、老河口锣鼓架子、八音锣鼓）	山西省万荣县，江西省丰城市，河南省遂平县，湖北省老河口市，广东省佛山市顺德区
627	Ⅱ-128	洞经音乐（邛都洞经音乐）	四川省西昌市
637	Ⅱ-138	佛教音乐（金山寺水陆法会仪式音乐、雄色寺绝鲁）	江苏省镇江市，西藏自治区曲水县
638	Ⅱ-139	道教音乐（花张蒙道教音乐、茅山道教音乐、苍南正一派科仪音乐、龙虎山正一天师道道教音乐、全真道堂科仪音乐）	河北省定州市，江苏省句容市，浙江省苍南县，江西省鹰潭市，香港特别行政区

续表

序号	项目编号	项目名称	申报地区或单位
三、传统舞蹈（16 项）			
105	Ⅲ-2	秧歌（延庆旱船）	北京市延庆县
107	Ⅲ-4	龙舞（鳌江划大龙、手龙舞、潜江草把龙）	浙江省平阳县，安徽省绩溪县，湖北省潜江市
108	Ⅲ-5	狮舞（黎川舞白狮）	江西省黎川县
110	Ⅲ-7	傩舞（跳五猖）	安徽省郎溪县
121	Ⅲ-18	土家族撒叶儿嗬	湖北省五峰土家族自治县、巴东县，湖南省桑植县
124	Ⅲ-21	热巴舞	云南省迪庆藏族自治州
125	Ⅲ-22	羌姆（桑耶寺羌姆、门巴族拔羌姆、江洛德庆曲林寺尼姑羌姆、林芝米纳羌姆）	西藏自治区扎囊县、错那县、日喀则市、林芝县
126	Ⅲ-23	苗族芦笙舞	贵州省普安县
129	Ⅲ-26	铜鼓舞（南丹勤泽格拉）	广西壮族自治区南丹县
142	Ⅲ-39	卓舞（琼结久河卓舞）	西藏自治区琼结县
640	Ⅲ-43	麒麟舞（西贡坑口客家舞麒麟）	香港特别行政区
641	Ⅲ-44	竹马（淳安竹马）	浙江省淳安县
642	Ⅲ-45	灯舞（上舍化龙灯、青田百鸟灯舞、郧阳凤凰灯舞）	浙江省安吉县、青田县，湖北省十堰市郧阳区
677	Ⅲ-80	宣舞（札达卡尔玛宣舞）	西藏自治区阿里地区
679	Ⅲ-82	堆谐（甘孜踢踏）	四川省甘孜县
693	Ⅲ-96	赛乃姆（和田赛乃姆）	新疆维吾尔自治区于田县
四、传统戏剧（15 项）			
160	Ⅳ-16	秦腔	宁夏回族自治区，新疆生产建设兵团
162	Ⅳ-18	晋剧	山西省晋中市
171	Ⅳ-27	越调	湖北省谷城县
180	Ⅳ-36	粤剧	广东省吴川市，广西壮族自治区南宁市
183	Ⅳ-39	乱弹（南岩乱弹）	河北省高邑县
194	Ⅳ-50	四平调	安徽省砀山县
202	Ⅳ-58	楚剧	湖北省孝感市
231	Ⅳ-87	目连戏（绍兴目连戏、江西目连戏）	浙江省绍兴市，江西省
233	Ⅳ-89	傩戏（临武傩戏、庆坛）	湖南省临武县，贵州省金沙县
235	Ⅳ-91	皮影戏（乐亭皮影戏、通渭影子腔）	河北省乐亭县，甘肃省通渭县
236	Ⅳ-92	木偶戏（中型杖头木偶戏、陕西杖头木偶戏）	四川省资中县，陕西省
700	Ⅳ-99	眉户	陕西省戏曲研究院

455

续表

序号	项目编号	项目名称	申报地区或单位
713	Ⅳ-112	花鼓戏（光山花鼓戏）	河南省光山县
724	Ⅳ-123	罗卷戏	河南省邓州市
1119	Ⅳ-157	阳戏（上河阳戏、射箭提阳戏）	湖南省怀化市鹤城区，四川省广元市昭化区
五、曲艺（4项）			
241	Ⅴ-5	西河大鼓	天津市
268	Ⅴ-32	鼓盆歌	湖南省澧县
271	Ⅴ-35	二人转	辽宁省辽阳市，吉林省梨树县
778	Ⅴ-85	山东落子	山东省金乡县
六、传统体育、游艺与杂技（6项）			
288	Ⅵ-6	线狮（草塔抖狮子）	浙江省诸暨市
293	Ⅵ-11	太极拳（吴氏太极拳、李氏太极拳、王其和太极拳、和氏太极拳）	北京市大兴区，天津市武清区，河北省任县，河南省温县
298	Ⅵ-16	蒙古族搏克	内蒙古自治区东乌珠穆沁旗，新疆维吾尔自治区乌苏市
805	Ⅵ-33	螳螂拳	山东省青岛市市南区
807	Ⅵ-35	岳家拳	湖北省黄梅县
815	Ⅵ-43	赛马会（哈萨克族赛马）	新疆维吾尔自治区富蕴县
七、传统美术（23项）			
314	Ⅶ-15	内画（鲁派内画）	山东省淄博市张店区
315	Ⅶ-16	剪纸（静乐剪纸、桐庐剪纸、浦城剪纸、水族剪纸、定西剪纸、回族剪纸）	山西省静乐县，浙江省桐庐县，福建省浦城县，贵州省黔南布依族苗族自治州，甘肃省定西市，宁夏回族自治区
317	Ⅶ-18	苏绣（扬州刺绣）	江苏省扬州市
326	Ⅶ-27	象牙雕刻（常州象牙浅刻）	江苏省常州市武进区
331	Ⅶ-32	金石篆刻	中国艺术研究院
337	Ⅶ-38	砖雕（固原砖雕）	宁夏回族自治区固原市
343	Ⅶ-44	木偶头雕刻（泰顺木偶头雕刻）	浙江省泰顺县
345	Ⅶ-46	竹刻（徽州竹雕、莆田留青竹刻）	安徽省黄山市徽州区，福建省莆田市城厢区
346	Ⅶ-47	泥塑（北京兔儿爷、淮阳泥泥狗）	北京市朝阳区，河南省淮阳县
349	Ⅶ-50	灯彩（乐清首饰龙）	浙江省乐清市
350	Ⅶ-51	竹编（安溪竹藤编、道明竹编）	福建省安溪县，四川省崇州市
829	Ⅶ-53	面花（岚县面塑）	山西省岚县
832	Ⅶ-56	石雕（沅洲石雕、富平石刻、绥德石雕）	湖南省芷江侗族自治县，陕西省富平县、绥德县
834	Ⅶ-58	木雕（永乐桃木雕刻、东固传统造像、通山木雕）	山西省芮城县，江西省吉安市青原区，湖北省通山县

序号	项目编号	项目名称	申报地区或单位
835	Ⅶ-59	核雕（大连核雕）	辽宁省大连市西岗区
838	Ⅶ-62	锡雕（莲花打锡）	江西省莲花县
840	Ⅶ-64	藏文书法（尼赤）	西藏自治区
842	Ⅶ-66	彩扎（麒麟制作）	广东省东莞市
845	Ⅶ-69	麦秆剪贴	黑龙江省哈尔滨市，河南省清丰县，湖北省仙桃市
853	Ⅶ-77	民间绣活（夏布绣）	江西省新余市
856	Ⅶ-80	满族刺绣	黑龙江省牡丹江市、克东县
857	Ⅶ-81	蒙古族刺绣	内蒙古自治区苏尼特左旗
870	Ⅶ-94	盆景技艺（如皋盆景）	江苏省如皋市
八、传统技艺（32项）			
374	Ⅷ-24	蓝印花布印染技艺	浙江省桐乡市
378	Ⅷ-28	客家民居营造技艺（赣南客家围屋营造技艺）	江西省龙南县
385	Ⅷ-35	生铁冶铸技艺	甘肃省永靖县
387	Ⅷ-37	宝剑锻制技艺（棠溪宝剑锻制技艺）	河南省西平县
390	Ⅷ-40	银饰锻制技艺（畲族银器锻制技艺、鹤庆银器锻制技艺）	福建省宁德市，云南省鹤庆县
393	Ⅷ-43	景泰蓝制作技艺	河北省大厂回族自治县
395	Ⅷ-45	家具制作技艺（仙游古典家具制作技艺）	福建省仙游县
411	Ⅷ-61	酿醋技艺（小米醋酿造技艺）	山西省襄汾县
417	Ⅷ-67	皮纸制作技艺（平阳麻笺制作技艺）	山西省襄汾县
421	Ⅷ-71	竹纸制作技艺（泽雅屏纸制作技艺、蔡伦古法造纸技艺、滩头手工抄纸技艺）	浙江省温州市瓯海区，湖南省耒阳市、隆回县
427	Ⅷ-77	木版水印技艺	浙江省杭州市下城区
873	Ⅷ-90	琉璃烧制技艺	山东省淄博市博山区、曲阜市
881	Ⅷ-98	陶器烧制技艺（平定砂器制作技艺、平定黑釉刻花陶瓷制作技艺、宜兴均陶制作技艺、德州黑陶烧制技艺、枫溪手拉朱泥壶制作技艺）	山西省平定县，江苏省宜兴市，山东省德州市，广东省潮州市
882	Ⅷ-99	蚕丝织造技艺（潞绸织造技艺）	山西省高平市
883	Ⅷ-100	传统棉纺织技艺（威县土布纺织技艺、傈僳族火草布技艺）	河北省威县，四川省德昌县
893	Ⅷ-110	地毯织造技艺（阆中丝毯织造技艺、天水丝毯织造技艺）	四川省阆中市，甘肃省天水市秦州区

续表

序号	项目编号	项目名称	申报地区或单位
894	Ⅷ-111	滩羊皮鞣制工艺（二毛皮制作技艺）	宁夏回族自治区
900	Ⅷ-117	金银细工制作技艺	山西省稷山县
907	Ⅷ-124	民族乐器制作技艺（扎念琴制作技艺）	西藏自治区拉孜县
910	Ⅷ-127	漆器髹饰技艺（稷山螺钿漆器髹饰技艺）	山西省稷山县
916	Ⅷ-133	砚台制作技艺（松花石砚制作技艺）	辽宁省本溪市
921	Ⅷ-138	水密隔舱福船制造技艺	福建省泉州市泉港区
930	Ⅷ-147	花茶制作技艺（福州茉莉花茶窨制工艺）	福建省福州市仓山区
931	Ⅷ-148	绿茶制作技艺（赣南客家擂茶制作技艺、婺源绿茶制作技艺、信阳毛尖茶制作技艺、恩施玉露制作技艺、都匀毛尖茶制作技艺）	江西省全南县、婺源县，河南省信阳市，湖北省恩施市，贵州省都匀市
932	Ⅷ-149	红茶制作技艺（滇红茶制作技艺）	云南省凤庆县
935	Ⅷ-152	黑茶制作技艺（赵李桥砖茶制作技艺、六堡茶制作技艺）	湖北省赤壁市，广西壮族自治区苍梧县
936	Ⅷ-153	晒盐技艺（淮盐制作技艺、卤水制盐技艺）	江苏省连云港市，山东省寿光市
937	Ⅷ-154	酱油酿造技艺（先市酱油酿造技艺）	四川省合江县
943	Ⅷ-160	传统面食制作技艺（桂发祥十八街麻花制作技艺、南翔小笼馒头制作技艺）	天津市河西区，上海市嘉定区
952	Ⅷ-169	酱肉制作技艺（亓氏酱香源肉食酱制技艺）	山东省莱芜市莱城区
962	Ⅷ-179	闽南传统民居营造技艺	福建省厦门市湖里区
1180	Ⅷ-200	毛笔制作技艺（徽笔制作技艺）	安徽省黄山市屯溪区
九、传统医药（10项）			
441	Ⅸ-2	中医诊疗法（清华池传统修脚术，中医络病诊疗方法，脏腑推拿疗法，顾氏外科疗法、古本易筋经十二势导引法，丁氏痔科医术、扬州传统修脚术、董氏儿科医术、西园喉科医术、买氏中医外治法、毛氏济世堂脱骨疽疗法，镇氏风湿病马钱子疗法，一指禅推拿，贾氏点穴疗法）	北京市西城区，河北省石家庄市、保定市，上海市，江苏省南京市秦淮区、扬州市，浙江省宁波市海曙区，安徽省歙县，河南省周口市川汇区、新蔡县，湖北省咸宁市咸安区，广东省珠海市、深圳市
442	Ⅸ-3	中药炮制技艺（人参炮制技艺、武义寿仙谷中药炮制技艺、樟树中药炮制技艺）	吉林省通化市，浙江省武义县，江西省樟树市

续表

序号	项目编号	项目名称	申报地区或单位
443	IX-4	中医传统制剂方法（安宫牛黄丸制作技艺、隆顺榕卫药制作技艺、益德成闻药制作技艺、京万红软膏组方与制作技艺、金牛眼药制作技艺、点舌丸制作技艺、鸿茅药酒配制技艺、平氏浸膏制作技艺、枇杷露传统制剂、老王麻子膏药制作技艺、方回春堂传统膏方制作技艺、二仙膏制作技艺、太安堂麒麟丸制作技艺、昆中药传统中药制剂、马应龙仁膏药制作技艺）	北京市东城区、天津市南开区、山西省太谷县，天津市南开区、红桥区、西青区，河北省定州市，山西省新绛县，内蒙古自治区凉城县，吉林省长春市九台区，黑龙江省哈尔滨市南岗区、道外区，浙江省杭州市上城区，山东省济宁市任城区，广东省汕头市，云南省昆明市，陕西省西安市碑林区
444	IX-5	针灸（杨继洲针灸）	浙江省衢州市
445	IX-6	中医正骨疗法（海城苏氏正骨、上海石氏伤科疗法、新泰孟氏正骨疗法、新邵孙氏正骨术）	辽宁省海城市，上海市，山东省新泰市，湖南省新邵县
448	IX-9	藏医药（山南藏医药浴法、藏医放血疗法）	西藏自治区山南地区，青海省
972	IX-12	蒙医药（科尔沁蒙医药浴疗法）	内蒙古自治区科尔沁右翼中旗
977	IX-17	回族医药（陈氏回族医技十法）	宁夏回族自治区吴忠市
1194	IX-19	彝医药（拨云锭制作技艺）	云南省楚雄市
1196	IX-21	维吾尔医药（沙疗）	新疆维吾尔自治区吐鲁番市
		十、民俗（21项）	
450	X-2	清明节（茅山会船）	江苏省兴化市
451	X-3	端午节（泽林旱龙舟）	湖北省鄂州市
452	X-4	七夕节（郧西七夕）	湖北省郧西县
453	X-5	中秋节（朝鲜族秋夕节、吉安中秋烧塔习俗）	辽宁省铁岭市，江西省安福县
460	X-12	三月三（壮族三月三、报京三月三）	广西壮族自治区武鸣县，贵州省镇远县
467	X-19	苗族鼓藏节	贵州省榕江县
484	X-36	妈祖祭典（葛沽宝辇会、海口天后祀奉、澳门妈祖信俗）	天津市津南区，海南省海口市，澳门特别行政区
502	X-54	民间社火（南庄无根架火）	山西省晋中市榆次区
515	X-67	瑶族服饰	广西壮族自治区龙胜各族自治县
516	X-68	农历二十四节气（三门祭冬、安仁赶分社、苗族赶秋、壮族霜降节）	浙江省三门县，湖南省安仁县、花垣县，广西壮族自治区天等县
978	X-71	元宵节（千军台庄户幡会、抡花、河上龙灯胜会、前童元宵行会、淄博花灯会、彬县灯山会）	北京市门头沟区，河北省滦平县，浙江省杭州市萧山区、浙江省宁海县，山东省淄博市张店区，陕西省彬县

续表

序号	项目编号	项目名称	申报地区或单位
991	X-84	庙会（蒲县朝山会、泰伯庙会、苏州轧神仙庙会、金村庙会、浚县正月古庙会、宝顶架香庙会、丰都庙会）	山西省蒲县，江苏省无锡市、苏州市姑苏区、张家港市，河南省浚县，重庆市大足区、丰都县
992	X-85	民间信俗（孝子祭、潮神祭祀、三平祖师信俗、东镇沂山祭仪、贵屿双忠信俗、冼夫人信俗、钦州跳岭头、康定转山会、梅里神山祭祀、女子太阳山祭祀、屯堡抬亭子、迎城隍、岷县青苗会、同心莲花山青苗水会、黄大仙信俗、澳门哪吒信俗）	浙江省富阳市、海宁市，福建省平和县，山东省临朐县，广东省汕头市潮阳区、广东省茂名市，海南省海口市、定安县、澄迈县，广西壮族自治区钦州市，四川省康定县，云南省德钦县、西畴县，贵州省安顺市西秀区，陕西省西安市，甘肃省岷县，宁夏回族自治区同心县，香港特别行政区，澳门特别行政区
994	X-87	抬阁（珠梅抬故事）	湖南省涟源市
997	X-90	祭祖习俗（徽州祠祭、诸葛后裔祭祖、凉山彝族尼木措毕祭祀、徐村司马迁祭祀）	安徽省祁门县，浙江省兰溪市，四川省美姑县，陕西省韩城市
1014	X-107	茶俗（白族三道茶）	云南省大理市
1015	X-108	蒙古族服饰	内蒙古自治区正蓝旗
1020	X-113	藏族服饰	青海省海南藏族自治州
1197	X-122	中元节（资源河灯节）	广西壮族自治区资源县
1214	X-139	婚俗（赫哲族婚俗、畲族婚俗、瑶族婚俗）	黑龙江省同江市，浙江省景宁畲族自治县、福建省霞浦县，广东省连南瑶族自治县
1217	X-142	规约习俗（侗族款约）	贵州省黎平县

安徽省第四批非物质文化遗产代表性项目名录
（共计70项，新入选项目65项，扩展项目5项）

新入选项目65项			
序号	项目编号	项目名称	申报地区或单位
一、民间文学（4项）			
1	Ⅰ-19	庄子传说	亳州市蒙城县
2	Ⅰ-20	蒙城歌谣	亳州市蒙城县
3	Ⅰ-21	张孝祥与镜湖的故事	芜湖市镜湖区
4	Ⅰ-22	九井沟传说	宿松县
二、传统音乐（6项）			
1	Ⅱ-27	全椒民歌	滁州市全椒县
2	Ⅱ-28	六安灯歌	六安市金安区
3	Ⅱ-29	和县民歌	马鞍山市和县
4	Ⅱ-30	美溪唢呐	黄山市黟县

续表

序号	项目编号	项目名称	申报地区或单位
5	Ⅱ—31	广德民歌	广德县
6	Ⅱ—32	宿松民歌	宿松县
三、传统舞蹈（1项）			
1	Ⅲ—37	独杆轿	蚌埠市固镇县
四、曲艺（2项）			
1	Ⅴ—21	颍上大鼓书	阜阳市颍上县
2	Ⅴ—22	岳西鼓书	安庆市岳西县
五、传统体育、游艺与杂技（4项）			
1	Ⅵ—12	陈抟老祖心意六合八法拳	亳州市
2	Ⅵ—13	五音八卦拳	阜阳市阜南县
3	Ⅵ—14	吴翼翚华岳心意六合八法拳	淮南市
4	Ⅵ—15	徽州武术	黄山市
六、传统美术（7项）			
1	Ⅶ—25	庐州木雕	合肥市肥西县　合肥市包河区
2	Ⅶ—26	淮北泥塑	淮北市濉溪县
3	Ⅶ—27	殷派面塑	淮北市相山区
4	Ⅶ—28	花山剪纸	马鞍山市
5	Ⅶ—29	旌德漆画	宣城市旌德县
6	Ⅶ—30	徽州墙头画	宣城市绩溪县
7	Ⅶ—31	皖南根雕	广德县
七、传统技艺（32项）			
1	Ⅷ—56	庐州吴氏船模制作技艺	合肥市蜀山区
2	Ⅷ—57	三河羽扇制作技艺	合肥市肥西县
3	Ⅷ—58	高炉家传统酿造技艺	亳州市涡阳县
4	Ⅷ—59	卢家笙制作技艺	亳州市蒙城县
5	Ⅷ—60	砀山毛笔制作技艺	宿州市砀山县
6	Ⅷ—61	埇桥唢呐制作技艺	宿州市埇桥区
7	Ⅷ—62	醉三秋酒传统酿造技艺	阜阳市
8	Ⅷ—63	文王贡酒酿造技艺	阜阳市临泉县
9	Ⅷ—64	运酒传统酿造技艺	马鞍山市含山县
10	Ⅷ—65	无为板鸭制作技艺	芜湖市无为县
11	Ⅷ—66	宁国龙窑制陶技艺	宣城市宁国市
12	Ⅷ—67	水东蜜枣制作技艺	宣城市宣州区
13	Ⅷ—68	花砖制作技艺	宣城市泾县
14	Ⅷ—69	宣纸制品加工技艺	宣城市泾县
15	Ⅷ—70	后山剪刀制作技艺	宣城市泾县

续表

序号	项目编号	项目名称	申报地区或单位
16	Ⅷ—71	榔桥木梳制作技艺	宣城市泾县
17	Ⅷ—72	皖南木榨油技艺	宣城市宣州区
18	Ⅷ—73	铜陵凤丹制作技艺	铜陵市铜陵县
19	Ⅷ—74	石台雾里青绿茶制作技艺	池州市石台县
20	Ⅷ—75	胡玉美蚕豆辣酱制作技艺	安庆市
21	Ⅷ—76	徽州楹联匾额传统制作技艺	黄山市黟县
22	Ⅷ—77	徽州顶市酥制作技艺	黄山市屯溪区
23	Ⅷ—78	徽作家具制作技艺	黄山市徽州区
24	Ⅷ—79	太平曹氏纸制作技艺	黄山市黄山区
25	Ⅷ—80	黄山玉雕刻技艺	黄山市黄山区
26	Ⅷ—81	徽州手工瓷制作技艺	黄山市祁门县
27	Ⅷ—82	安茶制作技艺	黄山市祁门县
28	Ⅷ—83	吴鲁衡日晷制作技艺	黄山市休宁县
29	Ⅷ—84	徽州烧饼制作技艺	黄山市
30	Ⅷ—85	黄山贡菊（徽州贡菊）制作技艺	黄山市歙县
31	Ⅷ—86	明德折扇制作技艺	广德县
32	Ⅷ—87	青铜器修复技艺	安徽博物院
八、传统医药（4项）			
1	Ⅸ—4	砀山王集王氏接骨膏药	宿州市砀山县
2	Ⅸ—5	戴氏正骨法	马鞍山市含山县
3	Ⅸ—6	野鸡坞外科	黄山市
4	Ⅸ—7	祁门胡氏骨伤科	黄山市祁门县
九、民俗（5项）			
1	Ⅹ—39	吴山庙会	合肥市长丰县
2	Ⅹ—40	张家祠祭祀活动	阜阳市临泉县
3	Ⅹ—41	降福会	宣城市
4	Ⅹ—42	郭村周王会	黄山市黄山区
5	Ⅹ—43	许岭灯会	宿松县
扩展项目（5项）			

序号	编号	项目名称	申报地区或单位
1	Ⅳ-21	淮北梆子戏	亳州市谯城区
2	Ⅴ-2	淮北大鼓	亳州市蒙城县
3	Ⅶ-10	徽州三雕	宣城市绩溪县
4	Ⅷ-11	髹漆技艺	宣城市绩溪县
5	Ⅷ-34	铸胎掐丝珐琅制作技艺	安庆市宜秀区

北京市第四批市级非物质文化遗产代表性项目名录（共计28项）

序号	项目名称	申报地区
一、民间文学（2项）		
1	京西民谣	石景山区
2	潭柘寺传说	门头沟区
二、传统音乐（1项）		
1	古琴艺术（九嶷派古琴艺术）	朝阳区
三、传统舞蹈（2项）		
1	霸王鞭	密云县
2	掌礼司太狮老会	东城区
四、传统体育、游艺与杂技（5项）		
1	八极拳	朝阳区
2	杨式太极拳	朝阳区
3	梅花桩拳（小架）	西城区
4	临清潭腿	海淀区
5	古彩戏法	朝阳区
五、传统美术（2项）		
1	古建油漆彩绘	西城区
2	北京点翠	朝阳区
六、传统技艺（12项）		
1	山石韩叠山技艺	海淀区
2	葫芦范制技艺	石景山区
3	北刘动物标本制作技艺	朝阳区
4	戏曲盔头制作技艺	西城区
5	京胡制作技艺	西城区
6	北京鸽哨制作技艺	东城区、西城区
7	北京果脯传统制作技艺	怀柔区
8	北京风味小吃制作技艺	西城区
9	小肠陈卤煮火烧制作技艺	西城区
10	爆肚冯爆肚制作技艺	西城区
11	宫廷奶品制作技艺	西城区
12	谭家菜制作技艺	东城区
七、传统医药（3项）		
1	同春堂皮肤病诊疗方法	朝阳区
2	蝴蝶手指穴疗法	朝阳区
3	崇厚堂沈氏女科疗法	西城区
八、民俗（1项）		
1	奶子房庙会	朝阳区

第四批北京市级非物质文化遗产代表性项目名录扩展项目名录（共计6项）

序号	项目名称	申报地区
一、曲艺（1项）		
1	相声	朝阳区
二、传统体育、游艺与杂技（1项）		
1	吴式太极拳	东城区
三、传统美术（3项）		
1	京绣	朝阳区
2	彩塑京剧脸谱	西城区
3	北京绢人	东城区、海淀区
四、传统技艺（1项）		
1	京作硬木家具制作技艺	东城区

重庆市第四批非物质文化遗产代表性项目名录（共计110项）

序号	项目名称	申报地区或单位
一、民间文学（3项）		
1	望娘滩传说	大足区
2	石宝寨的传说	忠县
3	林贵福的故事	开县
二、传统音乐（17项）		
1	焦石民歌	涪陵区
2	綦江民歌	綦江区
3	石城情歌	黔江区
4	长寿石工号子	长寿区
5	梁平吹手	梁平县
6	龙孔吹打	丰都县
7	开山号子	垫江县
8	石柱土家断头锣鼓	石柱县
9	瞿塘峡船工号子	奉节县
10	新津船工号子	云阳县
11	蕲草锣鼓	云阳县
12	打夯号子	云阳县
13	抬工号子	云阳县
14	大溪穿扬号子	巫山县
15	酉阳耍锣鼓	酉阳县
16	苗山打闹	彭水县
17	彭水太原民歌	彭水县

续表

序号	项目名称	申报地区或单位
三、传统舞蹈（14项）		
1	太安茶连箫	万州区
2	武陵板凳龙	万州区
3	含谷火龙	九龙坡区
4	北碚年箫	北碚区
5	接龙小观梆鼓舞	巴南区
6	铜梁彩灯舞	铜梁县
7	河包肉龙	荣昌县
8	龙孔戏牛舞	丰都县
9	平桥耍龙	武隆县
10	潼南县花岩女子狮舞	潼南县
11	潼南县花岩彩龙舞	潼南县
12	潼南县太安扯扯灯	潼南县
13	高阳板凳龙	云阳县
14	高台狮舞	酉阳县
四、传统戏剧（3项）		
1	川剧	渝北区
2	川剧	万盛经开区
3	酉阳花灯	酉阳县
五、曲艺（1项）		
1	麻柳荷叶	巴南区
六、传统体育、游艺与杂技（8项）		
1	复兴贺家拳	北碚区
2	昆仑太极拳	江津区
3	蚕门武术	江津区
4	小洪拳	荣昌县
5	金家功	梁平县
6	上刀山	酉阳县
7	蹬技	市杂技团
8	古典戏法	市杂技团
七、传统美术（12项）		
1	三峡根雕	万州区
2	烙画	渝中区
3	竹壳雕刻技艺	江北区
4	江北竹雕	江北区
5	根雕技艺	南岸区

续表

序号	项目名称	申报地区或单位
6	北碚刺绣	北碚区
7	北碚印纽雕刻工艺	北碚区
8	北碚木雕	北碚区
9	北碚剪纸	北碚区
10	大足剪纸	大足区
11	葛兰石狮艺术	长寿区
12	重庆面塑	市文研院
八、传统技艺（35项）		
1	诗仙太白酒传统酿制技艺	万州区
2	花丝镶嵌传统工艺	渝中区
3	九园包子传统制作技艺	渝中区
4	重庆陆稿荐卤菜传统制作技艺	渝中区
5	王鸭子传统制作技艺	渝中区
6	正东担担面传统制作技艺	渝中区
7	德元酸梅汤传统制作技艺	渝中区
8	重庆大漆制作技艺	大渡口区
9	重庆饶氏核桃雕刻技艺	南岸区
10	桥头火锅调料传统熬制技艺	南岸区
11	贾氏桂花酒传统酿造技艺	南岸区
12	北碚豆花传统制作技艺	北碚区
13	大足铁山竹编	大足区
14	邮亭鲫鱼传统制作技艺	大足区
15	土沱麻饼传统制作技艺	渝北区
16	渝北老窖酿造技艺	渝北区
17	西兰卡普（土家织锦）制作技艺	黔江区
18	长寿薄脆传统制作工艺	长寿区
19	合川肉片传统制作技艺	合川区
20	永川高氏烟火架制作技艺	永川区
21	荣昌角雕	荣昌县
22	璧山微刻工艺	璧山县
23	传统牛皮鼓制造工艺	璧山县
24	竹雕加工工艺	璧山县
25	铜乐锻造技艺	梁平县
26	袁驿豆干传统制作技艺	梁平县
27	麻辣鸡块传统技艺	丰都县
28	垫江酱瓜传统制作技艺	垫江县

附录一 非遗代表性项目名录与项目代表性传承人名录

续表

序号	项目名称	申报地区或单位
29	后坪木器制作工艺	武隆县
30	羊角老醋传统制作技艺	武隆县
31	乌杨白酒传统酿造技艺	忠县
32	开州龙珠茶制作技艺	开县
33	冉氏霉豆卷传统制作技艺	开县
34	打犟拨正	奉节县
35	巫溪传统手工制盐技艺	巫溪县
九、传统医药（6项）		
1	李志沧传统中医正骨术	涪陵区
2	郭昌毕中医跌打损伤传统疗法	涪陵区
3	赵氏雷火灸	渝中区
4	老氏静卧养生法	大渡口区
5	刘氏"捏膈食筋"疗法	黔江区
6	柴氏推灸养生祛病法	奉节县
十、民俗（11项）		
1	禹王庙会	渝中区
2	浴佛节	九龙坡区
3	合川坐歌堂	合川区
4	江津楹联习俗	江津区
5	江津白沙"闹元宵"习俗	江津区
6	关坝镇苗族砍火星节	万盛经开区
7	梁平接龙习俗	梁平县
8	水龙祈雨	丰都县
9	秀山苗族羊马节	秀山县
10	哭嫁	酉阳县
11	郁山孝歌	彭水县

福建省第三批非物质文化遗产项目代表性传承人名单（共计141人）

序号	项目名称	传承人	性别	出生年月	所在地区或工作单位
一、民间文学（2人）					
1	福州诗钟	郭道鉴	男	1926.09	中国工商银行福州支行
2	灯谜（石狮市）	苏荣灿	男	1971.06	石狮市灯谜协会
二、传统音乐（16人）					
1	闽派古琴	张俊波	男	1969.02	福州市鼓楼区南后街
2	禅和曲	屠敏	男	1939.05	福州市织带一厂（已退休）

续表

序号	项目名称	传承人	性别	出生年月	所在地区或工作单位
3	茶亭十番音乐	卓越	男	1946.07	福建省实验闽剧院
4	福建畲族民歌（宁德闽东畲族歌言）	雷远姐	女	1951.05	霞浦县溪南镇白露坑村
5	福建畲族民歌（宁德畲族二声部山歌"双音"）	雷石凤	女	1963.04	宁德市蕉城区八都镇新楼村
6	福建畲族民歌（宁德畲族二声部山歌"双音"）	钟金财	男	1963.04	宁德市蕉城区八都镇半山村
7	莆仙十音八乐（仙游）	林开树	男	1952.10	仙游县郊尾镇古店八乐传习所
8	泉州南音	郑芳卉	女	1969.09	泉州市鲤城区泉州南音研究社
9	泉州南音	纪安心	女	1969.04	石狮市文化馆
10	福建北管（泉州闽南什音）	洪周景	男	1951.08	石狮市鸿山镇洪厝村
11	福建北管（泉州北管）	庄明加	男	1927.12	泉州市泉港区山腰北管乐团
12	泉州笼吹	何清和	男	1953.06	石狮南娇服饰有限公司
13	福建客家山歌（漳州南靖田螺坑客家山歌）	王金才	男	1952.01	南靖三中
14	长汀公嬷吹	刘秋林	男	1969.09	长汀县河田镇下街柳泉路
15	将乐食闹音乐	王渭滨	男	1943.03	将乐县国土资源局
16	十番音乐（南平）	黄毓顺	男	1953.01	南平市延平区梅榕花园
三、传统舞蹈（2人）					
1	厦门同安车鼓弄	林锦延	男	1959.06	厦门市同安区西柯镇潘涂村
2	灯舞（五夫龙鱼戏）	彭子述	男	1943.09	武夷山市五夫镇大将村
四、传统戏剧（27人）					
1	尹派越剧艺术	陈丽宇	女	1977.07	福建省芳华越剧团
2	闽剧	陈正和	男	1928.03	福建省闽剧班
3	闽剧	朱善根	男	1944.06	福建省实验闽剧院
4	闽剧	陈德忠	男	1946.01	福州闽剧院
5	闽南皮影戏	庄晏红	女	1968.11	厦门文艺创作基地
6	寿宁北路戏	苏笑容	女	1949.11	宁德市文化与出版局（已退休）
7	提线木偶戏（福鼎市）	王德界	男	1946.12	闽浙边界新华木偶剧团
8	莆仙戏	吴镇勋	男	1937.08	莆田市荔城区戏剧研究室
9	莆仙戏	郑清和	男	1944.12	莆仙戏一团
10	莆仙戏	林太崇	男	1938.09	仙游县鲤声剧团
11	泉州梨园戏	吴艺华	女	1962.11	福建省梨园戏实验剧团
12	泉州梨园戏	汪照安	男	1941.11	福建省梨园戏实验剧团
13	泉州高甲戏	陈娟娟	女	1967.06	泉州市高甲戏剧团
14	泉州提线木偶戏	沈苏革	男	1966.08	泉州市木偶剧团

续表

序号	项目名称	传承人	性别	出生年月	所在地区或工作单位
15	泉州南派布袋戏	蔡美娜	女	1982.08	晋江市掌中木偶剧团
16	泉州打城戏	伍志新	男	1948.01	泉州市高甲戏剧团
17	福建歌仔戏（漳州芗剧）	陈彬	男	1947.05	漳州市芗剧团
18	福建歌仔戏（漳州芗剧）	张丹	女	1944.07	漳州艺术学校
19	漳州布袋木偶戏	洪惠君	女	1957.01	漳州市木偶剧团
20	南靖竹马戏	林如柏	男	1927.11	南靖县金山镇新村村
21	潮剧（东山县）	曾友禄	男	1945.08	东山县潮剧团
22	闽西汉剧	陈汉煌	男	1947.09	龙岩市汉剧团
23	闽西汉剧	吴通裕	男	1938.08	闽西戏剧研究所（已退休）
24	提线木偶戏（连城县）	杨滴萍	女	1958.11	连城县木偶剧团
25	沙县肩头棚	陈丽风	女	1971.07	沙县城西幼儿园
26	尤溪南芹小腔戏	杨宗福	男	1954.07	尤溪县新阳镇南芹村
27	延平塔前大腔金线傀儡	纪运汉	男	1950.01	南平市延平区塔前镇虎山村
五、曲艺（6人）					
1	福州评话	王秋怡	女	1963.08	闽侯县曲艺传习所
2	厦门南乐	谢国义	男	1946.12	厦门市南乐团
3	厦门答嘴鼓	林恒星	男	1947.03	厦门市永弘工贸有限公司（已退休）
4	漳州锦歌	石耀辉	男	1952.05	漳州市芗剧团
5	闽北南词（将乐）	刘怀中	男	1942.12	福建省律师协会
6	南平南词曲艺	金立新	女	1965.12	南平市南词实验剧团
六、传统体育、游艺与杂技（10人）					
1	福建南少林地术拳	林在培	男	1944.08	福建建闽集团公司
2	张三丰原式太极拳	陈金夏	男	1954.04	福建省太极拳协会
3	六合门	胡金焕	男	1932.12	福建师大体育科学学院
4	八井拳	兰明伙	男	1958.12	罗源县霍口乡山垅湾村岭尾自然村
5	长乐琴江台阁	张建海	男	1950.08	长乐市航城街道琴江满族村
6	宁德霍童线狮	陈新杰	男	1968.11	宁德市蕉城区霍童镇观霞南路
7	泉州南少林五祖拳	徐清辉	男	1945.07	泉州市星联房地产公司（已退休）
8	泉州刣狮	卢武定	男	1950.10	石狮市卢厝狮阵武术馆
9	南安蛇脱壳古阵法	傅子嘉	男	1931.11	南安市物资局（退休）
10	俞家棍	苏德来	男	1960.09	泉州市洛江河市中心小学
七、传统美术（29人）					
1	寿山石雕	叶子贤	男	1950.09	福州市华艺工美装饰中心
2	寿山石雕	林荣发	男	1954.09	福州市樟林雕刻艺术公司
3	寿山石雕	郑幼林	男	1969.02	福州雕刻工艺品总厂

续表

序号	项目名称	传承人	性别	出生年月	所在地区或工作单位
4	寿山石雕	陈礼忠	男	1968.09	福建省工艺美术研究院
5	寿山石雕	潘惊石	男	1963.10	福建省工艺美术研究院
6	寿山石雕	冯伟	男	1975.09	福建省工艺美术研究院
7	寿山石雕	林东	男	1957.06	福建省工艺美术实验厂
8	寿山石雕	李福生	男	1946.11	福建省工艺美术工业总公司
9	翔安农民画	梁金城	男	1940.01	厦门市翔安区新店镇蔡厝村
10	惠安石雕工艺	刘国文	男	1970.06	福建豪翔园林建设有限责任公司
11	惠安石雕（惠和影雕）	李亚华	女	1967.10	厦门惠和腾飞园林古建工程有限公司
12	柘荣剪纸	吴秋凤	女	1962.07	柘荣县袁秀莹剪纸艺术馆
13	莆田传统木雕技艺	闵国霖	男	1942.09	莆田光临雕塑创作室
14	莆田传统木雕技艺	李凤荣	男	1963.11	莆田市善艺李氏工艺有限公司
15	莆田传统木雕技艺	王洪斌	男	1958.06	莆田市永盛艺坛红木古典家具有限公司
16	莆田传统木雕技艺	徐元宝	男	1972.01	福建仙游珍藏坊
17	莆田传统木雕技艺	郑春辉	男	1968.01	莆田市腾晖工艺厂
18	莆田传统木雕技艺	李凤强	男	1972.02	莆田市美诚达李氏工艺美术有限公司
19	莆田传统木雕技艺	吴文忠	男	1968.07	莆田市蒲洋佛像工艺品有限公司
20	梧塘黄氏纸扎	林文富	男	1955.07	莆田市涵江区江口镇江口街慰心堂
21	梧塘黄氏纸扎	黄清泉	男	1967.05	莆田市梧塘黄氏纸扎传统技艺研究中心
22	永春纸织画	方碧双	女	1969.10	永春县永芳纸织画社
23	惠安木雕技艺	卢思立	男	1943.05	泉州市工艺美术工业公司
24	惠安木雕技艺	陈木林	男	1943.11	福建惠安陈家木雕厂
25	惠安木雕技艺	郑君亮	男	1950.11	惠安县洛阳镇白沙君亮木雕厂
26	木雕（潘山庙宇木雕）	郑银聘	男	1957.01	晋江市艺达木雕美术有限公司
27	漳浦剪纸技艺	欧阳艳君	女	1972.12	漳浦县欧阳艳君剪纸工作室
28	灯彩（长汀童坊镇彭坊刻纸龙灯）	彭慕财	男	1949.10	长汀县童坊镇彭坊村
29	浦城剪纸技艺	周冬梅	女	1967.11	浦城县图书馆
八、传统技艺（41人）					
1	福建脱胎漆艺（福州脱胎漆器）	吴守端	女	1937.06	福建省工艺美术实验厂
2	福建脱胎漆艺（福州脱胎漆器）	孙世浩	男	1937.09	福建省工艺美术实验厂
3	福建脱胎漆艺（福州脱胎漆器）	江书荣	男	1964.07	福建省艺术馆
4	福建脱胎漆艺（福州脱胎漆器）	赵建伟	男	1966.10	福州漆艺博物馆
5	福建漆艺	沈锦丽	女	1966.10	厦门市优必德工贸有限公司

续表

序号	项目名称	传承人	性别	出生年月	所在地区或工作单位
6	漆线雕（泉州）	黄雪玉	女	1969.10	泉州市弘昇漆线雕工艺厂
7	福州木雕（象园）	潘发清	男	1942.12	福州市鼓山雕刻厂
8	东山金木雕技艺	许庆石	男	1947.11	东山县金银饰品厂
9	仙游"仙作"古典工艺家具制作技艺	连铁杞	男	1958.10	福建省御源轩古典艺术家具有限公司
10	"金镶玉"、"玉镶金"传统技艺	张国王	男	1969.11	华昌珠宝有限公司
11	福安畲族银器制作工艺	林陵祥	男	1977.08	福建盈盛号金银饰品有限公司
12	华安玉雕	杨子华	男	1964.07	漳州市华玉石业有限公司
13	四堡锡器制作技艺	马恩明	男	1952.02	连城县四堡乡四桥村
14	东山海柳雕技艺	陈佛顺	男	1962.06	东山县陈佛顺海柳雕大师工作室
15	珠光青瓷烧制技艺（同安汀溪）	洪树德	男	1940.10	福州大学厦门工艺美术学院
16	德化瓷工艺	陈明良	男	1963.07	德化县凤池瓷雕厂
17	德化瓷工艺	林禄扬	男	1967.01	德化县宴扬陶瓷工艺厂
18	德化瓷工艺	郑雄彭	男	1976.02	德化县飞天陶瓷艺术研究所
19	德化瓷工艺	柯国镇	男	1967.07	德化县坤恒工艺品有限公司
20	泉州花灯	陈晓萍	男	1958.12	泉州市丰泽区丰泽街明鑫中心万寿阁
21	福鼎饼花工艺	马树霞	男	1936.08	福鼎市太姥画院（已退休）
22	泉州金苍绣技艺	林秀清	女	1965.03	泉州锦绣庄民间艺术园
23	竹藤编技艺（安溪）	陈清河	男	1940.08	安溪县政协（已退休）
24	闽南传统民居营造技艺（厦门）	陈和永	男	1961.04	厦门市湖里区闽南传统建筑营造技艺传习中心
25	泉州传统建筑营造技艺（泉州鲤城杨阿苗民居营造技艺）	蒋钦全	男	1958.03	泉州市古建筑工程公司
26	剪瓷雕工艺（诏安）	沈振泽	男	1962.07	诏安县第三建设工程有限公司
27	福建水密隔舱造船技艺（蕉城漳湾水密隔舱福船制造技艺）	刘三济	男	1951.02	宁德市漳湾造船厂
28	福船制造技艺	黄宗财	男	1945.10	泉州圭峰古船模制作有限公司
29	东山海船钉造技术	吴添才	男	1963.08	东山县铜陵镇桥雅街
30	木活字印刷术（光泽）	邱盛衍	男	1945.09	光泽县寨里镇茶富村
31	福州民天虾油制作技艺	陈学耕	男	1954.02	福州民天食品厂
32	复茂饼家制作技艺	郭继光	男	1962.10	福建复茂食品有限公司
33	花茶制作技艺（福州茉莉花茶窨制工艺）	傅天龙	男	1965.10	福建春伦茶业集团有限公司

续表

序号	项目名称	传承人	性别	出生年月	所在地区或工作单位
34	花茶制作技艺（福州茉莉花茶窨制工艺）	林乃荣	男	1956.05	福州茶厂
35	花茶制作技艺（福州茉莉花茶窨制工艺）	陈成忠	男	1950.12	福州醉真茶业有限公司
36	花茶制作技艺（福州茉莉花茶窨制工艺）	王德星	男	1963.02	福建敖峰闽榕茶业有限公司
37	安溪乌龙茶铁观音制作技艺	肖文华	男	1971.05	安溪华祥苑有机茶园有限公司
38	安溪乌龙茶铁观音制作技艺	魏贵林	男	1971.08	中闽魏氏茶业股份公司
39	福建乌龙茶制作技艺（永春佛手茶）	康志亮	男	1964.04	永春县万品春茶业有限公司
40	福建乌龙茶制作技艺（北苑茶）	刘成龙	男	1952.08	建瓯市成龙茶厂
41	武夷岩茶（大红袍）传统工艺技能及习俗	王顺明	男	1954.03	武夷山市琪明茶叶科学研究所
九、传统医药（1人）					
1	中医诊法（福州萧氏外科）	肖贤忠	男	1953.01	福州市萧治安中医外科医院
十、民俗（7人）					
1	田公元帅信俗（福州）	郭美英	女	1936.05	福州元帅庙祖殿
2	田公元帅信俗（龙岩）	梁利忠	男	1939.11	上杭县白砂中心小学
3	福鼎双华畲族二月二歌会	兰承武	男	1948.07	福鼎市佳阳双华村
4	福建端午节习俗（云淡海上龙舟竞渡）	郑长寿	男	1964.04	福鼎市佳阳双华村
5	妈祖回娘家祭祀民俗	林自弟	男	1955.12	莆田市贤良港天后祖祠
6	丰泽蟳埔女服饰	黄晨	男	1962.10	泉州市丰泽区蟳埔女服饰制作中心
7	大田板灯龙	范开梦	男	1934.11	大田县均溪镇玉田村

广东省第四批省级非物质文化遗产项目代表性传承人名单（共计122人）

序号	姓名	性别	项目名称（带"*"为国家级项目）	申报地区或单位
一、民间文学（3人）				
1	叶恩麟	男	应人石的传说	深圳市
2	张哲源	男	*谜语（澄海灯谜）	汕头市
3	李显生	男	泷州歌	云浮市
二、传统音乐（11人）				
1	区君虹	男	*古琴艺术（岭南派）	广州市
2	蔡衍生	男	*潮州音乐（备注：潮州笛套音乐）	汕头市
3	蔡锐辉	男	潮州音乐	汕头市

续表

序号	姓名	性别	项目名称（带"*"为国家级项目）	申报地区或单位
4	丁广颂	男	*潮州音乐	潮州市
5	饶宝尤	男	*广东汉乐	梅州市
6	童爱娜	女	*梅州客家山歌	梅州市
7	刘国权	男	客家山歌（清溪客家山歌）	东莞市
8	黄红英	女	客家山歌（惠阳皆歌）	惠州市
9	张巨山	男	开平民歌	江门市
10	陈昌庆	男	阳江咸水歌	阳江市
11	谭闰瑜	男	阳江山歌	阳江市
三、传统舞蹈（17人）				
1	黄耀华	男	麒麟舞（坪山麒麟舞）	深圳市
2	黄汉光	男	麒麟舞（塘厦舞麒麟）	东莞市
3	黄兴良	男	狮舞（上川黄连胜醒狮舞）	深圳市
4	杨永武	男	狮舞（揭阳狮舞）	揭阳市
5	李国英	男	*狮舞（青狮）	揭阳市
6	邓胜洪	男	*龙舞（六坊云龙舞）	中山市
7	邝有文	男	蜈蚣舞（雷州乌石蜈蚣舞）	湛江市
8	陈宋琪	男	*英歌（潮阳英歌）	汕头市
9	洪少华	男	英歌（潮南英歌）	汕头市
10	杨良胜	男	鲤鱼舞（鲤鱼灯）	梅州市
11	盘连州贵	男	*瑶族长鼓舞	清远市
12	赵新花	女	瑶族长鼓舞（瑶族小长鼓舞）	清远市
13	罗爱青	女	竹马舞	梅州市
14	黄永红	男	锣花舞	梅州市
15	释常宽（池愿军）	男	铙钹花	梅州市
16	赖洪鄂	男	徐闻屯兵舞	湛江市
17	翁燕	女	*跳花棚	茂名市
四、传统戏剧（12人）				
1	梁锦伦	男	*粤剧	省艺术研究所
2	孙业鸿	男	*粤剧	广州市
3	郑永健	男	粤剧（吴川粤剧南派艺术）	湛江市
4	陈联忠	男	*潮剧	揭阳市
5	郭舜书	男	*潮剧	汕头市
6	张广武	男	*广东汉剧	梅州市
7	钟礼俊	男	*广东汉剧	梅州市
8	黄吉英	女	广东汉剧	梅州市（大埔县）

续表

序号	姓名	性别	项目名称（带"*"为国家级项目）	申报地区或单位
9	余锦程	男	*白字戏	汕尾市
10	蓝荣准	男	*正字戏	汕尾市
11	黄土展	男	木偶戏（粤西白戏）	湛江市
12	陈俊龙	男	*木偶戏（揭阳铁枝木偶戏）	揭阳市
五、曲艺（2人）				
1	何萍	女	*粤曲	广州市
2	肖建兰	女	竹板歌（梅县竹板歌）	梅州市
六、传统体育、游艺与杂技（3人）				
1	叶准	男	咏春拳（叶问宗支）	佛山市
2	梁伟永	男	蔡李佛拳（佛山）	佛山市
3	朱石明	男	赛龙舟（九江传统龙舟）	佛山市
七、传统美术（23人）				
1	伍洁仪	女	粤绣（广绣）	广州市
2	阮贤娥	女	粤绣（广绣）	顺德区
3	林瑞贤	女	粤绣（小榄刺绣）	中山市
4	饶宝莲	女	*剪纸（广东剪纸）	佛山市
5	李光荣	男	潮州麦秆剪贴画	潮州市
6	林锡安	男	麦秆剪贴（碣石麦秆画）	汕尾市
7	张森才	男	玉雕（肇庆市四会玉雕）	肇庆市
8	吕雪亮	男	玉雕（信宜玉雕）	茂名市
9	冯锦强	男	*佛山木版年画	佛山市
10	陈德丰	男	*潮州木雕	揭阳市
11	施韩洲	男	木雕（碣石木雕）	汕尾市
12	刘永溪	男	甲子贝雕	汕尾市
13	刘志威	男	*灰塑	广州市
14	周贵舟	男	泥塑（捷胜泥塑）	汕尾市
15	陆志伟	男	盆景技艺（岭南盆景艺术）	广州市
16	周炳鉴	男	盆景技艺（岭南盆景技艺）	广州市
17	吴锦鹏	男	盆景技艺（榕城盆景技艺）	揭阳市
18	梁灿尧	男	藤编（大沥）	佛山市
19	吴思志	男	高州木刻画	茂名市
20	苏镇湘	男	*镶嵌（潮州嵌瓷）	潮州市
21	黄瑞林	男	彩画	揭阳市
22	夏荣居	男	竹编（揭东竹丝编织画）	揭阳市
23	梁建坤	男	云浮石艺	云浮市

序号	姓名	性别	项目名称（带"＊"为国家级项目）	申报地区或单位
八、传统技艺（35人）				
1	何丽芬	女	＊广彩瓷烧制技艺	广州市
2	罗昭亮	男	广式红木宫灯制作技艺	广州市
3	苏广伟	男	西关打铜工艺	广州市
4	刘国祥	男	＊石湾陶塑技艺	佛山市
5	蒙文德	男	石湾龙窑营造与烧制技艺	佛山市
6	吴深龙	男	金箔锻造技艺	佛山市
7	郑景镇	男	陆丰金属雕	汕尾市
8	黄欧	男	莞香制作技艺	东莞市
9	林志明	男	茶坑石雕刻技艺	江门市
10	李有维	男	阳江小刀制作技艺	阳江市
11	张锐宗	男	阳江剪刀锻制技艺	阳江市
12	梁玉泉	男	阳江风筝	阳江市
13	梁景尤	男	吴川瓦窑陶鼓制作技艺	湛江市
14	唐大打大不公	男	瑶族长鼓制作技艺	清远市
15	吴锦全	男	枫溪手拉朱泥壶制作技艺	潮州市
16	章燕城	男	枫溪手拉朱泥壶制作技艺	潮州市
17	郭成辉	男	＊端砚制作技艺	肇庆市
18	祝书琴	女	潮州抽纱刺绣技艺	潮州市
19	何冠醒	女	金渡花席编织技艺	肇庆市
20	莫伟祥	男	金渡花席编织技艺	肇庆市
21	朱国新	男	横经席制作技艺	云浮市
22	陈衍广	男	月饼传统制作技艺（化州拖罗饼制作技艺）	茂名市
23	郑日康	男	月饼传统制作技艺（吴川月饼制作技艺）	湛江市
24	梁伟兴	男	月饼传统制作技艺（吴川月饼制作技艺）	湛江市
25	郑少君	女	潮式糕饼制作技艺（潮式粿品制作技艺）	汕头市
26	陈旭斌	男	潮式糕饼制作技艺（潮式朥饼制作技艺）	汕头市
27	黄锦南	男	连平客家娘酒酿制技艺	河源市
28	李振伟	男	酿造酒传统酿造技艺（梅县客家娘酒酿造技艺）	河源市
29	温凤珠	女	酿造酒传统酿造技艺（梅县客家娘酒酿造技艺）	梅州市
30	梁伟明	男	肇庆裹蒸制作技艺	肇庆市
31	卢细妹	女	粽子制作技艺（道滘裹蒸粽制作技艺）	东莞市
32	刘国彬	男	遂溪制糖技艺	湛江市
33	吴前强	男	潮州菜烹饪技艺	潮州市
34	王金良	男	乌龙茶制作技艺（潮州单丛茶制作技艺）	潮州市

续表

序号	姓名	性别	项目名称（带"*"为国家级项目）	申报地区或单位
35	林伟周	男	乌龙茶制作技艺（潮州单丛茶制作技艺）	潮州市
九、传统医药（4人）				
1	李国准	男	西关正骨	广州市
2	骆竞洪	男	中医诊法（骆氏腹诊推拿术）	深圳市
3	廖志钟	男	*中医传统制剂方法（罗浮山百草油制作技艺）	惠州市
4	黄烈武	男	中医正骨疗法（黄氏中医正骨）	揭阳市
十、民俗（12人）				
1	彭朝伦	男	庙会（东山祖庙庙会）	云浮市
2	何达权	男	沙湾飘色	广州市
3	陈文山	男	*飘色（河田高景）	汕尾市
4	阮成洲	男	"辞沙"祭妈祖大典	深圳市
5	邵钜熙	男	端午节（盐步老龙礼俗）	佛山市
6	黄文学	男	席床生日节	河源市
7	陈宏佳	男	贵屿双忠信俗	汕头市
8	林俊盛	男	赛龙舟（揭阳赛龙舟）	揭阳市
9	凌 生	男	年例（吴川年例）	湛江市
10	罗威东	男	兴宁罗家通书推算法	梅州市
11	林坚群	男	竹溪楼日历	揭阳市
12	蔡伯励	男	真步堂天文历算	顺德区

广西壮族自治区第五批自治区级非物质文化遗产代表项目名录（共计133项）

序号	项目名称	申报地区或单位
1	妈勒访天边传说	南宁市
2	壮族信歌	南宁市
3	南宁五象传说	南宁市
4	白话童谣	南宁市
5	良庆壮族嘹啰山歌	南宁市
6	壮族传扬歌	南宁市
7	南宁民谣	南宁市
8	苗族古歌	融水县
9	贵港客家山歌	贵港市
10	壮族巫辞	百色市右江区
11	卜伙的故事	巴马县
12	北路壮族唢呐套曲	龙胜各族自治县

续表

序号	项目名称	申报地区或单位
13	永福瑶族民歌	永福县
14	下俚歌	梧州市长洲区
15	靖西壮族民间小调	靖西县
16	田东瑶族山歌	田东县
17	靖西壮族八音	靖西县
18	八步客家师公音乐	贺州市八步区
19	钟山瑶族蝴蝶歌	钟山县
20	东兰壮族长排山歌	东兰县
21	武宣壮欢调	武宣县
22	横县百合茅山舞	南宁市
23	瑶族蚩尤舞	南宁市
24	盘王神武	平乐县
25	苍梧鲤鱼舞	苍梧县
26	苍梧麒麟白马舞	苍梧县
27	北海五方舞（道公舞）	北海市
28	壮族国调毪	金城江区
29	瑶族八仙舞	金秀县
30	浦北舞麒麟	浦北县
31	田林瑶族盘王舞	田林县
32	扶绥壮族舞雀	扶绥县
33	广西木偶戏	广西木偶剧团有限责任公司
34	广西粤剧	南宁市
35	南宁平话师公戏	南宁市
36	梧州粤剧	梧州粤剧团
37	平南杖头木偶	平南县
38	陆川哐戏	陆川县
39	鹩剧	兴业县
40	汉族师公舞	田东县
41	隆林北路壮剧	隆林县
42	西林那劳土戏	西林县
43	合山壮师剧	合山市
44	扶绥壮族采茶剧	扶绥县
45	荔浦文场	荔浦县
46	田东壮族唐皇	田东县
47	壮族卜牙调	百色市右江区

续表

序号	项目名称	申报地区或单位
48	壮族迪尺	南宁市
49	壮族抢花炮	柳江县
50	州珮功夫	玉林市玉州区
51	十八路庄武术	玉林市福绵区
52	破网上刀山	金城江区
53	白裤瑶打陀螺	南丹县
54	抹茶制作技艺	广西中华文化促进会
55	壮族服饰制作技艺	南宁市
56	横县鱼宴制作技艺	南宁市
57	大罗毛笔制作技艺	南宁市
58	宾阳油纸伞制作技艺	南宁市
59	隆安构树造纸技艺	南宁市
60	柳州"棺材"制作技艺	柳州市
61	苗族蜡染手工技艺	融水县
62	荔浦纸扎工艺	荔浦县
63	灌阳瑶族油茶技艺	灌阳县
64	阴笛制作技艺	永福县
65	灵川县阳氏石雕技艺	灵川县
66	融安传统龙舟制作技艺	融安县
67	岑溪竹芒编织手工技艺	岑溪市
68	木格彩灯	贵港市港南区
69	东龙彩灯	贵港市覃塘区
70	沙田柚皮酿	容县
71	博白芒竹编织技艺	博白县
72	靖西东球供纸制作技艺	靖西县
73	凌云白毫茶制茶技艺	凌云县
74	隆林苗族服饰制作技艺	隆林县
75	右江瑶族服饰制作技艺	百色市右江区
76	德保麦秆花篮制作技艺	德保县
77	丹泉酒酿造技艺	南丹县
78	南丹壮族服饰	南丹县
79	德胜红兰酒传统酿造技艺	宜州市
80	凤山瑶服饰	凤山县
81	金秀瑶族服饰	金秀县
82	江州草席制作技艺	崇左市江州区

续表

序号	项目名称	申报地区或单位
83	宁明壮族民间染织工艺	宁明县
84	扶绥壮族酸粥	扶绥县
85	桄榔粉制作	龙州县
86	宾阳封氏烧伤创疡治疗术	南宁市
87	壮族谭氏草药疗骨法	南宁市
88	苗族传统医药	融水县
89	瑶医偏方（治鬼刺风）	永福县
90	瑶族火疗	永福县
91	潘公平跌打还魂丸	蒙山县
92	南宁花婆节	南宁市
93	南宁土地诞	南宁市
94	壮族毬丝歌会	南宁市
95	壮族罗波庙会	南宁市
96	壮族"四月四"	南宁市
97	横县壮族三相圩逢	南宁市
98	露圩壮族圩逢	南宁市
99	上林壮族龙母节	南宁市
100	更望湖壮族歌圩	南宁市
101	扬美龙舟上水节	南宁市
102	南宁元宵花灯节	南宁市
103	斑山庙会	南宁市
104	壮族安龙歌会	南宁市
105	那莲赛巧节	南宁市
106	横县笔山人生礼仪	南宁市
107	柳州鱼峰歌圩	柳州市鱼峰区
108	老巴坡会	三江县
109	侗族打油茶	三江县
110	石口花炮节	恭城县
111	灌阳二月八农具节	灌阳县
112	瑶族婚嫁习俗	蒙山县
113	藤县乞巧节	藤县
114	北流年例	北流市
115	田东仰岩歌圩	田东县
116	壮族土俗字	平果县
117	那练游鲤鱼	德保县

续表

序号	项目名称	申报地区或单位
118	靖西壮族抢花炮	靖西县
119	靖西壮族航诞	靖西县
120	那坡彝族祈雨节	那坡县
121	壮族祭瑶王	田林县
122	瑶族抛绣包	田林县
123	壮族唱娅王	西林县
124	彝族祭送布谷鸟	隆林县
125	富川上灯炸龙节	富川县
126	壮族补粮习俗	巴马县
127	武宣盘古节	武宣县
128	龙王壮族婚嫁习俗	合山市
129	汉族抢花炮	合山市
130	壮族布伢习俗	来宾市兴宾区
131	宁明瑶族婚俗	宁明县
132	宁明壮族花炮节	宁明县
133	金龙壮族侬峝节	龙州县

海南省第三批省级非物质文化遗产代表性传承人名单（共计26人）

序号	姓名	性别	民族	出生年月	项目名称	项目类别	申报单位
1	何声利	男	汉族	1960.12	黎从六之歌	民间文学	定安县文化馆
2	吉彩妹	女	汉族	1952.8	崖州民歌	传统音乐	乐东县文化馆
3	张远来	男	汉族	1952.6	崖州民歌	传统音乐	三亚市群众艺术馆
4	林玉英	女	黎族	1966.7	琼中黎族民歌	传统音乐	琼中县文化馆
5	伍敏	女	汉族	1971.1	文昌盅盘舞	传统舞蹈	文昌市文化馆
6	王有春	男	黎族	1960.1	黎族老古舞	传统舞蹈	白沙县文化馆
7	黄其华	男	黎族	1974.4	黎族打柴舞	传统舞蹈	三亚市群众艺术馆
8	马永光	男	苗族	1964.8	苗族盘皇舞	传统舞蹈	三亚市群众艺术馆
9	林尤盾	男	汉族	1966.6	文昌公仔戏	传统戏剧	文昌市文化馆
10	莫明深	男	汉族	1944.2	琼剧	传统戏剧	定安县文化馆
11	吴名驹	男	汉族	1975.9	海南椰雕	传统美术	海口市龙华区
12	符春连	女	黎族	1974.9	黎族传统纺染织绣技艺	传统技艺	白沙县文化馆
13	刘小珍	女	黎族	1965.9	黎族传统纺染织绣技艺	传统技艺	昌江县文化馆
14	郑春荣	女	黎族	1961.6	黎族传统纺染织绣技艺	传统技艺	陵水县文化馆
15	黄翠花	女	黎族	1970.5	黎族传统纺染织绣技艺	传统技艺	五指山市文化馆

续表

序号	姓名	性别	民族	出生年月	项目名称	项目类别	申报单位
16	黄丽琼	女	黎族	1967.12	黎族传统纺染织绣技艺	传统技艺	三亚市群众艺术馆
17	王金梅	女	黎族	1961.1	黎族传统纺染织绣技艺	传统技艺	琼中县文化馆
18	陈丹	女	黎族	1969.1	黎族传统纺染织绣技艺	传统技艺	乐东县文化馆
19	韦花爱	女	黎族	1965.3	黎族传统纺染织绣技艺	传统技艺	乐东县文化馆
20	符庆香	女	黎族	1956.3	黎族传统纺染织绣技艺	传统技艺	东方市文化馆
21	张色太	女	黎族	1960.3	黎族原始制陶技艺	传统技艺	昌江县文化馆
22	符之望	男	汉族	1977.11	文昌鸡养殖与烹调技艺	传统技艺	文昌市文化馆
23	冯增超	男	汉族	1959.3	东坡笠制作技艺	传统技艺	琼海市文化馆
24	王启敏	男	黎族	1963.5	黎族骨器制作技艺	传统技艺	白沙县文化馆
25	梁定和	男	汉族	1964.7	军坡节	民俗	海口市龙华区文化馆
26	王书保	男	汉族	1959.2	南海航道更路经	其他	琼海市文化馆

黑龙江省第四批省级非物质文化遗产项目保护单位和代表性传承人名单（共计60人）

序号	项目名称	项目保护单位	代表性传承人		
			姓名	性别	年龄
一、民间文学（6人）					
1	依兰民间故事	依兰县文化馆	刘忠生	男	74
2	柯尔克孜族民间故事	富裕县文化馆	吴占柱	男	67
3	扎龙的传说	齐齐哈尔市铁锋区文化体育中心	关涛	男	41
4	莲花湖的传说	肇源县文化活动中心	张延河	男	74
5	兰西民间故事	兰西县文化馆	张敬之	女	57
6	富裕县三家子满语口述民间故事	富裕县文化馆	孟淑静	女	88
二、传统音乐（3人）					
1	武家鼓吹乐棚	林甸县文化馆	武迪	男	27
2	朝鲜族洞箫	宁安市非物质文化遗产保护协会	崔光哲	男	62
3	赫哲族空康吉（口弦琴）	佳木斯市群众艺术馆	吴明新	男	77
三、传统舞蹈（7人）					
1	鄂温克族萨满舞	讷河市文化馆	涂玉芝	女	51
2	高跷舞	大庆市让胡路区百湖城书艺馆	沈玉国	男	44
3	高跷舞	伊春市艺术研究室	朱学林	男	61
4	赫哲族鹿神舞	佳木斯市郊区非物质文化遗产保护中心	尤忠美	女	49
5	朝鲜族刀舞	牡丹江市朝鲜民族艺术馆	金艺花	女	41
6	朝鲜族长鼓舞	哈尔滨市朝鲜民族艺术馆	康月华	女	59
7	东北传统大秧歌	青冈县文化馆	王俊清	男	61

续表

序号	项目名称	项目保护单位	代表性传承人		
			姓名	性别	年龄
		四、曲艺（2人）			
1	快板	桦川县文化馆	樊万	男	64
2	东北大鼓	双城市非物质文化遗产保护中心	赵德厚	男	68
		五、传统体育、游艺与杂技（1人）			
1	朝鲜族掷柶游戏	五常市非物质文化遗产保护中心	金善香	女	52
		六、传统美术（15人）			
1	剪纸（崔氏剪纸）	齐齐哈尔市龙沙区文化馆	崔玉珍	女	88
2	剪纸（安达剪纸）	安达市秀英民间艺术剪纸画廊	孙秀英	女	47
3	剪纸（北安嬷嬷人剪纸）	北安市评剧团	郭昕	女	33
4	剪纸（薛氏剪纸）	五大连池市文物管理所	薛玉梅	女	47
5	袖珍版画制作技艺	伊春市乌马河区文化馆	单文杰	男	44
6	北安乌鱼绣	北安市评剧团	王春艳	女	36
7	宁古塔满绣	宁安市非物质文化遗产保护协会	贾秀兰	女	60
8	北安葫芦烙画	北安市评剧团	杨金全	男	45
9	芦苇画工艺	大庆市非物质文化遗产保护中心	李俊光	男	44
10	玛瑙雕刻技艺	齐齐哈尔市群众艺术馆	宋小哈	男	55
11	蛋雕技艺	齐齐哈尔市群众艺术馆	宋小哈	男	55
12	鱼皮画制作技艺	黑龙江龙广之声文化传播有限责任公司	张林	女	47
13	京剧脸谱化妆技艺	黑龙江国粹戏剧艺术博物馆	杨野	男	32
14	黑龙江桦树皮剪纸	黑龙江禹舜文化艺术研究院	刘钻	男	46
15	草柳编工艺	绥棱县文化馆	王小明	男	47
		七、传统技艺（15人）			
1	老泥窖酒传统酿造技艺	双城市关东酒业有限公司	李柱山	男	59
2	黑陶制作技艺	李氏黑陶文化艺术研究所	李春	男	51
3	老厨家·滨江官膳传统厨艺	哈尔滨市老厨家道台食府	郑树国	男	45
4	清真火锅调料配制技艺	伊春市艺术研究室	李孝民	男	50
5	松明工艺制作	三合缘根艺家具厂	宁玉民	男	52
6	赫哲族传统渔具制作技艺	抚远县文化馆	崔长城	男	40
7	传统刀剑锻造技艺	七台河市英雄工艺刀剑锻造有限公司	王启兵	男	41
8	古筝制作技艺	七台河华韵民族乐器制作有限公司	董向飞	男	32
9	燕尾榫技艺	七台河市经济开发区郝家木艺坊	郝常富	男	53
10	东北黑蜂养殖技艺	饶河县非物质文化遗产保护中心	张营洲	男	35

续表

序号	项目名称	项目保护单位	代表性传承人		
			姓名	性别	年龄
11	泥河陶传统手工制作技艺	绥化市泥河陶文化艺术有限公司	陈 枢	男	51
12	糜儿酒制作技艺	牡丹江市群众艺术馆	付恩学	男	51
13	古籍修复技艺	黑龙江省图书馆	徐景和	男	57
14	高贤老酒传统酿造技艺	黑龙江省望奎高贤酒业有限公司	李丽莉	女	27
15	火山矿泥陶制作技艺	五大连池市文物管理所	刘敦明	男	55
八、传统医药（6人）					
1	中医正骨（郑氏正骨）	香坊区文化馆	王伟革	男	47
2	中医正骨（赵氏正骨）	铁力市文物管理所	李铁双	女	47
3	中医正骨（钱氏正骨）	庆安县博安医院	钱德福	男	42
4	老王麻子膏药	哈尔滨王燕铭中医骨伤科诊所	王燕铭	男	63
5	阎式中医推拿按摩法	大庆市让胡路区百湖城书艺馆	阎 波	男	46
6	枇杷露祖传方剂	哈尔滨市康隆药业有限责任公司	穆 滨	男	46
九、民俗（5人）					
1	满族萨满神祭	阿城区满族联谊会	关艳龙	男	43
2	锡伯族传统婚俗	兰西锡伯民族文化中心	安兆一	男	47
3	瑷珲"上元节"	黑河市爱辉区文化馆	祁学俊	男	71
4	宁古塔满族捕鱼习俗	海林市文化馆	杜春友	男	55
5	宁古塔满族捕鱼习俗	宁安市非物质文化遗产保护协会	靳志明	男	57
备注（补充以下2人为第三批省级非遗项目代表性传承人）					
传统戏剧					
1	京剧	黑龙江省京剧院	邢美珠	女	62
曲艺					
2	山东快书	黑龙江省曲艺团	黄 枫	男	82

湖北省第四批省级非物质文化遗产项目代表性传承人名单（共计119人）

序号	姓名	性别	出生年月	项目名称	申报地区及单位
一、民间文学（7人）					
1	吴克丛	男	1948年3月	黑暗传	保康县
2	关业清	男	1963年3月	三国传说（荆州关羽传说）	荆州市
3	鲍传华	男	1940年5月	三国传说（当阳三国传说）	当阳市
4	郑承志	男	1969年7月	屈原传说	秭归县
5	郭旭阳	男	1968年5月	武当山传说（张三丰传说）	武当山旅游经济特区
6	高厚鹏	男	1939年4月	苏东坡传说	黄冈市
7	夏淑兰	女	1968年8月	长篇叙事山歌	咸宁市

续表

序号	姓名	性别	出生年月	项目名称	申报地区及单位
二、传统音乐（10人）					
1	王述银	男	1953年12月	唢呐艺术（沮水呜音）	保康县
2	蔡欣弟	男	1976年11月	吹打乐（老河口锣鼓架子）	老河口市
3	钟立	男	1956年5月	吹打乐（五峰民间吹打乐）	五峰土家族自治县
4	陈洪	男	1938年1月	吹打乐（宜都民间吹打乐）	宜都市
5	刘训义	男	1936年10月	锣鼓艺术（潜江锣鼓）	潜江市
6	赵连武	男	1973年2月	武当山宫观道乐	十堰市
7	杨福凤	女	1953年1月	向坝民歌	竹溪县
8	胡元炳	男	1949年1月	房陵长歌	房县
9	熊堤生	男	1954年8月	丝弦锣鼓	团风县
10	谢小平	女	1963年9月	太阳河民歌	恩施市
三、传统舞蹈（9人）					
1	刘卫祥	男	1977年9月	龙舞（高龙）	武汉市汉阳区
2	蒋太寿	男	1957年8月	龙舞（南湖高龙）	武汉市蔡甸区
3	刘元生	男	1964年3月	高跷（高跷故事亭子）	武汉市黄陂区
4	李丹	女	1974年4月	松滋滚灯舞	松滋市
5	韩启章	男	1935年11月	地花鼓（夷陵地花鼓）	宜昌市夷陵区
6	樊孝珍	女	1962年8月	地花鼓（五峰土家花鼓子）	五峰土家族自治县
7	官守华	男	1957年1月	草把龙灯（张湾草把灯）	十堰市张湾区
8	李兴爱	男	1973年10月	绕棺	利川市
9	范先菊	女	1946年7月	花鼓灯（鹤峰花鼓灯）	鹤峰县
四、传统戏剧（25人）					
1	裴咏杰	男	1962年1月	京剧	湖北省京剧院
2	李丽超	女	1965年8月	楚剧	湖北省戏曲艺术剧院有限责任公司
3	周淑莲	女	1939年4月		
4	王汉卿	男	1964年11月		孝感市
5	刘爱清	男	1965年12月		
6	费丽君	女	1970年1月	采茶戏	阳新县
7	柯于朴	男	1952年11月	采茶戏（通山采茶戏）	通山县
8	叶祥成	男	1936年10月	湖北越调	谷城县
9	徐成树	男	1954年8月	皮影戏（分乡皮影戏）	宜昌市夷陵区
10	任少勇	男	1958年11月	皮影戏（堵河皮影戏）	竹山县
11	李述明	男	1950年1月	皮影戏（大悟高腔皮影戏）	大悟县
12	赵月龙	男	1948年8月	皮影戏（沙洋皮影戏）	沙洋县
13	倪未同	男	1948年6月	皮影戏（京山皮影戏）	京山县
14	严开友	男	1957年10月	皮影戏（曾都皮影戏）	随州市曾都区

续表

序号	姓名	性别	出生年月	项目名称	申报地区及单位
15	卢才军	男	1963年10月	皮影戏（渔鼓皮影）	仙桃市
16	罗银娥	女	1962年11月	皮影戏（江汉平原皮影戏）	潜江市
17	张支海	男	1946年2月	皮影戏（天门皮影戏）	天门市
18	杨燕山	男	1975年1月		
19	傅永香	男	1953年8月	花鼓戏（秭归建东花鼓戏）	秭归县
20	许计生	男	1936年	东路花鼓戏（东腔戏）	罗田县
21	余双英	女	1963年3月	花鼓戏	随州市
22	杨礼福	男	1943年11月	荆州花鼓戏	潜江市
23	吴培义	男	1955年11月		
24	徐记柱	男	1966年6月	黄梅戏	黄梅县
25	王绪田	男	1974年9月	巴东堂戏（下谷堂戏）	神农架林区
五、曲艺（5人）					
1	杨新兰	女	1953年7月	鼓盆歌	荆州市
2	郭德全	男	1941年3月	鼓盆歌（潜江鼓歌）	潜江市
3	沈新玉	女	1945年7月	说鼓子	松滋市
4	周敦环	男	1950年4月	孝昌大鼓	孝昌县
5	张友猛	男	1953年8月	钢镰大鼓	大悟县
六、传统体育、游艺与杂技（6人）					
1	夏菊花	女	1937年10月	武汉杂技	武汉市
2	方启雄	男	1957年6月	杨氏洪门拳	武汉市蔡甸区
3	彭玉芳	女	1935年3月	武当武术（玄门太极功夫）	襄阳市樊城区
4	游玄德	男	1965年8月	武当武术（武当派秘传内家拳法）	英山县
5	蔡星生	男	1970年12月	武当纯阳秘功	十堰市
6	彭碧波	男	1968年5月	唐手拳	天门市
七、传统美术（13人）					
1	黄圣辉	女	1936年8月	汉绣	武汉市江汉区
2	张先松	男	1941年10月	汉绣	荆州市
3	刘一容	男	1946年10月	灯彩（潜江花灯）	潜江市
4	常世琪	男	1945年1月	微雕	湖北省工艺美术研究所
5	袁嘉骐	男	1954年7月	石雕（绿松石雕）	湖北省工艺美术研究所
6	谢先华	男	1963年5月	石雕（尖山石刻）	咸丰县
7	徐海清	男	1969年1月	竹雕（新洲竹雕）	武汉市新洲区
8	蔡月娥	女	1936年4月	民间绣活（阳新布贴）	阳新县
9	王孝珍	女	1947年10月	民间绣活（荆州民间刺绣）	荆州市荆州区
10	杨钿	女	1964年2月	民间绣活（堂纺叠绣）	神农架林区
11	刘小红	女	1968年10月	民间绣活（大冶刺绣）	大冶市

序号	姓名	性别	出生年月	项目名称	申报地区及单位
12	高新章	男	1962年5月	版画（夷陵版画）	宜昌市夷陵区
13	邓友谱	男	1947年9月	麦秆画（仙桃麦秆画）	仙桃市
八、传统技艺（27人）					
1	卢永良	男	1954年1月	武昌鱼制作技艺	武汉市硚口区
2	卢耀武	男	1957年6月	糕点制作技艺（曹祥泰酥京果制作技艺）	武汉市武昌区
3	张丙兴	男	1950年7月	折子粉制作技艺	阳新县
4	林世福	男	1933年9月	石花奎面制作技艺	谷城县
5	胡伟齐	男	1948年5月	传统面食制作技艺（油面传统制作技艺）	红安县
6	李重生	男	1950年11月	传统面食制作技艺（应山奎面制作技艺）	广水市
7	陈修改	女	1955年5月	酱菜制作技艺（襄阳大头菜腌制技艺）	襄阳市襄州区
8	关喜章	男	1961年5月	酱菜制作技艺（传统酱品制作技艺）	潜江市
9	郭贵颜	男	1956年11月	传统榨油技艺（郭氏榨油技艺）	十堰市张湾区
10	鲁建群	女	1971年11月	米酒制作技艺（孝感米酒制作技艺）	孝感市孝南区
11	占玉霞	女	1970年10月	米酒制作技艺（麻城东山老米酒酿造技艺）	麻城市
12	李明星	男	1956年6月	汉川荷月制作技艺	汉川市
13	卢银生	男	1944年3月	豆豉酿制技艺（黄滩酱油制作工艺）	应城市
14	何宣川	男	1955年8月	孝感麻糖制作技艺	孝感市
15	邵仙墙	男	1968年5月	葛粉制作技艺	钟祥市
16	赵今月	男	1962年7月	葛粉制作技艺	随县
17	马金现	男	1972年3月	油茶汤制作技艺	咸丰县
18	郑时兵	男	1975年10月	绿茶制作技艺（宣恩伍家台贡茶制作技艺）	宣恩县
19	杨胜伟	男	1937年6月	绿茶制作技艺（恩施玉露制作技艺）	恩施市
20	陆国年	男	1962年6月	高洪太铜锣制作技艺	武汉市洪山区
21	江城	男	1956年5月	鄂派紫砂壶陶艺	湖北省工艺美术研究所
22	邹传志	男	1970年11月	漆器髹饰技艺（楚式漆器髹饰技艺）	荆州市
23	敖兴华	男	1973年12月	铅锡刻镂技艺	荆州市
24	夏裕谷	男	1939年1月	陶器烧制技艺（郢城泥陶）	荆州市荆州区
25	杜道子	男	1962年9月	楚式漆器技艺（楚式漆器修复技艺）	荆州市
26	倪珍云	女	1953年	传统棉纺织技艺（华容土布制作技艺）	鄂州市华容区

续表

序号	姓名	性别	出生年月	项目名称	申报地区及单位
27	钟先梅	女	1971年12月	传统棉纺织技艺（红安大布传统纺织技艺）	红安县
九、传统医药（11人）					
1	刘惠武	男	1962年6月	中医诊法（章真如诊疗法）	武汉市江岸区
2	蔡建新	女	1973年10月	张介安中医儿科诊疗法	武汉市江岸区
3	林修森	男	1953年6月	中医诊法（林氏中医瘰疬疮疡诊疗法）	武汉市江岸区
4	刘永清	男	1965年10月	中医诊法（庞安时伤寒病疗法）	浠水县
5	席连忠	男	1953年6月	中医正骨疗法（庆元堂席氏骨伤疗法）	老河口市
6	向世全	男	1957年1月	中医正骨疗法（房县向氏正骨疗法）	房县
7	邓 静	男	1968年6月	中医传统制剂方法（荆门上清丸制作技艺）	荆门市东宝区
8	肖春林	男	1971年1月	中医传统制剂方法（肖氏万灵膏制作技艺）	钟祥市
9	付随华	女	1966年11月	中医传统制剂方法（戈氏丹药制作技艺）	随州市曾都区
10	韩善明	男	1966年3月	艾灸（蕲春艾灸疗法）	蕲春县
11	胡继松	男	1973年1月	咸宁胡氏烧烫伤疗法及祖传秘方	咸宁市咸安区
十、民俗（6人）					
1	宋炳炎	男	1940年7月	庙会（富池三月三庙会）	阳新县
2	张明太	男	1953年4月	放河灯	监利县
3	夏洪树	男	1943年12月	端午节（洪湖凤舟）	洪湖市
4	谭国政	男	1947年3月	端午节（屈原故里端午习俗）	秭归县
5	任顺全	男	1964年6月	送寒衣	郧西县
6	周金红	男	1959年12月	灯会（洗马花灯会）	浠水县

湖南省第三批省级非物质文化遗产项目代表性传承人名单（共计95人）

序号	流水号	姓名	性别	出生年月	项目名称	申报地区
一、民间文学（4人）						
1	03—001	田义翠	女	1963.5	土家族哭嫁歌	龙山县
2	03—002	周光交	男	1963.11	土家族梯玛神歌	永顺县
3	03—003	向品玉	男	1939.12	土家族山歌	保靖县
4	03—004	石福保	男	1947.7	苗族傩歌	吉首市

续表

序号	流水号	姓名	性别	出生年月	项目名称	申报地区
\multicolumn{7}{c}{二、传统音乐（10人）}
1	03—005	辜红卫	男	1968.3.	新化山歌	新化县
2	03—006	袁绍云	男	1948.7.	桑植民歌	桑植县
3	03—007	杨文明	男	1946.7.	土家族打溜子	龙山县
4	03—008	田采和	女	1953.3.	土家族咚咚喹	龙山县
5	03—009	毛爱霞	女	1940.3.	韶山山歌	韶山市
6	03—010	毛继余	男	1945.3.	韶山山歌	韶山市
7	03—011	李育南	男	1941.11.	石门土家山歌	石门县
8	03—012	肖金寿	女	1937.2.	岳北山歌	衡山县
9	03—013	赵五英	女	1964.7.	桂阳瑶歌	桂阳县
10	03—014	吴焕英	女	1970.8.	侗族大歌	通道侗族自治县
\multicolumn{7}{c}{三、传统舞蹈（9人）}
1	03—015	姚大明	男	1957.6.	龙舞（九龙舞）	平江县
2	03—016	兰立校	男	1953.11.	龙舞（城步吊龙）	城步苗族自治县
3	03—017	田志泽	男	1936.11.	龙舞（芷江孽龙）	芷江侗族自治县
4	03—018	王安平	男	1962.2.	仗鼓舞（桑植白族仗鼓舞）	桑植县
5	03—019	彭英宣	男	1943.8.	土家族毛古斯舞	永顺县
6	03—020	杨梓贵	男	1932.7.	南县地花鼓	南县
7	03—021	丰保连	男	1921.10.	棕包脑	洞口县
8	03—022	周纯勤	男	1944.3.	桑植跳丧舞	桑植县
9	03—023	陈万玉	女	1937.2.	苗族团圆鼓舞	古丈县
\multicolumn{7}{c}{四、传统戏剧（25人）}
1	03—024	左大玢	女	1943.9.	湘剧	湖南省湘剧院
2	03—025	王永光	男	1945.8.	湘剧	湖南省湘剧院
3	03—026	唐伯华	男	1946.6.	湘剧	湖南省湘剧院
4	03—027	陈飞虹	男	1940.1.	湘剧	湖南省湘剧院
5	03—028	李自然	女	1941.12.	湘剧（彭俐侬湘剧表演艺术）	湖南艺术职业学院
6	03—029	陈玉莲	女	1955.2.	湘剧	长沙市
7	03—030	李小嘉	女	1944.6.	花鼓戏（长沙花鼓戏）	湖南省花鼓戏保护传承中心
8	03—031	钟宜淳	女	1929.8.	花鼓戏（长沙花鼓戏）	湖南省花鼓戏保护传承中心
9	03—032	龚谷音	女	1939.1.	花鼓戏（长沙花鼓戏）	湖南省花鼓戏保护传承中心
10	03—033	刘赵黔	女	1946.10.	花鼓戏（长沙花鼓戏）	湖南省花鼓戏保护传承中心

续表

序号	流水号	姓名	性别	出生年月	项目名称	申报地区
11	03—034	叶俊武	男	1946.3.	花鼓戏（长沙花鼓戏）	湖南省花鼓戏保护传承中心
12	03—035	贺艾芸	女	1947.10	花鼓戏（长沙花鼓戏）	长沙市
13	03—036	聂隆衡	男	1960.8.	花鼓戏（衡州花鼓戏）	衡阳市
14	03—037	陈文彬	男	1965.11.	花鼓戏（临湘花鼓戏）	临湘市
15	03—038	何常春	男	1966.6.	花鼓戏（衡州花鼓戏）	永兴县
16	03—039	罗艳	女	1964.11.	昆曲	郴州市
17	03—040	李源	女	1968.2.	巴陵戏	岳阳市
18	03—041	李政红	女	1969.12.	巴陵戏	岳阳市
19	03—042	王任贤	男	1962.5.	祁剧	邵阳市
20	03—043	费建楚	男	1963.11.	祁剧	衡阳市
21	03—044	陈海燕	女	1958.11.	临武特色祁剧	临武县
22	03—045	陈付清	男	1955.10.	阳戏（怀化上河阳戏）	怀化市
23	03—046	吴升平	男	1937.12.	皮影戏（湖南皮影戏）	湘潭市
24	03—047	朱丽珍	女	1942.1	阳戏（张家界阳戏）	张家界市
25	03—048	吴天清	男	1954.4.	苗戏	花垣县
五、曲艺（6人）						
1	03—049	蒋钟谱	男	1934.11.	祁阳小调	祁阳县
2	03—050	李迪辉	男	1947.8.	单人锣鼓说唱	湖南省群众艺术馆
3	03—051	李金楚	男	1947.12.	澧州大鼓	澧县
4	03—052	张紫映	男	1952.3.	渔鼓（衡南渔鼓）	衡南县
5	03—053	唐运善	男	1953.12.	丝弦（辰溪丝弦）	辰溪县
6	03—054	宁国胜	男	1952.3.	湘西三棒鼓	龙山县
六、传统体育、游艺及杂技（4人）						
1	03—055	刘烈红	男	1943.6.	岩鹰拳	新宁县
2	03—056	石兴文	男	1959.6.	苗族武术	花垣县
3	03—057	晏西征	男	1947.5.	梅山武术	新化县
4	03—058	黄德君	男	1949.7	张家界鬼谷神功	张家界市
七、传统美术（21人）						
1	03—059	黄笛	女	1969.11.	湘绣	长沙市
2	03—060	毛珊	女	1973.10.	湘绣	长沙市
3	03—061	危禄绵	男	1963.9.	竹编（益阳小郁竹艺）	益阳市
4	03—062	张交云	男	1964.3.	竹刻（宝庆竹刻）	邵阳市
5	03—063	梁丰助	男	1946.7.	竹雕（石市竹木雕）	衡阳市
6	03—064	聂大勇	男	1960.11.	彩扎（凤凰纸扎）	凤凰县
7	03—065	杨桂军	男	1958.3.	剪纸（踏虎凿花）	泸溪县

续表

序号	流水号	姓名	性别	出生年月	项目名称	申报地区
8	03—066	向亮晶	女	1962.6.	剪纸（梅山剪纸）	益阳市
9	03—067	刘伟南	男	1935.1.	剪纸（大桥剪纸）	衡东县
10	03—068	秦石蛟	男	1938.3.	民间剪纸	长沙市
11	03—069	梁德颂	男	1964.11.	苗画	保靖县
12	03—070	杨春英	女	1950.7.	挑花（苗族挑花）	泸溪县
13	03—071	奉兰香	女	1988.3.	挑花（花瑶挑花）	溆浦县
14	03—072	于智勇	男	1955.9.	石雕（菊花石雕）	湖南省工艺美术研究所
15	03—073	徐佑章	男	1950.9.	石雕（菊花石雕）	湖南省工艺美术研究所
16	03—074	胡 杨	男	1979.8.	石雕（芷江明山石雕）	芷江侗族自治县
17	03—075	傅昭槐	男	1959.9	木雕（傅氏木雕）	怀化市
18	03—076	王文定	女	1952.9.	棕编（长沙棕叶编）	长沙市
19	03—077	何雄军	女	1979.9.	大布江拼布绣	永兴县
20	03—078	吴英继	男	1967.3.	湘西苗绣	花垣县
21	03—079	吴兴知	男	1963.9.	泸溪傩面具	泸溪县
八、传统手工技艺（10人）						
1	03—080	黄永平	男	1958.4.	醴陵釉下五彩瓷烧制技艺	醴陵市
2	03—081	刘杏益	男	1964.5.	黑茶制作技艺（茯砖茶制作技艺）	益阳市
3	03—082	黎秋梅	女	1968.4.	土家族织锦技艺	龙山县
4	03—083	叶菊秀	女	1964.1.		
5	03—084	刘新建	男	1968.3.	蓝印花布印染技艺	凤凰县
6	03—085	万玉其	男	1949.11.	土家族吊脚楼营造技艺	永顺县
7	03—086	彭明华	男	1940.11.	岳州扇制作技艺	岳阳县
8	03—087	李志军	男	1960.6.	滩头手工抄纸	隆回县
9	03—088	杨光三	男	1949.7.	水冲石砚	吉首市
10	03—089	杨顺德	男	1949.7	杨裕兴面条制作技艺	湖南杨裕兴面业有限公司
九、传统医药（2人）						
1	03—090	罗振习	男	1955.7.	瑶族医药风湿骨痛"贴丹灵"疗法	江华瑶族自治县
2	03—091	周青松	男	1973.1.	土家医小儿提风疗法	永顺县
十、民俗（4人）						
1	03—092	李阳波	男	1954.6.	抬阁（抬阁故事会）	汨罗市长乐镇
2	03—093	王 钏	女	1963.11.	苗族服饰	湘西自治州民委
3	03—094	吴牛振	男	1949.8.	苗族四月八	吉首市
4	03—095	吴海深	男	1946.1.	苗族赶秋	花垣县

江苏省第四批非物质文化遗产代表性传承人名单（共计169人）

序号	姓名	性别	出生年	项目名称	单位或住址
1	沈建华	男	1953	吴歌（白茆山歌）	常熟市古里镇文化站
2	龚晓霞	女	1922	蒋乔镇的民间故事	镇江市润州区百花路金山水城
3	王丽娟	女	1953	锦溪宣卷	昆山市锦溪镇张家库存
4	张东海	男	1946	靖江宝卷	靖江城北园区王庄村王中组中埭22号
5	徐福松	男	1944	姐儿溜（歌谣）	东海县李埝乡文化体育服务中心
6	陈九林	男	1949	高淳民歌	南京市高淳区文化馆
7	金矿	男	1952	南闸民歌	淮安市淮安区南闸文化站
8	陆加友	男	1943	弶港渔民号子	东台市弶港镇前进中路27号
9	包鲁儒	男	1927	辛庄十番音乐	常熟市辛庄洞港泾村49组
10	曹华	男	1964	古琴艺术（广陵琴派）	扬州市徐凝门大街2号楼B401室
11	徐毅	男	1956	古琴艺术（梅庵琴派）	南通中远船务工程有限公司
12	倪诗韵	男	1966	古琴艺术（梅庵琴派）	海门市雷音斫琴坊
13	江祥生	男	1943	江南丝竹	江阴市香樟花园15-201
14	陆林生	男	1936	二胡艺术	无锡市林生二胡制作坊
15	王传家	男	1936	泓口丝弦	溧阳市泓口村
16	何春生	男	1962	茅山道教音乐	句容市茅山道院
17	陆嘉玉	男	1940	陆家锣鼓	南通市城港新村48-306室
18	王云彦	男	1964	天岗锣鼓	泗洪县天岗湖乡王集居委会
19	吴昌銮	男	1948	天岗锣鼓	泗洪县颖都家园10号
20	李家箱	男	1953	海州鼓吹乐	赣榆县石桥镇民间乐队
21	许进城	男	1949	响水五大宫调	响水县新华书店宿舍区
22	占从一	男	1947	湾北小马灯	南京市六合区长芦湾北社区
23	张吉桂	男	1953	邳州跑竹马	邳州市赵墩镇滩东村
24	朱宗炎	男	1945	江浦手狮	南京市浦口区永宁镇侯冲小学
25	薛友新	男	1941	栖霞龙舞	南京市栖霞区文化馆
26	杨保头	男	1946	高淳跳五猖	南京市高淳区桠溪镇韩城村
27	任乃贵	男	1950	跳马伕	如东县丰利镇文化服务站站长
28	杨培杰	男	1951	海安花鼓	海安县文化馆
29	唐阿龙	男	1953	马灯阵舞	丹阳市皇塘镇积善村南建周家村
30	马建华	女	1954	宝堰双推车	镇江市丹徒区文化馆
31	吕林荣	男	1949	玉祁龙舞	无锡市惠山区玉祁街道礼舍村后巷20号
32	许美琪	女	1949	渔篮虾鼓舞	江阴市华士镇钢窗厂
33	任求生	男	1947	蒋塘马灯舞	溧阳市社渚镇蒋塘竹马灯协会
34	李道功	男	1952	姜堰滚莲湘	姜堰市文广新局
35	赵栗	女	1971	新沂七巧灯	新沂市文化馆
36	姜玉梅	女	1965	睢宁云牌舞	睢宁县柳琴剧团

续表

序号	姓名	性别	出生年	项目名称	单位或住址
37	丁厚才	男	1957	丁嘴跑驴	宿迁市宿豫区丁嘴镇文广中心
38	姚继荪	男	1938	昆曲	江苏省演艺集团昆剧院
39	孔爱萍	女	1966	昆曲	江苏省演艺集团昆剧院
40	李鸿良	男	1965	昆曲	江苏省演艺集团昆剧院
41	缪勇	男	1961	扬剧	江苏省演艺集团扬剧团
42	蒋昌涌	男	1940	锡剧	江苏省演艺集团锡剧团
43	吴小英	女	1947	锡剧	常州艺术高等职业学校
44	汪韵芝	女	1924	锡剧	无锡市锡剧院
45	黄静慧	女	1964	锡剧	无锡市锡剧院
46	黄素萍	女	1945	淮剧	泰州市淮剧团
47	戴建民	男	1946	淮剧	建湖县淮剧团
48	陈明矿	男	1973	淮剧	江苏省淮剧团
49	曹秀珍	女	1934	丰县四平调	丰县四平调剧团
50	张虹	女	1963	徐州梆子	江苏省梆子剧团
51	王桂珍	女	1945	柳琴戏	徐州文化艺术学校
52	孟浩	男	1963	柳琴戏	江苏省柳琴剧团
53	李洪湘	女	1960	泗州戏	泗洪县沁雅花园29幢108室
54	李振东	男	1948	淮海戏	沭阳县淮海剧团
55	许素平	女	1965	吕剧	东海吕剧团
56	周云霞	女	1930	京剧	江苏省演艺集团京剧团
57	朱鸿发	男	1927	京剧	江苏省演艺集团京剧团
58	黄晓萍	女	1942	京剧	江苏省演艺集团京剧团
59	傅关松	男	1934	京剧	江苏省演艺集团京剧团
60	董金凤	女	1939	京剧	江苏省演艺集团京剧团
61	龚苏萍	女	1951	京剧	江苏省演艺集团京剧团
62	许虹	女	1963	杖头木偶戏	江苏省演艺集团木偶剧团
63	戴荣华	男	1966	杖头木偶戏	扬州市木偶研究所
64	徐金凤	女	1948	杖头木偶戏	泰兴市溪桥镇路庄村22组
65	丁雪君	女	1932	苏州评弹	苏州评弹学校
66	黄玲玲	女	1946	南京白局	南京市果品冷库招待所
67	马敬华	女	1939	南京白局	南京市白下区内桥西一新村
68	徐桂清	女	1949	扬州弹词	扬州市曲艺团
69	包伟	女	1969	扬州弹词	扬州市曲艺团
70	厉智娟	女	1947	扬州清曲	扬州市四季园夏荷苑9栋103
71	陈玲梅	女	1949	丹阳啷当	丹阳市陵口镇折柳东旺里
72	叶莉莉	女	1945	小热昏	常州市叶莉莉梨膏糖制售中心

附录一　非遗代表性项目名录与项目代表性传承人名录

续表

序号	姓名	性别	出生年	项目名称	单位或住址
73	宗仁祥	男	1932	常州唱春	常州市新北区春江镇杏村薛家巷48号
74	黄小玲	女	1962	徐州坠子	丰县华山镇大王庄村
75	陈锦荣	女	1954	苏北琴书	宿迁市宿城区河滨新村38幢303室
76	周银侠	女	1973	苏北琴书	泗洪县农资城11幢8号
77	张福昌	男	1944	工鼓锣	灌云县工锣鼓琴书传习所
78	房丹才	男	1947	彭祖导引养生术	徐州市济铁工程一公司铁十局
79	熊崇荣	男	1944	扬州剪纸	扬州剪纸博物馆有限公司
80	翁文	男	1945	扬州剪纸	扬州剪纸博物馆有限公司
81	周蕴华	男	1935	金坛刻纸	常州刘海粟美术馆
82	朱振清	男	1954	苏派盆景	苏州市虎丘山风景名胜区管理处
83	曹季德	男	1958	扬派盆景技艺	泰州盆景研发中心
84	许焱	男	1962	无锡留青竹刻	无锡市民间艺术博物馆
85	乔瑜	女	1974	无锡留青竹刻	无锡市金桥教育集团
86	白坚仁	男	1957	常州留青竹刻	常州市朝阳三村108幢-3甲302
87	王志伟	男	1972	常州留青竹刻	常州市西野草堂希白竹刻艺术工作室
88	徐文静	女	1970	常州留青竹刻	常州市锦绣东苑2幢乙单元602
89	高志明	男	1957	扬州竹刻	扬州八刻艺术研究会
90	云守阳	男	1954	云渡桃雕	泗阳县临河镇云渡村
91	刘军	男	1970	泰兴麻将雕刻	泰兴市张桥镇西桥村八组
92	邢粮	男	1961	常州梳篦	常州梳篦厂有限公司
93	戴德裕	男	1965	仿古牙雕	南京市工艺美术总公司牙雕工作室
94	王学龙	男	1948	仿古木雕	南京市禅之雕刻工作室
95	王建海	男	1958	象牙浅刻	常州市王建海雕刻艺术工作室
96	刘一鸣	男	1959	苏派砖雕	苏州市相城区苏派砖雕艺术研究所
97	瞿利军	男	1970	苏州玉雕	苏州市中鼎玉雕工作室
98	俞挺	男	1974	苏州玉雕	苏州市钰轩玉艺工作室
99	沈建元	男	1956	扬州玉雕	扬州玉器厂
100	时庆梅	女	1970	扬州玉雕	扬州玉器厂
101	汪德海	男	1962	扬州玉雕	扬州金鹰玉器珠宝有限公司
102	吴兆娥	女	1953	东海水晶雕刻	东海县海龙水晶工艺品有限公司
103	吴伟华	男	1962	扬州木雕	扬州漆器厂
104	刘志贤	男	1953	红木雕刻	南通刘氏红木家具厂
105	朱宇	男	1960	红木雕刻	南通市朱宇雕刻艺术工作室
106	吴鸣文	女	1958	无锡精微绣	无锡市金色江南天景苑32号
107	单银娣	女	1951	常州乱针绣	常州市单银娣刺绣工作室
108	狄静	女	1957	常州乱针绣	常州市狄静乱针绣工作室

续表

序号	姓名	性别	出生年	项目名称	单位或住址
109	傅 燕	女	1959	扬州刺绣	扬州刺绣研究所
110	仇美兰	女	1954	南通仿真绣	南通市沈寿艺术馆
111	李锦云	女	1954	南通仿真绣	南通市沈寿艺术馆
112	张桂英	女	1956	邳州绣花鞋	邳州市运河镇金陵小区5号楼
113	陶永飞	男	1947	后塍竹编	张家港市金港镇封庄村
114	李仁荣	男	1939	惠山泥人	无锡市民间艺术博物馆
115	刘印玲	女	1955	邳州纸塑狮子头	邳州市官湖镇华南村
116	周存玉	男	1962	连云港锻铜技艺	连云港老艺头环境艺术工程有限公司
117	郭 俊	男	1948	南京云锦织造技艺	南京云锦研究所有限公司
118	邓清之	女	1973	金陵刻经印刷技艺	金陵刻经处
119	王克礼	男	1949	金陵折扇制作技艺	南京市栖霞区王克礼扇庄
120	薛林根	男	1953	香山帮传统建筑营造技艺	苏州太湖古典园林建筑有限公司
121	顾建明	男	1956	香山帮传统建筑营造技艺	苏州艺苑古建筑有限公司
122	王 晨	女	1962	苏州漳缎织造技艺	苏州丝绸博物馆
123	仇庆年	男	1944	苏州姜思序堂国画颜料制作技艺	苏州庆年堂仇氏颜料印泥研究室
124	王嘉良	男	1939	苏州缂丝织造技艺	苏州市王嘉良缂丝世家工作室
125	袁中华	男	1973	陆慕蟋蟀盆制作技艺	苏州市袁中华蟋蟀盆工作室
126	王 健	男	1965	制扇技艺	苏州市王健扇艺工作室
127	许家千	男	1957	明式家具制作技艺	苏州红木雕刻厂有限公司
128	钱琪林	男	1956	明式家具制作技艺	苏州红木雕刻厂有限公司
129	李江民	男	1955	雕版印刷技艺	扬州市玉器街84号
130	沈树华	男	1956	雕版印刷技艺	扬州中国雕版印刷博物馆
131	于书大	男	1958	苏州装裱技艺	南京博物院
132	卜继宗	男	1952	扬州装裱技艺	扬州博物馆
133	刘 新	男	1964	谢馥春"香粉油"制作技艺	扬州市东关街243号
134	张文智	男	1948	南通板鹞风筝制作技艺	南通市政协
135	焦宝林	男	1943	南通扎染技艺	海安锦华服饰有限公司
136	李玉坤	男	1947	如皋丝毯织造技艺	如皋市傅艺丝毯有限公司
137	张志伟	男	1960	铜香炉浇铸技艺	南通市崇川区晋哲铜器加工厂
138	周桂珍	女	1944	宜兴紫砂陶制作技艺	江苏省宜兴紫砂工艺厂
139	毛国强	男	1946	宜兴紫砂陶制作技艺	江苏省宜兴紫砂工艺厂
140	鲍仲梅	男	1945	宜兴紫砂陶制作技艺	江苏省宜兴紫砂工艺厂
141	方卫明	男	1955	宜兴陶堆花技艺	宜兴市方卫明均陶艺术研究所

附录一 非遗代表性项目名录与项目代表性传承人名录

续表

序号	姓名	性别	出生年	项目名称	单位或住址
142	谈志坚	男	1955	宜兴青瓷制作技艺	宜兴金帆陶瓷有限公司
143	徐长龙	男	1964	兴化水车制作技艺	兴化市长龙古农具制作厂
144	王如坤	男	1950	邳州蓝印花布	邳州市岔河镇良壁村10组
145	王宜广	男	1973	柳编技艺	连云港塔山湖草柳工艺品有限公司
146	李大专	男	1979	黑陶制作技艺	赣榆县六里桥创业园发展服务有限公司
147	万俐	男	1956	青铜器修复与仿古技艺	南京博物院
148	强明中	男	1958	拓印技艺	南京博物院
149	贾有文	男	1967	南京板鸭盐水鸭制作技艺	南京桂花鸭（集团）有限公司
150	张志军	男	1962	绿柳居素菜烹制技艺	南京市清真绿柳居菜馆
151	吴春林	男	1954	马祥兴清真菜烹制技艺	南京市清真马祥兴菜馆
152	朱同森	男	1947	刘长兴面点加工制作技艺	南京市刘长兴餐饮有限公司
153	崔海龙	男	1953	富春茶点制作技艺	扬州市国庆路得胜桥35号
154	刘锡安	男	1944	昆山奥灶面制作技艺	昆山市锡安商贸服务有限公司
155	吴荣生	男	1954	镇江肴制作技艺	镇江市解放路87号
156	陶晋良	男	1956	靖江蟹黄汤包制作技艺	靖江市南园宾馆
157	魏年喜	男	1951	楚州文楼汤包制作技艺	淮安市淮安区第二饮食服务有限公司
158	周晓燕	男	1964	扬州三把刀·烹饪技艺	扬州市扬大旅游烹饪学院
159	居长龙	男	1940	扬州三把刀·烹饪技艺	扬州市居氏料理研究室
160	席行弟	男	1960	连云港云雾茶制作技艺	连云港市国营南云台林场
161	孙浩	男	1928	"臣"字门儿科中医术	仪征市中医院
162	钱大宇	男	1950	常州钱氏中医儿科疗法	常州市钱大宇诊所
163	王凯	男	1965	许氏正骨疗法	泰州市中医院
164	阙宋巧英	女	1943	阙氏膏药制作技艺	淮安市淮安区阙宋巧英中医骨伤诊所
165	戴学光	男	1947	戴晓觉膏药制作技艺	连云港市戴学光中医诊所
166	曹永刚	男	1953	曹氏中药热敷接骨疗法	灌南县曹氏中医骨伤科诊所
167	姚汝明	男	1945	金坛抬阁	金坛市文化广电体育局
168	陆松林	男	1946	扬州三把刀·修脚技艺	扬州市沐浴协会三把刀培训中心
169	赵兵	男	1966	扬州三把刀·理发技艺	扬州市天姿美发美容管理有限公司

内蒙古自治区第四批非物质文化遗产项目代表性传承人名单（共计166人）

序号	项目名称	姓名	民族	出生年月	申报地区或单位
一、民间文学（8人）					
1	鄂温克族民间故事	敖嫩（女）	鄂温克族	1936.12	鄂温克旗文化馆
2	敖鲁古雅鄂温克族神话	金雪峰（女）	鄂温克族	1975.12	根河市文化馆

续表

序号	项目名称	姓名	民族	出生年月	申报地区或单位
3	哈布图·哈萨尔传说	图梅纳生（女）	蒙古族	1938.11	乌拉特前旗文化馆
4	祝赞词（苏尼特祝赞词）	那日玛	蒙古族	1940.12	苏尼特右旗文化馆
5	巴尔虎英雄史诗	彭苏格	蒙古族	1939.12	新巴尔虎左旗文化馆
6	哈伦阿尔山传说	李忠信	汉族	1958.7	阿尔山市非物质文化遗产保护中心
7	鄂尔多斯蒙古族传说故事	青锁	蒙古族	1942.9	鄂尔多斯市群众艺术馆
8	格萨（斯）尔	孟和吉日嘎拉	蒙古族	1959.6	巴林右旗文体局非遗中心
二、传统音乐（33人）					
1	蒙古族长调民歌	南吉乐玛（女）	蒙古族	1945.7	内蒙古艺术研究所
2	蒙古族长调民歌	道力金（女）	蒙古族	1965.12	内蒙古艺术研究所
3	蒙古族长调民歌	阿拉腾其木格（女）	蒙古族	1960.12	内蒙古艺术研究所
4	蒙古族长调民歌	娜仁（女）	蒙古族	1962.6	内蒙古艺术研究所
5	蒙古族长调民歌（巴尔虎长调民歌）	都古尔苏荣	蒙古族	1949.4	新巴尔虎左旗文化馆
6	蒙古族长调民歌（扎赉特长调）	白萨木嘎（女）	蒙古族	1959.4	扎赉特旗文化馆
7	蒙古族长调民歌（扎鲁特长调）	塔木苏（女）	蒙古族	1941.1	扎鲁特旗文化馆
8	蒙古族长调民歌（乌珠穆沁长调）	孟克	蒙古族	1971.5	东乌珠穆沁旗文化馆
9	蒙古族马头琴音乐	敖特根巴雅尔	蒙古族	1973.5	内蒙古艺术研究所
10	蒙古族呼麦	文丽（女）	蒙古族	1977.12	内蒙古艺术研究所
11	蒙古族呼麦	特木尔宝力道	蒙古族	1959.1	内蒙古艺术研究所
12	蒙古族呼麦	特木乐	蒙古族	1981.3	内蒙古艺术研究所
13	博乐	车留金	蒙古族	1960.8	内蒙古艺术研究所
14	民间吹打乐（土默特民间吹打乐）	张福福	汉族	1962.10	包头市土右旗文化馆
15	和硕特民歌	敖云别立格（女）	蒙古族	1949.2	阿拉善左旗文化馆
16	鄂温克叙事民歌	乌娜（女）	鄂温克族	1963.12	鄂温克旗文化馆
17	达斡尔族民歌	敖淑珍（女）	达斡尔族	1953.6	满洲里市群众艺术馆
18	达斡尔族民歌	新吉玛（女）	达斡尔族	1952.6	满洲里市群众艺术馆
19	火不思	乌日娜（女）	蒙古族	1963.3	镶黄旗文化馆

续表

序号	项目名称	姓名	民族	出生年月	申报地区或单位
20	火不思	乌云花儿（女）	蒙古族	1970.3	镶黄旗文化馆
21	火不思	乌日娜（女）	蒙古族	1985.7	镶黄旗文化馆
22	潮尔道－蒙古族和声演唱	温都苏	蒙古族	1969.11	阿巴嘎旗文化馆
23	阿斯尔	额日登巴特尔	蒙古族	1956.7	镶黄旗文化馆
24	阿斯尔	那木能	蒙古族	1943.10	正蓝旗文化馆
25	乌拉特民歌	乌云其其格（女）	蒙古族	1966.9	乌拉特中旗文化馆
26	乌拉特民歌	娜生其木格（女）	蒙古族	1968.9	乌拉特前旗文化馆
27	爬山调	王霞（女）	汉族	1971.12	乌拉特前旗文化馆
28	蒙古族四胡音乐	陶特格	蒙古族	1956.1	科尔沁右翼中旗文化馆
29	蒙古族四胡音乐	包努力玛扎布	蒙古族	1958.11	通辽市民族歌舞团
30	科尔沁叙事民歌	侯青河	蒙古族	1970.3	通辽市民族歌舞团
31	潮尔－蒙古族弓弦乐器	额日敦白尔（王额尔敦巴雅尔）	蒙古族	1953.9	科尔沁左翼中旗文化研究
32	鄂尔多斯短调民歌	金花（女）	蒙古族	1943.10	鄂尔多斯市群众艺术馆
33	漫瀚调	王凤英（女）	汉族	1965.11	准格尔旗漫瀚调艺术研究所
三、传统舞蹈（6人）					
1	蒙古族萨吾尔登	巴拉玛（女）	蒙古族	1934.6	额济纳旗非物质文化遗产保护中心
2	查玛	娜仁朝格图	蒙古族	1979.4	阿拉善左旗文化馆
3	敖鲁古雅伊堪	玛妮（女）	鄂温克族	1950.5	呼伦贝尔市群众艺术馆
4	俄罗斯族民间舞蹈	张建平	俄罗斯族	1954.1	额尔古纳市文化馆
5	蒙古族安代舞	阿由散那	蒙古族	1945.12	库伦旗文化馆
6	蒙古族安代舞	照梅荣（女）	蒙古族	1945.5	库伦旗文化馆
四、传统戏剧（8人）					
1	二人台	高玉正	汉族	1944.2	包头市土右旗文化馆
2	二人台	段八旺	汉	1962.8	呼和浩特市民间歌舞剧团
3	二人台	张玉兰（女）	汉族	1967.4	呼和浩特市民间歌舞剧团
4	晋剧	聂天荣	汉族	1946.3	太仆寺旗文化馆
5	拉场戏	杨秀杰（女）	汉族	1945.2	乌兰浩特市非物质文化遗产保护中心
6	东北二人转	孙立君（女）	汉族	1956.12	突泉县文化馆

续表

序号	项目名称	姓名	民族	出生年月	申报地区或单位
7	古如查玛	那日苏	蒙古族	1978.11	鄂尔多斯市群众艺术馆
8	双山道情	赵志刚	汉族	1977.11	凉城县文化馆
五、曲艺（3人）					
1	好来宝	少布（海青）	蒙古族	1968.8	科尔沁左翼后旗文化馆
2	乌力格尔（胡仁乌力格尔）	敖特根巴音	蒙古族	1971.5	阿鲁科尔沁旗民族职教中心
3	乌力格尔	达布白拉	蒙古族	1980.1	扎鲁特旗文化馆
六、体育、游艺与竞技（18人）					
1	乘马射箭	图门那生	蒙古族	1961.9	阿拉善左旗文化馆
2	蒙古族赛驼	巴格那	蒙古族	1981.5	阿拉善右旗文化图书馆
3	蒙古族射箭（萨仁靶射箭）	斯钦图	蒙古族	1944.6	巴林右旗文体局非遗中心
4	蒙古族射箭（萨仁靶射箭）	苏日格日勒	蒙古族	1948.7	巴林右旗文体局非遗中心
5	蒙古族搏克	哈达	蒙古族	1969.6	东乌珠穆沁旗民俗文化协会
6	蒙古族搏克（布里亚特搏克）	根登确德尔	蒙古族	1948.11	鄂温克旗锡尼河东苏木文体广播电视服务中心
7	蒙古族搏克（巴尔虎陶力亚特搏克）	博格资	蒙古族	1938.11	新巴尔虎左旗摔跤协会
8	蒙古族搏克（巴尔虎陶力亚特搏克）	阿木尔吉日嘎拉	蒙古族	1958.2	新巴尔虎右旗非物质文化遗产保护中心
9	沙嘎游戏（巴尔虎嘎啦哈游戏）	萨仁格日勒	蒙古族	1938.1	新巴尔虎左旗文化馆
10	沙嘎游戏	孔图雅	蒙古族	1965.4	乌拉特中旗文化馆
11	沙嘎游戏	图德佈	蒙古族	1962.9	苏尼特左旗文化馆
12	蒙古马耐力赛	阿迪雅苏荣	蒙古族	1948.3	新巴尔虎左旗蒙古马协会
13	蒙古马耐力赛	泰玛扎布	蒙古族	1946.4	新巴尔虎左旗蒙古马协会
14	蒙古族驼球	额尔德木图	蒙古族	1984.6	乌拉特后旗文化馆
15	阿木尔巴伊斯呼朗（蒙古康乐牌）	苏德宝	蒙古族	1955.8	西乌珠穆沁旗民俗协会
16	嘴和	李相平	汉族	1937.2	内蒙古蒙元文化研究会
17	嘴和	海虎	蒙古族	1946.11	内蒙古蒙元文化研究会
18	蒙古鹿棋	赛音吉雅	蒙古族	1962.11	鄂尔多斯市民族事务委员会

续表

序号	项目名称	姓名	民族	出生年月	申报地区或单位
七、传统美术（18人）					
1	蒙古文书法	包金山	蒙古族	1967.8	内蒙古非物质文化遗产保护中心
2	蒙古族竹板笔书法	斯琴毕力格	蒙古族	1971.10	乌拉特后旗文化馆
3	武家泥塑	武文胜	汉族	1968.10	和林格尔县文化馆
4	剪纸（包头剪纸）	杨月英（女）	汉族	1953.2	包头市艺术研究创评中心
5	剪纸（包头剪纸）	张丽（女）	汉族	1961.2	包头市艺术研究创评中心
6	剪纸（红山剪纸）	杨万年	汉族	1951.7	赤峰市红山区文化馆
7	剪纸（达拉特纪事剪纸）	赵美玲（女）	汉族	1956.3	达拉特旗文化馆
8	鄂伦春族剪纸	孟金红（女）	鄂伦春族	1946.3	鄂伦春自治旗文化馆
9	达斡尔族民间缝布艺术	胡秀杰（女）	达斡尔族	1955.4	呼伦贝尔市群众艺术馆
10	拜灵制作技艺	莫日格吉勒图	蒙古族	1962.5	苏尼特左旗文化馆
11	蒙古族根雕	乌日乐乐图	蒙古族	1974.10	正蓝旗文化馆
12	蒙古族根雕	斯琴巴图	蒙古族	1965.3	正蓝旗文化馆
13	蒙古族图案	玉英（女）	蒙古族	1948.12	科右前旗文化馆
14	蒙古族刺绣（奥日雅玛拉刺绣）	白凯华（柏开花）（女）	蒙古族	1955.1	乌兰浩特市非物质文化遗产保护中心
15	扎鲁特版画	照那木拉	蒙古族	1957.6	扎鲁特旗文化馆
16	扎鲁特刺绣	萨义玛（女）	蒙古族	1965.6	扎鲁特旗文化馆
17	烫画	卢云山	汉族	1950.6	乌海市烫画艺术研究所
18	计氏羊皮画	计颖（女）	汉族	1971.7	包头市艺术研究创评中心
八、传统技艺（30人）					
1	蒙古族金银器制作技艺	斌巴	蒙古族	1962.6	内蒙古非物质文化遗产保护协会
2	蒙古族金银器制作技艺	苏和巴特尔	蒙古族	1954.4	内蒙古非物质文化遗产保护协会
3	蒙古族金银器制作技艺	苏格尔	蒙古族	1963.8	四子王旗民俗协会
4	挂毯织造技艺	王中耀	汉族	1959.3	内蒙古佰艺吉纳文化艺术有限公司
5	唐卡装裱技艺	许会英（女）	汉族	1967.12	海勃湾区韵悟斋文房四宝装饰店
6	蒙古族传统牛角弓制作技艺	斯钦孟和	蒙古族	1981.8	巴林右旗文体局非遗中心
7	蒙古包营造技艺	斌巴（女）	蒙古族	1951.6	陈巴尔虎旗文化馆
8	蒙古包营造技艺	扎赛音乌其日拉	蒙古族	1956.10	正蓝旗文化馆

续表

序号	项目名称	姓名	民族	出生年月	申报地区或单位
9	通古斯鄂温克木制四轮车制作技术	岱青	鄂温克族	1968.2	陈巴尔虎旗文化馆
10	手工打结汉宫羊毛地毯技艺	肖培亮	汉族	1961.3	牙克石非物质文化遗产保护协会
11	桦树皮制作技艺	阿基伦（女）	鄂伦春族	1950.10	鄂伦春自治旗文化馆
12	铜银器制作技艺（乌拉特铜银器制作技艺）	巴图陶高	蒙古族	1963.4	乌拉特中旗文化馆
13	铜银器制作技艺（巴尔虎银器制作技艺）	王金海	蒙古族	1935.9	新巴尔虎右旗非物质文化遗产保护中心
14	铜银器制作技艺（银碗制作技艺）	额吉勒格其	蒙古族	1963.12	乌审旗民间文艺家协会
15	敖鲁古雅鄂温克族撮罗子	戴光云	鄂温克族	1971.12	根河市文化馆
16	木刻楞制作技艺（俄罗斯族木刻楞营造技艺）	李祖庆	汉族	1955.12	内蒙古俄罗斯民族研究会
17	蒙古族马具制作技艺（察哈尔马鞍制作技艺）	淖民达来	蒙古族	1950.3	正蓝旗民俗协会
18	蒙古族马具制作技艺（鄂尔多斯马具制作技艺）	宝音乌力吉	蒙古族	1955.7	鄂托克前旗文化馆
19	察干伊德	贷庆	蒙古族	1971.12	正蓝旗文化馆
20	察干伊德	白雪梅（女）	蒙古族	1974.9	科右前旗阿润苏食品有限公司
21	乌兰伊德	额尔登陶格陶	蒙古族	1961.11	苏尼特左旗文化馆
22	察哈尔服饰制作技艺	其木格（女）	蒙古族	1965.8	正蓝旗文化馆
23	察哈尔服饰制作技艺	乌云其木格（乌云）（女）	蒙古族	1971.8	正蓝旗文化馆
24	乌珠穆沁熏皮袍制作技艺	杨吉玛（女）	蒙古族	1950.3	东乌珠穆沁旗民俗文化协会
25	蒙古族奶酒酿制技艺（乌珠穆沁奶酒酿制技艺）	阿拉坦其木格（女）	蒙古族	1971.5	东乌珠穆沁旗民俗文化协会
26	毡绣技艺	孟根其其格（女）	蒙古族	1959.8	苏尼特左旗文化馆
27	蒙古族策格（酸马奶）酿制技艺	牡丹（女）	蒙古族	1964.10	阿巴嘎旗牧民民俗协会

续表

序号	项目名称	姓名	民族	出生年月	申报地区或单位
28	准格尔地毯植物染色技艺	王根凤（女）	汉族	1955.7	准格尔旗文化馆
29	蒙古族拉弦乐器制作工艺	巴彦岱	蒙古族	1960.12	阿拉善右旗文化图书馆
30	阿拉善地毯制作技艺	段丽珍（女）	汉族	1956.10	阿拉善左旗文化馆
九、传统医药（10人）					
1	蒙医心身医学互动疗法	纳贡毕力格	蒙古族	1964.5	内蒙古国际蒙医医院
2	蒙医药	图嘎其其格（女）	蒙古族	1968.12	内蒙古国际蒙医医院
3	蒙医药	包斯琴（女）	蒙古族	1952.7	内蒙古国际蒙医医院
4	蒙医药（传统蒙医正骨术）	旺钦扎布	蒙古族	1950.2	内蒙古国际蒙医医院
5	焖汤疗法	丹苏荣扎布	蒙古族	1948.1	正镶白旗蒙医医院
6	蒙医道木胡疗法	额日登佈和	蒙古族	1975.8	正蓝旗民俗协会
7	蒙医道木胡疗法	阿拉腾陶古斯（女）	蒙古族	1978.3	正蓝旗民俗协会
8	科尔沁正骨术	布仁	蒙古族	1968.2	通辽市蒙医整骨医院
9	子宫复位法	达布希拉图	蒙古族	1961.11	鄂尔多斯市蒙医研究所
10	蒙医熏鼻疗法	董萨那巴特尔	锡伯族	1970.4	乌拉特前旗中蒙医院
十、民俗（32人）					
1	阿拉善额鲁特婚礼	金布音（金布音吉日格勒）	蒙古族	1952.1	阿拉善左旗文化馆
2	土尔扈特婚礼	额日登巴特尔	蒙古族	1962.2	额济纳旗非物质文化遗产保护中心
3	朝鲜族花甲礼	吕常直	朝鲜族	1963.4	阿荣旗文化馆
4	俄罗斯族巴斯克节	尹忠兴	俄罗斯族	1947.12	额尔古纳市文化馆
5	俄罗斯族巴斯克节	赵玉玲（女）	俄罗斯族	1943.3	额尔古纳市文化馆
6	祭火（乌珠穆沁祭火）	达布海	蒙古族	1951.5	东乌珠穆沁旗民俗文化协会
7	达拉拉嘎（五畜纳祥）	额力格巴雅尔	蒙古族	1955.11	苏尼特左旗文化馆
8	乌拉特婚礼	贡布那生	蒙古族	1958.9	乌拉特后旗文化馆
9	博格达乌拉祭祀	包额尔敦	蒙古族	1963.4	扎赉特旗文化馆
10	满族婚礼（原科尔沁右翼前旗满族屯满族文化）	王宝力道	蒙古族	1963.9	科右前旗文化馆

续表

序号	项目名称	姓名	民族	出生年月	申报地区或单位
11	鄂尔多斯"乃日"	芒来巴特尔	蒙古族	1959.12	鄂托克旗文化馆
12	窝阔台祭奠	那音太	蒙古族	1950.6	达拉特旗文化馆
13	阿拉克苏勒德祭祀	热西脑日布	蒙古族	1933.6	鄂托克前旗文化馆
14	察干苏力德祭祀	额尔克斯庆	蒙古族	1945.11	乌审旗非物质文化遗产保护中心
15	成吉思汗祭典	额尔定斯迪	蒙古族	1966.3	成吉思汗陵旅游区管理委员会
16	祭泉	宝和	蒙古族	1945.11	乌审旗非物质文化遗产保护中心
17	呼图克台彻辰洪台吉祭祀	巴图道日吉	蒙古族	1959.2	乌审旗民间文艺家协会
18	鄂温克族服饰（敖鲁古雅鄂温克使鹿部落猎民服饰）	张晓丽（女）	鄂温克族	1972.2	呼伦贝尔市群众艺术馆
19	巴尔虎服饰	乌仁其木格（女）	蒙古族	1944.6	新巴尔虎左旗文化馆
20	巴尔虎服饰	敖敖高娃（女）	蒙古族	1975.7	陈巴尔虎旗文化馆
21	巴尔虎服饰与器具	呼得尔朝鲁	蒙古族	1956.2	陈巴尔虎旗文化馆
22	通古斯鄂温克萨满服饰	斯仁巴图	鄂温克族	1956.10	陈巴尔虎旗文化馆
23	扎赉特服饰	包金荣（女）	蒙古族	1967.5	扎赉特旗文化馆
24	察哈尔服饰	额日登其木格（女）	蒙古族	1975.4	镶黄旗文化馆
25	苏尼特服饰	乌云其木格（女）	蒙古族	1957.10	苏尼特左旗文化馆
26	乌珠穆沁服饰	通嘎拉嘎（女）	蒙古族	1941.12	西乌珠穆沁旗民俗协会
27	蒙古族服饰（翁牛特服饰）	万花（女）	蒙古族	1967.12	翁牛特旗文化馆
28	鄂尔多斯服饰	仁庆苏布德（女）	蒙古族	1949.12	鄂尔多斯市群众艺术馆
29	鄂尔多斯服饰	孟根陶古斯	蒙古族	1957.7	鄂尔多斯市群众艺术馆
30	鄂尔多斯服饰	乌德巴拉（女）	蒙古族	1952.12	鄂尔多斯市群众艺术馆
31	蒙古族服饰	巴拉嘎日玛（女）	蒙古族	1959.7	内蒙古非物质文化遗产保护中心
32	蒙古族服饰	萨仁（女）	蒙古族	1975.3	内蒙古非物质文化遗产保护中心

青海省第三批省级非物质文化遗产项目代表性传承人名单（共计98人）

序号	姓名	民族	性别	年龄	项目名称	申报地区或单位
一、民间文学（8人）						
1	才智	藏族	男	47	格萨（斯）尔	青海省《格萨尔》史诗研究所
2	牛万福	土族	男	65	布柔哟	互助土族自治县
3	姚玉梅	土族	女	57	布柔哟	互助土族自治县
4	索德元	土族	男	43	祁家延西	互助土族自治县
5	韩占祥	撒拉族	男	72	骆驼泉的传说	循化撒拉族自治县
6	土老	藏族	男	30	布由加国的传说	称多县
7	秋日青	蒙古族	男	75	汗青格勒	海西蒙古族藏族自治州
8	乔格生	蒙古族	男	61	辉特美日根特木尼的传说	海西蒙古族藏族自治州
二、传统音乐（23人）						
1	罗藏更尕	藏族	男	49	塔尔寺藏传佛教"花架"音乐	湟中县塔尔寺管委会
2	罗藏官却	藏族	男	50	塔尔寺藏传佛教"花架"音乐	湟中县塔尔寺管委会
3	雷有顺	汉族	男	48	南佛山花儿会	湟中县
4	鲁金花	土族	女	58	土族宴席曲	互助土族自治县
5	韩永胜	汉族	男	54	土族宴席曲	互助土族自治县
6	韩英德	撒拉族	男	47	撒拉族民歌	循化撒拉族自治县
7	马二子	土族	女	47	土族民间歌曲"库咕茄"	民和回族土族自治县
8	李桂英	汉族	女	68	花儿（七里寺花儿会）	民和回族土族自治县
9	吕清兰	土族	女	52	民和土族婚礼歌	民和回族土族自治县
10	杨永堂	土族	男	65	民和土族婚礼歌	民和回族土族自治县
11	吕建跃	土族	男	50	民和土族婚礼歌	民和回族土族自治县
12	国卫	蒙古族	男	43	青海蒙古族长调音乐	都兰县
13	古力	蒙古族	男	58	海西蒙古族民歌	海西蒙古族藏族自治州
14	乌兰巴特尔	蒙古族	男	51	海西蒙古族民歌	海西蒙古族藏族自治州
15	更登东智	藏族	男	51	隆务寺佛教音乐	同仁县
16	本吉措	藏族	女	38	南宗尼姑寺诵经乐	尖扎县
17	项知卓么	藏族	女	38	南宗尼姑寺诵经乐	尖扎县
18	才合杰	藏族	男	47	藏族拉伊	海南藏族自治州
19	吉毛加	藏族	女	46	藏族拉伊	海南藏族自治州
20	旦正本	藏族	男	31	青海藏族酒曲	海南藏族自治州
21	索南卓玛	藏族	女	46	青海藏族唱经调音乐	兴海县
22	井国新	汉族	女	56	青海汉族民间小调	西宁市
23	马登花	汉族	女	57	青海汉族民间小调	西宁市

续表

序号	姓名	民族	性别	年龄	项目名称	申报地区或单位
三、传统舞蹈（8人）						
1	黄立加	藏族	男	80	夏尔群鼓舞	循化撒拉族自治县
2	冉有和	汉族	男	58	北门"封神舞"	海东市乐都区
3	王发新	汉族	男	40	新安狮子舞	平安县
4	祁永贤	汉族	男	65	竹马子	平安县
5	郭汉录	汉族	男	64	土族鼓舞	民和回族土族自治县
6	多杰尼玛	藏族	男	39	巴吾巴姆舞	称多县
7	索昂多德	藏族	男	40	禅古寺宗教法舞	玉树市
8	达哇才仁	藏族	男	56	锅哇（玉树武士舞）	玉树藏族自治州
四、传统戏剧（6人）						
1	吕占禄	土族	男	62	崖尔寺诺彦审喇嘛剧	民和回族土族自治县
2	关却乎	蒙古族	男	67	藏戏（黄南藏戏）	黄南藏族自治州
3	成林巴生	藏族	男	50	格吉斯日寺静锰生死轮回剧	杂多县
4	何青山	汉族	男	51	青海民间小戏	青海省文化馆
5	陈兴元	汉族	男	51	青海民间小戏	青海省文化馆
6	曹长德	汉族	男	62	青海眉户戏	平安县
五、曲艺（6人）						
1	刘永铭	汉族	男	63	青海搅儿	西宁市
2	毛延奎	汉族	男	59	青海官弦	青海省文化馆
3	张发鑫	汉族	男	68	青海道情	青海省文化馆
4	赵生起	汉族	男	65	青海道情	青海省文化馆
5	巴德加	藏族	男	68	折嘎	曲麻莱县
6	尕玛元丁	藏族	男	73	折嘎	玉树市
六、传统体育、游艺与杂技（3人）						
1	马全辉	回族	男	60	西宁八门拳	西宁市城东区
2	李本加	藏族	男	68	热贡马术	同仁县
3	达瓦太	藏族	男	62	藏族夹棋	海南藏族自治州
七、传统美术（12人）						
1	罗藏克宗	藏族	男	45	湟中堆绣	湟中县
2	印巴尖措	藏族	男	45	湟中壁画	湟中县
3	才旦加	藏族	男	43	石雕（泽库和日寺石刻）	泽库县
4	朋措乎拉夫旦	藏族	男	50	石雕（泽库和日寺石刻）	泽库县
5	朱二奴	土族	女	48	河湟刺绣	青海省文化馆
6	达力玛	蒙古族	女	74	海西蒙古族刺绣	德令哈市
7	昂文色格	藏族	男	50	藏娘唐卡	玉树藏族自治州

续表

序号	姓名	民族	性别	年龄	项目名称	申报地区或单位
8	更登达智	藏族	男	36	热贡艺术（坛城）	黄南藏族自治州
9	土旦	土族	男	40	热贡艺术（堆绣）	黄南藏族自治州
10	尕藏才让	藏族	男	47	热贡艺术（泥塑）	黄南藏族自治州
11	夏吾冷知	藏族	男	48	热贡艺术（铜雕）	黄南藏族自治州
12	扎西尖措	土族	男	47	热贡艺术（唐卡）	黄南藏族自治州
八、传统技艺（15人）						
1	王义元	汉族	男	53	河湟皮影制作技艺	湟中县
2	张永全	汉族	男	48	河湟皮影制作技艺	湟中县
3	史生福	汉族	男	49	湟中陈家滩传统木雕	湟中县
4	索得山	土族	男	44	土族擀毡技艺	互助土族自治县
5	马牙古白	撒拉族	男	45	撒拉族口弦制作技艺	循化撒拉族自治县
6	马才乙地	撒拉族	男	49	撒拉族篱笆楼营造技艺	循化撒拉族自治县
7	马成龙	回族	男	65	马营"传统豌豆手工粉条"制作技艺	民和回族土族自治县
8	夏吾他	藏族	男	52	同仁刻版印刷技艺	同仁县
9	夏吾李加	藏族	男	43	同仁刻版印刷技艺	同仁县
10	张宪忠	藏族	男	52	藏族鎏钴技艺	青海藏医药文化博物馆
11	官保	蒙古族	男	52	酸奶鞣牛羊皮技艺	海晏县
12	阿多	藏族	男	35	香达藏纸手工制作技艺	囊谦县
13	苏义其美格	蒙古族	女	43	海西蒙古族服饰制作工艺	格尔木市
14	却素荣	蒙古族	男	67	蒙古包制作技艺	格尔木市
15	才仁求培	藏族	男	56	藏族传统手工编结技艺	曲麻莱县
九、传统医药（5人）						
1	班玛才仁	藏族	男	38	藏药"吉合协"炮制技艺	金诃藏药股份有限公司
2	尼玛才让	藏族	男	34	藏医放血疗法	青海省藏医院
3	红兵	蒙古族	男	45	海西蒙医震动复位疗法	海西蒙古族藏族自治州
4	焦格巴	蒙古族	男	49	海西蒙医铜银烙疗法	海西蒙古族藏族自治州
5	尕登	蒙古族	男	84	海西民间青盐药用技艺	海西蒙古族藏族自治州
十、民俗（12人）						
1	王应和	汉族	男	46	乐都洪水火龙舞	海东市乐都区
2	王才华	蒙古族	男	60	德都蒙古全席	德令哈市
3	格布德	藏族	男	72	汪什代海藏族婚俗	海西蒙古族藏族自治州
4	尕英巴	蒙古族	男	86	茶卡盐湖祭湖	乌兰县
5	洛藏金美德	蒙古族	男	39	海西蒙古族祭敖包	海西蒙古族藏族自治州
6	三知加	藏族	男	66	尖扎达顿宴	尖扎县

续表

序号	姓名	民族	性别	年龄	项目名称	申报地区或单位
7	先巴扎西	藏族	男	52	热贡六月会	同仁县
8	娘吉合加	藏族	男	41	热贡"获康"祭祀活动	同仁县
9	韩发科	土族	男	49	保安社火	同仁县
10	加羊卓玛	藏族	女	50	青海安多藏族服饰	海南藏族自治州
11	阿学明	藏族	男	58	乐都北山跑马	海东市乐都区
12	巴行前	藏族	男	57	乐都北山跑马	海东市乐都区

山东省第四批省级非物质文化遗产代表性传承人公示名单（共计57人）

序号	项目编码	项目名称	申报地区或单位	代表性传承人		
				姓名	性别	年龄
一、民间文学（4人）						
1	Ⅰ-46	胡峄阳传说	青岛市	胡孝华	男	53
2	Ⅰ-47	李左车传说	潍坊市	邹学顺	男	66
3	Ⅰ-30	柳毅传说	潍坊市	张宝辉	男	59
4	Ⅰ-41	蒙山传说	蒙阴县	张莉	女	39
二、传统音乐（4人）						
1	Ⅱ-27	古琴艺术	济南市	朱子易	男	76
2	Ⅱ-8	鲁南五大调	郯城县	柏文泰	男	74
3	Ⅱ-4	古琴艺术	德州市	庞雨珠	男	79
4	Ⅱ-2	鲁西南鼓吹乐	巨野县	陈建斌	男	47
三、传统舞蹈（4人）						
1	Ⅲ-39	盐垛斗虎	东营市	张良一	男	58
2	Ⅲ-43	孙斗跑驴	广饶县	孙奎山	男	68
3	Ⅲ-44	戏灯穿花	栖霞市	马洪贵	男	62
4	Ⅳ-4	龙灯扛阁	临沂市	李玉常	男	60
四、传统戏剧（6人）						
1	Ⅴ-3	茂腔	青岛市黄岛区	王淑娴	女	71
2	Ⅴ-9	柳腔	即墨市	袁玲	女	52
3	Ⅴ-11	莱芜梆子	莱芜市	李长生	男	51
4	Ⅴ-21	扽腔	博兴县	卞项颂	男	58
5	Ⅴ-10	山东梆子	菏泽市	祝凤臣	男	46
6	Ⅴ-14	大弦子戏	菏泽市	李学珍	男	75
五、曲艺（7人）						
1	Ⅵ-2	山东琴书	济南市	魏务良	男	57
2	Ⅵ-2	山东琴书	济南市	杨珀	女	52

续表

序号	项目编码	项目名称	申报地区或单位	代表性传承人		
				姓名	性别	年龄
3	Ⅵ-2	山东琴书	菏泽市	李巧莲	女	64
4	Ⅵ-2	山东琴书	菏泽市	毕美	女	54
5	Ⅵ-2	山东琴书	郓城县	何淑玲	女	68
6	Ⅵ-3	山东快书	山东省艺术研究所	高洪胜	男	59
7	Ⅵ-1	山东大鼓	山东省艺术研究所	魏素英	女	65
六、传统体育、游艺与杂技（5人）						
1	Ⅵ-30	武当太乙门	济南市	林树基	男	64
2	Ⅵ-4	鸳鸯螳螂拳	青岛市	孙日成	男	47
3	Ⅵ-27	地龙经拳	高密市	杜文明	男	58
4	Ⅵ-2	莒县查拳	莒县	庄会升	男	63
5	Ⅵ-16	佛汉拳	东明县	陈洪元	男	63
七、传统美术（9人）						
1	Ⅶ-30	面塑	山东工艺美术学院	董凤岐	女	73
2	Ⅱ-18	高密剪纸	高密市	曹兆爱	女	59
3	Ⅱ-19	烟台剪纸	烟台市	栾淑娟	女	58
4	Ⅶ-40	潍县布玩具	潍坊市寒亭区	孙秀兰	女	36
5	Ⅶ-11	聂家庄泥塑	高密市	聂臣希	男	49
6	Ⅶ-8	面塑	济宁市	李刚	男	46
7	Ⅱ-12	苍山泥塑	兰陵县	刘福祥	男	70
8	Ⅱ-8	曹州面人	菏泽市牡丹区	李双虎	男	49
9	Ⅶ-32	阳谷木雕	阳谷县	王传成	男	60
八、传统技艺（16人）						
1	Ⅷ-80	妙府黄酒传统酿造技艺	即墨市	于秦峰	男	52
2	Ⅷ-70	博山琉璃烧制技艺	淄博市	孙即杰	男	69
3	Ⅷ-1	潍坊风筝	潍坊市寒亭区	张效东	男	65
4	Ⅸ-3	鲁菜烹饪技艺	烟台市	张吉顺	男	66
5	Ⅷ-14	柳疃传统织绸技艺	昌邑市	魏耀琳	男	60
6	Ⅷ-17	景芝酒传统酿造技艺	潍坊市	赵德义	男	48
7	Ⅷ-44	曲阜琉璃瓦制作技艺	曲阜市	朱玉海	男	52
8	Ⅷ-33	锡镶制作工艺	威海市	谷祖威	男	70
9	Ⅷ-82	莱芜口镇南肠传统制作技艺	莱芜市	刘锋	男	42
10	Ⅷ-3	大仲村蓝印花布印染技艺	兰陵县	相友文	男	78
11	Ⅷ-51	兰陵美酒传统酿造技艺	临沂市	刘劀	男	43
12	Ⅷ-86	邹平酸浆豆腐制作技艺	邹平县	孙怀兵	男	40
13	Ⅷ-4	鲁锦	菏泽市	刘春英	女	50

续表

序号	项目编码	项目名称	申报地区或单位	代表性传承人		
				姓名	性别	年龄
14	Ⅷ-9	郓城古筝制作技艺	郓城县	刁兆玉	男	71
15	Ⅷ-35	聊城牛筋腰带制作技艺	聊城市	张元杰	男	50
16	Ⅷ-84	隆盛糕点制作技艺	青州市	脱安利	男	51
九、传统医药（1人）						
1	Ⅸ-9	三字经流派推拿技术	青岛市	葛湄菲	女	54
十、民俗（1人）						
1	Ⅹ-23	淄博花灯会	淄博市	张向仁	男	65

陕西省第四批省级非物质文化遗产项目代表性传承人名单（共计67人）

序号	姓名	性别	出生年月	项目名称	申报单位	申报地区
一、民间文学（3人）						
1	秦凤岗	男	1944.01	孟姜女传说	王益区文化馆	铜川
2	王建领	男	1958.01	陕北民谚	榆林市群众艺术馆	榆林
3	李佩今	男	1938.02	鬼谷子的传说	石泉县文化文物旅游局	安康
二、传统音乐（9人）						
1	张荣华	男	1948.09	埙乐艺术	陕西艺术研究所	省直
2	刘宽忍	男	1963.10	埙乐艺术	陕西艺术研究所	省直
3	李书	男	1962.09	板胡艺术	陕西板胡学会	省直
4	李铠	男	1952.12	长安佛乐	陕西古代音乐文化研究院	省直
5	张克勤	男	1935.11	凤县民歌	凤县文化馆	宝鸡
6	王玉成	男	1975.01	陕北民歌	延安市群众艺术馆	延安
7	王世清	男	1975.10	神木二人台	神木县非遗中心	榆林
8	陈道久	男	1944.04	商洛孝歌	商洛市群众艺术馆	商洛
9	孙广发	男	1943.02	韩城围鼓	韩城市文化馆	韩城
三、传统舞蹈（5人）						
1	刘孝弟	男	1941.06	洪拳鼓	澄城县文化馆	渭南
2	李探春	男	1945.09	吴堡水船	吴堡县非遗保护中心	榆林
3	苏建国	男	1952.12	绥德踢场子	绥德县文化馆	榆林
4	王秋婵	女	1955.10	安康小场子	汉滨区非遗保护中心	安康
5	吉胜虎	男	1962.05	韩城行鼓	韩城市文化馆	韩城
四、传统戏剧（7人）						
1	马兰鱼	女	1936.02	秦腔	陕西省戏曲研究院	省直
2	张咏华	男	1940.01	秦腔	易俗社	省直
3	王进法	男	1942.06	同朝皮影戏	大荔县文化馆	渭南

续表

序号	姓名	性别	出生年月	项目名称	申报单位	申报地区
4	冯艳茹	男	1970.02	宜川蒲剧	宜川县文化馆	延安
5	吴江银	男	1969.10	弦子腔	平利县文化馆	安康
6	罗隆军	男	1966.08	旬阳道情皮影戏	旬阳县文化馆	安康
7	张啸	男	1960.12	镇安花鼓	镇安县文化馆	商洛
五、曲艺（4人）						
1	万忠院	男	1950.04	旬邑咪子戏	旬邑县文化馆	咸阳
2	王文琪	男	1948.12	蒲城走马戏	蒲城县非遗保护中心	渭南
3	王有山	男	1971.06	漫川大调	山阳县剧团	商洛
4	刘芬珍	女	1958.12	韩城秧歌	韩城市文化馆	韩城
六、传统体育、游艺与杂技（1人）						
1	白向亮	男	1937.11	华县填字谜接龙游戏	华县非遗保护中心	渭南
七、传统美术（9人）						
1	罗蜀梁	男	1969.05	金台罗氏彩塑彩绘	金台区非物质文化遗产保护中心	宝鸡
2	田亚莉	女	1959.12	宜君民间剪纸	宜君县文化馆	铜川
3	王玉娥	女	1952.03	大荔刺绣	大荔县文化馆	渭南
4	秦牡丹	女	1945.07	合阳纸塑窗花	合阳县非遗保护中心	渭南
5	雷占武	男	1970.05	合阳雷氏木雕艺术	合阳县文化馆	渭南
6	党芳珍	女	1955.08	洛川面花	洛川县文化馆	延安
7	冯山云	男	1949.03	延川布堆画	延川县文化馆	延安
8	曹毛女	女	1965.04	绥德剪纸	绥德县文化馆	榆林
9	刘兰芳	女	1944.02	神木面花	神木县非遗保护中心	榆林
八、传统技艺（20人）						
1	贾群	男	1965.08	中华老字号贾永信腊牛羊肉制作技艺	西安永信清真肉类食品有限公司	省直
2	王顺利	男	1960.11	关中传统民居营造技艺	西安关中民俗艺术博物院	省直
3	杨帆	男	1971.10	泥叫叫制作技艺	雁塔区文化馆	西安
4	屈希望	男	1954.12	传统打铁技艺	灞桥区文化馆	西安
5	谢凤鸣	女	1964.03	岐山空心挂面制作技艺	岐山县蔡家坡文化馆	宝鸡
6	李文科	男	1964.03	陇县花灯制作技艺	陇县文化馆	宝鸡
7	巨让利	男	1960.08	岐山油漆绘画技艺	岐山县文化馆	宝鸡
8	袁西成	男	1958.08	耀州窑陶瓷烧制技艺	铜川市陶瓷研究所	铜川
9	张金财	男	1963.05	富平县流曲琼锅糖制作技艺	富平县文体事业管理中心	渭南
10	石卫华	女	1966.06	柿饼制作技艺	富平县文体事业管理中心	渭南
11	雷川海	男	1965.03	大荔带把肘子制作技艺	大荔县文化馆	渭南

续表

序号	姓名	性别	出生年月	项目名称	申报单位	申报地区
12	韩海涛	男	1973.11	秦源影雕黑陶	临渭区非物质文化遗产保护中心	渭南
13	屈翠萍	女	1952.03	蒲城土织布技艺	蒲城县非遗保护中心	渭南
14	姚振华	男	1958.12	洋县戏剧头帽制作技艺	洋县文化馆	汉中
15	尚志龙	男	1951.03	原公土席杂烩制作技艺	城固县首创新农村文化建设活动中心	汉中
16	吴芳明	男	1949.01	蜀河"八大件"饮食文化及制作技艺	旬阳县文化馆	安康
17	张英华	男	1941.01	商州花灯	商州区文化馆	商洛
18	霍开科	男	1955.04	杏坪皮纸制作技艺	柞水县文化馆	商洛
19	刘应鹏	男	1958.10	传统庙宇营造技艺	佳县文体广电局	榆林
20	薛银联	男	1956.05	绥德石雕刻技艺	绥德县文化馆	榆林
九、传统医药（3人）						
1	郭军胜	男	1950.06	郭氏中医正骨技艺	西安莲湖郭氏中医门诊部	省直
2	韩志瑛	男	1946.10	韩氏骨外伤正骨技艺	高陵县文化馆	西安
3	穆长宁	男	1954.07	史氏腰椎间盘整复手法	汉中市群众艺术馆	汉中
十、民俗（6人）						
1	刘知民	男	1943.09	二曲礼仪	周至县文化馆	西安
2	杜三卫	男	1964.08	关中丧葬风俗礼仪	渭城区文化馆	咸阳
3	曹来保	男	1951.10	蒲城芯子	蒲城县非遗保护中心	渭南
4	张文远	男	1968.08	大荔血故事	大荔县文化馆	渭南
5	胡仲	男	1960.11	陕北丧葬习俗	志丹县文化馆	延安
6	宋区会	男	1942.03	吴堡黄河古渡	吴堡县非遗保护中心	榆林

上海市第四批非物质文化遗产项目代表性传承人名单（共计85人）

序号	项目编码	项目名称	申报地区或单位	代表性传承人		
				姓名	性别	年龄
一、传统音乐（5人）						
1	Ⅰ-1	江南丝竹	上海市群众艺术馆	沈多米	女	51
2				成海华	男	63
3	Ⅰ-2	上海田山歌	青浦区文化馆	孙耀佐	男	69
4				张小美	女	50
5	Ⅰ-15	上海工人大锣鼓	杨浦区文化馆	唐占魁	男	57
二、传统舞蹈（2人）						
1	Ⅱ-2	手狮舞	闵行区马桥镇文化体育事业发展中心	赵雪林	男	51

附录一　非遗代表性项目名录与项目代表性传承人名录

续表

序号	项目编码	项目名称	申报地区或单位	代表性传承人		
				姓名	性别	年龄
2	Ⅱ-3	卖盐茶	浦东新区航头镇文化服务中心	陆静文	女	65
三、传统戏剧（28人）						
1	Ⅲ-1	昆曲	上海昆剧团	谷好好	女	41
2			上海张军昆曲艺术中心	张军	男	40
3	Ⅲ-2	京剧	上海京剧院	许美玲	女	90
4				金锡华	男	73
5				汤俊良	男	68
6	Ⅲ-2			马万龙	男	67
7				刘德利	男	65
8			上海戏剧学院附属戏曲学校	王继珠	女	70
9	Ⅲ-2	京剧		沈绮琅	女	65
10			上海戏剧学院戏曲学院	王立军	男	57
11				朱玉峰	男	52
12	Ⅲ-3	越剧	上海越剧艺术传习所（上海越剧院）	陈钧	男	69
13				王志萍	女	48
14	Ⅲ-4	沪剧	上海沪剧艺术传习所（上海沪剧院）	李建华	男	54
15				吕贤丽	女	52
16				朱俭	男	39
17	Ⅲ-5	淮剧	上海淮剧艺术传习所（上海淮剧团）	陆少林	男	86
18				李泰祥	男	81
19				何小山	男	81
20				施燕萍	女	53
21	Ⅲ-6	皮影戏	松江区泗泾镇文化体育服务所	唐洪官	男	75
22	Ⅲ-8	扁担戏	崇明县中兴镇文化体育广播电视站	朱永发	男	69
23	Ⅲ-9	滑稽戏	上海滑稽剧团有限公司	胡晴云	女	50
24				陶醉娟	女	80
25				小翁双杰	男	52
26				秦雷	男	51
27	Ⅲ-10	海派木偶戏	上海木偶剧团有限公司	陈为群	男	71
28				王华	女	59
四、曲艺（5人）						
1	Ⅳ-1	锣鼓书	浦东新区新场镇文化服务中心	顾佳美	女	51

511

续表

序号	项目编码	项目名称	申报地区或单位	代表性传承人		
				姓名	性别	年龄
2	Ⅳ-2	评弹	上海市书场工作者协会	王溪良	男	84
3			上海评弹艺术传习所（上海评弹团）	沈仁华	男	54
4	Ⅳ-3	浦东说书	浦东新区北蔡镇文广服务中心	康毅	男	54
5	Ⅳ-6	上海说唱	上海滑稽剧团有限公司	龚伯康	男	71
五、民间文学（2人）						
1	Ⅴ-6	崇明山歌	崇明县文化馆	黄晓	男	58
2	Ⅴ-8	杨瑟严的故事	崇明县建设镇文化体育广播电视站	柴焘熊	男	68
六、传统美术（20人）						
1	Ⅶ-3	海派黄杨木雕	徐汇区长桥街道办事处	陈华明	男	70
2	Ⅶ-4	海派剪纸艺术	松江区文化馆	王雨扣	女	85
3	Ⅶ-7	连环画	上海大可堂文化有限公司	罗希贤	男	68
4	Ⅶ-8	金山农民画艺术	金山农民画院	张斌	男	46
5	Ⅶ-13	石雕	普陀区甘泉社区文化活动中心	刘恩同	男	54
6	Ⅶ-16	海派玉雕	普陀区文化馆	沈德盛	男	52
7			上海海派玉雕文化协会	庞建新	男	56
8				曹春华	男	54
9				张焕庆	男	54
10				陈申乐	男	53
11				黄杨洪	男	41
12				熊明星	男	40
13				王凯	男	39
14				王金忠	男	37
15	Ⅶ-18	海派绒绣	浦东新区高桥镇文广服务中心	许玉红	女	63
16			上海黎辉绒绣艺术有限公司	王丽萍	女	52
17	Ⅶ-26	瓷刻	普陀区宜川路街道社区学校	程佩初	男	64
18	Ⅶ-28	上海砚刻	上海工艺美术研究所	陆天福	男	70
19				丁伟鸣	男	57
20	Ⅶ-29	海派瓷艺	上海半岛瓷艺馆	陈家泠	男	77

附录一　非遗代表性项目名录与项目代表性传承人名录

续表

序号	项目编码	项目名称	申报地区或单位	代表性传承人		
				姓名	性别	年龄
七、传统技艺（15人）						
1	Ⅷ-1	乌泥泾手工棉纺织技艺	华泾镇人民政府	金桂琴	女	55
2	Ⅷ-6	亨生奉帮裁缝缝纫技艺	上海亨生西服有限公司	肖文浩	男	58
3	Ⅷ-32	崇明老白酒传统酿造技法	上海东明酿造有限公司	顾云章	男	71
4			上海大陆酿造有限公司	施建新	男	57
5	Ⅷ-48	老正兴本帮菜肴传统烹饪技艺	上海老正兴菜馆有限公司	陈纪官	男	62
6	Ⅷ-49	老饭店本帮菜肴传统烹饪技艺	上海老饭店	任德峰	男	58
7	Ⅷ-51	小绍兴白斩鸡制作技艺	小绍兴餐饮连锁有限公司	汪建平	男	57
8	Ⅷ-55	古琴斫制技艺	上海市收藏协会	洪崇岩	男	69
9			上海音乐学院	华一志	男	59
10			上海七弦古琴文化发展基金会	杨致俭	男	40
11	Ⅷ-56	漆器制作技艺	闵行区华漕镇文化体育事业发展中心	俞升寿	男	80
12	Ⅷ-58	王宝和蟹宴烹饪技艺	上海王宝和大酒店有限公司	王浩	男	52
13	Ⅷ-59	永青假发制作技艺	上海豫园商城百货有限公司	马熙雯	女	48
14	Ⅷ-60	兰花栽培技艺	上海兰蕙园林绿化发展有限公司	冯安清	男	56
15	Ⅷ-61	赵家花园菊花种植技艺	普陀区宜川社区文化活动中心	赵坤荣	男	73
八、传统医药（7人）						
1	Ⅸ-1	伤科疗法（石氏伤科疗法）	上海中医药大学附属曙光医院	石印玉	男	72
2	Ⅸ-1	伤科疗法（施氏伤科疗法）	黄浦区香山中医医院	李麟平	男	60
3	Ⅸ-2	六神丸制作技艺	上海雷允上药业有限公司	陈逸红	女	48
4	Ⅸ-7	夏氏外科疗法	上海中医药大学附属曙光医院	柏连松	男	78
5	Ⅸ-9	竿山何氏中医文化	上海中医药大学	何新慧	女	62
6	Ⅸ-10	范氏眼科疗法	上海中医药大学附属龙华医院	张殷建	女	51
7	Ⅸ-11	益大中药饮片炮制技艺	上海康桥中药饮片有限公司	陈维荣	男	55
九、民俗（共计1人）						
1	Ⅹ-8	天气谚语及其应用	上海市崇明县气象局	陶振夫	男	72

四川省第四批非物质文化遗产代表性项目名单（共计36项）

序号	项目编号	项目名称	申报地区或单位
一、民间文学（1项）			
1	Ⅰ-30	博葩（万物起源口头文学）	凉山州喜德县文化馆
二、传统音乐（4项）			
1	Ⅱ-65	傈僳族高腔	凉山州德昌县文化馆
2	Ⅱ-66	阿依阿芝（彝族女性叙事歌）	凉山州越西县文化馆
3	Ⅱ-67	牛牛合（"牛牛"调）	凉山州雷波县文化馆
4	Ⅱ-68	摩梭人阿哈巴拉调	凉山州盐源县文化馆
三、传统舞蹈（1项）			
1	Ⅲ-49	笮山锅庄	攀枝花市盐边县文化馆
四、传统戏剧（3项）			
1	Ⅳ-14	曲剧（岳池曲剧、安岳曲剧）	广安市岳池县文化馆
2	Ⅳ-15	洪雅师道戏	眉山市洪雅县文化馆
3	Ⅳ-16	羌族释比戏	阿坝州理县文化馆
五、曲艺（1项）			
1	Ⅴ-13	彝族克格（彝语相声）	凉山州昭觉县文管所
六、传统游艺、杂技与竞技（1项）			
1	Ⅵ-17	藏棋	阿坝州阿坝县藏棋协会
七、传统美术（4项）			
1	Ⅶ-32	藏族尔苏图画文字	凉山州甘洛县文化馆
2	Ⅶ-33	峨眉山指画	峨眉山市图书馆
3	Ⅶ-34	蚕茧纸轩丝绘画	四川省非遗保护中心
4	Ⅶ-35	羌族刷勒日	阿坝州茂县文化馆
八、传统技艺（9项）			
1	Ⅷ-117	彝族泥染	凉山州金阳县文化馆
2	Ⅷ-118	摩梭人苏里马酒的酿造技艺	凉山州盐源县文化馆
3	Ⅷ-119	摩梭人青娜油制作技艺	凉山州盐源县文化馆
4	Ⅷ-120	川红工夫红茶制作技艺	宜宾川红茶业集团有限公司
5	Ⅷ-121	七佛贡茶茶饼制作工艺	广元市青川县文化馆
6	Ⅷ-122	东坡肘子制作技艺	眉山市东坡区文化馆
7	Ⅷ-123	四川书画装裱修复技艺——蜀裱	四川省非遗保护中心
8	Ⅷ-124	藏香制作技艺	阿坝州壤塘县藏哇寺
9	Ⅷ-125	羌族羊皮鼓制作技艺	阿坝州茂县文化馆
九、传统医药（1项）			
1	Ⅸ-15	峨眉伤科疗法	成都中医药大学附属医院
十、民俗（11项）			
1	Ⅹ-73	安巴节	甘孜州道孚县文化馆
2	Ⅹ-74	摩梭人"若哈舍"习俗	凉山州盐源县文化馆

续表

序号	项目编号	项目名称	申报地区或单位
3	X-75	彝族剪羊毛节	凉山州金阳县文化馆
4	X-76	摩梭人服饰	凉山州盐源县文化馆
5	X-77	彝族赛马习俗	凉山州昭觉县文管所
6	X-78	瑞峰端午龙舟节	眉山市青神县文化馆
7	X-79	彭祖山三月三朝山会	眉山市彭山县非遗产保护中心
8	X-80	羌族夬儒节	阿坝州理县文化馆
9	X-81	涂墨节	阿坝州九寨沟县文化馆
10	X-82	穷度卜	阿坝州黑水县文化馆
11	X-83	木里"桑股"头饰	凉山州木里县文化馆

香港首份非物质文化遗产清单（共计 480 项）

1. 口头传统和表现形式（21 项）

编号	项目名称	内容及次项目
1.1	客家话	新界的客家群体大都是在清初迁海复界后迁来香港。现在部分客家乡村村民仍然以客家话沟通，主要传统仪式活动也是以客家话进行。
1.2	围头话	围头话是新界的一个主要地方语言，很多历史悠久的乡村及宗族的成员仍然以围头话沟通，主要传统仪式活动也是以围头话进行。
1.3	粤语	粤语为南中国的主要方言，也是今天香港华人的日常沟通语言。
1.3.1	◆中国（粤语）四字格惯用语	中国四字格惯用语不但内容丰富，历史悠久，同时也是中国传统文化经典中的精粹之一。成语是汉语中经过长期使用、千锤百炼而形成的固定短语，简洁精辟，多由四字组成，数量庞大，接近 3 万条，形式完整，反映出丰富的历史文化内涵，并对邻近地区语言有辐射性的影响。粤语是香港的主流语言，其四字格成语尤为丰富，在许多方面都自成体系。
1.4	渔民话	根据地方碑文记录，清初香港已有渔民活动。1911 年香港人口普查报告载有水上人的人口记录。今天香港的渔民群体仍有年长成员以渔民话沟通。
1.5	福建话	1897 年香港人口普查报告中，已有福建人的人口记录。今天香港的福建群体仍有年长成员以闽南话或福州话沟通。
1.5.1	◆闽南话	香港福建族群仍有部分成员以闽南话沟通。
1.5.2	◆福州话	香港福建族群的部分成员仍以福州话沟通。
1.6	潮州话	19 世纪中叶已有潮州商人在香港从事转口贸易生意。1897 年香港人口普查报告中，已有潮州人的人口记录。今天香港的潮州群体仍有年长成员以潮州话沟通。
1.7	海陆丰/鹤佬话	1911 年香港人口普查报告中，记载海陆丰/鹤佬话（Hoklo）是当时的一种主要方言。今天香港的海陆丰/鹤佬群体仍有年长成员以海陆丰/鹤佬话沟通。

续表

编号	项目名称	内容及次项目
1.8	谜语	制谜者设置谜坛,按主题如地名、古人等创造谜语,猜谜者透过删增文字、改变文字的平仄声而猜出谜底。
1.9	广东吟诵	"吟诵"是传统的教学方法,也是读书人采用的读书方法。吟诵者会以广东方言,按乐音将古典诗词文章唱出来。
1.10	宗族口述传说	新界一些有数百年历史的宗族,至今仍保存有关其开基祖的迁徙经历、立村的过程和地方风水建构的口述传说。
1.10.1	◆上水廖氏	上水廖氏宗族定居上水超过600年,宗族成员口述流传关于其开基祖、祠堂和风水的传说。
1.10.2	◆屯门陶氏	屯门陶氏宗族定居屯门700多年,宗族成员口述流传关于其开基祖和风水的传说。
1.10.3	◆竹园林氏	竹园林氏宗族定居九龙竹园蒲岗700多年,宗族成员口述流传关于其开基祖和佛堂门天后庙的传说。
1.10.4	◆河上乡侯氏	河上乡侯氏宗族定居上水超过600年,宗族成员口述流传关于其开基祖、祠堂和风水的传说。
1.10.5	◆屏山邓氏	屏山邓氏宗族定居屏山已有800多年,宗族成员口述流传关于其开基祖、立村、风水和盆菜等传说。
1.10.6	◆泰亨文氏	泰亨文氏宗族定居大埔600多年,宗族成员口述流传关于其开基祖、立村、名人和庙宇的传说。
1.10.7	◆粉岭彭氏	粉岭彭氏宗族定居粉岭800多年,宗族成员口述流传关于其开基祖和风水等传说。
1.10.8	◆厦村邓氏	厦村邓氏宗族定居厦村600多年,宗族成员口述流传关于其开基祖、祠堂和风水的传说。
1.10.9	◆新田文氏	新田文氏宗族定居新田超过500年,宗族成员口述流传关于其开基祖和风水的传说。
1.10.10	◆锦田邓氏	锦田邓氏宗族定居锦田超过900年,宗族成员口述流传关于其开基祖和风水的传说。
1.10.11	◆龙跃头邓氏	龙跃头邓氏宗族定居粉岭700多年,宗族成员口述流传关于其开基祖和祖先的传说。
2. 表演艺术(34项)		
2.1	舞狮	狮子分为头及身体两部分,由两名表演者负责操控,跟随音乐节拍舞动。地方群体以舞狮来庆祝节日、神诞、庆典或婚嫁仪式。各地方群体也发展了不同的舞狮方式及采青仪式。
2.2	舞龙	龙是由头、数节龙身及尾组成,其头尾及每节龙身之下均设有竹竿,让表演者用以支撑起龙身,随音乐节拍做出各种舞动姿态。大的金龙长数十米,需要数百健儿参与舞龙活动。新界一些宗族、乡村及群体以舞龙来庆祝节日、庆典或神诞活动。(大坑及薄扶林村的舞火龙亦为舞龙的一种,参看3.32)

附录一　非遗代表性项目名录与项目代表性传承人名录

续表

编号	项目名称	内容及次项目
2.3	舞貔貅	貔貅分为头及身体两部分，由两名表演者负责操控，跟随音乐节拍舞动。一些群体以舞貔貅来庆祝神诞。一些麻雀馆在开张时，亦会安排舞貔貅助庆。
2.4	舞麒麟	麒麟分为头及身体两部分，由两名表演者负责操控，跟随音乐节拍舞动。地方群体以舞麒麟来庆祝节日、神诞、庆典或婚嫁仪式。舞麒麟可分为本地、客家及海陆丰/鹤佬三个不同传统。
2.4.1	◆本地	新界的一些本地乡村及群体以舞麒麟来庆祝节日、神诞或婚嫁仪式；本地麒麟有其独特的舞动方式及音乐节奏。
2.4.2	◆客家	新界的一些客家乡村及群体以舞麒麟来庆祝节日、神诞、庆典或婚嫁仪式。客家麒麟有其独特的舞动方式及音乐节奏。
2.4.3	◆海陆丰/鹤佬	香港的海陆丰/鹤佬族群以舞麒麟来庆祝节日或神诞。海陆丰/鹤佬麒麟有其独特的舞动方式及音乐节奏。
2.5	英歌	英歌是香港潮州群体的集体巡游表演，亦是用来庆祝神诞或节庆的传统活动。成员在表演时穿着传统服饰及画上脸谱。
2.6	粤剧	粤剧是以粤语表演的南方传统剧种。粤剧唱腔、粤剧排场、粤剧神功戏、粤曲演唱及粤剧音乐是粤剧的重要元素。（经广东、香港、澳门三地共同申报，粤剧于2009年列入联合国教育、科学及文化组织的《人类非物质文化遗产代表作名录》。）
2.6.1	◆粤曲演唱	粤曲演唱是指表演者以歌唱的方式表演粤剧歌曲。部分表演者会组成粤曲演唱组织，切磋演唱技艺。
2.6.2	◆粤剧音乐	粤剧音乐由声乐和器乐组成。声乐是指戏班演员的唱腔，而器乐则是指由乐师演奏的配乐。
2.6.3	◆粤剧神功戏	地方群体在筹办神诞或太平清醮时，会聘请粤剧戏班，在临时盖搭的戏棚内演出神功戏，酬谢神明庇佑。戏班除了演出粤剧外，还会演出"六国大封相"及"仙姬送子"等例戏。戏班更会在首次选址的戏台上，演出"祭白虎"仪式，以祈求演出顺利。
2.6.4	◆粤剧唱腔	粤剧唱腔是指粤剧的演唱形式，根据曲调性质分为"曲牌体"和"板腔体"两种体系。马师曾的"旧马腔"及何非凡的"凡腔"便是唱腔的例子。
2.6.5	◆粤剧排场	粤剧排场是粤剧的一些基本表演模式，一出戏是由不同的排场组合而成，是组成粤剧的重要元素。
2.7	闽剧	香港一些对闽剧有兴趣的福州同乡组成戏剧组，定期在荃湾排练闽剧，也有作业余性的公开表演。
2.8	木偶戏	木偶可分为杖头木偶、提线木偶、掌中木偶、皮影木偶和手托木偶等类别。杖头木偶和手托木偶，与香港民间的宗教活动有密切关系。

续表

编号	项目名称	内容及次项目
2.8.1	◆皮影戏	皮影戏是由操作者控制皮偶的动作,把半透明的皮偶紧贴着以牛皮制成的白幕上,利用光和影的原理,让观众在白幕的另一面欣赏皮影戏的演出。
2.8.2	◆杖头木偶戏	杖头木偶戏的操作者透过操控木偶的主杆,以控制木偶头部至身体各部分的动作,另以手棍控制木偶双手的动作。香港太平清醮及神诞时,会上演杖头木偶戏。
2.8.3	◆掌中木偶戏	掌中木偶戏的操作者将手放入布袋形的木偶内,然后运用手指操控掌中木偶的内部结构,从而演出掌中木偶戏。
2.8.4	◆提线木偶戏	提线木偶戏的操作者以手控制"线板","线板"上的布线连系到木偶的身体各部分,操作者转动线板而令木偶产生动作。
2.8.5	◆手托木偶粤剧	广东手托木偶是最古老木偶品种之一,于民国初期传入香港,是为了打醮而设,目的是超度亡魂,娱乐鬼神。然而广东手托木偶早于20世纪60年代多已改为杖头木偶,行内说揸竹就是"杖头",揸颈就是"手托"。时至今日,该项目已渐趋式微。
2.9	八音器乐	八音器乐是广东的传统地方音乐,亦称为"锣鼓八音"。粤剧表演、广东喃呒仪式、神诞活动、结婚嫁娶、丧礼殡仪等场合都需要八音演奏。
2.10	科仪音乐	科仪音乐为传统宗教仪式中采用的音乐,可分为道家和释家两类。
2.10.1	◆道家音乐	道家音乐分为"正一"及"全真"两个传统。演奏音乐的醮师需要在仪式中配合法师喃唱及合乐演奏。醮师的拍和是由古老的大、小调串成,涵盖念白、念经等范围。醮师要配合法师喃唱及合乐演奏。乐器包括唢呐、笛子、胡琴、弦索、中鼓、大锣、大鼓和钹等。
2.10.2	◆释家音乐	释家音乐又称"梵音"。在佛教仪式场合中,都会使用释家音乐。在配合法师喃唱的情况下,醮师以释家音乐伴奏,涵盖念白、念经等范围。乐器主要有唢呐、大锣及箫等。
2.11	仪仗音乐	传统红、白二事皆有仪仗音乐伴奏,乐器以笛、鼓、钹及锣为主。
2.12	广东音乐	广东音乐是流行于珠江三角洲一带的音乐,20世纪20～60年代,在香港有蓬勃的发展,亦为普罗大众所接受。
2.13	潮州音乐	潮州音乐是流传于粤东的民间音乐,随潮州移民传来香港。潮州族群通常于节庆活动或表演场合中演奏潮州音乐。现在潮州音乐以潮州弦诗乐及潮州大锣鼓为主。
2.14	南音	南音是流行于珠江三角洲一带的传统曲艺,也是粤剧、广东喃呒仪式、喜庆及丧葬仪式中的一个演唱元素。南音演唱者多以自弹自唱的形式演出。
2.15	福建南音	福建群体在红、白二事的场合都有福建南音的歌唱演出。
2.16	竹枝词/围名歌	竹枝词是以七字句写成的篇章,内容以介绍香港地方和乡村为主,从前新界客家村民在余暇或旅行时咏唱竹枝词。现在多以表演形式演唱。
2.17	客家山歌	客家山歌是新界客家人流传至今的歌唱形式,以前村民在聚会、节庆活动或男女交往时都会唱山歌。现在多以表演形式演唱。

续表

编号	项目名称	内容及次项目
2.18	哭丧歌	从前新界客家村落的女性村民会为去世的亲人唱哭丧歌，是丧葬仪式的一个元素。
2.19	哭嫁歌	从前新界客家村落的女性会在出嫁前唱哭嫁歌，作为结婚仪式的一个元素。西贡的传统哭嫁歌，内容以描述新娘与她的家人、亲属和祖先的关系为主。
2.20	叹歌	叹歌是渔民群体的传统，分别会在婚嫁及丧礼场合叹唱，也有渔民称婚嫁为"生礼"，丧礼为"死礼"。本地及海陆丰/鹤佬渔民各有自己的叹歌传统，是婚嫁及丧葬仪式中的一个元素。
2.20.1	◆婚嫁	从前水上人的女性会在出嫁前与女性亲属叹唱。本地及海陆丰/鹤佬水上人各有自己的叹歌传统。
2.20.1.1	1渔民	以前渔民的新娘在出嫁前两天，会与一些女性亲属一起叹唱自己的过去和未来，以及对夫家生活的祈望。
2.20.1.2	海陆丰/鹤佬渔民	出嫁前两天，海陆丰/鹤佬渔民的新娘会与一些女性亲属一起叹唱自己的人生经历、与挚亲的关系及对婚后生活的祈望。
2.20.2	◆死礼	在渔民丧礼中，女性家人或亲友会在仪式中唱叹歌。内容以描述仪式现场及丧礼过程为主。
2.21	咸水歌	以前渔民流行唱咸水歌，年青男女在交往时会在舢板上对唱咸水歌，这也是结识异性的活动。
3. 社会实践、仪式、节庆活动（292项）		
3.1	车公诞	每年农历正月初二日，善信会前往沙田车公庙酬神。农历三月二十七日、六月初六日及八月十六日亦为车公诞。
3.2	大王爷诞	香港的一些小区于每年选定的日子举办大王爷诞，以庆祝大王爷的寿辰。
3.2.1	◆ 大埔三门仔	大埔区三门仔大王爷诞筹办委员会于每年农历正月初二至初六日，举办大王爷诞，聘请戏班上演粤剧神功戏，有请神、贺诞、送神等仪式活动。
3.2.2	◆ 大埔元洲仔	大埔区侨港惠阳苏徐李锺石宗亲联会于每年农历五月初六至十三日，举办大王爷诞，聘请戏班上演粤剧神功戏，有花炮会贺诞活动。
3.2.3	◆梅窝	大屿山梅窝渔民联谊会于每年农历二月初二日，举办大王爷诞，有贺诞活动。
3.3	天公玉皇大帝诞	慈德社每年农历正月初九日，于乐富老虎岩天后圣母古庙举办天公玉皇大帝诞，有拜神仪式活动。
3.4	关帝诞	香港的一些地方小区组织筹办关帝诞，以庆祝关帝的寿辰。
3.4.1	◆大埔汀角	大埔汀角村村公所于每年农历正月十一至十四日，举办关帝诞，聘请戏班上演粤剧神功戏，有请神、贺诞和接神等仪式活动。
3.4.2	◆大澳	大澳关帝筹委会于每年农历六月，举办关帝诞，以庆祝关帝的寿辰。
3.5	点灯	每年农历正月，新界不同的乡村都会在祠堂、神厅、围门或土地神坛举行点灯仪式，庆祝过往一年男性成员的诞生。

续表

编号	项目名称	内容及次项目
3.5.1	◆十八乡马田村	十八乡马田村于每年农历正月十二至十七日筹办点灯,内容包括开灯和完灯仪式。
3.5.2	◆八乡元岗村	八乡元岗村于每年农历正月十二至十六日筹办点灯,内容包括请神、开灯、点灯、拜神和完灯等仪式。
3.5.3	◆大埔泮涌	大埔泮涌村于每年农历正月十四至二十日筹办点灯,内容包括请神、朝井、扒船、拜天神、化灯、送神和交甲等仪式。
3.5.4	◆大埔黄宜坳村	大埔黄宜坳村于每年农历正月十五日筹办"打添丁",庆祝村中男性成员的诞生,内容包括开灯和完灯仪式。
3.5.5	◆屯门陶氏宗族	屯门陶氏宗族于每年农历正月十二至十六日筹办点灯,内容包括开灯、点灯(三圈礼)和完灯等仪式。
3.5.6	◆西贡井栏树	西贡井栏树于每年农历正月十三至二十日筹办点灯,内容包括开灯和完灯仪式。
3.5.7	◆沙田大围村	沙田大围村于每年农历正月十二日筹办点灯,内容包括开灯和完灯仪式。
3.5.8	◆沙田小沥源村	沙田小沥源村于每年农历正月十四至十五日筹办点灯,内容包括开灯和点灯仪式。
3.5.9	◆沙田田心村	沙田田心村于每年农历正月十四至二十一日筹办点灯,内容包括开灯和完灯仪式。
3.5.10	◆沙田隔田村	沙田隔田村于每年农历正月十四至二十日筹办点灯,内容包括接神、开灯、完灯和送神等仪式。
3.5.11	◆河上乡侯氏宗族	河上乡侯氏宗族于每年农历正月十二日筹办点灯,内容包括开灯和完灯仪式。
3.5.12	◆屏山山厦村	屏山山厦村于每年农历正月十二日筹办点灯,内容包括请神、开灯和完灯等仪式。
3.5.13	◆屏山榄口村	屏山榄口村忠胜堂于每年农历正月初八至十八日筹办点灯,内容包括开灯和完灯仪式。
3.5.14	◆厦村邓氏宗族	厦村邓氏宗族于每年农历正月初十至十八日筹办点灯,内容包括请神、开灯、点灯和完灯等仪式。
3.5.15	◆锦田邓氏宗族	锦田邓氏宗族于每年农历正月十二至十六日筹办点灯,内容包括开灯、食灯粥和完灯等仪式。
3.5.16	◆龙跃头邓氏宗族	龙跃头邓氏宗族于每年农历正月十二至十五日筹办点灯,内容包括开灯和完灯仪式。
3.6	太平洪朝	新界北区的不同小区于每年农历正月筹办太平洪朝,以洁净小区及为小区成员祈福。
3.6.1	◆上水丙岗	上水丙岗村于每年农历正月十五日至十六日筹办太平洪朝,仪式有开坛、辞神、走土地和劈沙罗等。

续表

编号	项目名称	内容及次项目
3.6.2	◆上水金钱村	上水金钱村于每年农历正月十八至十九日筹办太平洪朝,仪式包括做朝、朝井、行船和劈沙罗等。
3.6.3	◆粉岭围	粉岭围于每年农历正月十五至十六日筹办太平洪朝,仪式包括请神、抢鸡毛、扒船、做朝、劈沙罗和化榜等。
3.7	扒天姬	香港新界不同小区于每年农历正月筹办扒天姬(亦称"扒天机"),向乡村成员收集象征污秽的物品,然后在小区外焚化,以洁净小区。
3.7.1	◆沙田大围村	沙田大围村村民于每年农历正月十九日,沿着乡村范围进行"扒天姬",以纸船向每家每户收集元宝香烛等象征污染的物品,以洁净小区。
3.7.2	◆厦村田心村	厦村田心村村民于每年农历正月十九日,沿着围内、围外及新村的范围进行"扒天姬",以纸船向每家每户收集元宝、香、糖果等象征污染的物品,以洁净小区。
3.8	土地诞	香港不同的小区于每年农历正月筹办土地诞,以庆祝土地寿辰。
3.8.1	◆上水金钱村	上水金钱村于每年农历正月二十日筹办土地诞。有贺诞及抽花炮活动,并聘请戏班上演粤剧神功戏。
3.8.2	◆上水围大元村	上水大元村植福堂于每年农历正月二十日筹办"打金猪头",庆祝土地寿辰。在拜神仪式后,参与者进行"掷筊杯",掷得最多胜杯者可得金猪头。
3.8.3	◆大澳半路棚	大澳半路棚土地爷爷诞大会于每年农历二月初二日筹办土地诞,活动以贺诞和聚餐为主。
3.8.4	◆大澳创龙社	大澳创龙社值理会于每年农历正月二十五及二十六日筹办土地诞,活动以贺诞和竞投福物为主。
3.8.5	◆大澳福德宫	大澳福德宫演戏值理会于每年农历正月十九至二十一日筹办土地诞,仪式以花炮会贺诞为主,并聘请戏班上演粤剧神功戏。
3.8.6	◆元朗南边围	元朗南边围于每年农历正月二十日筹办土地诞,活动以贺诞及聚餐为主。
3.8.7	◆西区常丰里	西区常丰里老福德宫联谊会于每年农历正月十八至二十日筹办土地诞,仪式有接神、竖幡、行朝、开坛、竞投福物、礼斗、结忏送圣及幽科。
3.8.8	◆土地婆婆诞(西区常丰里)	西区常丰里老福德宫联谊会于每年农历二月初二日筹办土地婆婆诞,仪式以诵经为主,另有贺诞和竞投福物活动。
3.8.9	◆厦村田心村	厦村田心村于每年农历正月十九至二十日筹办土地诞,仪式包括接神、武林大会、祝寿及分烧肉等。
3.9	宗族春秋二祭	春分及(或)秋分时,或农历四月及九月,新界宗族在祠堂内举行祭祖仪式;有些宗族在清明节及重阳节期间,前往祖先墓地举行祭祖的仪式。
3.9.1	◆春祭	每年农历四月及(或)春分,新界一些宗族在祠堂或祖先墓地举行祭祖仪式。

续表

编号	项目名称	内容及次项目
3.9.1.1	上水廖氏宗族	上水廖氏宗族成员于每年农历二月初二日在廖万石堂举行祭祖仪式。
3.9.1.2	屯门忠义堂	屯门忠义堂成员于每年春分在忠义堂举行祭祖仪式。
3.9.1.3	屯门陶氏宗族	屯门陶氏宗族成员于每年春分在陶氏宗祠举行祭祖仪式。
3.9.1.4	粉岭彭氏宗族	粉岭彭氏宗族成员于每年农历二月在彭氏宗祠举行祭祖仪式。
3.9.1.5	厦村邓氏宗族	厦村邓氏宗族于每年春分在友恭堂举行祭祖仪式。
3.9.1.6	锦田邓氏宗族	锦田邓氏宗族成员于每年春分在清乐邓公祠举行祭祖仪式。
3.9.1.7	龙跃头邓氏宗族	龙跃头邓氏宗族成员于每年农历二月在松岭邓公祠举行祭祖仪式。
3.9.2	◆秋祭	每年农历九月、秋分及（或）重阳节，一些新界宗族在祠堂或祖先墓地举行祭祖仪式。
3.9.2.1	上水廖氏宗族	上水廖氏宗族成员于每年农历九月初九及十日到祖先墓地举行祭祖仪式，仪式包括拜神、献果品和分烧肉，成员其后享用盆菜。
3.9.2.2	屯门陶氏宗族	屯门陶氏宗族成员于每年秋分在陶氏宗祠举行祭祖仪式。
3.9.2.3	竹园林氏宗族	竹园林氏宗族成员于每年农历九月到祖先墓地举行祭祖仪式。
3.9.2.4	河上乡侯氏宗族	河上乡侯氏宗族成员于每年农历九月到祖先墓地举行祭祖仪式，仪式包括拜神、献果品和分烧肉。
3.9.2.5	泰亨文氏宗族	泰亨文氏宗族成员于每年农历九月到祖先墓地举行祭祖仪式。
3.9.2.6	粉岭彭氏宗族	粉岭彭氏宗族成员于每年农历九月到祖先墓地举行祭祖仪式，仪式包括拜神和献果品。仪式后，成员在祠堂享用盆菜。
3.9.2.7	厦村邓氏宗族	厦村邓氏宗族成员于每年秋分在友恭堂举行祭祖仪式。
3.9.2.8	新田文氏宗族	新田文氏宗族于每年农历九月到墓地举行祭祖仪式，仪式包括银乐队巡村、献果品和分烧肉。
3.9.2.9	新界邓氏宗族	新界邓氏宗族（锦田、屏山、厦村、龙跃头、大埔头）和东莞邓氏宗族成员于每年农历九月十七日及十九日到祖先墓地进行大型的祭祖活动。
3.9.2.10	锦田邓氏宗族	锦田邓氏宗族成员于每年秋分在清乐邓公祠祭祖。

附录一　非遗代表性项目名录与项目代表性传承人名录

续表

编号	项目名称	内容及次项目
3.9.2.11	龙跃头邓氏宗族	龙跃头邓氏宗族成员于每年农历九月到祖先墓地举行祭祖仪式,仪式包括拜神、献果品和分烧肉。
3.10	文昌诞	上环文武二帝庙于每年农历二月初三日在文武庙举办文昌诞,有善信贺诞活动。
3.11	洪圣诞	香港的一些小区于每年农历二月举办洪圣诞,以庆祝洪圣寿辰。
3.11.1	◆大澳	大澳洪圣诞会于每年农历二月十三日举办洪圣诞,有贺诞活动。
3.11.2	◆孔岭	由北区莱洞约、龙跃头约、丹竹坑约及莲麻坑约组成的粉岭洪圣庙管理委员会于每年农历二月十三日举办洪圣诞,有盆菜宴活动。
3.11.3	◆西贡布袋澳	西贡布袋澳村洪圣诞值理会于每年农历八月初十至十四日举办洪圣诞,聘请戏班上演粤剧神功戏,亦有花炮会贺诞活动。
3.11.4	◆西贡滘西	西贡滘西村洪圣诞筹委会于每年农历二月十二至十三日举办洪圣诞,聘请粤剧戏班上演神功戏。正诞日前一天,举行太平清醮,有开坛、行朝、大士王开光、水幽、过关、祭幽等仪式。正诞日则有花炮会贺诞活动。
3.11.5	◆沙螺湾	大屿山沙螺湾乡公所和洪圣诞值理会于每年农历七月初十至十三日举办洪圣诞,聘请戏班演出神功戏,有贺诞活动。
3.11.6	◆河上乡	上水河上乡村务委员会于每年农历二月十三日举办洪圣诞,有花炮会贺诞活动。
3.11.7	◆梅窝	大屿山梅窝洪圣诞演戏值理会于每年农历二月十一至十五日举办洪圣诞,聘请戏班演出神功戏。
3.11.8	◆锦田邓氏宗族	锦田水头村洪圣古庙值理会于每年农历正月十五日举办洪圣诞,有花炮会贺诞活动。
3.11.9	◆鸭脷洲	香港仔鸭脷洲街坊同庆公社于每年农历二月初六至十四日举办洪圣诞,有请神、巡游和送神等仪式活动。
3.12	观音诞	香港的一些小区于每年选定的日子,举办观音诞（农历二月十九日、六月十九日及九月十九日均为观音诞）,以庆祝观音的寿辰及其得道的日子。
3.12.1	◆上水蕉径	上水蕉径村于每年农历二月十九日,举办观音诞,有花炮会贺诞活动。
3.12.2	◆白沙湾	西贡白沙湾观音庙值理会于每年农历六月十五至二十一日,举办观音诞,聘请戏班上演粤剧神功戏,有拜大王爷、请神、打醮、花炮会贺诞、送神及三朝等仪式活动。
3.12.3	◆大澳	大澳观音渔民诞会于每年农历六月十八及十九日,举办观音诞,有诵经、卜杯、转运及送神仪式活动。
3.13	广泽尊王诞	北角"开元禅院"为供奉广泽尊王的法场,香港广泽尊王慈善基金会有限公司于每年农历二月二十二日,筹办广泽尊王的神诞活动,另有巡游及法会等仪式活动。
3.14	三山国王诞	三山国王常务委员于农历二月二十三至二十六日筹办三山国王诞,仪式有请神、贺诞及送神,并聘请戏班上演粤剧神功戏。

续表

编号	项目名称	内容及次项目
3.15	北帝诞	香港不同的小区于每年农历三月筹办北帝诞,以庆祝北帝寿辰。
3.15.1	◆长洲	长洲北帝诞演戏值理会于每年农历三月初一至初五日,筹办北帝诞,并聘请戏班上演粤剧神功戏,仪式有请神、贺诞和送神。
3.15.2	◆梅窝	梅窝大地塘乡公所于每年农历三月初三日,筹办北帝诞,仪式以贺诞为主。
3.16	惊蛰祭白虎	每年"惊蛰"当日,仪式参与者在路边、分岔路口旁、天桥底或庙宇内等地进行"祭白虎"仪式,以驱除厄运,并为自身或家人祈福。有些地方称该仪式为"打小人"。
3.17	真君诞	青衣真君大帝演戏值理会于每年农历三月十二至十七日,举办真君诞,聘请戏班上演粤剧神功戏,有接神、贺诞、送神、竞投圣品等仪式活动。
3.18	天后诞	香港一些地区于每年农历三月二十三日或在一些选定的日子里,举办天后诞庆祝天后生日。地方演戏值理会筹办神功戏及交换花炮活动,有些地方更举办巡游。
3.18.1	◆十八乡	元朗十八乡乡事委员于每年农历三月二十三日,举办天后诞,有花炮会贺诞和巡游等仪式活动。
3.18.2	◆大埔旧墟	大埔旧墟天后宫小区活动管理委员会与大埔联益乡公所于每年农历三月二十二及二十三日,举办天后诞,有巡游和乡公所村民拜神等仪式活动。
3.18.3	◆屯门三洲妈	屯门三洲妈天后庙管理委员会于每年农历四月初八至十四日,举办天后诞,聘请戏班上演粤剧神功戏,有请神、游神、贺诞、送神等仪式活动。
3.18.4	◆屯门后角	屯门区恭祝天后宝诞委员会于每年农历三月二十三日,举办天后诞,有花炮会贺诞活动。
3.18.5	◆屯门沙洲	屯门沙洲天后宫管理委员会于每年农历六月初六至初九日,在屯门三圣邨举行庆祝活动,有请神、贺诞和送神等仪式活动。
3.18.6	◆打鼓岭坪源	北区打鼓岭坪源演戏值理会于每年农历三月二十二日,举办天后诞,聘请歌星演唱及表演粤剧折子戏,并有值理会成员拜神、贺诞和抽花炮等仪式活动。
3.18.7	◆石澳、大浪湾、鹤咀	南区石澳居民会于每年农历十月初四至初九日,举办天后诞,聘请戏班上演粤剧神功戏,并有接神、烧娘娘衣及送神等仪式。
3.18.8	◆西贡	西贡街坊值理会于每年农历四月选定五天举办天后诞,聘请戏班上演粤剧神功戏,有花炮会贺诞活动。
3.18.9	◆西贡佛堂门	西贡佛堂门太平清醮值理会于每年农历三月十九至二十三日举办太平清醮庆祝天后诞,有请神、开坛、礼忏、供灵、开榜、散花、水幽、过关、走赦书、祭幽和送神等仪式活动。正诞当日有贺诞活动。
3.18.10	◆西贡粮船湾	西贡粮船湾天后宫值理会每两年于农历三月十九至二十三日,举办天后诞,聘请戏班上演粤剧神功戏,并有上表、开坛、行朝、行大朝、上榜、海上巡游和祭幽等仪式活动。

附录一　非遗代表性项目名录与项目代表性传承人名录

续表

编号	项目名称	内容及次项目
3.18.11	◆坑口	将军澳坑口天后宫值理会于每年农历四月，选定五天举办天后诞，聘请戏班上演粤剧神功戏，有请神、典礼和送神等仪式活动。
3.18.12	◆汾流	大屿山汾流演戏值理会于每年农历四月二十一至二十四日，举办天后诞，聘请戏班上演粤剧神功戏，有请神、抽花炮和投圣品等仪式活动。
3.18.13	◆坪洲	坪洲街坊及社团于每年农历五月下旬，聘请戏班上演五夜四日的神功戏，庆祝天后诞。
3.18.14	◆青衣	葵青区青衣天后宫管理委员会于每年农历四月初一至初六日，举办天后诞，聘请戏班上演粤剧神功戏，有请神、贺诞和送神等仪式活动。
3.18.15	◆长洲西湾	长洲西湾妈胜堂值理会于每年农历三月十五至二十日，举办天后诞，聘请戏班上演粤剧神功戏，亦有花炮会贺诞活动。
3.18.16	◆南丫岛索罟湾	南丫岛南丫庆祝天后宝诞演戏筹办委员会于每年农历四月十八日，举办天后诞，有花炮会贺诞活动。
3.18.17	◆南丫岛鹿洲	南丫岛鹿洲天后诞筹办委员会于每年农历五月初一日，举办天后诞，有请神和贺诞等仪式活动，亦在鹿洲海湾举办龙舟竞渡的邀请赛，以庆祝天后寿辰。
3.18.18	◆屏山	屏山乡乡事委员会于每年农历三月二十三日，举办天后诞，有花炮会贺诞、抽炮及拜神仪式。
3.18.19	◆香港仔	香港仔水陆居民联合社于每年农历三月二十三日，举办天后诞，有贺诞和巡游等仪式活动。
3.18.20	◆茶果岭	观塘茶果岭乡民联谊会于每年农历三月二十至二十四日，举办天后诞，聘请戏班上演粤剧神功戏，有请神、贺诞、送神和投福物等仪式活动。
3.18.21	◆荃湾	荃湾乡事委员会于每年农历三月二十至二十四日，举办天后诞，聘请戏班上演粤剧神功戏，亦有贺诞活动。
3.18.22	◆马湾	马湾乡事委员会于每年农历三月二十至二十五日，举办天后诞，聘请戏班上演粤剧神功戏，有请神、贺诞及送神等仪式活动。
3.18.23	◆厦村	元朗厦村于每年农历三月二十三日，举办天后诞，有花炮会贺诞活动。
3.18.24	◆蒲台岛	南区蒲台之友于每年农历三月二十二日，在蒲台岛海湾举办龙舟竞渡的邀请赛，以庆祝天后寿辰；南区蒲台岛值理会于每年农历三月二十三日，举办天后诞，聘请戏班上演粤剧神功戏，亦有花炮会贺诞活动。
3.18.25	◆鲤鱼门	观塘鲤鱼门街坊值理会于每年农历四月二十二至二十六日，举办天后诞，聘请戏班上演粤剧神功戏，并有请神、典礼、巡游和送神等仪式活动。
3.19	谭公诞	香港的一些小区于每年农历四月，举办谭公诞，以庆祝谭公寿辰。
3.19.1	◆黄泥涌	湾仔区黄泥涌街坊值理会于每年农历四月初七至初十日举办谭公诞，聘请粤剧团上演折子戏，有请神、巡游、贺诞、送神等仪式活动。
3.19.2	◆筲箕湾	东区筲箕湾社团联合会于每年农历四月初七至初八日，举办谭公诞，聘请粤剧团上演折子戏，亦有巡游和贺诞活动。

525

续表

编号	项目名称	内容及次项目
3.20	李灵仙姐诞	香港薄扶林村街坊福利会于每年农历四月十五日,举办李灵仙姐诞,有拜神仪式。
3.21	金花娘娘诞	每年农历四月十六及十七日,坪洲坊众举办金花娘娘诞,有宴请阴神、诵经和祝寿等仪式活动。
3.22	主保瞻礼	西贡盐田梓圣约瑟小堂于每年五月,举办主保瞻礼,此为天主教的仪式活动。
3.23	端午节	香港很多地方都会于每年农历五月端午节期间,举办龙舟竞渡。此外,还有大澳龙舟游涌、大埔游夜龙和长洲游龙等活动,各活动皆有悠久历史。
3.23.1	◆大澳端午龙舟游涌	大澳的扒艇行、鲜鱼行和合心堂于每年农历五月初四及初五日举办龙舟游涌活动,以祈求水陆平安。(大澳端午龙舟游涌于2011年列入第三批国家级非物质文化遗产名录。)
3.23.2	◆游夜龙	大埔石氏家族及大埔钟氏颖川堂成员于每年农历五月初四日晚上及初五日清早举办游夜龙活动,以祈求水陆平安。
3.23.3	◆游龙	长洲平安堂于每年农历五月初五日前,举办游龙活动,祈求水陆平安。
3.23.4	◆龙舟竞渡	香港很多地方于每年农历五月端午节期间,举办龙舟竞渡。
3.24	龙母诞	香港的不同小区于每年农历五月筹办龙母诞,庆祝龙母寿辰。
3.24.1	◆坪洲	坪洲悦龙圣苑于农历五月初六及初七日,筹办龙母诞,仪式以诵经为主。
3.24.2	◆荃湾	荃湾龙母佛堂于农历五月初六及初七日筹办龙母诞,仪式有诵经、供诸天、转运、化真衣和投福品。
3.25	文武二帝诞	大屿山梅窝白银乡于每年农历五月十三日举办文武二帝诞,有醒狮开光、拜神和贺诞等仪式活动。
3.26	周王二公诞	周王二院的成员(上水、粉岭及大埔等地区的宗族成员)于每年农历六月初一日,举办酬神仪式,感谢周有德、王来任两位清初官员帮助乡民还乡复耕。
3.27	杨侯诞	香港的一些地方小区组织筹办神功戏庆祝杨侯王(杨亮节)之生日,亦有花炮会贺会活动。
3.27.1	◆大澳	大澳杨公侯王宝诞筹备演戏值理会于每年农历六月初四至初七日,举办侯王诞,聘请戏班上演粤剧神功戏,亦有接神、诞会贺诞和竞投圣品等仪式活动。
3.27.2	◆东涌	东涌乡事委员会于每年农历八月十七至二十日,举办杨侯诞,由演戏值理会聘请戏班上演粤剧神功戏,有接神、花炮会贺诞和送神等仪式活动。
3.28	鲁班诞	鲁班诞又称师傅诞。香港鲁班广悦堂有限公司于每年农历六月十二及十三日,举办鲁班诞,有开光、开位、礼忏、祭幽、典礼和贺诞等仪式。
3.29	七姐诞	坪洲"仙姐会"于每年农历七月初七日举办七姐诞,有拜神仪式活动。
3.30	盂兰胜会	香港不同的地方小区于每年农历七月,举办盂兰胜会,向幽魂分衣施食,也同时酬谢神明庇佑。不同的族群有不同的组织方式。基本上,盂兰胜会可分为"本地传统""潮州人传统""海陆丰/鹤佬传统"和"水上人传统"四类。

续表

编号	项目名称	内容及次项目
3.30.1	◆水上人传统	为水上人的传统,有开坛、诵经、祭水幽、放生和祭幽等仪式活动。
3.30.1.1	大澳水陆居民盂兰胜会	大澳水陆居民于每年农历七月十二日,举办盂兰胜会,有装嵌大士王、开坛、诵经和结坛等仪式活动。
3.30.1.2	青山湾水陆居民盂兰胜会	港九渔民联谊会于每年农历七月十一日,举办盂兰胜会,有开坛、诵经、祭水幽、放生和祭幽等仪式活动。
3.30.1.3	长洲水陆盂兰胜会	长洲水陆街坊于每年农历七月二十五及二十六日,举办盂兰胜会,有开榜、行朝和游水陆等仪式活动。
3.30.2	◆本地传统	广府人亦称盂兰胜会为"打盂兰",有竖幡、开坛、请神、诵经和祭幽等仪式活动。
3.30.2.1	上水虎地坳德阳堂盂兰胜会	上水虎地坳德阳堂盂兰胜会理事会于每年农历七月十七至十八日,举办盂兰胜会,聘请本地喃呒主持仪式,有开坛、水幽、开光、诵经、破地狱、坐莲、化幽、选总理和投福品等仪式活动。
3.30.2.2	小西湾居民协会盂兰胜会	小西湾居民协会于每年农历七月十八至二十日,举办盂兰胜会,有请神、开坛、祭幽和投福物等仪式活动。
3.30.2.3	中区卅间盂兰胜会	中区卅间街坊盂兰会于每年农历七月二十四日,在士丹顿街举办盂兰胜会,有竖幡、开榜、拜忏、行朝和坐莲等仪式活动。
3.30.2.4	田湾邨坊众盂兰胜会	田湾邨坊众于每年农历七月初一及初二日,举办盂兰胜会,有安天公、开坛、化衣和祭幽等仪式活动。
3.30.2.5	田湾区街坊协进会盂兰胜会	田湾区街坊协进会于每年农历七月十三至十五日,举办盂兰胜会,有洒净、谢土和诵经等仪式活动。
3.30.2.6	竹园南邨富、贵、荣园楼互助委员会盂兰胜会	竹园南邨富、贵、荣园楼互助委员会于每年农历七月的第一个星期六,举办盂兰胜会,有诵经、巡大士和祭幽等仪式活动。
3.30.2.7	西区正街水陆坊众盂兰胜会	西区正街水陆坊众盂兰胜会联谊会于每年农历七月十八至二十日,举办盂兰胜会,有扬幡、开坛、送孤和化神位等仪式活动。
3.30.2.8	西湾河街坊盂兰胜会	西湾河盂兰胜会有限公司于每年农历七月十六至十八日,举办盂兰胜会,有朝忏、水幽、开金榜、幽榜、散花和破地狱等仪式活动。
3.30.2.9	李郑屋丽阁苏屋元洲海丽邨坊众盂兰胜会	李郑屋邨街坊福利会于每年农历七月初八至初十日,举办盂兰胜会,有开坛、诵经、礼忏和投圣物等仪式活动。

续表

编号	项目名称	内容及次项目
3.30.2.10	赤柱街坊盂兰胜会	赤柱街坊福利会于每年农历七月初二至初五日,举办盂兰胜会,有开坛、行朝、水幽、放生和祭幽等仪式活动。
3.30.2.11	坪洲悦龙圣苑盂兰胜会	坪洲悦龙圣苑于每年农历七月十八至二十日,举办盂兰胜会,有启坛、诵经、放船和焰口等仪式活动。
3.30.2.12	坪洲街坊建醮	农历七月十九至二十三日,坪洲街坊筹办"街坊建醮",仪式包括开坛、行朝、祸行乡、祭小幽、游水陆和祭大幽等。二十一日举行"祸行乡",街坊社团随天后行身巡游坪洲,亦有坪洲街坊称该活动为"洪文建醮"。
3.30.2.13	旺角街坊盂兰胜会	旺角街坊于每年农历七月二十一及二十二日,举办盂兰胜会,有诵经仪式。
3.30.2.14	青衣担杆山盂兰胜会	青衣北担杆山船厂区街坊于每年农历七月十五至十七日,举办盂兰胜会,有开坛、开幡、诵经、行朝和祭水幽等仪式活动。
3.30.2.15	长沙湾街坊福利会盂兰胜会	长沙湾街坊福利会于每年农历七月二十三至二十五日,举办盂兰胜会,聘请圆玄学院诵经礼忏及戏班上演粤剧神功戏,有竖幡、破地狱、启坛、启榜、酬神和化大士等仪式活动。
3.30.2.16	南涌协天宫中元盂兰盘法会	农历七月初十至十四日,南涌协天宫中元盂兰胜会由正善精舍承坛,有诵经仪式。
3.30.2.17	流浮山街坊盂兰胜会	流浮山居民于每年农历七月十四日,举办盂兰胜会,聘请本地喃呒主持仪式,有开坛、大士开光、行朝、水幽和陆幽等仪式活动。
3.30.2.18	军地居民盂兰胜会	粉岭军地居民于每年农历七月初五及初六日,捐款举办盂兰胜会,有开坛、行朝、水幽、破地狱、坐莲、解结、巡大士和祭幽等仪式活动。
3.30.2.19	香港仔、黄竹坑、鸭脷洲、华富邨街坊盂兰胜会	香港仔、黄竹坑、鸭脷洲、华富邨街坊盂兰胜会于每年农历七月初一至初三日,有开坛和祭幽等仪式活动。
3.30.2.20	香港仔水陆居民联合社中元法会	鸭巴甸水陆居民联合社有限公司于每年农历七月十四日,举办盂兰胜会,有诵经和化幽等仪式活动。
3.30.2.21	柴湾居民盂兰胜会	香港柴湾居民协会于每年农历七月二十六至二十九日,举办盂兰胜会,聘请青松观主持仪式,有神位开光、过仙桥、祭水幽、散花和结坛等仪式活动。
3.30.2.22	高林道院正善精舍成益殡仪盂兰胜会	高林道院、正善精舍、成益殡仪于每年农历七月初八日,举办盂兰胜会,有开坛、行朝、幽科等仪式活动。
3.30.2.23	马湾汲水门盂兰胜会	马湾乡天后宝诞总理会于每年农历七月十一至十三日,举办马湾汲水门盂兰胜会,有巡村、烧衣、打斋等仪式活动。

续表

编号	项目名称	内容及次项目
3.30.2.24	启业丽晶街坊盂兰胜会	启业丽晶盂兰胜会执委会于每年农历七月初一至初三日,举办盂兰胜会,有诵经、拜天地和选总理等仪式活动。
3.30.2.25	梅窝中元法会	梅窝乡事委员会与飞雁洞佛道社于每年农历七月二十五及二十六日,合办梅窝的中元法会,有诵经和化佛船等仪式活动。
3.30.2.26	梅窝桃源洞佛道社盂兰胜会	梅窝鹿地塘村桃源洞于每年农历七月二十一至二十四日,举办盂兰胜会,有诵经、放佛船和化大士等仪式活动。
3.30.2.27	华富邨华生楼盂兰胜会	香港仔华富邨华生楼互助委员会于每年农历七月十四日前的星期日,举办盂兰胜会,有开坛、行楼、破地狱、过桥和祭幽等仪式活动。
3.30.2.28	华富邨华昌楼盂兰胜会	香港仔华富邨华昌楼互助委员会于每年农历七月十四日前的星期日,举办盂兰胜会,有开坛、行朝、破狱、过桥和祭幽等仪式活动。
3.30.2.29	华富邨华泰楼盂兰胜会	香港仔华富邨华泰楼互助委员会于每年农历七月十四日前的星期日,举办盂兰胜会,有开坛、洒净、路祭、破狱和过桥等仪式活动。
3.30.2.30	华富邨华景楼盂兰胜会	香港仔华富邨华景楼互助委员会于每年农历七月十四日前的星期日,举办盂兰胜会,有开坛、行楼、破地狱、过桥和祭幽等仪式活动。
3.30.2.31	华富邨华翠楼盂兰胜会	香港仔华富邨华翠楼互助委员会于每年农历七月二十二日,举办盂兰胜会,有开坛、神位开光、摄召、散花、幽科和送神等仪式活动。
3.30.2.32	顺安邨街坊盂兰胜会	观塘顺安邨街坊于每年农历七月初十至十二日,举办盂兰胜会,有开孤门、请神、开坛和选总理等仪式活动。
3.30.2.33	塔门天后宫盂兰胜会	塔门乡公所委员会于每年农历七月十六至十七日,举办盂兰胜会,聘请本地喃呒主持仪式,有开坛、行朝、祭小幽、祭大幽、酬神、问杯和分符等仪式活动。
3.30.2.34	筲箕湾南安坊坊众会盂兰胜会	筲箕湾南安坊坊众会有限公司于每年农历七月初二至初五日,举办盂兰胜会,有洒净、请神、开坛、开位、破狱、朝忏、赞星、祭幽和送神等仪式活动。
3.30.2.35	横头磡邨乐富邨竹园天马苑街坊盂兰胜会	福德堂善社有限公司于每年农历七月初十至十二日,举办盂兰胜会,有请神、开坛和送孤等仪式活动。
3.30.2.36	宝福山盂兰法会	每年农历七月初八日,宝福山盂兰法会分别由佛、道法师承坛,有开坛、开位、摄召、散花和幽科等仪式活动。
3.30.2.37	观塘商贩协会盂兰胜会	观塘商贩协会于每年农历七月十三至十五日,举办盂兰胜会,有开坛、诵经和祭幽等仪式活动。
3.30.3	◆海陆丰/鹤佬传统	为海陆丰/鹤佬的传统,有破土、请神、开坛建醮、行朝、诵经、走午朝、放生和祭幽等仪式活动。
3.30.3.1	九龙油塘高超长龙田村盂兰胜会	香港油塘长龙田村盂兰胜会有限公司于每年农历七月初七至十二日,举办盂兰胜会,有请神、诵经、走火、路祭、选总理、祭幽和谢天地等仪式活动。

续表

编号	项目名称	内容及次项目
3.30.3.2	牛头角区工商联谊会坊众盂兰胜会	牛头角区工商联谊会有限公司于每年农历七月十五至二十一日，举办坊众盂兰胜会，有请神、退土、大士开光、开坛、卜杯选总理、恭迎圣驾、走午朝、幽席、派平安米、竞投圣品、祭幽、酬神和送神等仪式活动，并聘请海陆丰剧团上演白字戏。
3.30.3.3	坪洲中元建醮	中元建醮协理会（每年由天后决定正副总理，并没有一个特定的组织负责）于每年农历七月十二至十六日，举办盂兰胜会，有破土、请神、行朝、诵经、走龙船、放生、祭幽和送神等仪式活动。
3.30.3.4	南丫岛北段盂兰胜会	南丫北乡事委员会于每年农历七月初四至初六日，举办盂兰胜会，有开光、开坛、行朝、放生和祭幽等仪式活动。
3.30.3.5	香港天神老爷盂兰胜会	香港天神老爷盂兰胜会总会有限公司于每年农历七月十三至十五日，于油塘举办盂兰胜会，有请神、退土、走午贡、路祭、祭水府、祭幽、选总理、谢天地等仪式活动。
3.30.3.6	香港仔惠阳大洲水陆居民盂兰胜会	香港仔惠阳大洲水陆居民于每年农历七月十四日，举办盂兰胜会，有请神、开坛、退土、走午朝和竞投圣品等仪式活动。
3.30.3.7	香港海陆丰盂兰胜会	香港汕尾市海陆丰陆河文康总会于每年农历七月十一至十三日，举办盂兰胜会，有退土、大士王开光、开榜、走午朝和竞投圣品等仪式活动。
3.30.3.8	香港惠东平海水陆居民盂兰胜会太平清醮	香港惠东平海水陆居民于每年农历七月初三至初四日，举办盂兰胜会，有开坛、请神、走午朝、选总理和祭幽等仪式活动。
3.30.3.9	柴湾惠州海陆丰同乡福利促进会盂兰胜会	柴湾惠州海陆丰同乡福利促进会有限公司于每年农历七月初一至初三日，举办盂兰胜会，有请神、诵经、烧衣和选总理等仪式活动。
3.30.3.10	顺利邨、彩云邨、启业邨盂兰胜会	黄大仙区大士菩萨有限公司于每年农历七月初九及初十日，举办顺利邨、彩云邨、启业邨盂兰胜会，有神位开光、洒净、开坛、诵经、化衣和化大士等仪式活动。
3.30.3.11	慈云山凤德竹园惠侨街坊盂兰胜会	慈云山凤德竹园惠侨街坊理事会有限公司于每年农历七月二十二至二十五日，举办盂兰胜会，有请神、选总理和谢天地等仪式活动。
3.30.3.12	湾仔街坊盂兰胜会	湾仔街坊盂兰胜会值理会于每年农历七月二十三日，在谭臣道举办盂兰胜会，有请神、诵经和烧衣等仪式活动。
3.30.4	◆潮州传统	为潮州人族群的传统，有请神、诵经、竖幡、投福物、登座、祭好兄弟、派米、祭幽和送神等仪式活动。（香港潮人盂兰胜会于2011年列入第三批国家级非物质文化遗产名录。）

续表

编号	项目名称	内容及次项目
3.30.4.1	九龙城潮侨街坊盂兰胜会	九龙城潮侨盂兰会有限公司于每年农历七月十六至十八日,举办盂兰胜会,有请神、诵经、投福物和化大士等仪式活动,并聘请潮剧团上演潮剧。
3.30.4.2	土瓜湾潮侨工商盂兰胜会	土瓜湾潮侨工商盂兰联谊会有限公司于每年农历七月二十一至二十三日,举办盂兰胜会,有请神、选总理、投福物和送神等仪式活动。
3.30.4.3	三角码头盂兰胜会	佛教(三角码头盂兰胜会)慈善有限公司于每年农历七月二十四至二十六日,举办盂兰胜会,有请神、开坛、诵经、祭幽和投福物等仪式活动。
3.30.4.4	元朗区潮侨盂兰胜会	元朗区潮州同乡会于每年农历七月十八至二十日,举办盂兰胜会,有请神、诵经、放生、祭幽、投圣物和送神等仪式活动。
3.30.4.5	牛头角区潮侨盂兰胜会	牛头角区潮侨联谊会有限公司于每年农历七月初四至初六日,举办盂兰胜会,有请神、诵经和送神等仪式活动。
3.30.4.6	石篱、石荫、安荫潮侨盂兰胜会	葵涌石篱、石荫及安荫邨的潮籍人士于每年农历七月初一至初三日,举办盂兰胜会,有诵经、选总理和化衣等仪式活动。
3.30.4.7	西贡区潮侨街坊盂兰胜会	西贡区潮侨街坊盂兰胜会理事会于每年农历七月二十七至二十九日,举办盂兰胜会,有请神、拜神、开坛、投福品、十献、施食、接福、走贡、送神和关孤门等仪式活动。
3.30.4.8	西环盂兰胜会	西环盂兰胜会有限公司于每年农历七月初七至初九日,举办盂兰胜会,有请神、诵经和祭幽等仪式活动,另聘请潮剧团上演潮剧。
3.30.4.9	李郑屋丽阁邨潮籍盂兰胜会	李郑屋及丽阁邨潮州工商盂兰会有限公司于每年农历七月初四至初六日,举办盂兰胜会,有接神、送太子、选总理、祭幽和送神等仪式活动,并聘请潮剧团上演潮剧。
3.30.4.10	沙田潮侨盂兰胜会	沙田潮侨福利会有限公司于每年农历七月二十一至二十四日,举办盂兰胜会,有开孤门、谢土、投福物和送神等仪式活动。
3.30.4.11	秀茂坪潮侨街坊盂兰胜会	秀茂坪邨潮侨街坊于每年农历七月十三至十五日,举办盂兰胜会,有请神、选总理、登座和送神等仪式活动。
3.30.4.12	旺角潮侨盂兰胜会	旺角潮侨盂兰胜会有限公司于每年农历七月初十至十二日,举办盂兰胜会,有接神、诵经、选总理和祭幽等仪式活动,亦聘请潮剧团上演潮剧。
3.30.4.13	东头村盂兰胜会	东头村盂兰胜会有限公司于每年农历七月初一至初三日,举办盂兰胜会,有请神、诵经和送神等仪式活动。
3.30.4.14	油麻地旺角区四方街潮侨街坊盂兰胜会	油麻地旺角区四方街潮侨街坊于每年农历七月十三至十五日,举办盂兰胜会,有请神、诵经、投福物和送神等仪式活动。

续表

编号	项目名称	内容及次项目
3.30.4.15	长沙湾潮籍盂兰胜会	长沙湾潮州工商盂兰联谊会有限公司于每年农历七月的最后三天,举办盂兰胜会,有接神、开坛、水忏、诵经、走五土、焰口、祭沙河、投福品和送神等仪式活动。
3.30.4.16	红磡三约潮侨街坊盂兰胜会	红磡三约潮侨盂兰友谊会有限公司于每年农历七月十三至十五日,举办盂兰胜会,有请神、开坛、选总理、诵经、投圣物和结坛等仪式活动。
3.30.4.17	香港仔田湾邨、华富邨、华贵邨潮侨坊众盂兰胜会	香港仔田湾邨华富邨华贵邨潮侨坊众盂兰胜会有限公司于每年农历七月十三至十五日,举办盂兰胜会,有开坛、送孤、北斗祈福和谢天地等仪式活动。
3.30.4.18	柴湾潮侨盂兰胜会	香港潮侨公益协进会有限公司于每年农历七月二十一至二十三日,举办盂兰胜会,有诵经和拜神等仪式,并聘请潮剧团上演潮剧。
3.30.4.19	粉岭潮侨盂兰胜会	粉岭潮侨盂兰胜会有限公司于每年农历七月初一至初三日,举办盂兰胜会,有请神、开坛、诵经、十贡、祭幽和投圣物等仪式活动。
3.30.4.20	荃湾潮侨盂兰胜会	荃湾潮侨盂兰胜会有限公司于每年农历七月初七至初十日,举办盂兰胜会,有请神、诵经、选总理、焰口、祭幽、送神和谢天地等仪式活动。
3.30.4.21	荃湾潮侨街坊盂兰胜会	荃湾潮侨街坊于每年农历七月二十七至二十九日,举办盂兰胜会,有诵经、祭幽、派福品和送神等仪式活动。
3.30.4.22	彩云邨潮侨天德伯公盂兰胜会	彩云村潮侨天德伯公盂兰会有限公司于每年农历七月初九日,举办盂兰胜会,有请神、超度和诵经等仪式活动。
3.30.4.23	深水埗石硖尾白田邨潮侨盂兰胜会	深水埗石硖尾白田邨潮侨盂兰有限公司于每年农历七月十六至二十日,举办盂兰胜会,有请神、选总理、投福物和送神等仪式活动。
3.30.4.24	黄大仙新蒲岗凤凰邨街坊盂兰胜会	黄大仙新蒲岗凤凰邨街坊盂兰胜会有限公司于每年农历七月初七至十二日,举办盂兰胜会,有请神、诵经、化衣和登座等仪式活动。
3.30.4.25	慈云山竹园邨凤德邨潮侨街坊盂兰胜会	慈云山竹园邨凤德邨潮州人于每年农历七月初四至初六日,举办盂兰胜会,有请神、卜杯选总理和送神等仪式活动。
3.30.4.26	葵涌潮侨盂兰胜会	从前居于葵涌木屋区的潮籍人士于每年农历七月初一至初三日,聘请"佛教观园修苑有限公司"举办盂兰胜会,有开坛、诵经和焰口等仪式活动。
3.30.4.27	德教保庆爱坛盂兰胜会	观塘区德教保庆爱坛有限公司于每年农历七月十三至十五日,举办盂兰胜会,有诵经仪式。

续表

编号	项目名称	内容及次项目
3.30.4.28	潮州公和堂盂兰胜会	潮州公和堂联谊会有限公司于每年农历七月二十一至二十三日,举办盂兰胜会,有开孤门、请神、诵经、焰口和祭幽等仪式活动。
3.30.4.29	潮州南安堂福利协进会盂兰胜会	潮州南安堂福利协进会于每年农历七月初十至十二日,举办盂兰胜会,有开孤门、请神、开坛、投福物和化衣等仪式活动。
3.30.4.30	锦田八乡大江埔潮侨盂兰胜会	锦田八乡大江埔潮侨盂兰会有限公司于每年农历七月初十至十二日,举办盂兰胜会,有请神、开坛、诵经、祭好兄弟和投福物等仪式活动。
3.30.4.31	蓝田潮侨街坊盂兰胜会	蓝田街坊盂兰有限公司于每年农历七月初九至十二日,举办盂兰胜会,有开孤门、选总理、化袍和送神等仪式活动。
3.30.4.32	观塘顺天邨街坊盂兰胜会	观塘顺天邨潮籍人士于每年农历七月初四至初六日,举办盂兰胜会,有请神、开坛、诵经、祭幽和送神等仪式活动。
3.30.4.33	观塘潮侨工商界暨街坊盂兰胜会	观塘潮侨工商界盂兰胜会有限公司于每年农历七月十三至十五日,举办盂兰胜会,有请神、诵经、登座、祭幽等仪式活动。
3.31	地藏王诞	地藏王诞主要由海陆丰/鹤佬群体筹办,以感谢地藏王菩萨的庇佑,有神功戏、道士宗教仪式和小区巡游等活动。
3.31.1	◆荃湾大窝口	荃葵地藏王理事会于每年农历七月二十七日至八月初二日举办地藏王诞,聘请海陆丰剧团上演白字戏,并有卜杯、请神、开光、拜兄弟、供天、走午朝和送神等仪式活动。
3.31.2	◆荃湾石篱邨	惠侨荃湾石梨新邨白云洞大圣佛祖有限公司于每年农历八月二十一至二十五日聘请戏班上演神功戏,亦聘请海陆丰喃呒主持仪式,有请神、菩萨开光、上榜、化马、巡游、五福和送神等仪式活动。
3.31.3	◆观塘	九龙观塘惠海陆庆善堂有限公司每年由农历九月二十二日起连续十天举办地藏王诞,有请神、贺诞和典礼等仪式活动,并聘请海陆丰剧团上演白字戏。
3.32	舞火龙	在中秋节(农历八月十五日),大坑及薄扶林村均组织"舞火龙"活动,小区成员参与火龙扎作、火龙开光、舞火龙和送龙等仪式活动。
3.32.1	◆大坑	大坑坊众福利会每年筹办大坑"舞火龙",在中秋节前以珍珠草扎成火龙各部分,包括龙身、龙头、龙尾、龙眼、龙珠和"龙手抠仔"等,并同时装置鼓车。"舞火龙"在农历八月十四、十五及十六日晚上举行。(大坑"舞火龙"于2011年列入第三批国家级非物质文化遗产名录。)
3.32.2	◆薄扶林村	薄扶林村火龙会负责筹办"舞火龙",于每年中秋节晚上在薄扶林村举行。
3.33	齐天大圣(孙悟空)诞	九龙大圣佛堂有限公司于每年农历八月十五至十七日在秀茂坪举办齐天大圣诞,有贺诞活动。

续表

编号	项目名称	内容及次项目
3.34	黄大仙诞	啬色园于每年农历八月二十三日在黄大仙祠举办黄大仙诞,有诵经仪式活动。
3.35	玄天上帝诞	蓝田惠海陆玄天上帝值理会有限公司于每年农历八月三十日至九月初六日举办玄天上帝诞,有请神、贺诞和送神等仪式活动,另聘请海陆丰剧团上演白字戏。
3.36	地母元君诞	观塘地母元君诞于每年农历九月初六日举行,现由一户海陆丰家庭负责筹办,有贺诞仪式活动。
3.37	华光诞	香港的一些地方小区组织每年筹办华光诞,以庆祝华光寿辰。
3.37.1	◆大澳	一些大澳居民于每年农历九月二十八日举办华光诞,有拜神仪式。
3.37.2	◆香港八和会馆	香港八和会馆于每年农历九月二十八日举办华光诞,有请神、竞投福物和送神等仪式活动,并上演粤剧为华光贺寿。
3.37.3	◆香港普福堂粤剧乐师会有限公司	香港普福堂粤剧乐师会有限公司于每年农历九月二十四日举办华光诞,有请神和竞投圣物等仪式活动。
3.37.4	◆仪仗行业	鸿福仪仗店的成员于每年农历九月十五日举办华光诞,有奏乐和拜神等仪式活动。
3.38	秋祭大典	东华三院董事局于每年农历九月二十五日举办秋祭大典,有进酒、献礼和宣读祝文等仪式活动。
3.39	九龙城汾阳郭氏祭祖	香港郭汾阳崇德总会有限公司祭祖委员于每年农历十二月十一至十三日在九龙城举办郭氏祭祖仪式,有请神、祭祖、送太子和送神等仪式活动。
3.40	张飞诞	筲箕湾南安坊众有限公司于每年农历十二月十九日举办张飞诞,聘请喃呒先生主持诵经,另有贺诞和竞投福物等仪式活动。
3.41	酬神	香港的一些地方庙宇于每年农历十二月举办酬神活动,以酬谢神恩。
3.42	太平清醮/打醮	太平清醮又称为"打醮",是大型的小区性宗教活动,目的是施化幽魂,感谢神明庇佑,并以宗教仪式洁净小区,让小区有一个新的开始。清醮期间,亦同时上演神功戏。不同的地方有不同的活动周期,通常以一、五、七或十年为期。有些地方举办"安龙清醮",或以神明为醮名的"朱大仙醮"。
3.42.1	◆八乡元岗村	2010年,乐义堂筹办每八年一届的太平清醮,为期五日四夜,有上表、取水、竖幡、请神、启坛、行朝、分灯、禁坛打武、行香、启榜、典礼、迎圣、祭小幽和走赦书等仪式活动,清醮期间亦同时上演粤剧神功戏。
3.42.2	◆大埔泰亨	2010年,大埔泰亨乡建醮委员会筹办每五年一届的太平清醮,有上表、接神、行朝、分灯、禁坛打武、祭小幽、礼斗、走赦书和放生等仪式活动,清醮期间亦同时上演粤剧神功戏。
3.42.3	◆安龙清醮(西贡井栏树)	2011年,井溪邱云龙堂筹办每三十年一届的安龙清醮,有启坛、行朝、启榜、分灯、禁坛打武、行香、祭小幽、迎圣和走赦书等仪式活动。

附录一　非遗代表性项目名录与项目代表性传承人名录

续表

编号	项目名称	内容及次项目
3.42.4	◆西贡北港	2010年，西贡北港相思湾联乡太平清醮筹办委员会筹办每十年一届的太平清醮，有行朝、分灯、禁坛打武、上榜、贺醮、走文书、迎圣、放生和祭幽等仪式活动，清醮期间亦同时上演粤剧神功戏。
3.42.5	◆塔门联乡建醮（压醮）	由塔门联合大埔东北六条渔村（吉澳、高流湾、三门仔、深湾、往湾洲及三磨石）每十年举办一届的大型庆典，至今已有21届，有请神、典礼和送神的仪式活动，亦同时上演粤剧神功戏及木偶戏。建醮翌年会筹办压醮还神，并重复建醮所进行的相关仪式活动，只有木偶戏除外。
3.42.6	◆西贡蚝涌	2010年，庚寅年西贡蚝涌联乡太平清醮筹备委员会筹办每十年一届的太平清醮，为期五日四夜，有上表、取水、竖幡、请神、行朝、分灯、禁坛打武、走文书、迎圣和放生等仪式活动，亦同时上演粤剧神功戏。
3.42.7	◆沙头角庆春约	2010年，庆春约七村村务委员会筹办每十年一届的太平清醮，有上表、请神、扬幡、启坛、摄召、启榜、化大士和送神等仪式活动，清醮期间亦同时上演粤剧神功戏。
3.42.8	◆长洲	香港长洲太平清醮值理会每年筹办为期五天的太平清醮，有接神、开光、走午朝、水祭、走船、会景巡游、祭幽、谢天地、抢包山、分发幽包和送神等仪式活动，亦安排上演神功戏（先演粤剧而后演白字戏）。（长洲太平清醮于2011年列入第三批国家级非物质文化遗产名录。）
3.42.9	◆南丫岛索罟湾	2011年，南丫南乡事委员会筹办每四年一届的太平清醮，有开坛、扬幡、大士开光、晚课、朝幡、走文书、水幽、放生、过关、祭幽和安神等仪式活动。
3.42.10	◆南鹿社	2010年，南鹿社太平清醮委员会筹办每十年一届的太平清醮，为期四日三夜，有上表、请神、扬幡、神位开光、摄召、行朝、启榜、散花和化大士等仪式活动。
3.42.11	◆屏山山厦村	2010年及2011年初，元朗山厦村太平清醮建醮委员会筹办每十年一届的太平清醮。有启坛、行朝、启榜、分灯、禁坛打武、行香、祭小幽、迎圣和走赦书等仪式活动，清醮期间亦同时上演粤剧神功戏。
3.42.12	◆粉岭围	2010年，粉岭围村务委员会筹办每十年一届的太平清醮，为期五日四夜，有上表、取水、扬幡、请神、行朝、启榜、分灯、禁坛打武、行香、走赦书、放生、祭大幽、行符、化榜、送神、围土和投福物等仪式活动，清醮期间亦同时上演粤剧神功戏。
3.42.13	◆蒲台岛	2012年，蒲台岛值理会筹办每三年一届的太平清醮，有禁坛、行朝、拜海角、放水灯、走赦书和祭幽等仪式活动，清醮期间亦同时上演粤剧神功戏。
3.42.14	◆朱大仙醮（大澳）	诚心堂值理会于每年农历三月举办为期五天的大澳朱大仙醮，有开坛、诵经、佛供、转运、祭幽、施食、上榜和焰口等仪式活动。
3.42.15	◆朱大仙醮（香港仔合胜堂）	香港仔合胜堂于每年农历五月二十至二十三日举办为期四天的朱大仙醮，有洒净、诵经、开印、大蒙山施食、供天、封印、金榜开光、水幽、过关、陆幽、赞星转运、卜杯和送神等仪式活动。

续表

编号	项目名称	内容及次项目
3.42.16	◆ 三角妈醮诞	三角天后平安堂有限公司于每年农历五月二十一及二十二日在香港仔避风塘举办三角阿妈醮,有开坛、开光、解洗、礼斗、神媒附身、过关、打武、水幽、放生、过关、行朝和祭幽等仪式活动。
3.43	世界母语日(অমর একুশে International Mother Language Day)	孟加拉国文化中心（香港）于每年二月二十一日筹办世界母语日,活动包括举办会议讨论重要事项,以及由青少年表演歌舞和演奏乐器,亦会有话剧表演纪念 Martyr's Day 的历史。
3.44	排灯节（屠妖节）(Diwali, Festival of Lights)	排灯节为印度教的节庆活动,在印度教的 Ashwayuja 月内于跑马地印度庙举行,以祈求 Lord Laxmi 的庇佑,有咏唱诗歌和聚餐等仪式活动。
3.45	提吉节(नेपाली नारीहरूको महान चाड "तीज" Teej, Festival of Women)	香港尼泊尔人综合协会（译名）于每年举办提吉节,参与者以尼泊尔女性为主,她们穿着传统服饰唱歌和跳舞。
3.46	诗歌朗诵活动（محفل مشاعرہ Poem Reciting Function）	Bazm-E-Sukhan（HKSAR）每年于巴基斯坦的重要日子举办诗歌朗诵会议,每月亦举行诗歌朗诵活动。
3.47	胡里（色彩节）,(Holi, Festival of Colours)	胡里节为印度教的节庆活动,在印度教的 Falguni Purnima 日于跑马地印度庙举行,仪式包括参与者互相掷泼颜料和染有颜色的水,以庆祝春天的来临。
3.48	十胜节(Dussehra, Festival of Victory of Good over Evil)	十胜节为印度教的节庆活动,在印度教的 Ashvin 月内于跑马地印度庙举行,有为罗摩（Lord Rama）咏唱的诗歌、火化十首魔王拉瓦那（Ravana）纸扎像和聚餐等仪式活动。
3.49	Annakut（新年第一天）	Annakut 为印度教的节庆活动,于排灯节翌日在跑马地印度庙举行,庆祝黑天神（Lord Krishna）的功绩,这是以传统方式在新年的第一天向神作出祭祀,有诗歌咏唱、奉献、聚餐等仪式活动。
3.50	正一道士传统（新界）	在香港新界,正一科仪有长久的传统,由专职的喃呒先生传承,他们受聘主持太平清醮、礼斗、脱学、祭幽、开光及传统丧葬仪式活动。

附录一　非遗代表性项目名录与项目代表性传承人名录

续表

编号	项目名称	内容及次项目
3.50.1	◆太平清醮	新界正一道士为主持太平清醮仪式的专家，有关仪式参阅太平清醮项目（见项目编号3.42）。
3.50.2	◆安神	喃呒先生为离世亲属举行"游九洲"仪式，安坐神位让家人供奉。
3.50.3	◆祠堂开光仪式	大埔大埔尾李氏祠堂经重修后，喃呒先生为祠堂举行进火开光仪式，将李氏宗族祖先神主牌归位。
3.50.4	◆庙宇重修仪式	元朗锦田邓氏宗族重修水尾村天后宫，聘请喃呒先生主持部分仪式，包括兴工、请神出火、拆天面和上梁等。
3.50.5	◆庙宇开光仪式	粉岭围村务委员会重修三圣宫，聘请喃呒先生主持竣工开光仪式。
3.50.6	◆retrieve符	进行大型工程时，地方社群聘请喃呒先生主持retrieve符仪式，设立五方土地神位，以保护地方人口平安。
3.51	正一道士传统（市区）	在香港市区，正一科仪分青坛和黄坛两类：青坛指红事仪式，包括建醮、礼斗、脱褐、祭幽和开光等仪式；黄坛指白事仪式，俗称"打斋"。
3.52	全真道士传统	香港一些历史悠久的道观传承全真道士传统，由全真道士及经生主持仪式，包括太平清醮、庙宇开光、婚嫁仪式、入道、上梁和祠堂开光等。
3.52.1	◆上梁仪式	新界乡议局新大楼的上梁仪式，由全真道士及经生主持。
3.52.2	◆太平清醮	全真道士及经生为主持太平清醮仪式的专家，有关仪式参阅太平清醮项目。（见项目编号3.42）
3.52.3	◆祠堂开光仪式	元朗厦村邓氏宗族祠堂（友恭堂）的进火开光仪式，由全真道士及经生主持。
3.52.4	◆道教婚嫁仪式	香港一些历史悠久的道观为信众举办道教婚嫁仪式。
3.52.5	◆庙宇开光仪式	筲箕湾南安坊张飞庙、上环东华三院列圣宫的太岁殿和旺岁亭，以及元朗厦村乡东头村车公庙的开光仪式，由全真道士及经生主持。
3.52.6	◆龙舟开光仪式	大屿山大澳的龙舟开光仪式，由全真道士及经生主持。
3.52.7	◆入道暨登小座	香港一些历史悠久的道观为新徒弟举行登小座及入道的仪式。
3.53	广东焰口	广东焰口是佛家丧礼仪式，目的是祭幽冥和超度先人，由此与饿鬼结缘，以助他们解开冤结，皈依三宝。
3.54	传统丧葬仪式	传统丧葬仪式以土葬为主，现今市区流行火葬，仪式在殡仪馆举行。丧葬仪式主要有念倒头经、破地狱、买水、入殓、运财、辞灵、应红宴（缨红宴）及解秽酒等。部分新界地方仍然维持土葬仪式。
3.55	传统婚嫁仪式	传统婚嫁仪式可分为水上人、围村、客家及都市四种不同的地方传统。
3.55.1	◆水上人	香港各渔民小区及渔民族群有各自的婚嫁仪式。

续表

编号	项目名称	内容及次项目
3.55.1.1	海陆丰/鹤佬	海陆丰/鹤佬水上人的婚嫁仪式有男家上头、挂门红、铺床、开展、接礼、接新娘和陆上扒龙舟等。在仪式过程中，女性亲友为新人歌唱，歌曲内容述及象征好兆头的事物。
3.55.1.2	脱学/脱褐	渔民在举行婚礼之前，会聘请喃呒先生为新人举行脱学/脱褐仪式，这是渔民婚礼中一项重要的仪式。
3.55.2	◆客家	西贡井栏树保持传统的客家婚嫁仪式，有男家上头、新娘入门和拜祠堂等仪式。沙田石古垄和九肚均为客家乡村，男丁结婚当天会舞麒麟来迎接新娘。
3.55.3	◆围头	香港新界的一些乡村仍保持传统的婚嫁仪式。
3.56	麒麟开光仪式	元朗山厦村成员以扎作方法制造麒麟，完成后进行开光仪式，以参与十年一届的太平清醮。
3.57	菜茶	海陆丰/鹤佬家庭在农历新年时以菜茶招呼到访亲友。菜茶以不同的蔬菜、鱿鱼、瘦肉、虾米和花生等材料制成。
3.58	食山头	新界元朗一些宗族在清明节及重阳节时带备生猪等祭品及煮食用具前往祖先墓地拜祭。拜祭完毕，宗族成员在祖先墓地前以烹调盆菜的方法处理生猪祭品及其他食用材料，然后供各成员享用。
3.59	盆菜	新界乡村烹调盆菜的传统已有数百年历史，地方亦称为"食盆"，是祭祖或人生礼仪活动中招待参与成员的地方菜式。
3.60	贴挥春	每逢农历新年，民间流行在大门旁及屋内贴上挥春或对联，寓意吉祥。写挥春是以墨汁或金油在红纸上写上吉祥的字句，字体要粗壮工整。
3.61	大圣劈挂门	大圣劈挂门始于耿德海，耿氏于1930年代来港教拳术。该拳术套路以劈挂拳一、二、三路为基础，加上使用兵器的武术套路，约有80多个。
3.62	太极拳	太极拳在香港发展了数个支派，目前调查到的有吴式、陈式、傅式和杨式等门派。
3.62.1	◆吴式太极拳	吴式太极拳始于清代吴全佑。1930年代，吴鉴泉于上海成立鉴泉太极社，而其传人吴公仪及吴公藻亦于1937年在香港成立鉴泉太极社传授拳术。该拳术有13式、45式及108式的拳法套路，亦有使用兵器的武术套路。
3.62.2	◆陈式太极拳	陈式太极拳在明末清初流行于河南陈家沟。现流传香港的有精要18式、老架及新架等套路，亦有使用兵器的武术套路。
3.62.3	◆傅式太极拳	傅式太极拳始于民国初年的傅振嵩，傅氏是太极拳及八挂拳的专家，所以傅式太极拳与八挂拳有渊源关系。傅式太极拳亦有使用兵器的武术套路。
3.62.4	◆杨式太极拳	杨式太极拳始于清代杨露禅，传人杨守中于1949年来港。该拳术有85式的拳法套路，亦有使用兵器及太极扇的武术套路。
3.63	北少林地蹚八卦门	本港的北少林地蹚八卦门始于刘金泉，刘氏于1955年来港当教练。该拳术有20多个拳套，亦有使用兵器的武术套路。
3.64	咏春拳	咏春拳在香港发展了数个支派，目前调查到的有少林咏春拳、班中咏春拳等。

附录一　非遗代表性项目名录与项目代表性传承人名录

续表

编号	项目名称	内容及次项目
3.64.1	◆少林咏春拳	少林咏春拳可追溯至少林派至善禅师，传人朱颂民于20世纪50年代初来港授徒。该拳术有三种基本套路及两种桩拳套路，使用木人桩、六点半棍及行者棒为锻炼工具。
3.64.2	◆班中咏春拳	班中咏春拳可追溯至少林派至善禅师，传人朱颂民于20世纪50年代来港教授永春拳术。该拳术有108式的拳法套路，使用天桩及六点半棍为锻炼工具。
3.65	白鹤派拳术	本港白鹤派拳术可追溯至吴肇锺。该拳术有六种基本拳法，亦有使用兵器的武术套路。在20世纪50年代，不少新界人士学习白鹤、螳螂及白眉等拳术。
3.66	南少林五祖拳铁臂功	铁臂功是少林武学，为少林七十二绝之一，属硬气功特技。目前调查到的承传人为蔡长庆。
3.67	洪拳/洪家拳术	香港洪拳/洪家拳术源于黄飞鸿，1930年其妻莫桂兰及徒弟林世荣移居香港，开馆授徒。该拳术有工字伏虎拳、虎鹤双形拳、双头棍、单刀（偷桃刀）、五形拳、双刀、铁线拳和单头棍等套路。
3.67.1	◆林家洪拳	林家洪拳是源自林世荣的洪拳体系。该拳术有工字伏虎拳、虎鹤双形拳、铁线拳及单头棍等套路。
3.67.1.1	工字伏虎拳	工字伏虎拳为林家洪拳的入门基础拳套。
3.67.1.2	虎鹤双形拳	虎鹤双形拳为林家洪拳的代表拳法之一。
3.67.1.3	单头棍	单头棍为林家洪拳所运用的器械。
3.67.1.4	铁线拳	铁线拳为林家洪拳拳术之一。
3.68	傅式八卦拳	傅式八卦拳始于民国初年的傅振嵩，傅氏是八卦拳及太极拳的专家。传人孙宝刚于20世纪40年代来港。该拳术有十多个套路，亦有使用兵器的武术套路。
3.69	华岳心意六合八法拳	近代的六合八法拳可追溯到光绪年间的吴翼翚，其徒陈楚帆（后名陈亦人）于20世纪40年代来港授徒。该拳术强调以"六合"及"八法"原理锻炼拳术。
3.70	咏春拳	咏春拳在香港发展了数个支派，目前调查到的有刨花莲咏春、蛇鹤咏春及叶问咏春等。
3.70.1	◆刨花莲咏春	刨花莲咏春可追溯至佛山刘达生，其徒朱忠来港教授咏春拳术。该拳术有30多个流传的套路，并使用兵器桩及木人桩作为锻炼工具。
3.70.2	◆蛇鹤咏春	蛇鹤咏春可追溯至佛山罗梯云，其子罗定周传承武术，于20世纪30年代来港。该拳术有"三拳、双刀、一棍"的基本武术元素。
3.70.3	◆叶问咏春	叶问咏春始自叶问来港教授咏春拳术。该拳术基本手法有"摊"、"膀"、"伏"，基本套路有"小念头""寻桥"及"标指"等，使用木人桩作为锻炼工具。
3.71	沧州武术	本港沧州武术可追溯至叶雨亭。叶氏于20世纪50年代在港授徒。迷踪拳及缇袍剑是该拳术的主要套路。
3.71.1	◆迷踪拳	迷踪拳有"闪""展""腾"和"挪"四个基本动作。
3.71.2	◆缇袍剑	缇袍剑是沧州武术一套使用剑的套路。

539

续表

编号	项目名称	内容及次项目
3.72	蔡李佛拳	蔡李佛拳是一种集蔡家拳、李家拳及佛家拳而成的拳种。
3.72.1	◆北胜	北胜蔡李佛拳源自谭三宗师,目前该拳术有四套流行的基本拳法,亦有使用兵器的武术套路。
3.72.2	◆鸿胜	鸿胜蔡李佛拳始自张炎,目前该拳术有50多套流行的拳法,亦有使用兵器的武术套路。
3.73	龙形拳	本港的龙形拳始于林耀桂,他于1930年代已来港教授拳术。此拳术有十多种基本拳套,亦有使用兵器的武术套路。林耀桂被誉为"东江老虎",影响遍及大埔及沙田一带。
3.74	螳螂拳	螳螂拳在香港发展了数个支派,目前调查到的有七星螳螂拳、太极梅花螳螂拳、东江周家螳螂拳等门派和东江朱家螳螂拳。在20世纪50年代,不少新界人士学习白鹤、螳螂及白眉等拳术。
3.74.1	◆七星螳螂拳	七星螳螂拳源自明末清初山东人王朗,传人罗光玉于20世纪30年代来港。该拳术有8种基本马步、26种拳法、14腿法、19掌法等套路。
3.74.2	◆太极梅花螳螂拳	螳螂拳源自山东烟台。太极梅花螳螂拳是梅花螳螂拳及太极螳螂拳的整合,目前调查到的传人为危凤池。该拳术有约30个套路,亦有使用兵器的武术套路。
3.74.3	◆东江周家螳螂拳	据普查访问所得,东江周家螳螂拳始自清中叶兴宁人周亚南,传人刘水于20世纪初来港。基本拳套包括"三步箭""三箭摇桥"及"三箭批桥",亦有使用兵器的武术套路。
3.74.4	◆东江朱家螳螂拳	据项目申报人提交的数据,东江朱家螳螂拳前身是朱家教,始于清朝乾隆时五华人朱亚南,发祥地广东五华转水区桐坑里,于20世纪初由多位武术家传来香港,其中一位是惠州传人刘水。客家口音"朱""周"同音,刘水徒弟分为朱家螳螂及周家螳螂两派,虽始祖各有说法,但拳术皆是刘水所传。基本拳套包括"三步箭""三箭摇桥""四板惊劲",亦有使用兵器的武术套路。
		4. 有关自然界和宇宙的知识和实践(6项)
4.1	传统中医药文化	中药分为植物类、动物昆虫类、介壳类和矿物类,有五味和六气,作用和制法不一,药材在配方上有相助、相制及相克的作用。此外,工作小组亦访问不同地区的跌打、凉茶及蛇酒传承人。跌打、凉茶和蛇酒是传统中医药文化的一部分。
4.1.1	◆凉茶	香港坊间流行喝凉茶,认为凉茶可以均衡身体内的"湿"与"热"。各凉茶店及生产商皆有自己的配方,由于卫生管理的规定,凉茶多由中央工场生产,但各生产者皆视其制法为商业秘密。(经广东、香港、澳门三地共同申报,凉茶列入第一批国家级非物质文化遗产名录。)
4.1.2	◆蛇酒	香港有店铺制作蛇酒,作为药疗商品出售。蛇酒主要材料是蛇和酒,经过宰蛇、蒸煮及浸泡等工序制成。
4.1.3	◆跌打	跌打是一个传统医疗项目,主治扭伤、跌伤、撞伤和碰伤,讲求跌打医师的手法和经验,是以按摩和推拿为主的治疗手段,此外还有药酒按摩、敷药、饮用药茶和拔罐等疗法。跌打医馆分布于香港各区。

续表

编号	项目名称	内容及次项目
4.2	渔民有关自然界和宇宙的知识	在珠江口一带作业的渔民对不同的鱼类分布、不同的鱼汛期、作业的季节和方法有一套知识和口诀。
4.3	传统玉石知识	玉石制作师傅及从事玉石生意者发展了一套有关玉石的形成、结构、种质及选料的知识体系。
4.4	传统历法	蔡伯励传承自其祖父撰写传统历书的知识,以星体运行结合阴阳五行的情况撰写历书,作为民间社会安排传统节日及人生礼仪的参考文献。
5. 传统手工艺(12项)		
5.1	豆豉制作技艺	豆豉是以黑豆为原料,经发酵和焗干处理而成。豆豉是酱园生产的商品。
5.2	豆腐制作技艺	黄豆经处理后,可以制成不同的荳品食物,包括布包豆腐、豆干、豆卜、豆浆及炸豆腐等。
5.3	海鲜酱制作技艺	海鲜酱是以小茴香、香蒜、花椒、红鞠米及制作豉油所产生的黄豆渣制成。海鲜酱是酱园生产的商品。
5.4	凉果制作技艺	凉果是以姜、榄、李和瓜为原料,经盐腌处理而成。
5.4.1	◆飞机榄	飞机榄是以"和顺榄"加入香料制作而成。制造者沿途售卖,以音乐歌唱方式吸引顾客。
5.5	豉油酿制技艺(本地酱园)	本地酱园统称生抽及老抽为豉油,以黄豆、面粉及盐为原材料,经煮熟、发酵及晒制处理,制成豉油。豉油是酱园生产的商品。
5.6	麻油制作技艺	麻油是以芝麻为原料,将之磨烂,加入刚煮沸的水,芝麻屑吸收水分后便会释出麻油。麻油是酱园生产的商品。
5.7	鱼胶制作技艺	生产者将鲜鱼的鱼鳔取出,经处理后晒干,成为鱼胶,可以长时间收藏,鱼胶被认为有医疗效用。
5.8	虾膏虾酱制作技艺	虾膏和虾酱都是以沿岸细小的银虾为原料,加入食盐后打碎,经晒制而成,是烹调用的配料。
5.9	腌菜制作技艺	腌菜主要分为大头菜和咸酸菜,其原料分别为葱菜及大芥菜,经日晒及盐腌处理而成。腌菜是酱园生产的商品。
5.10	酱油酿制技艺(福建酱园)	福建酱园统称生抽及老抽为酱油,以黄豆、糖及盐为原材料,经蒸煮、发酵及晒制处理,制成生抽。然后为生抽加入酱色,再经晒熟而成"老抽"。酱油是酱园生产的商品。
5.11	腊味制作技艺	腊味是将肉类处理晒干,以便收藏的方法,制成品包括腊肠、润肠、腊肉和腊鸭等。
5.12	糯米酒酿制技艺	糯米酒又称为黄酒,以糯米酿制。新界乡村传统认为产后妇女饮用糯米酒,可以调理身体。糯米酒亦可作为平时的饮料。

续表

编号	项目名称	内容及次项目
5.13	蚝豉蚝油制作技艺	元朗后海湾出产鲜蚝,生产者将鲜蚝烹煮后,晒干制成蚝豉,而烹煮的过程释出的蚝水,便成为制作蚝油的材料。蚝豉是比较昂贵的食材,蚝油则是调味料。
5.14	面豉制作技艺	面豉是以黄豆为原料,经发酵后晒制而成。面豉是酱园生产的商品。
5.15	咸鱼制作技艺	咸鱼通常是以当季的鱼获为材料,经过藏鱼、起鱼及晒鱼三个步骤制成。
5.16	月饼制作技艺	月饼是由饼皮、莲蓉和馅料构成,为中秋节的传统食物及送礼的物品,其制法包括制莲蓉、搓饼皮、煮糖浆和制馅料等。
5.17	瓜子制作技艺	瓜子以西瓜或南瓜核为原料,加入香料和色素,经烹煮炒制和抛光的工序便制成。瓜子为农历新年的流行小吃。
5.18	婚嫁礼饼制作技艺	婚嫁礼饼是由饼皮和馅料构成,为传统婚嫁仪式的必需品,作为仪式的交换物品及女家派送亲友的礼物,制作工序包括制莲蓉、制饼皮、包馅料和烘焙等。
5.19	潮州糖塔制作技艺	糖塔是用糖来制成风水塔的外形,为仪式的供品,完成供奉的糖塔会被用作烹调糖水,供成员享用。
5.20	潮州糖饼制作技艺	潮州糖饼为本地潮州族群的流行小食,原是按照潮州各区地理气候而制作出不同的糖制品。
5.20.1	◆潮州五色礼饼	"五色礼饼"为香港潮州族群的流行饼食,包括白皮绿豆沙饼、豆仁方条、淋糖、杬仁明糖和鸭颈糖。
5.21	粽制作技艺	粽分为灰水粽和咸肉粽两类,为家庭成员端午节享用的食品。
5.21.1	◆灰水粽	灰水粽是以果树的树枝的灰烬制成灰水,然后混合糯米,并以竹叶包裹成粽,再置入水中煮熟,作为端午节的流行食品。
5.21.2	◆咸肉粽	咸肉粽以糯米为材料,配以绿豆、虾米、元贝及咸蛋黄作为馅料,以竹叶包裹成粽,再置水中煮熟,作为端午节的流行食品。
5.22	手粉制作技艺	手粉是以糯米粉、黏米粉及花生馅料蒸制而成的食品,作为新界乡村的节日小食及祭祀供品。
5.23	石榴仔制作技艺	石榴仔是以糯米粉、绿豆(馅料)及花生(馅料)蒸制而成的食品,为新界乡村成员于农历新年制成的新春小食,亦是祭祀的供品。由于其外形与石榴相似,故名为石榴仔。
5.24	茶粿制作技艺	茶粿是由糯米粉和馅料制成的食品,为新界乡村成员于农历新年制作的新春小食,亦是祭祀的供品。
5.25	清明仔制作技艺	清明仔又名"鸡屎粿",是由鸡屎藤叶、糯米粉、黏米粉及花生等原材料蒸制而成,作为清明节供奉祖先的供品。
5.26	番薯饼制作技艺	番薯饼是以番薯为材料,煎制而成。新界乡村村民在正月制作,于点灯仪式的最后一天,送给添丁的家庭。

附录一 非遗代表性项目名录与项目代表性传承人名录

续表

编号	项目名称	内容及次项目
5.27	客家菜菜式	西贡区客家乡村的喜庆宴客菜式,食品类别包括九大簋、腌菜和粄粿。上水松柏朗也是以客家食物为其传统食物。
5.28	粤菜菜式	粤菜是传统的广东菜式,亦是香港酒楼中的一种主要菜式,大多数的筵席都是以粤菜菜式为主。
5.29	茶楼点心制作技艺	1950年代开始,香港茶楼按时令食物制作出不同类型的点心,分为咸点、甜点及包类等。
5.30	潮州卤水食品制作技艺	香港的潮州家庭懂得以花椒、八角、桂皮、甘草和多种药材制成卤水,并以卤水烹调多种肉类或内脏,制成潮州卤水食品。
5.31	水饺制作技艺	水饺的制法是以竹笋、冬菇、木耳、虾肉及猪肉粒等作为馅料,然后以水饺皮包裹馅料捏紧而制成。
5.32	打面技艺	打面是以面粉、蛋和碱水为原材料,经过按"捞粉"、揉面团、坐面和切面等工序而制成面线和云吞皮。
5.33	蛋挞制作技艺	蛋挞是以面粉、水、油、蛋和糖作为原材料。经过制作酥皮、制作蛋水、印模及烘焗等工序制成。
5.34	菠萝包制作技艺	菠萝包的制法是以猪油、牛油、奶粉、鸡蛋、低筋面粉、糖、苏打粉和泡打粉等原材料制作菠萝皮,以高筋面粉、水、干酵母和糖等原材料制作包身,再经烘焙而制成。
5.35	云吞制作技艺	云吞的制法是以大地鱼粉末、虾肉及猪肉粒等原材料制作馅料,然后以云吞皮包裹馅料捏紧而制成。
5.36	港式奶茶制作技艺	港式奶茶亦称为"丝袜奶茶",制法是将茶叶置于布袋漏勺中,倒入开水,再将之冲入另一茶壶,重复此步骤数次,继而将热茶倒进盛了淡奶的杯中,成为热饮。
5.37	鸳鸯制作技艺	鸳鸯是混合茶、咖啡和淡奶的热饮。茶的制法是将茶叶置于布袋漏勺中,倒入开水,再将之冲入另一茶壶,重复此步骤数次,称为"撞茶";咖啡制法是以器皿盛载咖啡粉,加入沸水炆焗而成。
5.38	叮叮糖制作技艺	叮叮糖是以砂糖、麦芽糖和粟胶混合成糖浆,然后将糖浆拉成白色长条,再以木凿凿成碎片。叮叮糖的名字来自凿糖时的响声。
5.39	吹糖技艺	吹糖制作者以麦芽糖(或粟胶)为原料,制成糖胶,并以之制成小型的人物及动物塑像。另外,还可将小粒糖胶拉出一幼长之吹管,用口自吹管送气,将糖胶吹成小球。
5.40	龙须糖技艺	龙须糖以粟胶(或麦芽糖)为原料,制成胶团,然后拉成幼丝。加上砂糖、花生、黑芝麻、白芝麻、椰丝和麦精等馅料而成。
5.41	扎作技艺	纸扎制成品是由竹、竹篾、纱纸及绢布等物料扎成的立体结构,经上色和组装而成。制成品包括花炮、花牌、狮头、麒麟、龙、大士王、花灯、宫灯、孔明灯及纸祭品等。今天纸扎制成品多用于宗教仪式活动中。有些师傅精于某项扎作,也有师傅通晓多项扎作。

续表

编号	项目名称	内容及次项目
5.41.1	◆大士王	大士王为盂兰胜会或醮会仪式中的纸扎神像,传统的扎法是以竹篾和纱纸制成。制作工序包括扎大士王身体各部分、装嵌及剪贴配搭铠甲等。
5.41.2	◆孔明灯	孔明灯是一个钟罩型的纸袋,其以韧度高、透光、不透气的纸制成。底部有一铁丝贯穿,用以放置沾油的元宝,元宝燃烧时产生的热气流推动孔明灯上升到空中。放孔明灯有祈福的意义,但香港是禁止放孔明灯的。
5.41.3	◆花炮	花炮以竹篾和纱纸扎成,通常是庆祝神诞时的大型供品,内藏小神像或神明画像。很多大型的神诞活动都有交换花炮的仪式。制作工序包括扎作配件、装饰配置和装嵌等。
5.41.4	◆花灯	花灯用于农历新年、中秋节或庆祝添丁的活动中,亦有称之为"宫灯"。传统的花灯以竹篾及纱纸制成,并以蜡烛作为光源。制作工序包括开篾、剪纱纸、扎作外壳、"芒"布、装饰、题字、绘灯画和装嵌等。
5.41.5	◆纸料(纸祭品)	扎作的纸祭品是传统仪式法事的组成元素。以竹篾及纱纸制成。现今祭品多用于丧葬仪式中。常见祭品包括红白幡、牌位、仙鹤、金银桥、沐浴亭、红杠、花园洋房、金银山、文明轿及望乡台等。
5.41.6	◆狮头	纸扎狮头及布料狮身是醒狮的组成部分,而狮头则主要由竹篾和纱纸扎成。醒狮的外型分为南狮和北狮两类,是神诞庆祝活动中的一个元素,亦是一种表演。制作工序包括扎作、扑纸、写色及装饰配置等。
5.41.7	◆灯笼	织制灯笼以竹篾和雪梨纸制成,工序包括开篾、"芒"纸、写字和画画。灯笼用于喜庆、婚嫁、丧礼及盂兰胜会等仪式场合。
5.41.8	◆龙	龙由纸扎龙头、龙尾及以布料覆盖的多节龙身组成。外形分为南龙和北龙两类,舞龙是神诞庆祝活动中的一个元素,亦是一种表演。制作工序包括扎作龙的各部分、装饰配置和画花等。
5.41.9	◆麒麟	麒麟由纸扎麒麟头及布料麒麟身组成。麒麟分为客家、海陆丰和本地三类,舞麒麟是神诞庆祝活动中的一个元素,亦是一种表演。制作工序包括扎作配件、扎架、铺纸、装饰配置及画花等。
5.42	抽纱公仔制作技艺	抽纱公仔是以纸或布制成的小型人物塑像,以古典故事或神话人物为题,是纸扎品上的装饰物。
5.43	花圈扎作技艺	花圈是在喜庆或丧葬仪式场合中的展示品。以表达祝贺或怀念。花圈是以鲜花组成的图案,配以文字,插在竹架上组成。
5.44	花牌扎作技艺	花牌为庆祝神诞活动、新厦落成、店铺开张的大型展示品。花牌上写上活动的名称及/或资助者的姓名。制作过程包括扎作支架、写字、配置色纸及组装等。
5.45	木雕刻技艺	木雕刻技艺包括木刻技艺及神像雕刻技艺。
5.45.1	◆木刻	木雕是将文字、山水、经典故事或仕女图等刻于木块上。制作过程包括绘图、制作组件和雕刻。
5.45.2	◆神像雕刻	木雕神像以樟木或檀香木制成,制作工序包括切割木材、凿坯、雕身、雕头、画粉线、雕花、开相和上色等。木雕师傅亦会雕制神龛和神台。

续表

编号	项目名称	内容及次项目
5.46	炭相绘画技艺	炭相师傅按照先人的照片，放大绘画成大幅的半身画像。
5.47	神像镜业	在民间宗教信仰中，神明及祖先是供奉的对象，制作者将神明的图像或祖先神位的文字绘画在玻璃片上，作为供奉的对象。
5.48	墓碑雕刻技艺	墓碑雕刻即是用凿子把字体和装饰雕刻在石碑上，此过程又称为"凿碑"或"打碑"。石制墓碑多用于土葬坟墓或骨灰龛位。
5.49	铺金箔技艺	铺金箔即是将金箔粘贴于神像、物品或摆设品的表面，令其产生金碧辉煌的效果。
5.50	牙雕技艺	牙雕是指雕刻象牙的技术，有人物、石山和象牙球等作品。制作过程包括构图、开坯和雕刻等。
5.51	石湾陶塑制作技艺	石湾陶塑原为佛山石湾传统工艺，精于仿制人物、植物和动物等元素，作品有摆设、器皿、礼物及宗教性的神像等。工序包括配泥、手搓、上色、拉坯机、转盆、配釉色和磨釉等。
5.52	字画装裱技艺	字画装裱，是一种延续、展示和修复字画的传统方法。制法是将字画固定于滚动条、压镜等不同形式的展示平面上。工序包括黏合剂制作、裱背和除霉。
5.53	剪纸技艺	剪纸为中国北方的地方传统，在香港主要是一门艺术，剪纸的传统技法以阴剪和阳剪为主，有镂空、叠纸、填彩及点彩等传统技法。
5.54	漆器制作技艺	制作桌子、椅子、箱子、柜或屏风等古董家具时，师傅会在家具上绘画漆画，制成漆器。工序包括起草、绘画及涂上保护漆油。
5.55	广彩制作技艺	广州磁绘简称"广彩"。广彩是将花纹图案绘画在白磁上的加工工序。制作过程包括画线、上色和烧瓷等。
5.56	印章雕刻技艺	图章通常采用石材、牛角或木材为材料，其制作工序包括批、凿和雕等技法。
5.57	凹版雕刻印刷技艺	凹版雕刻印刷品的字体需有凹凸感，工序包括雕版、装版和调较墨色等。
5.58	活字印刷技艺	活字印刷是由执字师傅将铅粒字体置入字粒版，其后固定于印刷机进行印制，其制成品包括账簿、名片等。
5.59	面塑技艺	面塑以蒸熟的面粉作为原材料，加入颜料制成不同颜色的粉团，再以这些粉团制成不同形态的人物或动物塑像。
5.60	鳕白鱼骨装饰制作技艺	制作者以鳕白鱼的鱼骨为原料，制作出鸟形的装饰物。
5.61	麻雀牌制作技艺	传统麻雀牌以木、象牙或竹片为原料，现以原子胶塑板为原材料，制作过程包括截牌、磨牌、雕刻及上色。
5.62	锦盒制作技艺	锦盒以纸板及织锦制成，亦称为"古玩装潢盒"或"古董盒"，用以盛载需要保护的对象。

续表

编号	项目名称	内容及次项目
5.63	雀笼制作技艺	雀笼用来饲养观赏雀鸟,以木和竹为材料,制作工序包括配件制作、雕刻及上漆等。
5.64	古琴制作技艺	制作古琴的原材料以梧桐木、杉木或黑檀木为主,师傅按顾客的要求而制作乐器,工序包括选料、开料、刨琴面、刮共鸣箱、打磨及上弦等。
5.65	雨伞制作技艺	雨伞主要由伞骨及伞布组成,制作工序是组装伞骨、伞面、伞头及伞尾四部分。
5.66	飘色制作技艺	一台飘色是由"色芯"及"色柜"组成,色柜是设有四轮的平台,其上设有铁枝来支撑色心(表演的小朋友)。每年长洲太平清醮,街坊都会组织飘队伍参与会景巡游。而色心及色柜的设计都会因应每次的表演主题而重新制作。街坊都会组织飘色队伍参与会景巡游。而色心及色柜的设计都会因应每次的表演主题而重新制作。
5.67	纹身技艺	纹身即是在人体皮肤上绘画不同图案。纹身师傅会以纹身机将颜料刺入皮肤真皮层,以画出客人所需的图案。
5.68	线面技艺	线面即是以人手控制车衣线,辅以海棠粉为顾客进行除毛,以拔除面部或四肢上的毛发。
5.69	皮鞋制作技艺	皮鞋是以牛皮为原料,通常造鞋师傅会为顾客度身订制,并以人手完成。造鞋工序包括制楦、剪纸样及制鞋面和鞋底。
5.70	棉胎制作技艺	棉胎是传统的御寒被褥,以棉花和棉纱为原料。其制法是以手动工具打散棉花的纤维,令其相互交结形成棉条,再以棉纱固定而成。
5.71	香港中式服装制作技艺	中式服装分为男装和女装,男装分为长衫、马褂、背心及唐装衫裤,女装有长衫、袄、唐装衫裤及裙褂。
5.71.1	◆花钮	花钮是长衫及传统衣服的纽扣,以幼布条缝制而成。一对花钮扣由大花和细花组成,有蝴蝶、梅花鸟及喜鹊等款式。
5.71.2	◆裙褂	裙褂是新娘在出嫁及三朝回门时穿着的衣服,其种类分为褂皇、褂后、五福褂"福、禄、寿、喜、财"、小五福及潮褂等。另配有绣花鞋、大头花、红丝巾和打底睡衣等服饰。
5.71.3	◆长衫	长衫制作要求衫身合一,强调针法。制作过程包括度身、布料处理、裁面料、裁丝里、车缝、熨拔、反丝里、领部制作、捆条制作、埋夹、装袖及钉纽等。
5.72	灯带编织技艺	客家妇女以不同颜色的线编织出彩带,供添丁家庭在点灯仪式时挂于添丁灯上。灯带的客家语为"带仔",寓意养大儿子。
5.73	粤剧头饰制作技艺	粤剧演员的头饰,由以金属线、珍珠及梅花石等钳镶而成,不同的角色要佩戴配合身份的头饰。
5.74	戏服制作技艺	粤剧演员的戏服,经过选料、度身、绘图、绣花及钉片等工序而成。不同的角色需要穿着配合身份的戏服。
5.75	玉器制作技艺	玉石师傅按照玉石的形状,颜色及纹理走向,将玉石切割、雕琢及打磨成不同形状的饰物,基本上可分为"光身"及"花件"两个大类。

附录一 非遗代表性项目名录与项目代表性传承人名录

续表

编号	项目名称	内容及次项目
5.76	首饰制作技艺	香港的金饰制作行业（又称为"打金业"）主要使用材料的性质，分为"足金"和"西金"两类。足金指纯金，至于西金则是黄金与其他金属（如银和铜等）合成的合金。
5.76.1	◆西金	西金是黄金与其他金属合成的合金。西金首饰制作包括开料、"摆坯"、倒石膏粉、铸模、"执模"、"镶石"、打磨和电镀等工序。
5.76.2	◆足金	足金指纯金。足金首饰制作技术包括批花、镶嵌、"卓"（使用幼锯）、抬凿、雕制钢模、打磨、炸色及染色等工序。
5.76.3	◆足金龙凤鈪	足金龙凤鈪是刻有龙凤图案的足金手镯，工序包括埋坯、绘画龙凤图案、藏较、藏鸭脷、凿花、卓通花及打磨等。
5.77	白铁器具制作技艺	白铁制成品以白铁片作为原材料，打制成信箱、面盆及水桶等日用器具。
5.78	砧板制作技艺	砧板是斩切食材的工具，主要以杪木和杉木为材料。师傅到林场选购木材、倒树，再进行切割及磨光等工序。
5.79	蒸笼制作技艺	蒸笼是蒸制中式点心的工具，以竹为材料。制作工序包括开料、装嵌及织底等。
5.80	饼模制作技艺	饼模是制作中式饼的工具，饼模以木制成，工序包括选木、切割及雕刻。
5.81	木家具制作技艺	传统家俬以木制成，制作工序包括选择木材、板材加工、切割样板、绘画图样、制作组件及打磨等。
5.81.1	◆打金木台制作技艺	传统打金台以山樟木制成，主要供应给香港的足金及西金首饰工场，作为制作首饰的工作台。其种类包括黄金台、镶石台、分色台、拔线樸、啤凳及打磨柜等。
5.82	棺木制作技艺	传统中式棺材又称为"寿板"或"长生"，主要以杉木为材料。土葬棺木制作强调要防止泥土水分进入，保护先人遗体。
5.83	英石假山盆景制作技艺	假山盆景制作为园艺的其中一门工艺，多由园艺师傅透过花园、道观等地方的空间布局，并运用石件、树木及水池等，创作园林景致。
5.84	园艺	园艺技巧是按二十四节气来选择种植之植物及栽培方法，来控制植物的生长、开花和结果的速度。园艺师傅需进行育种、培苗，并为植物分株及连接，有驳枝及插枝等技法。
5.85	棚屋建筑技术	棚屋是以木材和锌铁为建筑材料，盖建在海水高低潮线之间的木屋，由水中的木柱支撑。建造工序包括设计平面图、铺木板、上大梁及钉屋顶等。
5.86	传统乡村建筑修缮工艺	新界传统乡村建筑，如祠堂、书室、庙宇等，需要特别的知识和技术来进行修缮，工艺分为泥水、木工、灰塑和壁画四类。
5.87	戏棚搭建技艺	地方筹办神诞或太平清醮时，均需盖搭临时戏棚作神功戏的舞台及活动的场所。戏棚是由竹、杉木柱及锌铁片装成，分为"棚朗"、地台和棚顶三个结构。除了戏棚外，搭建的还包括舞台、观众席地台、音乐棚、神棚和办事处棚等。

547

续表

编号	项目名称	内容及次项目
5.88	木船制作技艺	传统船只以木材制成，本地建造的主要是渔船。本地及鹤佬渔船有不同的形态。另一主要船只类别是参加端午节龙舟竞渡的龙舟。
5.88.1	◆本地木船制作技艺	近数十年来，本地木船制作以舢舨、罟仔、新式渔船等为主。造船师傅负责选购木材，造船工序包括压底、安装船肪、制"弯柴"、安装船梁及甲板等。船主会择日举行"兴功"和"落水"仪式。
5.88.2	◆龙舟制作技艺	香港传统的龙舟是以柚木制成，大型的可坐90多人。龙舟狭长而食水浅，因此需要特别的制作技术，工序包括扎底、安装底肪、大肪、坐板、花肪、龙根及打龙饼。
5.88.3	◆海陆丰/鹤佬渔船制作技艺	海陆丰/鹤佬木制渔船有其独特之形状。造船师傅负责选购木材，造船工序包括制"弯柴"、制"上架"及制"下架"等。船主会择日举行"兴功"和"落水"仪式。
5.89	捕鱼技艺	捕鱼技术分为近岸作业和深海作业两类。近岸作业包括延绳钓、罟网、单拖、掺霉虾、掺缯、流刺网及虾艇等形式。深海作业则包括拖网、流刺网、延绳钓及手钓等形式。
5.89.1	◆近岸作业	近岸作业包括延绳钓、罟网、单拖、掺霉虾、掺缯、流刺网及虾艇等形式。
5.89.1.1	延绳钓	延绳钓的捕鱼方式是以一条主干胶丝上系约200条短胶丝，短胶丝之上有鱼钩，每颗鱼钩上放鱼饵。然后放下海中待鱼上钩。渔民以玻璃纤维舢板在近岸作业。
5.89.1.2	流刺网	流刺网的作业方式是在渔网上方系有浮子，下方系有铅锤。渔网垂直于海中，不能穿越的鱼虾便会被捕获。由于水流影响鱼虾的出现，渔民要考虑水流对捕鱼的影响。
5.89.1.3	罟网	罟网作业的捕鱼队伍以渔船及舢板组成。罟网亦称为"罟仔""浮水围网"或"大围网"，通常在晚上作业，以灯光吸引鱼群，然后以罟网捕捉。海陆丰/鹤佬罟仔渔民亦是以此方法捕鱼。
5.89.1.4	单拖	单拖作业是以一艘渔船拖行一个渔网，捕捞海中鱼虾。
5.89.1.5	掺霉虾	掺霉虾的捕鱼方式即是渔民把渔网掺开捕霉虾（又称"银虾"）。通常掺霉虾在晚上作业，透过将罟网自船头放入海中拖行，以捕捉霉虾。
5.89.1.6	掺缯	掺缯作业是在渔船两旁各置一根可以张开的木柱，木柱系一渔网，在海中拖行，捕捞海中鱼虾。
5.89.1.7	虾艇	虾艇作业是在船身两旁各置一根可以张开的木柱，两根木柱上共系十多个罟网，并放入海底拖行，以捕捞海底的鱼虾海产。
5.89.2	◆深海作业	深海作业包括拖网、流刺网、延绳钓及手钓等形式。
5.89.2.1	手钓	手钓的捕鱼方式即是个人以手钓形式钓鱼。钓艇主要于南沙及西沙群岛作业，到达渔场后，渔民各自分乘舢板，一次作业行程约30天。

续表

编号	项目名称	内容及次项目
5.89.2.2	延绳钓	延绳钓的捕鱼方式是在一条主干胶丝上系约80短胶丝，短胶丝之上有鱼钩，每颗鱼钩上放鱼饵。此为一行。每次约将50行相连放下海中。舢板上的渔民回收延绳钓上的渔获，而渔船则继续把另一列延绳钓放入海中。作业范围自万山群岛至菲律宾群岛一带。
5.89.2.3	拖网	拖网作业即是以两艘渔船合作拖行一张渔网，来捕捉海中的鱼虾。渔民亦称此作业方式为"双拖"。除了休渔期外，全年都作业，作业范围包括整个南中国海。
5.89.2.4	流刺网	流刺网的作业方式（又称为"碌网"）是在渔网上方系有浮子，下方系有铅锤。渔网垂直于海中，不能穿越的鱼虾便会被捕获。由于水流影响鱼虾的出现，渔民要考虑水流对捕鱼的影响。作业范围包括整个南中国海。每一次作业流程约需数百至一千张渔网。
5.90	渔网编织技艺	编结渔网以编结法（包括左右结与八字结）为主，所需的工具包括胶丝线、木枕、木棋和小刀。以前渔民需要自行编织渔网来捕鱼，所以香港各区年长的渔民仍懂得编织不同类型的渔网。
5.91	海水鱼养殖技艺	香港沿岸海湾适合海水鱼养殖，渔户掌握了一套以吊笼方式养殖海水鱼的技术知识。
5.92	基围操作技艺	新界西北沿海是基围地带，每一个基围都设有闸口控制水流进出，其操作原理是利用潮汐将鱼虾引入基围，继而将闸口关上便可以饲养鱼虾。基围操作者发展了一套有关潮汐、鱼汛及操作基围的知识。
5.93	淡水鱼养殖技艺	元朗的鱼塘曾经是香港主要淡水鱼养殖地方，养鱼户发展了一套养殖大鱼、鳊鱼、鲩鱼、鲤鱼及乌头鱼的技术知识。
5.94	蚝养殖技艺	后海湾是养殖蚝的主要地方，蚝生长在沿岸浅滩蚝田的石块上。蚝民将带有蚝的石块排列成田，定时打理。一般殖蚝过程需三至四年的时间。
5.95	稻米种植技艺	以前新界的平原地带都适合稻米种植。种稻分"早造"和"晚造"，工序包括播种、插秧及收割。
5.96	蔬菜种植技艺	农户发展了一套种植蔬菜的技术知识，包括选种、施肥、使用农药及土壤性质等。
5.97	盐晒制技艺	大澳曾是香港的主要盐场，产盐供食用及腌制咸鱼之用。盐工掌握"水流法"和"沙漏法"的晒盐技术。
5.98	蜂蜜制作技艺	养蜂人制作蜂箱来饲养蜜蜂，然后自蜂巢中抽取蜂蜜。
5.99	猪只饲养技艺	农户发展了一套配种、繁殖及饲养猪只的技术知识。
5.100	鸡只饲养技艺	农户发展了一套配种、繁殖及饲养肉鸡的技术知识。
5.101	广东手托木偶制作技艺	广东手托木偶制作技艺历史悠久。木偶之设计和制作，先做头坯，再在头坯上以生、旦、净、丑等行当上色化妆后便成形。木偶高约1米，内用"颈卡"把头卡住，亦作膊头之用，左右手用木做成，并以茅竹穿着，叫作手机，再穿上服装，一个木偶便制成，既简单又灵活，便是广东手托之特点。

新疆维吾尔自治区第四批非物质文化遗产项目代表性传承人名单
（共计85人）

序号	项目编号	项目名称	申报单位	代表性传承人			
				姓名	性别	族别	出生年月
一、民间文学（9人）							
1	Ⅰ—4	维吾尔族达斯坦	托克逊县文化馆	托合提·库尔班	男	维吾尔	1941.6.18
2	Ⅰ—4	维吾尔族达斯坦	墨玉县文物保护管理所	艾尔肯·努日	男	维吾尔	1953.6.4
3	Ⅰ—20	阿凡提故事	喀什地区文化馆	吐尔浑·莫敏	男	维吾尔	1949.9.10
4	Ⅰ—21	维吾尔族歌谣	轮台县文化馆	喀迪尔·依卜拉伊木	男	维吾尔	1950.8.1
5	Ⅰ—23	哈萨克族民间故事	尼勒克县文化馆	道吾列提别克·乌斯班哈力	男	哈萨克	1943.12.10
6	Ⅰ—23	哈萨克族民间故事	新源县县文化馆	吾勒达汗·苏提拜	男	哈萨克	1938.6.27
7	Ⅰ—24	蒙古族谚语	博乐市文化馆	米格米尔	男	蒙古	1942.3.1
8	Ⅰ—24	蒙古族谚语	博湖县文化馆	阿拉布吉	男	蒙古	1939.8.1
9	Ⅰ—25	蒙古族民间故事	和静县东归文化馆	其米提	男	蒙古	1969.9.10
二、传统音乐（5人）							
1	Ⅱ—26	维吾尔族民歌	和田地区新玉歌舞团	阿皮孜·衣地力斯	男	维吾尔	1954.11.20
2	Ⅱ—27	哈萨克族民歌	福海县文化馆	叶尔曼太·努斯甫	男	哈萨克	1964.2.15
3	Ⅱ—41	热瓦甫弹唱	喀什市文化馆	阿布都克热木·吐逊	男	维吾尔	1956.2.15
4	Ⅱ—42	维吾尔族卡龙琴艺术	麦盖提县文化馆	古则力努尔·买买提	女	维吾尔	1983.8.21

续表

序号	项目编号	项目名称	申报单位	代表性传承人			
				姓名	性别	族别	出生年月
5	Ⅱ—43	俄罗斯族民歌	塔城地区俄罗斯族文化协会	杨金花	女	俄罗斯	1943.4.15
三、传统舞蹈（2人）							
1	Ⅲ—10	赛乃姆（喀什赛乃姆）	喀什市文化馆	肉孜·赛丁	男	维吾尔	1958.8.9
2	Ⅲ—25	维吾尔族油灯舞	墨玉县文物保护管理所	麦麦提·托合提	男	维吾尔	1944.7.5
四、传统戏剧（1人）							
1	Ⅳ—2	维吾尔剧	伊犁哈萨克自治州歌舞话剧团	帕尔哈提·伊斯拉音	男	维吾尔	1973.10.16
五、曲艺（5人）							
1	Ⅴ—1	新疆曲子	呼图壁县文化馆	王曰发	男	汉	1942.6.22
2	Ⅴ—6	维吾尔族莱帕尔	和田地区新玉歌舞团	苏迪也汗·玛合木提	女	维吾尔	1951.9.17
3	Ⅴ—6	维吾尔族莱帕尔	和田地区新玉歌舞团	苏拉衣曼·肉孜	男	维吾尔	1939.8.1
4	Ⅴ—6	维吾尔族莱帕尔	喀什市文化馆	阿依木姑丽·司马义	女	维吾尔	1977.10.5
5	Ⅴ—6	维吾尔族莱帕尔	喀什市文化馆	艾尔肯·约力达西	男	维吾尔	1973.11.20
六、传统体育、游艺与杂技（6人）							
1	Ⅵ—1	维吾尔族达瓦孜	英吉沙县文化馆	约麦尔艾力·萨迪尔	男	维吾尔	1949.3.10
2	Ⅵ—6	哈萨克族赛马	巩留县文化馆	胡阿尼西拜·乌木尔扎克	男	哈萨克	1948.1.5
3	Ⅵ—20	哈萨克族库热斯	新源县文化馆	斯拉巴力德·阿合买提	男	哈萨克	1962.12.25

续表

序号	项目编号	项目名称	申报单位	代表性传承人			
				姓名	性别	族别	出生年月
4	Ⅵ—23	哈萨克族马上竞技	福海县文化馆	哈音拜·乌特开	男	哈萨克	1961.9.4
5	Ⅵ—23	哈萨克族马上竞技	哈巴河县文化馆	加尔恒·朱马汗	男	哈萨克	1982.11.13
6	Ⅵ—24	蒙古族鹿棋	乌苏市文化馆	奥尔拉玛加甫·广	男	蒙古	1948.4.5
七、传统美术（16人）							
1	Ⅶ—9	新疆蒙古族唐卡	和静县东归文化馆	巴义尔	男	蒙古	1986.6.20
2	Ⅶ—10	刺绣（汉族）	乌鲁木齐市米东区文化馆	钱美荣	女	汉	1968.3.28
3	Ⅶ—10	刺绣（哈萨克族）	木垒哈萨克自治县文化馆	古丽娜孜·加尼木汗	女	哈萨克	1962.6.4
4	Ⅶ—10	刺绣（塔吉克族）	塔什库尔干塔吉克自治县文化馆	沙丽加瓦尼·别克瓦孜	女	塔吉克	1966.2.15
5	Ⅶ—10	刺绣（柯尔克孜族）	阿克陶县文化馆	祖拉伊喀·玉散	女	柯尔克孜	1974.10.15
6	Ⅶ—16	木器彩绘	沙雅县文化馆	伊明·依米尔	男	维吾尔	1947.7.29
7	Ⅶ—17	葫芦雕刻	洛浦县文化馆	穆海麦提·安拉拜尔迪	男	维吾尔	1975.7.9
8	Ⅶ—18	和田玉玉雕	新疆和阗玉文化艺术研究院	马学武	男	回	1957.12.15
9	Ⅶ—18	和田玉玉雕	新疆玉文化雕刻研究所	赵敏	男	满	1959.4.8
10	Ⅶ—19	布偶	乌鲁木齐西域古道文化产业开发有限公司	单秀梅	女	回	1963.9.5
11	Ⅶ—20	泥塑	乌鲁木齐市天山区文化馆	王咏	男	汉	1966.10.14

续表

序号	项目编号	项目名称	申报单位	代表性传承人			
				姓名	性别	族别	出生年月
12	Ⅶ—21	石刻	阜康市文化馆	邹本卫	男	汉	1945.10.23
13	Ⅶ—22	维吾尔文书法	喀什市文化馆	库尔班江·肉孜	男	维吾尔	1969.3.8
14	Ⅶ—23	哈萨克文书法	阿勒泰市文化馆	黑扎提·阿吾巴克尔	男	哈萨克	1939.5.3
15	Ⅶ—24	新疆蒙文书法	博尔塔拉蒙古自治州蒙文书法学会	巴音达拉	男	蒙古	1974.3.15
16	Ⅶ—25	蒙古族骨雕技艺	和静县东归文化馆	根登加甫	男	蒙古	1968.12.4
八、传统技艺（24人）							
1	Ⅷ—22	哈萨克族花毡制作技艺	阿勒泰地区文化馆（阿勒泰地区非物质文化遗产保护中心）	丽娜·阿汗	女	哈萨克	1960.12.30
2	Ⅷ—24	蒙古包营造工艺	和布克塞尔蒙古自治县文化馆	加甫·光其克	男	蒙古	1953.7.6
3	Ⅷ—51	维吾尔族铜器制作技艺	库车县文化馆	卡地·尼亚孜	男	维吾尔	1946.2.7
4	Ⅷ—54	维吾尔族木雕技艺	喀什市文化馆	凯尤木·吾拉依木	男	维吾尔	1970.3.23
5	Ⅷ—54	维吾尔族木雕技艺	新和县文化馆	阿卜拉·阿伍提	男	维吾尔	1956.6.14
6	Ⅷ—65	哈密瓜种植技艺	哈密市文物局（哈密市非物质文化遗产保护中心）	卡地尔·努热力	男	维吾尔	1949.2.10
7	Ⅷ—67	瓜果储藏技艺	泽普县文化馆	图尔洪·库尔班	男	维吾尔	1975.3.15

续表

序号	项目编号	项目名称	申报单位	代表性传承人			
				姓名	性别	族别	出生年月
8	Ⅷ—68	核桃麻糖制作技艺	叶城县文物保护管理所	阿布力米提·阿布都伟力	男	维吾尔	1960.6.15
9	Ⅷ—69	土法榨油技艺	皮山县文物保护管理所	麦合木提·托合提	男	维吾尔	1958.6.17
10	Ⅷ—71	维吾尔族木质大门制作技艺	于田县文化馆	买提卡斯木·麦苏木	男	维吾尔	1961.2.6
11	Ⅷ—72	维吾尔族窗棂制作技艺	和田县文物保护管理所	木塔力甫·吐尔孙托哈提	男	维吾尔	1965.3.10
12	Ⅷ—73	维吾尔族铁皮制品制作技艺	轮台县文化馆	托乎提·伊明	男	维吾尔	1968.10.30
13	Ⅷ—74	书画装裱技艺	新疆崇古斋书画装裱研修室	蒋慧祥	男	汉	1965.2.3
14	Ⅷ—75	巴里坤八大碗制作技艺	巴里坤哈萨克自治县文化馆	王彦国	男	汉	1960.8.17
15	Ⅷ—76	汉族传统节日面食制作技艺	巴里坤哈萨克自治县文化馆	杨艳云	男	汉	1972.1.17
16	Ⅷ—77	养蜂技艺	尼勒克县文化馆	吐尔得别克·木沙尼	男	哈萨克	1964.12.25
17	Ⅷ—78	哈萨克族皮革制品制作技艺	阿勒泰地区文化馆（阿勒泰地区非物质文化遗产保护中心）	孜依哈·伊曼玛迪	女	哈萨克	1947.5.1
18	Ⅷ—79	马拉雪橇制作技艺	布尔津县冲乎尔镇马拉雪橇协会	努尔勒别克·卡斯勒汉	男	哈萨克	1964.7.29
19	Ⅷ—80	哈萨克族毡房装饰艺术	福海县文化馆	热依哈·托乎达尔	女	哈萨克	1953.1.20
20	Ⅷ—81	哈萨克族小刀制作技艺	玛纳斯县文化馆	吐列乌汗·阿哈巴尔	男	哈萨克	1951.12.15

续表

序号	项目编号	项目名称	申报单位	代表性传承人			
				姓名	性别	族别	出生年月
21	Ⅷ—82	蒙古族弩制作技艺	博尔塔拉蒙古自治州文化馆	铁烈	男	蒙古	1960.3.15
22	Ⅷ—83	蒙古族马鞍制作技艺	精河县文化馆	多·松都	男	蒙古	1950.4.20
23	Ⅷ—84	柯尔克孜族毡房营造技艺	乌恰县文化馆	曲马克·买买提吐尔地	男	柯尔克孜族	1964.7.2
24	Ⅷ—85	俄罗斯族鞋靴制作技艺	塔城市文化馆	华忠仁	男	俄罗斯	1947.12.3
九、传统医药（3人）							
1	Ⅸ—2	新疆蒙医药（金烙术）	博湖县蒙医医院	确杰	男	蒙古	1964.11.13
2	Ⅸ—2	新疆蒙医药（药浴）	博湖县蒙医医院	明代	男	蒙古	1975.10.7
3	Ⅸ—3	哈萨克族医药（烫伤疗法）	哈巴河县文化馆	吾尔阿力·赛塔尔汗	男	哈萨克	1956.10.1
十、民俗（14人）							
1	Ⅹ—43	哈萨克族服饰	阿勒泰地区文化馆（阿勒泰地区非物质文化遗产保护中心）	孜亚提汗·阿依达尔汗	男	哈萨克	1957.12.28
2	Ⅹ—22	麦西热甫（古丽汗麦西热甫）	疏勒县文化馆	图尔孙·伊明	男	维吾尔	1941.3.10
3	Ⅹ—22	麦西热甫（尼雅塔格麦西热甫）	民丰县文化馆	喀迪尔·苏来曼	男	维吾尔	1935.4.5
4	Ⅹ—22	麦西热甫（克里阳麦西热甫）	皮山县文物管理所	麦提色依提·色依提	男	维吾尔	1952.4.10
5	Ⅹ—22	麦西热甫（普鲁麦西来甫）	于田县文化馆	买提库尔班·买托合提	男	维吾尔	1985.8.25

续表

序号	项目编号	项目名称	申报单位	代表性传承人			
				姓名	性别	族别	出生年月
6	X—36	维吾尔族服饰	喀什市文化馆	麦麦提沙力·吾甫尔	男	乌孜别克	1968.2.28
7	X—44	维吾尔族婚俗	喀什市文化馆	艾力·吾不力卡斯木	男	维吾尔	1948.11.9
8	X—44	维吾尔族婚俗	乌什县文化馆	力提普·托合提	男	维吾尔	1944.12.12
9	X—45	奥斯曼染眉习俗	拜城县文化馆	阿依沙木·托合提	女	维吾尔	1956.3.3
10	X—46	维吾尔族摇床育婴习俗	喀什市文化馆	麦仁萨·阿布来提	女	维吾尔	1968.11.3
11	X—47	蒙古族育婴习俗	博乐市文化馆	哈加	女	蒙古	1956.5.9
12	X—48	蒙古族驯马	和静县东归文化馆	尼满	男	蒙古	1960.4.10
13	X—49	柯尔克孜族饮食	阿克陶县文化馆	萨艾提·塔什	女	柯尔克孜	1956.3.4
14	X—50	肖贡巴哈尔节	塔什库尔干塔吉克自治县文化馆	马达力汗·巴伦	男	塔吉克	1944.4.4

云南省第五批省级非物质文化遗产项目代表性传承人名单（共计250人）

序号	姓名	性别	民族	出生年月	项目名称	申报地区或单位
一、民间文学（25人）						
1	阿牛	男	藏	1961.03	格萨（斯）尔	迪庆州
2	罗海珍	女	傣	1965.07	金平傣文	金平县
3	寇兰英	女	彝	1926.06	阿细先基	弥勒市
4	虾其仙	女	彝	1950.05	阿细先基	弥勒市
5	邱忠贵	男	彝	1931.10	叙事长诗《阿哩》	石屏县
6	陆波才	男	哈尼	1945.05	叙事史诗《都玛简收》	绿春县
7	马建昌	男	哈尼	1955.04	迁徙史诗《哈尼阿培聪坡坡》	元阳县
8	田若岩	男	佤	1935.06	司岗里	沧源县
9	尚三果	男	傣	1975.01	傣绷文	耿马县
10	李扎莫	男	拉祜	1950.01	拉祜族史诗《根古》	澜沧县

续表

序号	姓名	性别	民族	出生年月	项目名称	申报地区或单位
11	白桂英	女	哈尼	1951.04	洛奇洛耶与扎斯扎依	墨江县
12	胡飞	男	哈尼	1943.10	洛奇洛耶与扎斯扎依	墨江县
13	刘绍祥	男	哈尼	1947.12	创世史诗《敏编咪编》	墨江县
14	农丽英	女	壮	1969.01	坡芽情歌	富宁县
15	刀仁福	男	傣	1949.01	傣族叙事长诗《朗娥与桑洛》	新平县
16	万德美	女	傣	1961.11	史诗《神蜘蛛》	昌宁县
17	李腊拽	男	德昂	1947.09	达古达楞格莱标	芒市
18	梁其美	男	阿昌	1945.03	遮帕麻和遮米麻	梁河县
19	李福寿	男	彝	1958.04	梅葛	牟定县
20	李兆芬	女	彝	1954.08	梅葛	永仁县
21	李贵琼	女	傈僳	1963.05	梅葛	元谋县
22	方会香	女	彝	1970.02	查姆	双柏县
23	鲁翠英	女	彝	1963.05	创世史诗《开奔勒笃—六祖古歌》	南华县
24	马惠成	男	苗	1938.08	苗族叙事长诗《昭蒡俭和高帕施》	寻甸县
25	和振伟	男	纳西	1942.11	创世史诗《创世纪》	玉龙县
二、传统音乐（34 人）						
1	玉坎拉	女	布朗	1964.04	布朗族弹唱	勐海县
2	杨益林	男	汉	1974.02	唢呐调	宾川县
3	段昆云	男	白	1957.05	剑川白曲	剑川县
4	木逢春	男	纳西	1934.06	阿勒古歌	维西县
5	木仙	女	纳西	1935.04	阿勒古歌	维西县
6	张应祥	男	汉	1931.10	洞经音乐	蒙自市
7	车永安	男	彝	1936.06	洞经音乐	蒙自市
8	肖政	男	汉	1944.09	洞经音乐	宁洱县
9	李世纬	男	汉	1944.06	洞经音乐	曲靖市
10	李子兰	女	壮	1949.05	洞经音乐	广南县
11	杨友和	男	纳西	1951.07	洞经音乐	古城区
12	杨贵	男	汉	1972.12	洞经音乐	大理市
13	普小芬	女	彝	1966.06	建水小调	建水县
14	普美芳	女	彝	1976.09	彝族海菜腔	石屏县
15	罗素英	女	傣	1948.12	傣族民歌	金平县
16	普正文	男	彝	1956.03	彝族民歌	元阳县
17	罗文军	男	汉	1975.03	阿数瑟	镇康县
18	岩依	男	傣	1960.04	宣抚司礼仪乐舞	孟连县
19	塞交	男	傣	1948.03	宣抚司礼仪乐舞	孟连县
20	普秀凤	女	彝	1955.08	滇南四大腔（五三腔）	华宁县

续表

序号	姓名	性别	民族	出生年月	项目名称	申报地区或单位
21	安正雄	男	彝	1948.02	撒弦乐	江川县
22	阿福有	男	布朗	1970.10	木老元布朗族山歌	施甸县
23	牟玉成	男	汉	1949.09	金江号子	绥江县
24	汝马你	女	怒	1941.12	口弦乐	福贡县
25	杨文锦	男	普米	1964.02	普米族四弦舞乐	兰坪县
26	李海术	女	普米	1976.02	普米族四弦舞乐	兰坪县
27	郁伍林	男	怒	1976.12	怒族民歌"哦得得"	福贡县
28	肯玉珍	女	独龙	1953.07	独龙族民歌	贡山县
29	刘彩菊	女	汉	1970.10	姚安坝子腔	姚安县
30	刘应才	男	苗	1960.05	彝族酒歌	武定县
31	祝 勇	男	彝	1952.10	彝族器乐	永仁县
32	昂宝德	男	彝	1943.10	彝族器乐	石林县
33	李秀香	女	纳西	1945.11	民歌谷气调	古城区
34	和立伟	男	纳西	1965.12	白沙细乐	古城区
				三、传统舞蹈（45人）		
1	鲁发琨	男	彝	1978.09	彝族跳菜	南涧县
2	颜炳英	女	白	1961.10	打歌	剑川县
3	杨天龙	男	彝	1971.12	打歌	云县
4	曹爱民	男	汉	1948.10	打歌	景东县
5	余春海	男	傈僳	1973.02	瓦器器舞	维西县
6	余永华	男	傈僳	1969.12	瓦器器舞	维西县
7	和学城	男	纳西	1941.12	热巴舞	香格里拉县
8	三 宝	男	傈僳	1968.12	热巴舞	香格里拉县
9	云 张	男	藏	1944.07	热巴舞	维西县
10	和尚芳	女	纳西	1962.10	阿卡巴拉舞	香格里拉县
11	和德明	男	纳西	1954.09	阿卡巴拉舞	香格里拉县
12	取 宗	女	藏	1969.06	藏族弦子舞	德钦县
13	梅志宏	男	彝	1959.10	彝族三弦舞（阿细跳月）	弥勒市
14	赵竹英	女	彝	1972.01	彝族大三弦舞	陆良县
15	普照光	男	彝	1946.10	彝族三弦舞（撒尼大三弦）	石林县
16	陈义兴	男	哈尼	1948.05	同尼尼舞	绿春县
17	陈保克	男	哈尼	1972.07	地鼓舞	红河县
18	李阿胖	女	哈尼	1963.04	乐作舞	红河县
19	张金保	男	彝	1977.10	葫芦笙舞	永德县
20	王朝亮	男	彝	1955.04	彝族葫芦笙舞	广南县
21	李石开	男	拉祜	1963.07	拉祜族芦笙舞	澜沧县

续表

序号	姓名	性别	民族	出生年月	项目名称	申报地区或单位
22	李娜多	女	拉祜	1975.04	拉祜族摆舞	澜沧县
23	岩相	男	傣	1975.12	傣族马鹿舞	孟连县
24	吴治东	男	彝	1965.10	羊皮舞	景东县
25	陆国安	男	壮	1946.03	男子手巾舞	广南县
26	罗启桢	男	壮	1931.05	草人舞	砚山县
27	白玉能	男	壮	1946.09	草人舞	砚山县
28	季明忠	男	彝	1965.09	金竹舞	广南县
29	杨树良	男	彝	1946.08	弦子舞	丘北县
30	张海云	男	彝	1947.05	弦子舞	丘北县
31	陆志国	男	壮	1968.10	弄娅歪	广南县
32	李寿昌	男	彝	1947.08	彝族烟盒舞	新平县
33	龙卜才	男	哈尼	1945.03	棕扇舞	元江县
34	易成英	女	彝	1976.11	花鼓舞	新平县
35	朗四	男	傣	1955.09	傣族象脚鼓舞	芒市
36	喊思	女	傣	1964.01	傣族孔雀舞	瑞丽市
37	依团	男	傣	1960.01	傣族孔雀舞	芒市
38	杨礼双	男	苗	1950.03	芦笙舞	彝良县
39	批四恒	男	傈僳	1946.02	傈僳族刮克舞	福贡县
40	星罗益	男	怒	1955.04	怒族达比亚舞	福贡县
41	杨家旭	男	彝	1971.07	彝族老虎笙	双柏县
42	鲁成雄	男	彝	1970.01	十二兽舞	楚雄市
43	普清荣	男	彝	1960.03	彝族左脚舞	牟定县
44	和红亮	男	纳西	1967.10	纳西族热美蹉	古城区
45	和玉春	女	纳西	1967.05	纳西族热美蹉	古城区
					四、传统戏剧（21人）	
1	杨淑珍	女	藏	1958.02	大词戏	维西县
2	赵寿珍	女	汉	1957.02	大词戏	维西县
3	龚自成	男	汉	1963.02	关索戏	昆明阳宗海新区管委会
4	周如文	男	汉	1967.06	关索戏	昆明阳宗海新区管委会
5	王祖芳	女	佤	1969.04	佤族清戏	腾冲县
6	王玉珍	女	汉	1946.05	滇剧	云南省滇剧院
7	万象贞	女	汉	1937.04	滇剧	云南省滇剧院
8	唐朝观	男	汉	1943.12	滇剧	云南省滇剧院
9	周惠侬	女	汉	1930.02	滇剧	云南省滇剧院
10	李廉森	男	汉	1934.06	滇剧	云南省滇剧院
11	汪美珠	女	汉	1944.08	滇剧	五华区

续表

序号	姓名	性别	民族	出生年月	项目名称	申报地区或单位
12	杨茂	男	回	1947.04	滇剧	五华区
13	李有信	男	汉	1954.12	滇剧	呈贡区
14	梁子华	男	汉	1941.06	滇剧	玉溪市
15	龚家铭	男	傣	1951.01	傣剧	德宏州
16	白家顺	男	彝	1951.04	花灯戏	建水县
17	李守达	男	汉	1936.08	花灯戏	姚安县
18	马加凤	女	汉	1964.03	花灯戏	呈贡区
19	史宝凤	女	汉	1934.09	花灯戏	云南省花灯剧院
20	杨天学	男	汉	1954.07	花灯戏	楚雄市
21	李开福	男	汉	1933.12	花灯戏	西山区
五、曲艺（4人）						
1	李润凤	女	白	1964.04	白族大本曲	大理市
2	波旺香	男	傣	1969.05	傣族章哈	勐腊县
3	张志天	男	白	1939.09	白族吹吹腔	云龙县
4	张国藩	男	白	1953.03	白族吹吹腔	云龙县
六、传统体育、游艺与杂技（12人）						
1	刘福德	男	汉	1952.10	高跷舞狮	通海县
2	李少春	男	傣	1972.02	打陀螺	景谷县
3	王树荣	男	彝	1964.01	团山民间传统武术	个旧市
4	白侍儒	男	汉	1953.01	点苍派武术	大理市
5	波温旺	男	傣	1962.07	傣族传统武术	景洪市
6	许明富	男	汉	1956.03	昭通清拳	昭阳区
7	彭志飞	男	汉	1976.07	昭通清拳	昭阳区
8	李有贵	男	彝	1960.03	彝族摔跤	石林县
9	欧道生	男	白	1946.10	沙式武术	沙国政武术馆
10	卯劲松	男	汉	1945.09	沙式武术	沙国政武术馆
11	沙俊杰	男	汉	1962.10	沙式武术	沙国政武术馆
12	李斌	女	汉	1967.09	沙氏武术	沙国政武术馆
七、传统美术（14人）						
1	鲁永红	男	汉	1972.05	滇南石狮	通海县
2	马琼芬	女	汉	1962.01	彝族（撒尼）刺绣	石林县
3	李海仙	女	彝	1966.12	彝族刺绣	景东县
4	殷绍庄	女	彝	1946.06	彝族刺绣	永仁县
5	普发珍	女	彝	1971.09	彝族刺绣	石屏县
6	余国忠	男	汉	1958.09	彩扎	盘龙区
7	梁俊利	女	汉	1972.05	面塑	嵩明县

续表

序号	姓名	性别	民族	出生年月	项目名称	申报地区或单位
8	和圣典	男	纳西	1960.03	纳西族东巴画	玉龙县
9	和国华	男	纳西	1931.04	纳西族东巴画	玉龙县
10	李红桃	女	白	1976.01	白族刺绣	大理市
11	字勤飞	女	白	1961.08	白族刺绣	云龙县
12	段四兴	男	白	1973.08	剑川木雕	剑川县
13	施鸿训	男	白	1954.12	剑川木雕	剑川县
14	张凤仙	女	壮	1968.06	壮族刺绣	广南县
					八、传统技艺（51人）	
1	李自轩	女	汉	1946.01	陶器制作技艺（华宁）	华宁县
2	杨建云	男	汉	1958.06	陶器制作技艺（易门浦贝）	易门县
3	邓安康	男	汉	1962.04	陶器制作技艺（临翔碗窑）	临翔区
4	罗星青	男	汉	1966.06	陶器制作技艺（临翔碗窑）	临翔区
5	罗晃照	男	汉	1961.12	陶器制作技艺（祥云大营）	祥云县
6	白绍美	女	傣	1972.09	傣族传统制陶技艺	新平县
7	徐世菊	女	汉	1968.09	黑陶制作技艺	镇沅县
8	田静	女	汉	1977.10	建水紫陶烧制技艺	建水县
9	向炳成	男	汉	1968.07	建水紫陶烧制技艺	建水县
10	徐荣洪	男	汉	1965.09	建水紫陶烧制技艺	建水县
11	杨绍华	男	汉	1963.02	铜器制作技艺	江川县
12	和善均	男	纳西	1970.09	铜器制作技艺	玉龙县
13	王子兴	男	汉	1962.05	铜器制作技艺	牟定县
14	江永富	男	壮	1979.08	月琴（弦子）制作技艺	砚山县
15	罗永常	男	壮	1974.10	醋制作技艺（剥隘七醋）	富宁县
16	代云芝	女	汉	1966.01	醋制作技艺（剥隘七醋）	富宁县
17	康贵友	男	汉	1971.10	斑铜制作技艺	会泽县
18	李扎思	男	拉祜	1956.07	拉祜族葫芦笙制作技艺	澜沧县
19	李兴昌	男	彝	1954.01	普洱茶传统制作技艺（贡茶制作技艺）	宁洱县
20	张成仁	男	汉族	1967.07	滇红茶传统制作技艺	凤庆县
21	玉嫩	女	傣	1964.06	傣族织锦技艺	孟连县
22	王彬文	男	藏	1954.08	酒制作技艺（青稞酒）	迪庆州
23	鲁茸卓玛	女	藏	1968.07	木碗制作技艺	香格里拉县
24	赵怀珠	女	白	1947.03	白族布扎	剑川县
25	幸金改	男	汉	1966.03	传统手工造纸技艺	罗平县
26	岩坎	男	傣	1970.12	传统手工造纸技艺	勐海县
27	玉温丙	女	傣	1950.09	传统手工造纸技艺	勐海县
28	尹旺松	男	白	1968.09	传统手工造纸技艺	鹤庆县

续表

序号	姓名	性别	民族	出生年月	项目名称	申报地区或单位
29	王福宝	男	纳西	1958.07	传统手工造纸技艺	玉龙县
30	汪开荣	男	汉	1976.09	银器制作技艺（祥云汪情）	祥云县
31	杨玉藩	男	白	1978.04	洱海鱼鹰驯养捕鱼	大理市
32	波应光	男	傣	1960.06	傣族大鼓制作技艺	景洪市
33	岩腊	男	傣	1950.06	傣族象脚鼓制作技艺	景洪市
34	波温康朗	男	傣	1934.05	贝叶经制作技艺	景洪市
35	李国伟	男	汉	1977.04	云南围棋子（永子）制作技艺	隆阳区
36	刘安逑	男	汉	1969.11	皮影制作技艺	腾冲县
37	线老岩	男	阿昌	1965.09	阿昌族户撒刀锻制技艺	陇川县
38	杜德光	男	傣	1971.07	葫芦丝制作技艺	梁河县
39	黄智敏	女	汉	1978.01	昭通酱制作技艺	昭阳区
40	洪顺章	男	汉	1948.11	毛毡制作技艺（马树红毡）	巧家县
41	罗应琴	女	彝	1967.09	火草纺织技艺	南华县
42	金永才	男	汉	1953.09	乌铜走银制作技艺	官渡区
43	李从仲	男	汉	1963.06	乌铜走银制作技艺	晋宁县
44	刘文富	男	汉	1954.10	云南围棋子（云子）制作技艺	官渡区
45	张惠玲	女	汉	1962.09	宝翰轩字画装裱修复技艺	五华区
46	李玉霖	男	汉	1971.12	天宝斋制墨技艺	五华区
47	李留美	女	汉	1958.07	菱角编制技艺	呈贡区
48	兰学成	男	汉	1959.08	宜良烤鸭	宜良县
49	杨德春	男	汉	1934.10	宜良烤鸭	宜良县
50	木庚锡	男	纳西	1939.08	纳西族民居营造技艺	古城区
51	赵又新	男	纳西	1962.05	酒制作技艺（窖酒）	丽江市
九、传统医药（7人）						
1	李成旺	男	瑶	1938.05	瑶族医学诊疗法	金平县
2	阿格	女	藏	1977.06	藏医药（藏医骨伤疗法）	迪庆州
3	朱瑞林	男	傈僳	1946.09	宁蒗朱氏诊疗法	宁蒗县
4	和忠	男	纳西	1942.07	纳西族医药诊疗	玉龙县
5	赵桂英	女	汉	1936.10	昆中药传统中药文化	昆明中药厂有限公司
6	刘珍	女	汉	1943.11	昆中药传统中药文化	昆明中药厂有限公司
7	张元昆	女	汉	1948.01	昆中药传统中药文化	昆明中药厂有限公司
十、民俗（37人）						
1	李玉福	男	哈尼	1952.04	哈尼族九祭献	元江县
2	陆朝海	男	壮	1942.07	女子太阳节	西畴县
3	刘仕美	女	壮	1945.03	女子太阳节	西畴县
4	班艳春	女	壮	1968.09	陇端节	富宁县

附录一　非遗代表性项目名录与项目代表性传承人名录

续表

序号	姓名	性别	民族	出生年月	项目名称	申报地区或单位
5	罗伟云	男	彝	1977.09	跳宫节	富宁县
6	杨文云	男	苗	1958.11	苗族花山节	马关县
7	张四妹	女	拉祜	1966.07	拉祜族服饰	澜沧县
8	张学才	男	哈尼	1963.02	普洱祭茶祖习俗	宁洱县
9	苏国文	男	布朗	1946.03	普洱祭茶祖习俗	澜沧县
10	蔡凤英	女	哈尼	1962.08	哈尼族服饰	墨江县
11	白玉收	女	哈尼	1954.01	哈尼族服饰	绿春县
12	何汝贵	男	彝	1940.11	祭火习俗（阿细祭火）	弥勒市
13	普合妹	女	彝	1963.08	彝族服饰	石屏县
14	何秀英	女	彝	1945.07	彝族服饰	蒙自市
15	朱生则	男	哈尼	1942.01	哈尼梯田农耕礼俗	元阳县
16	李正林	男	哈尼	1944.02	矻扎扎节	元阳县
17	普路发	男	彝	1959.06	阿卑节	金平县
18	侯保兵	男	苗	1953.03	苗族花山节	屏边县
19	斯那品初	男	藏	1967.08	梅里神山祭祀	德钦县
20	李琴	女	藏	1967.03	藏族服饰	香格里拉县
21	纳生	女	藏	1963.12	藏族服饰	德钦县
22	赵彩庭	男	白	1948.04	白族绕三灵	大理市
23	罗金全	男	彝	1976.08	彝族哑巴节	祥云县
24	姜伍发	男	白	1967.04	石宝山歌会	剑川县
25	张福妹	女	白	1972.12	石宝山歌会	剑川县
26	白佳林	男	基诺	1932.02	特懋克节	景洪市
27	王腊生	男	德昂	1942.09	德昂族浇花节	芒市
28	赵保忠	男	景颇	1959.05	景颇族目瑙纵歌节	陇川县
29	赵家祥	男	德昂	1948.05	德昂族浇花节	梁河县
30	八才三	男	傈僳	1953.03	阔时节	泸水县
31	王国光	男	独龙	1968.08	独龙族卡雀哇节	贡山县
32	赵国祥	男	怒	1955.07	怒族仙女节	贡山县
33	张庭楷	男	汉	1938.01	大香会	宜良县
34	许绍光	男	汉	1952.06	宝峰调子会	晋宁县
35	和世先	男	纳西	1942.12	祭署习俗	丽江市
36	杨文吉	男	纳西	1933.04	祭署习俗	丽江市
37	肖汝良	女	纳西	1933.11	纳西族三多节	玉龙县

附录二 非遗研究项目立项统计表

民间文学类立项统计表

一、2014年国家社科基金年度项目立项名单

序号	批准号	项目名称	负责人	工作单位	项目类别	学科分类
1	14BZJ037	洮岷宝卷研究	刘永红	青海师范大学	一般项目	宗教学
2	14BZW042	先秦两汉民间信仰与文学研究	姚圣良	信阳师范学院	一般项目	中国文学
3	14BZW153	北平燕京大学、辅仁大学的民间文学及民俗学研究（1937—1949）	岳永逸	北京师范大学	一般项目	中国文学
4	14BZW155	近三十年民族神话研究学术史	汪保忠	平顶山学院	一般项目	中国文学
5	14BZW154	河西宝卷整理与研究	郭郁烈	西北民族大学	一般项目	中国文学
6	14BZW158	现代中国歌谣学学术史	万建中	北京师范大学	一般项目	中国文学
7	14BZW162	维吾尔民间叙事诗口头传统研究	阿不力奇木	中央民族大学	一般项目	中国文学
8	14BZW163	维吾尔族民间歌谣的口头传统调查研究	祖木拉提·哈帕尔	新疆师范大学	一般项目	中国文学
9	14BZW169	西南边疆民间文学中的民间信仰研究	纳张元	大理学院	一般项目	中国文学

二、2014年国家社科基金青年项目立项名单

序号	批准号	项目名称	负责人	工作单位	项目类别	学科分类
1	14CMZ015	卡尔梅克蒙古民间故事类型研究	查汗	西北民族大学	青年项目	民族问题研究
2	14CZW009	二十世纪中国"俗文学研究"史论	车振华	山东社会科学院	青年项目	中国文学
3	14CZW041	民间宝卷与古代小说跨文本研究	张灵	上海师范大学	青年项目	中国文学
4	14CZW067	满族说部的当代传承研究	邵丽坤	吉林省社会科学院	青年项目	中国文学

续表

三、2014年度国家社科基金西部项目立项名单

序号	项目名称	负责人	工作单位
1	凉山彝族毕摩经典文献搜集整理与翻译	蔡富莲	西南民族大学
2	20世纪傩戏田野发现的讲唱文学研究	章军华	东华理工大学
3	蒙古本子故事研究	白玉荣	内蒙古民族大学
4	玉树地区格萨尔文化普查与考证	娘吾才让	青海民族大学

四、2014年度教育部人文社会科学研究规划基金、青年基金、自筹经费项目立项名单

序号	学科门类	项目名称	项目类别	申请人	学校名称	项目批准号
1	中国文学	海外中国民间文艺学家谭达先研究	规划基金项目	闫艳	长安大学	14YJA751027
2	中国文学	文学视域下的民间述史研究	规划基金项目	任雅玲	绥化学院	14YJA751019
3	中国文学	现当代包公民间传说的共时性研究	规划基金项目	祝秀丽	中国科学技术大学	14YJA751039
4	中国文学	地方传说与北京精神：都市民间叙事的当代传续与生产模式研究	青年基金项目	康丽	北京师范大学	14YJC751018
5	中国文学	"隋唐系列故事"生成学研究	青年基金项目	徐燕	南通大学	14YJC751043
6	中国文学	中国少数民族三大英雄史诗中身体叙事与审美精神研究	青年基金项目	赵海燕	宁夏师范学院	14YJC751056

五、国家艺术基金2014年度传播交流推广资助项目（共79项）

序号	项目名称	申报主体名称
1	蒙古族史诗《江格尔》传播交流推广	新疆卡尔罗媒体科技有限公司

传统音乐类立项统计表

一、2014年度国家社科基金艺术学项目立项名单

序号	立项批准号	项目名称	项目负责人	项目负责人所在单位	立项类别
1	14AD004	中国传统音乐声腔研究	姚艺君	中国音乐学院	重点
2	14BD037	维吾尔弦乐器共鸣弦音响特性研究	杨帆	新疆艺术学院	一般
3	14BD038	中国音乐宫调史研究	杨善武	河南大学	一般
4	14BD039	武陵山片区少数民族多声民歌研究	李强	怀化学院	一般
5	14BD042	中国传统音乐民间术语系统研究	陈新凤	福建师范大学	一般
6	14BD044	闵惠芬二胡艺术润腔研究	张丽	周口师范学院	一般

续表

序号	立项批准号	项目名称	项目负责人	项目负责人所在单位	立项类别
7	14BD046	论同源民族音乐在跨境背景下的历史变容——以黑龙江-阿穆尔河流域的中俄跨境民族为例	李然	哈尔滨师范大学	一般
8	14BD048	南音传承方式研究	王珊	泉州师范学院	一般
9	14CD111	壮族音乐的当代符号学研究	欧阳宜文	广西大学	青年
10	14CD113	当下传统音声形态中的"曲子"积淀研究	郭威	中国艺术研究院	青年
11	14CH143	海南黎族旅游音乐资源开发研究	王娟	海南大学	青年
12	14ED148	苗族鼓藏节仪式音乐文化研究	谭卉	贵州师范大学	西部
13	14ED149	"非遗"语境下成吉思汗祭祀仪式音声考察与研究	李红梅	内蒙古科技大学	西部
14	14ED150	河湟流域多民族音乐文化研究	商文娇	青海师范大学	西部

二、2014年度教育部人文社会科学研究规划基金、青年基金、自筹经费项目立项名单

序号	学科门类	项目名称	项目类别	申请人	学校名称	项目批准号
1	艺术学	新疆维吾尔族乐器形制与装饰研究	规划基金项目	吴晓凌	昌吉学院	14YJA760040
2	艺术学	音乐人类学视域下的侗族大歌研究——以贵州省黎平县岩洞村为调查地点	规划基金项目	乔馨	东北师范大学	14YJA760024
3	艺术学	岭南传统音乐文化地理研究的理论与实践	规划基金项目	马达	广州大学	14YJA760021
4	艺术学	海南八音器乐研究	规划基金项目	张巨斌	海南大学	14YJA760050
5	艺术学	海南本土音乐与舞蹈元素在中小学课堂教学实践中的应用研究	规划基金项目	张艳军	琼州学院	14YJA760056
6	艺术学	裕固族传统音乐文化传承现状调查与研究	规划基金项目	李凤莲	西北民族大学	14YJA760014
7	艺术学	羌与汉、藏等民族接触中的音乐形态调查研究	规划基金项目	华明玲	西南科技大学	14YJA760009
8	艺术学	新疆柯尔克孜族库姆孜乐器文化研究	规划基金项目	雷嘉彦	新疆艺术学院	14YJA760011
9	艺术学	我国当代古琴流派的生成与构建——新浙派古琴个案研究	规划基金项目	王姿妮	浙江外国语学院	14YJA760037

续表

序号	学科门类	项目名称	项目类别	申请人	学校名称	项目批准号
10	艺术学	社会转型期客家礼俗音乐文化的考察与研究	青年基金项目	肖艳平	赣南师范学院	14YJC760068
11	艺术学	西部民族地区村落变迁中的音乐文化保护与传承研究	青年基金项目	曹昆	广西师范学院	14YJC760002
12	艺术学	跨界民族田野音声——中越同根民族民歌传承之比较研究	青年基金项目	张小梅	广西艺术学院	14YJC760086
13	艺术学	麦盖提刀郎木卡姆研究	青年基金项目	杨银波	喀什师范学院	14YJC760073
14	艺术学	四川纳日人传统音乐的民族志研究	青年基金项目	周特古斯	乐山师范学院	14YJC760092
15	艺术学	明清南音传本曲牌研究	青年基金项目	张兆颖	厦门理工学院	14YJC760089

三、国家艺术基金 2014 年度传播交流推广资助项目（共 79 项）

序号	项目名称	申报主体名称
1	中国民族音乐世界推广及数字化整理	中国国际文化艺术有限公司
2	《木卡姆的春天》传播交流推广	新疆木卡姆艺术团

四、国家艺术基金 2014 年度人才培养资助项目（共 41 项）

序号	项目名称	申报主体名称
1	马头琴演奏人才培养	内蒙古民族艺术剧院

传统舞蹈类立项统计表

一、2014 年度国家社科基金艺术学项目立项名单

序号	立项批准号	项目名称	项目负责人	项目负责人所在单位	立项类别
1	14BE050	闽台民间舞蹈传统文化的传承与变迁研究	黄明珠	福建师范大学	一般
2	14BH094	中国汉族代表性民间歌舞——安徽花鼓灯人才现状与对策研究	张蓉蓉	安徽艺术职业学院	一般
3	14CE115	交融与协变——白马人面具舞蹈研究	王阳文	北京师范大学	青年
4	14EE151	湄公河次区域跨境山地民族宗教舞蹈形态研究	岳春	玉溪师范学院	西部

续表

二、2014年度教育部人文社会科学研究规划基金、青年基金、自筹经费项目立项名单

序号	学科门类	项目名称	项目类别	申请人	学校名称	项目批准号
1	艺术学	花鼓灯艺术表演场域研究	规划基金项目	陈德琥	蚌埠学院	14YJA760001
2	艺术学	广东省舞蹈非物质文化遗产资源整合与数据库建设	规划基金项目	赵　艳	深圳大学	14YJA760057

三、2014年国家文化科技提升计划项目名单

序号	项目名称	申报单位	承担单位	文化部补助经费（万元）
1	新疆民间音乐与民间舞蹈非物质文化遗产多媒体数字资源保护和应用示范研究	新疆维吾尔自治区文化厅	乌鲁木齐职业大学 新疆德威龙文化传播有限公司	60

四、国家艺术基金2014年度人才培养资助项目（共41项）

序号	项目名称	申报主体名称
1	恩施地区土家族民间花灯（恩施耍耍、咸丰地盘子、建始喜花鼓、来凤靠灯舞）艺术人才培养	湖北民族学院

传统戏剧类立项统计表

一、2014年度国家社科基金重大项目立项名单

序号	批准号	课题名称	首席专家	责任单位
1	14ZDB077	中国傩戏剧本整理与研究	朱恒夫	上海师范大学
2	14ZDB079	近代戏曲文献考索类编	左鹏军	华南师范大学

二、2014年国家社科基金年度项目立项名单

序号	批准号	项目称	负责人	工作单位	项目类别	学科分类
1	14AZW009	新加坡藏"外江戏"剧本的搜集与研究	康保成	中山大学	重点项目	中国文学
2	14AZW011	脚色制与地方戏的兴起研究	元鹏飞	河南大学	重点项目	中国文学
3	14BZW138	二十世纪中国戏剧理论大系	胡星亮	南京大学	一般项目	中国文学
4	14BZW152	中国戏曲的数字化生存与传播研究	杨燕	中国传媒大学	一般项目	中国文学
5	14BYY023	中国戏剧走出去的翻译改写研究	吕世生	南开大学	一般项目	语言学

三、2014年国家社科基金青年项目立项名单

序号	批准号	项目名称	负责人	工作单位	项目类别	学科分类
1	14CZW035	清升平署戏曲文献著录与研究	熊静	北京大学	青年项目	中国文学

续表

四、2014年度国家社科基金艺术学项目立项名单

序号	立项批准号	项目名称	项目负责人	项目负责人所在单位	立项类别
1	14AD004	中国传统音乐声腔研究	姚艺君	中国音乐学院	重点
2	14BB018	新时期河南剧作家群研究	李红艳	河南省艺术研究院	一般
3	14BB019	地方戏传承的民俗学研究	邵敏	安庆师范学院	一般
4	14BB020	齐鲁戏曲之地域文化特色研究	陈公水	山东理工大学	一般
5	14BB022	近代宫廷戏曲档案文献研究	杨连启	中国艺术研究院	一般
6	14BB023	京剧在闽台地区的发展流播及其剧种辐射研究	邱剑颖	福建省艺术研究院	一般
7	14BB024	二人转艺术研究	孙桂林	吉林省艺术研究院	一般
8	14BB025	晋剧皇后——王爱爱评传	王越	山西省戏剧研究所	一般
9	14BD043	秦腔音乐的百年变迁研究	辛雪峰	西安音乐学院	一般
10	14BH086	乌兰牧骑发展史	洪涛	内蒙古自治区艺术研究所	一般
11	14CB099	《缀白裘》与清代中叶戏曲转型研究	张俊卿	云南艺术学院	青年
12	14CB100	从戏楼到剧场的声场演变及其与京剧声腔发展关系的研究	佟昕	中国戏曲学院	青年
13	14EB146	壮族濒危曲种保护与传承研究	方宁	南宁市民族文化艺术研究	西部

五、2014年度教育部人文社会科学研究规划基金、青年基金、自筹经费项目立项名单

序号	学科门类	项目名称	项目类别	申请人	学校名称	项目批准号
1	艺术学	花鼓灯艺术表演场域研究	规划基金项目	陈德琥	蚌埠学院	14YJA760001
2	艺术学	西部国有艺术院团体制改革现状调查个案研究——以陕西省为例	规划基金项目	朱磊	陕西师范大学	14YJA760061
3	艺术学	基于"昆曲艺术视觉符号"的家纺产品造型设计与工艺	规划基金项目	高小红	苏州经贸职业技术学院	14YJA760004
4	艺术学	近现代粤剧海外传播研究	规划基金项目	沈有珠	肇庆学院	14YJA760025
5	艺术学	广西粤剧演出本的搜集、整理与研究	青年基金项目	李慧	广西大学	14YJC760027
6	艺术学	香港邵氏"黄梅调"电影流行文化现象研究（1958—1977）	青年基金项目	张悦	合肥工业大学	14YJC760088
7	艺术学	20世纪以来中国学人与昆曲艺术的传承、发展研究	青年基金项目	史爱兵	河北大学	14YJC760048
8	艺术学	广东汉剧声腔音乐研究	青年基金项目	李英	嘉应学院	14YJC760031
9	艺术学	麦盖提刀郎木卡姆研究	青年基金项目	杨银波	喀什师范学院	14YJC760073

续表

序号	学科门类	项目名称	项目类别	申请人	学校名称	项目批准号
10	艺术学	明清传奇对《牡丹亭》的创作接受研究	青年基金项目	张岚岚	南京信息工程大学	14YJC760081
11	艺术学	清代宫廷连台本大戏演出研究	青年基金项目	郝成文	山西师范大学	14YJC760017
12	中国文学	元明清曲谱与南戏传奇关系研究	规划基金项目	黄振林	东华理工大学	14YJA751008
13	中国文学	明清小说戏曲插图的文本接受	规划基金项目	乔光辉	东南大学	14YJA751018
14	中国文学	《清代戏曲评点史论》	青年基金项目	张勇敢	江苏师范大学	14YJC751054

六、国家艺术基金2014年度舞台艺术创作资助项目

大型舞台剧和作品（共81项）

序号	项目名称	申报主体名称
1	京剧《钦差林则徐》	天津市青年京剧团
2	京剧《美丽人生》	武汉京剧院
3	京剧《赵佗》	河北省京剧艺术研究院
4	昆剧《李清照》	北方昆曲剧院
5	昆剧《川上吟》	上海昆剧团
6	吕剧《回家》	山东省吕剧院
7	芗剧《保婴记》	福建省漳州市芗剧团
8	滑稽戏《探亲公寓》	江苏省苏州市滑稽剧团
9	豫剧《苏武牧羊》	河南省豫剧院
10	花鼓戏《我叫马翠花》	湖南省花鼓戏保护传承中心
11	吉剧《站醒台》	吉林省戏曲剧院
12	滇剧《水莽草》	云南省玉溪滇剧传承保护展演中心/玉溪市滇剧院
13	龙江剧《松江魂》	黑龙江省龙江剧艺术中心
14	徽剧《惊魂记》	安徽省徽京剧
15	扬剧《衣冠风流》	江苏省扬州市扬剧研究所
16	琼剧《浴血英魂》	海南省海口市琼剧演艺有限公司
17	豫剧《大明皇后》	河南省小皇后豫剧团
18	藏剧《朵雄的春天》	西藏自治区藏剧团
18	淮剧《大洪流》	上海淮剧艺术传习所/上海淮剧团
20	河北梆子《百合岭》	石家庄市河北梆子剧团
21	山东梆子《萧城太后》	山东省聊城市山东梆子剧院/聊城市豫剧院
22	黄梅戏《徽州往事》	安徽再芬黄梅文化艺术股份有限公司

序号	项目名称	申报主体名称
23	豫剧《大漠胡杨》	新疆生产建设兵团豫剧团
24	粤剧《碉楼》	广州粤剧院有限公司
25	湘剧《月亮粑粑》	湖南省湘剧院
26	晋剧《巴尔思御史》	山西省晋剧院

七、国家艺术基金2014年度舞台艺术创作资助项目

小型舞台剧（节）目和作品（共100项）

序号	项目名称	申报主体名称
1	黄梅戏小戏《红娘》	刘红
2	黄梅戏小戏《骄杨》	安徽黄梅戏艺术职业学院
3	傣剧小戏《绿叶信》	云南省德宏州傣剧传承保护展演中心
4	晋剧小戏《火中殉道》	山西省晋中市晋剧艺术研究院
5	晋剧小戏《清风亭》	山西省晋剧院
6	龙岩山歌小戏《假戏真做》	福建省龙岩山歌戏艺术中心
7	彩调小戏《这点差不得》	广西壮族自治区戏剧院
8	凤阳花鼓小戏《沈浩探母》	安徽省凤阳花鼓艺术团
9	二人台小戏《山村"九品"官》	呼和浩特民族演艺集团二人台艺术研究剧院有限公司
10	二人台小戏《婆媳三代》	山西省忻州市二人台戏曲研究所
11	二人台小戏《送驴记》	河北省张家口市卓盛口梆子演艺有限公司
12	楚剧小戏《两道菜》	武汉楚剧院有限责任公司
13	曲剧小戏《老鼠嫁女》	河南省曲剧艺术保护传承中心
14	莱芜梆子小戏《暖水袋痒痒挠》	山东省莱芜市莱芜梆子剧团
15	抽腔小戏《廉政灶》	山东省博兴县京剧团
16	晋中秧歌小戏《好女丫丫》	山西省晋中市艺术学校
17	京剧小戏《挑起一片天》	安徽省黄山市徽剧艺术传习所
18	庐剧小戏《得失之间》	合肥演艺有限责任公司
19	陇剧小戏《剪纸情》	甘肃省定西市百花演绎有限公司
20	两夹弦小戏《爱心家园》	山东省定陶县两夹弦非遗保护传承中心
21	皮影戏《哪吒闹海》	湖南省木偶皮影艺术保护传承中心
22	皮影戏《泰山石敢当为民除害保平安》	范正安
23	木偶剧《兴仔宁妞识毒记》	广西木偶剧团
24	木偶剧《板桥作画》	许虹

八、国家艺术基金2014年度传播交流推广资助项目（共79项）

序号	项目名称	申报主体名称
1	中国梦·黄土情—晋冀蒙陕甘宁六省（区）地方戏曲及民乐民歌"三展"联动	山西省华艺实业总公司

续表

序号	项目名称	申报主体名称
2	中国福建木偶戏在亚太地区的传播交流推广	中国艺术研究院
3	豫剧《焦裕禄》传播交流推广	河南豫剧院
4	秦腔《花儿声声》传播交流推广	宁夏演艺集团秦腔剧院有限公司
5	蒲剧《山村母亲》传播交流推广	山西省运城市蒲剧青年实验演出团
6	评剧《赵锦棠》传播交流推广	天津评剧院有限公司
7	昆剧《南柯梦》（上、下本）传播交流推广	江苏省演艺集团有限公司
8	昆剧《景阳钟》传播交流推广	上海昆剧团
9	京剧《铁弓缘》传播交流推广	云南省京剧院
10	京剧《孙安动本》传播交流推广	吉林省戏曲剧院
11	京剧《将军道》传播交流推广	沈阳京剧院
12	京剧《建安轶事》传播交流推广	湖北省京剧院
13	黄梅戏《风雨丽人行》传播交流推广	安徽省黄梅戏聚园
14	高甲戏《妈祖》传播交流推广	福建泉州市高甲戏传承中心
15	川剧艺术走中国	重庆市川剧院
16	采茶戏《八子参军》传播交流推广	赣南采茶歌舞剧院
17	《状元媒》传播交流推广	北京京剧院
18	《萧何月下追韩信》传播交流推广	上海京剧院
19	《秦香莲》传播交流推广	天津市青年京剧团
20	《穆桂英挂帅》传播交流推广	国家京剧院

九、国家艺术基金2014年度人才培养资助项目（共41项）

序号	项目名称	申报主体名称
1	京剧《杨门女将》青年表演人才培养	国家京剧院
2	京剧尚派艺术人才培养	天津艺术职业学院
3	歌剧《白毛女》青年表演人才培养	中国歌剧舞剧院
4	木偶皮影制作人才培养	江苏省扬州市木偶研究所
5	京剧梅派艺术人才培养	北京京剧院
6	评剧《花为媒》青年表演人才培养	中国评剧院有限责任公司
7	福建省古老剧种（梨园戏、莆仙戏、泉州提线木偶戏）表	福建省艺术研究院
8	闽剧《贬官记》青年表演人才培养	福建省实验闽剧院
9	豫剧表演人才培养	河南豫剧院
10	粤剧《伦文叙传奇》青年表演人才培养	广东粤剧院
11	越剧尹派青年人才培养	福建尹派越剧艺术传承保护中心/福建省芳华越剧团
12	少数民族戏剧创作人才培养	中国少数民族戏剧学会

曲艺类立项统计表

一、2014年国家社科基金年度项目立项名单

序号	批准号	项目名称	负责人	工作单位	项目类别	学科分类
1	14BMZ051	胡仁乌力格尔中的汉文历史演义传播叙事研究	海全	内蒙古民族大学	一般项目	民族问题研究
2	14BZW075	双红堂藏清末四川唱本研究	丁淑梅	四川大学	一般项目	中国文学
3	14BZW100	宋元明清说唱词话研究	韩志强	山西大学	一般项目	中国文学
4	14BZW154	河西宝卷整理与研究	郭郁烈	西北民族大学	一般项目	中国文学

二、2014年度国家社科基金艺术学项目立项名单

序号	立项批准号	项目名称	项目负责人	项目负责人所在单位	立项类别
1	14BB016	天津曲艺老艺人口述史研究	张蕴和	天津艺术研究所	一般
2	14BB024	二人转艺术研究	孙桂林	吉林省艺术研究院	一般
3	14BD048	南音传承方式研究	王珊	泉州师范学院	一般

三、2014年度教育部人文社会科学研究规划基金、青年基金、自筹经费项目立项名单

序号	学科门类	项目名称	项目类别	申请人	学校名称	项目批准号
1	艺术学	江南地区民俗艺术的传承与开发研究——以苏州地区"胜浦三宝"为例	规划基金项目	李恩忠	江南大学	14YJA760013
2	艺术学	明清南音传本曲牌研究	青年基金项目	张兆颖	厦门理工学院	14YJC760089

四、国家艺术基金2014年度舞台艺术创作资助项目

小型舞台剧（节）目和作品（共100项）

序号	项目名称	申报主体名称
1	苏州弹词《绣神》（中篇）	苏州市评弹团
2	苏州弹词《陈其美1911》（中篇）	上海评弹艺术传习所/上海评弹团
3	福州伬艺《秦楼月春回坊巷》	福建省福州市曲艺团
4	苏州弹词《江南第一燕》（中篇）	江苏省常州市曲艺团
5	鼓曲联唱《鼓韵流芳》	天津市曲艺团
6	末伦《送情鞋》	南宁市民族文化艺术研究院
7	四川清音《雾云霞》	重庆演艺集团有限责任公司曲艺分公司

传统体育、游艺与杂技类立项统计表

一、2014年国家社科基金年度项目立项名单

序号	批准号	项目名称	负责人	工作单位	项目类别	学科分类
1	14ATY005	中国武术文化遗产数据库建设的研究	戴国斌	上海体育学院	重点项目	体育学

续表

序号	批准号	项目名称	负责人	工作单位	项目类别	学科分类
2	14BTY017	甘肃特有民族体育文化延伸研究	陈青	西北师范大学	一般项目	体育学
3	14BTY072	文化强国建设目标下我国学校武术传承体系研究	杨建营	浙江工业大学	一般项目	体育学
4	14BTY073	武术文化国际传播创意演示平台建设研究	丁保玉	天津体育学院	一般项目	体育学
5	14BTY074	中国传统体育养生文化体系研究	石爱桥	武汉体育学院	一般项目	体育学
6	14BTY075	中国民间普及与推广视域下的武术建设方案研究	马剑	河北师范大学	一般项目	体育学
7	14BTY076	中国武术的国家地位及社会责任研究	王岗	苏州大学	一般项目	体育学
8	14BTY077	藏彝走廊民族传统体育文化符号研究	孙德朝	四川师范大学	一般项目	体育学
9	14BTY078	非物质文化传承下我国西部地区红拳的保护与发展研究	姜霞	西安体育学院	一般项目	体育学
10	14BTY079	基于耗散结构理论的少数民族传统体育保护体系研究	李莹	铜仁学院	一般项目	体育学
11	14BTY081	全球化视野下后重建时期羌族传统体育文化传承与创新发展研究	霍红	成都体育学院	一般项目	体育学
12	14BTY082	我国民族传统体育优秀资源的活态传承与发展路径研究	宋彩珍	长沙师范学院	一般项目	体育学
13	14BTY083	我国畲族民间体育文化保存现状与保护措施研究	兰润生	集美大学	一般项目	体育学
14	14BTY084	湘桂黔边区少数民族传统体育现代传承研究	高会军	玉林师范学院	一般项目	体育学
15	14BTY085	中华民族传统体育项目志（1990至今）	田祖国	吉首大学	一般项目	体育学

二、2014年国家社科基金青年项目立项名单

序号	批准号	项目名称	负责人	工作单位	项目类别	学科分类
1	14CTY001	中国苗族武术史料搜集、整理与研究	张忠杰	贵州师范学院	青年项目	体育学
2	14CTY012	新疆世居民族体育非物质文化遗产保护与传承研究	王厚雷	石河子大学	青年项目	体育学
3	14CTY027	太极类运动文化的传承体系研究	杨建英	浙江经贸职业技术学院	青年项目	体育学

续表

序号	批准号	项目名称	负责人	工作单位	项目类别	学科分类
4	14CTY028	东北古代边疆民族体育文化研究	隋东旭	哈尔滨师范大学	青年项目	体育学
5	14CTY029	西南地区少数民族传统体育文化传承机制研究	韩玉姬	成都中医药大学	青年项目	体育学

三、2014年度教育部人文社会科学研究规划基金、青年基金、自筹经费项目立项名单

序号	学科门类	项目名称	项目类别	申请人	学校名称	项目批准号
1	体育科学	信息网络环境下河南武术类非物质文化遗产的活态保护与传承	规划基金项目	李永智	洛阳师范学院	14YJA890008
2	体育科学	体育非物质文化遗产传承群体组织文化研究	规划基金项目	赵 刚	深圳大学	14YJA890023
3	体育科学	巴蜀武术文化流变的民俗地图集研究	规划基金项目	张国栋	西南大学	14YJA890017
4	体育科学	四川藏、羌、彝族群众传统体育健身特征及健身行为形成机制研究	青年基金项目	陈振勇	成都体育学院	14YJC890001
5	体育科学	广西少数民族民间体育节事的体育人类学研究	青年基金项目	张 萍	桂林航天工业学院	14YJC890036
6	体育科学	中国武术的离异与回归：民国武术史研究	青年基金项目	李吉远	杭州师范大学	14YJC890007
7	体育科学	媒介全球化语境下建构我国民族传统体育文化认同的传播生态研究	青年基金项目	葛耀君	上海工程技术大学	14YJC890004
8	体育科学	村落社会结构变迁视阈下藏彝走廊民间传统体育文化符号嬗变与传承	青年基金项目	孙亮亮	四川文理学院	14YJC890023

传统美术类立项统计表

一、2014年国家社科基金青年项目立项名单

序号	批准号	项目名称	负责人	工作单位	项目类别	学科分类
1	14CZJ004	11—14世纪汉藏印佛教互动背景中的夏鲁寺艺术遗存研究	杨鸿蛟	中国藏学研究中心	青年项目	宗教学
2	14CZJ013	数字化背景下西南地区明清、民国道教水陆画的抢救、整理与研究	陈 杉	四川师范大学	青年项目	宗教学

续表

二、2014年度国家社科基金艺术学项目立项名单

序号	立项批准号	项目名称	项目负责人	项目负责人所在单位	立项类别
1	14AG006	传统服饰中的"中国元素"及创新设计研究	刘元风	北京服装学院	重点
2	14AG007	城镇化进程中民族传统美术现状与发展研究	邱春林	中国艺术研究院	重点
3	14BF052	清代中国南方通商口岸西洋画研究	胡光华	华东师范大学	一般
4	14BF055	20世纪广西美术史	刘新	广西艺术学院	一般
5	14BF056	中外海战题材绘画艺术收集与研究	张岩鑫	深圳大学	一般
6	14BF057	民国时期东北区域美术文化研究	类维顺	吉林大学	一般
7	14BF058	20世纪视觉艺术中的媒介与观念	石炯	中国美术学院	一般
8	14BF059	图像新世界——明清中西绘画交流史研究	黄丽莎	中国美术学院	一般
9	14BF060	西藏夏鲁寺美术遗存调查与研究	贾玉平	成都大学	一般
10	14BF063	图像、营建与观念——川渝地区汉代石阙艺术研究	秦臻	四川美术学院	一般
11	14BG065	中国藏族传统设计史研究	朱和平	湖南城市学院	一般
12	14BG066	四川藏羌民族工艺美术的田野调查与专题研究	卢丁	四川大学	一般
13	14BG067	宋元明清海上丝绸之路与漆艺文化研究	潘天波	江苏师范大学	一般
14	14BG068	道教护佑文化的视觉设计研究——以龙虎山正一道为例	杨平	江西师范大学	一般
15	14BG069	新疆维吾尔族传统设计思想研究	周云	新疆艺术学院	一般
16	14BG075	中国风设计发展趋势与应用研究	陈霞	西安美术学院	一般
17	14BG080	宋锦织染艺术发展历史及活态传承研究	王晨	苏州市文化广电新闻出版局	一般
18	14BG081	中国古代首饰史	李芽	上海戏剧学院	一般
19	14BG084	中国手工产业生态状况调研与地方政策建议	江黎	中央美术学院	一般
20	14BH088	武陵山片区传统艺术活态传承模式研究——湘西北系列民族演艺品牌为例	吴修林	湖南文理学院	一般

续表

序号	立项批准号	项目名称	项目负责人	项目负责人所在单位	立项类别
21	14BH090	中原民俗图绘研究	郑 芳	周口师范学院	一般
22	14CC104	少数民族动画资源产业化发展研究	潘兆业	广西艺术学院	青年
23	14CF118	中国现代漆画的"漆性"与"画味"研究	张建梅	江西科技师范大学	青年
24	14CF122	魏晋书法文化世家研究——政治与社会变迁视阈下的艺术史观	吕文明	山东师范大学	青年
25	14CG125	器物、手工艺遗产与关中文化研究	孟凡行	天津工业大学	青年
26	14CG131	民间信俗下古代妈祖塑像和图像艺术研究	张蓓蓓	苏州大学	青年
27	14CG132	20世纪中国丝绸图案设计研究	温 润	东华大学	青年
28	14CG133	隐晦与新生——中国民间手工纸的艺术应用研究	钟 周	广东工业大学	青年
29	14CG134	中国锡器工艺文化及其艺术活态化传承研究	耿孝臣	福州大学	青年
30	14CG135	新疆传统"帕拉孜"编织工艺与应用研究	花 睿	新疆师范大学	青年
31	14CG136	手工艺生活智慧实用研究——竹手艺的创新活化	章俊杰	中国美术学院	青年
32	14CG137	羌族刺绣图像学研究与数字化保护	郑 姣	四川师范大学	青年
33	14CH139	杨柳青木版年画的戏曲文物价值与戏曲传播价值研究	洪 畅	天津外国语大学	青年
34	14EF153	南岭走廊瑶族民间美术传承图谱的编制与研究	吕 屏	桂林电子科技大学	西部
35	14EG155	青海藏式传统木雕艺术考究	李俊杰	青海师范大学	西部

三、2014年度教育部人文社会科学研究规划基金、青年基金、自筹经费项目立项名单

序号	学科门类	项目名称	项目类别	申请人	学校名称	项目批准号
1	艺术学	氐羌遗韵:陕甘川毗邻区域民族民间美术文化研究	规划基金项目	刘吉平	陇南师范高等专科学校	14YJA760016
2	艺术学	黄河三角洲剪纸文化生态研究	规划基金项目	孙永奇	滨州学院	14YJA760028
3	艺术学	中国古代艺术设计批评史料整理与研究	规划基金项目	鲁海峰	常州大学	14YJA760019

序号	学科门类	项目名称	项目类别	申请人	学校名称	项目批准号
4	艺术学	雷山苗族服饰非物质文化遗产传承与保护的研究	规划基金项目	张顺爱	东华大学	14YJA760052
5	艺术学	江南地区民俗艺术的传承与开发研究——以苏州地区"胜浦三宝"为例	规划基金项目	李恩忠	江南大学	14YJA760013
6	艺术学	休闲视野下苏南国家级非物质文化遗产的保护与开发研究	规划基金项目	吴媛媛	江南大学	14YJA760041
7	艺术学	中国传统镂版印花工艺研究	规划基金项目	盛 羽	宁波大学	14YJA760026
8	艺术学	文化转型与中国当今设计学学科本科教育课程设计的变革	规划基金项目	侯立平	山东工艺美术学院	14YJA760008
9	艺术学	基于"昆曲艺术视觉符号"的家纺产品造型设计与工艺实现研究	规划基金项目	高小红	苏州经贸职业技术学院	14YJA760004
10	艺术学	版画作为艺术治疗的媒介研究	规划基金项目	张亚敏	武汉理工大学	14YJA760055
11	艺术学	中国动画老艺术家"口述历史"研究	规划基金项目	石竹青	辽宁师范大学	14YJA760027
12	艺术学	丝绸之路南道佛教艺术及其中亚传播路线研究	规划基金项目	张健波	新疆艺术学院	14YJA760049
13	艺术学	农村女性传统手工艺市场化开发的限制与策略研究	规划基金项目	朱利峰	中华女子学院	14YJA760062
14	艺术学	性别视野下的汉族女性服饰文化研究	规划基金项目	吴 聪	中原工学院	14YJA760039
15	艺术学	民俗艺术视角下的祝寿图像研究	青年基金项目	程波涛	安徽大学	14YJC760007
16	艺术学	城镇化进程中北方少数民族美术类非物质文化遗产的保护利用及其创意产业开发研究	青年基金项目	陈 佳	吉林大学	14YJC760003
17	艺术学	江南民间刺绣艺术特色及传承研究	青年基金项目	陈淑聪	嘉兴学院	14YJC760005
18	艺术学	民间传统手工技艺流程视角的工具设计研究	青年基金项目	朱宏轩	青岛理工大学	14YJC760093
19	艺术学	赫哲族鱼皮和桦皮设计艺术的历史与传承研究	青年基金项目	雷 鸣	石家庄经济学院	14YJC760024
20	艺术学	传统版画创作与数码新媒介的结合在设计实践中的关系研究	青年基金项目	黄 俊	武昌理工学院	14YJC760022

续表

序号	学科门类	项目名称	项目类别	申请人	学校名称	项目批准号
21	艺术学	川渝明清建筑木雕艺术资源数据库	青年基金项目	武文丰	西华师范大学	14YJC760065
22	艺术学	晚清碑派书法技法文献分类整理与研究	青年基金项目	徐海东	西南大学	14YJC760069
23	艺术学	藏彝走廊民间美术资源的调查整理与开发研究	青年基金项目	周梅	西南民族大学	14YJC760091
24	艺术学	新疆近代移民美术发展研究	青年基金项目	于海燕	新疆师范大学	14YJC760075
25	艺术学	民间传统手工艺传承中的"隐性知识"研究	青年基金项目	孙发成	浙江师范大学	14YJC760052
26	艺术学	土家族刺绣艺术现状及发展研究	青年基金项目	郭东梅	重庆师范大学	14YJC760015
27	艺术学	苏北纸塑狮子头非物质文化遗产的生产性保护与传播研究	自筹经费项目	仇琛	徐州工程学院	14YJE760001

四、2014年度教育部人文社会科学研究西部和边疆地区项目立项名单

序号	学科门类	项目名称	项目类别	申请人	学校名称	项目批准号
1	交叉学科/综合研究	西南地区民间美术的传承与教学体系建构	规划基金项目	邹艳红	成都师范学院	14XJAZH005

五、2014年度教育部人文社会科学研究新疆项目立项名单

序号	学科门类	项目名称	项目类别	申请人	学校名称	项目批准号
1	艺术学	新疆维吾尔族传统木雕家具艺术研究	青年基金项目	郭文礼	新疆师范大学	14XJJC760001

六、国家艺术基金2014年度传播交流推广资助项目（共79项）

序号	项目名称	申报主体名称
1	杨柳青木版年画系列展览	天津杨柳青画社
2	塔尔寺藏艺三绝	青海湟中县塔尔寺管委会

七、国家艺术基金2014年度人才培养资助项目（共41项）

序号	项目名称	申报主体名称
4	刺绣艺术创新青年人才培养	江南大学
2	篆刻艺术青年人才培养	中国艺术研究院
3	热贡唐卡艺术人才培养	青海黄南州热贡画院

传统技艺类立项统计表

一、2014年国家社科基金年度项目立项名单

序号	批准号	项目名称	负责人	工作单位	项目类别	学科分类
1	14BMZ066	蒙古族服饰文化的多学科研究	苏日娜	中央民族大学	一般项目	民族问题研究

续表

序号	批准号	项目名称	负责人	工作单位	项目类别	学科分类
2	14BMZ068	彝族漆文化遗产传承保护与发展研究	马锦卫	西南民族大学	一般项目	民族问题研究
3	14BMZ104	中国壮锦与东南亚相关织锦的综合研究	吴伟峰	广西壮族自治区博物馆	一般项目	民族问题研究
4	14BZS082	古代丝绸之路与华夏饮食文明对外传播网络研究	杜莉	四川旅游学院将	一般项目	中国历史

二、2014年度国家社科基金艺术学项目立项名单

序号	立项批准号	项目名称	项目负责人	项目负责人所在单位	立项类别
1	14BG066	四川藏羌民族工艺美术的田野调查与专题研究	卢丁	四川大学	一般项目
2	14BG067	宋元明清海上丝绸之路与漆艺文化研究	潘天波	江苏师范大学	一般项目
3	14BG074	传统泥片贴筑制陶工艺研究及影像记录	陆斌	南京艺术学院	一般项目
4	14BG080	宋锦织染艺术发展历史及活态传承研究	王晨	苏州市文化广电新闻出版局	一般项目
5	14BG082	中国少数民族纺染工艺文化研究	贾京生	清华大学	一般项目
6	14BG083	山西传统民居营造技艺调查与研究	薛林平	北京交通大学	一般项目
7	14BG084	中国手工产业生态状况调研与地方政策建议	江黎	中央美术学院	一般项目
8	14CG125	器物、手工艺遗产与关中文化研究	孟凡行	天津工业大学	青年项目

三、2014年度教育部人文社会科学研究规划基金、青年基金、自筹经费项目立项名单

序号	学科门类	项目名称	项目类别	申请人	学校名称	项目批准号
1	交叉学科/综合研究	艺术人类学视野下景德镇传统陶瓷本土性现代化的嬗变与建构	青年基金项目	凌宇	景德镇陶瓷学院	14YJCZH092

四、国家艺术基金2014年度人才培养资助项目（共41项）

序号	项目名称	申报主体名称
1	景泰蓝工艺设计人才培养	北京汉艺煌景泰蓝工艺品有限公司
2	徽州漆器髹饰技艺人才培养	安徽省黄山市安海文化传播有限公司

传统医药类立项统计表

一、2014 年国家社科基金年度项目立项名单

序号	批准号	项目名称	负责人	工作单位	项目类别	学科分类
1	14BMZ059	医学人类学视野下傣族传统医药的传承与保护研究	段忠玉	云南中医学院	一般项目	民族问题研究
2	14BZS005	成都老官山汉墓出土医简整理研究	李继明	成都中医药大学	一般项目	中国历史
3	14BZS009	新疆出土医药文献整理研究	王兴伊	上海中医药大学	一般项目	中国历史
4	14BZS120	清代瘟病知识的建构与江南社会研究	张田生	渭南师范学院	一般项目	中国历史
5	14BYY017	敦煌古籍医经医理类文献英译及研究	张焱	西安理工大学	一般项目	语言学

二、2014 年国家社科基金青年项目立项名单

序号	批准号	项目名称	负责人	工作单位	项目类别	学科分类
1	14CYY029	秦汉简帛涉医文献疑难字词研究及数据库建设	刘建民	山西大学	青年项目	语言学

三、2014 年度教育部人文社会科学研究规划基金、青年基金、自筹经费项目立项名单

序号	学科门类	项目名称	项目类别	申请人	学校名称	项目批准号
1	法学	中医药技术秘密保护制度研究	青年基金项目	王艳翚	南京中医药大学	14YJC820053
2	国际问题研究	藏医学-印度阿育吠陀医学知识的数据挖掘和对比研究	青年基金项目	邝婷婷	成都中医药大学	14YJCGJW006
3	交叉学科/综合研究	清代中医古籍训诂研究	规划基金项目	黄作阵	北京中医药大学	14YJAZH036
4	交叉学科/综合研究	山东当代名老中医口述史研究	规划基金项目	张成博	山东中医药大学	14YJAZH104
5	交叉学科/综合研究	古代涉医画像石及壁画研究	规划基金项目	杨金萍	山东中医药大学	14YJAZH094
6	图书馆、情报与文献学	苏沪医籍考	规划基金项目	刘时觉	温州医科大学	14YJA870007
7	语言学	两套中医译名标准化方案：问题与对策	规划基金项目	李永安	陕西中医学院	14YJA740019
8	交叉学科/综合研究	医药本科生 PBL 模式教学质量评价体系研究	青年基金项目	王君明	河南中医学院	14YJCZH147

民俗类立项统计表

一、2014年国家社科基金年度项目立项名单

序号	批准号	项目名称	负责人	工作单位	项目类别	学科分类
1	14AZJ005	东海海岛民间信仰谱系研究	田兆元	华东师范大学	重点项目	宗教学
2	14AGL025	闽台历史民俗文化资源保护与产业化问题研究	刘芝凤	厦门理工学院	重点项目	管理学
3	14BSH057	文化创新视域下西部少数民族传统节日的社会功能研究	李银兵	玉溪师范学院	一般项目	社会学
4	14BSH062	新型城镇化进程中传统民俗文化的教育传承研究	孙宽宁	山东师范大学	一般项目	社会学
5	14BSH060	传统文化的社会功能及其在云南边疆民族地区社会治理中的运用研究	赵世林	云南民族大学	一般项目	社会学
6	14BMZ048	敦煌出土文献中的神秘民俗文化研究	王伟琴	河南牧业经济学院	一般项目	民族问题研究
7	14BMZ050	贵州传统村落民俗数学调查研究	罗永超	凯里学院	一般项目	民族问题研究
8	14BMZ066	蒙古族服饰文化的多学科研究	苏日娜	中央民族大学	一般项目	民族问题研究
9	14BMZ064	赫哲族传统文化传承与社会发展问题研究	刘敏	佳木斯大学	一般项目	民族问题研究
10	14BZJ035	华南地区民间信仰的现状、功能及管理研究	贺璋瑢	华南师范大学	一般项目	宗教学
11	14BZJ036	山西民间信仰石刻资料收集整理与研究	宁俊伟	山西大学	一般项目	宗教学
12	14BZJ042	仡佬族傩仪文献的搜集、整理与研究	罗中昌	遵义师范学院	一般项目	宗教学
13	14BZW042	先秦两汉民间信仰与文学研究	姚圣良	信阳师范学院	一般项目	中国文学
14	14BYY131	蒙古民俗语及其文化传承研究	包文成	内蒙古大学	一般项目	语言学
15	14BTY023	民俗体育文化传承与新型城镇化建设关系研究	涂传飞	江西财经大学	一般项目	体育学

二、2014年国家社科基金青年项目立项名单

序号	批准号	项目名称	负责人	工作单位	项目类别	学科分类
1	14CMZ014	城镇化背景下新疆维吾尔族村落民俗文化变迁研究	张旭	昌吉学院	青年项目	民族问题研究
2	14CZS017	中国中古文殊信仰研究	许栋	太原师范学院	青年项目	中国历史

续表

序号	批准号	项目名称	负责人	工作单位	项目类别	学科分类
3	14CZW064	中国厕神信仰考论	刘勤	四川师范大学	青年项目	中国文学
4	14CKG007	中原地区周代丧葬礼俗与社会分群、分层研究	部向平	郑州大学	青年项目	考古学

三、2014年国家社科基金西部项目立项名单

序号	项目名称	项目负责人	项目负责人所在单位
1	蒙古族民俗文化传承与变迁研究	阿民布和	赤峰学院
2	新疆屯垦社会民俗文化研究	薛洁	石河子大学
3	中国与越南跨境民族节日习俗研究	李彩云	百色学院
4	藏区民间占卜类古籍文献的搜集、整理及研究	房继荣	甘肃民族师范学院
5	科尔沁萨满传人的成萨满过程研究	哈顺图雅	内蒙古大学
6	成吉思汗苏力德信仰研究	那仁敖其尔	内蒙古农业大学
7	甘南藏族游牧民传统婚姻文化的动态传承与现代嬗变研究	刘军君	兰州商学院
8	蒙古族自然崇拜及其生态意识研究	阿拉坦格日乐	内蒙古民族大学
9	赣闽粤客家民间信仰及其影响研究	林晓平	赣南师范学院
10	中国藏区民间格萨尔信仰的田野考察	索加本	青海民族大学
11	藏彝走廊多元信仰与社区治理的人类学研究	罗明军	云南省社会科学院

四、2014年度教育部人文社会科学研究规划基金、青年基金、自筹经费项目立项名单

序号	学科门类	项目名称	项目类别	申请人	学校名称	项目批准号
1	民族学与文化学	高寒草地生态安全对藏民族草原文化传承与发展的影响研究	规划基金项目	刘文辉	新疆师范高等专科学校	14YJA850010
2	民族学与文化学	安多藏区多元信仰影响下的藏汉民族关系研究	青年基金项目	赵海军	兰州大学	14YJC850016
3	民族学与文化学	山西晋祠公共空间的历史表述与当代建构	青年基金项目	高忠严	山西师范大学	14YJC850004
4	民族学与文化学	新疆北部汉族移民乡村社会文化的人类学调查与研究	青年基金项目	李媛	新疆师范大学	14YJC850008
5	新闻学与传播学	记录与继承：中国传统文化保护与传承研究	规划基金项目	雷建军	清华大学	14YJA860003
6	体育科学	巴蜀武术文化流变的民俗地图集研究	规划基金项目	张国栋	西南大学	14YJA890017
7	历史学	元明之际礼俗变革研究	青年基金项目	张佳佳	复旦大学	14YJC770041

附录三 其他

第三届"中华非物质文化遗产传承人薪传奖"获奖人员名单

序号	省份	姓名	性别	民族	出生年月	项目类别	项目名称
1	北京市	葛凤麟	男	汉	1955.6	传统医药	中医诊法（葛氏捏筋拍打疗法）
2		王秀兰	女	汉	1954.9	传统技艺	花茶制作技艺（张一元茉莉花茶制作技艺）
3	天津市	魏国秋	男	汉	1961.1	传统技艺	风筝制作技艺（天津风筝魏制作技艺）
4		陈佩华	女	汉	1933.8	传统戏剧	评剧
5	河北省	许荷英	女	汉	1963.12	传统戏剧	河北梆子
6		边树森	男	汉	1940.11	传统戏剧	石家庄丝弦
7	山西省	王爱爱	女	汉	1940.7	传统戏剧	晋剧
8		段铁成	男	汉	1944.4	传统舞蹈	高跷（高跷走兽）
9	内蒙古自治区	莫德格	女	蒙古	1932.2	传统音乐	蒙古族长调民歌
10		罗布生	男	蒙古	1944.4	民间文学	格萨（斯）尔
11	辽宁省	金明焕	男	朝鲜	1948.8	传统舞蹈	朝鲜族农乐舞（乞粒舞）
12		冯军	男	汉	1961.2	传统技艺	本溪松花石砚雕刻技艺（省级项目）
13	吉林省	倪友芝	女	满	1939.1	传统美术	剪纸（长白山满族剪纸）
14		金季凤	男	朝鲜	1937.2	传统技艺	民族乐器制作技艺（朝鲜族民族乐器制作技艺）
15	黑龙江省	谷宝珍	女	满	1952.4	传统戏剧	皮影戏（望奎县皮影戏）
16		尤文凤	女	赫哲	1952.2	传统技艺	赫哲族鱼皮制作技艺
17	上海市	周皓	男	汉	1929.1	传统音乐	江南丝竹
18		徐振高	男	汉	1932.10	传统技艺	民族乐器制作技艺（上海民族乐器制作技艺）
19	江苏省	秦德祥	男	汉	1939.5	民间文学	吟诵调（常州吟诵）
20		陆斌	男	汉	1965.4	传统美术	木雕（南通红木雕刻）

续表

序号	省份	姓名	性别	民族	出生年月	项目类别	项目名称
21	浙江省	汪世瑜	男	汉	1941.4	传统戏剧	昆曲
22		倪东方	男	汉	1928.1	传统美术	青田石雕
23		魏立中	男	汉	1968.6	传统技艺	木版水印技艺
24		金全才	男	汉	1942.12	传统技艺	台州玻璃雕刻技艺
25		朱炳仁	男	汉	1944.11	传统技艺	铜雕技艺
26		孙亚青	女	汉	1959.7	传统技艺	制扇技艺（王星记扇）
27	安徽省	李龙斌	男	汉	1956.2	传统戏剧	徽剧
28	福建省	庄陈华	男	汉	1944.5	传统戏剧	木偶戏（漳州布袋木偶戏）
29		李凤荣	男	汉	1963.11	传统技艺	木雕（莆田木雕）
30		孙建兴	男	汉	1952.10	传统技艺	建窑建盏烧制技艺
31		刘国英	男	汉	1967.11	传统技艺	武夷岩茶（大红袍）制作技艺
32		张国王	男	汉	1969.11	传统技艺	"金镶玉"·"玉镶金"传统技艺
33	江西省	邓希平	女	汉	1942.11	传统技艺	景德镇手工制瓷技艺
34	山东省	霍俊萍	女	汉	1947.2	传统戏剧	五音戏
35	河南省	郭太运	男	汉	1926.1	传统美术	朱仙镇木版年画
36		任星航	男	汉	1955.1	传统技艺	钧瓷烧制技艺
37	湖北省	余家冰	女	汉	1944.1	传统音乐	老河口丝弦
38	湖南省	刘爱云	女	汉	1938.12	传统美术	湘绣
39		石顺民	女	苗	1949.11	传统舞蹈	湘西苗族鼓舞
40	广东省	李荣仔	男	汉	1965.9	传统舞蹈	狮舞（广东醒狮）
41		谢华	男	汉	1965.11	传统技艺	枫溪手拉朱泥壶制作技艺
42		黄松坚	男	汉	1941.10	传统技艺	石湾陶塑技艺
43	广西壮族自治区	吴普美栾	男	侗	1944.4	传统音乐	侗族大歌
44		罗周文	男	京	1935.5	民俗	京族哈节
45	海南省	梁家梁	男	汉	1934.10	传统戏剧	琼剧
46	重庆市	刘光瑞	男	汉	1956.5	传统医药	针灸（刘氏刺熨疗法）
47	四川省	王彪	男	汉	1965.4	传统戏剧	皮影戏（四川皮影戏）
48	贵州省	宋水仙	女	水	1966.6	传统美术	水族马尾绣
49	云南省	约相广拉	男	傣	1948.11	传统舞蹈	傣族孔雀舞
50	西藏自治区	罗布斯达	男	藏	1967.7	传统美术	藏族唐卡（勉唐画派）
51		贡嘎仁增	男	藏	1942.2	民俗	藏族天文历算
52	陕西省	胡深	男	汉	1934.10	传统美术	泥塑（凤翔泥塑）
53		许新萍	女	汉	1941.8	传统戏剧	汉调桄桄
54	甘肃省	马维雄	男	保安	1958.4	传统技艺	保安族腰刀锻制技艺
55		李扎西	男	藏	1949.1	传统舞蹈	多地舞

续表

序号	省份	姓名	性别	民族	出生年月	项目类别	项目名称
56	青海省	夏吾角	男	土	1966.4	传统美术	热贡艺术
57		何满	男	汉	1965.4	传统技艺	银铜器制作及鎏金技艺
58	宁夏回族自治区	杨华祥	男	回	1952.8	传统医药	回族医药（回族汤瓶八诊疗法）
59	新疆维吾尔自治区	居素普·玛玛依	男	柯尔克孜	1918（于2014年6月1日去世）	民间文学	玛纳斯
60	新疆建设兵团	刘淑珍	女	汉	1951.12	曲艺	新疆曲子戏

第二批国家级非物质文化遗产生产性保护示范基地名单（59家企业或单位）

序号	省份	企业或单位名称	项目类别	项目名称
1	北京	中国北京同仁堂（集团）有限责任公司	传统医药	同仁堂中医药文化（传统中药材炮制技艺）
2	天津	天津杨柳青画社	传统美术	杨柳青木版年画
3	河北	峰峰矿区大家陶艺有限责任公司	传统技艺	磁州窑烧制技艺
4	河北	衡水一壶斋工艺品有限公司	传统美术	衡水内画
5		大厂回族自治县良盛达花丝镶嵌特艺有限公司	传统技艺	花丝镶嵌制作技艺
6	山西	山西广誉远国药有限公司	传统医药	中医传统制剂方法（龟龄集传统制作技艺、定坤丹制作技艺）
7		稷山赵氏四味坊传统面点传习中心	传统技艺	传统面食制作技艺（稷山传统面点制作技艺）
8	内蒙古	阿拉善左旗恒瑞翔地毯有限责任公司	传统技艺	地毯织造技艺（阿拉善地毯织造技艺）
9	辽宁	阜新市细河区珏艺轩玛瑙素活制品厂	传统美术	阜新玛瑙雕
10	吉林	延吉市民族乐器研究所	传统技艺	民族乐器制作技艺（朝鲜族民族乐器制作技艺）
11	黑龙江	哈尔滨市群力新区文化产业发展中心	传统美术	剪纸（方正剪纸）
12	上海	上海周虎臣曹素功笔墨有限公司	传统技艺	毛笔制作技艺（周虎臣毛笔制作技艺）徽墨制作技艺（曹素功墨锭制作技艺）
13		上海朵云轩艺术发展有限公司	传统技艺	木版水印技艺

续表

序号	省份	企业或单位名称	项目类别	项目名称
14	江苏	苏州镇湖刺绣艺术馆有限公司	传统美术	苏绣
15		扬州广陵古籍刻印社	传统技艺	雕版印刷技艺
16	浙江	杭州王星记扇业有限公司	传统技艺	制扇技艺（王星记扇）
17		湖州市善琏湖笔厂	传统技艺	湖笔制作技艺
18		金星铜集团有限公司	传统技艺	铜雕技艺
19	安徽	黄山徽州竹艺轩雕刻有限公司	传统美术	徽州三雕
20	福建	福建省德化县宏益陶瓷雕塑研究所	传统技艺	德化瓷烧制技艺
21		厦门惟艺漆线雕艺术有限公司	传统技艺	厦门漆线雕技艺
22		莆田市善艺李氏工艺有限公司	传统美术	木雕（莆田木雕）
23	江西	江西婺源朱子实业有限公司	传统技艺	歙砚制作技艺
24	山东	鄄城县鲁锦工艺品有限责任公司	传统技艺	鲁锦织造技艺
25		潍坊杨家埠民俗艺术有限公司	传统技艺 传统美术	风筝制作技艺（潍坊风筝） 杨家埠木版年画
26	河南	洛阳九朝文物复制品有限公司	传统技艺	唐三彩烧制技艺
27		开封市素花宋绣工艺有限公司	传统美术	汴绣
28		汝州市朱文立汝瓷艺术有限公司	传统技艺	汝瓷烧制技艺
29	湖北	武汉高龙城投资管理有限公司	传统美术	木雕（武汉木雕船模）
30		孝感天仙雕花剪纸有限公司	传统美术	剪纸（孝感雕花剪纸）
31		夏氏丹药制作基地（夏大中）	传统医药	中医传统制剂方法（夏氏丹药制作技艺）
32		荆州市唯楚木艺有限公司	传统技艺	漆器髹饰技艺（楚式漆器髹饰技艺）
33		黄梅巾帼挑花工艺有限公司	传统美术	挑花（黄梅挑花）
34	湖南	湖南省湘绣研究所	传统美术	湘绣
35		醴陵陈扬龙釉下五彩瓷艺术中心	传统技艺	醴陵釉下五彩瓷烧制技艺
36	广东	潮州市潮绣研究所	传统美术	粤绣（潮绣）
37		肇庆市端州区华兴端砚厂	传统技艺	端砚制作技艺
38	海南	海南合田旅业有限公司	传统技艺	黎族传统纺染织绣技艺
39		海南锦绣织贝实业有限公司	传统技艺	黎族传统纺染织绣技艺
40	广西	广西钦州坭兴陶艺有限公司	传统技艺	陶器烧制技艺（钦州坭兴陶烧制技艺）
41	重庆	重庆市永川豆豉食品有限公司	传统技艺	豆豉酿制技艺（永川豆豉酿制技艺）

续表

序号	省份	企业或单位名称	项目类别	项目名称
42	四川	康定大吉香巴拉文化发展有限公司	传统美术	藏族唐卡（噶玛嘎孜画派）
43		凉山彝族自治州民政民族工艺厂	传统技艺	彝族漆器髹饰技艺
44		四川省青神县云华竹旅有限公司	传统美术	竹编（青神竹编）
45		汶川杨华珍藏羌织绣文化传播有限公司	传统美术	藏族编织、挑花刺绣工艺羌族刺绣
46	贵州	台江芳佤银饰刺绣有限公司	传统美术	苗绣
47		贵州丹寨宁航蜡染有限公司	传统技艺	苗族蜡染技艺
48	云南	剑川县兴艺古典木雕家具厂	传统美术	木雕（剑川木雕）
49		大理市周城璞真综艺染坊	传统技艺	白族扎染技艺
50	西藏	拉萨市城关区古艺建筑美术公司	传统技艺	藏族矿植物颜料制作技艺
51		西藏唐卡画院	传统美术	藏族唐卡（勉萨画派）
52	青海 陕西	金诃藏药药业股份有限公司	传统医药	藏医药（七十味珍珠丸赛太炮制技艺）
53		囊谦藏族民间黑陶工艺有限责任公司	传统技艺	陶器烧制技艺（藏族黑陶烧制技艺）
54		铜川市印台区陈炉镇民间工艺瓷厂	传统技艺	耀州窑陶瓷烧制技艺
55	甘肃	夏河县拉扑楞摩尼宝藏族文化艺术有限公司	传统美术	藏族唐卡（甘南藏族唐卡）
56	宁夏	宁夏隆德杨氏彩塑文物艺术有限公司	传统美术	泥塑（杨氏家庭泥塑）
57	新疆	和田托提瓦柯桑皮纸国家贸易有限公司	传统技艺	维吾尔族桑皮纸制作技艺
58		洛浦县时代地毯厂	传统技艺	地毯织造技艺（维吾尔族地毯织造技艺）
59	新疆兵团	新疆生产建设兵团农业建设第六师红旗农场	传统美术	哈萨克毡绣和布绣

国家级非物质文化遗产代表性项目保护单位调整和重新认定名单（121项）

序号	省份	项目编号	项目名称	申报地区或单位	批次	文化部原核定的保护单位名称	重新认定后的保护单位名称
1	北京	Ⅲ-42	鼓舞（花钹大鼓）	北京市昌平区	(2)	昌平区小汤山镇后牛坊村村民委员会	北京市昌平区小汤山镇文化服务中心（北京市昌平区小汤山镇宣传教育中心）

续表

序号	省份	项目编号	项目名称	申报地区或单位	批次	文化部原核定的保护单位名称	重新认定后的保护单位名称
2	北京	V-49	单弦牌子曲（含岔曲）	北京市西城区	(2)	西城区文化馆	北京市西城区非物质文化遗产保护中心
3	北京	V-57	北京评书	北京市宣武区	(2)	宣武区文化馆	北京市西城区非物质文化遗产保护中心
4	北京	X-42	厂甸庙会	北京市宣武区	(1)	北京市宣武区文化委员会	北京市西城区非物质文化遗产保护中心
5	北京	VI-70	口技	北京市西城区	(3)	北京市西城区文化馆	北京自然之声文化发展有限公司
6	北京	X-71	元宵节（敛巧饭习俗）	北京市怀柔区	(2)	怀柔区琉璃庙镇人民政府	北京怀柔云蒙山书画院
7	北京	III-2	秧歌（小红门地秧歌）	北京市朝阳区	(1-2)	无	北京市朝阳区小红门乡（地区）文化服务中心
8	北京	X-84	庙会（妙峰山庙会）	北京市门头沟区	(2)	北京市妙峰山景区管理处	北京市门头沟区妙峰山花会协会
9	河北	IV-22	河北梆子	河北省	(1)	河北省河北梆子剧院	河北省河北梆子剧院演艺有限公司
10	河北	VII-15	衡水内画	河北省衡水市	(1)	河北省衡水市中国内画艺术之乡展览馆	衡水内画艺术博物馆
11	河北	VIII-144	蒸馏酒传统酿造技艺（衡水老白干传统酿造技艺）	河北省衡水市	(2)	河北省裕丰实业股份有限公司	河北衡水老白干酒业股份有限公司
12	河北	VI-13	沙河藤牌阵	河北省沙河市	(1)	沙河市文化馆	邢台经济开发区藤牌阵研究会
13	河北	VI-26	形意拳	河北省深州市	(2)	深州市文化体育联合会	深州市形意拳协会
14	辽宁	VII-29	岫岩玉雕	辽宁省岫岩满族自治县	(1)	岫岩满族自治县友联玉器厂	岫岩满族自治县非物质文化遗产保护中心
15	辽宁	I-18	古渔雁民间故事	辽宁省大洼县	(1)	辽宁省大洼县二界沟海上文化管理所	大洼县文化馆

续表

序号	省份	项目编号	项目名称	申报地区或单位	批次	文化部原核定的保护单位名称	重新认定后的保护单位名称
16	辽宁	Ⅴ-6	东北大鼓	辽宁省沈阳市	(1)	辽宁省沈阳市非物质文化遗产保护中心	沈阳市群众艺术馆
17	辽宁	Ⅳ-91	皮影戏（凌源皮影戏）	辽宁省凌源市	(1)	辽宁省凌源市非物质文化遗产保护中心	凌源市非物质文化遗产保护中心
18	吉林	Ⅰ-12	满族说部	吉林省	(1)	吉林省文化厅	吉林省艺术研究院（吉林省非物质文化遗产保护中心）
19	吉林	Ⅱ-35	蒙古族马头琴音乐	吉林省前郭尔罗斯蒙古族自治县	(1-1)	前郭尔罗斯蒙古族自治县歌舞传习中心（马头琴乐团）	前郭尔罗斯蒙古族自治县民族歌舞传习中心
20	吉林	Ⅱ-147	阿里郎	吉林省延边朝鲜族自治州	(3)	吉林省延边文化艺术研究中心	延边文化艺术研究中心（延边非物质文化遗产保护中心）
21	吉林	Ⅳ-101	黄龙戏	吉林省农安县	(2)	农安县黄龙戏剧团	农安县黄龙戏传承保护中心
22	吉林	Ⅴ-35	东北二人转	吉林省	(1)	吉林省艺术研究院	吉林省艺术研究院（吉林省非物质文化遗产保护中心）
23	吉林	Ⅴ-102	盘索里	吉林省延边朝鲜族自治州	(3)	吉林省延边歌舞团	延边歌舞团（延边话剧团）
24	吉林	Ⅹ-5	中秋节（秋夕）	吉林省延边朝鲜族自治州	(1-2)	吉林省延边文化艺术研究中心	延边文化艺术研究中心（延边非物质文化遗产保护中心）
25	吉林	Ⅹ-109	朝鲜族服饰	吉林省延边朝鲜族自治州	(2)	延边朝鲜族自治州非物质文化遗产保护中心	延边文化艺术研究中心（延边非物质文化遗产保护中心）
26	黑龙江	Ⅹ-13	鄂伦春族古伦木沓节	黑龙江省	(1)	黑龙江省民族研究所	黑河市爱辉区文化馆
27	福建	Ⅰ-30	畲族小说歌	福建省霞浦县	(1)	福建省霞浦县文化馆	霞浦县福宁文化艺术交流中心
28	福建	Ⅱ-44	十番音乐（闽西客家十番音乐）	福建省龙岩市	(1)	福建省龙岩市文化馆	福建省龙岩市艺术馆

续表

序号	省份	项目编号	项目名称	申报地区或单位	批次	文化部原核定的保护单位名称	重新认定后的保护单位名称
29	福建	Ⅲ-65	高山族拉手舞	福建省华安县	(2)	华安县文化体育局	福建省华安县文化馆
30	福建	Ⅳ-10	永安大腔戏	福建省永安市	(1)	福建省永安市青水畲族乡文化服务中心	永安市青水畲族乡新农村建设服务中心（永安市青水畲族乡村镇建设规划站）
31	福建	Ⅳ-45	闽剧	福建省福州市	(1)	福建省福州闽剧院	福州闽剧艺术传承发展中心
32	福建	Ⅷ-28	客家土楼营造技艺	福建省龙岩市	(1)	福建省龙岩市文化与出版局	福建客家土楼文化传播有限公司
33	福建	Ⅹ-71	元宵节（枫亭元宵游灯习俗）	福建省仙游县	(2)	仙游县枫亭文化研究会	仙游县枫亭元宵游灯民俗学会
34	福建	Ⅹ-71	元宵节（闽西客家元宵节庆）	福建省连城县	(2)	连城县民间文化艺术研究所	连城县文化馆
35	福建	Ⅹ-85	民间信俗（保生大帝信俗）	福建省厦门市海沧区	(2)	厦门市海沧区青礁慈济宫理事会	厦门市青礁慈济宫
36	福建	Ⅹ-87	抬阁（芯子、铁枝、飘色）（霍童铁枝）	福建省宁德市蕉城区	(2)	宁德市蕉城区霍童镇综合文化站	宁德市蕉城区霍童镇文化服务中心
37	河南	Ⅲ-45	灯舞（苏家作龙凤灯舞）	河南省博爱县	(2)	博爱县非物质文化遗产保护中心	焦作市群众艺术馆（焦作市非物质文化遗产保护中心）
38	河南	Ⅳ-91	皮影戏（罗山皮影戏）	河南省罗山县	(1-1)	罗山县皮影戏剧团	罗山县人民文化馆
39	河南	Ⅳ-124	二股弦	河南省武陟县	(2)	武陟县大司马二股弦剧团	武陟县文化馆
40	河南	Ⅶ-56	石雕（方城石猴）	河南省方城县	(2)	方城石猴文化遗产保护中心	方城县文化馆
41	河南	Ⅱ-37	唢呐艺术	河南省沁阳市	(1)	河南省沁阳市文化馆	沁阳市群众艺术馆
42	河南	Ⅱ-123	锣鼓艺术（大铜器）	河南省西平县	(2)	西平县文化馆	西平县人民文化馆
43	河南	Ⅲ-43	麒麟舞	河南省兰考县	(2)	兰考县文化馆	兰考县人民文化馆

续表

序号	省份	项目编号	项目名称	申报地区或单位	批次	文化部原核定的保护单位名称	重新认定后的保护单位名称
44	河南	Ⅳ-26	大平调	河南省濮阳县	(1)	河南省濮阳县大平调剧团	濮阳县大平调艺术保护传承中心
45	河南	Ⅳ-27	越调	河南省周口市	(1)	河南省越调剧团	河南省越调艺术保护传承中心
46	河南	Ⅳ-27	越调	河南省许昌市	(1-1)	许昌市越调剧团	许昌市戏曲艺术发展中心（许昌市越调艺术保护传承中心）
47	河南	Ⅳ-43	柳子戏	河南省清丰县	(1-1)	清丰县柳子剧团	清丰县柳子戏艺术传承中心
48	河南	Ⅳ-44	大弦戏	河南省濮阳县	(1)	河南省濮阳县大弦戏剧团	濮阳县大弦戏艺术保护传承中心
49	河南	Ⅳ-50	四平调	河南省濮阳市	(1)	河南省濮阳市范县四平调剧团	范县四平调艺术传播研究中心
50	河南	Ⅳ-50	四平调	河南省商丘市	(1)	河南省商丘市四平调剧团	商丘市梁园区四平调艺术研究中心
51	河南	Ⅳ-68	曲剧	河南省	(1)	河南省曲剧团	河南省曲剧艺术保护传承中心
52	河南	Ⅵ-49	东北庄杂技	河南省濮阳市	(2)	濮阳杂技艺术学校东北庄分校	濮阳市华龙区东北庄杂技艺术学校
53	河南	Ⅶ-57	玉雕（镇平玉雕）	河南省镇平县	(2)	镇平县石佛寺珠宝玉雕集团公司	镇平县石佛寺珠宝玉雕有限公司
54	河南	Ⅶ-65	木版年画（滑县木版年画）	河南省滑县	(2)	滑县文化馆	滑县人民文化馆
55	湖南	Ⅱ-54	土家族打溜子	湖南省湘西土家族苗族自治州	(1)	湖南省湘西土家族苗族自治州民族民间文化保护中心	湘西土家族苗族自治州非物质文化遗产保护中心
56	湖南	Ⅱ-95	新化山歌	湖南省娄底市	(2)	新化梅山（蚩尤）文化研究室	新化县梅山蚩尤文化研究发展中心
57	湖南	Ⅲ-17	土家族摆手舞	湖南省湘西土家族苗族自治州	(1)	湖南省湘西土家族苗族自治州民族民间文化保护中心	湘西土家族苗族自治州非物质文化遗产保护中心

续表

序号	省份	项目编号	项目名称	申报地区或单位	批次	文化部原核定的保护单位名称	重新认定后的保护单位名称
58	湖南	Ⅲ-30	湘西苗族鼓舞	湖南省湘西土家族苗族自治州	(1)	湖南省湘西土家族苗族自治州民族民间文化保护中心	湘西土家族苗族自治州非物质文化遗产保护中心
59	湖南	Ⅲ-31	湘西土家族毛古斯舞	湖南省湘西土家族苗族自治州	(1)	湖南省湘西土家族苗族自治州民族民间文化保护中心	湘西土家族苗族自治州非物质文化遗产保护中心
60	湖南	Ⅴ-27	常德丝弦	湖南省常德市	(1)	湖南省常德市群众艺术馆	常德市文化馆
61	湖南	Ⅷ-18	土家族织锦技艺	湖南省湘西土家族苗族自治州	(1)	湖南省湘西土家族苗族自治州民族民间文化保护中心	湘西土家族苗族自治州非物质文化遗产保护中心
62	湖南	Ⅸ-11	传统中医药文化（九芝堂传统中药文化）	湖南省九芝堂股份有限公司	(2)	湖南省九芝堂股份有限公司	九芝堂股份有限公司
63	湖南	Ⅹ-69	女书习俗	湖南省江永县	(1)	湖南省永州市江永县文化局	江永县"三千文化"保护管理处
64	湖南	Ⅱ-10	桑植民歌	湖南省桑植县	(1)	湖南省桑植县文化馆	桑植县非物质文化遗产保护中心
65	湖南	Ⅳ-1	昆曲	湖南省	(1)	湖南省郴州市昆剧团	湖南省昆剧团
66	湖南	Ⅳ-7	高腔（辰河高腔）	湖南省泸溪县	(1)	湖南省泸溪县文化馆	泸溪县非物质文化遗产保护中心
67	湖南	Ⅳ-34	巴陵戏	湖南省岳阳市	(1)	岳阳巴陵戏传承研究院	岳阳市巴陵戏传承研究院（岳阳市艺术剧院）
68	湖南	Ⅳ-91	皮影戏（湖南皮影戏）	湖南省衡山县	(1-1)	湖南省衡山县开云皮影艺术剧团	衡山县文化馆（衡山县非物质文化遗产保护中心）
69	湖南	Ⅷ-24	蓝印花布印染技艺	湖南省凤凰县	(1-1)	湖南省凤凰县刘大炮染匠铺	凤凰县非物质文化遗产保护中心
70	湖南	Ⅷ-40	苗族银饰锻制技艺	湖南省凤凰县	(1)	湖南省湘西土家族苗族自治州凤凰县民族民间文化保护中心	凤凰县非物质文化遗产保护中心

续表

序号	省份	项目编号	项目名称	申报地区或单位	批次	文化部原核定的保护单位名称	重新认定后的保护单位名称
71	湖南	X-33	炎帝陵祭典	湖南省炎陵县	(1)	湖南省炎陵县文化局	炎陵县文化馆
72	湖南	X-77	苗族四月八姑娘节	湖南省绥宁县	(2)	绥宁县非物质文化遗产保护中心	绥宁县文化馆
73	广东	Ⅱ-49	广东音乐	广东省广州市	(1)	广东音乐曲艺发展有限公司	广东音乐曲艺团有限公司
74	广东	Ⅲ-4	龙舞（荷塘纱龙）	广东省江门市蓬江区	(1-1)	江门市蓬江区荷塘镇文化站	江门市蓬江区荷塘镇文体服务中心
75	广东	Ⅲ-4	龙舞（醉龙）	广东省中山市	(1-1)	中山市西区宣传文化中心	中山市西区宣传文体服务中心（综合文化站、档案馆）
76	广东	Ⅲ-5	狮舞（广东醒狮）	广东省广州市	(1)	广州市番禺区沙湾镇社会事务服务中心	广州市番禺区沙湾文化中心
77	广东	Ⅲ-5	狮舞（席狮舞）	广东省梅州市	(1-1)	梅州市梅江区非物质文化遗产保护中心	梅州市梅江区文化馆
78	广东	Ⅳ-65	采茶戏（粤北采茶戏）	广东省韶关市	(1-2)	韶关市采茶剧团	韶关市文化馆
79	广东	Ⅴ-108	粤曲	广东省广州市	(3)	广东音乐曲艺发展有限公司	广东音乐曲艺团有限公司
80	广东	Ⅶ-92	新会葵艺	广东省江门市新会区	(2)	江门市新会区会城葵乡传统工艺品开发中心	新会区会城葵乡传统工艺品经营中心
81	广东	Ⅷ-127	漆器髹饰技艺（阳江漆器髹饰技艺）	广东省阳江市	(2-1)	阳江市文化馆（阳江市美术馆、阳江市非物质文化遗产保护中心）	阳江漆艺院有限公司
82	广东	Ⅷ-132	白沙茅龙笔制作技艺	广东省江门市	(2)	江门市非物质文化遗产保护中心	江门市文化馆（江门市非物质文化遗产保护中心、江门市艺术研究室）
83	广东	X-87	抬阁（芯子、铁枝、飘色）（南朗崖口飘色）	广东省中山市	(2)	中山市南朗镇宣传文化中心	中山市南朗镇宣传文体服务中心（综合文化站）

附录三 其他

续表

序号	省份	项目编号	项目名称	申报地区或单位	批次	文化部原核定的保护单位名称	重新认定后的保护单位名称
84	广东	Ⅶ-91	镶嵌（嵌瓷）	广东省普宁市	（2）	普宁市文化馆嵌瓷技艺研究室	普宁市文化馆
85	广东	Ⅳ-15	正字戏	广东省陆丰市	（1）	广东省陆丰市正字戏剧团	陆丰市正字戏传承保护中心
86	广东	Ⅳ-91	皮影戏（陆丰皮影戏）	广东省汕尾市	（1）	广东省陆丰市皮影剧团	陆丰市皮影戏传承保护中心
87	广东	Ⅳ-150	雷剧	广东省雷州市	（3）	雷州市雷剧团	雷州市名城雷剧演出有限公司
88	广东	Ⅲ-4	龙舞（湛江人龙舞）	广东省湛江市	（1）	广东省湛江市东海岛经济开发试验区文化馆	湛江人龙舞艺术团
89	广东	Ⅹ-90	祭祖习俗（下沙祭祖）	广东省深圳市福田区	（2-1）	无	深圳市沙头下沙实业股份有限公司
90	海南	Ⅷ-153	晒盐技艺（海盐晒制技艺）	海南省儋州市	（2）	儋州市光村镇双墩盐场	儋州市文化馆
91	广西	Ⅹ-67	瑶族服饰	广西壮族自治区贺州市	（1）	广西壮族自治区贺州市非物质文化遗产保护中心	贺州市群众艺术馆
92	广西	Ⅹ-14	瑶族盘王节	广西壮族自治区贺州市	（1）	广西壮族自治区贺州市文化局	贺州市群众艺术馆
93	广西	Ⅹ-7	京族哈节	广西壮族自治区东兴市	（1）	广西壮族自治区东兴市文化和体育局	东兴市文化馆
94	广西	Ⅷ-30	侗族木构建筑营造技艺	广西壮族自治区三江侗族自治县	（1）	广西壮族自治区三江侗族自治县非物质文化遗产保护中心	三江侗族自治县非物质文化遗产保护与发展中心
95	广西	Ⅱ-28	侗族大歌	广西壮族自治区三江侗族自治县	（1）	广西壮族自治区三江侗族自治县非物质文化遗产保护中心	三江侗族自治县非物质文化遗产保护与发展中心
96	广西	Ⅱ-32	那坡壮族民歌	广西壮族自治区那坡县	（1）	广西壮族自治区那坡县非物质文化遗产保护中心	那坡县民族文化传承展示中心

续表

序号	省份	项目编号	项目名称	申报地区或单位	批次	文化部原核定的保护单位名称	重新认定后的保护单位名称
97	重庆	V-75	四川扬琴	重庆市曲艺团	(2-1)	重庆市演艺集团有限责任公司曲艺分公司	重庆演艺集团有限责任公司
98	重庆	V-77	四川清音	重庆市曲艺团	(2-1)	重庆市演艺集团有限责任公司曲艺分公司	重庆演艺集团有限责任公司
99	重庆	V-110	四川评书	重庆市曲艺团	(3)	重庆市演艺集团有限责任公司曲艺分公司	重庆演艺集团有限责任公司
100	重庆	Ⅷ-81	制扇技艺（荣昌折扇）	重庆市荣昌县	(1-1)	重庆市荣昌折扇有限责任公司	荣昌县文化馆
101	重庆	Ⅷ-211	土家族吊脚楼营造技艺	重庆市石柱土家族自治县	(3)	无	石柱土家族自治县文化馆
102	四川	Ⅷ-98	陶器烧制技艺（荣经砂器烧制技艺）	四川省荣经县	(2)	四川省荣经县朱氏砂器厂	荣经县非物质文化遗产保护中心
103	四川	Ⅷ-128	彝族漆器髹饰技艺	四川省喜德县	(2)	喜德民众民族工艺厂	凉山彝族自治州民政民族工艺厂
104	贵州	Ⅰ-1	苗族古歌	贵州省台江县	(1)	贵州省台江县非物质文化遗产保护办公室	台江县非物质文化遗产保护中心
105	贵州	X-22	苗族姊妹节	贵州省台江县	(1)	贵州省台江县非物质文化遗产保护办公室	台江县非物质文化遗产保护中心
106	贵州	Ⅲ-25	木鼓舞（反排苗族木鼓舞）	贵州省台江县	(1)	贵州省台江县非物质文化遗产保护办公室	台江县非物质文化遗产保护中心
107	贵州	Ⅱ-30	多声部民歌（苗族多声部民歌）	贵州省台江县	(1-1)	台江县非物质文化遗产保护办公室	台江县非物质文化遗产保护中心
108	贵州	X-65	苗族服饰	贵州省台江县	(1-1)	台江县非物质文化遗产保护办公室	台江县非物质文化遗产保护中心
109	贵州	X-75	苗族独木龙舟节	贵州省台江县	(2)	台江县非物质文化遗产保护办公室	台江县非物质文化遗产保护中心

续表

序号	省份	项目编号	项目名称	申报地区或单位	批次	文化部原核定的保护单位名称	重新认定后的保护单位名称
110	贵州	Ⅶ-22	苗绣	贵州省台江县	(1-2)	台江县非物质文化遗产保护办公室	台江县非物质文化遗产保护中心
111	贵州	Ⅷ-105	苗族织锦技艺	贵州省台江县	(2-1)	台江县非物质文化遗产保护办公室	台江县非物质文化遗产保护中心
112	贵州	Ⅷ-40	银饰锻制技艺（苗族银饰锻制技艺）	贵州省台江县	(1-2)	台江县非物质文化遗产保护办公室	台江县非物质文化遗产保护中心
113	贵州	Ⅵ-65	赛龙舟	贵州省镇远县	(3)	贵州省镇远县文化馆	镇远县非物质文化遗产保护中心
114	贵州	Ⅹ-134	歌会（四十八寨歌节）	贵州省天柱县	(3)	天柱县文化馆	天柱县非物质文化遗产保护中心
115	贵州	Ⅱ-29	侗族琵琶歌	贵州省从江县	(1-2)	从江县文化馆（从江县非物质文化遗产保护中心）	从江县非物质文化遗产保护中心
116	贵州	Ⅸ-14	瑶族医药（药浴疗法）	贵州省从江县	(2)	从江县文化馆	从江县非物质文化遗产保护中心
117	贵州	Ⅳ-131	黔剧	贵州省黔剧团	(2)	贵州省黔剧团	贵州省黔剧院
118	西藏	Ⅸ-9	藏医药（藏药七十味珍珠丸配伍技艺）	西藏自治区藏药厂	(1-1)	西藏自治区藏药厂	西藏甘露藏药股份有限公司
119	西藏	Ⅲ-81	拉萨囊玛	西藏自治区拉萨市	(2)	拉萨市娘热乡民间艺术团	拉萨市城关区娘热民间艺术有限公司
120	西藏	Ⅷ-69	藏族造纸技艺	西藏自治区	(1)	西藏自治区拉萨市城关区民族手工研发中心	拉萨彩泉福利民族手工业有限公司
121	宁夏	Ⅸ-17	回族医药（张氏回医正骨疗法）	宁夏回族自治区吴忠市	(2)	宁夏回族自治区张宝玉传统回医骨伤专科医院	宁夏张氏回医正骨医院

后　记

《中国非物质文化遗产保护发展报告（2015）》是中山大学中国非物质文化遗产研究中心组织编撰的第五本保护发展报告，也是我们开展这项工作以来编撰过程最为艰辛的一本保护发展报告。

2014年底我们组织力量开始了一年一度的编撰工作。不忘初心，仍坚持"以史学家的使命，为中国非物质文化遗产保护写史立传；以学术人的良知，为中国非物质文化遗产研究铺砖垫瓦；以战略家的目光，为中国遗产保护与文化发展出谋划策"的理想从事这项工作。

2014年，我国非遗保护实践到第二个十年后，已经进入到了"新常态"：初期制定的各项保护措施成果初显；保护工作中的盲点、难点问题备受关注，有了新的突破。随着非遗保护工作的深入，人们对非遗的认识和理解进一步加深，我国非遗保护理念、措施获得新的发展。同时，非遗自身的多样性、文化生态的复杂性，也促使我国非遗保护工作向精细化、科学化、规范化发展。

把这样纷繁复杂的保护工作，抽丝剥茧成为一份份有质量的学术报告，中山大学中国非物质文化遗产研究中心师生的力量是远远不够的，幸得各方相助，方才成就此书。我们在听取诸位专家的意见后，对今年报告结构进行了调整，增加了年度热点的议题。把往年一个议题变为四个议题，分别是：非遗数字化问题、非遗保护的台湾经验、粤港非遗民间组织的保育实践、文化生态保护区建设问题。把保护热点及难点作为保护发展报告编撰工作的重点，是我们坚持最初的理念，也是我们非遗保护工作所尽的一点绵薄之力。

在此我们要感谢本中心专家委员会的全体委员，感谢国家非物质文化遗产保护工作专家委员会的康玉岩、傅起凤、常祥霖、徐艺乙、柳长华等委员，感谢中国武协秘书长康戈武、中央美术学院乔晓光、星海音乐学院周楷模诸位先生,感谢他们对我们的支持和指导。在编撰过程中,原文化部非物质文化遗产司巡视员(正司级)屈盛瑞、内蒙古自治区非物质文化遗产处刘杨、原河南省海燕出版社总编辑乔台山、香港非物质文化遗产教育推广活动计划统筹蔡启光等先生为我们提供了珍贵的资料和信息,特此表示感谢。此外,感谢孙若风、张庆善、刘祯、刘文峰等先生在《中国非物质文化遗产保护发展报告(2014)》发布会上给我们提出的宝贵建议,感谢社会科学文献出版社的鼎力支持,感谢所有为本书编撰与出版提供过帮助的单位和个人。

《中国非物质文化遗产保护发展报告(2015)》编写组

图书在版编目(CIP)数据

中国非物质文化遗产保护发展报告.2015/宋俊华主编.—北京:社会科学文献出版社,2015.11
 ISBN 978-7-5097-8252-1

Ⅰ.①中… Ⅱ.①宋… Ⅲ.①文化遗产-保护-研究报告-中国-2015 Ⅳ.①K203

中国版本图书馆CIP数据核字(2015)第257508号

中国非物质文化遗产保护发展报告(2015)

主　　编 / 宋俊华

出 版 人 / 谢寿光
项目统筹 / 宋月华　李建廷
责任编辑 / 李建廷　马续辉　宋淑洁

出　　版 / 社会科学文献出版社·人文分社(010)59367215
　　　　　　地址:北京市北三环中路甲29号院华龙大厦　邮编:100029
　　　　　　网址:www.ssap.com.cn
发　　行 / 市场营销中心(010)59367081　59367090
　　　　　　读者服务中心(010)59367028
印　　装 / 三河市尚艺印装有限公司

规　　格 / 开　本:787mm×1092mm　1/16
　　　　　　印　张:38.25　字　数:636千字
版　　次 / 2015年11月第1版　2015年11月第1次印刷
书　　号 / ISBN 978-7-5097-8252-1
定　　价 / 148.00元

本书如有破损、缺页、装订错误,请与本社读者服务中心联系更换

版权所有 翻印必究